다문화 오디세이

다양성의 새로운 국제정치를 항해하기

지은이

윌 킴리카(Will Kymlicka) 캐나다 퀸즈 대학교 철학과 정치철학 석좌교수

옮긴이

이유혁(Yoo-Hyeok Lee) 부산대학교 한국민족문화연구소 HK교수, 영문학 / 비교문화 전공
진주영(Ju-Young Jin) 순천향대학교 영미학과 조교수, Indiana 대학교 비교문학 박사

다문화 오디세이 다양성의 새로운 국제정치를 항해하기

초판 인쇄 2017년 5월 23일 **초판 발행** 2017년 5월 30일
지은이 윌 킴리카 **옮긴이** 이유혁 진주영 **펴낸이** 박성모 **펴낸곳** 소명출판
출판등록 제13-522호 **주소** 서울시 서초구 서초중앙로6길 15, 1층
전화 02-585-7840 **팩스** 02-585-7848
전자우편 somyungbooks@daum.net **홈페이지** www.somyong.co.kr

값 32,000원
ISBN 979-11-5905-189-0 94300
ISBN 979-11-5905-188-3 (세트)
ⓒ 부산대학교 한국민족문화연구소, 2017

이 저서는 2007년 정부(교육과학기술부)의 재원으로 한국연구재단의 지원을 받아 연구되었음(NRF-2007-361-AL0001).

부산대학교 한국민족문화연구소
로컬리티 번역총서 Humanities 013

다문화 오디세이

다양성의 새로운 국제정치를 항해하기

윌 킴리카 지음 | 이유혁·진주영 역

Multicultural Odysseys :

Navigating the New International Politics of Diversity

감사의 글

이 책은 지적으로 지리적으로 상당한 영토를 포괄한다. 그 중에 많은 것은 정치 철학자로서 나의 원래 학문 영역에서 상당한 거리가 있다. 내가 익숙하지 않은 바다들을 항해하는 데 도움을 주었던 많은 친구들과 동료들의 조언과 격려가 없이는 나는 이 책을 쓸 수 없었을 것이다.

내가 이 책과 밀접하게 연관된 프로젝트를 몇몇 훌륭한 동료들과 함께 수행할 수 있었던 것은 내게는 상당한 행운이었다. 예를 들면 다음 세 권의 편서들이 있다. 매그다 오펄스키와 함께 편집한 『자유주의적 복수주의가 수출될 수 있는가? 동유럽에서 서구 정치 이론과 민족 관계(*Can Liberal Pluralism Be Exported? Western Political Theory and Ethnic Relations in Eastern Europe*)』, 배오강 히와 함께 편집한 『아시아에서 다문화주의(*Multiculturalism in Asia*)』, 브루스 버만과 딕슨 아이어와 함께 편집한 『아프리카에서 민족성과 민주주의(*Ethnicity and Democracy in Africa*)』. 나를 이와 같은 주제들의 전지구적 차원들로 이끌어 준 나의 편집자들과 논문투고자들에게 특별한 감사를 드린다.

이 책의 아이디어들은 지난 수년간의 기간을 통해 여러 학술회의, 세미나, 워크샵에서 먼저 검증되었다. 나를 초청해 준 주최자들과 매우 소중한 의견을 제공해 준 동료들과 청중들에게 감사하다. 일일이 목록을 만들기에는 그 수가 너무 많다. 그러나 다른 방식으로 가능하지 않았을지도 모르는 매우 교육적이고 도전적인 여행들을 주선해 준 아래에 열거된 사람들과 기관들에 특별한 감사를 드리고 싶다. 연합 포럼의 루팍 차토파다이와 정책 대안 쎈타의 로한 이드리시나는 스리랑카로의 초청, UN 개발 프로그램의 카를로스 멘도자는 과테말라로의 초청, 캐나다 국방 아카데미의 브라이언 셀메스키와 볼리비아 원주민 업무부의 리카르도 칼라 오르테가는 볼리비아로의 초청, 시리아와 레바논에서 잊을 수 없는 강의 시리즈를 주선하는 데 도움을 준 다마스커스 소재 캐나다 대사관의 크리스토퍼 헐과 베이루트 소재 아메리칸 대학교의 사리 하나피; 데이빗 터튼과 영국문화원은 에티오피아로의 초청; 일본에서 강의 시리즈를 주선해 준 IVR 일본의 이시야마 후미히코, 모리가와 야수토모, 그리고 사쿠라이 테츠, 홍콩 시립대와 상하이 후단 대학교에서 강연을 주선해 준 다니엘 벨, 인도네시아 대학교의 천스눌 마리야와 로자 이바콰르타, 법을 통한 민주주의 유럽 위원회의 세르게이 쿠츠네초프는 몰도바에서 학술대회를 주선해 주었다.

나는 국가와 소수자의 관계에 관한 몇몇의 비교 프로젝트에 참여할 수 있는 특권을 누릴 수 있었다. 그 목록은 알랙산더 알레이니코프와 더글라스 클러스메이어가 주도하는 카네기 재단의 '비교 시민 프로젝트', 게르하르트 레이츨이 주도하는 프리드리히 나우만 재단의 국제 소수자 권리에 관한 프로젝트, 사키코 파르-후카다가 주도하는 '문화적 자유'에 관한 UN 인간 개발 보고서이다. 내가 참여할 수 있도록 초청해 준 이들과 이들의 동료들에게 감사하고 싶다.

수년간 나는 몇몇 동료들로부터의 장기적인 토론과 도움을 통해 유익을 얻을 수 있었다. 이들은 특히 소수자 문제를 위한 유럽 쎈타의 마크 웰러, 프랑수아 그린, 그래험 할러데이와 토브 말로이, 유럽 안보와 협력 기구의 소수민족 문제담당 특별대표부의 셸리 홀트와 존 팩커, 루마니아 클루즈에 민족문화적 다양성 자원 쎈타의 레벤트 살랏, 그리고 도나 리 반 콧, 마리아 코박스, 죠셉 카렌스, 아비가일 아이젠버그, 바쉬르 바쉬르, 제이콥 레비이다. 고급 연구를 위한 캐나다 연구소의 성공적인 사회 프로그램의 나의 동료들에게 특별한 감사를 전한다. 우리의 토론이 내가 이러한 주제들을 더욱 광범위한 역사적·사회적 관점에서 바라볼 수 있도록 하는데 아주 귀중한 도움을 주었다.

가까이에 내가 함께 친밀하게 일을 하고 있는 퀸즈 대학교의 몇몇 사람들에게 감사를 표하고 싶다. 그들은 다양성, 시민권, 복지국가와 관련한 몇 가지 프로젝트에서 나의 공저자이기도 한 정책 연구 학부에 키이쓰 밴팅, 정치학과에 마가렛 무어, 존 매거리, 브루스 버만, 새로운 '민족과 민주적 가버넌스' 프로젝트의 나의 동료들, 그리고 철학과에 나를 지지하는 동료들이다.

이 주제에 관한 나의 작업이 캐나다 예술 협회의 킬람 펠로우십, 트루도 재단과 고급 연구를 위한 캐나다 연구소의 펠로우십, 또한 캐나다 인문사회과학 연구 협회의 연구 보조금, 캐나다 연구 석좌 프로그램으로 인해 가능하게 되었다. 이 모든 지원으로 인해 감사하고 있다.

나는 리사 반할라, 시오반 번, 마이클 콕시스, 오미드 헤저지로부터 탁월한 연구 지원을 받았다. 이 책의 초고들에 대한 유용한 코멘트를 해 준 코린느 레녹스, 스테판 에런트라우트, 알렉산더 오시포프, 피터 홀, 웨인 노만, 레이너 보박에게 감사를 드린다. 특히 수 도날드슨의 코멘트와 제안은 최초의 제안에서부터 최종적 편집에 이르기까지 이 프로젝트를 깊이 영향을 미쳤다.

이 책에 인내로 기다려 준 옥스포드대학 출판부의 나의 훌륭한 편집자인 도미닉 바이엇, 생산 과정에서 이 책의 책임을 맡은 케이트 힌디, 꼼꼼한 원고 정리를 해 준 버지니아 윌리암스에게 항상 그렇듯이 감사를 드린다. 나는 아름다운 표지 이미지의 사용을 허락한 게리 피지헌과 니시가 리심스 정부에게 감사를 드린다. 그 조각은 1998년 캐나다 정부와 맺은 조약의 협정 하에 니시가 부족에게 송환된 몇몇 문화유물 중의 하나였다. 이는 이 책에서 논의된 다양성의 새로운 정치학의 중요한 사례이고 희망적인 상징이다.(그 조각은 가장 엄격한 도덕법 중의 하나—Uks T'is'a—를 묘사한다. 이는 한 개인이 그의 혹은 그녀의 씨족의 '단절된' 구성원으로 공동체로부터 추방당하는 것이다. 그래서 그 배에 노가 하나도 없다)

끝으로 이러한 지적 오디세이에서 가장 중요한 나의 파트너인 수에게 감사를 표한다.

국가와 소수자 관계의 (재)국제화

1부 서문

　지난 40년 동안 우리들은 국가와 민족문화적 소수자와의 관계에 있어서 전 세계에 걸친 참된 의미의 혁명을 목격하였다. 동화적이고 균질화된 국민국가의 오래된 모델들에 대한 이의가 점차적으로 제기되고 있으며, 종종 국가와 시민의 더 새롭고 '다문화적인' 모델에 의해 대치되고 있다. 이것은, 예를 들면, 이민자들을 위한 문화적, 종교적 시설들을 널리 채택하고, 소수민족을 위한 지역적 자치와 언어적 권리를 수락하고, 원주민을 위한 토지권과 자치 정부권을 인정하는 것을 통해 반영되고 있다.

　이러한 변화는 종종 내부적 원인에 의한 국내의 정치적 과정의 결과였다. 특정한 소수자들에 의한 강렬한 동원에 대한 반응으로 일정 기간의 내적 논쟁과 타협 후에, 다수의 나라들은 구체적인 인구분포 또는 역사적인 환경을 고려할 때 오래된 모델들은 적절하지 않다고 결론을 내렸다.

　그러나 이러한 변화는 점차적으로 국제적인 차원으로 확대된다. 국가 간 국제기구들(international intergovernmental organizations 또는 IOs)이 국가로 하여금 더욱 다문화적인 접근을 채택하도록 장려하기도 하고 때로는 압력을 가하기도 한다.[1] 다문화적 시민권의 모델의 채택을

1　역주 : 킴리카의 영어본에서는 international intergovernmental organizations 또는

고려할 준비가 되어 있는 국가들은 지원, 전문적 지식, 자금 조달을 기꺼이 제공하려는 많은 수의 국제적인 조직들을 발견할 것이다. 오래된 동화적이거나 배타적인 모델을 고수하려는 국가들은 국제적인 감시, 비판, 제재에 놓이게 된다. 정리하면, 우리는 국가와 소수자 관계의 '국제화'가 증가하고, 이러한 관계의 재형성을 위한 새로운 체재로서 다문화주의의 전지구적 확산을 목격하고 있다.

우리는 다문화주의가 지구화되고 있는 층위를 두 가지로 나눌 수 있다. 첫째, 다문화주의 **정치적 담론**의 전지구적 확산이다. 다양성 수용의 중요성에 관한 다른 생각들이 NGO들, 학자들, 정책입안자들의 국제적인 네트워크에 의해서 유포되고 있다. 실제적으로 일 년 중 아무 날 세계의 어느 곳에서도 국제기구는 다문화주의의 이상과 실천을 홍보하기 위한 보고서를 출판하거나 세미나를 후원하고 있다. 이러한 활동에는 종종 다음과 같은 것이 포함된다. 다양한 국가에서 '최상의 실천들'에 관한 지식의 공유, 전문가와 지지자들의 초국가적 네트워크의 구축, 정치적으로 민감한 주제들의 안전한 표현을 위한 공간의 창조, 다인종적 · 다문화적인 인구의 수용이라는 도전에 대해서 로컬 교육자들, 관료들, NGO들, 미디어 종사자들의 훈련.

둘째, 다문화주의 문서화 작업이 소수자 권리선언을 구체화한 국제 **법률상(혹은 유사 법률상)의 특정 규범**에 드러난다. 전지구적이고 지역적인 차원에서 소수자의 권리의 국제적인 표준을 개발하기 위한 노력이 지난 15년에 걸쳐 확산되어 왔다. 전지구적으로 UN은 1992년에 민족적 또는 인종적,

---

IOs로 표기되고 있으며 이 번역본에서는 국가 간 국제기구로 표기한다.

종교적, 언어적 소수자에 속한 사람들의 권리에 관한 선언(Delcaration on the Rights of Persons Belonging to Nationalor Ethnic, Religiousand Linguistic Minorities)을 채택하였고, 원주민의 권리에 관한 초안(Draft Declaration on the Rights of Indigenous Peoples)에 대해서 논의를 하고 있다. UNESCO(United Nations Educational, Scientific and Cultural Organization), 국제노동기구(International Labour Organization), 세계은행(World Bank)과 같은 각각의 국가 간 국제기구들도 또한 소수자나 원주민의 권리들에 관한 표준을 개발하고 있다. 선언문들은 소수민족들의 보호를 위한 유럽의회의 1995년 기본협약(Council of Europe's 1995 Framework Convention for the Protection of National Minorities) 또는 미주기구 원주민들의 권리에 관한 1997년 초안(Organization of American States' 1997 draft Declaration on the Rights of Indigenous Peoples)과 같은 지역적인 차원의 조직에 의해서도 또한 입안되어 왔다. 대부분의 경우에, 이러한 선언문과 협약은 사실상 법적 구속력은 없다. 다시 말해, 개인이나 단체가 국제 법정에 호소하여 그들의 정부가 이러한 표준들을 따르도록 강제할 수는 없다. 하지만 이러한 규범이 어느 정도의 영향력이 없지는 않다. 국가들이 얼마나 이러한 규범들을 잘 따르는지에 대해서 지속적으로 감시되고 판단되고 있다. 따르지 않는 것의 결과는 비판을 불러 오기도 하고, 어떤 경우에는 구체적인 형태로 나타나기도 한다.

첫 번째 층위가 모든 국가들이 열망하도록 하는 일련의 이상들과 최상의 실천들의 확산과 관련된 것이라면, 두 번째 층위는 어떤 국가도 그 이하로 떨어지지 말아야 하는 일련의 최소한의 기준들의 체계화와 관련된다. 다문화주의와 소수자 권리의 확산을 위한 이러한 이중적인 과정들은 민족국가들의 국제적인 체계를 뒷받침해왔던 국가의 자주권,

독립국가의 지위, 시민권이라는 전통적인 개념을 근본적으로 재형성하고 있다. 이는 또한 상당한 불안과 저항을 불러 일으켰다. 다문화주의의 전지구적 확산은 상당한 이론의 여지가 있어 왔다. 이러한 경향들과 이로 인해 야기된 저항에도 불구하고, 다문화주의와 소수자 권리의 국제적인 확산과 관련된 학문적 성과가 그리 많지 않다는 것은 놀랍다.[2] 이러한 국제 선언문들과 협약들의 자구 표현은 국제 법률가들에 의해 철저하게 분석되었다.[3] 하지만 이러한 경향의 기저에 있는 원인과 결과에 관해서 우리는 별로 알지 못한다. 이러한 경향을 야기한 사회적 힘에 관해, 또는 그들의 잠재적인 이득과 위험에 대해, 또는 거부되거나 배제되었던 그들에 대한 대안에 대해서 우리는 알지 못한다. 이러한 경향은 민족성(ethnicity)과 민족 정치(ethnic politics)에 의해 제기되는 '문제'에 관한 어떤 가정, 그리고 적절한 '해결책들'에 관한 어떤 가정에 근거하고 있다. 하지만 이러한 가정들이 변호되지 않는 것은 말할 것도 없고 좀처럼 명백하게 드러나지도 않는다.

이 책에서의 나의 목표는 다문화주의를 확산시키기 위한 이러한 국제적인 노력에 의해 제기되는 도덕적인 딜레마들과 정치적인 복잡성 중의 일부를 확인하는 것이다. 이러한 발전적 상황이 꾸준히 진행될 것이라

---

2 어떻게 이 주제가 인종성과 인종적 정치의 논쟁들과 관련된 기존의 학술적 연구들의 주류 밖에 놓이게 되었는가에 대한 충분한 논의에 대해서는 각주 7번을 보라.

3 이러한 법률적인 문헌들에 대한 자세한 분석을 위해서는 다음에 나오는 자료들을 보라. Thornberry, 1991, 2002; Dinstein, 1992; Henrard, 2000; Alfredsson and Ferrer, 1998; Bowring and Fottrell, 1999; Akermark, 1997; Cumper and Wheatley, 1999; Wheatley, 2005; Woehrling, 2005; Weller, 2005b; Lerner, 1991; Phillips and Rosas, 1995; Rehman, 2000; Welhengama, 2000; Pentassuglia, 2002; Council of Europe, 2004; Gayim, 2001; Crawford, 1998; Ghanea and Xanthaki, 2005; Alston, 2001; Musgrave, 1997; Anaya, 1996; Lam, 2000; Letschert, 2005; Meijknecht, 2001; Thornberry and Estebenez, 2004.

고 나는 믿는다. 한편으로, 이것들은 현대적인 세계에서 가장 상처받기 쉬운 몇몇 단체들을 심각한 불평등으로부터 보호해 줄 것이라는 전망을 제시한다. 민족적 소수자들(ethnic minorities)은 주권을 가진 '민족 국가들'의 웨스트팔리안 체제 하에서 잘 대접받지 못하고 있다. 동질의 민족 국가 건설이라는 이름하에 동화와 배제의 다양한 정책들이 소수자에게 집중되고, 역사적으로 국제 사회는 이러한 불평들을 눈감아 주곤 했다. 하지만 오늘날 이러한 상황을 개선하기 위한 헌신이 늘어가고 있고, 소수자의 대우가 타당한 국제적인 관심의 문제이고, 국제적인 규범과 기준의 조건이 되어야 한다는 것이 점점 더 받아들여지는 추세이다. 최소한 그렇게 진화하는 규범들이 웨스트팔리안적인 민족 국가들이 민족적 동질화의 비전을 추구하기 위해 사용할 수 있는 수단에 대해 한계를 정할 수 있다. 그러나 이러한 규범이 또한, 어느 정도 함축적이지만, 웨스트팔리안적인 국가에 대한 대안적인 비전을 제시한다. 이는 다양성을 국가의 지속하는 현실과 정의적인 특징으로서 간주하는 것이며, 관용을 핵심 가치로서 간주하는 것이다. 이런 관점에서 볼 때, 다문화주의의 모델들을 확산시키고자 하는 추세는 바람직한 것이다.

더욱이, 국제기구들에 의해 장려되고 있는 다문화주의의 특정한 개념은 기존 인권규범들의 도덕적으로 진보적인 확산이라고 나는 믿는다. 젠더와 카스트 불평등을 영속화하기 위해 또는 부당한 문화적 관습과 전통을 정당화하기 위해 로컬 엘리트들에 의해 다문화주의와 소수자 권리의 어법이 이용되는 예들이 전 세계적으로 아주 많다.[4] 하지만

---

4   다문화주의가 여성들과 다른 상처받기 쉬운 '내부의 소수자들(internal minorities)'의 권리들을 제한하도록 이용될 수 있는 것에 대한 광범위한 자료들이 있다. 유력한 논의들에

국제기구는 그러한 다문화주의의 자유주의적이지 않거나 압제적인 개념들을 피하기 위해 주의를 기울인다. 국제기구들과 국제법에 의해 인정된 다문화주의의 정치적 담론들과 법적인 규범들은 보편적 인권규범의 자연스럽고 논리적인 발전이며, 그러한 규범의 한계 안에서 작용한다. 이런 의미에서, 그것들은 더 확장된 인권 혁명을 심화시키며 강화시키는 역할을 한다.

모두가 이에 동의하는 것은 아니다. 어떤 비평가들은 다문화주의와 소수자 권리를 확산시키기 위한 전체적인 운동을 국제적인 공동체의 기존 이상들의 배반으로 간주한다. 예를 들면, 알랭 핀키엘크라우트(Alain Finkielkraut)에 의하면, UN의 다문화주의의 포용은 계몽적 보편주의를 버리고 문화적 상대주의를 택하는 것이다.

> 계몽화된 유럽의 보편적 이상을 파급시키기 위해 설립된 UN은 이제 모든 인종적 편견의 대표자로서 말하며, 국민들, 민족들, 문화들은 인간의 권리를 넘어서는 권리를 소유하고 있다고 믿는다. '다문화적' 압력단체는 유럽의 자유주의적인 가치를 '인종차별적'이라고 하며 포기하며, 동시에 모든 소수자 문화의 편협한 쇼비니즘을 옹호한다.(Finkielkraut, 1988)

하지만 사실상 UN의 문서들은 다문화주의의 규범들이 '인간의 권리보다 더 가치가 있게 하기' 위해 이용될 수는 없다는 점에서는 분명하다. 문화다양성에 관한 유네스코의 보편적 선언(UNESCO Universal Declaration

---

대해서 Okin, 1999; Shachar, 2001; Eisenberg and Spinner-Halev, 2005를 보라.

on Cultural Diversity)은 '아무도 국제법에 의해 보장된 인권을 침해하거나 그것의 범위를 제한하기 위해서 다양성을 언급할 수 없다'고 명시한다.(Article 4) 소수자 권리에 관한 UN의 선언(UN's Declaration on minority rights)은 이 선언에 인정된 어떤 권리나 의무는 '모든 사람이 보편적으로 인정된 인권과 기본적인 자유의 향유를 침해할 수 없다'고 명시한다(Article 8(2)). 국제노동기구의 원주민의 권리에 관한 협약(ILO's Convention on the rights of indigenous peoples)에 따르면 자신들의 문화적 실천들을 유지하기 위한 원주민들의 권리는 '이것들이 국가의 법적 시스템과 국제적으로 인정된 인권에 의해 정의되는 기본적인 권리와 양립될 수 없는 곳에서' 존중되어야 한다고 선언한다(Article 8(2)). 소수민족의 권리에 관한 유럽회의의 기본 협약(Council of Europe's Framework Convention on the rights of nationalmi- norities)은 이 협약이 유럽의 인권 협약(European Convention on Human Rights)을 준수하는 방식으로 해석되어야만 한다고 선언한다.(Article 23) 사실, 이러한 쟁점에 관한 모든 국제적인 선언과 협약이 동일하게 주장한다 ― 소수자들과 원주민들의 권리는 더욱 확장된 인권의 틀과 분리될 수 없으며, 그것의 범위 내에서 작동한다.

핀키엘크라우트의 비판은 이 분야에 관여하려는 국제기구들의 동기와 증진되고 있는 소수자 권리의 내용을 근본적으로 잘못 해석한다. 최근에 생겨나는 국제적인 담론들과 규범들은 근본적으로 그 특징이 **자유주의적이다**. 이것들은 최근 서구의 정치 이론가들에 의해 만들어진 '자유주의적 다문화주의' 이론들과 넓은 범위에서 일치한다. 그들에 의하면 다문화주의는 개인의 자유와 평등의 원칙에 대한 근본적인 의무에 의해서 지배되고 제한되는 개념으로 이해된다.[5]

나의 책—특히 1995년 저서 『다문화주의 시민권—소수자 권리에 관한 자유주의 이론』—에서 이러한 자유주의적 다문화주의의 이상을 옹호했던 나로서는 이것이 많은 국제기구들의 작업에 정보를 제공하는 것으로 인해 강한 인상을 받았고, 이것의 전지구적 확산이 바람직하고 유익하다는 것을 믿고 싶다. 정말로 내가 이 과정에서 보병과 같은 역할을 하게 되어서 행복하다. 한편 나의 초기 작업은 주로 서구 민주주의 내에서 국내 논쟁에 초점을 맞추었지만, 그 이후로는 소수자 권리의 국제적인 규범 형성과 다문화주의의 모델들과 최상의 실천들의 전지구적 확산을 위한 이러한 아이디어들의 연관성을 논하기를 요청받아왔다. 과거 10년 동안의 나의 작업의 대부분은 이디오피아에서 에스토니아, 시리아에서 스리랑카, 멕시코에서 몰도바에 이르는 24개 정도의 나라들에서 이러한 주제들에 대한 세미나, 워크샵, 자문 그룹 회의에 참석하는 것이었다. 그 결과, 일련의 개념들과 담론들이 국제기구의 감시와 지도하에 학계, 시민 사회, 관료를 통해 확산되어 전 세계로—(독점적이지는 않지만) 주로 서구에서 동양으로, 북반부에서 남반부로—순환되는 과정을 직접 목격하였다.[6]

이러한 전체적인 흐름에 대해서 여전히 희망을 갖고 있지만, 이러한 과정이 진행되고 있는 방식으로 인해 나는 점점 더 당혹감을 갖게 된다. 그리고 이 과정이 어디로 향하고 있는지, 정말로 어디로 가야만 하

---

5   예를 들면, Spinner, 1994;, Taylor, 1992; Tamir, 1993; Raz, 1994를 보라. 개관을 위해서는 Kymlicka, 2001의 2장을 보라.

6   아이디어들의 순환이 비대칭적이지만, 일방적이지는 않다. 예를 들면, 인도 지식인들이 인권과 소수자의 권리에 대한 동시대의 국제적인 담론을 형성하는 데 있어서 영향력이 있다. Anant가 논하듯이, 그들은 국제적인 규범들의 능동적인 형성자들이지 수동적인 수용자가 아니다.(Anant, 2003)

는 지에 대한 확신을 가질 수 없다. 다문화주의와 소수자 권리를 국제화하려는 노력이 개념적 혼란, 도덕적 딜레마, 의도되지 않은 결과들, 법적 불일치, 정치적 조작이라는 확실한 지뢰밭으로 달려가고 있고, 이러한 장애물들을 비껴가기 위한 로드맵이 있는지도 분명하지 않다. 이러한 장애물들을 직면하고 있는 국제적인 노력들이 때로는 막다른 길에 이르기도 하며, 다른 때에는 바른 길에서 벗어나기도 한다. 이 책의 목표는 이러한 모든 어려움을 극복하기 위한 신비로운 해결책을 제공하려는 데 있는 것이 아니다. 어떤 것들은 가까운 미래에도 해결될 수 없다고 생각한다. 그렇지만 최소한 이 책을 통해 이러한 어려움들이 제기하는 도전들을 더욱 분명히 확인하고, 만약 우리가 무시한다면 우리 앞에 놓이게 되는 함정들을 더욱 분명히 확인하고자 한다.

이 책을 통해 이러한 어려움들 중의 다수의 것에 대해서 논할 것이다. 이들은 전체적으로 세 개의 항목으로 나뉜다. 첫째, 범주화의 문제이다. 목표가 모든 소수자에게 적용될 수 있는 규범과 표준을 공식화하는 것인가, 또는 다른 형태의 소수자들에게 다른 규범들을—예를 들면, 이민자 그룹들, 소수민족들, 그리고 원주민들을 위한 다른 규범들을 공식화하는 것에 있는가? 국제기구들은 내가 '일반적인(generic)' 접근과 '대상 지향적(targeted)' 접근이라고 부르는 이러한 두 가지 선택 사이에서 왔다갔다 해왔다. 이것은 그 자체로 반드시 문제가 되지는 않는다. 왜냐하면 어떤 그럴듯한 자유주의적 다문화주의의 개념이 일반적이고 대상 지향적인 요소들을 어느 정도 결합할 수 있을 것이기 때문이다. 하지만 내가 보기에 대상 지향적인 범주들이 규정되고 구별되는 구체적인 방식이 임의적이고 유지될 수 없다. 통용되는 국제적인 규범들은 거의 독점적으로 세 가지 범주들―소수자들, 소수민족들, 그리고 원주민들―에 의존하고 있고 이러한 범주들이 자기들에게 요구되는 그 일을 할 수 없다.

둘째, 조건들과 결과의 문제이다. 명백히 말하자면, 자유민주주의가 이미 잘 이루어지고 있는 곳에서, 그리고 법에 의한 통치와 인권이 잘 보호되는 곳에서 자유주의적 다문화주의는 채택되기가 더욱 용이하다. 자유민주주의의 기본적인 기초들이 아직 존재하지 않거나 견고하지 않은 나라들에서 자유주의적 다문화주의의 완전한 이행의 추진이 이해되기 위해서는 먼저 어느 정도의 민주화와 자유주의화가 이루어질 필요가 있을지도 모른다. 그러나 폭력적 민족적 충돌의 문제, 민족적 공존의 길을 찾을 필요성이 민주주의가 견고하지 않은 나라들에서 종종 가장 위중하다. 그렇다면 목표는 일단 어느 정도의 민주적인 견고함이 이룩될 때 적용하게 되는 규범들을 공식화하는 것인가, 혹은 다양한 수준의 민주주의와 자유가 있는 나라들에서 민족적 충돌을 막거나 해결하는 데 도움을 줄 수 있는 규범들을 공식화하는 것인가? 국제기구는 이러한 두 가지 접근 사이를 왔다 갔다 하면서, 때로는 자유롭고 민주적인 사회를 위한 소수자 보호의 '최고의 기준들'을 분명히 제시하거나, 또 다른 때에는 어떤 나라에서도 기대될 수 있는 민족적 공존의 최소한의 규칙들을 제시하기도 한다. 다시 말하지만, 이는 본래적으로 가지고 있는 문제는 아니며 민족적 다양성의 통치에 대한 합리적인 접근은 장기적인 이상들과 단기적 실용적인 권고들을 결합시킬 필요가 있을 것이다. 그러나 내가 보기에 이것들이 결합되는 구체적인 방식이 일관되지 않고 역효과를 가져올 수 있다.

이러한 범주들과 조건들의 두 가지 문제들을 다루지 못하는 국제 사회의 무능함은 세 번째의 더욱 심각한 딜레마를 초래한다. 즉, 정의와 안보사이의 관계. 현재의 국제적 규범들과 표준들에 암시되어 있는 것은 민족적 소수자들과 원주민들이 민주적 사회의 통치에 합법적인 구성원이고 동등한 파트너로서 인정된다는 희망적인 미래에 대한 청사진이다. 그러나 민주적인 다문화적 정치를 위한 확대된 공간을 창조하기 위한 이러한 낙관적인 바람은 민족 정치가 너무나 종종 불안정하게 하는 힘으로서 민주주의와 발전을 훼손하기 때문에 억압되지는 않더라도 견제될 필요가 있다는 강력한 두려움과 혼합되어 있다. 목표는 활력이 넘치는 민주적 다민족 정치를 위한 공간을 더 확대해야 하는 것인가, 또는 불안하게 하는 민족적 동원을 억압하고 견제하는 것인가? 국제기구들은 이러한 접근들 사이에서 왔다 갔다 한다. 이는 아주 적절한 것이기도 하다. 왜냐하면 두 가지 관점이 동시대의 민족 정치의 복잡한 현실의 양상들을 확인시켜 주기 때문이다. 그러나 너무 자주 안전보장에 대한 두려움이 정의에 대한 고려를 배격한다. 이는 범주들과 조건들에 관한 결정들을 왜곡시키며, 이는 정의에 대해서 뿐만 아니라 역설적이게도 안보에 대해서 해로운 결과를 낳는다.

이런 모든 논쟁점에 관해서 국제기구들이 즉각적인 도전에 대한 실용적인 반응들로서 적절한 때에 구체적인 문제점에 대해서 이해될 수 있는 결정들을 하였다. 하지만 누적된 결과는 장기적으로 지속될 수 없는 국제적 규범들의 구조를 만들어냈다. 이러한 딜레마들 중의 어떤 것들에 대한 단순하거나 위험이 따르지 않은 해결책은 없다. 만약 현재의 접근들이 단기적 실용주의를 위해 정의를 희생한다면, 제시된 대안들 중의 어떤 것들은 평화나 안보에 너무 과도한 위험을 초래할 수 있다. 앞으로 나아갈 최선의 길은 분명하지 않으며 이러한 불확실은 위에서 언급된 주제들에 관한 어떤 진지한 학술적인 토론의 실제적인 부재로 인해 더욱 가중된다.[7] 하지만 분명한 것은 현재 상태가 장기적으로 유지되지 않는다는 것이다. 실제로 균열들이 이미 드러나고 있다. 만약 우리가 다문화주의와 소수자 권리를 국제화하려는 실험을 유지하고자 한다면, 우리는 어떤 목표들을 이 실험을 통해 성취하고자 하며 이러한 추구를 통해 어떤 위험들을 감수할 가치가 있는지에 대해 길게 열심히 생각할 필요가 있다.

---

[7] 민족적 다양성과 민족 정치의 대부분의 양상들에 관한 인상적인 학술적 문헌이 있다. 하지만 놀랍게도 이것들 중의 아주 적은 수만이 규범과 기준을 공식화함에 있어서 국제기구들이 직면하는 딜레마를 직접적으로 언급할 뿐이다. 예들 들면, 견고한 자유주의적 민주주의에서 다문화적 정의의 이상들에 관한 규범적인 정치 이론의 범주 안에 정교한 문헌들이 있다. 하지만 이것들은 이러한 규범들을 성문화하려는 시도들이 조건들과 결과 그리고 안보의 두려움의 문제들을 어떻게 다루어야 하는지에 관해서 아무것도 말하지 않는다.(각주 4번에 인용된 문헌을 보라) 다른 한편으로, 평화구축과 분쟁이후의 재건설의 논쟁점들 (괜찮은 개관을 위해서 Wimmer et al의 2004을 보라)을 포함하여 폭력적 민족적 분쟁에 대한 원인들과 가능한 해결책들을 탐색하는 동등하게 인상적인 문헌들이 있다. 하지만 이것들도 국제적인 규범들과 기준들이 어떻게 이러한 단기적인 전략들을 다문화적 정의의 장기적인 목표들과 통합해야 하는 지에 대해서 아무 말도 하지 않는다. 국제 관계 분야 내부에 소수의 정치 과학자들만이 소수자 규범들에 대한 순응을 확고하게 하기 위한 국제적 기구들의 노력들에 대해 조사하였을 뿐이다. 그러나 어떻게 이러한 규범들이 공식화되었는지에 초점을 맞추어지지 않았고 오히려 그것들을 장려하기 위해 사용된 도구들-예를 들면, 이러한 기구들이 '사회화' 또는 '조건화'를 통해 순응을 추구하였는지에 대해서 초점이 맞추어졌다.(예를 들면, Kelley, 2004a, 2004b) 규범들은 그 자체로 주어진 것으로 여겨질 뿐이다. 소수자 권리와 원주민들의 권리에 관한 방대한 양의 국제법 문헌들이 있다(각주 3번에서 열거됨). 하지만 이것들은 규범적 정치 이론의 다문화주의 논쟁들이나 민족 정치에 관한 사회과학의 논쟁들로부터 완전히 고립되거나 거의 전혀 관련이 없다.(주목할 만한 예외로서 Knop, 2002를 보라) 그 결과, 이러한 문헌들 중에 어떤 것도 민족적 다양성의 논쟁점들에 관한 국제적 규범들과 기준들을 공식화함에 있어서 관련된 딜레마들을 체계적으로 직면하지 않는다.

*****

다문화주의의 국제화는 거대한 주제이며, 이것의 모든 복잡함을 내가 다룰 수 없다. 나는 나의 논점들 중의 구체적인 초점에 관해서 몇 마디 말을 하고 '국제화'와 '다문화주의'와 관련한 몇 개의 핵심 단어들에 대해 정의내릴 필요가 있다. 나는 '국제적 관련 당사자들', '국제적인 네트워크', '국제기구들', 그리고 심지어 '국제공동체'에 대해 이미 느슨하게 언급하였고, 독자들은 이러한 모호한 용어들이 무엇을 의미하는지 궁금해 할 것이다. 이 책에서 나의 주요한 초점은 회원국들을 위해서 말하고 행동하리라는 위임을 받은 전지구적 수준(예를 들면, UN, 세계은행, 국제노동기구) 또는 지역적 수준(미주기구, 유럽연합, 아프리카 연합)에서 이루어진 세계의 주권국가들 사이에 맺어진 조약에 의해 세워진 국가 간 국제기구에 있다. 나는 민족적 다양성에 관한 규범들과 표준들을 공식화하고 통치할 수 있는 다양성을 위한 어떤 모델들을 장려하기 위해 다양한 당근과 채찍을 사용하려고 국제기구들이 내리는 결정은 치명적인 것이라고 믿는다. 그것은 내가 언급했던 딜레마와 역설을 불러일으키기 때문이다.

물론 이러한 국가 간 국제기구들이 민족적 다양성에 대한 규범들과 표준들을 공식화하고자 시도하지 않았을지라도, 다문화주의의 모델들을 전 세계로 확산시키기를 원하는 많은 비공식적인 채널들이 여전히 존재한다. 각국 당사자들은 국가 간 국제기구의 지원과 상관없이 그동안 정책이동 분과가 관련 주제와 예시(예를 들면, Weyland, 2005; Stone, 2004; Dolowitz and Marsh, 1996, 2000; James and Lodge, 2003), 그리고 잠재적 조력자를 연구해왔던 방식을 세밀히 조사할 수 있을 것이다. 하지만, 국가 간 국제기구들이 '국제공동체'를 위한 대변자 역할을 하고 있고, '국제 규범들'을 설정하고자 위임을 받았다는 사실은 도덕적, 정치적인 이해관 계를 일으킨다.

국가 간 국제기구들이 '국제공동체'를 대변한다는 주장은 물론 문제 가 있다. 실제로, '국제공동체'라는 용어는 국가들이 상호간의 존중과 공유된 가치들에 기초하여 서로 간에 친근한 관계를 유지한다는 세계 의 이미지를 불러일으키는 한에서 잘못된 용어이다. 사실상, 세계의 질 서는 이데올로기적 분열, 권력과 영향력의 극적인 불평등에 토대한 착 취는 아니라고 하더라도 불신과 상호간의 적대적인 관계에 의해 특징 지어진다. UN의 지도자들은 '우리 민족들'(UN, 2000)을 위해서 말한다 고 주장할 수 있고 세계의 사회와 민족의 합의를 반영한다고 말할 수도 있다. 그러나 세계 민족들의 대다수들은 UN 정책들의 형성에 거의 또 는 아무 발언권이 없다. UN의 활동들과 정책들은 전지구적 권력의 불 균형을 반영하고, 서구의 견해들과 이해관계를 더 우선시한다. 다문화 주의의 영역에서도 이것은 그대로 적용된다. 특히 다문화주의와 관련 된 새로운 기준이나 규범이 서구인의 경험과 기술에 영향을 받는 반면 에 세계의 나머지 지역과는 미미한 교류가 있을 뿐이다. 우리가 보게 되겠지만, 세계의 많은 지역에서 '국제공동체'의 이름으로 제시된 규범 들이 단지 서구의 편견이나 선취를 반영한다는 이유로 저항과 분개에 직면한다.

이러한 전지구적인 불균형으로 인해 어떤 시사 해설자들은 '국제공 동체'를 '서구적 권력' 또는 심지어는 '미국적인 헤게모니'라는 용어로 대치해야 한다고 제안한다. 이러한 견해에 기초하여, 국가 간 국제기구들은 전 세계 민족들의 공유된 가치를 확인하고 증진하기 위한 매커니즘이 아니라 가장 강력한 (서구)국가들의 지정학적인 이해관계를 증진시키기 위한 효율적인 도구에 불과하다. 그리고 다문화주의의 확산은 '제국주의적 이성의 교활함'의 일부이다.(Bourdieu and Wacquaint, 1999) 그러나 국가 간 국제기구들에 의해 채택된 다문화주의의 규범들이 일종의 진정한 전지구적 합의를 반영한다고 가정하는 것이 순진무구하다고 한다면, 동일하게 그 규범들이 서구적 헤게모니의 표현일 뿐이라고 취급하는 것도 실수이다. 한편으로, 서구 국가들이 소수자 권리에 관한 국제적인 규범의 장점들에 관한 의견에 대해서 철저하게 나뉘어져 있고, 이러한 규범들을 개발하는 방식을 항상 통제하고 있지도 않다. 예를 들면, 2006년 7월에 원주민들의 권리에 관한 초안(Draft Declaration on the Rights of Indigenous Peoples)이 UN의 인권위원회(HRC)에서 투표에 부쳐졌을 때 미국, 캐나다, 뉴질랜드, 오스트레일리아를 포함한 서구 국가들의 반대 속에 개발도상국들의 지지로 채택되었다.[8]

국가 간 국제기구들의 다문화주의 증진 정책이 통합된 '국제공동체'의 가치들을 반영하는 것이 아니며,[9] 또한 이것들은 단순히 헤게모니적인 국가나 그러한 국가를 중심으로 한 국가집단의 외교정책을 위한 암호해독서도 아니다. 실상은 국가 간 국제기구들은 그들에게 주어진

---

[8] 이렇게 반대한 나라들 중에 캐나다만이 UN의 인권위원회에서 투표권이 있었다. 그럼에도 불구하고 캐나다는 네 개의 모든 나라들의 이름으로 반대를 표시하였다.

[9] 확실한 한 가지 예외는 1992년 UN 총회에서 만장일치로 통과된 민족적 또는 인종적, 종교적, 언어적 소수자들에 속한 사람들의 권리에 관한 선언(Declaration on the Rights of Persons Belonging to National or Ethnic, Religious and Linguistic Minorities)이다. 하지만 이것은 강제적인 효력이 없다.

위임권을 성취하고 자신들의 제도적인 아젠다를 진척시키기 위한 내부적인 이유로 인해 이러한 규범을 종종 개발해왔다. 많은 경우에 있어서 국가 간 국제기구들은 그들의 강력한 회원국들에 의해 종종 어떤 극적인 국제적인 사건이나 위기(예를 들면, 1990년대 초의 발칸반도에서의 위기)에 대한 대응으로 민족적 다양성과 관련하여 '무언가를 하도록' 허락되거나 고무된다. 그러나 다양성과 관련하여 그들이 결국에 하게 되는 것은 미리 정해져 있지 않았다. 그들이 규범과 표준을 공식화하기로 시도하는 것은 필연적인 것이 아니었으며, 이러한 표준이 최근에 생겨난 범주와 개념을 사용할 것이라는 것도 필연적이지는 않았다. 국가 간 국제기구들은 더욱 광범위한 지정학적인 현실에 의해 구속된다. 그러나 이러한 구속 가운데서도 그들은 그들 자신의 제도적인 논리에 따라 인종적 다양성의 논점들에 반응할 수 있는 상당한 여유가 있다. 그리고 이것이 각각의 국가 간 국제기구들이 다양성의 논점들에 접근하는 그 방식을 통해 반영된다. 예를 들면, 비록 국가 간 국제기구들이 동일한 일련의 회원국들에 신세를 지고 있지만, 민족적 다양성에 대한 세계은행의 접근은 유네스코의 접근과는 다르며, 또한 유네스코의 접근마저도 국제노동기구의 접근과는 다르다. 이러한 모든 기구들이 어느 정도 더욱 '다문화를 지향하는' 방향으로 이동하고 있지만, 그들은 다양한 방식으로 민족적 다양성의 '문제점'을 인식하고 있다. 그런 까닭에, 그들은 다른 제도적인 위임권과 관료적인 문화를 반영하면서 다른 해결책들을 제시한다.

마이클 바넷(Michael Barnett)과 마싸 피네모어(Martha Finnemore)는 최근의 연구를 통해 국가 간 국제기구들이 그들의 정책을 단순히 가장 강력한 회권국 사이의 타협의 산물로서 취급하는 학자들과 논평자들에 의해 지속적으로 과소평가되고 있음을 논한다.(Barnett and Finnemore, 2004) 실제로, 직원들이 자신들의 위임권을 이해하고 자신들의 영역을 옹호하고 자신들의 경력과 이상을 증진하고자 시도하기 때문에 이러한 정책들은 종종 기구 내부의 투쟁의 산물이다. 국가 간 국제기구는 세계 골칫거리에 대해 수용가능한 해결책을 결정하는 일 뿐 아니라 현안을 직시하고 위기와 기회를 정의할 이론적 틀을 개발함으로 이 문제 자체를 파악하는데 도움이 될 수 있다.

민족적 다양성에 관한 최근의 국제적인 규범과 표준에서의 진전은 이러한 역동성에 관한 많은 예를 제시한다. 7장에서 자세하게 논의하게 될 한 가지 예는 각각의 국가 간 국제기구들이 '원주민들(indigenous peoples)'의 범주를 이해하는 방식과 그들이 원주민들의 권리를 다른 형태의 민족문화적인 집단의 권리와 구분을 짓거나 그렇게 하지 않는 방식의 극적인 변화들이다. 내가 말할 수 있는 한에서, 이러한 결정들은 강력한 회원국들의 일방적인 결정이라기보다는 오히려 개별 국가 간 국제기구들의 내부의 우선순위들과 과정들을 반영한다. 사실상, 국가 간 국제기구들은 내가 앞에서 제기한 딜레마들 세 가지 모두―즉, 일반적인 권리와 대상 지향적인 권리를 결합하고 소수자를 범주화하는 방식, 단기간의 분쟁 예방을 장기적인 이상들과 결합하는 방식, 더 중요한 정의를 위한 희망을 불안정에 대한 두려움과 통합하는 방식 ― 와 관련하여 자신들만의 입장을 분명히 할 수 있는 상당한 정도의 자율성을 가지고 있다. 이러한 결정들 중에 어느 것도 개별적인 국가 간 국제기구들의 외부에 있는 영향력에 의해 미리 정해지지 않았다. 대신에 그것들은 국가 간 국제기구들이 민족적 자율성의 문제를 분석하고 그것에 대한 가능한 해결책들의 틀을 짜는 방식에서부터 드러났다.

불행하게도 국가 간 국제기구들이 스스로를 도덕적 어려움과 정치적인 막다른 길에 가두는 방식으로 자신들의 자율성을 행사하였고, 이는 자유주의적 다문화주의의 전지구적 확산을 위한 전망을 복잡하게 만들었다. 이런 방식으로 나는 이 책에서 논하고자 한다. 나는 이러한 자율성의 범위를 과장하기를 원하지 않는다. 전지구적 질서에서 깊이 자리잡은 불평등과 적대관계를 고려할 때, 국가 간 국제기구들이 민족적 다양성의 논쟁점들에 대한 것을 포함하여 진보적인 변화를 위한 도구의 역할을 할 수 있는 범위에는 구조적인 한계가 있다. 그러나 이러한 한계 안에서 국가 간 국제기구들은 영향력 있는 국제적인 행위자들이며, 민족적 다양성의 논쟁점들이 전 세계적으로 이해되고 해결되는 방식에 좋건 나쁘건 간에 상당한 기여를 할 만한 자율성을 가지고 있다.

내가 다문화주의의 국제화를 연구하기 위한 주된 초점으로 국가 간 국제기구들을 선택하였지만, 이러한 기구들이 고립된 채로 결정들을 내리지는 않는다. 사실상, 그들은 관련 분야들에 전문적인 지식을 가진 직원들로서 상대적으로 적은 수의 사람들을 데리고 있다. '규범'과 '최상의 실천'을 확인하고 장려하기 위한 그들의 노력은 다른 관계자들의 참여에 대단히 의존하고 있다. 국가 간 국제기구들은 자문 그룹의 일원이 되고 고문의 역할을 하고 연구논문을 쓰고 공동 프로젝트와 프로그램을 위한 파트너의 역할을 하기 위해 대학교수, 두뇌집단, 자선단체, 전문적인 지지 그룹을 모집한다.[10] 이러한 연합은 국가 간 국제기구들을 중심으로 하여 대학과 시민 사회로 확장되는 코피 아난이 '전지구적 정책 네트워크'(UN, 2000) 라고 명명한 것을 창조해냈고, 이것은 일련의 공통된 가정과 목표를 가지고 일련의 공통된 문제를 해결하기 위해 일하였다. 사실상 이러한 참여자들 사이의 상호연관성과 상호의존성은 아주 강하게 이루어져서 그들 사이를 구분하는 것이 종종 쉽지 않다. 'NGO 관리', '교수', '국제적인 관료' 사이의 구분은 우리가 관계된 실제 당사자를 볼 때에 확연하게 드러나기 시작한다. 엘리트들은 놀랍도록 쉽게 이러한 다른 역할 사이를 이동한다(또는 그들을 동시에 차지한다). 미국의 '민주주의를 만드는 사람들'(즉, 국제적인 민주주의 증진에 관한 미국의 정책들을 형성하는 데 관여하는 주요당사자들)에 대한 연구를 통해 니콜라스 길핫(Nicolas Guilhot)은 엘리트들이 대학, 자선단체, 정부기관, 중요한 NGO의 이사회 사이를 자유롭게 왔다 갔다 하는 것을 보여준다.(Guilhot, 2005, Dezalay and Garth, 2002와 비교하기 바람) 내가 알기로 국제적인 수준에서 다문화주의의 증진을 위한 정책을 형성하는 사람들에 대한 유사한 연구를 수행한 사람들은 아무도 없다. 그러나 일화적 증거는 다른 형태의 국제적인 참여자들 사이에 대학과 시민사회에서부터 국가 간 국제기구들로 그리고 다시 그 반대 방향으로 유사한 패턴의 엘리트들의 이동을 시사한다.

---

10 자선 단체들의 역할은 특히 흥미롭다. 예를 들면, 세계은행의 동유럽의 로마인 소수자들(the Roma minority)을 돕기 위한 새로운 프로그램('로마인 포섭의 십 년')은 죠지 소로스의 Open Society Institute와의 공동 기획이었고, 록펠러 재단은 라틴 아메리카에서 반차별 정책들을 증진시키기 위한 UN의 노력들을 지원하였고 또한 유럽 안전 보장 협력 기구(OSCE)에서 소수민족들을 위한 고등판무관의 일을 선전하였다. Alistair Bonnet에 의하면, 이러한 단체들은 반차별정책의 미국식 모델들을 전 세계로 확산시킴에 있어서 중요한 역할을 해왔고(Bonnett, 2006), 실제로 미국 정부보다도 더 적극적인 지원자의 역할을 해왔다. 이러한 단체들이 이 분야에서 결정들을 어떻게 내리는 지에 대한 체계적인 연구는 매우 소중할 것이다. 앞의 예가 제시하듯이, 그들의 역할은 국가 간 국제기구들이 서구적인 경험들을 우선시하는 경향을 상쇄할 것 같지는 않다. 이러한 흩어진 네트워크에 속한 참여자들은 모두─대학의 전문가들, NGO들, 자선 단체들을 포함하여─는 사실상 서구 지배적이다.

간단히 정리하면, 우리는 국가 간 국제기구들을 민족적 다양성의 통치와 관련하여 규범들과 표준들을 공식화하는 프로젝트를 위해 모집되는(또는 자원하는) 거대한 참여자 네트워크의 중추의 역할을 하는 것으로 생각할 수 있다. 그리고 이러한 국가 간 국제기구들이 노력을 하다가 실수를 하게 된다면 ─ 만약 그들이 범주와 조건에 관한 질문을 잘못 다루게 된다면 ─ 적어도 설명의 일부는 그들이 교수, 옹호자, 기부자의 네트워크로부터 잘못된 조언을 받았다는 것이다. 또는 아마 더욱 정확하게 그들이 기저에 있는 목표와 장기적인 지속성에 대한 충분한 주목을 하지 않은 채로 즉각적인 도전에만 지나치게 초점을 맞추는 근시안적인 조언을 받았다는 것이다.

이러한 비판에 나 자신을 포함시키는 것을 주저하지 않는다. 이러한 전지구적 정책 네트워크의 정식 회원이 아니지만, 나는 적어도 동료 여행객이다. 그리고 이 책을 쓰는 한 가지 동기는 내가 또는 다른 교수들이 이러한 국제적인 노력에 어떻게 가장 잘 기여할 수 있는 지에 대한 불확실성이 점점 증가한다는 것이다. 어떤 경우에 단기적으로 건설적이기를 바라면서 오히려 자신이 소수자 권리 규범과 표준의 새로운 틀에 관한 근원적인 목표와 장기적인 지속성에 관한 어려운 질문을 스스로 억압하는 것을 발견한다. 내가 참여한 다양한 모임과 워크샵에서 나는 종종 탁자아래에 있는 코끼리를 무시하는 이심전심의 일치를 감지한다.

실상 나는 지금이 다문화주의의 국제화 옹호자들에게 상서로운 시간이 아니라는 이유로 이러한 우려를 제기하는 데 주저한다. 제2장에서 논하지만, 국가 간 국제기구들이 민족적 다양성에 관한 규범과 표준을 공식화하기 위한 길을 가기로 과감히 나섰다는 것은 어느 정도 이변이었다. 그리고 이러한 실험을 취소하기 위한 변명을 환영하려는 많은 사람들이 있다. 소수자 권리의 국제적인 체재를 지속적으로 강화하기 위한 전망에 관해 초기의 낙관적인 기간이 지난 후 대부분의 옹호자들이 이제는 그것의 취약점이 무엇이든지 간에 현재의 상태를 유지하기를 바랄 뿐이다. 그들이 우려하는 것은 우리가 만약 국가 간 국제기구들이 그들의 규범과 표준의 근원적인 목표와 가정을 다시 돌아보도록 한다면 그 결과는 그것들을 강화하기 보다는 약화시킬 것이라는 것이다.[11] 이러한 견해에 기초하여, 현 상태는 적어도 예측할 수 있는 미래나 매한가지이며, 이러한 조건 내에서 사용된 범주와 개념에 관한 논쟁을 다시 재개하기 보다는 점진적인 개선을 위해서 노력해야 한다.

공교롭게도 나 또한 소수자 권리의 국제적인 체제에 대한 근본적인 재고의 가능성에 관한 이러한 비관론에 공감한다. 그리고 현 상태가 실제로 지속될 것이라고 내가 생각했다면, 나의 근심을 계속해서 나 자신에게만 간직했을지도 모른다. 규범과 표준의 현 체제는 의심할 여지없이 얼마간의 역사적으로 소외된 그룹들, 가장 주목할 만한 것으로 라틴 아메리카의 원주민들에게 도움을 주었고, 더욱 일반적으로 민주 정치의 정상적이고 합법적인 일부로서의 민족적 집단에 의한 권리 요구의 행위를 합법적으로 인정하는 데 도움을 주었다. 이것들은 무의미한 업적들이 아니며, 변호할만한 가치가 있다. 그러나 내가 점점 확신을 갖게 되는 것은 현 상태가 지속될 수 없다는 것이며, 균열이 일어날 때 우리가

---

11 예를 위해서, 88~89쪽을 보라.

어떻게 반응할 것인가에 대한 생각을 시작할 필요가 있다는 것이다.

다문화주의의 '국제화'를 논할 때, 나는 첫 번째 예로서 민족적 다양성의 영역에서 규범과 표준을 공식화하고자 해왔던 국가 간 국제기구들에 초점을 맞출 것이고, 두 번째로 국가 간 국제기구들의 노력에 도움을 주고 있는 연관된 전지구적 정책 네트워크에 초점을 맞출 것이다. 국가 간 국제기구들은 자신들의 회원국을 대변하도록 위임을 받았으며, 이런 측면에서 '국제공동체'를 대표한다. 이러한 주장을 액면그대로 받아들이는 것이 순진한 것이라고 한다면, 이러한 주장의 의미를 무시하는 것도 동일하게 실수일 것이다. 제프리 첵컬(Jeffrey Checkel)의 용어로 국가 간 국제기구들은 '규범제정자들'이며, 세계의 여러 나라들은 '규범수용자들'이 된다.(Checkel, 1999) 그리고 이러한 관계는 다양성의 새로운 국제정치의 역설의 이해를 위한 열쇠이다.

또 하나 분명히 해야 할 것은 나의 '다문화주의'라는 용어의 사용과 내가 국가 간 국제기구들이 '다문화주의 증진'에 관여한다고 주장한 것과 관련된다. 나는 그것들이 '새로운' 소수자들(예를 들면, 이민자와 난민들) 또는 '오래된' 소수자들(예를 들면, 역사적으로 뿌리 깊은 소수민족들과 원주민들) 이건 간에, 비지배적인 민족문화적인 집단에 대한 어느 정도의 공적인 인정, 지원 또는 수용을 제공해 주기 위해 고안된 넓은 범주의 정책을 포함하는 포괄적인 용어로서 다문화주의를 사용하고 있다. 여기에는 다른 종류의 소수자 집단을 위한 다른 형태의 정책들이 포함된다. 그리고 이 책의 많은 부분이 국제적인 규범이 이러한 차이점들을 어떻게 다루는지를 조사하는 것과 관련된다. 그런데 이것들의 공통점은 자신들의 독특한 정체성과 실천들을 유지하고 표현하도록 민족문화적인 소수자들을 위한 어느 정도의 공적인 인정과 지원을 확대하기 위해서 자유-민주주의적인 국가에서 모든 개인들에게 보장된 기본적인 시민의 권리와 정치적인 권리의 보호의 경계를 넘어선다는 것이다.

국가 간 국제기구들에 의해 채택된 일부 최근의 선언과 규약, 그리고 이들이 제시하는 추천과 최상의 실천의 목록들은 이런 측면에서 다문화주의를 장려한다. 이들은 개인들이 인종이나 민족에 기초하여 차별받지 않아야 한다는 원칙을 단언하지만, 민족문화적인 다양성의 긍정적인 보호 또는 증진을 제공하는 정책을 장려하기 위해서 그 원칙을 넘어선다. 만약 국가 간 국제기구들이 비차별의 원칙을 재확인한다면, 새로운 선언이나 규약을 채택할 필요가 없을 것이다. 그 이유는 그 원칙이 기초를 다지는 1948년의 보편적인 인권 선언(1948, Universal Declaration on Human Rights)에서 1966년의 모든 형태의 인종적 차별의 제거에 관한 국제규약(1966 International Convention on the Elimination of AllFormsof Racial Discrimination)에 이르기까지 이미 몇몇 초기의 국제기구들에서 분명히 언급되고 있기 때문이다. 새로운 선언과 규약이 덧붙이는 것은 민족문화적인 다양성을 위한 어떤 형태의 긍정적인 인정 또는 지원이며, 이는 나의 (다문화주의의) 용어 정의에 기초하여 새로운 선언과 규약을 '다문화적인' 것으로 간주하게 한다.

일반적으로 인정되듯이, 국가 간 국제기구들은 그들의 규범과 표준의 원문에서 '다문화주의'라는 용어를 거의 사용하지 않는다. 그들은 다음과 같은 일련의 다른 용어를 사용한다. '문화적 다양성의 보호와 증진', '소수자와 지역적인 언어들의 보호와 증진', '민족적 또는 인종적, 종교적 그리고 언어적 소수자들에 속한 사람들의 권리의 보호와 증진', '원주민들의 역할을 인정하고, 수용하고, 증진하고, 강화시킬' 의무, 또는 '원주민들과 그들의 공동체를 권력을 줄' 의무 등 등. 이런 모든 것들은 비록 국가 간 국제기구들이 그것을 사용하지는 않지만 내가 사용하는 용어인 다문화주의의 사례이다.

국가 간 국제기구들이 '다문화주의'라는 용어를 사용하지 않는 한 가지 이유는 많은 나라에게 그것이 더욱 제한적인 의미를 가지고 있기 때문이다. 예를 들면, 유럽에서 '다문화주의'는 종종 '소수자 보호'라는 오래된 유럽적인 생각들을 포함하지 않는 독특한 신세계(New World)의 용어로 여겨진다.[12] 심지어 신세계 내부에서조차도, '다문화주의'는 때때로 이민자 집단의 맥락에서만 사용될 뿐이며 원주민을 향한 정책들을 포함하지 않는다(예를 들면, 이것은 뉴질랜드와 캐나다에서 그러하다). 대조적으로, 라틴 아메리카에서 '다문화주의(또는 '복수문화주의')'는 이민자 집단이라기보다는 원주민의 권리들을 언급할 때에 거의 독점적으로 사용된다.[13]

이러한 다양한 용어에 대한 이해들을 고려할 때, '다문화주의'를 포괄적인 용어로 사용하는 것은 오해의 위험성이 있다. 더욱 널리 공유되는 포괄적인 용어를 찾는 것이 바람직할 것이다. 불행히도 모든 대안들이 유사한 어려움에 처해 있다. 예를 들면, 어떤 사람들은 최근이든 오래됐건 간에 모든 비지배적인 민족문화적인 집단들의 요구사항들을 포괄하

---

12 역주 : 이 책에서 저자가 의미하는 '신세계'는 주로 유럽인들의 이주의 역사가 그 지역의 근대적인 사회 형성의 주요한 특징을 구성하는 북미의 미국과 캐나다, 오세아니아주의 뉴질랜드와 호주를 가리킨다.

13 역주 : Indigenous peoples은 최근에 '선주민'이라는 용어로 종종 번역되기도 하지만 아직까지 전반적으로 '원주민'이라는 용어가 학자들과 일반 대중들에게 널리 쓰이고 익숙한 것이기에 여기서는 원주민(들)으로 번역한다.

기 위해서 '소수자 권리'라는 용어를 사용한다.(나도 초기의 작업에 이렇게 하였다) 그러나 이것 또한 논쟁적인 용어임이 입증되었다. 한편으로 국가 간 국제기구들에 의해 장려되고 있는 정책들 중의 모든 것들이 '권리'라는 언어 속에 쉽게 담겨질 수 없다. 뿐만 아니라 '소수자'라는 용어가 문제가 된다. 대영제국과 같은 몇몇 나라에서 '소수자'라는 용어는 스코틀랜드 사람들이나 웨일스 사람들과 같은 역사적으로 오래된 집단들을 언급하기 위해서가 아니라 이민자 집단들을 언급하기 위해서 사용될 뿐이다. 반대로 오스트리아에서 '소수자'라는 용어는 새롭게 정착한 집단들이 아니라 슬로베니아 사람들과 같은 역사적으로 오랫동안 자리 잡은 집단들을 언급하기 위해서 일반적으로 사용된다. 그리고 많은 나라에서 원주민은 내가 아래에서 논하게 될 이유들로 인해 '소수자'라는 용어를 거부하고 '민족(nations)' 또는 '국민(peoples)'을 선호한다.

다른 학자들은 민족문화적 다양성의 다른 형태에 의해 제기되는 논쟁점을 포함할 수 있는 포괄적인 용어의 역할을 할 수 있는 다른 선택을 제시한다. 그 중의 몇 가지를 예로 들면, '다양성 정책', '문화적 권리', '공동체 권리', '집단의 권리', '차별화된 시민권', '다원적 헌법주의', '자유주의적 다원주의' 같은 것들이 있다. 이런 모든 용어들이 내가 여기에서는 제기하지 않는 오해의 가능성에 놓여 있고, 어떤 경우에라도 '다문화주의'보다는 국가 간 국제기구들에 의해서 널리 사용되지 않는다. 일반적으로 수용되는 대안의 부재로 인한 한계에도 불구하고 나는 '다문화주의'를 고집할 것이다. 그러나 '이민자들', '소수자들', '민족적' 집단들, 그리고 '원주민들'을 포함하는 민족문화적인 집단의 많은 다른 형태에 의해서 채택되거나 요구되는 아주 광범위한 정책을 위한 편의적인 포괄적 용어로서 내가 이것을 사용하고 있음을 독자들이 명심하기를 희망한다.

사실 국가 간 국제기구들도 단지 이런 방식으로 결국 다문화주의를 사용하게 된다. UN의 소수자에 관한 특별조사 위원회가 아프리카의 민족문화적인 집단의 다른 형태를 위한 UN의 규범과 표준의 영향을 조사하기를 원했을 때, '아프리카의 다문화주의'라고 불리는 일련의 워크샵들을 조직하였다.[14] 유사하게 UN 인간개발 보고서가 이민자, 국가 하위의 민족집단, 원주민에 대한 조사를 통해 문화적 다양성에 관한 보고서를 발표하였을 때, '다문화적 민주주의'를 위한 요구라는 이름으로 건의사항을 요약하였다.(UNHDR, 2004) 이런 경우와 다른 경우에서 '다문화주의'는 상이한 형태의 소수자 집단을 겨냥한 더욱 구체적인 정책을 통합하는 일종의 포괄적 브랜드로서 국가 간 국제기구들에 의해서 사용된다. 이 책에서 내가 따르고 있는 방식이기도 하다.

이 용어를 싫어하고 '소수자 권리', '다양성 정책들', '상호문화주의', '문화적 권리', 또는 '차별화된 시민권'과 같은 다른 용어를 선호하는 사람들은 상황에 맞게 그것을 자유롭게 대체하면 된다. 표기 그 자체가 중요하지는 않다. 정말 중요하고 더욱 논쟁적일 수 있는 것은 국가 간 국제기구들이 독특하게 자유주의적인 형태의 다문화주의와 소수자 권리를 장려하고 있다는 점이다. 이를 통해 내가 말하고자 하는 것은 이러한 규범들이 — 앞에서 인용된 유네스코의 표현으로 '아무도 국제법에 의해

---

14 예를 들면, 2001년 1월 8일~13일에 말리의 키달에서 개최된 '아프리카의 다문화주의에 관한 제2차 워크샵에 관한 보고서'를 보라(E/CN.4/Sub.2/AC.5/2001/3). 또한 UNESCO 의 *International Journal on Multicultural Societies*를 보라.

보장된 인권을 침해하기 위해 문화적 다양성을 실시할 수 없다'—라는 인권 표준들의 제약 내에서 작용할 뿐만 아니라, 또한 자유, 평등, 민주주의의 근원적인 자유주의적 가치들에 의해서 고무된다는 것이다. 자유주의적 다문화주의는 민족적 다양성을 인정하고 수용하는 정책들이 인간의 자유를 확장시키고 인권을 강화시키고 민족적, 인종적인 계층구조를 축소시키고 민주주의를 깊게 할 수 있다는 가정에 의거한다.

이러한 가정은 국가 간 국제기구들이 그들의 규범과 표준을 공식화하는 방식의 중심에 놓여있다. 우리가 앞으로 알게 되겠지만, 국가 간 국제기구들이 민족적 다양성의 논쟁점에 관해서 '무엇인가를 하기' 위한 다른 더욱 실용적인 동기를 가지고 있음은 확실하다. 그러나 자유주의적 다문화주의의 이상에 대한 신념이 없다면 그들은 그들이 채택한 구체적인 표준을 채택하지 않았을 것이며, 민족적 분쟁의 방지와 분쟁 해결의 더욱 유연하고 개별적인 도구들과 대립하는 것으로서 '규범들'과 '표준들'을 전혀 채택하지 않았을지도 모른다.

내가 4~5장에서 논하겠지만 다문화주의를 채택하는 것이 자유, 평등, 민주주의에 실제로 기여할 수 있다고 믿는다. 그러나 다문화주의와 이러한 근원적인 가치 사이의 연결은 단순하지도 않고 위험이 없는 것도 아니다. 많은 것들이 기저에 놓인 조건, 관여된 민족적 집단의 특징, 고려되고 있는 정책의 형태들에 달려 있다. 효율성을 위해서는 국제적인 규범과 표준이 이러한 복잡한 상황을 인정하고 반영할 필요가 있다. 이는 또한 내가 앞에서 언급한 딜레마들—우리가 사용하고 있는 범주들의 특징, 소수자 권리의 조건들과 그에 따른 결과, 정의와 안보의 관계에 관한 딜레마—의 해결을 위해 고심할 것을 요구한다.

　자유주의적 다문화주의를 장려하는 실험은 최근의 일이다. 관련된 선언과 규약은 기껏해야 10년에서 15년 정도 되었을 뿐이다. 이 실험이 얼마나 잘 되고 있는지, 그것이 어디로 향하고 있는지에 대한 명확한 결론을 내리기는 아직 너무 이를지도 모른다. 이 책에서 내가 제기하는 염려 중에 몇 가지는 명백한 추론이다. 그러나 어느 정도의 예비적인 평가를 내릴 수 있을 정도의 충분한 시간은 지났다고 생각한다. 그리고 우리가 안전하게 가져올 수 있는 한 가지 교훈은 자유주의적 다문화주의가 어려운 문제라는 것이다.

　힘든 현실은 서구의 민주주의를 넘어서 자유주의적 다문화주의의 이상을 확산시키려는 국가 간 국제기구들의 시도들이 현재까지 제한적으로나마 성공했다는 것이다. 활동가와 지식인들의 작은 집단 밖에서 이러한 노력이 대개 무시되었다. 후기 식민주의 또는 후기 공산주의 국가들이 더욱 다문화적인 방향으로 전환하기 위해 국가 간 국제기구들의 충고를 따른 듯이 보이는 소수의 경우에서 국가의 지도자들이 자유주의적 다문화주의의 주장의 장점에 대한 확신을 가졌기 때문에 그렇게 한 것은 아주 드물다. 오히려 국가 간 국제기구들은 지도자들이 믿지도 않는 정책을 채택하도록 그들을 강요하기 위해 아주 강력한 제재 규약이나 인센티브를 동원하였다. 예를 들면, 유럽 기구들로부터의 압력으로 인해 후기 공산주의 국가들에 의해 채택된 많은 소수자 옹호 정책이 그러하다. 국가 간 국제기구들이 자유주의적 다문화주의를 장려하기 위해 설득의 권위에만 의지했을 때, 대개 그들은 실패하였다. 설득과 함께 소수자 권리의 표준들을 충족시키지 않고서는 후기 공산주의 국가들이 유럽 연합이나 나토(Nato)에 가입할 수 없을 것이라는 위협을 받았을 때에 국가 간 국제기구들이 영향력을 확대할 수 있었다.(Kelley, 2004a)

항상 그렇듯이, 이러한 일반화에 예외는 있다. 몇몇 라틴 아메리카 국가에서 원주민의 권리의 국제적인 증진은 아주 성공적인 이야기인데 이는 다문화적인(또는 이 지역에서 종종 불리는 방식으로 '상호문화적인') 이상을 지역 정치 문화 속으로 더욱 널리 확산시킨 경우이다. 그러나 일반적으로 자유주의적 다문화주의는 냉정한 대접을 받는다.

자유주의적 다문화주의의 사상이 자신들의 권력을 소수자와 공유하기를 원치 않는 국가 엘리트에 의해서 거부될 수 있다는 것은 어쩌면 예상되었다. 그런데 더욱 놀라운 것은 진보적인 개혁을 위한 모판을 제공할 것으로 예상되는 많은 후기 공산주의와 후기 식민주의 국가의 자유주의적 / 민주주의적 / 개혁적인 야당 진영 내에서 또는 시민사회의 조직 내에서 그러한 생각에 대한 지지가 아주 낮다는 것이다. 심지어는 이러한 영역에서 국제공동체의 자연스러운 연합세력이 될 것으로 예상되는 사회 집단조차도 직접적으로 대놓고 적대적이지는 않지만 그 태도가 종종 미온적이다.[15] 다문화주의가 자유주의화와 민주화의 광범위한 과정의 본질적인 일부로 여겨져야 한다는 가정은 많은 나라에서 전혀 널리 받아들여지지 않는다.

---

15 외국의 재정지원에 의존하는 NGO들은 그들이 다양성과 관용이라는 전문적 유행어들을 사용하기로 기대되는 것을 알고 있고 친절하게 이렇게 한다. 그러나 이것은 다문화주의와 소수자 권리의 쟁점들에 대한 그들의 실제적인 태도를 거의 암시하지는 않는다. 불가리아의 NGO들과 정부 관료들이 외국의 지원자들을 위한 다문화주의에 대한 헌신의 흉내를 내면서 동시에 '주요한 문화로서의 단일문화주의'를 보존하는 현상에 대해서 Ditchev, 2004를 보라.

자유주의적 다문화주의를 확신시키기 위한 어떤 그럴듯한 전략도 이러한 회의론과 저항의 근원을 이해할 필요가 있다. 불행히도 특히 인기 있는 신문에서 또한 얼마간의 학술적 정책 집단에서도 너무 일반적인 반응은 이러한 상황을 도덕적 관점에서 해석하고 심리적인 관점에서 설명한다. 다문화주의에 대한 저항은 (아프리카 / 아시아에서) 전근대적인 정체성과 '부족주의적인' 자세, 또는 (후기 공산주의 유럽에서) '종족적 민족주의(ethnic nationalism)'의 지속으로 인한 것으로 여겨진다. 이러한 견해에 기초하여, 문제는 많은 사회에서 다양성의 논쟁점들을 건설적으로 다루기 위한 정치적 세련미가 결여되어 있다는 것이며, 이로인해 '성숙한' 서구 민주주의 내에서 생겨난 다문화주의의 모델의 장점들을 평가할 수 없다는 것이다. 이렇게 인식된 문제를 개선하기 위해 학교들과 미디어에서 관용의 가치를 가르치고, 비교문화적이고 종파를 초월한 대화와 이해를 개시하고, '우리'와 '타자' 사이의 정적이고 이분법적인(전근대적인) 사상을 대신하여 유동적이고 복잡하고 겹치는 정체성에 대한 근대적인(또는 후기 근대적인) 사상을 더욱 널리 증진하기 위한 프로그램이 만들어진다.

프로그램의 수혜자들이 이 프로그램 자체를 비서구사회와 문화를 향한 시혜적이고 온정적인 태도를 반영하고 있다고 여기며 종종 분개하는 현상은 놀랍지 않다. 더욱이 이것들은 실제적인 문제를 다루지도 않는다. 자유주의적 다문화주의에 대한 적대는 단지 편견, 무지 또는 외국인 혐오의 결과만은 아니다. 실제로 자유주의적 다문화주의는 비용이 들고 위험을 동반한다. 그리고 이러한 비용은 사회 내에서 그리고 사회들 전역에 걸쳐서 매우 다양하다. 다문화주의는 문화적, 정치적 정체성에 대한 사람들의 전통적인 이해에 도전할 뿐만 아니라 민주화의 과정, 경제적인 발전, 인권에 대한 존중, 심지어 지정학적인 안전을 위한 잠재적인 관계에 도전을 한다. 전근대적인 정체성에 대한 비이성적인 집착이 아니라 바로 이러한 어떤 시대와 장소에서 자유주의적 다문화주의가 대단히 위험한 선택이 될 수도 있다. 전근대적인 정체성에 대한 비이성적인 집착이 아니라 이러한 예상되는 결과들이 바로 후기 식민주의와 후기 공산주의 국가에서 자유주의적 다문화주의에 대한 반대의 많은 부분의 토대를 형성한다.

자유주의적 다문화주의를 확산시키기 위한 국제공동체의 현재의 전략들은 이러한 우려를 적절하게 다루지 않는다. 그 결과 국제공동체에 의해 증진되고 있는 정치적 담론과 법적인 규범의 몇몇의 양상들은 순진하고 임의적이고 심지어는 후기 식민주의와 후기 공산주의 국가들의 많은 사람들에게 위험하게 보인다. 자유주의적 다문화주의를 지지하면서 제기되는 표준적인 주장은 ─ 종종 다양성과 관용의 가치에 관한 평범한 의견에 지나지 않으며 ─ 국가와 소수자들 관계의 관리에 포함되는 잠재적인 위험들과 비용에 대한 사람들의 견해들과 전혀 연결되지 않는다.

국제공동체가 자유주의적 다문화주의의 위험들에 대한 이러한 불안을 적절히 다루는 데 실패하게 된 한 가지 이유는 이러한 불안이 서구에서 어떻게 다루어져 왔는지에 대해 충분한 주목을 하지 않았기 때문이다. 다문화주의가 서구에서 (균일하지 않은) 뿌리를 내리고 있다는 한에서 이는 서구사람들이 어떤 독특한 관용의 도덕적 가치를 가지고 있거나 자신들의 문화적, 정치적 정체성의 특징에 대한 어떤 고도로 세련된 이해를 하고 있기 때문이 아니다. 오히려 4장에서 보겠지만, 일련의 운이 좋은 환경이 자유주의적 다문화주의의 위험을 약화시켰으며, 이는 서구 국가들이 민주주의의 강건한 보호와 증진, 경제적 진보, 인권과 지역적 안전에 적합한 방식으로 민족 정치를 형성하고 이끌어 가도록 해주었다. 다문화주의는 결코 전혀 위험이 없는 것이 아니다. 운이 좋은 환경이 존재하는 곳에서 그것은 '좋은 위험(la belle risque)' ― 더욱 공정하고 더욱 포괄적인 사회를 추구함에 있어서 취할 만한 가치가 있는 알맞은 다루기 쉬운 위험 ― 이 된다.

서구에서 자유주의적 다문화주의의 기원에 대한 더욱 정직한 설명 ―즉 근거 없이 주장되는 시민적 가치들 또는 성숙한 태도보다는 우연적인 환경에 더욱 초점을 맞추는 것으로서 ― 은 우리가 자유주의적 다문화주의의 전지구적 확산에 대한 장애물을 더 잘 이해하는 데 도움을 줄 것이며, 아마도 우리가 그것을 극복하는 더욱 건설적인 방식들을 고안하는 데 도움을 줄 것이다. 이러한 설명은 또한 우리가 서구에서 자유주의적 다문화주의에 대한 계속되는 저항을 이해하고 그것을 다루는 데 있어서 도움을 줄 것이다. 무엇보다 자유주의적 다문화주의는 몇몇의 서구 국가들에서 적어도 어떤 형태의 민족적 다양성과 관련하여서 아주 위험한 모험으로 여전히 인식되며 반발과 후퇴의 기간을 보내고 있다. 이는 자유주의적 다문화주의의 등장과 강화가 항상 우연적이고 어느 정도 무너지기 쉬운 성취라는 것을 암시한다. 서구나 다른 곳에서 자유주의적 다문화주의를 위한 정치적 의지와 공적인 지원을 유지하는 것은 실제적이든 인식적이든지 간에 이러한 위험에 조심스럽게 주의를 기울이고 그것들을 완화시킬 길들을 찾는 우리의 능력에 달려있다.

정리하면, 다문화주의의 전지구적 확산의 장기적인 성공은 국가와 소수자의 관계의 다른 모델들을 유지하고 가능하게 하는 사회적, 정치적인 조건들, 그리고 이러한 조건들이 시간과 공간을 가로질러 다양하게 나타나는 방식에 대한 더욱 섬세한 이해를 필요로 한다. 자유주의적 다문화주의의의 정치적 담론들과 소수자 권리에 대한 국제법의 규범이 더욱 현실적인 정치 사회학에 세워질 필요가 있다. 이는 거의 확실하게 자유주의적 다문화주의가 국제적으로 설명되고 증진되는 방식에서 뿐만 아니라, 어떤 형태 또는 양상의 자유주의적 다문화주의의가 세계의 다른 지역들에서 적절하고 타당한가에 대한 우리의 기대에 있어서도 변화를 필요로 한다.

어떤 논평자는 이런 유의 변화들이 동시에 일어날 것으로 생각한다. 다양성에 대한 국제 공동체의 헌신은 상대적으로 최근의 일이며, 다양한 참여자와 단체가 어떤 종류의 담론과 규범이 어떤 조건 아래서 효과적인지를 배우기 시작하면서, 그리고 틈을 메우고 모호한 것들과 불일치들을 해결하는 선례가 만들어지면서, 우리는 이미 '그 틀을 채우는' 일의 진행을 볼 수 있다.[16]

하지만 나의 견해는 이러한 어려움이 자발적으로 정리되지는 않을 것이라는 것이다. 이러한 어려움을 논의하려는 어떤 시도도 다문화적인 정책과 소수자 권리의 특징과 목적과 그리고 그것을 보호함에 있어

---

[16] '그 틀을 채운다'는 유추에 대해서는 Weller, 2003을 보라. 소수자 권리 규범들의 진화에 대한 휘그당적인 (민권주의의) 해석은 이러한 논쟁점들에 대한 국제법률가들에 의한 대부분의 토론들에 암시되어 있다. 예를 들면, 인권의 규범들과 소수자 권리 규범들 사이의 '더욱 강한 수준의 소수자 보호를 위한 지속적인 증가의 협력 작용'에 관한 Henrard의 논의를 보라.(Henrard, 2005)

서 국제기구의 역할에 관한 다수의 어렵고 논쟁적인 결정을 요구한다. 광범위한 국가 간 국제기구들이 다문화주의 담론을 채택하지만, 이러한 일반적인 수사는 민족적 다양성의 논쟁점이 인권, 민주화, 개발의 논쟁점과 어떻게 연결되는지에 관한 깊이 자리 잡은 불화를 숨긴다. 이러한 불화와 현존하는 담론과 규범들의 비효율성을 고려할 때, 국제기구들이 다문화주의의 국제화라는 프로젝트로부터 후퇴함에 따라서 장기적인 예측은 틀을 채워 가는데 있는 것이 아니라 틀을 비우는 데 있을 지도 모른다. 아래에서 제시되듯이, 이미 그러한 후퇴의 징후가 나타난다.

이는 우리가 다문화주의의 국제화의 진보에 있어서 중요한 지점에 있음을 시사한다. 만약 우리가 이러한 과정에서 내재하는 진보적 잠재성을 성취하고자 한다면, 우리가 '다양성'과 '관용'의 가치에 관한 진부함을 넘어서서 서구와 다른 지역에서 자유주의적 다문화주의의 다른 양상들이 민주화, 인권, 개발, 그리고 지역적 안전의 논쟁점과 어떻게 연결되는지에 관한 어려운 질문들을 조사할 필요가 있다. 이에 기초하여 우리가 전지구적 확산을 위한 자유주의적 다문화주의의 더욱 현실적이고 견실한 규범들과 실천들을 확인할 수 있을지도 모른다. 그렇지 않다면, 우리가 다문화주의의 국제화를 진행 하면서 시도한 대담하면서도 때때로 당황하게 만드는 지난 15년의 실험의 점진적인 포기를 목격할 수도 있을 것이다.

*****

이 책에서 나의 목표는 미래를 위한 자세한 청사진을 제공하는 데 있는 것이 아니라, 오히려 다문화주의를 국제화하는 현재의 과정을 탐색하고 이것이 우리에게 제기하는 어려운 도전과 선택을 확인하는 데 있다. 이 목표를 위해서 다음 장에서 나는 왜 국제 공동체가 특히 후기 냉전 시대에 국가와 소수자의 관계를 구축하는 시도에 힘써 관계하고 있는지를 논하면서 시작한다. 우리가 보게 되겠지만, 이는 부분적으로 민족 정치가 후기 공산주의와 후기 식민주의 국가에서 평화와 안정에 제기할 수 있는 위험에 대한 비관적인 견해의 결과이며, 여기에는 동시에 자유주의적 다문화주의가 어떻게 서구의 많은 지역에서 민족 정치를 진정시키고 정상화하는 데 도움을 주었는가에 대한 낙관적인 견해도 결합되어 있다. 과거 15년 동안에 국제 공동체에 의해 개발된 '최상의 실천들'과 '법적인 규범들'에 관한 다양한 아이디어들은 얼마간의 이러한 두려움과 희망의 불안정한 조합을 반영한다.

2부에서 나는 자유주의적 다문화주의의 논리를 분석함으로써 상반된 조합의 희망적인 측면을 탐색한다. 나는 자유주의적 다문화주의가 서구에서 취하게 되는 다른 형태들을 확인하고 다문화주의 정책이 민족 정치를 진정시키고 민주주의를 심화시키고 인권을 강화하는 데 정말로 도움을 주었다는 견해를 옹호한다. 하지만 나는 또한 이런 관점에서 그러한 성공이 민주적 강화, 인권 혁명, 지정학적인 안전과 관련되는 다수의 매우 특별한 조건에 의존해왔음을 논한다. 이러한 조건의 균일하지 않고 무너지기 쉬운 특징은 다른 서구 국가들에서 다른 집단을 위한 자유주의적 다문화주의의 가지각색의 기록을 설명하는 데 도움이 된다.

3부에서 나는 후기 식민주의와 후기 공산주의 국가들에서의 불안정을 야기하는 민족적 분쟁에 대한 불안들로 인해 국가 간 국제기구들이 어떻게 국가와 소수자 관계의 영역에 더욱 관여하게 되고, 특히 자유주의적 다문화주의를 증진하고자 하는 동기가 유발되는지를 탐색한다. 자유주의적 다문화주의의 특수한 서구적 모델의 자세한 사항들이 매우 다른 역사, 인구통계, 제도적인 구조를 가진 다른 나라들에 단순하게 이식될 수 없었다는 것은 항상 명백하였다. 그래서 과제는 자유주의적 다문화주의 더욱 일반적인 양상들—그것의 근원적인 정신, 원칙들, 또는 전략들—을 확인하고자 노력하는 것이었고, 이것에 기초하여 잠재적으로 보편화될 수 있는 교훈을 공식화하는 것이었다. 이것이 아주 어려운 과제임이 증명되었고, 결과물은 낙관론과 비관론의 역설적인 혼합을 종종 드러낸다. 때때로, 국제 공동체는 시민들에게 민족적 다양성을 두려워하지 말도록 권하는 자유주의적 다문화주의의 순진하고 거의 유토피아적인 정신을 고취한다. 반면에, 국제 공동체는 불안정을 야기하는 민족적 분쟁에 대한 두려움에 강력하게 사로잡혀 있고, 이는 국제 공동체가 다른 종류의 권리를 요구하도록 자격이 부여된 소수자의 범주들과 그들이 그 권리를 요구할 자격이 주어지는 그 조건을 어떻게 정의 내리는지에 영향을 미친다. 민족정치가 '통제를 벗어나'는 것을 막기 위해서 국제 공동체는 자유주의적 다문화주의의 원칙을 항상 반영하지 않고 실제로 그것들과 대립될 수도 있는 방식들로 다문화주의의 '합법적인' 형태를 제한하고 통제하고자 시도하였다. 서구에서 자유주의적 다문화주의 채택을 이끌었던 환경들이 많은 후기 공산주의와 후기 식민주의 국가들에서는 존재하지 않는 것을 고려할 때, 이는 어느 정도 필연적이고 적절하다. 그러나 다수의 불일치, 이중 잣대, 비뚤어진 결과를 발생시키는 소수자의 요구 사항들을 확증하면서 동시에 저지하는 식으로 민족정치적 동원에 대한 정신분열적인 해결 방법은 의도되지 않은 결과이다. 이는 결국 자유주의적 다문화주의의 국제적인 증진은 어떤 원칙에 입각한 기초가 결여되어 있다는 인식을 세계의 많은 사람들에게 주게 될 것이다.

나는 두 가지 중요한 맥락에서 이러한 긴장들을 탐색한다. 첫째, 유럽, 특히 유럽의회와 유럽안전보장 협력기구에 의한 '소수민족들'에 대한 대우에 관한 규범들과 표준들을 개발하기 위한 국가 간 국제기구들의 시도.(3부 2장) 둘째, 전지구적 수준에서, 특히 UN, 세계은행, 국제노동기구에 의한 '원주민들'의 대우에 관한 규범들과 표준들을 개발하기 위한 국가 간 국제기구들의 시도.(3부 3장) 이 두 가지 경우에 있어서, 나는 초기의 성공들이 위험에 처해 있다고 논할 것이다. 그 이유는 범주, 조건, 목표에 관한 근원적인 딜레마들을 다루는 데 있어서의 실패로 인함이다.

나는 자유주의적 다문화주의의 전지구적 확산을 어떻게 다시 상상할 수 있는지에 관한 몇 가지 잠정적인 제안들로 결론을 내린다. 나는 이러한 어려움이 완전히 해결될 수 있다고 생각지는 않는다. 하지만 자유주의적 다문화주의를 증진하는 데 있어서 다른 국제적인 참여자의 역할들을 어느 정도 재고함으로써, 그리고 증진되고 있는 담론과 규범들의 실질적인 내용을 어느 정도 재고함으로써, 그러한 어려움이 더욱 성공적으로 관리될 수 있을 것이다. 우리는 메시지와 메시지의 전달자에 있어서의 변화를 필요로 한다.

나는 자유주의적 다문화주의가 전 세계 걸쳐 공정하고 포괄적인 사회를 건설하기 위한 최선의 희망이며, 이것의 확산이 국제기구들의 도움이 없이는 성취될 수 없다는 확신을 여전히 가지고 있다. 바로 이러한 이유로, 잠시 뒤로 물러서서 지난 15년간 이 영역에서 국제공동체에 의해 쏟아 부어진 엄청난 노력이 여전히 바른 길로 가고 있음을 확인하는 것은 중요하다.

제2장
변화하는 국제적 맥락
전후의 보편적 인권으로부터 냉전 이후 소수자 권리까지

최근 소수자 권리 영역에서 국제적 움직임의 경향은 간단하면서도 매우 인상적인 전제하에 놓여있다. 즉 소수자 문제는 '정당한 국제적 관심사이며 개별 국가의 내부문제로 한정되지 않는다'라는 전제가 그 것이다.[1] 이 전제는 1990년대 이후로 새 기준과 관리감독 체제를 마련 하기 위해 여러 국제기구에 의해 공표된 바 있다.

곧 이어지는 논의에서 이 새 기준과 체제에 대해 상술하겠지만 우선 이 전제부터 살펴보겠다. 왜 소수자 문제가 '정당한 국제적 관심사'인 가? 왜 국내 소수자 권리가 '내부문제로 한정되지 않는', 개별 국가의 전 통과 사안의 긴급성에 따라 해결될 문제가 아니란 말인가? 물론 대부분 의 사람들은 국가가 소수자 문제를 다룰 때 어느 정도의 한계는 마련되 어야한다고 동의할 것이다. 소수자 권리 기준의 새 경향이 도래하기 전 에도 대량학살, 인종청소와 인종차별 등 심각한 범법행위에 대한 금지 는 있었다. 그렇다면 국가가 일단 이런 최소 기준을 만족시킬 경우에도 정당한 국제적 관심사에 의해 별도의 소수자 권리 기준이 마련되어야 할까? 왜 국제 사회가 개별 국들의 국가와 시민권에 관한 태도가 동화론 적인지 다문화적인지 신경써야 하는가? 국제사회가 소수자 권리에 대 해 정당한 관심사가 있다는 주장은 때로는 국가가 상대적으로 자유롭게

---

1   OSCE 보고서, 국가내 소수자 전문가 회의(제네바 1991년 7월 19일), Section II, para. 3(http://www.osce.org/item/14125.html).

인종 다양성을 추구할 권리가 있다는 오래된 전통적 관점과의 획기적 단절로 여겨진다. 그러나 국제사회는 언제나 '소수자 문제'에 대해 분명한 문제의식이 있었고 이의 적절한 대처방안에 관심을 기울여온 것이 현실이다. 사회의 불만 계층인 소수자 문제는 19세기 중반 이후로 분쟁의 원인이 되어왔고 분리독립주의자와 민족통일주의자 사이의 갈등은 종종 폭력적이고 불안정한 방식으로 유럽의 지도를 새로 그리는 결과를 낳았다. 국제사회는 이런 현실을 결코 묵과하지 않았다. 우드로 윌슨이 1919년에 "감히 말하건데 특정 상황 아래 소수자들에게 가해지는 폭력만큼 세계 평화를 교란시키는 것은 없을 것입니다"라고 말했을 때 그는 사실 당시 통용되던 관점을 되풀이한 것일 뿐이었다.[2]

시간이 지남에 따라 변한 것은 이런 '소수자' 문제가 어떻게 개념화되고 이에 맞추어 해결책도 다르게 제시되었다는 것이다. 현 국제사회의 문제와 봉착한 딜레마가 무엇인지 보다 더 잘 알기 위해서는 이런 변화들을 이해할 필요가 있다. 곧 드러나게 되겠지만 무엇보다도 역사적 잔재가 현 국제분쟁에 접근하는 방식을 결정짓는다는 것을 알 수 있다.

1. 전후 합의

20세기 초 몇 십 년 동안 소위 '소수자 문제'는 민족통일주의자의 관심사 정도로 치부되었다. 그러나 합스부르크, 러시아, 오토만 등의 유럽의 다국가 제국이 몇 개의 신생독립국들로 쪼개지자 '소수자 문제'는 새로운

---

2 Krasner, 1999, 93에서 재인용.

국제적 국경의 '반대쪽'에 머물게 되어버린 사람들에게 초점이 맞춰지게 되었다. 예를 들어 인종적으로는 헝가리인이면서 루마니아에 속하게 되거나 인종적으로 독일인이면서 폴란드에 살게 되는 경우가 그러하다.

이런 문제에 대응하기 위해 이웃의 이중국적자들의 상호보장을 위해 양자조약들이 체결되었다. 예를 들자면 독일이 자국내 폴란드인에게 권리와 특권을 보장하기로 협정을 체결하는 대가로 폴란드가 자국내 독일인에게 동일한 상호 권리를 부여하는 방식이다. 이런 협정에 의한 소수자 보호는 점차 확장되어 국제연맹 체제하에서 좀 더 안정적인 국제법에 바탕을 두게 되었다.

그러나 제2차 세계대전 이후 이런 방식은 명확하게 거부되었다. 우선 이는 단지 '이웃 국가'의 이해관계가 있는 특정 소수자만 보호하기 때문이다. 더구나 이런 협정은 해당 이웃 국가들이 협정을 근거로 보다 약한 국가를 침략하거나 간섭하는 빌미를 제공하여 잠재적으로 불안정 요인이 될 수 있다. 실례로 나치 독일은 인종적 독일인의 권리를 침해하는 협정 위반을 하였다는 구실로 폴란드와 체코슬로바키아를 침공하였다.

제2차 세계대전 이후 새 국제질서의 기반이 구축됨에 따라 대안적 접근법이 모색되었다. 이 새 접근법은 특정 소수자 권리를 보편인권으로 대체하는 것이었다. 지정된 집단에 특별권을 부여하여 직접적으로 취약 집단을 보호하는 대신에 소수자는 차별 없이 부여되는 기본적 시민권 및 정치적 권리를 통해 간접적으로 권리를 보장받게 되는 것이다. 표현의 자유, 집회와 양심의 자유등의 기본 인권을 통해 개별 권리를 보장받고 집단 내에서 이를 나눌 수 있기 때문에 소수자 집단의 권리도 보장받는 것이다. 개별 인권이 공고하게 보호된다면 특정 소수자 권리가 더 이상 필요하지 않다는 인식이 생겨났다. 이니스 클로드(Inis Claude)가 다음과 같이 이런 생각을 정리한다.

전후 인권 신장 운동의 전반적 경향은 국가 내 소수자 문제를 모두에게 인종적 고려없이 기본 인권을 보장하는 문제로 포섭하는 것이었다. 그러므로 국가 내 소수자가 개별 평등권을 누린다며 자신의 인종적 특수성을 유지하기 위해 필요한 조치를 요구할 수 없다는 것이 지배적 가정이었다. (Claude, 1955, p.211)

요약하자면 '소수자 권리'라는 생각 자체가 제2차 세계대전 이후로 불필요하고 불안정하다는 이유로 폐기되었던 것이다. 몇 년 지나지 않아 소수자 권리는 국제 사회에서 찾아보기 힘든 단어가 되어 버리고 말았다. 요제프 쿤츠(Jozef Kunz)가 1954년에 잘 알려진 다음의 발언을 했다.

1차 대전 끝 무렵에 소수자 권리의 국제적 보장은 대단한 인기를 누렸다. 다수의 협정이 체결되었고 많은 컨퍼런스와 국제 연맹 내 운동가가 출현했으며, 또 많은 서적이 출판되었다. 최근에 이런 유행은 거의 소멸되고 말았다. 오늘날 잘 차려입은 국제변호사는 '인권'을 입는다. (Kunz, 1954, p.282)

결과적으로 국제연합헌장이나 1948년 세계인권선언 어디에도 소수자 권리는 언급되지 않는다.[3] 그리고 이런 침묵은 여러 전후 유럽(1950

---

3 모싱크(Morsink)에 따르면, 1948년에 제정된 UN 대량학살금지 협정에 대한 지지가 어느 정도 있었으며 UHDR도 같은 시기에 중이었다. 실제로 소수자 권리는 UHDR에 포함될

년 유럽연합의 기본권 헌장)과 미주(1948년 미국 인간과 시민 기본권 헌장과 1969년 미국 기본권 장), 그리고 아프리카(1981년 아프리카 헌장 인간과 인민의 권리) 등의 지역 인권헌장에서도 그대로 답습되었다.

유엔 하 보편인권 체제의 구축은 도덕적 선구자들의 영감과 노력으로 마련되어 전 세계에 만연한 인종적 편견과 불관용을 타파하고자 하는 20세기의 위대한 도덕적 성취 중 하나이다.(Glendon, 2001) 그러나 소수자 문제에 관해서는 전후 특정 소수자 권리를 보편인권으로 대체한 것은 단지 도덕적 이상주의 또는 소수자의 권익을 보장하는 다른 대안을 모색하고자 하는 순수한 의도에서만 비롯되었다고 보긴 어렵다. 왜냐하면 이는 소수자를 통제하고 무력화시키고자하는 의도도 내포하고 있었기 때문이다. 클로드가 주장하듯이 나치가 국제연맹을 조종한 것이나 독일 내 소수자들의 자발적 협력 등은 '국제적 (소수자) 보호라는 개념에 강한 반대 여론을 낳았다. 부정할 수 없는 사실은 민족통일주의자와 믿을 수 없는 소수자의 배신에 충격 받은 대중의 힘을 입은 정치가들이 소수자 권리의 신장보다는 축소를 도모했다는 것이다'.(Claude, 1955, p.57 · 69 · 81) 전후 정치가에게는 국가권력에 대항할 소수자의 힘을 약화시킬 접근법을 국내적으로나 국제적으로 모색하는 방안이 절실했다.(Jackson Preece, 1998, 43) 이는 곧 소수자에게 어떠한 국제적 입지를 허용하지 않는다는 것과 응집된 집단으로서 국가권력에 조직적으로 대항할 국내의 조직적 기반을 약화시키는 것을 의미했다. 기본인권 접근법은 이런 조건을 충족시켰던 것이다. 왜냐하면 소수자들은 개별적으로는 보호되었지만 집단 자체는 보호되지 않았기 때문이다.

것이라는 기대로 대량학살금지 협정에서 제외되었다. 그러나 결국 UDHR도 이를 채택하지 않았다.(Morsink, 1999)

따라서 소수자들의 집합적 행위자로서의 입지는 약화되었다.

당시 유럽에서는 기본인권 접근법이 소수자들에게 그들의 언어와 문화를 유지하게 해주지 못할 것이라는 인식이 팽배했다. 예를 들어 그들의 언어를 공공 기관(학교, 법원, 또는 언론 매체)에서 사용할 권리와 어떤 형태로든 제한적 또는 지역적 자율권을 누리는 것은 불가능하다는 점을 알고 있었던 것이다. 이런 소수자 권리 없이는 몇 세기에 걸쳐 확립된 소수자 집단과 지역 문화가 국가 건설과 거대 국가의 동화론적 정책에 대항하기란 불가능하다. 그러나 일부에게는 기본인권 기준이 이런 장기적 동화론적 결과로부터 소수자를 보호하지 못한다는 사실이 유감스러운 한계였겠지만 대부분에게 이는 중요한 미덕이기도 했다. 국제연맹을 경험하면서 사람들은 소수자의 요구가 대의를 위해 희생될 수 있다고 보았다. '국가를 공고히 구축하고 국가 기관을 안정화시키는 데 필요하다면 소수자 문화를 말살하는 것과 이들에게 동화를 강요할 수도 있다.'(Claude, 1955, pp.80~81) 요약하자면 도덕적 원칙인 동시에 기본적 근거이기도 한 국가에 대한 생각이 전쟁 전 소수자 권리에 대한 생각의 폐기를 불러왔던 것이다.

2. 소수자 권리 논의의 재개

소수자 권리의 국제 기준 마련에 반대하는 입장은 그 기저에 깔린 함의와는 무관하게 때때로 제기된 반대(특히 구 소련 연방에서)에도 불구하고 이후 40년간 설득력을 얻어냈다. 그러나 1980년대에 들어서면서 정세가 바뀌었다. UN내에서 이런 변화는 두 가지 트랙으로 전개되었는데 하나는 '원주민(indigenous peoples)'이고 다른 하나는 일반적 '소수자'에 관한 것이다. 먼저 원주민 트랙에 대해 살펴보자면 사실 원주민은 언제나 국제법 내에서 특유한 위치를 점하고 있었다고 할 수 있다.[4] 전후 팽배했던 어떤 유형의 특정 소수자 집단 인권에 반대하는 분위기가 극에 달했던 때에도 원주민의 특별한 상황에 대해서는 모종의 합의가 있었다. 예를 들어 국제노동기구(International Labour Organization) 협정 중 107조 '원주민과 부족의 보호와 통합'이 1957년에 제정되었다. 이는 집단 신분에 의거한 어떤 권리도 인정하지 않는 전후 국제법 규칙의 분명한 예외 사례이다. 그러나 사실 이 예외는 규칙을 더 공고하게 만들었다. 이 협정은 원주민에 일종의 특별권을 부여하였으나 이는 복잡한 현대 사회에 혼자 자립할 수 없는 취약 계층이 일반 국민들과 마찬가지로 자립할 수 있을 때까지 한시적인 온정주의적 보호를 제공한 경우였을 뿐이다. 협정의 3조를 예로 들면,

① (원주민과 부족민) 인구의 사회적, 경제적 문화적 여건이 국가 일반법의 혜택을 누리기에 충분치 못할 경우 이들의 제도와 구성원 재산과 노동의 보호를 위해 특별 조치가 도입되어야한다.

② 이러한 보호를 위한 특별 조치를 도입할 경우 유의할 사항은—

ⓐ 분리와 차별을 생성하거나 지속시키기 위한 수단으로 사용될 수 없다. 또한

---

4 전반적 개론을 위해서 Anaya, 1996 and Keal, 2003을 참조할 것. 둘 다 원주민에 관한 유럽의 승리가 향후 국제법의 진화에 중요한 역할을 담당했다고 지적한다.

ⓑ 특별 보호를 위한 목적으로만 사용되어야 하고 이런 보호가 필요할 시점까지만 유효하다.

　여기에는 원주민이 역사적 사회와 자치 구역으로서의 지위를 가진다고 인정하거나 이들의 문화적, 법적, 정치적 제도와 전통을 수용하려는 암시는 보이지 않는다. 오히려 이의 목적은 국가의 기존 제도에 원주민의 적응과 동화를 독려하는 것이 목적임이 드러난다. 이런 의미로 이런 조치는 전후의 일반적 원칙에 잘 부합한다고 할 수 있다.

　그러나 1980년대에 들어서면서 원주민 인권에 대한 태도에 변화가 생겨났다. ILO의 1957 협정의 온정주의적이고 동화론적인 전제는 이제 당혹스럽게 받아들여져서 수정하자는 결정이 내려져 결국 1989년에 원주민에 관한 새 ILO 협정(협정 167)이 제정되었다. UN과 협력하여 제정된 새 협정의 서문에서 ILO는 '이전 기준의 동화론적 경향'을 제거하고 '원주민 자신의 제도를 자치하고자 하는 염원을 인정'하는 새 국제 기준을 마련할 때라고 주장한다. 새 협정은 원주민과 상관있는 여러 권리들을 폭 넓게 다루고 있는데 토지 소유권, 언어 사용권과 관습법이 그것이다.

　아마도 이는 명백하게 특정 집단의 권리를 긍정적으로 받아들인 전후 '다문화적인' 국제적 기준의 첫 번째 실제 예일 것이다.(Rodriguez-Pinero, 2005) 그러나 얼마 지나지 않아 이 협정은 원주민 인권을 부적절하게 표현했다고 여겨지게 되었으며 UN에서 추가적인 기준 마련이 이루어지게 되었다. 중요한 텍스트는 1993년에 만들어졌으며 점진적으로 국가의 동의를 얻어내고 있는 원주민 인권 선언 초안(the Draft Declaration on the Rights of Indigenous Peoples)이다. 이 선언 초안은 ILO 협정이 보호하는 원주민 인권을 재확인하고 강화시켰을 뿐만 아니라 원주민에게 내부적 민족자결권(예를 들어 큰 국가 국경 안에서 광범위한 자치 정부를 가질 권리, 그러나 '외부적 민족자결권'이나 분리독립은 아닌)을 가질 권리가 있다고 인정한다. 국제법에서 민족자결권에 관한 논의는 예민한 사안으로 악명이 높기 때문에 분리독립은 배제한다고 분명히 규정하였어도 이 선언 초안이 UN 총회에서 공식적으로 통과될 가능성이나 시기는 불분명하다. 그러나 이는 곧 1989 ILO 협정에서 이미 드러난 핵심 생각들이 국제 사회에 급속도로 전파되었음을 보여주는 반증이기도 하다. 이 선언 초안에 담긴 생각들이 UN 개발 프로그램이 도입한 원주민 관련 규정,[5] 세계은행,[6] UN 인권위원회,[7] UN 인종차별철폐위원회,[8] UNESCO,[9] 그리고 최근의 UN 세계 컨퍼런스(예를 들어 1993년 비엔나에서 개최된 세계인권총회 또는(Durban)에서 개최된 2001년 인종차별반대 총회)[10] 등에서도 반복됨을 알 수 있다.

---

5 'UNDP와 원주민 : 참여에 관한 실행 노트'를 볼 것. 이는 '민족자결권'을 UNDP의 이슈 중 하나라고 명확하게 밝히고 있다.
   http://www.undp.org/cso/resource/policies/IPPolicyEnglish
6 세계은행의 '원주민에 관한 업무 정책 4.10(2005)'을 볼 것.
   http://www.worldbank.org/indigenouspeoples
7 국가가 인권위원회에 ICCPR을 개설했는지 보고할 때 국가는 보통 27조의 '문화권'을 논의한다. 그러나 HRC는 국가들이 원주민에게 1조의 민족자결권을 허용하는지, 허용한다면 어떻게 허용하는지를 설명하라고 권장하는 편이다. 예를 들어 HRC의 '러시아의 분기별 보고에 대한 최종 입장'을 보라. (UN Doc. E/C.12/1/Add.50, September, 2000, para. 10) 또한 휘틀리의 논의도 참조할 것, Wheatley, 2005, pp.118~119.
8 인종차별 철폐를 위한 위원회의 원주민 인권에 관한 '일반적 권장사항 23'을 보라. 그러나 관리감독 위원회는 이 사항이 원주민 인권에도 해당한다고 해석했으며 2001년의 인종차별 반대 컨퍼런스 또한 인종차별 폐지운동과 원주민 인권 보호가 서로 관련이 있다고 보았다.
9 유네스코의 '문화다양성에 관한 보편선언', 2001, paras 4~5를 보라.
10 '비엔나 선언 및 실행 프로그램', 세계인권 컨퍼런스(World Conference on Human Rights), Part 1, para. 20; Part 2, paras 28~32 (A/CONF.157/23 (1993))를 참조할 것.

또한 UN은 원주민 인권을 보장하고 감독할 다수의 특별 장치들을 구축하였다. 1995년부터 2004년에 걸쳐 원주민 인권의 10년을 선언하였고 2001년에는 원주민의 인권 상황과 근본적 자유에 대한 특별 조사관을 임명했으며 2003년에 원주민에 관한 영구 포럼을 개설한 것을 예로 들 수 있다.

요약하자면 원주민과 관련하여 쟁점이 되는 권리들을 보장할 필요성이 대두되었음을 감지할 수 있다. 이런 권리들의 세부사항은 여전히 논의 중이지만 천연자원과 정치적 통치권이 특히 주목을 받고 있다. 이 경향은 종종 '특이하고' '예외적'으로 간주된다. 일반적 의미의 소수자 전체에 적용되는 것이 아닌 제한적 인구의 특정한 요구에 대응하기 위해 도입되었기에 국제 체제 내의 이례적 경우인 것이다. 이런 관점에서 보면 특정 소수자 권리가 아닌 보편인권에 기반을 둔 전후 기본원칙은 해당 사항이 없는 인종문화집단에는 그대로 적용되는 셈이다. 가끔 원주민들과 그들의 지지자들도 이런 시각을 견지하며 원주민은 '소수자' 문제와는 완전히 별개이며 '현지우선주의(indigenism)'라는 이데올로기는 보다 넓은 의미의 '다문화주의'의 일반 이론과도 아무 상관이 없다고 주장하기도 한다.[11]

원주민 관련 쟁점 권리들을 이처럼 신속하게 수용한 배경에는 원주민은 상대적으로 인구수가 적고 일종의 예외적 경우여서 다른 인종문화적 소수자 문제에 별다른 영향을 끼치지 않을 거라는 인식에 힘입은 바가 크다.[12] 그러나 사실 '차이에 관대한' 접근법으로의 전환은 단지

---

11 국제사회 내의 '현지우선주의'에 관해서는 니이젠(Niezen, 2003)을 보라.
12 나중에 상술하겠지만 이런 인식은 잘못된 것일 수 있다. '원주민'의 범주는 점점 넓어져 전

원주민 문제에만 그치는 것은 아니다. 일반적 소수자 문제 중심의 두 번째 트랙에도 중요한 발전 양상이 생겨났고 이는 모든 인종문화 집단의 인권에 근본적 변화를 가져왔다.

이러한 보다 일반적인 의미의 전환을 판가름하는 기준점은 1966년에 제정된 UN의 시민적 정치적 권리에 관한 국제규약(International Covenant of Civil and Political Rights : ICCPR)의 다음과 같은 조항이다.

> 인종적, 종교적 또는 언어적 소수자가 있는 국가는 이들 소수자의 권리를 보호하여 같은 집단 속에서 고유한 문화를 누리고 고유한 종교와 언어를 사용할 수 있도록 해야 한다.[13]

이 조항이 처음부터 어떤 구체적인 소수자 권리 보호 내용을 담으려고 제정되었던 것은 아니었다. 오히려 보편인권 추구에 대한 기본 입장을 재확인하는 문구였다. 이는 국가에게 소수자 집단에게 다른 국민과 동일한 권리, 특히 표현의 자유, 단체결사의 자유와 양심의 자유를 보장할 것을 촉구하는 것으로 볼 수 있다. 전반적으로 이는 차별반대 조항이고 이런 의미에서 기존 국제인권법들의 시민자유와 관련하여 인종차별금지 조항을 승계했다고 할 수 있다.[14]

세계에 걸쳐 더 많은 집단도 포괄하게 되었기 때문이다.

13 유사한 조항이 어린이 인권에 관한 UN협정(1989) 30조에도 나타난다.

14 보통 그렇듯이 이 조항의 어휘 선택은 다양한 관점을 아우르기 위한 절충안이라고 할 수 있다. 일부 대표들은 27조가 소수자 권리를 제공할 수 있기를 희망했지만 '소수자'의 범주를 좁게 해석하여 유럽연맹 계획의 주체였던 유럽의 이웃국가들을 의미하는 것으로 생각했다. 이 관점으로 보자면 미대륙이나 후기 식민지 국가에는 '소수자'란 없는 것이나 마찬가지이다. 기존의 유럽적 정의에 부합하는 이민자나 원주민이 없기 때문이다. 다른 입장은 소수자의 범주가 좀 더 넓게 해석되어야 한다고 주장했지만 27조는 이런 소수자에게 차별

그러나 원주민 관련 문제와 마찬가지로 1980년대에 들어서 소수자 권리에 대한 입장에도 변화가 생기기 시작했고 이는 27조가 소수자 권리에 긍정적으로 재해석되기 시작했다는 사실에서 드러난다. 이는 UN 인권위원회의 법해석 자유재량에 힘입은 바가 크다. 1994년에 나온 '27조에 관한 일반 논평(General Comment on Article 27)'에서 UN 인권위원회는 27조가 단지 시민자유의 보호를 위한 차별금지 의무를 부과할 뿐만 아니라 소수자들이 고유문화를 누릴 수 있도록 권리 행사를 하는데 필요한 '긍정적 조치'를 도입하는 의무도 부과한다고 주장한다.[15] 이 같은 입장은 1992년 UN 총회에서 제정된 '국가, 인종, 종교 및 언어적 소수자 권리 선언(Declaration on the Rights of Persons Belonging to National or Ethnic, Religious and Linguistic Minorities)을 통해 재확인되었다. 이 선언은 27조에 의해 촉발되었다고 서문에서 밝히고 있으나 핵심어를 수정함으로써 단지 비차별적 태도로 시민자유를 존중하자는 부정적 의무가 아니라 소수자가 고유문화를 누릴 긍정적 의무를 부과하겠다는 점을 명확히 밝히고 있다.[16]

이러한 전환은 1995년에 UN 인권위원회 산하 소수자 보호 소위원회에

을 받지 않을 것을 보장할 뿐이라고 생각했다. 27조의 어휘선택은 (의도적으로) 이런 해석들을 반영하여 모호하게 된 것이다. 27조 초안 작성에 대한 역사적 기록은 쏜베리의 1991년 책(Thornberry, 1991), 15장을 보라.

[15] 인권위원회, '일반 코멘트 23, 소수자 권리 27조', 1994년 4월 8일. 「인권위원회 보고서」를 보라. Vol. 1, GAOR, 49th Session, Supplement No. 40 (A/49/40), pp. 107~110.

[16] 흥미롭게도 이런 긍정적 조치의 주요 예로 제공된 것은 원주민의 자신의 땅에 관해 제기한 소송이다. 일반 코멘트 para. 3.2와 키톡 대 스웨덴(Kitok V Sweden)을 참조할 것.(Communication No.197/1985, reprinted in Philips and Rosas, 1995, 286~297) HRC는 국가가 원주민뿐만 아니라 소수자들에게도 자신의 문화를 누릴 권리를 주어야한다고 명시하고 있음에도 불구하고 실상은 원주민 이외의 집단으로 이런 의무를 부과하는 것을 매우 꺼려왔다.

서 신설한 UN 소수자에 관한 실무그룹(UN Working Group on Minorities) 및 2005년에 임명한 소수자 권리 UN 독립적 전문가(UN Independent Expert on Minority Issues)를 비롯한 다양한 소수자 관련 절차와 제도의 개설에서 더 구체적으로 드러난다. 이러한 추세는 전통적으로 차이에 둔감한 인권규범들을 소수자에 특화된 조항으로 보강할 필요가 있다는 인식의 확대를 반영한 것이다.

요약하자면 UN의 소수자 권리에 대한 입장 변화는 두 가지 트랙을 중심으로 전개되었다. 첫 번째 트랙은 '고유한 문화를 누릴 권리'에 바탕을 둔 일반적 '소수자'에 관한 것이고 두 번째 트랙은 '원주민'과 관련하여 (내부적) 민족자결권을 보장하는 것이다. 이러한 차이는 최근의 여러 국제문서에서도 지속적으로 발견된다. 다양한 국제기구들의 여러 가지 목표를 위한 여러 가지 수단에서 기인하는 이 중요하고도 복잡한 차이점에 대해 다시 여러 번 이 책에서 논할 것이지만 지금으로서는 이 두 가지 트랙에서 공통적으로 인종문화적 집단의 필요와 염원을 수용하고자 하는 점진적 경향이 발견된다는 점을 강조하고 싶다.

소수자 권리를 수용하고자 하는 점진적 경향이 UN에 국한되는 것은 아니다. 지역적 레벨에서, 특히 유럽의 정치적으로 어려운 시기에 발생한 중요한 발전 양상에서도 관찰할 수 있다. 오늘날 유럽은 전반적으로 반 이민 정서가 팽배하기 때문에 차이에 우호적인 국제 규범이 발전하기에 불리한 환경처럼 보일 수 있다. 그러나 유럽적 맥락에서 보자면 전통적으로 한 국가에 정착한 '역사적 소수자'를 폴란드 내 독일인이나 영국 내 스코틀랜드 인 같은 '새로운 소수자'와 구별하는 일이 흔하다. 바로 이런 '역사적 소수자'와 관련해 유럽 전반에 걸친 중요한 규범적

변화가 일어난 것이다.[17]

역사적 소수자를 위한 소수자 권리 헌장에 대한 논의는 1980년대 유럽 회의에서 처음 논의되었지만 성과없이 끝났다.(Toggenburg, 2004, p.5) 그러나 1990년대 이후로 가장 강력한 세 정부간 기구들이 소수자 권리 보호를 위해 공조하였다. 즉 유럽 내 인권과 민주주의 신장의 본체인 유럽 회의(the Council of Europe)와 유럽의 경제통합을 위한 유럽 연합(the European Union)과 냉전 갈등 완화를 목적으로 설립되었으나 현재는 평화 유지와 분쟁 예방에 힘쓰는 유럽안전보장협력기구(the Organization for Security and Cooperation inEurope : OSCE)가 그것이다.

유럽안전보장협력기구(이후 OSCE로 표기)는 1990년 코펜하겐 문서와 1991년 제네바 문서를 통해 처음으로 소수자 권리에 관한 공식 선언을 한 유럽 기구가 되었다. OSCE는 또한 1993년에 소수민족 문제담당 특별대표(the High Commissioner on National Minorities) 사무실을 신설하고 소수자 문제와 관련한 교육(1996), 언어(1998), 효과적 참여(1999)와 방송(2003)등에 걸친 중요한 권고 사항을 발표했다.[18]

이런 OSCE 규범의 영향으로, 유럽 회의는 지역 및 소수 언어에 관한 유럽 헌정을 1995년에 채택하였고 1995년에는 소수민족 보호를 위한 기본 협약(Framework Convention for the Protection of National Minorities)을

---

17 이러한 역사적인 '국가적' 소수자를 '새' 소수자나 이민자로부터 구별해야한다는(또는 과연 이런 것이 적절한 것인지) 문제는 격렬한 논쟁의 대상가 제기되었다. 이에 대해서는 6장에서 다시 논하기로 한다.

18 국가내 소수자들의 교육권에 관한 헤이그 권고(1996)를 보라. 국가내 소수자들의 언어권에 관한 오슬로 권고(1998); 공적 영역에서의 효과적 소수자 참여를 위한 룬드 권고(1999); 그리고 방송 미디어에서의 소수자 언어 사용에 관한 지침(2003)(http://www.osce.org)도 참조할 것. OSCE도 또한 로마 문제에 특화된 기관을 개발했다. 특히 1994년에 로마와 신티 이슈에 대한 연락책을 만들었다.

의결하고 이를 감시할 자문위원회를 설립하고 '소수민족 보호 관련 이슈 전문가 위원회(Committee of Experts on Issues Relating to the Protection of NationalMinorities)'도 신설하였다.[19]

한편 유럽연합(이하 EU)은 1993년에 소수자 권리 존중은 EU가입을 희망하는 신생 회원국(특히 구사회주의 국가)의 '가입 기준' 중의 하나라고 선언하고 회원국들의 유럽 내 언어적 문화적 소수자 권리 신장을 위한 활동 현황에 관한 일련의 연차 보고서를 발표하였으며 소수자 언어를 위한 유럽 사무국(the European Bureau for Lesser Used Languages : EBLUL)을 만들었다. 또한 2004년에 소수자 권리를 (비운의) EU 헌법 초안의 2조 하의 핵심 가치 중 하나로 명시하였다. EU는 또 원주민 사미(Sami)부족을 위한 면세를 도입하고 원주민 인권 존중은 개발도상국들이 EU의 개발원조를 받는데 필요한 평가기준 중 하나라고 선언하였다.[20]

유럽이 지역적 레벨에서 가장 활발한 발전 양상을 보여주었긴 하나 다른 지역에서도 일련의 진보가 이루어졌다. 미대륙에서는 원주민 인권에 관한 선언이 1997년 미주인권위원회(the Inter-American Commission on Human Rights)에 의해 발표되었고 미주개발은행(the Inter-American Development

---

19 유럽의회 역시 로마 소수자 문제를 해결하기 위해 특별 기구를 신설했다. 로마 이슈를 위한 특별 조정자를 1994년에 임명했고 1995년에는 로마, 집시와 여행자를 위한 특별그룹 구성, 2004년에는 유럽의 로마와 여행자를 위한 포럼을 열었다. 유럽평의회(the Parliamentary Assembly of the Council of Europe)은 한편 이런 조치들에 만족하지 못하고 2005년에 자신만의 소수자 권리를 위한 하위위원회를 설립하고 이 이슈에 관해 몇 개의 권고를 전달하기도 했다. 2000년에 권고 1492를, 2003년에는 권고 1623을 통과시켜 국가내 소수자 권리의 신장과 강화를 도모했다.

20 내부 면제는 핀란드, 스웨덴, 노르웨이 사이에 체결된 추가 협정에 포함된 사미 프로토콜(the Sami protocol)을 참조하라.(J, 1994 C42) 외부 정책에 관해서는 유럽연합 의회의 1998년 11월 30일의 회원국과 커뮤니티 내의 개발 협동 초안에 포함된 원주민의 예를 보라.

Bank)은 원주민 인권에 대한 실행 지침을 작성중이다. 아프리카에서는 아프리카인권위원회(the African Commission on Human and People's Rights)가 원주민 인권에 대한 선언 초안을 2003년 의결하기도 했다. 그리고 아시아에서는 아시아개발은행이 원주민 인권에 관한 세계은행 규약의 지역 버전을 도입한 바 있다.

이 분야와 관련한 모든 국제기구와 이들이 설립한 실무 그룹들, 에이전시, 선언문과 협약을 처음부터 끝까지 여러 쪽에 걸쳐 나열할 수도 있겠지만 나중에 이 책의 후반부에 이에 대해서 상술하려고 한다. 그리고 이들이 마주하는 개념적인 퍼즐 맞추기와 정치적 장애물에 대해서도 논할 것이다.

하지만 지금까지 이런 변화들이 놀라운 속도로 광범위하게 전개되었다는 점에 대해서는 충분히 논한 듯하다. 제2차 세계대전 이후 거의 40년 동안이나 국제사회에서 소수자 권리문제는 실제로 논의되지도 않았다. 그러나 이 문제는 1980년에 다시 수면위로 떠올랐고 1990년 초에 이르러 UN과 유럽 내 쟁점의 최우선 과제로 취급되었으며 이내 이와 관련한 수많은 연구와 협상과 초안들을 양산했다. 결과적으로 소수자 권리는 지난 15년 동안 점진적으로 제도적으로 확립되고 전 세계적에 확산되었던 것이다.

더구나 이런 전환은 국제 사회 내 지역적 문제나 차원에 국한된 것이 아니었다. 유네스코를 비롯한 인류의 문화적 전통을 보전하고자 하는 UN기구들이 고유한 문화와 언어가 위협받는 원주민과 인종문화적 소수자에 대해 우호적 태도를 표명하기 시작했다.[21] 심지어 다문화주의가 인권, 노동환경, 평화안보 유지, 개발 및 환경과 관련한 UN본기구

들에서 도입되기 시작했다.[22]

유럽적 맥락에서도 비슷한 동향이 감지된다. 평화안보 유지를 목적으로 하는 OSCE에서 소수자 권리를 먼저 다루기 시작했다. 그러자 인권위원회나 다름없는 유럽 회의에서 이를 받아들였으며 곧 경제통합을 목적으로 하는 EU도 이를 수용하였던 것이다.

정리하자면 '문화'와 '전통'과 관련된 국제 사회의 해당 주변 기관들의 과제라고 치부되던 다문화주의와 소수자 권리가 안보, 개발 및 인권을 다루는 핵심 기구들에 의해 논의되고 있다. 여러 기관들이 실제로 얼마나 소수자와 원주민 인권을 위해 진정성있는 노력을 하는지, 또 얼마나 이를 잘 이해하고 해석하는지에 관해서는 여러 이견이 따를 수 있

---

21 이 분야에서의 유네스코의 역할은 리더가 아닌 추종자에 불과한 것이었다. 불과 얼마 전까지만 하더라도 유네스코는 다른 국제사회와 마찬가지로 소수자 문제에 대해 이렇다 할 공감을 표하지 않았다. 문화적 다양성을 수호한다는 자신의 의무를 개발도상국을 서구(미국)의 문화 헤게모니로부터 보호하는 것으로 여겼기 때문이다. 부분적으로는 후기 식민지 국가들이 스스로 힘을 키워 학교, 미디어, 문화 기관들을 건설하기를 장려한 까닭도 있다. 이런 유네스코의 정책들은 미국문화의 전지구적 헤게모니를 약화시키는 것에는 실패하였으나 점점 '국가화'되어가는 공공 토론장으로부터 소수자 언어와 문화를 이주시키는 데 기여한 바가 있다. 에릭센이 말하듯 유네스코는 오랫동안 '표준화된 국가 관리감독 하의 교육제도와 현대적 커뮤니케이션 수단을 제3세계에 널리 설파하는 데에서 존재의 이유를 찾는 태도와 밀접하게 연관되어 있었다. 그러나 이는 서구 식민주의만큼이나 제3세계에 위험한 일이다.'(Eriksen, 2001, p.138) 최근에 이르러서야 유네스코는 이른바 '제4세계'인 소수민 및 원주민들과 연합하여 후기 식민주의 제3세계들의 동일화 프로젝트와 맞서고 있다. 동일화 프로젝트는 '민족우월주의'를 '소수자 정체성 정치'와 맞바꾸고 있기 때문이다.(ibid., p.136) 에릭센은 이런 전환은 다소 논쟁적으로 서술하고 있으나 유네스코의 문화 다양성에 관한 정책의 내부 평가에서도 비슷한 행보를 관찰할 수 있다.(Keitner, 2004) 이 평가는 유네스코가 국가들을 '단일 정체성'을 보유한 것으로 간주하고 '문화적 동화'가 바람직한 것으로 여겼던 이전 시대에서 1990년대 이후의 '소수자 권리에 관한 이론적이고 유용한 질문들과 다양한 문화 공동체의 공존' 시대로 전환했음을 보여준다.(Keitner, 2004, 3·4·8)

22 최근의 환경에 관한 국제 선언들은 문화적 다양성을 문화와 생물적 다양성을 유지 발전시키는 선제조건으로 중요시하고 있다. 예를 들어 1992년의 '환경과 개발에 관한 리우 선언(the Rio Declaration on Environment and Development)'의 22단락과 실행 계획 '21조' 26장을 보라.(A/CONF.151/26)

을 것이다. 그리고 이 책에서 곧 다루겠지만 이런 이견들이 사실 다문화주의의 국제화가 전개되는 양상에 엄청난 영향을 미치게 된다. 그러나 국제 사회의 역할이 소수자와 원주민 인권 신장이 좀 더 신속하게 또 폭넓게 확장되는 것에 지대한 역할을 했음은 분명해 보인다. 그리고 이는 적어도 20년 전에는 아무도 상상할 수 없었던 일인 것이다.

3. 말로 그칠 것인가 실천할 것인가?

그럼에도 불구하고 이런 변화들이 얼마나 실생활에 영향을 미치는지는 가늠하기 어렵다. 수사적 면에서는 전후와 비교할 때 반론의 여지없이 급변했지만 소수자와 원주민 인권에 대한 미사여구가 언제나 실제 행동으로 이어지지는 않는다. 소수자 권리 지지자들은 국제기구들이 스스로 공표한 선언조차 지키지 않는다고 지적해왔다. 예를 들어 UN은 소수자 권리가 분쟁방지의 새 개념을 도출하는 데 중요한 역할을 할 것이라 선언하였으나(UN, 2004) 제네바의 UN 소수자 사무국과 뉴욕의 UN 분쟁방지 사무국 사이에는 공조가 전혀 되지 않고 있다.(MRG, 2004; Steiner, 2004; Chesterman, 2001; Chapman, 2005) 이와 유사하게 UN의 밀레니엄 선언을 통해 2015년까지 세계 빈곤을 현재의 반으로 줄이겠다는 야심찬 계획인 밀레니엄 개발 목표(Millennium Development Goals : MDG)에서 소수민 인권의 중요성을 강조했으나 MDG의 활동이 소수자 문제를 제대로 고려하는지 보장할 절차는 마련하지 않았다.(MRG, 2005, Quane, 2005)

실천 계획안과 이의 관리감독 체계가 소수자와 원주민 인권 신장을 위해 도입된다고 해도 별로 실효가 없는 경우가 많다. 예를 들어 세계은행의 업무 지침(Operational Directive 4.20)은 은행들로 하여금 프로젝트를 수행할 때 먼저 원주민에게 어떤 잠재적 영향을 미칠 수 있는지 사전 검토할 것을 지시하고 있다. 그러나 세계은행은 이런 지침을 제대로 지키지 않는다고 비판을 받고 있다.(Gray, 1998; Kingsbury, 1999b; Sarfaty, 2005; MacKay, 2002) 실제로 세계은행의 내부 감사결과 이런 지침이 적용되었어야 할 프로젝트는 89개였는데 이중에서 '만족스러운' 수준으로 지침을 적용한 경우는 32개의 프로젝트에 불과했다. 나머지 프로젝트에서는 아무런 검토도 없었거나(34개) 문제를 제대로 파악하지 못하고 원주민의 참여가 배제된 불만족스러운 수준으로 도입되었다(23개).(World Bank, 2003)[23]

이와 마찬가지로 UN도 소수자에 관한 UN 실무그룹과 임명한 소수자 권리 UN 독립적 전문가 등 다양한 소수자 권리 보호 장치를 도입하였으나 권한과 예산의 부족으로 '천 가지 작은 상처에 의해 죽듯이' 그 자체로는 심각하지 않으나 자잘한 문제들로 무용지물이 되었다는 비판을 받고 있다.[24]

이 책 서두에서 밝혔듯이 국제사회는 소수자 권리 규범을 사법적 제제가 가능한 것으로 만드는 것을 거부해왔다.[25]

---

23 이전 세계은행 감사 결과 역시 비슷한 결론을 도출했다. 즉 ILO의 원주민 인권 기준에 미달하는 프로젝트에 대출을 승인했고 구조상 불평등을 완화시키고자 만든 원주민 보호장치들이 다른 기준들보다 훨씬 덜 엄격하게 시행되었음이 드러났던 것이다.(Gray, 1988 : p.286 · 294) 세계은행의 업무 지침 4.20은 최근에 업무 정책(Operational Policy) 4.10으로 개정되었다.
24 'UN 실무그룹을 유지시키고 강화하기 위한 소수자 연대'를 보라. 소수자 권리 그룹 국제 e-게시판, 2005년 7월 13일. Eide, 2004도 참조할 것.
25 일부 국가들은 개인이 UN에 문제를 불만을 접수하는 것을 허용하고 있고 UN 인권위원회는 이런 개인들의 제소를 심사하고 ICCPR의 27조 위반에 해당하는 경우 때로는 승인하기도 한다. 그러나 이런 판결 역시 법적 제제는 없다.

이러한 사례들과 다른 여러 공식적 언행과 실행 사이 괴리를 보여주는 실패 사례들을 마주할 때 다문화와 소수자 권리에 관한 새 국제 논의는 그저 쇼윈도 전시용이고 현실은 '예전 그대로'일뿐이라고 비판하고 싶을 것이다. 그렇다고 해도 전혀 놀라운 일이 아니다. 사실 국가 간 국제기구들은 국가와 소수자간 분쟁에서 중립적인 심판이 아니기 때문이다. 오히려 국가의 권리와 특권을 보장하는 것에 중점을 둔 멤버들로 이루어진 국가의 클럽이나 마찬가지다. 그러므로 이 책의 6장과 7장에서 논하듯이 국가는 새로운 국제 규범들을 충족시키고 이의 관리감독 체계와 구속 장치를 약화시킬 온갖 기발한 방책들을 고안해내서 소수자들이 지나치게 큰 힘을 얻어 더 큰 권리를 획득하지 못하도록 만전을 기했던 것이다. 아마도 회의주의자는 모든 소수자 권리 관련 국제적 논의는 그저 소리와 분노로 가득 찬 아무것도 의미하지 않는 공허한 말뿐이라고 여길지도 모른다.

그렇지만 현실이 단지 예전 그대로이기만 한 것은 아니다. 분명히 무엇인가 바뀌었다. 국제 규범과 장치의 발전은 분명히 변화를 일으키고 있으며 아마도 심층적이고 획기적인 변화마저 불러오고 있다고 말할 수 있을 것이다. 어떤 경우에는 이런 효과들을 명확하고 직접적으로 볼 수 있다. 가장 극명한 예는 유럽이다. 유럽연합이 소수자 권리를 가입 희망국의 승인요건 중 하나로 본 것은 여러 구사회주의 국가의 정책에 명확하고도 즉각적인 영향을 미쳤다. EU에 가입한다는 '당근'이 이런 계획이 전혀 없던 몇몇 국가들로 하여금 소수자에 우호적인 정책을 도입하게끔 부추겼던 것이다.[26] 이와 유사하게 세계은행도 비록 미온적 태도이기는 하나 시행 지침을 통해 원주민 권리를 보호하고 있으며 이 결과 일부 국가(특히 남미국가들)에서는 이 지침이 원주민들에게 목소리를 내고 참여를 확대하는 이전 같으면 기대할 수 없었던 변화가 생겼다.(Brysk, 2000)

그러나 이러한 직접적 국제적 압력으로 인해 국가 정책을 바꾸게 된 사례에만 초점을 맞추는 것은 바람직하지 않다. 국제사회의 동향 자체가 인종 정치 문제가 다루어지는 방식을 바꾸고 있기 때문이다. 단지 이런 논의들의 용어나 말을 바꾸는 것이 아니라 논의에 어떤 참가자가 적절한지에 대한 인식도 바꾸고 있는 것이다. 간단하게 말해, 국제사회는 인종정치적 동향과 소수자 관련 쟁점 제기를 '정상화'시키는 것에 중요한 역할을 담당했다.

과거에는 소수자 권리를 탄탄하게 보장하는 국가들을 '정상적' 국가에서 벗어난 '예외적'이고도 '변칙적'이기까지 한 경우라고 여겼다. 20세기 대부분에 걸쳐 가장 영향력 있는 정상적 국가의 형태는 프랑스였다. 강력한 중앙정부 중심의 차별 없는 공화적 시민권과 단일공식어로 이루어진 국가이기 때문이다. 이 모델에서 소수자 권리의 자리는 없다. 사실 프랑스 정부와 헌법재판소는 모두가 원칙적으로 차별 없는 동등한 시민권을 가지기 때문에 '소수자'가 국내에 존재하는 것은 개념적으

---

26 EU의 가입조건이 유럽의 구사회주의 국가의 소수자 권리 관련 정책에 미친 효과를 논하는 다수의 연구 결과가 있다. 대부분 연구가 EU가 이들 국가에게 소수자를 부당하게 대우하면 가입에 악영향을 미칠 수 있다고 효과적으로 설득하였을 때 효과가 있었다고 지적한다. 그러나 또 다른 공통 의견은 EU가 가입여부에 소수자 권리가 방해물로 작용하는 것을 원치 않기 때문에 이 요건을 사례별로 다르게 해석하여 문제가 될 소지를 줄였다고 보고 있다. Kelly, 2004a, 2004b; Ardrey, 2005; Batt and Amato, 1998; Burgess, 1999; Chandler, 1999; DeWitte, 2002, 2004; Dobre, 2003; Galbreath, 2003, 2006; Guglielmo, 2004; Hughes and Sasse, 2003; Johnson, 2006; Malloy, 2005; Ram, 2001, 2003; Sasse, 2004, 2006; Schwellnus, 2005; Toggenburg, 2004; Vermeersch, 2002, 2003; Vizi, 2005; Johns, 2003; Wilkinson, 2005; EUMAP, 2001; MacFarlane, 2001을 보라.

로 불가능하다고 여러 차례 주장했다.[27] 그리고 이 모델이 바로 수많은 식민지와 구사회주의 국가들이 그토록 염원했던 모델인 것이다. 가장 '모던'해 보이는 모델이라는 점이 어느 정도 작용했을 것이다. 이런 이상적 국가 형태에 비해 공식적으로 다수의 공용어를 쓰고 자국 내 소수자와 원주민에게 국가 하부의 다양한 형태의 자율권이나 법적 다양성을 허용하는 국가는 시대에 뒤떨어졌거나 돌연변이로 비춰졌던 것이다.

그러나 최근 들어서 국제기구들은 어떤 국가가 '정상'이고 '모던'한 것인지에 대한 인식을 수정했다. 실제로 이들은 완전히 판도를 뒤 바꾸어 놓았다. 동시대 국제 담론에서 중앙집권적이고 단일화된 동질성을 띤 국가야말로 19세기로 퇴행하는 시대착오적 형태라는 생각이 점차 생겨났다. 이와는 대조적으로 지방색과 소수자를 승인하고 활성화할 복잡한 내부적 구조를 갖춘 다원적이고 다언어적이며 다층적인 국가가 진정 '모던'한(또는 '포스트모던'하기까지 한) 국가를 대표하는 형태라는 인식이 점차 확산된 것이다. 오래된 중앙집권적이고 단일화된 모델에 집착하여 계속 소수자의 존재를 부인하는 것은(프랑스, 그리스, 터키와 일본의 경우처럼) 현대사회의 복합성과 내재된 다원성을 받아들이지 못하고 거부하는 퇴행적 태도라고 여기게 된 것이다.[28]

일부 국가들은 이런 새로운 현실을 받아들이는 것에 어려움을 겪고

---

27 통합에 관련한 헌법에 따르면 '프랑스적 통합의 개념은 평등의 논리를 따라야지 소수자의 논리를 따라서는 안된다. 정체성과 평등은 우리를 만든 혁명과 인권과 시민의 권리 선언에 기인하며 이는 법 이전에 출생, 인종, 종교와 무관한 개개인의 평등에 기초하기 때문이다. 이는 소수자의 제도적 인정을 배제한다'.(Bonnett, 2000, 59에서 재인용)

28 예상대로 다수의 프랑스 지식인들은 프랑스 공화주의가 혁명적 모더니즘의 원조이자 전범이라는 생각으로 자라났으므로 이제는 자신들이 유럽에서 시대착오적이라고 평가받는다는 사실에 분개하고 있다. Birnbaum, 2004를 보라.

있다. 루마니아가 합스부르크 제국의 몰락 이후 처음 자신을 독립국으로 정당화하고자 애썼을 때 취한 전략은 자신이 (거의) 동질적인 국가라는 것이었다. 구 소련연방의 몰락 이후 루마니아가 독립을 다시 쟁취하고 '유럽에 재가입'을 하려 했을 때 루마니아는 시대가 달라진 것도 모르고 다시 한 번 동질성 담론을 펼쳤다. 오늘날 소수자의 존재를 부인하거나 이들을 정치적으로 중요하지 않다고 취급하는 것은 자유민주주의 국가들로 이루어진 클럽에 가입하기에는 아직 준비가 덜 되었다는 증거로 간주된다. 그래서 루마니아는 '정상적'이고 '성숙한' 유럽 국가로 간주되기 위해서는 소수자를 역사적 돌연변이나 동질적이고 단일화 된 국가를 더럽힌 얼룩으로 취급하는 것이 아니라 이들을 인정하고 국가를 구성하는 영속적인 요소로 대우해야한다는 것을 점차 깨닫게 되었다.

정상적 국가가 어떤 모습을 갖추어야하는지에 대한 국제담론의 이런 변화는 단지 말뿐인 것은 아니다. 이는 정치적 행위자로서의 소수자의 합법성에 영향을 미쳤기 때문이다. 예전 모델 하에서 인종적인 정치적 동원은 의심의 눈초리를 받았고 실제로 서구와 그 외의 몇몇 나라에서는 불법이었다. 그러나 오늘날 인종적 정치적 행위자의 가시적이고 비가시적인 참여는 진정한 자유민주주의 사회의 당연한 단면이라고 인식된다. 그러므로 바로 여기에서 우리는 문제의 핵심에 도달했다고 생각한다. 공식적으로 소수자와 원주민 인권을 수용하는 국가가 '정상적'이고 '모던'하다는 생각을 포용했다면 이는 불가피하게 인종문화적 그룹들이 권리를 쟁취하기 위해 정치적으로 조직화하는 것을 합법화하는 수순으로 이어질 것이다. 국제사회가 국가에게 직접적으로 압력을 가하여 소수자 관련 특정 쟁점들을 수용하라고 강제할 의사가 없다고 하더라도, 국제적 규범이 단지 서류상으로만 존재한다고 하더라도, 또한 효과적인 국제적 관리감독과 강제적 장치가 없다고 하더라도 이는 여전히 광범위한 의미에서의 인종적 정치적 동원을 합법화하기 때문이다. 과거에는 국가들이 인종적 정치적 동원을 '극단적'이고 '반역적'이며 '체제전복적'이거나 '반헌법적'이라는 이유로 탄압하는 것이 가능했지만 이제 소수자들은 국가 스스로 준수하는 국제적 기준을 적용하고자 할 뿐이라는 주장으로 맞설 수 있게 된 것이다.

그리고 실제로 국제사회는 인종적 그룹들이 이런 국제적 규범을 바탕으로 문제 제기를 할 것을 독려하고 있다. 국제기구들은 단지 비현실적인 선언만 채택하는 것이 아니라 이런 규범을 전 세계적으로 홍보하고 여러 언어로 번역하고 인쇄 매체와 인터넷을 통해 이를 배포하고 있다. 동정적인 태도를 취하는 정부와 NGO, 사회봉사단체들과 협조하며 국제기구들은 워크샵과 교육 매뉴얼을 후원하여 이런 규범들의 기원과 성격을 설명하고 어떻게 그룹들이 이를 근거로 삼고 제시할 '가장 좋은 예'를 제공하고 있다. 또한 국제기구들은 후원금을 통해 소수자 그룹과 원주민 사회의 멤버를 초청하여 국제기구 내에서 일하고 체제하에서 효과적으로 활동하는 법을 배우도록 지원하고 있다.

정리하자면 이런 국제 선언들의 배후에는 홍보 활동을 위한 실제 산업이 존재하고 이를 통해 운동가와 학자, 정책입안자들의 네트워크가 형성되어 있는 것이다. 그리고 이들은 모두 이런 규범들을 홍보하고 공론화하는 것에 실질적 이해관계를 가지고 있다. 이중 아무것도 소수자들이 자신들의 국가를 상대로 국제법원에서 소송을 제기하여 '확실한' 법적 구속력을 행사하게 만드는 것은 없다. 그러나 이런 활동들이야말로 사람들의 기대치와 권리추구에 대한 인식을 변화시키고 지식을 확산시키며 기술을 발전시키고 협업을 만들어내는 것이다. 좀 더 포괄적으로 말해, 이들은 국제적 포럼과 국내 정치 양쪽의 협상테이블에 마땅히 앉아야할 소수자 그룹의 정치적 대표가 자체적으로 조직화하고 동원화 할 합법적 근간을 마련해준다고 할 수 있다.

모든 면으로 미루어볼 때, 오늘날 국제적 여건은 30년 전이나 40년 전과 비교해봤을 때 소수자 권리에 대해 훨씬 더 우호적이다. 이런 국제적 규범들이 '진짜' 의무인지 또는 '단지 말뿐인지' 따지는 것은 사태를 잘못 파악하고 있는 것이다. 국가와 소수자간의 관계는 상대적으로 미약한 국제법의 제재가 아니라, 여전히 국내 정치과정에 의해 근본적으로 결정된다. 그러나 구식의 동화론적 모델을 등한시하고 소수자 권리 운동에 우호적인 새로운 국제적 여건이 이런 국내 정치과정의 틀이 어떻게 구축되는지를 획기적으로 바꾸어 놓은 것은 분명한 사실이다.

4. 전환을 설명하기

무엇으로 이 전환을 설명할 수 있을까? 한 설명이 충분하지 못하다고 그 다음으로 넘어가는 것은 쉽다. 일부 비평가들에 의하면 이 전환은 문화인류학자 혹은 포스트모던 문화이론가들에 의해 소개되고 보편적 도덕률을 부정하는 문화상대주의의 영향이 점점 커지게 된 결과라고 한다. 문화상대주의는 왜 전후 협상타결에 절대적 영향을 미친 보편인권이 소수자와 원주민 특정 인권 때문에 비판받고 있는지 설명해준다는 것이다.

그러나 실상 이런 보편적 개념들은 비판받기는커녕 국제기구가 소수자 권리를 도입하기 위해 제소할 때 정당화의 근거로 제시되고 있다. 보편적 도덕규범의 정당성에 대한 사람들의 인식에 변화가 생긴 것이 아니라 소수자 권리가 이런 보편규범을 신장하는지 저해하는지에 대한 사람들의 인식이 변화한 것이다. 지금까지 살펴본 대로 UN과 전후 지역기구들이 설계되었을 당시에는 소수자 권리는 단지 지속가능한 새로운 국제 질서 수립에 불필요할 뿐만 아니라 잠정적 불안정 요소로 인식되었다. 그러나 오늘날은 인종적 다양성의 수용이 정당한 국제질서의 유지에 **부합**할 뿐만 아니라 사실 **선제조건**이 된다는 인식이 널리 퍼져 있다. 실제로 국제사회의 모든 목표와 가치는 사실상, 인권문제든지 평화안보문제든지 민주주의 또는 경제발전 문제든지, 소수자와 원주민 인권의 인정 여부에 달려있다고 해도 과언이 아니라는 생각기 점점 힘을 얻고 있다. 몇 가지 예를 살펴보자.

유럽안전보장협력기구(OSCE)에 따르면 **평화안보를 위해** 소수자 권리는 선제조건이다.

안전성과 안보는 국가 내 소수자가 효과적으로 자신의 권리를 누릴 수 있는지 보장함으로써 가장 잘 확립될 수 있다. 유럽의 지속적 평화와 안정성은 UN소수자 권리 선언과 소수민족 보호를 위한 기본 협약이 완전하게 수립될 때만 가능하다.(OSCE, 1999)

소수자 권리의 역할이 분쟁축소에 끼치는 영향에 관한 유사한 입장은 전지구적 레벨에서 UN에 의해 표명되었다.

빈곤국가에서 분쟁이 가장 빈번하게 발생한다. 이중에서도 특히 정부가 제기능을 다하지 못하고 인종 또는 종교집단 사이 격차가 극심한 국가에서 더 심하다. 이를 방지하는 가장 좋은 방법은 건강하고 균형 잡힌 경제 발전과 함께 모든 집단에서 인권, 소수자 권리 및 정치적 고려가 공평하게 보장되도록 하는 것이다.

UN 개발 프로그램과 UN 밀레니엄 개발 목표에 따르면, 소수자와 원주민 인권은 **개발** 성취와 **빈곤** 감소에 핵심적이다.

원주민을 동화시키기 위한 캠페인은 보통 이들의 빈곤과 결핍을 악화시키는 결과를 낳는다…… 원주민의 고유한 언어와 문화를 보전하는 것이 가장 중요한 일인 것이다.(UNDP 2000, p.86 · 88)

빈곤의 조건이 인종적 경제적 격차를 동반할 경우 해결책은 실제로 행하긴 어렵지만 사실 명확한 것이다. 인권을 신장하고 소수자 권리를 보장하고, 모든 집단이 정치적 고려 대상이 되도록 이를 제도화하는 것이다.(UN, 2000, p.45)

국제노동기구(ILO) 또한 원주민 인권의 역할이 빈곤 감소에 긍정적 역할을 한다고 본다.

원주민과 부족민이 있는 국가 내 인종 간 격차 심화는 기존의 빈곤반대 정책이 이들 앞에 놓인 사회경제적 배제를 척결하는데 실패했음을 드러낸다. 사회적 경제적 정책은 반드시 원주민과 부족민의 필요와 염원과 권리를 인식해야 한다. 뚜렷하게 구분되는 집단으로서 이들은 다르게 살 권리와 스스로 생계와 미래를 결정할 권리를 포함한 특별한 권리(집단적 권리)를 갖고 있다……. (빈곤 감소 프로그램들은) 원주민과 부족민의 궁핍화와 사회적 배제를 초래한 구조적 요인들을 더 잘 반영할 수 있다. ⓐ사법체계가 원주민의 집단적 권리를 인정하는 지점. ⓑ문화적 다양성을 존중하고 수용하는 제도와 정책들이 개발된 경우. ⓒ원주민들이 정치적 변혁을 위해 조직화와 동원화를 한 경우.(Tomei, 2005, p.5)[29]

유네스코에 의하면 소수자 권리는 인권과 분리될 수 없는 필수구성요소이다.

문화적 다양성의 옹호는 인간의 존엄성을 존중하는 윤리적 명제와 불가분의 관계이다. 이는 인권과 근본적 자유와 특히 소수자와 원주민의 권리수호를 의미한다. 문화적 권리는 인권의 핵심적 부분이며 둘은 보편적이고 나눌 수 없는 상호의존적인 권리이다.(UNESCO, 「문화적 다양성에 관한 보편적 선언」, 2001)

마지막으로 OSCE에 따르면 소수자 권리는 **민주화**의 선제조건이다.

---

29 최근 세계은행의 사회정책에 관한 컨퍼런스에서 공표된 아루샤 선언(Arusha Declaration)을 참조할 것. '권능을 부여하고 접근가능하고 신속하게 대응하고 책임지는 국가를 육성하는 것은 (…중략…) 법률의 보편적 적용과 모든 국민에게 법 앞에 평등한 권리를 부여하는 결과를 가져온다. 그러나 보편인권은 합법적이고 효과적이며 정책 입안과 집행에 책임을 지고 결과에 철저한 관리감독을 하는 기관들이 반드시 수반되어야 한다. 이는 다문화주의를 사회의 힘의 원천으로 인식하고 기념하는 것을 의미하며 보편인권 성취에 다양성을 포함하는 정책을 지원함을 의미한다.'(세계은행 '사회 정책을 위한 뉴프런티어'에 관한 컨퍼런스, 「아루샤 선언」, 2005.12)

국가내 소수자의 공적인 영역에서의 효과적 참여는 평화적이고 민주적인 사회의 필수적 부분이다. 유럽과 그 외 지역에서 볼 수 있듯이 이런 참여를 신장하기 위해서는 정부는 종종 국가적 소수자들을 위한 특정한 고려를 해야 한다.(OSCE, 1999)

이런 모든 성명에서 UN의 기본 보편적 목표들은 논의의 여지가 없는 지침으로 남아 있다. 이 중 어느 성명에서도 문화상대주의의 힌트조차 발견할 수 없고 보편적 가치의 수호의지에서 물러서는 기색도 찾아볼 수 없다. 바뀐 것이 있다면 그것은 바로 이런 목표들에 소수자 권리가 어떤 영향을 끼치는 지에 관한 인식이다. 오늘날 국제기구들은 소수자 권리가 UN 헌장 하의 염원의 성취를 저해하는 것이 아니라 오히려 지원한다고 선언하고 있는 것이다.

이런 성명들은 매우 인상적이어서 그 함의를 좀 더 생각해보게끔 만든다. 소수자와 원주민 인권을 인정하는 것이 평화와 발전, 민주주의와 인권을 성취하는 선제조건이라는 것이 과연 사실인가? 만약 그렇다면 이는 최근의 소수자 권리를 앞 다투어 수용하는 이유를 설명해준다. 그러나 많은 학자들은 이 같은 주장에 회의적이다. 물론 소수자 권리와 평화와 민주주의를 포함한 여러 바람직한 결과 사이의 상관관계를 보여주는 연구물이 상당수 발표되었다. 이중 가장 눈에 띄는 것은 로버트 거(Robert Gurr)가 주도한 엄청난 규모의 '위기에 처한 소수자(Minorities at Risk : MAR)' 프로젝트이다.(Gurr, 1993, 2000) 이 프로젝트는 가장 심도있고 종합적으로 국가의 소수자 정책과 폭력적이고 불안정한 분쟁 위험 사이의 상관관계를 통계적으로 조사했다. 275가지의 국가-소수자 분쟁을 살펴본 다음, 거는 소수자 권리의 보장을 바라는 '강력한 전지구적 경향'이 실제로 '새로운 인종적-정치적 분쟁'의 숫자를 감소시켰다는 결론을 내렸다. 그는 또한 국제사회는 '반차별적인 정책과 집단권 인정 및 국가 하위 자율권'을 포함하는 이런 전지구적 경향이 확산되도록 좀 더 중요한 역할을 수행해야한다고 권고했다.(Gurr, 2000, 211) MAR 데이터베이스를 활용한 후속 연구들도 이런 기본 결론을 재확인했다.(Bermeo, 2002; Saideman and Ayres, 2001; Saideman et al, 2002) 당연하게도 이 MAR연구는 국제기구가 자유주의적 다문화주의를 확산시키기 위한 노력을 경주하는 데에 폭넓게 활용되었다.(예를 들어 UNHDR, 2004; MRG, 2004; Chapman, 2005)

그러나 MAR연구의 방법론에 문제가 제기되었고(Fearon and Laitin, 2000), 다수의 권위있는 정치학자와 사회학자 및 인류학자들이 소수자 권리가 평화, 민주화, 개발과 인권에 미치는 영향은 미미하다고 주장하고 있다. 실제로 어떤 상황에서는 오히려 부정적 영향을 끼칠 수도 있다는 주장도 있다.(이에 대해서는 이어지는 6장과 7장에서 논하기로 한다) 더구나 이런 혹은 저런 소수자 권리가 이런 또는 저런 소수자 집단이 민주화 및 인권 존중, 경제개발 촉진 및 평화와 안정성을 유지하게 도와주는 선제조건임을 증명해줄 그 어떠한 반박 불가능한 증거도 없다. 학술 저서에서 격론의 대상이 되고 있는 이런 가설들을 확정 또는 반박할만한 여러 국가에 걸친 체계적이고 종적인 연구도 아직 나오지 않고 있다.[30]

---

30 세계은행이 지원한 최근의 한 연구는 좀 더 문화적으로 민감한 모델을 도입하여 공공 서비스를 제공하는 일의 효과를 살펴본다. 특히 의료, 교육 및 사법제도를 중점으로 살피는 (Mark, 2005) 이 연구는 이런 정책들의 효과가 이렇다 저렇다 할 수 있는 어떠한 체계적 증거도 찾을 수 없다고 결론내린다.

그렇다면 이런 불확실성에도 불구하고 왜 수많은 국제기구들은 소수자와 원주민 인권이 자신들의 권한을 행사하는데 필요하다고 보는 것일까?[31] 이 질문에 한 가지 또는 간단한 답을 하는 것은 불가능하다. 특히 연관된 기관들이 너무 상이하기 때문에 더욱더 그렇다. 세계은행이 이 문제에 연루되게 된 과정은 유네스코나 유럽의회가 거친 과정과 상이하기 때문이다. 소수자 문제의 재고를 촉발한 사건들은 개별 기구의 특정 권한에 기인하고 제도적 취약점 및 동기들은 기구의 구조 때문인 경우가 많이 때문이다. 이런 경로를 각각 살펴보려면 다른 책을 써야 할 것이다.

그러나 이런 세부사항에서 한걸음 물러나면 이 전환이 두 가지 요인이 수렴되면서 나타났다는 것을 알 수 있다. 공산주의 몰락 이후 인종 폭력이 확산되는 것에 대한 공포와 다문화주의의 형태를 띤 지속가능한 자유민주주의에 대한 희망이 그것이다. 우선 공포부터 살펴보자. 공산주의 블락이 몰락한 이후, 한동안 전 세계에 자유민주주의가 확산될 것으로 낙관하는 분위기가 조성되었다. 그러나 발칸반도와 코카커스 산맥을 중심으로 다수의 구사회주의 국가에서 폭력적인 인종분쟁이 일어났다. 자유민주주의가 공산주의를 신속하게 대체할 것이라는 지나치게 낙관적 전망은 공산주의를 인종전쟁이 대체할 것이라는 지나치게 비관적인 시각과 자리를 바꿨다. 폭력적인 인종분쟁이 유고슬라비아로부터 중부 유럽으로(특히 헝가리계 소수자 문제가 있는 루마니아와 슬로바키아), 또 발틱해와 중앙아시아

---

31 Wilkinson, 2005를 보라. 윌킨슨은 '왜 EU, OSCE와 유럽 회의가 어떤 정책이 폭력을 예방 또는 감소시킨다는 뚜렷한 증거도 없는 상태에서 연합정책을 제안하는가?'라고 묻고 있다.(Wilkinson, 2005, p.253)

(상당수의 러시아계 소수자가 있는)로 퍼져 사실상 구사회주의 국가지역 전체를 삼킬 것이라는 우려도 있었다.[32] 소말리아와 수단의 몰락 이후에 그리고 르완다의 인종학살이 뒤따르자 이 문제가 비단 공산주의 이후의 유럽에만 국한된 것이 아니라 개발도상국 전체의 문제라는 것이 명확해졌다.[33] 1993년에 다니엘 모이니한(Daniel Moynihan) 전 미국 UN 대사는 '국가들은 더 이상 서로 싸우지 않는다, 이제는 인종집단들만 항상 서로 싸울 뿐이다'라는 말로 시대의 분위기를 포착했다.

이러한 갈등들은 단지 국가내의 인도주의적 재앙으로 간주되었을 뿐만 아니라 대규모 난민 유입과 이에 따른 이웃국가들의 불안정화 등의 심각한 국제적 파급효과를 초래했다. 더욱이 인종내전은 고립된 무법지대를 양산하여 종종 테러리스트들의 이익을 도모하는 무기 및 마약 밀거래의 천국이 되기도 했다.(Paris, 2004, pp.1~2)[34] 결과적으로 인종내전은 국제 평화와 안보에 심각한 위협으로 인식되기 시작했고 초강대국 사이의 전쟁이 발발할 수 있다는 긴장이 물러간 지금에서는 아마도 가장 중대한 위기로 간주되고 있다. 국제 사회가 나서서 이런 '인종 및 집단 분쟁의 무자비한 창궐'에 시달리는 국가들을 위해 '뭔가 해

---

32 마이클 이그나티프(Michael Ignatieff)가 1993년에 한 코멘트를 참조할 것. '베를린 장벽이 무너졌을 때 (⋯중략⋯) 많은 사람들처럼 나도 자유민주주의의 새로운 시대가 도래할 것이라고 예상했다. (⋯중략⋯) 그러나 우리는 우리가 얼마나 잘못 생각했는지 알게 되었다. 제국의 마지막 시대를 대체한 것은 폭력의 새 시대였다.'(Ignatieff, 1993, p.5, Norman, 2006, p.viii에서 재인용. cf. Pfaff, 1993)

33 1990년 이전에 학자들은 냉전이 제3세계의 인종분쟁을 인위적으로나마 살려두었다고 주장했다. 미국이 소련에 반대하는 소수민족들을 부추기고 소련도 같은 방식으로 부추겼던 것이다. 그러나 1990년 이후로, 사람들은 사실은 냉전이 인종분쟁을 억제하는 역할을 한 것이 아닌가 생각하게 되었다. 인종적으로 상이한 국가들이 초강대국의 압력이 없어지자 무너져내렸기 때문이다.

34 오사마 빈 라덴이 처음 수단에 본거지를 두고 나중에 아프가니스탄으로 옮겼을 때 두 '실패한 국가들'은 부분적으로는 인종분쟁 때문에 몰락한 셈이 되었다.

야한다'는 공론이 대두되기 시작했다.(Roberts, 1994, p.6) 이와 같은 인도주의적 위기의식과 지정학적 이익관계가 결합하자 국제 사회가 이런 분쟁을 단지 국가 내부적으로 치부하는 것은 '냉혹할 뿐만 아니라 어리석은 짓'이라고 여기게 되었던 것이다.(Collier et al, 2003, p.11)

그래서 이 분야의 국제 주도권을 발생시킨 첫 번째 요인은 비관적이고도 종말론적이기까지 한 인종 정치를 평화, 민주주의와 개발에 대한 위협으로 보는 시각이었다. 이런 인식은 부분적으로는 유고슬라비아와 르완다에서 벌어지는 비극들에 대한 반응이었으나 점차 인종 이질성이 다양한 차원의 '문제'라고 보는 사회과학 연구들이 다수 발표됨으로써 더욱 강화되었다. 이런 연구들은 인종 이질성이 심한 국가일수록 덜 민주적인 경향이 있고 경제발전이 더디고 취약계층을 위한 사회보장이 미약하다는 것을 밝혀냈다.[35] 따라서 인종문제에 관한 주요 쟁점 사례들은 훨씬 더 넓은 범위에 걸친 사회적 병리현상인 '지나친 인종 이질성' 또는 '지나친 인종정치'라는 거대한 빙산의 가장 잘 보이는 일각일 뿐이라는 것이 드러났다.

그러나 두 번째 요인은 오히려 이 반대였다. 즉 서구 민주주의 내부의 겉으로 보기에는 온건한 형태의 새로운 인종 정치에서 생겨났던 것이다. 이어질 3장에서 보게 되겠지만 서구는 1960년대 이후로 이민자 집단, 국가 하위의 민족주의 집단(스코틀랜드인, 카탈로니아와 퀘벡 인들)과 원주민을 비롯한 광범위한 집단에 의한 인종적 정치적 동원화의 급격한 증가와 함께 '에스닉 리바이벌(Ethnic Revival)'을 목도하게 되었다.[36]

---

35 Easterly and Levine의 1997년 연구를 참조할 것(인종 이질성이 성장에 부정적 영향을 미치는 것에 관한 연구); James, 1987, 1993(공공지출문제), Welsh, 1993(민주주의 관련).

공산주의 이후의 유럽과 마찬가지로 이런 서구의 에스닉 리바이벌은 초창기에는 많은 사람들에 의해 잠재적 불안정 요소이자 자유민주주의에 대한 위협으로 간주되었다. 이런 공포는 부분적으로는 양차 대전 사이의 소수민족 보호 정권의 실패에서 기인한 것이고, 부분적으로는 이런 에스닉 리바이벌 중 초기의 일부가 1960년대 후반과 1970년대 초반에 걸쳐 폭력적 국가 전복을 지지하는 막시즘 또는 무정부주의적 이데올로기에 영감을 얻은 것이 사실이기 때문이었다.[37]

그러나 1990년대 초반에 이르러 이런 우려들이 과도하게 부풀려졌고 서구국가들이 인종적 정치적 동원화를 자유민주주의적 정치의 테두리 안에 효과적으로 가둘 방법을 찾았다는 일종의 낙관론이(보편적이지는 않으나) 확산되기 시작했다.

사실 우리는 더 나아갈 수도 있다. 많은 사람들은 서구의 인종적 동원화가 자유민주주의와 인권규범에 의해 **규율**될 뿐만 아니라 사실은 자유주의적 가치와 인권적 이상에 의해 **영감**을 받았다고 주장한다. 서구의 인종적 정치는 이런 관점에 의하면 민주주의에 대한 위협이 아니라 그 자체로 심오한 민주주의적 현상이며 역사적으로 억압받은 소수민족들이 자신의 문화적 핍박과 무력함을 정당하게 타파하고 보다 나은 자유와 평등을 얻기 위해 고군분투하는 것을 의미한다. 인종적 정치의 출현과 제도화는 페미니즘과 동성애 인권운동과 마찬가지로 자유화와 민주와의 현현이자 강화이지 이에 대한 위협이 아니라는 것이다.

---

36 이러한 서구의 에스닉 리바이벌의 개론을 보려면 Smith, 1981을 참조할 것.
37 좀 더 급진적인 분파의 '흑인인권운동(Black Power)' 또는 퀘벡의 FLQ, 스페인의 ETA를 비롯한 소수민족주의집단의 테러리스트적 책략 도입을 상기해보라. 이런 집단들은 종종 자신을 더 큰 혁명적 투쟁의 일부라고 여긴다.

서구의 인종적 정치에 대한 이런 낙관적 관점은 1980년대 후반과 1990년에 초반에 걸쳐 생겨난 '자유주의적 다문화주의'의 새 이론에 의해 개념화되었다.[38] 자유주의적 다문화주의에 따르면 1960년대 이후로 서구에서 출현한 모든 종류의 집단별로 차등화 된 소수자 정책은 지지를 받기에 충분하고 사실 기념할만하다는 것이다. 이는 국가 하위의 민족 집단의 지역적 자율권을 위한 모의와 언어권, 그리고 이주민을 위한 다문화주의적 정책, 또한 원주민을 위한 토지 문제 및 자치 정부권 등의 경우에는 사실이라고 할 수 있다. 이 모든 정책들은 보다 공정하고 민주적인 사회를 건설하는데 보탬이 되었고 자유롭고 민주적인 사회의 본질적인 부분에 다름 아니다.

따라서 1990년대 초반은 공산주의와 식민주의 이후 세계의 인종적 정치에 대한 심각한 비관론과 서구의 인종적 정치에 대한 동일한 정도의 비관론이 공존했다고 볼 수 있다. 국가 내 소수자 문제에 관한 국제사회의 태도와 활동은 두 가지 관점 모두로부터 영향 받았다. 급속도로 악화되는 인종분쟁에 대한 종말론적 공포는 국제사회가 개입하는데 동기의식과 위기의식을 부여했으며 진정 자유주의적이고 민주주의적 형태의 다문화주의를 위한 낙관적 믿음은 도덕적 방향에 관한 영감의 원천이 되는 이상을 제시해주었기 때문이다. 바로 이 두 가지 요인을 통해서(갑자기 문화적 상대주의를 포용한 것이 아니라) 1990년부터 1995년에 걸쳐 벌어진 이 분야에서의 국제사회의 폭발적인 노력을 설명할 수 있는

---

[38] 이런 자유주의적 다문화주의의 '첫번째 물결'은 Spinner, 1994; Taylor, 1992; Baubock, 1994; Tamir, 1993, Raz, 1994를 포함한다. 이 카테고리에 해당하는 내 저작은 Kymlicka, 1989, 1995가 있다. 최근 연구로는 Carens, 2000; Torbisco Casals, 2006; Mitnick, 2006 을 보라.

것이다. 그리고 이 시기가 바로 사실상 전 지구적이고 지역적인 소수자 권리를 위한 모든 주요 수단이 개발되었던 그 시기였다. 양 요인 모두가 지금까지 살펴본 국제 사회의 주도권을 생산하는데 필요했음을 반복하는 것이 중요하겠다. 긴급한 위기의식이 없었다면 전통적으로 국가내 문제에 개입하기를 거리끼는 국제기구들이 국가 내 소수자 문제에 국제적 개입을 부과할 엄두를 내지 못했을 것이다. 또한 다문화적 정의에 대한 이상적 믿음이 없다면 분쟁에 대한 공포가 다양한 국제적 주도권을 다른 방향으로 이끌었을 것이다. 예를 들어 제1차 세계대전 이후로 인종적 폭력에 대한 공포가 많은 사람들로 하여금 분리(가능한 지역에서는 개별 인종집단이 자신만의 국가를 만들도록) 또는 인구 이주(인종적 그리스인을 터키로부터 그리스로, 또 인종적 터키인을 그에서 터키로) 등을 지지하게끔 만들었다. 제2차 세계대전 이후에도 (소위 현재 말하는) 인종 청소에 대한 유사한 공포가 인종적 독일인들이 체코슬로바키아와 폴란드를 비롯한 다른 국가에서 강제추방당하는 데에서 생겨났다. 오늘날에도 일부 사람들은 국제 사회가 이런 분리나 인구 이주를 최후의 수단으로 고려해 보아야 한다고 주장한다.(Kaufmann, 1996, 1998) 그러나 1990년에 들어서 국제 사회는 새로운 형태의 다문화적인 민주주의를 수립하는 것이 가능하고 또 필요한 일이라는 견해에 확실한 지지를 표명하기 시작했다.(Manas, 1996) 따라서 국제사회는 자유주의적 다문화주의를 신장할 소수자와 원주민 인권의 규범을 제정하는데 노력을 기울이게 되었다.

여기서 중요한 것은 시의 적절성이다. 종말론적 공포나 열정적인 낙관론 모두 1990년대 초반 이후 사그라들기 시작했기 때문이다. 오늘날은 극히 일부만 중부 유럽이나 발틱해 연안에서 인종 폭력이 발생할 것이라고 우려한다. 그리고 최근 연구들은 후기 식민주의 사회에서 폭력이 발생할 빈도는 학자들이 초기에 예견했던 것 보다 훨씬 더 적으며 훨씬 더 부추기기 어렵다고 지적한다.(Fearon and Laitin, 1996, 2003; Young, 2002)[39] 테러리즘부터 에이즈와 전지구적 빈곤문제 등의 다른 이슈들이 이제는 국제사회의 평화와 안전에 더 심각한 위협을 가하는 요소로 여겨지고 있는 것이다. 최신 연구들 또한 인종 이질성이 전반적으로 민주주의와 인권, 경제 개발과 복지 국가의 방해물이 된다는 초기의 비판에 의문을 제기하고 있다.[40]

반대로 서구 자유주의적 다문화주의의 만개한 꽃이 시드는 현상도 발생했다. 적어도 일부 국가의 이민자 집단과 관련해서는 그러하다. 서부 유럽에서는 다문화주의가 '너무 앞서 나갔다'는 인식이 무슬림 이민자들이 대부분인 상황에서 팽배한데 최근 들어 좀 더 동화론적이거나 배제적인 정책들이 다시 채택되고 있다.(국가하위 집단과 원주민과 관련한 소수자 권리는 이와는 대조적으로 서구 민주주의 하에서 아직까지는 어떠한 종류의 심각한 반발도 하지 않았다) 서구에서의 다문화주의적 개혁을 옹호하는 사람들도 과연 다른 지역에서도 이런 정책들이 가능할지의 여부에 대해서는 점점 의문을 표시하고 있다.

---

39 피어론과 레이틴은 아프리카(인종 분쟁으로 점철된 지역이라고 여겨지는)를 예로 들어 서로 이웃하고 있는 아무 인종 집단을 무작위로 선택하여 조사한 결과 평균적으로 한 해에 10,000개 집단 중 단 5개의 집단만이 폭력에 연루됨을 밝혀낸다. 이들이 지적하듯 이 사실은 왜 인종간 분쟁이 아닌 협력이 더 빈번한지 그 요인도 설명될 필요가 있음을 보여준다.

40 Alesina and LaFerrara, 2005, Collier, 2000; Lian and Oneal, 1997(인종 이질성과 경제 성장 간의 부정적 상관관계는 높은 수준의 개발과 민주주의 상태에서는 적용되지 않는다는 연구); Walker and Poe, 2002(인종 이질성이 인권의 여러 카테고리를 존중하는 데 대한 장애물이 된다는 주장을 반박하는 연구); 그리고 Fish and Brooks, 2004(인종적 종교적 이질성이 낮은 수준의 민주주의와 아무 상관관계가 없음을 증명하는 연구)를 참조할 것.

결과적으로 새로운 규범과 장치를 마련하려는 국제 사회의 노력은 점점 시들해지고 있다. 눈앞의 재앙을 막아야한다는 위기의식이 줄어들었고 어떤 이상적 목표를 성취하고자 하는지에 대한 확신도 줄어들었기 때문이다. 국제 규범을 강화하고자 하는, 예를 들어 여러 국제기구들의 권한을 상승시켜 소수자 권리를 관리감독하고자 했던 초기의 야심찬 계획들도 우선순위에서 밀려났다. 실제로 대다수의 사람들은 국제사회가 이런 권한을 재검토한다면 오히려 이런 장치들을 강화시키기는커녕 약화시키게 될 것이라고 본다.

예를 들어 지지자들조차 1992년 UN 소수자권리 선언을 법적 구속력이 있는 협정으로 바꾸는 것에 대한 기대를 접었다.[41] 마찬가지로 유럽 회의의 소수민족보호를 위한 기본 협약을 인권에 관한 유럽협정의 사법적 구속력이 있는 부분으로 바꾸는 것, 또는 OSCE의 국가내 소수자에 관한 상임위원회를 좀 더 권한의 폭을 넓혀 재개설하는 것도 포기했다. 이 모든 경우에 있어 많은 운동가와 옹호자들은 만약 이런 제안들이 실현된다면 오히려 중요한 시기인 1990~1995년 사이에 얻은 것들을 잠식할 것이라고 생각하기 때문이다.

이런 축소 노력에도 불구하고 아직까지는 소수자와 원주민 인권을 위한 기본 국제적 토대는 여전히 남아 있고 사실 제도적으로는 더욱 깊숙이 자리 잡고 있다. 게다가 위기의식과 열정 모두 사그라들긴 했으나 잠재적 이슈들에는 변화가 없다. 바뀌지 않는 현실은 인종 분쟁은 인도주

---

41 UN 소수자 실무 그룹은 반복적으로 인원 특별위원회와 인권 상임 이사국에게 정부들이 소수자 권리에 관한 UN 협정을 체결할 의사가 있는지 타진할 것을 요청했으나 별다른 소득을 얻지 못했다.(E/CN. 4/2002/91/Add.1) 이 분야의 주요 국제 운동 그룹인 소수자 권리 그룹조차도 지금은 이런 협정을 밀어붙일 시기가 아니라고 본다.(MRG, 2003)

의적 재앙을 일으킬 수 있고 국제 평화와 안정성을 위협할 수 잇기 때문에 소수자 처우문제는 정당한 국제적 관심사로 남아있다는 사실이다. 더욱이 서구의 자유주의적 다문화주의적 활동은 인종적 다양성이 인권과 민주주의의 가치와 양립할 수 있음을 보여주고 있다. 이런 의미에서 인종적 폭력에 대한 공포와 자유주의적 다문화주의에 대한 희망은 둘 다 국제 사회에 영향을 미치는 것에 필수불가결하다고 볼 수 있다.

그러나 이보다 덜 명확한 것은 현재 국제적 노력이 과연 이 두 영향을 옳은 방식으로 결합하고 있는지 여부이다. 때로는, 후자가 전자의 해결책으로 보이기도 한다. 즉 자유주의적 다문화주의가 공산주의와 식민주의 이후 국가들의 인종 분쟁을 다루는 기초가 된다는 인식이 있다. 그러나 이 둘이 직접적 방식으로 연결될 수 있는지 또 이런 연결이 바람직한 것인지는 그다지 분명하지 않다. 어쨌든 이 두 관점이 서로 별개로 발전해왔기 때문이다. 자유 다문화주의 이론가들은 서구 민주주의 내의 논의에만 전적으로 매달려왔고 극소수만 서구 모델이 후기 식민지 국가로 이식될 수 있을 것이라고 전망했다. 반대로 개발도상국 인종 분쟁을 연구하는 학자들 중 극소수만이 서구 자유주의적 다문화주의 모델이 해결책을 제공할 것이라고 보고 있는 것이다. 그리고 두 담론 모두 1990년대 초반에 번성했으나 서로 다른 분야에서 거의 교류 없이 발전해왔던 것이 사실이다.

국제 사회가 서구 자유주의적 다문화주의에서 힘을 얻어 공산주의 및 식민주의 이후 국가들의 인종문제를 타개해야한다는 생각이 언제 그리고 어떻게 생겨났는지는 분명하지 않다. 아마도 이런 생각이 국제 기구 내에서 자생적으로 무의식중에 생겨난 것으로 판단된다. 자연은 진공상태를 혐오하므로 불안정한 인종 분쟁에 대한 비관론을 잠재우기 위해 자유주의적 다문화주의에 대한 낙관적 담론이 태동하는 것이 불가피했는지도 모르겠다. 또한 1990년대 초반의 긴급한(또는 그렇게 여겨졌던) 상황으로 미루어볼 때 자유주의적 다문화주의가 과연 적절하고 공산주의 및 식민주의 이후의 국가들과 잘 부합하는지 여부를 따질 체계적이고 지속적인 논의를 할 수 없었던 시기이기도 했다.[42]

그러나 이런 논의를 할 만한 시기가 마침내 도래한 듯하다. 앞서 살펴보았듯이 자유주의적 다문화주의를 전 세계적으로 확산시키고자 하는 노력들은 별 성공을 거두지 못하고 있다. 이건 별로 놀라운 사실이 아니다. 자유 입헌주의 제도를 이식한다는 것이 얼마나 어려운 일인지, 또 이중에서도 현재 자유민주주의적 정치의 가장 논란이 되는 부분 중 하나인 다문화주의를 이식한다는 것이 얼마나 어려운 일인지 우리는 이미 잘 알고 있기 때문이다. 자유주의적 다문화주의를 신장하기 위한 노력이 어떤 성과를 거두기 위해서는 국제 사회의 노력을 불러일으킬 희망과 우려 모두에 대해 좀 더 자기 성찰이 필요하고 이 둘을 어떻게 연결시킬 수 있을지 좀 더 조심스런 접근이 필요하다.

---

42 또한 자유주의적 다문화주의가 단지 국제 기구의 공산주의와 식민주의 이후 국가의 모든 사회악의 치유책으로 '자유화'에 대한 전폭적 지지를 보낸 것에 편승한 것일 수도 있다. 패리스가 주장하듯, '수 십 년이 지나, 역사학자들은 냉전 직후 시기를 되돌아보며 이 시기를 자유화가 광범위한 사회악의 치유책으로 각광을 받은 시기라고 말하게 될 것이다. 국내 및 국제 폭력 사태로부터 시작하여 빈곤, 기근, 부패, 심지어 환경오염에 이르기까지 실로 다양한 문제의 해결책으로 자유화가 제시된 것이다'.(Paris, 2004, p.35) 국제 기구들이 의식적으로 다문화주의적 모델의 자유주의를 도입한 것이 아니라 단지 그 당시 급부상하는 모델을 도입했을 가능성도 있다. 1990년 초반에는 다원적 모델이 각광받는 자유주의의 형태였던 것이다.(당시 부상하던 자유주의 모델의 중요한 특징 중 하나는 경제 자유화와 자유 무역이다. 4장에서 이런 '다문화주의적' 차원과 '신자유주의적' 차원의 자유화를 다룰 것이다)

이 책의 나머지는 이런 재고의 첫 걸음을 제공하기 위한 시도의 일환이다. 이 책의 2부는 서구 자유주의적 다문화주의의 논리와 선제조건을 살펴볼 것이다. 특히 어떤 차별화된 형태로 자유주의적 다문화주의가 전개되는지, 또 이를 육성하고 제지하는 조건은 무엇인지를 중점적으로 다룰 것이다. 그리고 3부에서는 국제 사회가 공산주의 및 식민주의 이후의 국가에서 어떻게 자유주의적 다문화주의를 신장시키려 노력했는지 논할 것이다. 때로는, 국제 사회가 지나치게 낙관적으로 자유민주주의적 형태의 다문화주의를 옹호했으며 이 과정에서 이를 지속가능하게 만드는 조건에는 무심했음을 밝힐 것이다. 그러나 또 때로는, 인종 분쟁이 잠재적으로 불안정 요인이 될 수 있다는 것에 관한 오래된 공포가 국제 사회로 하여금 소수자 권리 규범을 모호하고 일관성이 결여된 비민주적 방식으로 승인하고 또 제한하는 일을 반복했다는 것도 드러나게 될 것이다. 순진한 낙관주의는 현실을 왜곡하는 공포와 자리를 자주 바꾼다. 앞으로 보게 되겠지만 우리가 인종적 정치와 관련된 우리의 희망과 공포를 일관되고 현실적인 틀에 담아내기 위해서는 아직도 많은 연구가 필요하다.

제1장
2부 서문

지금까지 살펴보았듯이 국제사회가 전 세계에 걸쳐 소수민족 인권을 위해 경주해온 노력은 적어도 부분적으로는 진정한 의미의 자유민주주의적인 다문화주의가 가능하다는 믿음에 의해 촉발되고 정당화되었다. 일부 비평가들은 "궁극적으로 자유민주주의와 다문화주의는 양립불가능하다"(Delanty, 2003, p.99)는 주장에 기초하여 이런 가능성이 존재한다는 것에 의문을 표시한다. 그렇다면 국제사회는 존재하지도 않는 것을 신장시키려 노력한 셈이다.

앞으로 이어질 세 장은 이런 자유주의적 다문화주의가 이론에서 또 현실에서도 엄연히 존재하고 있으며 적어도 몇몇 맥락에서는 잘 작동하고 있다는 것도 밝힐 것이다. 아울러 자유주의적 다문화주의는 종종 오해를 사곤 하는 독특한 논리와 선제조건을 갖고 있으며 이로 인해 전 세계에 이를 확산시키려할 때 문제를 야기한다는 점도 설명하려 한다.

3장은 자유주의적 다문화주의의 기본 개념을 설명함과 동시에 1960년대 처음 등장한 이후에 자유주의적 다문화주의가 서구 민주주의 안에서 취한 형식을 좀 더 구체적으로 살펴볼 것이다. 4장은 지난 40년간 서구에서 자유주의적 다문화주의가 출현할 수 있었던 선제조건을 소수자가 좀 더 적극적으로 주장을 개진할 수 있도록 도와주고 주류 그룹과 국가 정부가 이를 좀 더 수용할 수 있게끔 한 조건을 중심으로 설명할 것이다. 5장은 자유주의적 다문화주의의 강점과 한계를 실제 적용사례에서 찾아볼 것이다. 이어지는 논의에서 자유민주주의의 실천은 그리 단순하지도 않고 쉽지도 않다는 사실을 확인하게 될 것이다. 사실 이는 일반적으로 생각하는 것보다 더 우발적이기 때문에 이의 국제적 규범과 기준을 확립하는 작업을 복잡하게 만들곤 한다.

제2장
자유주의적 다문화주의의 형태들

보편적으로 받아들여지는 '자유주의적 다문화주의'의 정의란 것은 없으며 이것이 취하는 다양한 형식 모두를 포괄하는 단일한 정의를 내리고자 한다면 지나치게 모호해져서 별 소용이 없을 것이다. 예를 들어 자유주의적 다문화주의란 국가가 단지 모든 입헌 자유민주주의 국가에서 보장되는 시민적, 정치적, 사회적 권리 등의 공통관심사만을 보호하는 것에 그치지 말고 인종문화집단의 독특한 정체성과 목표를 구현하기 위해 다양한 그룹의 구체적 권리 또는 정책을 마련하자는 입장이라고 정의할 수 있을 것이다. 이 정의는 어느 정도까지는 타당하지만 곧 한계를 드러낸다.

자유주의적 다문화주의의 논리를 이해하는데 좀 더 유용한 접근법은 이것이 무엇에 대한 반응인지 또는 어떤 것에 대항하는 움직임인지를 이해하는 것이다. 다문화주의를 위한 모든 분쟁의 공통분모는 이전 모델의 단일하고 균질한 국가관이다. 그러므로 자유주의적 다문화주의를 이해하기 위한 첫걸음은 이런 오래된 모델의 균질한 국가가 무엇이고 왜 이것이 부적절한지 파악하는 일이다.

최근까지 전 세계 대부분의 국가들은 '국민국가(nation-state)'가 되기를 염원했다. 이 모델에서 국가는 암묵적으로(때로는 명시적으로) 지배적 국가 집단을 소유하고 있는 것으로 비춰지고 이 집단의 정체성과 언어, 역사, 문화 문학, 신화, 종교 등을 우선시하여 국가를 이런 국가성(nationhood)의 표현으로 간주한다.(이 지배적 집단은 보통 다수집단이지만 때로는 소수집단이 주류가 되기도 한다. 예를 들어 남아프리카 공화국에서 인종차별정권 하에서 소수집단인 백인이 주류가 된 경우, 또 일부 중남미 국가에서 중남미서 태어난 순수 스페인 혈통의 사(criollo)가 그러하다) 이 지배적 집단에 속하지 않은 사람은 동화 또는 배제의 대상이 되기 마련이다.[1]

이런 국민국가에는 '자연스러운' 것이란 없다. 아주 극소수의 국가만이 역사적으로 단일민족국가다(아이슬란드, 포르투갈, 그리고 한국이 가장 자주 거론되는 예들이다). 대부분 국가에서 이런 이상적인(또는 환상적인)민족동질성은 국가가 일련의 '국가건설' 정책을 통하여 선호되는 민족정체성을 장려하는 동시에 다른 대안적 정체성을 억누르면서 적극적으로 만들어야만 했다. 공공정책은 공용어와 국가 역사, 신화 및 민족 영웅, 민족 상징, 그리고 민족 문학과 민족 교육체계, 공영 미디어와 국군, 때로는 국교 등을 장려하고 수립하기 위해 이용되었다. 이런 국가동호정책에 저항하는 집단들은 단지 정치적 무력화뿐만 아니라 보통은 여러 형태의 '인구통계조작(demographic engineering)'(해당 집단의 구성원들을 분산시키거나 지배집단의 구성원들이 수자지역으로 이주하는 것을 장려하는 방식으로)의 대상이 된다. 이외에도 다양한 정책이 국민국가의 이상적 모습을 건설하는데 일조했다.

이러한 국가건설 정책의 명확한 성격은 국가마다, 지역마다 다르다.

---

1 이런 배제는 국가 내부의 권력의 중심부로부터의 배제의 형태를 띨 수도 있다. (예를 들어 투표권 박탈이나 다른 형태의 정치적 무력화) 또는 직접적으로 인종차별적 이민조항이나 인종청소 등을 통한 국가 영토로부터의 배제가 될 수도 있다.

대부분의 서구국가들은 인구의 대다수를 차지하는 하나의 지배적 민족 국가집단이 있었고(그리스의 그리스 민족, 스페인의 카스티유 민족 등), 국가건설 정책은 이 지배집단의 언어와 문화를 나머지 국민들에게 전파함을 목표로 삼았다. 이런 정책들 중 일부는 다음과 같은 목표를 설정했다.

공용어 관련 법률을 채택하여 지배적 집단의 언어를 유일한 공식 '민족' 언어로 규정한다. 이는 곧 행정, 사법, 공공 서비스, 군대, 교육 등에서 이 언어만 공용어로 인정됨을 의미한다.

국가 의무 교육체계를 확립하여 지배적 집단의 언어 / 문학 / 역사('민족' 언어와 문학, 역사로 재정의된)를 일반적 커리큘럼으로 육성한다.

정치권력의 중앙집권화, 소수자 집단들이 누린 기존의 역사적 지방자치 주권을 폐지하여 모든 중요한 결정은 지배적 집단이 다수를 차지하는 공론장에서 하도록 한다.

지배적 집단의 언어와 문화를 공영 미디어와 공공 박물관을 포함한 국가적 문화적 제도를 통해 확산시킨다.

지배적 집단의 역사, 영웅과 문화를 숭상하는 국가 상징들을 채택하여 국경일 또는 거리나 건물, 산 이름들에 사용한다.

통합된 입법 사법 체계를 만들어 지배적 집단의 언어와 법 역사에 맞추어 운영한다. 소수자 집단이 사용하던 기존의 사법제도를 폐지한다.

지배적 집단의 구성원들이 역사적으로 소수자 집단이 거주해온 지역으로 이주하는 것을 장려하는 정책을 펼친다. 결과적으로 소수자들은 역사적으로 정착하여 살아온 고향에서 내몰리게 된다.

시민권을 취득하기 위한 조건으로 '민족' 언어 / 역사에 대한 지식을 요구하는 이민정책을 도입하고 지배적 집단과 동일한 언어, 종교 또는 문화를 가진 이민자들에게 자주 특혜를 준다.

원주민과 소수자 집단이 보유했던 토지, 임야와 어장을 몰수하고 이를 '민족' 자원으로 규정하여 국가의 이익을 위해 사용하도록 한다.

이상은 서구 국가에서 도입된 정책들의 일면을 보여줄 뿐이다. 이 목록은 금방 더 길어질 수 있다.[2] 그러나 이런 정책들이 의도하는 결과는 명백하다. 모든 정치, 사법 권력을 지배적 집단이 다수를 차지하는 공론장으로 중앙집중하는 것이다. 또한 그 집단의 언어와 문화를 국가 영토 곳곳에 위치한 모든 공공 기관에서 우선시하는 것과 공적 영역에서 소수자 언어와 문화를 보이지 않게 만드는 것도 포함된다.

비슷한 정책이 대부분의 구사회주의 국가(루마니아, 크로아티아 등)와 탈식민주의적 맥락에서 수적으로 우세한 인종 집단이 있는 국가(말레이지아, 태국, 스리랑카, 에티오피아, 수단)에서 도입되었다. 어느 특정집단이 수적으로 우세하지 않은 탈식민국가에서는 조금 다른 상황이 펼쳐진다. 이 경우에는 이전 식민지 언어가 종종 공식 언어로 지정되고 식민지 사법전통이 국가사법체계의 근간을 이루게 되곤 한다. 그러나 이런 경우에서도 국가건설 정책은 동질한 민족문화를 주조하기 위해 추진되며 사법체계와 교육제도, 공영 미디어와 국경일 등의 국유화에 의해 강화된다.

이런 국가건설 정책이 얼마나 만연해있는지 아무리 강조해도 지나치

2　좀 더 상세한 국가건설의 목표와 방법을 위해서는 Norman(2006)의 2장을 보라.

지 않을 정도이다. 국가들이 주기적으로 특히 더 치명적이고 공격적인 형태의 국가건설을 시도할 때면 종종 국제적으로 공론화되고 항의가 이어지기도 한다. 그러나 빌리그(Billig)가 '평범한 민족주의'라고 칭한 이른바 좀 더 일상적인 형태의 국가건설은 공공 기관이나 공적 영역에 은연중 깃든 특정한 국가 정체성이기 때문에 보통은 알아차리기 어렵고 관심의 대상이 되지도 않는다. 국가건설 정책은 이렇듯 현대사회에 너무나 만연되어 있어 대부분의 사람들은 인지하지도 못하는 것이다.

실제로 거의 모든 서구 민주주의 사회는 이런 민족 동질성을 어느 시기에는 추구한 바 있으며 구사회주의 국가나 탈식민국가도 마찬가지다. 앞으로 논의하겠지만 서구 민주주의 국가들은 좀더 다문화적인 국가 모델을 추구하기 위해 이런 경향에서 점차 탈피하였다. 그러나 거의 모든 서구 민주주의 국가들은 적어도 어느 한 시기에는 단일민족국가라고 주장한 바 있다. 서구의 이런 경향에서 유일한 예외는 내가 알기론 스위스뿐이다. 스위스는 국가 영토 안에서 단일공용어를 지정하려는 시도를 한 적이 없다. 이탈리아어를 사용하는 소수집단과 프랑스어를 사용하는 소수집단이 특유한 언어집단으로 지금껏 인정해왔고 앞으로도 그럴 것이다. 그러나 이외의 다른 서구 민주주의 국가들은, 심지어 다양성 존중사회로서의 자부심을 지닌 캐나다 같은 나라마저도 역사의 한 시기에는 단일 공용어와 문화를 주입시키려는 시도를 했다.

이러한 민족 동질성 추구를 위해 역사적으로 폭넓게 정당화 작업이 이루어졌다. 어떤 맥락에서는 국가는 외부 또는 내부의 적에 대항하여 효과적으로 자신을 방어하기 위해 좀 더 단결할 필요가 있고 복지 국가를 위해 국민들끼리 더 연대하는 것이 바람직하는 주장도 있다. 또는 문화적으로 통합된 국가가 운영하기 더 수월하고 좀 더 효과적인 노동 시장이 형성된다는 의견도 있다. 그러나 이런 식의 정당화는 소수자와 원주민들의 언어와 문화는 구식이고 열등하기 때문에 보호받거나 존중 될 필요가 없다고 보는 인종차별적이고 인종중심적인 이데올로기를 그 기저에 깔고 있는 경우가 많다. 이러한 지정학적이고 경제학적이며 이데올로기적인 주장은 시간과 공간에 걸쳐 다양한 형태를 띠면서 서로 얽혀있다. 그러나 동일한 요소들이 지배적 집단이 '민족성'이라고 명명하며 자신들의 민족 동질성 프로젝트를 정당화할 때 반복적으로 동일한 패턴으로 나타난다.

이런 모델과 이에 수반되는 정책과 함의된 정당화를 받아들이는 것은 국가 하위 집단에 지대한 영향을 끼친다. 대부분 국가는 영토 내에 고유한 언어와 역사, 문화, 영웅, 상징 등을 소유한 집단들을 가지고 있다. 이런 집단은 국가건설 과정에서 철저하게 배제되거나 동화와 이류 국민이라는 조건하에서만 포섭되어 국가건설을 정당화하는 인종차별적이고 민족중심적 이데올로기의 희생양이 되는 경우가 빈번하다. 실제로 소수자들은 이런 정책의 첫 번째 대상이 된다. 왜냐하면 이들은 단일 국민국가라는 목표(또는 신화)에 가장 큰 장애물이기 때문에 제일 먼저 '국유화'되어야할 대상이기 때문이다. 이 결과, 시간이 흐름에 따라 여러 형태의 뿌리 깊은 소수자 배제 및 종속이 생겨났고 이는 종종 정치적 주변부화, 경제적 불이익과 문화적 종속과 결합되었다.

결과적으로 여러 국가 하위 집단이 동질한 국가건설을 시도하는 국민국가에 반대해왔고 이보다 좀 더 다문화적인 국가모델을 옹호해왔다.[3] 다문화 국가는 어떤 모습일까? 그 구체적인 모습은 아래에 상술할 이유에 따라 국가별로 다르다. 흑인의 요구에 따른 미국의 개혁은 마오리족의 요구에 따른 뉴질랜드의 개혁이나 중국이민자의 요구에 따른 캐나다의 개혁과 극명하게 다른 것이다. 그러나 다문화 국가를 위한 노력을 경주하는 과정에서 몇 가지 원칙은 공통적으로 관찰된다. 첫째, 다민족 국가는 국가란 단일 민족집단에 귀속된다는 예전 관점을 거부한다. 대신 국가는 모든 국민에 평등하게 귀속되어야한다고 보는 것이다. 둘째, 이로 인해 다문화 국가는 소수자나 비지배 집단을 동화 또는 배제하는 그 어떠한 국가건설 정책도 거부한다. 이 대신에 모든 개인은 국영 기관을 자유롭게 이용할 수 있어야 하고 완전하고 평등한 국민의 자격으로 정치권 행사를 하며 자신의 인종문화적 정체성을 숨기거나 부인할 필요가 없어야 한다고 본다. 국가는 지배 집단만이 아니라 비지배 집단의 역사, 문화와 언어를 인정하고 수용할 의무를 지닌다. 셋째, 다문화 국가는 동화와 배제 정책을 통해 소수자 집단에 가해진 역사적 불의를 인정하고 일종의 개정이나 구제책을 마련한다.

이 세 가지 생각은 서로 연결되어있다. 국가를 지배 집단의 소유로 보기를 거부하고 동화와 배제를 목표로 하는 국가 건설 정책을 인정과 수용의 원칙으로 대체하며 역사적 불의를 바로 잡고 적절한 처리방안을 수립하는 것은 '다문화주의'를 이루기 위한 모든 투쟁의 공통분모인 것이다.

---

3   이런 저항이 언제나 '다문화주의'란 이름으로 진행된 것은 아니다. 일부 집단들은 이 용어를 거부하기도 했다. 아래 상술할 이유들로 '다국민 국가(multinational state)' 또는 '파트너십', '연방주의', '역사적 권리' 또는 단순히 '민주주의'를 포함한 여러 이상 아래 이런 저항이 이루어지기도 했다.

1. 자유주의적 다문화주의의 다양성

이런 공통점들은 사실 매우 추상적이고 특정 국가를 자세히 살펴보면 엄청난 차이점들이 나타난다. 소수자 집단이 구체적으로 어떻게 인정받고 수용되길 바라는지 또는 역사적 불의에 대해 어떤 식의 보상을 요구하는지 등은 국가마다 매우 다르며 한 국가 내에서도 소수자 집단끼리 차이를 보인다.

다문화 주의가 어떤 다른 형태를 취하는지 종합적 개괄은 불가능하겠지만 설명을 위해 서구 민주주의에서 나타나는 세 가지 큰 경향을 중심으로 살펴보려 한다.

1) 원주민

첫 번째 경향은 원주민의 처우와 관련되어 있다. 캐나다의 인디언과 이누잇족, 호주의 원주민, 뉴질랜드의 마오리족, 스칸디나비아의 사미족, 그린란드의 이누잇족과 미국의 인디언 부족을 예로 들 수 있다. 과거에는 위의 모든 국가들은 원주민들이 사멸하거나 인종 간 결혼 또는 동화를 통해 특수한 공동체로 남지 않길 기대하고 이를 목표로 삼았다. 이 과정을 가속화하기 위해 원주민 소유의 토지 몰수, 고유문화행사 및 언어, 종교의 제한과 자치정부 제도의 약화를 포함한 일련의 정책들이 도입되었다.[4]

---

4 신대륙에 걸쳐 진행된 원주민 동화정책의 차이점과 유사점을 살펴보기 위해서 Armitage,

그러나 1970년대 초반을 기점으로 이런 정책에 획기적인 변화가 일어났다. 오늘날 위의 모든 국가들은 적어도 원칙적으로는 원주민은 국가 내 특수한 집단으로 계속 남아있을 것이란 사실을 받아들였고 토지권 및 문화적 권리, 자치정부 권리 등 이들이 특수 집단으로서의 남아있기 위한 권리도 인정했다.

1982년 캐나다 헌법에서 원주민 인권과 함께 토지 분쟁위원회 설립 및 새 조약 체결을 헌법적으로 인정한 것과 뉴질랜드의 와이탕기 조약(Wai-tangi Treaty)을 통해 권리를 재확인한 것, 마보 판결(the Mabo Decision)을 통해 호주 원주민들의 토지권을 인정한 것, 스칸디나비아의 사미족 의회의 개설, 그린란드의 이뉴잇족의 '고향법(Home Rule)'의 진화, 미국 인디언 부족의 자결권을 인정한 소송과 법률 등을 예로 들 수 있다. 이 모든 국가에서는 점진적이지만 실질적 탈식민지화가 일어났으며 원주민들은 토지 및 법률과 자치 정부에 관한 권리를 되찾았던 것이다.(Havemann, 1999)

이런 사례들을 좀 더 '다문화적' 접근을 향한 전환이라고 부를 수 있을 것이다. 물론 이 용어를 원주민들 스스로 사용하는 경우는 드물다. 원주민들은 자결권, 조액체결권, 토착성 또는 토착화 등의 용어를 7장에서 상술할 이유 때문에 선호한다. 동료인 키스 밴팅(Keith Banting)과 나는 '다문화 정책 색인'을 만들어 이 전환의 결과를 탐색한 바 있다.(Banting and Kymlicka, 2006) 우리는 먼저 다문화적 접근법의 상징적 또는 대표적인 정책의 목록을 만들었다. 원주민과 관련해서 이 목록은 다음과 같은 아홉 개의 정책을 포함한다.

1995를 참조할 것.

① 토지권 / 토지소유의 인정

② 자치정부 권리의 인정

③ 역사적 조약의 유지 혹은 새 조약 체결의 승인

④ 문화적 권리의 인정(언어, 사냥 / 낚시)

⑤ 관습법의 인정

⑥ 중앙정부 내에서 대의권 및 자문권의 보장

⑦ 원주민의 특유한 지위에 대한 헌법적 또는 입법적 긍정

⑧ 원주민 인권에 관한 국제적 장치를 지지 / 인준

⑨ 원주민 공동체 구성원에 대한 우대 정책

이 다음에 우리는 이 정책 중 어떤 것이 서구 민주주의 국가에서 1980년부터 2000년도 사이에 시행되었는지 찾아서 이를 기준으로 국가들을 다음의 세 분류로 나누었다. 위의 아홉 개 정책 중 적어도 여섯 개 이상을 도입하여 다문화적 접근법으로의 확실한 전환을 보여준 국가들, 세 개에서 다섯 개까지의 정책을 도입하여 작지만 여전히 매우 의미있는 전환을 만든 국가들, 그리고 두 개 또는 그 이하의 정책을 채택하여 이 방향으로의 전환을 거의 보여주지 못한 국가들로 분류한 것이다. 원주민을 보유한 서구 민주주의 아홉 국가 중 우리는 네 국가(캐나다, 덴마크, 뉴질랜드, 미국)가 확실하게 다문화적이라고 보았고, 세 국가(호주, 핀란드, 노르웨이)는 어느 정도 다문화적이며 단지 두 국가(일본, 스웨덴)만 거의 변화가 없다고 판단했다.[5] 이는 원주민에 관해 서구 민주

---

5 우리가 어떻게 점수를 매겼는지 좀 더 자세하게 알고 싶다면 Banting과 Kymlicka의 2006년 책의 제2장을 보라.

주의 국가가 얼마나 다문화적 접근법을 도입했는지 다소 단순하게 가늠하는 시도지만 적어도 이 현상이 일정하지는 않지만 폭넓게 나타난다는 반증이기도 하다.

2) 국가 하위 집단 / 소수민족주의

두 번째 경향은 국가 하위 '민족적' 집단과 연관이 있다. 캐나다의 퀘벡, 영국의 스코틀랜드와 웨일즈, 스페인의 카탈로니아와 바스크, 벨기에의 플랑드르, 이태리 남 티롤 지방의 독일어를 쓰는 소수자 집단, 미국령 푸에르토리코가 이에 포함된다.[6] 이 모든 경우에서 발견되는 것은 지역적으로 집중된 집단이 스스로를 국가안의 독립된 국가라고 여기고 민족주의적 정치정당을 조직하여 자치주 또는 영토적 독립성을 획득하는 형태로 스스로의 국가성을 승인받고자 한다는 점이다. 과거에는 위의 모든 국가들이 국가 하위 민족주의를 억압하려했다. 지역 집단에게 특수한 국가성을 허락한다는 것은 국가가 영토 내 모든 국민을 관할한다는 생각에 위배되기에 곧 국가에 대한 위협으로 여겨졌기 때문이다. 어떤 의미로든 특수한 국가성을 잠식하도록 다양한 노력이 원

---

6   스위스의 프랑스와 이탈리아 소수자 집단도 여기서 논의될 수 있다. 이들이 과연 '민족적' (또는 '민족주의적인') 의식을 드러내는지 의문시하는 시각도 있으나 이들이 그런 민족적 의식을 드러내지 않는다면 그 이유는 부분적으로는 이들이 민족주의 전선을 구축하지 않더라도 영토적 독립성과 공용어 사용을 승인받았기 때문이라고 본다(서구의 대부분의 소수자 집단과는 다른 상황이긴 하다). 스위스 연방으로의 진입 당시 연방제와 다언어주의가 기본 조건으로 깔리지 않았다면 그들도 서구 다른 지역에서 볼 수 있는 민족적 정치 조직화를 감행했을 것이라 가정해볼 수 있다.

주민을 억압하던 수단과 동일한 방법으로 취해졌다. 예를 들어 소수자 언어의 제한, 전통적 지역 자치정부의 폐지와 지배 집단 구성원들이 소수자 집단의 고향으로 정착하도록 장려하여 결국 소수자들이 자신의 고향에서도 소수자로 남게 되도록 유도하는 정책이 그러하다.

그러나 서구 국가들이 국가 하위 민족주의에 대처하는 방식에 획기적 변화가 일어났다. 오늘날 위에 말한 모든 국가들은 국가 하위의 국가적 정체성이 앞으로도 지속될 것이란 원칙과 함께 그들의 국가성과 민족주의적 열망은 어떤 방식으로든지 수용되어야한다는 사실도 받아들였다. 이런 수용은 통상 우리가 '다국가적이고 다언어적 연방주의'라 부르는 형태를 취하였다. 즉 소수자가 다수를 이루는 연방 또는 준연방 부차 단위를 창설하여 의미있는 자치정부권을 행사할 수 있도록 하는 것이다.[7] 더구나 집단의 언어는 통상적으로 그들의 연방 부차 단위 내에서는 공용어로 인정되고 국가 전체에서도 이 사실이 받아들여지는 편이다.

20세기 초반에는 단지 스위스와 캐나다만이 국가 하위 집단에게 영토적 독립성과 공용 언어 지위라는 조합을 부여하였다. 그러나 이제는

---

[7] 스페인, 벨기에와 캐나다, 스위스 등지에서는 영토적 독립권이 소수민족에게 국가의 연방화를 통해 연방 자치구를 만들어 소수자 집단이 다수가 되도록 하는 방식으로 부여된다. 이와 대조적으로 영연방은 국가 전체를 연방화하지 않고 준연방 형태의 영토적 독립성을 스코틀랜드와 웨일즈에 허용하였다. 유사한 형태의 준연방 독립정권이 핀란드 내 스웨덴계 및 남 티롤의 독일계, 미국령 푸에르토리코에도 생겨났다. 내가 사용하는 '다국가 연방주의'는 연방과 준연방 형태의 독립성 둘 다를 포함하는 개념이다. 이런 '다국가' 연방을 내부의 부차 단위가 소수자 자치정부를 의미하지 않는 기타 연방들과 구분할 필요가 있다. 미대륙내 미합중국, 독일, 호주와 브라질이 이런 연방들이다. 이런 국가에서는 부차 단위가 소수민족에게 자신들의 역사적 영토 내에서의 자치정부를 허용하기 위해 만들어진 것이 아니다. 미국은 어느 정도 이렇게 될 수도 있었지만 사실 내부적 주 경계선은 이런 소수자들이 다수가 되는 부차 단위를 미리 막을 수 있도록 그려졌다. 다국가 연방주의와 기타 다른 형태의 연방주의에 관해서는 Kymlicka의 2001년 책의 제5장을 보라.

상당한 세력의 국가 하위민족주의 운동이 있는 서구 민주주의 국가들은 거의 모두 이 방향으로 선회했다. 예를 들어 1차 대전후 핀란드 내 스웨덴어를 사용하는 올랜드 제도에 독립권을 부여한 것, 제2차 세계대전 이후 남 티롤과 푸에르토리코의 독립, 1970년대에 일어난 카탈로니아와 바스크의 연방자치구 획득, 1980년대의 플랑드르, 그리고 가장 최근의 일로는 1990년대 일어난 스코틀랜드와 웨일즈의 자치권 이양 교섭을 예로 들 수 있다.

실제로 영토적으로 의미 있고 집중된 소수민족으로 대상을 한정하면 이런 경향은 서구 전체에 보편화되었다고 말할 수 있다. 서구에서 영토적 독립성에 대한 열망을 표출한 인구 이십오만 명 이상의 집단은 이제 모두 이를 획득한 상태이고 이보다 작은 집단도 상당수 그러하다.(예를 들어 벨기에 내 독일 소수자)

그렇다면 이것은 두 번째 중요한 경향이 된다. 국가 하위 민족주의의 억압으로부터 이를 지역적 독립성과 공용어 사용권으로 수용하는 것이다. 상당히 큰 소수민족 집단을 보유한 국가들 중에 단지 프랑스만 코르시카의 국가 하위 소수민족에게 독립성을 허용하지 않아 이런 경향의 예외가 된다. 그러나 이 경우에도 비록 헌법재판소의 논란을 불러일으킨 판결로 부결되었으나 코르시카에 독립성을 허용하는 입법이 최근 상정된 적이 있다.

예외가 될 가능성이 보이는 다른 사례들도 있다. 북아일랜드는 분류하기가 쉽지 않다. 카톨릭신자들이 분명 소수자 집단이긴 하지만 영토적으로 한 곳에 집중되어 있지 않기 때문에 다국가연방주의 모델은 가능하지 않기 때문이다. 하지만 이 경우에도 소수민족주의를 좀 더 인정하는 방향으로 명백한 이동이 일어났다. 북아일랜드는 카톨릭 신자 등에게 대의권에 관한 확실한 보장을 부여하는 평화협정을 체결했고 아일랜드에 있는 동일한 집단과의 정체성이 같다는 사실도 인정했다.

또 다른 복잡한 경우로는 상당한 인구의 프리지아인들이 영토적 독립성이나 실질적 공용어 사용권을 지니지 않은 채 살고 있는 네덜란드를 들 수 있다. 그러나 이는 사실 이 집단이 민족주의 전선을 구축하여 이런 권리를 요구하지 않았다는 사실에서 대부분 기인한다.(서구의 상당한 인구의 소수민족 중에서 거의 유일한 경우이다) 이들이 실제로 저런 요구를 한다면, 또 대부분의 프리지아인들이 이를 지지한다면 과연 네덜란드가 거부할지는 의문이다.[8]

서구 국가 중에서 아마도 국가 하위 소수민족을 공식적으로 승인하는 것을 강력하고도 이데올로기적으로 여전히 반대하는 국가는 그리스일 것이다. 한때 상당한 인구의 마케도니아 소수민족은 이제 전통적 고

---

8 자유민주주의 관점에서 보자면 소수자의 영토적 독립성을 보장받게끔 하는 것은 진정한 지지를 등에 업고 있을 때뿐이다. 예를 들어 이런 일을 하는 정치인들이 지속적인 지지를 받는다거나 또는 이를 위한 유세를 하는 정당이 있을 때이다. 프리지아인들의 경우에서 말 수 있듯이 모든 소수민족들이 이런 방식으로 조직화되어 있지는 않다. 소수민족들이 완전히 형성된 민족주의를 가지고 이 세계로 나서는 것은 아니기 때문이다. 이 집단의 구성원의 대부분을 설득시켜서 민족주의적 목표를 위해 이를 동원할한 정치적 행위자에 의해 구성되기 마련인 것이다. 프리지아인의 경우는 소수민족 구성원들 사이의 민족주의 의식을 고취시키려는 일련의 노력이 실패했다. 역사적 관점에서 볼 때, 프리지아인들은 유럽 내 다른 나라의 인종문화적 소수민족과 다름없는 특수한 '국민'으로서 승인을 받기에 부족함이 없다. 그러나 프리지아 엘리트들은 프리지아계 후손과 그들의 전통적 고향에 거주하는 사람들에게 민족주의적인 정치의식을 불러일으키는 데 반복적으로 실패했던 것이다. 자유주의적 관점에서는 충분히 이해할 수 있는 일이다. 소수민족이 영토적 독립성을 획득할 권리가 있긴 하지만 꼭 그래야할 필요는 없기 때문이다. 소수민족이 영토적 독립성을 요구하는 것은 전적으로 그 집단 다수의 의견일 때 의미가 있으며 이는 자유로운 민주적 토론과 합의에 의해 도출되어야 한다. 이런 정치적 동원화가 성공적이었던 서구의 다른 곳에서는 영토적 독립성과 공용어 사용 권리를 수용하는 것이 명백한 경향으로 나타난다.

향에서도 수적으로 밀린다.

이쯤에서 다시 이런 현상을 '다문화적' 접근법으로의 전환이라고 부르고자 한다. 물론 이 용어를 소수민족들 스스로 사용하는 경우는 드물고 대신 국민성, 자치권, 연방주의 또는 권력공유 등의 용어를 선호하는 것이 사실이다. 이런 전환이 어느 정도로 일어났는지 가늠하기 위하여 밴팅과 나는 아래 여섯 개의 정책을 국가 하위 집단에 대한 다문화적 접근법의 대표적인 사례라고 제시한다.

① 연방 또는 준연방 영토적 독립성
② 지역 내 또는 전국적으로 공용어 사용권 획득
③ 중앙정부 또는 헌법재판소 내 대의권 보장
④ 소수민족 언어를 사용하는 대학 / 학교 / 미디어의 공적 지원
⑤ '다국가주의'의 헌법적 또는 의회적 긍정
⑥ 국제법적 주체(예를 들어 국가 하위 지역을 국제기구에 참석하게 허용한다거나 조약을 체결하고 올림픽에 자신들의 대표팀을 보내는 것)

상당한 인구의 소수민족을 보유한 열한개의 서구 민주주의 국가 가운데 여덟 국가는 이 방향으로 이동했고 이중 다섯은 강력하게, 셋은 다소 조용하게 움직였다. 강력한 다문화 국가들은 벨기에, 캐나다, 핀란드, 스페인과 스위스이고 좀 더 온건하게 다문화적인 국가들로는 이태리, 영국과 미국을 들 수 있다. 나머지 세 국가인 프랑스, 그리스, 일본은 아직까지는 보류상태이다. 여기서 우리는 또다시 명백한 경향을 재확인할 수 있지만 깊이나 정도의 차이도 존재함을 알 수 있다.

3) 이민자 집단

세 번째 경향은 이민자 집단의 처우와 관련이 있다. 역사적으로 가장 중요한 '이민자의 나라들'은(예를 들어 호주, 캐나다, 뉴질랜드와 미국) 이민에 대한 동화주의적 접근법을 취했다. 이민자들이 기존 사회 질서에 동화되도록 장려하고 요구했으며 시간이 지남에 따라 말하는 것이나 옷, 여가 및 투표성향과 전체적 삶의 양식이 일반 국민과 다를 바 없어질 것이란 기대가 있었다. 이런 종류의 문화적 동화가 불가능하다고 판단되는 집단은 이민 자체를 애초에 금지하거나 시민권을 주지 않았다. 이와 같은 태도는 20세기 거의 전체에 걸쳐서 아프리카인들과 아시아인들이 이들 국가로 이민하는 것에 제약을 두거나 시민권 취득을 제한하는 것에 반영되었다.

그러나 1960년대 후반부터 이런 태도에 획기적 변화가 일어났다. 두 개의 서로 연관된 변화가 일어났는데 첫째, 인종중립적 입국허용 기준을 채택하여 비유럽계(종종 비기독교) 이민자들이 상기 국가들로 점차 이주하게 되었다. 둘째, 보다 '다문화적'인 의미의 통합을 받아들여 많은 이민자들이 보다 눈에 띄는 방식으로 자랑스럽게 인종 정체성을 드러낼 수 있게 되었으며 공공 기관(경찰, 학교, 미디어, 박물관 등)은 이런 인종 정체성을 수용할 의무를 지니게 되었다.

이러한 두 가지 변화는 정도의 차이는 있지만 전통적으로 이민자를 받아들였던 모든 국가에서 생겼다. 모두 차별적인 입국 및 이민 정책에서 인종중립적으로 개선하였으며 동화중심적 시각에서 보다 다문화적인 개념의 통합으로 전환했다. 이런 다문화주의로의 전환이 얼마나 공식적이고 격식을 갖추었는지에 따라 중요한 차이점이 있다. 캐나다, 호주와 뉴질랜드에서는 이 전환이 공식적인 다문화정책을 중앙정부가 공표함으로써 이루어졌다. 그러나 미국에서도 비슷한 변화가 아래에서부터 이루어지고 있다. 연방정부가 연방차원의 다문화주의 정책을 공식적으로 선포하지는 않았으나 주정부나 도시 등 정부 하위 차원을 살펴보면 다문화정책이 폭넓게 채택되었음을 알 수 있다. 예를 들어 주정부 차원의 교육정책이나 도시 차원의 경찰 또는 병원 정책에서 종종 캐나다나 호주의 지방 및 도시에서나 볼 법한 이민자와 인종문화적 다양성에 대한 고려를 발견할 수 있다. 마치 캐나다처럼 다양성 관련 프로그램과 평등관련 공무원도 있다. 네이션 글레이저가 말하듯 '우리는 이제 모두 다문화주의자다'(Glazer, 1997)라고 할 수 있을지도 모르겠다. 물론 이 주장은 미국 내 주와 도시의 다문화주의 정책에 대한 노력에 상당한 격차가 존재한다는 사실을 간과하는 면이 있다.[9]

이와 유사하게 영국은 국가차원의 다문화주의 정책은 없지만 기본 원칙과 이념은 '인종 관계' 정책에 담겨있다.[10] 위의 국가들은 모두 똑같이 두 가지 변화를 받아들였던 것이다. 즉 인종중립적 입국과 이민정책, 그리고 공공 기관의 이민자와 인종문화적 다양성에 대한 의무적

---

[9] Joppke는 2002년 책에서 많은 국가들이 '국가의 이마에 써 붙이지는 않았지만' 다양성 관련 요구사항들을 수용했다고 지적한다. 이민과 통합 관련 전문가들이 미국식 '용광로'와 캐나다식 '모자이크' 사이에 대단한 차이가 있다고 생각하는 편견을 계속 타파해왔지만 이런 편견은 일반대중의 생각에 여전히 남아있다. 미국내 주정부 차원의 다문화주의 정책에 대해서는 Hero와 Preuhs가 공저한 2006년 책을 참조하라.

[10] 인종 관계 법률을 통한 영국식 다문화주의 모델에 관해서는 Favell의 2001sus 책을, 다인종 영국의 미래를 위한 위원회가 2000년에 만들어짐. 영국 입국허용 정책에는 여전히 인종차별적 측면이 있는데 이른바 홍콩에 있는 '영국인들'이 영국에 거주할 권리가 있는지에 관한 논쟁이 이를 반증한다.

고려가 그것이다. 물론 특히 후자의 정책을 어느 정도로 공식적으로 부과하는지는 나라별로 차이가 있다.

이런 경향은 주로 이민자를 받아들이는 국가들에서 관찰된다. 다시 말해서 이민자를 미래의 영주권자 또는 시민으로 받아들이는 법률이 있는 국가들이다. 이런 국가들 중에 프랑스만 이런 경향에서 예외인데 아직도 프랑스 공화국에서 기원한 동화중심적 시민권 개념을 유지하고 있기 때문이다.[11] 그러나 대부분의 북유럽 국가들처럼 이민자를 받아들이는 법률이 없는 국가들은 사정이 다르다. 이러한 국가들에 거주하는 다수의 '외국인'은 경제적 이유로 불법체류하는 이주노동자들, 망명자들 또는 '초빙노동자' 신분이므로 이민정책 대상으로 입국 허가를 받지 않는다. 흥미롭게도 이들 국가 중에는 '다문화주의적' 측면을 지닌 정책을 도입한 곳도 있다.(예를 들어 스웨덴과 네덜란드) 그러나 대체적으로 동화중심에서 다문화주의로의 경향은 이민자를 받아들이는 국가에서 가장 강력하게 나타났다.

그렇다면 다문화주의적 접근법을 반영하는 구체적인 정책에는 어떤 것이 있을까? 밴팅과 나는 다음의 여덟 개 정책을 이민자 다문화주의 정책에서 가장 빈번하게 공통적으로 나타난다고 본다.

① 다문화주의를 중앙정부 그리고 / 또는 지역적, 도시적 차원에서의 헌법적, 입법적 또는 의회적 승인한다.
② 학교 커리큘럼에 다문화주의를 포함시킨다.[12]

---

11 무슬림 여학생들이 히잡을 쓰고 등교하는 것을 금지한다는 사실에서 알 수 있다.
12 이주민 문화를 가르치는 모든 형태의 교육이 다 '다문화주의적 교육'에 해당하지는 않는

③ 인종 대의권과 인종에 대한 고려를 공영 미디어 또는 미디어 허가에 포함시킨다.

④ 의복 및 일요일을 휴일로 지정하는 등의 법률에서 예외를 허용한다. (조항 또는 판례로)

⑤ 이중국적을 허용한다.

⑥ 인종 집단 기구들에 지원금을 주어 문화활동을 육성한다.

⑦ 이중언어 교육이나 모국어 교육에 지원금을 준다.

⑧ 차별철폐 및 소수자 우대정책을 통해 이민자 집단의 처우개선을 도모한다.[13]

다. 예를 들어 독일에서는 터키인 초빙노동자들의 자녀들을 대상으로 특수 교육이 이뤄졌으나 이들이 독일에 정말 속하지는 않는다는 가정 하에 학생들이 그들의 '고국'으로 돌아가기 위한 준비를 하는데 중점을 두었다.(심지어 그들이 독일에서 태어난 경우에도) 이런 종류의 '준비 교육'은 우리가 통상적으로 생각하는 '다문화주의적 교육'과는 명백히 다른 종류이므로 다문화주의적 정책에 해당하지 않는다. 앞에서 살펴본 것처럼 다문화주의적 정책은 인종다양성을 사회의 일부로 인식하고 수용하고자 하는 정책이지 인종 집단들이 떠나도록 격려하는 정책이 아니다.

[13] 일부 비평가들은 아홉 번째 정책도 포함시켜야한다고 본다. 이른바 다수의 이민자를 영주권자나 미래의 시민권자로 받아들이는 것을 말한다. 일부는 다양성을 수용하려는 국가만이 이민자를 미래의 국민으로 받아들인다는 가정 하에 친이민정책 그 자체가 다문화정책의 형태라고 주장하기도 한다. 그러나 이민정책과 다문화주의 사이의 관계는 복잡하다. 다문화주의 정책에 비판적 입장을 보이는 사람들은 실제로 국경을 개방하는 것에는 찬성한다. 이들은 인종적 다양성을 띤 인구가 늘어나는 것에는 찬성하지만 이를 공식적으로 다문화주의 정책을 통해 국가적 차원에서 수용하고 승인하는 것에 반대하기 때문이다. 이런 관점은 자유지상주의자(libertarian)들이 오랫동안 견지해온 입장이다. 반대로 일부 국가들은 다문화주의 정책에 대한 지지는 이런 정책의 수혜자가 될 새 이민자들의 숫자를 급격히 줄이는 것에 달려있다. 영국이 종종 이런 상황에 직면한다. 준다문화주의 정책들이 1970년대에 (인종 관계 정책이란 이름으로) 도입되었을 당시 정부는 다음과 같은 설명을 영국 국민들에게 제공했다. '우리는 새 이민자를 더 이상 받지 않을 것이다. 그러나 여러분들이 이미 거주중인 카리브 연안과 남아시아에서 온 이민자들을 수용하고 받아들이길 희망한다'. 다시 국경을 개방하는 문제는 다문화주의 정책에 대한지지 기반을 약화시킨다고 비춰졌다. 다문화주의 정책과 난민 정책 사이에도 이와 유사한 복잡한 연관성이 있다. 친다문화주의 국가들이 대체로 난민수용문제에도 호의적인 경향이 있지만(Kate, 2005), 언제나 그런 것은 아니다. 난민에 보다 친화적인 독일이 난민에 좀 더 엄격한 호주에 비해 더 다문화주의에 친화적이지는 않기 때문이다. 사람들을 이민자 또는 난민으로 받아들이는 것은

이런 다음에 우리는 어떤 국가들이 강력하게(여덟 개 중 여섯 개 이상의 정책을 도입) 또는 소극적으로(세 개에서 다섯 개 사이의 정책을 도입) 이런 정책들을 도입했는지 알아보았다. 우리의 계산에 따르면 전통적으로 이민자의 나라라 불린 국가들은 강력하게(호주와 캐나다) 또는 소극적이나마(뉴질랜드와 미국) 모두 이런 전환을 이루어냈다. 그러나 이런 전통적으로 이민자의 나라가 아닌 국가의 경우에는, 즉 이외의 17개 서구 민주주의 국가들은 다른 상황을 보여준다. 이들 국가 중에서 강력하게 다문화주의로 전환한 국가는 하나도 없다. 단지 네 국가만이(벨기에, 네덜란드, 스웨덴과 영국) 소극적 전환을 이뤄냈고 과반수가 넘는 국가들은 이 경향에 사실상 반대 입장을 보였던 것이다.(오스트리아, 덴마크, 핀란드, 프랑스, 독일, 그리스, 아일랜드, 이리아, 일본, 노르웨이, 포르투갈, 스페인, 스위스)

이런 맥락에서 볼 때 다문화주의로의 전환은 원주민 이슈나 국가 하위 소수민족 이슈보다 더 논쟁적이라는 점이 분명해진다. 대부분 서구 국가들이 적극적이거나 소극적으로 '오래된' 소수자들을 위한 다문화주의적 접근법을 채택했으나 이민자 집단의 경우에는 더 미온적 태도를 보였다. 전통적으로 이민자의 나라인 신대륙 국가들은 보다 더 다문화주의적 접근법을 취했으나 다른 곳에서는 거부되었던 것이다. 심지어 다문화주의로부터 '후퇴'한 논란을 일으킨 몇 가지 사례들도 있는데 이는 다음 장에서 자세히 살펴보겠다.

어떤 의미로 이주노동자 공동체를 위한 다문화주의가 전통적으로 이

그리고 일단 입국을 허락한 이들을 어떻게 수용할지 여부는 서로 매우 다른 문제인 것이다. 나는 위의 여덟가지 정책에서 보여지듯이 국가 영토에 이미 거주중인 이민자 집단에 초점을 맞추고자 한다.

민자의 나라들을 제외하고는 뿌리내리지 못했다는 사실은 전혀 놀랍지 않다. 어차피 다문화적 시민권을 받아들인다는 것은 새로운 이주민이 '손님'이나 '방문자' 또는 '외국인'이 아니라 사실 '국민'임을 전제로 하기 때문이다. 그러나 바로 이 사실이 유럽대륙 국가들에서 최근까지 논쟁의 대상이었다. 이미 살펴본 대로 통상적으로 유럽의 전후 이주노동자들은 명시화된 법률에 따라 영주권자나 잠정적 시민으로 받아들여진 것이 아니었다. 대신에 이들은 여러 가지 편법으로 들어왔다. 일부 이주노동자들은 불법으로 입국하였고(이탈리아로 입국한 북아프리카인들), 일부는 망명자로(스위스로 입국한 코소보인들), 나머지는 학생 또는 '초빙노동자'로 입국한 후 비자를 연장하여(또는 기한을 넘기거나) 머물렀다. (독일의 터키인들) 입국시 이들은 미래의 국민으로 취급되지 않았으며 장기 체류자도 아니었다. 아마도 처음부터 이들이 영주권자나 잠정적 국민으로 간주되었다면 애초부터 입국도 거부되었을 것이다. 그러나 초기의 전망과 공식적 규칙과는 무관하게 이들은 어쨌든 영구적으로 정착하게 되었다. 원칙적으로 일부 이주노동자들은 현실상 적어도 어느 정도는 공권력이 불법 체류자임을 알게되거나 불법적인 행위를 하면 추방될 위험에 처한다. 그러나 이들은 몇몇 국가에서 상당한 인구를 형성하며 불법이든 합법이든 취업하고 결혼도 하여 가정을 꾸린다. 왈저는 고대 그리스의 말을 빌려 이들 그룹을 '메틱스(metics)'라고 부른다. 즉 사실상 장기 체류자지만 폴리스에서는 배제된 이들을 의미하는 것이다.(Walzer, 1983)

다문화주의를 채택에 관한 논의는 해당 집단이 일시적 외국인의 범주에서 벗어나 영주권자와 국민의 범주로 들어가기 전엔 공론화되지도 못한다.[14] 사실 많은 집단이 이를 시도한바 있다. 그러나 이건 결코 쉬운 전환이 아니다. 일부 국가들은 이민자들을 통합할 과정이나 기반조차 마련하지 못했고 자신들이 사실상 '이민자의 나라'가 되었다는 사실조차 인정하려하지 않는다. 더구나 많은 수의 메틱스는 입국하기 위해 법을 어기거나(불법이민자) 고국으로 돌아가기로 한 약속을 어기기 때문에(학생, 초빙근로자, 망명자) 국민이 될 자격이 없다고 간주된다. 게다가 새이민자를 받아들이는 전통이 결여된 국가는 종종 외국인혐오적이 되어 모든 외국인을 잠정적 안보위협 또는 잠정적 반역자 또는 그저 바뀔 가능성이 없는 '외부자'로 취급하는 경향이 있다. 이런 국가들로는 오스트리아와 스위스가 대표적인데 이들의 공식정책은 메틱스를 국가공동체로 통합하는 것이 아니라 추방 또는 자진 귀국으로 이들이 나라에서 떠나도록 만드는 것이다. 줄여 말해서 메틱스가 시민권을 거부당하면 국가 내에서 매우 불안정한 처지에 놓이게 될 것이고 반복적으로 이들의 고국이 진짜 고향이고 이 나라에서 설 자리가 없다는 얘기를 들으면 결국 고국으로 돌아갈 것이라는 계산이다.

그러나 점차 이런 가정이 현실적이지 않다는 사실이 드러났다. 수년간 한 국가에 거주한 메틱스는 아무리 신분이 불안정하다고 해도 좀처럼 고국으로 돌아가지 않았던 것이다. 새 국가에서 결혼하고 아이도 낳았을 경우는 특히 이런 경향이 두드러졌다. 이 시점에서 그들의 고국이 아닌 현재 거주하는 국가가 그들의 '고향'이 되었다고 할 수 있을 것이

---

14 각주 12에서 지적했듯이 가짜 다문화주의가 가끔 메틱스(metics)를 위해 도입될 경우가 있다. 보통 이 집단의 구성원들로 하여금 자신들의 언어와 문화를 잊지 않게 격려하면 결국 자신들의 고국으로 돌아가길 희망할 것이라는 가정 하에 이루어진다. 그러나 이런 '예비주의적' 형태의 다문화주의는 전통적으로 이민자의 나라에서 발달된 다문화주의적 시민권의 개념에 정면으로 위배되는 것이다.

다. 실제로 이곳이 메틱스의 자녀와 손주들이 아는 유일한 고향이 될 가능성이 높다. 한번 정착하고 가정을 이룬 이상, 추방이 아닌 다음에 야 메틱스가 자의로 고국에 돌아갈 가능성은 희박하다.

그러므로 자발적으로 고국에 돌아갈 것이란 기대에 입각한 정책은 비현실적이다. 또한 이는 사회 전체를 위험에 빠뜨릴 수도 있다. 왜냐 하면 이런 정책의 결과로 영속적으로 기회를 박탈당하고 소외되고 인 종적으로 규정된 최하층이 만들어지게 될 가능성이 높기 때문이다. 메 틱스는 그 결과 주류사회에서 성공을 염원하는 것을 부정적으로 보는 대항적인 하위문화를 만들 공산도 크다. 이의 예측할만한 결과는 정치 적 소외, 범죄가능성과 특히 2세들에게서 종교 근본주의 등의 결합된 형태가 나타나서 인종 갈등을 심화시키고 사회 전반에 걸친 폭력으로 이어질 위험도 크다.

이를 방지하기 위해 서구 민주주의 국가에서는 비이민자 나라라고 해도 메틱스들의 체류신분을 안정적으로 하고 귀화할 수 있도록 하자 는 움직임이 점차 증가하고 있다. 망명자의 난민 요구가 받아들여질 경 우 영주권이 부여되고 시민권을 획득할 기회도 주어지는 한편 체포 위 험이 사라진 후에도 고국으로 돌아갈 의무도 없어졌다. 비자를 연장하 거나(또는 기한을 넘긴) 초빙노동자들은 종종 영주권을 얻을 수 있게 되 었다. 불법체류자들은 주기적으로 사면 기회를 얻었다. 실제 효과는 장 기거주한 메틱스는 마치 처음부터 합법적으로 입국한 이민자인 것처럼 취급되어 통합으로 가는 이민과정을 따를 수 있게 되었다. 몇몇 경우에 는 이런 통합과정이 좀더 '다문화적인' 방향으로 개정되기도 했다. 스 웨덴이 대표적인 경우로 2006년을 다문화주의의 해로 선포한 바 있다.

그러나 이는 전통적으로 이민자의 나라가 아닌 국가에서는 아직도 드문 경우이다.

2. 자유주의적 다문화주의의 세 가지 핵심적인 특징들

그렇다면, 원주민 문제와 국가하위 집단 문제, 그리고 이민자 문제에 관해서 기존의 동화중심적이거나 배제적인 접근법으로부터 다양성을 인정하고 수용하는 보다 다문화적인 접근법으로의 전환이 일어났다고 할 수 있다. 제3부에서 설명하겠지만 이런 경향은 각각 정도는 다르지만 국제적 규범을 형성하게 되었다. 원주민의 경우에는 좀 더 적극적으로, 국가하위집단의 경우에는 이보다는 소극적으로, 그리고 이민자 집단의 경우에는 가장 미약하게 이런 변화가 나타났다. 이런 전환의 다양한 측면들은 이 책 전체에 걸쳐 분석될 것이지만 이 시점에서 오해를 미연에 방지하기 위해 세 가지 요점을 강조하려 한다. 첫째, 소수자 분류기준의 차이점과 둘째, 이 소수자들에게 부여되는 권해의 내용들과 셋째, 다문화주의와 국가건설 사이의 연관성이 그것이다.

첫째, 이 간략한 개괄이 시사하듯이 서구에서 자유주의적 다문화주의는 해당 집단에 따라 극명한 차이를 보인다. 내가 앞서 사용한 용어를 빌리자면 매우 '선별적'인 것이다. 자유주의적 다문화주의는 일종의 기본적인 소수자 권리를 모든 인종문화집단에 제공하지만 또한 소수자 권리의 몇몇 선별적 범주도 만들어낸다. 국가에 따라 정확한 범주는 다르지만 보통 비슷한 기본적인 패턴을 따르게 된다. 가장 흔한 차이는 더 큰 신생독립국에 속하기 전에 전통적으로 자신의 영토에 정착한 '구' 소수자들과 이미 독립국의 지위를 획득한 이후에 이민자로 받아들여진 '신' 소수자들 사이에서 발생한다. 덧붙여 '구' 소수자들 내에서도 통상적으로 '원주민' 집단과 일반적으로 '소수민족'이나 '민족들'로 불리는 다른 역사적 소수자 집단과의 차이도 존재한다.

우리는 이 같은 세 가지 패턴을 서구 민주주의 몇몇 국가에서 발견한다. 예를 들어 핀란드가 사미족에게 원주민으로서 부여하는 권리는 통상적 국경을 넘은 국가적 소수자인 스웨덴계 이민자에게 부여하는 권리와 다르다. 그리고 두 경우 이미 정착한 모두 '구 소수자'로서 새로 이민한 '신 소수자'와는 다른 종류의 소수자 권리를 가지게 된다. 이와 비슷하게 덴마크는 그린란드의 원주민인 이뉴잇족의 권리를 (국경을 넘은) 독일계 국가적 소수자의 권리와 다르게 규정하고 이 둘의 권리와 새로운 이민자와의 권리에도 차등을 둔다.[15] 캐나다는 토착 원주민부족(인디언, 이뉴잇족과 메티스)의 권리를 영국이 북미대륙을 점령하기 이전에 정착한 신 프랑스(퀘벡)지역의 역사적 프랑스계 식민지 이주민과 구별한다. 그리고 두 구 소수자들의 권리를 이민에 의해 형성된 인종 집단이 받는 다문화적 권리와 차등을 둔다. 미국에서는 원주민인 인디언 부족들은 1898년에 미국령이 된 푸에르토리코의 역사적 스페인계 식민지 정착민과 다른 법적 지위를 부여받으며 둘 다 이민자 인종 집단과 다른 법적 지위를 가지고 있다.

물론 모든 국가들이 세 가지의 인종문화적 다양성을 모두 갖고 있는

---

15 이 북유럽 네 국가들이 원주민, 소수민족과 이주자를 어떻게 구분하는지 자세히 알아보려면 Hannikainen의 1996년 책을 볼 것.

것은 아니다. 호주와 뉴질랜드를 예로 들자면 둘 다 원주민과 이민자 인종 집단을 보유하고 있지만 국가 하위 민족주의 집단은 없다. 이와 반대로 벨기에와 스위스, 스페인과 영국은 국가 하위 민족주의와 이민 이슈를 가지고 있지만 원주민 문제는 없다. 그러나 이 모든 경우에서 공통적인 것은 자유주의적 다문화주의의 기본 토대가 집단별로 차등적 이라는 사실이다. 예를 들어 영국은 역사적 국가 하위 '국가들'(스코틀랜드, 웨일즈와 아일랜드)은 이민자 '소수자'와 다른 권리를 가지게 되는 것 이다.

실제로 나는 그 어떠한 선별적 소수자 권리도 없이 단지 기본적인 소수자 권리에 기대어 인종문화적 다양성을 규율하고자 시도하는 서구 민주주의 국가를 단 한 번도 본 적이 없다. 더구나 이런 선별적 요소는 미미하거나 주변적인 성격이 아니다. 반대로 자유민주주의의 기본 토대는 바로 이것을 중심으로 건설되었다. 대부분의 국가에서 인종문화적 다양성은 입법의 다양한 기관들에 걸쳐 규율되고 각기 다른 개념과 원칙에 따르는 다양한 정부 부처들에 의해 집행된다. 원주민, 국가 하위 민족주의 집단과 이민자들은 모두 자신들만의 정책 '트랙'을 갖게 된다. 그리고 자유주의적 다문화주의의 가장 돋보이는 측면은 이런 선별적 트랙들이 서로 행정적으로나 법적으로 완전히 독립적으로 잘 분리되어 있다는 사실이다.[16] 국가들은 서로 다른 속도로 서로 다른 트랙

---

16 캐나다의 경우 원주민 트랙 안에서 조항을 제정하고 협상하는데 지침이 된 개념들은 조약 체결권, 원주민 인권, 보통법 자격조건과 독자적 재산권, 신탁업무, 원주민성, 자치정부권 및 자결권을 포함한다. 이와 비교해서 프랑스계 캐나다 트랙에서 조항을 제정하고 협상하는데 지침이 된 개념들은 이중언어주의, 이중성, (비대칭적) 연방주의, 특수 사회 및 국가 성을 아우른다. 그리고 이민자 트랙의 중심 개념들은 다문화주의, 시민권, 통합, 톨레랑스, 인종성, 다양성 및 포섭을 들 수 있다. 이 트랙들 사이나 캐나다의 '실로스'인의 법적 정치

에서 움직인다. 어떤 모드의 다문화주의에서는 질주하던 한 국가가 다른 모드에서는 정차만 할 수도 있는 것이다. 예를 들어 이웃 북유럽 국가들과는 대조적으로 스웨덴은 이민자를 위한 다문화주의에 예외적으로 호의적 입장이었다. 그러나 원주민인 사미족의 토지권과 자치정부에 대한 요구는 묵살하는 편이다. 스위스는 공용어 사용권과 지역적 독립성을 통해 국가 하위 소수민족을 수용하는 모범적 사례지만 이민자 정책에 한해서는 전 유럽에서 가장 폐쇄적 태도를 보인다. 이렇듯 국가들은 한 트랙에서는 전진하다가도 다른 트랙에서는 오히려 후진할 수도 있는 것이다.

이렇게 상이한 정책 트랙들이 서로 소통하거나 겹치지도 않는다는 점이 더 놀랍다. 게다가 다문화주의를 위한 여러 투쟁들이 서로 소통한다고 해도 이들이 협력하기 위해서는 마찰이 먼저 일어날 것이다. 이민자들, 소수민족과 원주민은 모두다 지배 집단에 역사적으로 종속된다는 공통점이 있으나 이들이 서로의 투쟁을 꼭 지지한다는 법은 없다. 이민자들이 원주민과 국가하위 소수민족의 더 강력한 자치정부 요구를 지지할 것이란 보장은 없고 이에 맞서 이들 역사적 소수자들이 이민자 집단의 다문화적 시민권을 지지할 것이라는 보장도 없기 때문이다.(Medda-Windischer, 2004) 서구에서 자유주의적 다문화주의 진화한 것은 서로 다른 법적 행정적 트랙을 동원한 다양한 인종문화 집단의 여러 투쟁의 결과이지 '다양성'이란 이름으로 벌인 단일한 통합적 투쟁의 결과가 아니기 때문이다.

자유주의적 다문화주의의 이론과 실천을 이의 선별적이고 집단차등

적 차이점에 대한 자세한 논의는 Kymlicka의 2007년 책을 참조하라.

적인 성격에 대한 고려없이 이해하기란 불가능하다. 마치 기본적 소수자 권리에 관한 문제인 것처럼 자유주의적 다문화주의를 말하고자하는 시도는 반드시 실패할 수밖에 없다. 자유주의적 다문화주의의 논리는 '모든 소수자는 X에 대한 권리를 지닌다' 또는 '소수자에 속하는 모든 이는 X에 대한 권리를 지닌다'의 형태로 포착될 수 있는 것이 아니기 때문이다. 다른 종류의 소수자들이 다른 종류의 소수자 권리를 위해 싸웠고 이를 쟁취했던 것이다. 유감스럽게도 제3부에서 분석하듯이 국제기구들은 원칙적으로나 편의상 자유주의적 다문화주의의 선별적 성격을 인정하는데 어려움을 겪고 있다.

두 번째로 강조하고 싶은 핵심은 서구 자유주의적 다문화주의 내 소수자 권리의 내용이다. 많은 비평가들은 다문화주의가 마치 상징적 승인에 초점을 맞춘 이슈인양 취급하고 재화의 분배나 정치적 권력과는 동떨어진 것처럼 여긴다. 예를 들어 다문화주의가 '재분배의 정치'[17]가 아닌 '승인의 정치'를 반영한다거나, '이익 추구의 정치'에 반대하는 '정체성의 정치'를 추구한다는 식의 주장을 흔하게 듣게 된다.

'승인'과 '재분배'사이나 '정체성'과 '이익' 사이의 차이점은 어떤 분석에는 요긴하게 사용될지도 모르겠다. 그러나 서구에서 진화해온 자유주의적 다문화주의는 단지 상징적 승인이나 정체성 정치에만 몰두해온 것이 아니다. 자유주의적 다문화주의는 권력과 자원의 이슈도 다루기 때문이다. 국가가 구조조정을 거쳐 새로운 정치적 단위를 만들어서 자치정부권을 보장해야하는 소수민족이나 원주민의 경우에는 이런 사

---

17 이 차이에 대한 표준구(locus classicus)에 관해서는 Fraser의 1995, 1998, 2000을 참조할 것.

실이 더 극명해진다. 이 집단과 관련하여 서구 민주주의 국가들은 단일 중앙정부 국가라는 구모델에서 벗어나고 '단일국민, 단일국가, 단일어'라는 구식 이데올로기를 폐기했다. 오늘날 원주민 집단과 국가하위 집단을 가진 거의 모든 서구 민주주의 국가들은 '다국가적' 국가로서 자치정부가 있는 '국민들'과 국가 영토내의 '국가들'의 존재를 인정하게 되었다. 이런 승인은 소수자와 원주민 인권 전반에 걸쳐서 지역적 독립성, 소수민족의 공용어와 관습법 사용권, 토지권 및 원주민의 자치정부 등의 양상으로 나타난다.

이민자의 경우 이런 변화들은 상대적으로 명백하게 드러나지는 않는다. 비슷한 형태의 권력이양이나 연방화로 중앙정부에 집중된 권력이 소수자가 관할하는 정치적 단위로 일부 넘어가는 일이 없기 때문이다. 그러나 앞서 말한 서구의 이민자 다문화주의 정책(73쪽을 보라)로 돌아가보면, 몇몇 정책은 국가 권력, 공공 서비스, 경제적 기회로의 진입을 용이하게 하는 것과 관련이 있음을 알 수 있다. 몇 가지 예로는 소수자 우대정책, 정치적 참여 및 자문을 위한 장치 및 소수자의 필요에 맞춘 의료보험과 사회 서비스 제공 모델 등을 들 수 있다.

이 모든 것을 종합해볼 때, 이런 경향은 국가와 인종집단 간의 관계에 획기적인 변화가 일어났다고 볼 수 있다. 이 같은 변화는 단지 겉치레이거나 상징적이기만 한 것은 아니다. 반대로 이들은 종종 경제적 자원과 정치권력의 의미 있는 재분배를(진정한 의미의 권력 공유와 비슷한) 가져오며 비지배 집단이 국가 기관에 진입하는 것을 용이하게 만들어준다.

다문화주의 정책 안에서 일어나는 정체성과 이익의 이 같은 연결은 놀라운 일이 아니다. 정체성과 이익이 국가건설 정책과 맞물리는 것에 대한 다문화주의적 대응이기 때문이다. 국가주도의 국가건설 정책은 단지 특정한 다수집단의 정체성을 승인하는 문제에(물론 이것이 '정체성의 정치'의 극명한 예가 되겠지만) 그치는 것이 아니라 이 정체성을 중심으로 공공 제도를 수립하여 이 정체성 자체가 경제적 기회, 정치권력 및 사회적 지위의 원천이 되게끔 만드는 작업이기 때문이다. 자유주의적 다문화주의도 똑같이 정체성과 이익을 연결하고자 한다. 단지 특정한 소수자 정체성을 승인하는 것뿐만 아니라 소수자 정체성을 가진 이들에게도 경제적 기회, 정치권력 및 사회적 지위를 부여하고자 하는 것이다.

구체적으로 어떻게 '승인'과 '재분배' 또는 '정체성'과 '이익'이 조합을 이루는지는 다문화주의 정책 하나 하나마다 다르고 소수자 집단 마다 다르다. 다문화주의를 단지 상징적 승인에 관한 문제로 축소시키는 것이 실수라면 이를 단지 순수하게 계급정치의 탈을 쓴 문제로 치부하는 것도 잘못이다. 소수자들이 동시다발적인 정치적 경제적 문화적 소외에 시달리는 일이 흔하긴 하지만 서로 다른 형태의 소외 사이의 연결고리는 복잡하기 때문이다. 때문에 다문화주의 정책은 바로 이 가변성을 추적하려는 것이다.

원주민 집단과 같은 일부 집단은 경제적으로 취약한 위치에 불균형하게 집중되어 있고 정치적으로 소외되고 대중문화에서 모욕적으로 표현되거나 무시 받는 처지에 놓여있다. 그렇기에 이들의 요구는 이러한 다양한 종속의 형태를 해결하고자 한다. 그러나 문화적 정치적 소외와 경제적 특권을 연결하려는 집단들도 있다. 인도네시아, 말레이시아, 필리핀 등 동남아시아 국가에 거주하는 중국인 집단이 가장 극명한 예가 된다. 이들 국가에서 중국인 소수집단은 전체인구에서 약 3% 남짓에 머무르지만 경제의 큰 부분을(아마도 경제의 대부분) 차지하고 있기 때문이다. 인도네시아에서는 중국인 소수집단이 인구의 3%에 불과하지만 사경제의 약 70%를 통제하는 것으로 추산된다. 이런 경제적 특권에도 불구하고 중국인들은 심각한 문화적 소외를 경험하고 있다. 최근에 이르기까지 중국어 교육은 제한되었고 상점 간판에 중국어를 사용하는 것도 금지되었다. 태국에서는 중국인들이 타이식 성으로 개명할 것을 요구받았다. 전반적으로 말해서 이 지역의 중국인 소수집단은 몇 세대에 걸쳐 그 나라에 살았어도 진정으로 나라에 속하지 않는 '외국인' 취급을 받고 있는 것이다. 공적 영역에서 이들은 투명인간 취급을 받으며 국가적 상징과 역사적 서술에서도 배제된다.[18]

경제적으로는 특권층이지만 문화적으로는 지탄받는 장사치의 경우는 권위주의 정부에서나 일어나는 '정실 자본주의(crony capitalism)'의 특이한 경우라고 여길 수도 있다.(Chua, 2003; Riggs, 1994) 그러나 서구 민주주의 국가에서도 경제적 배제를 당하지 않고도 문화적으로 부정적 낙인이 찍힌 집단들이 상당수 존재한다. 인종 관련이 아닌 예로는 대부분의 서구 민주주의 국가에서 게이와 레즈비언을 들 수 있는데 이들은 소득수준이나 교육수준은 이성애자와 비슷한 수준이지만 동성애혐오의 대상이 되기 때문이다. 아랍계 미국인들처럼 이미 자리를 잘 잡은 이민자나 종교집단도 평균이상의 교육과 소득수준을 자랑하지만 문화적으로는 소외되고 오명을 쓴 경우이다. 이들은 미디어나 할리우드 영화에서 테러리스트나

---

18 인도네시아를 예로 들면 중국인은 권위주의 국가관을 반영한 국가사가 담긴 독립기념탑(Monas)에서 배제되어 있고 민족문화를 그려낸 '타만 미니(Taman Mini)' 민속공원에서도 찾아볼 수가 없다. 동남아시아의 중국인 소수집단의 지위에 관해서는 Ho의 2000책을 보라.

종교적 근본주의자로 묘사될 때 이외에는 보통 공적영역에서 눈에 띄지 않는다.

아니면 카탈로니아인처럼 국가 하위집단을 살펴보자. 이들은 다수 집단과 비슷한 생활수준을 유지하지만 다수집단에 의해 언어와 문화가 미천하다는 낙인이 찍힌 채 문화적인 핍박을 받아왔다. 이들은 중앙정부가 자신들의 언어와 전통을 주변화했다는 것에 반발을 품고 지역적 독립성(더 나아가 완전한 독립)을 목표로 정치적 조직화를 도모했다.[19]

따라서 모든 다문화주의적 주장이 경제적 재분배와 관련된 것은 아니다. 그러나 이런 경우에도 다문화주의는 순수하게 '상징적'인 것은 아니며 여전히 정치적 권력과 대의권을 중점적으로 고려한다.(카탈로니아의 분리독립 요구에서 알 수 있듯이) 다음 장에서 살펴보겠지만 다문화주의를 단순한 상징주의로 축소시키려는 정치적 행위자도 분명 존재한다. 많은 경우 정치적 엘리트와 정부 관료들은 형식적 개혁으로 충분하다고 여길 것이다. 이들은 화폐에 소수자 언어 몇 마디를 인쇄해주거나 원주민의 역사적 위인을 우표로 발행해주면 소수자들의 '인정'에 대한 염원을 들어준 것이라고 생각할 것이다. 그러나 정부 관료의 애초의 의도가 어땠든지 간에 피지배 집단은 다문화적 개혁을 공적 자원에 대한 보다 더 강력한 접근을 보장하는 발판으로 여겨왔다.

좀 더 실효성있는 형태의 다문화주의를 향한 이런 노력의 성과는 5장에서 다뤄질 것이다. 그러니 일단 지금은 다문화주의가 기본적으로 재분배보다는 인정을, 이익보다는 정체성을 우선시하는 것은 아니라는

---

19 이와 같은 움직임이 경제 저개발에 따른 반응이란 일반적 통념을 반박하는 시각으로 Connor, 1993을 보라.

점을 강조하고 싶다. 이 장에서 다룬 정책들은 이런 차이들을 가로질러 법적 권리, 정치적 의사결정, 경제적 자원과 공공 서비스의 문제들을 다루고 있다. 실제로 바로 이 사실이 다문화주의의 여러 형태가 서구와 그 외의 국가에서 그토록 논쟁의 대상이 되어온 이유이다. 다문화주의가 단지 상징에 관한 것이라고 예단한다면 이런 논쟁들을 결코 이해하지 못할 것이다.

오해의 소지를 제공하는 세 번째 문제는 자유주의적 다문화주의와 국가건설 사이의 연결고리이다. 앞서 논의했듯이 여러 형태의 다문화주의는 민족동질성이라는 기존 편견을 불식시키는 면이 있다. 따라서 다문화주의와 민족주의는 양립할 수 없는 적대관계이고 근본적으로 대립되는 이데올로기이며 둘 중 하나를 지지한다는 것은 다른 쪽에 대한 반대라고 여길 수 있다. 이 관점을 따르면 다문화주의 정책과 국가건설 사이에는 제로섬 관계가 성립되어 다문화주의는 포스트-민족주의 국가나 사회에만 뿌리를 내릴 수 있다고 생각될 수 있다. 그러나 현실에서는 서구에서 발달한 다문화주의는 국가건설을 탈바꿈시켰지 이를 대체한 것은 아니다. 모든 서구 국가들은 민족의 언어, 역사와 제도를 학교에서 의무적으로 교육하고 공영 미디어와 박물관에 지원금을 제공하고 국가적 상징물과 깃발, 국가와 국경일 등을 통해 지속적으로 국가정체성과 애국심을 함양해왔다. 이와 같은 사실은 내가 위에서 언급한 '확실하게' 다문화주의로 전환한 국가들과 소극적으로 혹은 미미하게 이 방향으로 움직인 국가들 모두에게 공통적으로 해당된다. 그러나 다문화주의가 도입된 국가에서는 이런 국가건설 노력들이 메틱스나 차별받는 인종적 소수자를 배제하거나 이민자를 강제적으로 동화시키거나 소수민족과 원주민의 자치정부를 약화시키는 일이 없도록 수정과 보완을 하게 된다. 다문화주의로 확실하게 방향을 선회한 서구 국가들은 보다 강력한 국가건설이 보다 강력한 소수자 권리에 의해 강화되고 제약된다고 말하는 편이 가장 적절할 것이다.

따라서 다문화주의가 여러 국가에서 가지는 강점에 대한 내 평가는 이들 국가가 얼마나 국가건설을 약화시켰느냐 가늠하는 것이 아니라 얼마나 국가건설을 좀 더 다원적인 방향으로 변형시켰는지를 알아보는 것이다. 이런 면에서 '강력', '보통'과 '미약'한 다문화주의가 어떻게 서로 다른지에 대한 내 생각은 이런 단어들이 때때로 사용되는 방식과 차이가 있다. 예를 들어 데이빗 밀러는 좀 더 강력하고 상태적으로 미약한 다문화주의를 '급진적'과 '중도적'이란 단어로 구별한다. 그러나 그의 관점에서 '급진적' 다문화주의는 더 큰 정치적 공동체와 국가에 대한 동질감을 고취시키는 일 없이 소수자를 수용하는 것을 의미한다.(Miller, 1995, 5장, pp.200·105~106, 2006) 밀러는 이를 국가건설과 다문화주의를 결합하여 정치적 정체성과 애국심을 동시에 고취시키는 다문화주의를 '중도적'이라고 칭한다. 영국적 맥락에서 본다면 중도적 다문화주의는 국민들에게 '영국인처럼' 되는 것에는 여러 가지 합법적인 방법이 있다고 말하고 영국인으로 사는 것이 '이슬람교 신자처럼' 또는 '스코틀랜드인처럼'과 같은 다른 정체성의 공적 표현을 수용하는 것과 양립 가능하다고 말할 것이다.

이러한 급진적 다문화주의와 중도적 다문화주의의 차이는 어떤 분석에는 용이할지 모르지만 현존하는 모든 서구 자유민주주의 국가들의 다문화주의는 국가건설을 부정한다기보다는 수정한다는 사실로 미루어 볼 때 밀러적 의미의 중도적 다문화주의에 속한다. 서구 민주주의 국가

가운데 공용어 사용이나 학교 커리큘럼, 시민권 취득, 국가 상징, 공영 미디어 등 어느 측면이든지 국가건설을 완전히 포기한 나라는 하나도 없다. 그러나 이런 국가건설 정책들은 나라에 따라 정도의 차이는 있으나 다문화주의 정책에 의하여 충족되고 수정되었다고 할 수 있다.[20]

그러므로 우리가 '자유민주주의의 현실에서' 보는 것은 국가건설(국가가 소수자에게 요구하는 것)과 소수자 권리(소수자가 국가에게 요구하는 것) 간의 복잡한 변증법인 것이다. 즉 국가정체성과 다문화주의 중 하나를 선택하는 것이 아니라 국가건설을 향한 지속적 염원과 실질적 필요성과 다양성 수용을 향한 똑같은 열망을 결합시키는 여러 정책들 중의 하나를 선택하는 문제인 것이다.[21]

요약하자면 자유주의적 다문화주의는 보통 생각하는 것 보다 훨씬 더 복잡한 문제이다. 단지 하나의 원칙이나 정책이 아니라 매우 집단차등

---

[20] 실제로 국가하위 소수민족 집단과 원주민의 경우에는 오히려 다문화주의가 국가건설을 부추겼다고 볼 수 있다. 이러한 '국가 내부의 국가들'을 인정하고 자치권을 부여함을 통해 자유주의적 다문화주의는 이들이 (국가하위의) 그들 스스로 국가건설 프로젝트를 도입하여 자치 영토안의 '내부적 소수자'를 보호하기 위해서 동일한 제약과 자격요건을 갖출 필요를 느끼게 되었기 때문이다. 다문화주의가 국가 레벨과 국가하위레벨에서 이러한 국가건설을 어떻게 동시에 제한하고 충족시키는지 자세한 분석을 위해서는 Kymlicka, 2001을 볼 것.

[21] 국가건설과 다문화주의가 본질적으로 상호대립적이라고 보는 것보다 서로의 존재를 정당화해주는 조건을 마련해준다고 보는 편이 훨씬 더 정확할 것이다. 국가건설이 소수자에게 위해를 가할 가능성이 있는 요소를 가지고 있지 않았다면 상당수의 다문화주의적 요구사항이 '특별대우'나 '특수이익'으로 치부되어 버렸을 것이다. 반대로 소수자 권리가 아니었다면 많은 국가건설 정책들이 다수를 위한 부당한 특혜로 비춰졌을 것이다. 자유민주주의 국가라면서 교육제도, 시민권 자격취득시험 등을 소수자에게 강제할 근거를 찾기란 어렵기 때문이다. 앞서 논의한바와 같이 국가건설 정책이 갖는 국민연대성 고취와 같은 긍정적 측면도 분명히 존재하는 것이 사실이다. 그러나 이런 목표들을 소수자를 동화시키고 배제하거나 무력화시키면서 성취해서는 안 되며, 이미 차별받고 있는 계층에게 이런 부담과 비용을 지게 해서도 안될 일이다. 소수자권리에 의해 규율되고 제재되지 않는다면 국가건설은 억압적이고 부당한 일이 될 가능성이 높다.

적인 방침들을 덮고 있는 우산이나 마찬가지이기 때문이다. 더구나 이런 방침 하나하나가 그 자체로 다층적이고 경제적, 정치적 문화적인 요소들을 여러 방식으로 내포하고 있다. 각자 국가건설 정책과 실행에 대한 자신만의 복잡한 연결고리를 가지고 있기도 하다. 이런 복합성을 단순화하고 싶은 자연스러운 충동이 일어나서 다문화주의를 단일한 원칙이나 측면으로 축소하고 싶기도 할 것이다. 마치 이 모든 것이 '멸종위기의 문화적 전통을 보호하려는 것'이거나 '오명을 쓴 정체성을 구명하고자 하는 것', 혹은 '민족주의를 거부하는 것'이라고 자칫 치부해버릴 수도 있다. 그러나 우리는 문제를 이렇게 단순화하는 추측들을 경계해야하며 왜 이토록 많은 정책들이 출현했는지, 또 무엇을 이루려고 하는지 그리고 어떻게 시행되고 있는지를 열린 시각으로 분석해야할 것이다.

지금까지 이 장에서 나는 서구 자유주의적 다문화주의의 주된 형태에 대해 개괄하였다. 그러나 나는 왜 이런 형태가 정말 '자유주의적'인지는 서구 민주주의라는 큰 틀 안에서 태동했다는 사실 이외에는 설명하지 못했다. 왜냐하면 이의 증명을 위해서는 이런 개혁을 낳게 한 동원의 특성 그 자체에 대해 상술하고 (의도적이든 의도적이지 않든) 이를 채택한 효과도 설명할 필요가 있기 때문이다. 이어질 두 장이 바로 이 점을 논의할 것이다.

이러한 개혁을 옹호하는 쪽은 뿌리 깊은 배제와 차별의 형태를 극복하고 서구 민주주의가 좀 더 자유롭고 공정하고 보다 더 포괄적으로 되어 진정한 민주주의로 발전하기 위해서 필요한 일이라고 본다. 이런 인식을 근거로 여러 국제기구들이 자유주의적 다문화주의의 이론과 '가장 좋은 실제 사례'를 타 국가들의 모범으로 공론화시켰다. 앞으로 이어질 논의에서 나는 자유주의적 다문화주의의 효용에 대한 이런 낙관적 입장을 옹호할 근거가 충분하지만 이를 타국가로 이식하는 것을 재고할 근거도 충분하다는 점을 밝히고자 한다.

제3장

자유주의적 다문화주의의 기원들
근원들과 전제조건들

자유주의적 다문화주의가 난데없이 갑자기 생겨난 것은 아니다. 이를 가능하게 한 여러 근거와 조건들에 힘입어 존 킹던(John Kingdon)의 유명한 용어인 이른바 '원시 정책 수프(primeval policy soup)'에서 나올 수 있었고 서서히 시간이 흐름에 따라 발전해왔다고 할 수 있다. 따라서 정말 자유주의적 다문화주의를 신장시키고자 한다면 이에 필요한 근거와 전제조건들을 살펴보아야 할 것이다. 그럼에도 불구하고 우리는 이에 대해 놀라울 정도로 잘 알고 있지 못하다.

첫 번째 문제는 이 이슈에 대한 대부분의 연구가 '방법론적 민족주의'에 물들어있다는 점이다.(Wimmer and Glick Schiller, 2002) 다문화주의 정책의 등장을 설명할 때 평자들은 대부분 특정 국가에 집중하고 그 국가에만 해당되는 사실을 근거로 든다. 예를 들어 특정 인물 또는 잘 알려진 사건 등 특정 단체의 정책이나 정당과 선거제의 특성을 논하는 것이다. 물론 한 특정 사례를 분석할 때는 이런 요인들이 중요하겠지만 다문화주의로 이동하는 전반적 경향을 설명하려 할 때는 이런 특정 국가에 국한된 사실보다는 여러 서구 민주주의 국가에서 공통적으로 발견되는 힘과 다이내믹을 찾는 것이 더 중요할 것이다. 개요를 짠다면, 먼저 여러 종류의 소수자 집단이 어떻게 좀 더 적극적으로 권리 주장을 펼치게 되었는지 또 왜 여러 국가들이 이런 주장을 점점 더 받아들이게 되었는지 둘 다를 설명해야할 필요가 있다.

어떤 잠재된 요인들이 이를 가능하게 했는지 아직 명확하게 설명할 수는 없다. 그러나 이 장에서 나는 인종문화적 다양성을 좀 더 적극적으로 수용하게 만든, 적어도 서구에서는 그럴 수밖에 없도록 만든 몇 가지 요인들을 지목하고자 한다.

제일 중요한 이데올로기적인 요인을 먼저 살펴보겠다. 소위 인권 문화의 등장과 이에 따른 전통적 인종간 서열의 문제화가 그것이다. 이어질 글에서 나는 인권운동이 다문화주의적 주장을 촉발시키고 힘을 실어주었을 뿐만 아니라 이런 주장들이 내재된 국제 인권규범의 가치에 부합하는 방식으로 만들어지고 수정되었음을 밝히고자 한다.

물론 여기에는 아이러니가 있다. 2장에서 보았듯이 인권규범이 제2차 세계대전 이후 유엔에 의해 처음 제정되었을 당시 이는 양 대전 사이의 소수자 권리 체계에 대한 대안으로 고안되었으며 나중에는 후자를 폐기시켰다. 제2차 세계대전 이후 수십 년이 지나자 인권이 소수자 권리를 대체할 것이라는 추측이 생겨났다. 그러나 인권 혁명은 인종평등에 관한 새로운 관점을 풀어냈고 인종 간 서열을 문제시하는 일련의 정치적 움직임을 만들어내었으며 이는 자연스럽게 다문화주의와 소수자 권리를 위한 동시대의 투쟁으로 이어졌다. 이 결과 나타난 다문화주의 모델은 역사적 위계질서와 적대관계를 민주적 시민관계로 탈바꿈시킬 매력적인 모델이라는 것이 증명되었다.

그러나 매력적이고 강렬한 도덕적 이상적 가치만으로는 중요한 정치 개혁을 위한 합의를 끌어내기 힘들다. 그러므로 어떻게 지배 집단과 국가가 좀 더 신중하고도 전략적 이유로 다문화주의적 개혁을 지지하고 어쩔 수 없이 수용하게 되었는지도 살펴볼 필요가 있다. 서구 민주주의 국가의 지정학적 안보 여건 변화와 전지구적 경제 상황의 변화 등을 예로 들 수 있다.

전략적인 요인이 아닌 일반적 다문화주의 수용에 관해서 좀 더 뚜렷한 원칙을 세우는 것은 사실상 불가능하다. 그러나 둘 다 서구에서 다문화주의가 부상하는데 지대한 공헌을 했고 다문화주의가 전 세계적으로 확산하는 것을 도왔다는 것도 부정할 수 없는 사실이다.

1. 영감을 불러일으키는 인권 혁명

첫 번째로 고려할 요인은 인권 혁명이다. 자유주의적 다문화주의의 수용은 인권 이상적 가치에 의해 영감을 받고 육성되어왔다. 실제로 자유주의적 다문화주의는 인권의 논리를 점진적으로 발전시킨 과정의 한 단계로 접근할 때, 특히 인간은 개인으로서나 국민으로서나 근본적으로 평등하다는 논리 안에서 가장 잘 이해될 수 있다.

1948년에 세계인권선언을 채택하면서 국제 질서는 인종간 위계질서와 같은 낡은 생각에 근거하여 어떤 집단이 다른 집단보다 우월하기 때문에 지배하는 것이 마땅하다는 논리를 전면적으로 부정하였다. 인간 평등이란 생각이 당시엔 얼마나 논쟁거리였는지 되짚어보는 것도 중요하다. 1919년 일본이 인종 평등에 관한 조항을 국제연맹 규약에 포함시킬 것을 제안하자 미국, 캐나다를 위시한 서구 열강이 이를 반대했다.(MacMillan, 2001, pp.316~321) 사실 인종 간 위계질서가 존재한다는 추측은 히틀러의 광적이고 살인마적 정책으로 인해 그 실체가 드러나기 전인 제2차 세계대전 이전까지만 해도 널리 받아들여진 사실이었다. 식민주의라는 하나의 체계가 인종 간 위계질서라는 추측에 바탕을 둔 것이고 이 추측은 사실 19세기 국가 정책 및 국제법의 명시된 근간이었으며 20세기 초에도 마찬가지였던 것이다.(이전 장에서 다루어진 신대륙의 이주 정착 국가의 차별적 이민정책도 이에 포함된다) 간략하게 말해 제2차 세계대전 이전에는 '인종차별은 전 세계에 걸쳐 사회적으로 용인되었고 정치적으로 뒷받침되었을 뿐만 아니라 경제적 지지와 논리적 정당화 및 법적인 묵인의 대상이었다'.(Lauren, 1994, p.144)

그러나 1948년 이후부터 우리는 인간평등이라는 생각이 적어도 공식적으로는 당연시되는 사회에서 살고 있다. 그리고 이 같은 생각은 낡은 인종차별과 인종 간 위계질서의 끈질긴 잔재와 그 여파를 타개하고자 하는 정치적 운동으로 이어졌다.(이는 다른 유형의 위계질서를 타파하려는 노력에 영감을 주기도 는데 젠더와 장애 및 성적 경향에 관한 운동이 그러하다)

인종 간 위계질서에 관해서 우리는 이런 운동들이 어떤 순서로 일어났는지 알 수 있다. 처음 계기는 대략 1948년부터 1966년까지 일어난 탈식민화이다. 세계연맹에 가입한 일부 서구 국가들은 인종평등에 찬성했다고 해서 그들의 식민지를 포기할 필요는 없다고 생각했다.(프랑스, 스페인, 포르투갈 등) 그러나 곧 이런 입장은 설 곳을 잃었고 평등과 탈식민화 사이의 연결고리는 유엔의 1960년에 채택된 탈식민화에 관한 총회 결의 1514조에 의해 명시화되었다.

두 번째 단계는 약 1955년경부터 1965년까지 미국 흑인 인권 투쟁으로 시작되어 부분적으로는 탈식민화에 영향을 받아[1] 진행된 인종 차별 폐지 운동이다. 미국이 1948년 세계인권선언에 서명했을 때만 해도 이 행위가 인종차별적 법률의 폐기를 불러올 것이라고 예상하지 못했다. 그러나 이런 입장을 견지하는 것이 불가능해졌고 평등과 인종차별 사이의 연관성은 유엔의 1965년 인종 차별 철폐 협약에 의해 명문화되었다.

미국 흑인 인권 투쟁은 이후에 역사적으로 종속된 전 세계의 인종문화 집단들로 하여금 인종 간 위계질서의 끈질긴 잔재에 대항하는 자기 스스로의 투쟁을 하도록 영감을 고취시켰다. 원주민들이 이른바 '레드 파워(Red Power)'[2]라는 논리를 도입한 것이나 소수민족들이(퀘백인들이나 북아일랜드의 카톨릭 신자들) 스스로를 '백인 깜둥이(white niggers)'라고 불렀던 일(Vallieres, 1971)이나 영국 내 캐리비안 이민자들이 미국 흑인 인권 운동의 슬로건과 법적 개혁을 받아들인 것(Modood, 1996, 2003) 등에서 이런 사실을 확인할 수 있다. 이런 운동들은 모두 자유주의 민권 운동이라는 미국적 이상적 가치에 깊은 영향을 받았고 차별받고 억압당한 소수자들을 위한 평등 쟁취라는 책임의식에 바탕을 둔 것이었다.

그러나 자유주의 민권 운동이 확산됨에 따라 전 세계 소수자들이 직면한 서로 다른 유형의 현실적 문제들에 맞게 수정할 필요성도 생겨났다. 미국 이론가들에게는 '인권 운동'이나 '평등'이라는 생각이 대부분 차별 철폐라는 렌즈를 통해 해석되었고 특히 인종 차별 폐지를 강조했다. 대부분의 미국 이론가들은 자유주의 민권 운동이 누구나 인종과 종

---

1 탈식민화 투쟁과 미국 흑인인권운동에 관해서는 Von Eschen, 1997과 Anderson, 2003을 볼 것.
2 역주 : 1960년대부터 활성화된 아메리칸 인디언의 복원운동으로서 블랙 파워와 유사한 레드 파워를 기치로 내걸었다.

교적 차이를 뛰어넘어 '시민 국가'내에서 차별받지 않는 평등한 시민권을 누릴 권리를 수호해야한다고 주장했다.

그러나 대부분의 국가들내의 소수자 집단이 보장받아야할 권리와 이들이 필요로 하는 인권과 정치적 권리는 미국 흑인들의 상황과는 다르다. 미국 흑인들은 단지 인종적 차이에 의해 시민으로서 응당 누려야 할 공공재와 기회들을 비자발적으로 박탈당했다. 그러나 많은 소수자들은 이와는 반대의 처지에 놓여있다. 이들은 대부분 비자발적으로 동화되어 고유한 언어와 문화 및 자치 정부 제도를 박탈당했다. 이들 역시 같은 국가의 시민들로부터 억압을 감내해야했고 종종 다수 집단의 적극적 주도로 그들보다 열등하기 때문에 또는 구식이라는 미명 아래 시민으로서의 권리를 빼앗기기도 했다. 이들도 또한 다수중심주의에 대항하는 보장이 필요한 것도 사실이다. 그러나 이런 보장이 취해야할 형태는 단지 인종 차별 철폐나 평등한 시민권만으로는 충분하지 못하기 때문에 좀 더 다양한 집단 간 차이를 고려한 집단 차별적 소수자 권리가 필요하다. 예를 들어 캐나다의 경우를 보면 이중 언어 권리와 지방 자치 정부(퀘벡인들) 및 토지권과 조약체결권(원주민들의 경우)을 비롯하여 다양한 형태의 다문화적 배려(이민자 / 인종 집단을 위해)가 필요한 상황이다.

이러한 집단 차별적 소수자 권리는 자유주의 민권 운동의 현지 적응화로 이해되어야하며 따라서 인권 혁명의 새로운 단계를 열었다고 할 수 있다. 탈식민지화가 인종 차별 폐지를 위한 투쟁에 영감을 주었듯이 인종 차별 폐지는 소수자 권리와 다문화주의를 위한 투쟁에 영감을 주었던 것이다. 이 세 번째 단계는 두 번째 단계인 자유주의 민권 운동에 영감을 받았으며(또한 첫 번째 단계인 탈식민지화 투쟁에서도 영향을 받았다) 인종간 위계질서를 타파하고자 하는 목표를 공유하고 서구 민주주의 국가에 여전히 존재하는 현실적 배제와 억압 및 불평등을 몰아내고자 하는 책임의식을 갖고 있다. 세계인권선언에 서명한 국가 중 극소수만이 인간 평등 원칙을 승인하는 것이 곧 다문화주의적 규범과 소수자 권리를 수용하는 것을 의미한다고 생각했다. 그러나 이런 상황도 점차 바뀌어서 평등과 다문화주의 사이의 연결고리는 유엔의 1992년 국가적 인종적 종교적 언어적 소수자 권리 선언에 의해 확인되었다.

인종간 위계질서를 철폐하고자 하는 투쟁이 벌어진 세 단계 모두에서 알 수 있는 사실은 일반 국민의 삶에 현실적 영향을 거의 끼치지 않는 국제법 **일반**에 일어난 변화가 중요한 것이 아니라는 점이다. 진정한 변화는 사람들의 의식 변화에서 일어나는 것이기 때문이다. 역사적으로 종속된 집단들의 구성원이 오늘날 평등을 요구하고 이를 **당연한 권리**라고 주장하고 있다. 이들은 당연히 평등을 누려야만 하고 먼 확정되지 않은 미래나 다음 세기가 아닌 **바로 지금** 이를 누려야 한다고 믿는다.

이런 권리 의식은 현대사회에 너무나 팽배한 의식이라 우리는 이것이 없었던 시대를 상상하기조차 어렵다. 그러나 역사적 문헌을 살펴보면 과거 소수자들은 인권이나 평등사상에 기초하여 자신의 권리를 정당화한 것이 아니라 지배자들의 온정에 호소하여 일종의 '특권'으로 이를 허용해줄 것을 요청했고 이 대가로 충성과 용역을 바쳤음을 알 수 있다.(Schwittay, 2003) 이와는 반대로 오늘날 집단들은 평등권을 특혜나 적선이 아닌 당연한 기본적 인권의 일부로 요구하고 낡은 위계질서의 잔재들과 부딪힐 때마다 분노를 표출하곤 한다.[3]

물론 '평등'이 과연 무엇을 의미하는지에 대한 어떤 합의가 이루어 진 것은 아니다.(그리고 반대로 어떤 종류의 행위나 관습이 '위계질서'가 존재하는 증거인지에 대해서도 마찬가지로 합의가 이루어진 것은 아니다) 인간 평등이라는 일반적 원칙에 대해 동의하는 사람들조차도 이 같은 입장이 반드시 공식적 이중 언어 선포나 협의적 권력의 공유, 또는 종교적 수용을 동반해야한다고 보진 않기 때문이다. 그러나 서구 민주주의 국가가 역사적으로 어떤 특정 국가 집단을 다른 집단보다 우위에 두고 동화나 배제 정책을 펼치도록 해왔다는 사실은 부정할 수 없다. 이런 역사적 위계질서가 학교 체제나 국가 상징물로부터 언어, 이민, 언론, 시민권과 권력 분배 및 선거제를 위시한 다방면에 걸친 정책과 제도에 반영되었기 때문이다. 비지배 집단의 지도자가 이런 역사적 위계질서의 표출을 지적할 수 있는 한, 이를 통해 소수자 집단의 권리 의식을 고취시킬 수 있을 것이다.

2. 제약으로서의 인권 혁명

인권 혁명은 또 다른 의미로 중요하다. 인권 혁명은 다문화주의 추구에 영감을 주기도 하지만 제약을 가하기도 하고 이런 제약 기능은 왜 국가와 지배 집단들이 소수자들의 요구를 점점 더 수용하게 되었는지 설명해주기도 한다.

---

3 '인권 혁명'을 위해서는 Ignatieff, 2000과 Walker, 1998을 보라. 이런 권리 의식의 발달은 부분적으로는 점진적으로 높아진 소수자들의 교육수준과 관련이 있다.

국가로서는 넓은 민주국가 내 몇몇 섬처럼 지방 독재가 벌어질 것을 우려하기 때문에 보다 강력한 형태의 소수자 권리를 수용하기를 꺼려한다. 그러므로 다문화주의적 개혁이 다수의 지지를 얻게 될 가능성은 이런 개혁들이 인권과 자유민주주의적 가치들을 손상시키지 않는다는 확실한 믿음이 있을 때 가능하다고 할 수 있다. 그리고 바로 이 점으로 인해 인권 혁명은 이중의 기능을 수행하는 것이다. 소수자들이 다문화주의를 추구하도록 영감을 준 것이 인권 혁명이라면 같은 의미로 인권 혁명은 소수자들이 그들의 소수자 권리를 만들고 표현하는데 제약을 가하기도 하기 때문이다. 사실 인권 혁명은 양날의 검과 같다. 인종문화 집단이 물려받은 위계질서에 균열을 가할 수 있는 정치적 공간을 마련해주었지만 한편으로는 이들이 자신의 요구를 개진할 때 매우 제한된 언어로만 말하도록 만들었기 때문이다. 다시 말해서 인권의 언어, 자유주의 민권 운동과 민주적 입헌주의, 이와 더불어 양성 평등의 보장과 종교적 자유, 인종 차별 철폐와 동성애 인권과 합법적 절차 등이 그것이다. 소수자 집단의 지도자들은 이런 자유주의적 다문화주의의 이상적 가치들에 호소하여 자신들의 역사적 배제와 종속을 타개할 수 있지만 바로 이런 이상적 가치들은 이들에게 공정하고 관용을 베풀고 포용할 것을 요구하기 때문이다.

물론 소수자 집단이 자신들의 주장을 인권과 자유주의적 입헌주의의 언어로 말해야만 한다는 것 자체가 곧 이런 이상적 가치들이 수호될 것임을 의미하는 것은 아니다. 이런 언어의 사용은 단지 공적인 소비를 위한 전략일 수 있기 때문이다. 소수자 집단의 전통적 지도자들은 지배 집단에 정면으로 맞서서 자신들의 종속적 지위를 문제시하는 동시에 자신들 집단 내에서 여성의 속박과 종교적 소수자들, 이민자들, 하위계층 위에 군림하는 것은 당연시할 수도 있다.

그렇다면 정말 문제는 과연 이런 가치들이 실제로 수호될 수 있는지 여부일 것이다. 사실 이미 정착된 서구 민주주의 국가에서는 실제로 그러하다고 자신 있게 말할 근거가 충분하다. 이런 자신감은 두 가지 근거에서 기인한다. 인권 보장을 위한 확실한 법적 장치가 있는지 또한 인종을 넘어선 자유민주주의적 가치에 대한 국민적 합의가 있는지의 여부가 그것이다. 간단하게 말해 다문화주의란 이름으로 인권규범을 마련해놓을 법적 공간이 소수자들에게는 없는 것이다. 그러므로 대부분의 소수자들로서는 이렇게 할 의향이 없다.

법적인 측면에서 보면 다문화주의 정책은 자유주의적 입헌주의라는 큰 틀 안에서 작동된다고 할 수 있다. 그렇기 때문에 독립적 소수자들의 제도와 기관에 위임된 모든 권력은 대개 다른 공공 기관들처럼 인권과 시민적 자유를 존중하는 동일한 기준으로 평가된다. 예를 들어 거의 모든 경우의 서구 다국가 연방주의는 국가하위 정부들이 중앙정부와 동일한 헌법적 제약을 받으며 문화적 진정성이나 종교적 정통성 또는 인종적 순수성을 지키기 위해 개인의 자유를 억압할 법적 능력이 없다.[4] 또한 많은 경우 이들은 지역적, 국제적 인권 감시의 대상이 되고 좀 더 일반적으로는 인권 보장 장치(헌법재판소, 인권 위원회, 옴부즈맨 등)

---

[4] 이와 관련한 부분적 예외는 미국의 인디언 부족 정부를 들 수 있다. 이들은 미국 권리 헌장의 일부 규정으로부터 면제를 받으며 이런 면제덕분에 일부 부족들은 자유주의적 규범을 거스르는 정책을 도입할 수 있다. 그러나 이 경우에도 많은 부족 정부들이 미국 권리 헌장으로부터의 면제를 수호하면서도 그들의 자치 정부가 국제 인권 규범과 국제 감시를 받는 것에는 보통 반대하지 않는다는 점을 강조할 필요가 있다. 이에 관해서는 Kymlicka, 2001 4장과 Cowan, 2007을 보라.

의 밀도 높은 거미줄 안으로 포섭되게 마련이다. 독립적 체제인 스코틀랜드, 카탈로니아 또는 퀘벡에 거주하는 사람들은 세계에서 가장 발전된 형태의 인권 보장 아래 살고 있는 셈이다.

따라서 서구의 소수자들이 반자유주의적 지배의 섬을 구축하기란 불가능할 뿐만 아니라 많은 경우 그럴 의향도 없는 것이다. 예를 들어 국가 내 소수자의 경우, 다음 장에서 살펴보겠지만 모든 정황으로 미루어보아 소수자 집단 구성원들도 지배 집단 구성원들과 마찬가지로 자유민주주의적 가치를 지키고자 하는 의향이 더하면 더했지 결코 덜하지 않다. 이 같은 사실은 지배 집단이 소수자 자치 정부에 갖는 근본적 두려움 중의 하나를 제거한다고 할 수 있다. 세계의 많은 지역에서 국가적 소수자나 원주민들이 자치 권력을 쥐게 되면 해당 소수자 집단에 속하지 않은 사람들을 탄압하고 차별하며 배제하고 심지어 살해할 수도 있다는 두려움이 존재한다. 그러나 이미 정착된 서구 민주주의 국가들에서는 이런 것은 이슈조차 되지 않는다. 자치 정부 집단이 그들의 권력을 이용하여 독재나 종교적 독재의 작은 섬을 만들 것이라는 두려움이 존재하지 않기 때문이다. 더 구체적으로 말해 지배 집단의 구성원이 소수자 자치 정부의 영토 안에 거주한다고 해도 탄압이나 추방의 대상이 될 것이라는 공포는 없다. 스코틀랜드 내 거주하는 영국인의 인권은 스코틀랜드의 헌법뿐만 아니라 유럽법에 의해서도 확실하게 보장되고 스코틀랜드가 영국으로부터 분리독립한다고 해도 마찬가지다. 퀘벡내 거주하는 영국계 캐나다계 주민들이나 카탈로니아에 거주하는 카스티야인들도 퀘벡과 카탈로니아의 정치적 상황과 무관하게 모두 완전하게 인권이 보장된다.

물론 역사적 지배 집단 내에서도 그러하듯이 소수자 민족주의 내에서도 반자유주의적 가닥들이 존재한다. 바스크와 플랑드르 민족주의 내 인종차별적이고 반이민적인 계파들을 예로 들 수 있다. 그리고 일부 이민자와 원주민 집단에서의 자유민주주의적 가치에 대한 지지의 정도가 다른 것도 더 큰 문제이다. 자유주의적 다문화주의라는 이름 하에 구축된 제도와 프로그램이 사실은 반자유주의적 요소를 담고 있을 위험이 항상 도사리고 있기 때문이다. 나는 다음 장에서 어떻게 다문화주의의 실행을 평가해야하는지를 살펴볼 때 이런 위험도 함께 다룰 것이다. 그러나 자유주의적 다문화주의를 도입하는 것은 낸시 로젠블럼이 '자유주의적 기대'라고 부르는(Rosenblum, 1998, pp.55~61) 이른바 자유민주주의적 가치들이 시간이 지남에 따라 성장하고 인종적 종교적 경계를 넘어 뿌리를 내려서 지배 집단과 소수자 집단 모두에서 받아들여지는 와중에 확실한 제도적 장치가 다문화주의 정책과 제도들이 반자유주의적 목적에 의해 유용되고 변질되는 것을 막아줄 것이라는 희망과 기대에 달려있다고 할 수 있다.

이런 자유주의적 기대는 부분적으로는 자유민주주의의 공적 구조와 원칙들이 인종적 종교적 집단의 신념과 행동에 영향을 미치는 '중력'으로 작용할 것이라는 예상에서 비롯된다.(Galston, 1991, p.292) 로젠블럼이 지적하듯이 모두에게 영향을 미치지만 눈에 보이지는 않는 중력이라는 비유는 힘이 실제로 어떻게 작동하는지를 드러내 준다기보다는 오히려 감추는 면이 있다. 그리고 자유주의적 기대 자체가 뭔가 신비에 싸여있는 것도 사실이다. 그러나 이런 변천 과정이 실제로 역사상 발생했다는 충분한 증거가 있다. 카톨릭과 유태인이 19세기에 미국에 처음 도착했을 때, 그들의 보수주의적이고 가부장적인 믿음과 권위주의적 행동이 진정한 자유민주주의를 받아들이기 어렵게 만들 것이라는 예상이 지배적이었다. 그러나 미국내 대부분의 종교 집단은 자유주의적으로 변했고 점차 개인적 자유 규범과 관용, 양성 평등을 그들의 신념 체계에 편입시키기 시작했다. 이와 유사하게 미국과 캐나다에 정착한 초기 이민자 중 남유럽과 동유럽 출신들은 그들의 조국에 자유민주주의가 결코 뿌리를 내리지 못했기 때문에 자유민주주의적 가치들을 내재화하지 못할 것이라는 예측도 있었다. 그러나 오늘날 이 집단들은 헌법적 원칙의 가장 충실한 수호자들로 여겨지고 있다. 그리고 과거에 권위주의적 이데올로기를 내비친 양차대전 사이의 퀘벡과 같은 일부 국가 하위 집단들도 드라마틱한 자유화 과정을 경험했다.

이런 자유주의적 기대의 초기 실행 과정은 다문화주의가 자유민주주의적 입헌주의와 인권규범의 경계선 내에서 안전하게 통제될 수 있다는 확신을 낳았다. 이런 자유주의적 기대에 대한 강한 신념이 넘치는 사회에서는 다문화주의에 관한 이슈가 어떻게 해결을 보는지 와는 상관없이 시민으로서의 자신의 기본 정치적 권리가 보장받을 것이라는 믿음이 존재한다. 인종문화 집단의 주장들이 어떻게 결론이 나든지 간에, 또 어떠한 언어권, 자치 정부권, 토지권 또는 다문화주의적 정책이 도입되든지 간에 사람들은 자신의 시민권이 박탈당하거나 인종 청소를 당하거나 정당한 재판없이 구금되거나 발언, 집회 및 예배의 자유를 침해받지 않을 것이란 확신이 있는 것이다. 간단하게 말해 자유민주주의적 가치에 대한 합의는 다양성 수용에 관한 토론을 생사가 달린 문제라고 극단적으로 간주하는 것을 막아준다. 결과적으로 지배 집단은 소수

자들의 요구를 저지하기 위해 목숨을 걸고 싸우지 않게 되는 것이다.[5]

이러한 인권의 영감을 불러일으키는 동시에 제약을 가하는 이중 역할은 자유주의적 다문화주의가 도입되고 수용되는 데에 지대한 공헌을 하였다. 역사적으로 억압받은 소수자들의 주장을 합법화시키면서도 지배 집단으로 하여금 어떤 방식으로 소수자 권리가 해결되더라도 자신들의 기본 인권은 보장될 것이라고 안도하게 만들었기 때문이다.

이런 면으로 볼 때, 서구에서의 자유주의적 다문화주의는 사회학적 용어로 '시민화(citizenization)'의 과정이라고 할 수 있을 것이다. 역사적으로 인종문화적이고 종교적 다양성은 일련의 반자유주의적이고 반민주주의적 관계로 특징지워져왔다. 예를 들어 지배자와 피지배자 또는 식민통치자와 피식민자, 정착민과 원주민, 또 인종화 된 집단과 그렇지 않은 집단, 정상인과 일탈자, 전통과 이단, 문명화된 집단과 미개한 집단, 동지와 적, 주인과 노예의 관계가 그러하다. 모든 자유민주주의 사회의 과제는 이러한 비시민적인 관계들을 소수자와 국가 사이의 수직적 차원과 서로 다른 집단들 사이의 수평적 관계 모두에서 자유민주주의적 시민권의 관계로 바꾸는 것에 다름 아니다.

과거에는 시민화 과정의 가장 최선이자 유일한 방법은 모든 사람들에게 차이 없이 동일한 시민권을 수여하는 것이라고 여겨졌다. 그러나

---

5 지배 집단 스스로가 자유민주주의적 가치와 인권을 존중하지 않는 상황에서 이 점은 중요한 쟁점이 된다. 실제로 지배 집단이 일상적으로 소수자를 억압한 국가에서는 소수자들이 자치 정부권을 획득한다면 해당 지역의 지배 집단 구성원들에게 보복을 가하지 않을까하는 강한 두려움이 있다.(코소보의 세르비아인들을 생각해보라) 이런 맥락에서는 지배 집단이 '인권'을 소수자 자치 정부를 거부하는 근거로 악용할 가능성도 있는 것이다. 그러나 소수자 자치 정부 구역에 거주하는 자신과 같은 인종의 처지에 대한 두려움은 여전히 큰 요인으로 남는다.

자유주의적 다문화주의는 복잡한 역사적 요인들로 인해 불가피하고도 당연하게 집단차별적인 인종정치적 주장들이 제기될 것이라는 예상에서 출발한다. 시민화 과정의 핵심은 이런 차별적인 주장을 억압하는 것이 아니라 이들을 인권과 시민 자유주의, 민주주의적 책임의 언어로 거르고 틀을 짜는 데 있다.[6] 그리고 바로 이것이 인종적 위계질서를 타파하려는 인권 투쟁으로서의 3단계 자유주의적 다문화주의가 이루고자 하는 목표인 것이다.

서구에서의 자유주의적 다문화주의의 수용과 이의 전 세계적 확산 가능성은 바로 이런 시민화 과정과 직접적인 관련이 있다고 나는 본다. 다문화주의가 다인종 국가에서 자유민주주의적 시민권의 관계들을 생성하고 공고하게 만들 효과적 수단이라는 주장은 이견의 여지가 있다. 1950년대와 1960년대의 비평가들은 단지 적대감과 위계적 관계들만 재생산할 것이라는 우려 속에 이 생각을 거부한 것도 사실이다. 그러나 우리는 이제 서구에서 다양한 모델의 다문화주의를 경험한지 거의 40년에 육박할 뿐만 아니라 내가 다음 장에서 분석하듯이 이런 모델들이 실제로 저런 기능을 수행한다는 증거들이 점점 더 늘어나고 있다.

다문화주의가 시민화 과정의 유일한 예는 아니다. 오히려 서구에서의 자유주의적 다문화주의의 대두와 확산은 1960년대부터 시작된 사회정책의 거의 전반에 걸쳐 일어난 훨씬 더 큰 범위의 자유화와 민주화 과정 안에서 이해할 필요가 있다. 예를 들어 임신과 출산의 자유화(낙태관련 법

---

6 이 점이 자유주의적 다문화주의를 민주주의 시민권의 개념과 관계와 관련성이 없는 다른 형태의 '다문화주의'와 구별되는 지점이다. 예를 들어 오토만 제국의 밀레(millet) 시스템처럼 소수자들에게 몇 개의 헌법적 보장을 제공하지만 헌법적 불평등(고위공무원 임면권 배제)과 비자유(개종 금지)의 위치에서 이를 규정하는 경우가 그러하다.

률 및 피임), 자유화된 이혼법률, 사형제도의 폐지 및 성차별과 종교적 차별의 금지, 동성애의 합법화 등이 많은 개혁 중의 하나이다. 이 모든 개혁은 반시민적인 지배와 불관용의 관계를 민주주의적 시민권의 새로운 관계로 대체하고자하는 노력의 일환이다. 역으로 이런 법률과 정책 개혁은 시민 사회와 공론의 더 큰 범위의 자유화 과정이 드라마틱하게 보수주의적이고 가부장적이자 권위적인 태도가 좀 더 자유롭고 평등하며 독립적인 가치들로 대체되는 과정을 반영한다.[7] 다문화주의의 부상은 사회를 자유화하고 인권 혁명과 시민 자유주의의 이상적 가치들을 실현시키고자 하는 이러한 넓은 범위의 투쟁의 한 단면인 것이다.

3. 다문화주의와 자유화

지금까지 살펴본 것은 별로 놀라운 사실들이 아니다. 나는 그저 서구의 자유민주주의는 자유민주주의적인 다문화주의를 도입했다는 것을 확인했을 뿐이다. 반박할 증거가 부족한 상태에서 이 사실은 충분히 예상할만한 결과이다. 그러나 극히 소수의 비평가들만이 다문화주의가 자유민주주의적 현상이라는 가능성을 고려할 뿐이고 오히려 이에 대한 대안들의 지성적 토대와 도덕적 경향을 발견하거나 조작하는 데에 상당한 지성이 소모되었다는 것은 놀라운 일이 아닐 수 없다.

이미 지적했듯이 어떤 비평가들은 다문화주의 자체가 자유민주주

---

7 로널드 잉글하트가 이러한 공론의 입장 변화를 가장 대표적으로 잘 분석한다. 또한 세계 가치 보고서도 참조할 것. Inglehart 외 1998년 책; Inglehart와 Welzel의 2005년 책.

의 논리에 위배된다고 주장한다. 그리고 집단차별적 권리를 인정하자는 움직임이 인권과 자유화에 대한 반동이라고 주장하기도 한다. 이 견해에 따르면 인종위계질서에 대항하는 전후 투쟁의 처음 두 단계는(탈식민화와 인종차별폐지) 계몽주의적 자유주의에 영감을 받았지만 마지막세 번째 단계는 시민 인권 자유주의에서 벗어난 반동적인 이탈이라는것이다.

이런 이탈의 정확한 성격이 무엇인지에 관해서는 평이 갈린다. 실제로관련 학술문헌들은 어디서 그리고 어떻게 다문화주의가 자유주의적 전통으로부터 갈라지는지 여러 가지 그럴듯한 이론을 내놓는다. 어떤 이들은 다문화주의는 19세기 독일 낭만주의에 바탕을 둔, 자유주의에 대항하는 문화상대주의적 반발이라고 말한다. 핑키엘크라우트에 따르면 처음 두 단계는 '디드로, 콩도르세 또는 볼테르의 암묵적 영향 아래 구상되었고', 세 번째 단계는 국수주의적이고 상대주의적인 헤르더와 슈펭글러의 사상에서 동력을 얻었다는 것이다.(Finkielkraut, 1988, p.54 · 64) 일부는 다문화주의가 니체의 회의론에 뿌리를 둔, 자유주의에 대한 포스트모더니즘적이고 해체론적 거부라고 본다. 리차드 카푸토에 의하면 '다문화주의 옹호론자들은 합리주의의 보편 진리와 정의를 부정하는 니체적 입장을 받아들이고 이를 확장시키는 경향이 있다'.(Caputo, 2001, p.164)

이런 해석들이 학술문헌에서는 종종 발견되긴 하지만 나는 이를 뒷받침할 신뢰할 만한 증거가 적어도 서구 민주주의 국가에서는 발견되지 않는다고 생각한다. 다문화주의 정책 네트워크 내의 여러 참가자들이(정부, 전문 이익집단, 비영리 봉사 단체 등등) 작성한 거의 수백 개의 논문과 정책 문헌들을 읽어보았지만, 또 이의 결과로 생겨난 법률과 판례도 읽었지만 나는 아직도 슈펭글러나 니체에 직접적으로든 간접적으로든 옹호적인 입장을 취하는 토론은 단 하나도 발견하지 못했다.

　다문화주의가 어떻게 자유주의와 결별하게 되었는지 좀 더 간단하게 설명하는 또 하나의 입장도 공론장 내에서 발견된다. 이 입장에 따르면 다문화주의는 '문화'에 관한 것이고 문화(적어도 인종집단이란 맥락 내에서는)는 궁극적으로는 선조 때부터 내려온 '전통'에 관한 것이기 때문에 '문화적 다양성을 수용'하는 것은 결국 '전통적 삶의 방식'을 보존하느냐의 문제라는 것이다. 이 기본 입장은 여러 방식으로 상술될 수 있다. 가장 흔히 접하는 형태는 어느 정도의 문화적 변화는 불가피하지만 한 문화의 '정통성' 또는 '완전성'에 핵심이 되는 어떤 관습들이 있고 이들이 변하는 것은 막아야한다는 주장이다. 이런 '정통성있는' 관습들은 한 집단의 정체성과 직결되기 때문에 이 집단에 속한 개인들의 정체성과도 연관이 있다. 문화와 정체성 사이의 이런 연관성은 문화적 관습이 '전통적'일 경우에, 즉 최근에 생겨났거나 외부의 영향을 받은 것이 아니라 사람들의 역사에 깊이 뿌리박혀 있을 때 더 강해진다. 이런 관점으로 볼 때 문화적 권리와 문화 포용 정책은 이 같은 '정통성있는' 관습들을 중점적으로 또는 독점적으로 보존하기 위해 고안되었다고 할 수 있다.

　이는 아마티야 센이 다문화주의에 대한 '공동체주의적' 또는 '보수주의적' 입장이라고 명명한 것의 다른 버전이다.(유엔인권이사회, 2004) 또한 이는 우리가 단순하게 '전통적' 입장이라고 부르는 것이기도 하다.[8] 이 입장이 어떻게 내가 지금까지 전개해온 자유주의적 설명과 다를 뿐만 아니라 정면으로 대치되는지 금방 알아차릴 수 있기를 바란다.

다문화주의를 보는 자유주의적 관점은 불가피하게, 또 의도적으로, 양해를 구하지도 않고 사람들의 문화적 전통을 변화시킨다. 또한, 지배집단과 피지배 집단 모두에게 새로운 관습을 받아들이고 새로운 관계를 시작할 것을 요구하고 사람들의 정체성과 관습을 근본적으로 바꿔놓을 새로운 개념과 담론도 껴안으라고 요구한다.

아마도 이 점은 각 나라에서 역사적으로 지배 다수였던 집단에서 가장 명백하게 드러날 것이다. 당연하게 여겨왔던 인종적 우월성이란 환상을 버리고 국가를 독점적으로 소유하고자 하는 시도를 멈추고 공적제도들을 자신들만의(보통 백인 / 기독교) 이미지로 만들려는 시도를 다포기해야하기 때문이다. 사실 대부분의 다문화주의의 '제도들 사이를통과하는 긴 행진'은 이러한 깊게 뿌리박히고 소수자들을 배제하고 억압하는 전통, 관습과 상징들을 지적하고 비판하는 것이다. 많은 연구가이런 입장이 다수자 정체성과 관습에 끼친 영향을 분석하고 이에 따른파장과 반동을 다루고 있다.[9]

그러나 자유주의적 다문화주의 역시 소수자 집단의 정체성과 관습

---

8 다문화주의가 자유주의보다는 문화적 보수주의에 바탕을 두고 있다는 주장은 그 역사가 깊다. 실제로 1970년대와 1980년대의 다문화주의 초기 연구자들은 다문화주의가 자유화에 대응하는 '공동체주의적인' 반동으로 생겨났으며 자유화가 전통적 권위와 관습에 끼친 훼손을 조금이나마 상쇄시키려는 시도였다고 보았다. 이 시각으로 보자면 다문화주의는 새로 해방된 개인들이 인권과 시민으로서의 권리를 전통적 권위구조와 문화적 관습을 거부하는 수단으로 사용할까봐 걱정하는 공동체주의자 또는 보수주의적 엘리트들이 필요에 의해 만들어낸 것이다. 간단히 말해 다문화주의는 자유화에 공동체주의라는 브레이크를 거는 시도인 것이다. Van Dyke, 1977, 1982; Svensson, 1979; Addis, 1992; Garet, 1983; Johnston, 1989; McDonald, 1991; Karmis, 1993을 참조할 것. 나는 이러한 다문화주의에 관한 공동체주의적 이론들의 "첫번째 물결"과 어떻게 이 입장이 최근의 다문화주의에 관한 자유주의적 이론들에 의해 반박되었는지 Kymlicka, 2001, 2장에서 다루고 있다.
9 다문화주의에 관한 '백인의 반발'은 Hewitt, 2005와 Hansen, 2007, Bulbeck, 2004를 보라.

을 근본적으로 변화시킬 수 있다. 다수의 소수자 그룹은 각자 고유한 인종적 차별, 반유태주의, 계급 차별과 성차별, 종교중심 승리주의, 정치적 권위주의 등과 같은 자유민주주의적 다문화주의와 소수자 권리에 의해서 폐지될 수 있는 문제적 역사를 가지고 있기 때문이다.[10] 더구나 소수자 집단의 전통 관습이 이런 반자유주의적이고 반민주적인 요소가 없다고 하더라도 이런 관습 중 일부는 타자에 의한 차별과 탄압 또는 배제에 대한 결과로 생겨났을 수 있으므로 이런 기억이 사라져가면서 사람들의 뇌리에서 잊혀지게 될 가능성이 있는 것이다. 어떤 소수자 집단들은 다수 집단의 제도로부터 배제되고 차별받았기 때문에 자립자조, 족내혼과 내부갈등 해소 등을 비롯한 독특한 규범을 발전시키기도 했다. 이러한 규범들 역시 인종 간 위계질서가 약화되고 집단 구성원들이 다른 집단들과 소통하는 것에 좀 더 편안함을 느끼고 국가 제도들에 참여해 나가면서 점점 그 설득력을 잃어갈 것이다. 이렇듯 자유주의적 다문화주의는 다수자와 소수자 집단 모두에게 전통적 삶의 방식을 보존하는 매개체로 작용한다기 보다는 여러 방식으로 이를 수정할 것을 요구한다.

그러므로 전통주의적인 개념의 다문화주의는 그 목적과 논리에 있어 자유주의적 개념과 정반대의 위치에 있다고 할 수 있다. 실제로 자유주의적 관점에서 보자면 전통주의적 개념의 다문화주의는 다음의 몇

---

10 존 마이어는 도덕적 사회의 동시대 모델이 어떻게 기존의 영웅 민족주의, 인종 특수성/우월성, 종교 포교의 의무 또는 문명을 이웃에 전파할 특별한 역사적 의무 등을 폐기하는지 설명한다. 그의 중심주장은 이런 이데올로기적 변화가 민족 국가를 '길들였다'는 것이지만(Meyer, 2001, 6쪽), 국가하위 집단에서도 비슷한 다이내믹이 관찰된다. 국가하위 집단 역시 인종적 종교적 우월주의와 역사적 의무를 폐기하고 이를 진보와 정의, 인권의 언어로 새롭게 틀을 짜야하기 때문이다.

가지 이유로 인해 그 실현가능성과 설득력이 떨어진다고 할 수 있다.[11]

① 전통주의적인 개념은 국가의 승인을 기다리는 문화적 관습들이 '영속적'이거나 '정통성'이 있다고 여긴다. 그러나 현실에서는 소위 전통적 관습들이 사실은 최근에 만들어졌으며 그 자신이 이전의 문화적 교류에서 생겨났고 때로는 엘리트들이 자신의 위치를 공고히 하기 위해 '발명한' 경우도 있다는 것이 여러 연구에서 반복적으로 밝혀졌다.[12] 따라서 '문화적 정통성' 또는 '문화적 순수성'은 대개 인류학적으로는 너무 순진한 생각인 것이다. 이는 또한 정치적으로 위험한 생각이기도 하다. 왜냐하면 이는 곧 인류 발전 과정에 있어 지극히 당연하고 불가피하며 도움이 되는 문화적 진화나 문화 간 영향이 비정상적이고 바람직하지 못한 일이라는 생각을 암시하기 때문이다. 사실은 문화적 순수성이 아닌 문화적 혼종성이 인간사의 정상적 상태이며 문화적 순수성이라는 환상은 집단들의 더 큰 세계와의 교류를 인공적으로 단절시키고 외국인 혐오와 같은 타자에 대한 공포를 심어줌으로써만 유지될 수 있는 것이다.(Waldron, 1995, Cowan 외, 2001)[13]

② 전통주의적 관점은 한 집단의 어떤 관습이 '정통성'이 있는지를 결정하는 중립적이고 객관적인 방법이 있다고 믿는다. 그러나 현실적

---

11 나는 Kymlicka, 1989, 1995, 2004에서 전통주의적이고 공동체주의적 개념의 다문화주의의 한계를 다루었다.

12 전통의 발명에 관한 방대한 연구물이 있을 정도다. 이의 가장 극명한 예를 위해 Hobs-bawm and Ranger, 1983을 보라.

13 이와 연관된 착각중 하나는 어느 특정 인종 또는 종교집단에 속한 일원으로서의 우리의 '진짜' 정체성과 비교할 때, 더 큰 사회에 속한 일원으로서의 우리 정체성이 '가짜'이거나 '인공적'이라는 생각이다. 그러나 현실에서는 더 큰 범인종적 시민 정체성은 (역사적으로 빈번하게 관찰되듯이) 특정 인종이나 종교적 정체성만큼이나 정상적이고 자연스러운 것이다.

으로 이 문제는 **집단 그 자체 내부**의 정치적 논쟁에 달려있다. 종종 집단 내의 보수주의적 엘리트들이 어떤 것이 정통성있고 전통적인지를 판단할 권위를 쥐게 되는데 이들은 집단 내부의 개혁을 요구하는 목소리를 억압하는 수단으로 이를 악용한다. 역사적으로 상이한 방식으로 행해져왔고 진화하고 논쟁의 대상이 되기도 하고 선택사항이기도 했던 관습들이 보수주의적 엘리트들에 의해 '신성한' 것으로 선포되고 종교적 또는 문화적 의무사항이자 집단 소속의 준거로 사용되는 것이다. 다문화주의를 전통적 또는 정통성있는 관습을 보존하는 것으로 해석하는 것은 이러한 보수주의적 엘리트들을 돕는 일에 다름 아니다. 왜냐하면 고대로부터 내려오는 전통을 수호하는 보호자라고 자처하는 이들에게 힘을 실어주고 이런 전통에 반대하는 사람들을 한 집단의 '진정한' 또는 '적합한' 구성원이 아니라는 암시를 주기 때문이다.(Parekh, 2000) 이런 의미로 볼 때, 다문화주의를 보수주의적으로 해석하는 관점은 사람들에게 문화적 **권리**를 주는 것이 아니라 좀 더 정확하게는 문화적 **의무**를 강요한다고 할 수 있다. 즉 개인으로서는 좋든 싫든 간에 자신의 문화를 유지할 의무로 인해 개인의 자유를 신장시키는 대신에 축소시키는 결과를 낳게 되는 것이다.

③ 전통주의적 관점은 개인의 문화적 전통을 보존할 권리가 있다고 주장하는데 이는 일부에 의해(특히 미국 인류학 협회에 의해 유명해졌듯이) 보편 인권이라는 생각 자체를 배제하는 것으로 해석된다. 미국 인류학 협회가 1947년 유엔에 제출한 보고서에 따르면, 사람들의 정체성과 성격은 고유한 문화를 통해 실현되기 마련이므로 모든 사람들은 자신의 고유란 전통에 따라 삶을 꾸려나갈 권리가 있다는 것이다. 즉 인권의

보편적 가치 기준에 따라 지역 문화를 판단한다는 것 자체가 바람직하지 않다는 것이다.(AAA, 1947) 좀 더 최근에는 인류학자들이 이런 극단적인 상대주의적 관점과 거리를 두면서 문화적 보존을 위한 권리와 보편 인권을 위한지지 사이의 간격을 좁히려는 시도를 하고 있다.[14] 오늘날 인류학자들은 일부 문화적 전통은 억압적일 수 있다는 가능성과 보편 인권이 이런 억압을 상쇄시키는데 도움을 줄 수 있다는 가능성을 더 받아들이는 추세이다. 따라서 우리는 이제 인류학자들이 인권과 문화적 보존을 위한 권리 사이의 '균형'을 유지하자는 논의를 하는 것도 보게 된다. 그러나 만약 인권 보호가 인권을 침해하는 관습들을 위해(너무 심하게는 아니고) 뒷전에 밀리거나 희생된다면, 이는 여전히 위험한 입장일 수밖에 없다.

④ 문화적 전통을 존중하는 것이 개인의 정체성을 존중하는 것의 핵심이라는 전통주의적 주장은 민주적 논의를 회피하기 위한 '핑계'로 작용할 수 있다. 특정한 관습이 내 '정체성'의 일부라는 주장은 때로는 타인으로 하여금 이의 가치와 중요성을 고려하고 논의하자는 제의로 해석이라고 할 수 있다. 그러나 다른 맥락으로 볼 때, 이 주장은 이런 관습을 문제시한다면 한 개인으로서의 나를 존중하지 않는다는 증거로 받아들여져서 논쟁을 사전에 차단하기 위한 수단이 되기도 한다. 정체성과 관련된 주장이 이런 식으로 협상의 여지가 없는 카드로 제시된다면 민주적 논의의 가능성을 잠식시키는 결과를 불러온다. 서로 다른 문화적 전통들이 힘겨루기를 하는 다인종 국가에서는 특히 서로의 관습

---

14 인류학자들과 인권 사이의 상처주고 진화하는 관계에 대해서는 Freeman, 2002; Cowan, 2001; Wilson, 1997을 참조할 것.

에 대해 민주적으로 논의하고 이의 장점과 단점과 함께 이들이 충돌할 경우 공정하고 명예롭게 절충안을 모색해야할 것이다.[15]

정리하자면 다문화주의를 정통성 있는 문화적 전통을 보존할 권리로 해석하는 관점은 여러 위험을 내포하고 있다고 할 수 있다. 문화 간 건전한 교류를 방해할 수 있고(문화적 혼종성보다 문화적 순수성을 더 옹호하기 때문에) 집단 내부의 개인의 자율권을(권위주의적이거나 보수주의적 엘리트들을 개혁주의자보다 더 우위에 두기 때문에) 침해할 수 있기 때문이다.

다문화주의에 관한 자유주의적 해석과 보수주의적 해석 사이의 근본적 차이점을 고려할 때 이 둘중 어떤 것이 서구 내의 다문화주의로의 전환에 밑거름이 되었는지 결정할 필요가 있다. 공론장에서는 두 입장 모두를 발견할 수 있으나 과연 둘 중의 어느 것이 동시대 다문화주의적 정책의 틀을 마련해주는가?

다문화주의 비평가들은 보통 보수주의적 해석이 다문화주의로의 전환을 뒷받침해주었다고 추측한다.[16] 그러나 나는 이런 추측은 설득력이 없고 사실과 완전히 다르다고 증명이 가능하다고 본다. 첫 번째로 이런 비평가들은 어떻게 보수주의적 다문화주의가 서구 민주주의 국가들의 공식적 공공정책이 되었는지, 특히 40여년에 걸친 폭넓은 자유화와 인권 개혁을 겪고도 어떻게 이것이 가능했는지 설득력 있는 설명을

---

15 이 문제에 관한 충실한 설명을 위해 Waldron, 2000을 볼 것. 이 문제와 연관된 또 다른 우려인 (보수주의적) 다문화주의가 정체성과 문화를 고정시켜서 개인의 자율성과 민주적 토의를 막을 수 있다는 주장은 Appiah, 2004; Markell, 2003; Benhabib, 2002; Bayart, 2005를 참조할 것.
16 일부는 실제로 보수주의적 해석이 다문화주의를 해석하는 유일한 방식이라고 본다. 여기에 단점이 있다면 '문화적 얘기'의 독재를 거부하는 것으로 상쇄될 수 있다고 주장하기도 한다.(Booth, 1999; Mamdami, 2000)

제공하지 못한다.[17] 어떻게 '승리 연합'이 서구 민주주의 국가에서 보수주의적 다문화주의를 지지하는 입장에서 출몰할 수 있다는 것인가? 어떻게 이 입장이 다수 정당의 지지를 획득하고 국회나 의회의 다수 지지를 얻었다는 것인가? 이 시나리오의 정치적 실현 가능성은 거의 없다. 그리고 실제로 다문화주의 채택을 분석하는 대부분의 비평가들은 이 자체를 일종의 미스테리로 여기고 있다. 마치 그렘린이 국회에 숨어들어가 아무도 알아차리지 못하는 사이에 다문화주의 정책을 입안한 것처럼 이 과정 자체가 미스테리라는 것이다.[18]

다문화주의 정책이 도입된 실제 과정을 살펴보면 다른 그림이 등장한다. 현실에서는 서구에서 다문화주의적 개혁을 받아들인 거의 모든 사람들은(이러한 개혁을 요구하기 위해 조직화한 정치 운동가와 시민단체들로부터 이를 도입한 국회의원들, 이를 입안하고 실행에 옮긴 행정관들, 이를 해석한 법관에 이르기까지) 인권과 자유주의적 시민 권리의 이상적 가치에 영감을 받았

---

17 예를 들어 캐나다의 다문화주의법(Multiculcuralism Act)의 비평가들은 이 법이 내포한 문화 보존의 보수주의적 논리가 여성 성기 절단(FGM)도 이 관습이 '전통적으로' 행해지는 집단 내에서는 허용되어야함을 의미한다고 주장한다.(Bissoondath, 1994; Gwyn, 1995) 그러나 다문화주의법을 통과시킨 같은 시기에 캐나다는 전 세계에서 여성 성기 절단의 위험에 놓인 소녀들에게 그들의 조국에서는 이 관습이 '전통'이라고 하더라도 난민 지위를 허용한 전 세계의 몇 안 되는 국가 중 하나가 되었다. 어떻게 이 두 가지 상이한 입장을 절충시킬 수 있겠는가?(Levine, 1999, p.40) 캐나다 같은 국가가 국경밖에서는 이를 규탄하면서 자신의 국경 내에서 여성 성기 절단과 같은 관습을 문화 보존이란 미명하에 허용한다면 그것은 자기 모순에 지나지 않을 것이다. 비쑨다스와 그원과 같은 비평가들은 입법자들이 바로 이란 자기 모순을 감싸안았다고 주장하지만 어떻게 또는 왜 이 같은 자기 모순이 생겨날 수 있었는지에 대한 설득력있는 설명을 하지 못한다. 만약 우리가 두 입장이 모두 자유주의적 가치에서 유래했다고 전제한다면 우리는 이런 일관성 없는 논리를 거부하고 두 건 모두에 대한 좀 더 그럴듯한 정치적 설명을 제공할 수 있다. 사실 곧 알게되겠지만 다문화주의법의 실제 내용은 전통주의적 관점보다는 자유주의적 관점에서 영감을 받았다고 기록하고 있다.
18 이의 명백한 예로는 Barry, 2001, pp.292~299을 보라.

다. 이러한 행위자들은 다문화주의 개혁을 더 큰 의미의 사회적 정치적 자유화 과정의 일부로 보았으며 이러한 개혁들을 법적으로 제도적으로 자유주의적 권리라는 틀 안에서 실행에 옮겼다.

물론 동시대의 다문화주의적 개혁이 인권 혁명에서 유래되었다는 사실만으로는 이 결과 어떤 일이 나타났는지 아직 확실하게 말할 수는 없다. 다문화주의적 정책 구조가 자리를 잡은 후에 여러 공동체 내부의 반자유주의적 보수주의자나 권위주의적 엘리트들은 이를 통제하려고 시도했고 적어도 이들의 시행이나 방향에 관여하려고 애썼다. 예를 들어 다문화주의 지원금이 제공되고 다문화주의 위원회가 설립되자 이민자 집단 내부의 보수주의적 엘리트들이 이에 접근하고자 했다. 원주민과 국가하위 민족주의자 집단을 위한 자치 정부의 제도적 장치가 마련되자 보수주의자들은 이런 새로운 권력을 이용해 자신들의 전통적 권위를 보전하려고 했다. 이런 종류의 정치적 분쟁은 불가피한 일이다. 실제로 이런 분쟁이 일어나지 않는다면 정치학에서 알려진 모든 종류의 법칙을 위반하는 것이나 마찬가지일 것이다. 다문화주의적 정책이 때로는 의도하지 않게 여러 공동체 내 자유주의적 개혁을 막으려하는 보수주의적 엘리트들의 손을 들어주는 경우가 존재하는 것도 사실이다.

그러므로 여기서 우리가 제기해야할 중요한 질문은 어느 정도로 보수주의적 / 권위주의적 엘리트가 이런 정책들을 차단하는데 효과적이었는지, 그리고 어떤 종류의 안전장치가 원래 의도한 해방적 의미의 목표와 이상적 가치들이 수호되도록 보장하는지 묻는 것이다. 나는 다음 장에서 이 질문으로 되돌아가서 우리가 어떻게 다문화주의 정책의 실제 시행을 평가하고 미래 전망을 해야 할지 논의할 것이다.

그러나 이 장의 초점은 다문화주의 정책의 기원이다. 즉 규범적 원칙과 이를 뒷받침하는 정치 동맹을 알아보는 것이다. 그래서 이 시점에는 나는 서구 민주주의 국가에서 다문화주의를 수용하는 것에 관여한 행위자들은 자신들을 인권 혁명을 표현하고 확장시키는 행위자로 여기고 있었지 이에 반대하는 것으로 생각하지 않았음을 강조하고 싶다.

물론 지나치게 성급한 일반화라고 말할 수도 있을 것이다. 게다가 다양한 국가에서 다양한 집단을 위해 다문화정책을 도입한 만큼 궁극적으로는 개별 사례에 의해 평가될 필요가 있다. 그러면 먼저 첫 번째 사례로 자유화와 다문화주의 사이의 연관성이 특히 뚜렷한 캐나다의 경우를 살펴보자.

캐나다에서 일어난 다문화주의에 관한 정치적 지지의 기반을 먼저 고려해보자. 다문화주의가 자유화에 대한 반동을 의미하는 것이라면 두 개의 서로 경쟁하는 정치적 진영을 발견해야 마땅할 것이다. 다시 말해서, 양성평등과 낙태, 이혼, 동성애 인권을 비롯해 개인 해방을 지지하는 자유주의적 개혁을 요구하는 자유주의적 진영이 있을 것이고, 반대편에는 보수주의적 진영이 이민자를 위한 다문화주의와 원주민 인권, 퀘벡 독립성 등을 자유주의적 개혁으로부터 보호하고자 할 것이다. 그러나 캐나다의 실제 상황은 이와 정반대이다.

한편으로는 가부장적인 문화적 보수주의자들이 사회가 급변한다고 주장하며 전통적 권위와 관습을 좀 더 존중해야한다고 믿는다. 캐나다 인구의 35%를 차지하는 이들이 바로 마이클 애덤스가 소위 '아버지가 제일 잘 안다'라고 명명한 집단이다.[19] 예상할 수 있듯이 이들은 여성평등과 동성애인권에 관한 자유주의적 개혁에 강하게 반대한다. 그러나 이들은 또한 이민자 다문화주의와 원주민 인권, 퀘벡을 수용하는 것에 대해서도 똑같은 강도로 반대한다. 사실 이러한 다양성 정책들의 출현이 바로 이 집단이 가장 두려워하는 사회적 급변의 예이다. 지금까지 (적어도 지금 현재는) 문화적 보수주의자들 사이에서 이러한 다문화주의에 대한 그 어떠한 공개적 지지도 표명된 적이 없다.

물론 이러한 정책들을 저지하려던 싸움에서 지고 난 이후에도 가부장적 보수주의자들이 그냥 사라져버린 것은 아니다. 이들은 조직을 재구성하여 이런 정책들로 인해 생겨난 기회들을 최대한 활용할 방법을 모색하는 중이다. 예를 들어 캐나다 내의 보수주의적 신교도들은 공립학교에서의 다문화주의 도입을 개신교의 특권적 지위를 약화시킬 것을 우려하여 처음에는 극렬하게 반대했으나 이제는 동일한 다문화주의를 이용하여 잃어버린 특권들을 어느 정도 되찾을 궁리를 하고 있다.(Davies, 1999) 그러나 이런 사후 대책의 정책적인 다문화주의에의 호소는 문화적 보수주의자들이 강력하게 다문화주의 정책의 채택을 반대했던 만큼, 이를 지지하는 것과는 완전히 별개의 문제이다.

다른 한편으로는 점점 더 평등을 추구하고 권위주의에 반대하며 개인주의적인 진보적 성향의 캐나다 국민들이 있다. 예상할 수 있듯이 이들은 양성 평등과 동성애 인권을 지지하는 동시에 다문화주의적 정책에도 찬성을 보내며 이 두 가지 개혁 모두 시민 자유주의라는 하나의 논리를 표출하고 있다고 여긴다.

---

19 애덤스는 이 집단을 '전통주의자'와 '다원주의자'로 세분화한다. 그러나 이들은 자유주의적 개혁이 사회질서를 교란시킨다는 공포를 공통적으로 갖고 있으며 다문화주의 정책을 이러한 사회질서를 약화시키는 자유주의적 개혁들 중 하나로 포함시킨다.(Adams, 1997, 2000)

따라서 두 진영 모두 다문화주의가 더 큰 범위의 자유화 과정의 핵심적 부분이라는 가정 하에(물론 이 더 큰 과정을 어떻게 평가해야할지에 관해선 의견이 엇갈리지만) 각자 입장을 개진한다고 할 수 있다. 또한 다문화주의 정책에 대한 지지가 시간이 흐름에 따라 변하는 것을 자유주의적인 평등을 추구하는 이상적 가치들에 대한 지지의 변천과정을 기록한다고 보는 것이다.(Dasko, 2005)

자유화와 다문화주의 정책 사이의 연관성은 이런 정책들이 어떤 방식으로 입안되었으며 법적 강제성을 획득하게 되었는지 알아봄으로써 확인할 수 있다. 이러한 정책들의 가장 눈에 띄는 점은 이들이 넓은 범위의 인권 및 자유주의적 입헌주의 규범과 개념적으로나 제도적으로 매우 밀접하고도 명시적으로 연결되어있다는 사실이다.

1988년 캐나다 다문화주의법의 서문을 예로 들어보자. 캐나다 정부는 시민의 자유를 수호하기 **때문에**, 특히 '개인이 원하는 또 가능한 방식으로 살아갈 자유가 있다'고 보는 개인의 자유를 중요시하고, 국제 인권을 지킬 의무, 특히 인종차별을 반대하는 국제 협정을 준수할 의무가 있으므로, **그러므로** 캐나다는 다문화주의 정책을 도입한다고 쓰여있다. 본문에 이르면 인권규범을 다문화주의 정책의 근간을 이루는 내용으로 재확인하고 있다.[20] 다문화주의는 인권 혁명의 핵심적 부분으로 이해되어야하고 시민 인권 자유주의의 방해물이 아니라 연장이라고 이것보다 더 확실하게 말할 수는 없을 것이다. 여기에 담겨있는 것은 문화적 보수주의, 가부장주의 또는 포스트모던적 해제주의의 스쳐지나가

---

20 이 법은 Kymlicka, 1998에 부록으로 수록되어있다.

는 바람이 아니다. 이것은 계몽적 자유주의와 보편 인권의 자양분 그 자체인 것이다.

사실 이런 점은 1971년 캐나다에서 다문화주의에 관한 의회 선언에 이미 나타나있는데 이는 '이중언어적 프레임에서 다문화주의 정책은 기본적으로 개인의 선택의 자유를 명시적으로 지지하는 것이다. 우리는 우리 자신으로 살 수 있는 자유가 있다'에서 확인할 수 있다.(Trudeau, 1971, p.8546)

이런 표현은 다문화주의가 자유주의적 규범에 의해 영감을 받은 정책이라는 사실을 관련 정치적 행위자에게 일깨우려는 의도를 담고 있다고 할 수 있는데 이들 중에는 소수자 권리운동가, 행정 관료들 및 판사 등이 포함된다. 이제 이 문제는 우연이나 정치적 행위자들의 선의에 달려있는 것이다.

다문화주의법은 자유민주주의적 입헌주의의 프레임 안에 안전하게 위치하고 있으므로 다른 연방정책과 마찬가지로 동일한 헌법적 구속 아래 놓여있다. 다문화주의의 이름을 걸고 집행되는 모든 연방 정책은 캐나다 권리와 자유 헌장의 내용을 캐나다 인권 위원회와 대법원이 해석하고 강제하는 대로 준수할 의무가 있다.

그러므로 캐나다에서 다문화주의가 법적으로 규정된 과정은 자유민주주의적 입헌주의의 프레임과 인권 법제 밖에서, 이의 예외조항이 되든지 이에서 벗어나서는 결코 다문화주의가 존재할 수 없음을 명확하게 보여준다. 오히려 이 프레임 안에 공고하게 들어있다고 할 수 있다. 다문화주의는 인권규범에서 흘러나온 것이기 때문에 이런 규범을 구현하고 이런 규범들을 수호하도록 되어있는 법적 제도를 통해 강제력을

가질 수 있게 되는 것이다.[21]

물론 이는 단지 한 국가의 한 예에 지나지 않을 수도 있고 이런 캐나다적 접근법이 다른 나라에서는 볼 수 없는 면면들을 갖고 있을 수도 있다. 그렇다고 해도 이는 캐나다가 공식적으로 다문화주의를 채택한 첫 번째 국가라는 사실과 그 결과 다문화주의가 무엇인가에 대한 국제적 논의를 만드는데 중추적 역할을 담당했으므로 고려해볼만한 중요한 예가 된다. 야스민 아부-라반이 지적하듯이 캐나다는 다문화주의가 단지 말로만 존재하는 것이 아니라 이미 자리를 잡은, 다문화주의가 실제로 '존재하는' 나라로 전 세계에 널리 알려져 있기 때문에 캐나다의 다문화주의 내용은 종종 다문화주의의 원형이 되기도 한다.(Abu-Laban, 2002, p.460) 예를 들어 캐나다 다문화주의법이 서문에서 다문화주의가 인권과 연관성이 있음을 보여주는 것과 마찬가지로 유엔의 1992년 소수자 권리 선언에서도 같은 내용이 그대로 되풀이 되었다. 둘 다 소수자 권리는 인권규범에 바탕을 두고 있으므로 이런 규범들의 연장선상에 있고 이를 실행에 옮기는 것이라도 해석되어야 한다고 주장한다.

어찌되었든 캐나다가 다문화주의와 자유주의를 연결하는 것이 매우 특이한 경우하고 생각하면 곤란하다. 비슷한 연결을 호주에서도 볼 수 있기 때문이다. 호주의 다문화주의 정책을 규정하는데 핵심적 역할을 한 제임수 접에 따르면 호주의 다문화주의는

---

21 캐나다의 다문화주의에 영감을 준 근본적으로 자유주의적인 영감에 대해서는 Forbes의 1994, 94쪽을 참조하라.('다문화주의는 선택의 자유라는 기본 상식에 호소한다') 또한 Lupul, 2005도 참고하라. 루풀의 회고록은 시민 인권 자유주의가 캐나다에서 다문화주의가 처음으로 조직화하는데 사람들이 당연시하는 배경으로 작용했다는 사실을 뒷받침할 풍부한 증거를 제공한다.

기본적으로 자유주의적 제도 안에서 작동하고 자유주의적 태도를 보편적으로 승인하는 자유주의적 이데올로기다. 따라서 모든 사람을 평등하게 대해야하며 다른 문화들이 자유주의적 가치를 받아들인다면 같이 공존할 수 있다. (Jupp, 1995, p.40)

호주에서도 캐나다의 경우처럼 양성 평등의 강화, 차별철폐와 동성애 인권 등의 자유화 관련 일반적인 요구를 하던 진보-자유주의 진영 또는 사회-민주주의 정치세력이 다문화주의를 처음 소개했다.[22]

이와 유사한 패턴이 다문화주의적 접근법을 좀 더 받아들인 다른 서구 민주주의 국가에서도 나타난다. 일반적으로 다문화주의는 넓은 의미의 자유화를 지지하는 사회-민주주의 또는 진보-자유주의 정당과 연합에서 주로 받아들여졌고 이 결과로 입안된 정책들은 그 기본 가치를 인권규범에 두고 있음을 명시하고 있다.

물론 이런 '자유주의적 기대'에 대한 일반 대중의 확신은 시대와 장소에 따라 다를 수밖에 없고 사람들이 다문화주의가 자유민주주의적 입헌주의와 인권규범 안에 공고하게 자리 잡을 수 있을지에 대해 다소 회의적으로 변했던 때도 있었다. 더구나 이런 회의주의는 왜 최근에 다문화주의에 대한 강한 반발과 함께 '다문화주의에서 후퇴'하는 일련의 큰 사건들이 벌어졌는지 설명하는데 도움을 준다. 그러나 이런 사건들은 핵심 사항을 재확인해주기도 한다. 다시 말해서 다문화주의가 서구

---

[22] 호주의 현재 보수정부가 연방차원에서는 다문화주의로부터 후퇴했지만 주차원에서는 여전히 다수를 차지하는 노동당 주정부가 몇 가지 정책은 유지시키고 있다. 예를 들어 뉴 사우스 웨일즈는 최근에 새로운 다문화주의법을 채택했다.

에서 도입되고 실행에 옮겨질 때, 이것은 항상 자유주의적 모델의 형태를 취하고 자유민주주의와 인권의 이상적 가치를 추구하며 더 나아가 이를 향상시킬 때만 지지를 획득할 수 있다는 사실이다. 이런 연결고리가 다문화주의 일반에 드러나지 않거나 한 특정 소수자 집단의 주장에서 드러나지 않을 때 다문화주의에 대한 일반 대중의 지지도는 떨어지게 된다.

요약하자면 서구에서 자유주의적 다문화주의에 대한 일반 대중의 신뢰도는 다양한 수준으로 나타난다. 다양하지 않은 것은 다문화주의의 형태이다. 그 뿌리가 헤르더적인 문화적 보수주의이거나 니체적 포스트모더니즘일 수는 있지만 그 형태는 언제나 자유주의적 다문화주의이기 때문이다. 학계에도 헤르더적이거나 니체적인 다문화주의자가 있고 특히 일부 인문학 관련 학과에 많지만, 이것이 서구에서 공공 정책을 만들어낸 다문화주의는 아니다. 서구에서 실제로 존재하는 다문화주의는 자유주의적 다문화주의인 것이다.

4. 정치를 다시 불러들이자

지금까지 내가 설명한 인권의 진화 과정 중 한 단계로서의 다문화주의의 발달은 이야기의 중요한 부분이기는 하지만 결코 이것이 이야기의 전부는 아니다. 이 설명을 한 이유는 이러한 연결고리들을 이해하지 못하면 전체 경향을 이해할 수 없기 때문이다. 예를 들어 브라이언 배리는 자신의 영향력 있는 다문화주의 비평에서 왜 서구에서 다문화주의가 채택되는지 이해할 수 없다고 털어놓는다.(Barry, 2001) 그의 당혹감은 이해할 만하다. 왜냐하면 그는 이런 정책들이 자유주의에 대한 상대주의적인 거부에 뿌리를 두고 있다고 전제하기 때문이다. 사실 왜 서구 자유민주주의 국가들이 자신들의 헌법적 원칙과 가치를 버리고 이런 정책들을 도입하는지, 또 왜 이런 정책들이 정치적 과정에서 생겨날 수 있었는지 이해하기란 쉽지 않다. 그러나 우리가 다문화주의가 인권에 뿌리를 두고 있을 가능성을 숙고해본다면, 그리고 둘 사이의 법적, 정치적, 개념적 연결이 있는지 찾아본다면 자유주의적 다문화주의가 왜 발전하게 되었는지 이해하는 것은 그리 어렵지 않을 것이다.

그러나 이것 역시 이야기의 전부가 될 수는 없다. '생각의 힘'에 너무 많은 중요성을 부여하기 때문이다. 다문화주의가 정말 탈식민화부터 인종 차별 폐지를 거쳐 소수자 권리에 이르는 인권의 논리적 연장선에 서있다고 가정해보자. 그렇다고 해도 인권의 논리는 스스로 전시할 수 있는 것이 아니고 생각은 스스로 움직일 수 없다. 다문화주의의 도덕적 논리는 더 넓은 권력 관계의 장에서 명료하게 표현되고 조직화되고 협상하고 절충해야할 필요가 있기 때문이다.[23] 다문화주의의 부상이 인권 혁명의 발달의 결과라고 보는 시각은 공공 정책이 정치철학 학술 세미나에서 참가자들이 전혀 감정 없이 객관적으로 도덕관의 논리를 펼치는 것과 마찬가지라고 주장하는 것처럼 보인다. 정치적 삶이란 알다시피 그렇지 않다. 물론 '생각의 힘'이라는 것이 존재하는 것은 사실이

---

[23] 길로가 지적하듯(Guilhot, 2005) 인권과 민주주의의 확산을 다룬 연구는 이런 생각들이 자신 스스로 움직인다고 말하는 경향이 있다. 이는 이 생각들이 어떤 권력관계를 통해 누구에 의해서 어떤 방식으로 명료하게 표현되고 순환하는지를 간과하는 것이다.

다. 생각은 영감을 주고 지식을 제공하며 정치적 행위자들을 설득한다. 그러나 이는 여러 권력 중의 하나일 뿐이고 종종 새로운 생각과 자신들의 이해관계와 정체성이 충돌할 가능성이 있는 중요한 행위자들의 결의에 찬 반대와 직면하게 마련이다.

줄여 말해서 서구의 인종 정치의 운명에 대한 기록이라는 점을 상기할 때, 내가 지금까지 말한 것은 이상할 정도로 실제 정치와 동떨어져 있다. 다문화주의 이면에 있는 규범적 논리도 중요하지만 우리는 이 주장들이 어떻게 실행에 옮겨지는지, 논쟁의 대상이 되는지, 또 동시대 서구 민주주의 국가의 복잡한 현실 정치의 타협을 거치는지 살펴봐야 한다.

이런 정치과정들이 여러 서구 민주주의 국가들에서 어떻게 펼쳐졌는지 전부 개괄하는 것은 불가능할 것이다. 인권 혁명이 자유주의적 다문화주의가 서구에서 등장하도록 개념적 물꼬를 튼 것은 사실이나 특정 국가의 특정 집단이 이를 성공적으로 추구하는 것은 개별 국가의(심지어 지역마다) 상황에 따른 복잡한 정치적 요인에 달려있기 때문이다. 진정으로 '정치를 다시 불러들이기' 위해서는 높은 수준의 '방법론적 민족주의'를 부추길 필요가 있다. 각 국가의 전통적 정치 정당 구조와 선거 제도를 구체적으로 살펴보고 가능하고 가능하지 않은 선거 유세 전략과 동맹 전략이 무엇인지도 자세히 들여다봐야 한다. 시민 사회가 각 나라 별로 어떻게 구성되는지(조합주의적인지 자유주의적인지), 다양한 정치적 전략의 상대적인 범위(행정소송, 미디어 캠페인, 시민 불복종, 뒷거래 로비)도 살펴봐야 할 것이다.[24] 이런 모든 요인들을 요약 정리한다는 것은 불가능할 정도로 복잡할 것이다.

그러나 적어도 다문화주의로의 전환을 이루는데 소수자 집단의 정치적 동원화를 지원했거나 이들 주장에 대한 반대 의견을 약화시키는데 도움을 준 일부 정치적 요인들에 대한 일반적 사실 몇 개는 도출할 수 있을 것이다.

소수자들의 효과적 동원화를 이루어낸 첫 번째 조건은 물론 민주주의 그 자체이다. 민주주의는 여러 이유로 연관성이 높다. 가장 기본적 수준에서, 민주주의의 강화는 엘리트들이 인종적 정치 운동을 탄압할 능력을 제한한다. 전 세계 많은 국가에서 엘리트들이 인종 집단의 정치 운동을 금지하거나 폭력배나 불법무장세력을 동원하여 인종 집단 리더들을 납치 또는 살해하고 있으며 검찰과 판사를 매수하여 이들을 투옥하고 있다. 이런 종류의 억압이 종종 비지배 집단들이 가장 온건한 주장도 펼치는데 두려움을 갖게 만드는 것이다. 그저 조용히 있는 것이 많은 국가의 소수자들에게는 가장 안전한 선택인 것이다.

그러나 민주주의가 강화된 사회에서는 민주주의가 유일한 수단이기 때문에 인종 집단들이 정치적으로 조직화하여 공적으로 자신들의 요구를 개진하도록 허용하는 것 외에 다른 선택사항이 없다. 그 결과 인종 집단 구성원들은 점점 더 발언하는데 두려움이 없게 된다. 설령 정치적 논쟁에서 이기지는 못하더라도 적어도 살해당하거나 투옥되거나 총을 맞을 두려움은 없는 것이다. 바로 이런 두려움의 상실이 인권 혁명에서 유래한 새로운 권리 의식과 함께 동시대 서구 민주주의 국가에서 인종

---

24 여러 서구 민주주의 국가의 이런 정치적 다이내믹을 비교분석하는 훌륭한 연구가 다수 출판되었다. 여러 서구 국가에서 이민자를 대상으로 마련한 '정치적 기회 구조'를 분석하여 이들의 조직화에 어떤 파장과 결과를 가져왔는지 연구하는 Koopmans and Statham, 1999, 2003을 예로 들 수 있다.

정치가 놀라울 정도로 활성화된 이유일 것이다.

또한 민주주의는 의사결정을 위한 다수의 진입로를 확보해둔다. 만약 어느 집단이 별로 우호적이지 않은 정부에 의해 한 레벨에서 저지를 당했다면 그들은 다른 레벨에서 다시 요구를 개진할 수 있다. 별로 우호적이지 않은 정당이 중앙 레벨에서의 집권이 예상되는 상황에서 이들이 비지배 집단들의 권리를 축소하고자 시도한다면, 비지배 집단들은 지역 레벨이나 시 레벨로 전환할 수 있다. 만약 이 모든 레벨이 다 막힌다고 하더라도 이들 집단은 법원을 통하거나 국제사회의 압력을 통해서 자신들의 요구를 관철시킬 수 있을 것이다. 바로 이것이 민주주의가 필요한 까닭이다. 권력에 진입가능한 다양한 가변적 통로들이 마련되어 있는 것이다.

이와 관련된 다른 요인은 인구통계자료이다. 과거에는 많은 정부들이 비지배 인종집단들이 사망하거나 결혼을 통해 그냥 사라질 것이라고 예상했거나 희망했다. 하지만 이런 일은 결코 일어나지 않을 것이라는 사실이 이젠 분명해졌다. 높은 출산율 덕분에 그들이 속한 많은 국가에서 원주민들은 가장 빠르게 증가하는 인구 집단이 되었다. 인구중 이민자 집단이 차지하는 비율도 대부분의 서구 국가에서 꾸준히 증가하고 있으며 많은 전문가들은 미래에는 이보더 더 많은 이민자 집단이 감소하는 출산율과 노령인구의 증가를 상쇄하기 위해 필요할 것이라고 전망하고 있다. 또한 서구의 국가하위 집단들도 그들이 속한 국가 내 인구비율에서 상대적으로 차지하는 비중이 그대로거나 감소하고 있지만 절대적으로 볼 때는 증가추세에 있다. 이제는 아무도 소수자 집단이 사라질 것이라는 꿈 또는 망상을 꿀 수 없다. 민주주의에서 숫자는 중요하고 이런 숫자들이 바로 비지배 집단 편으로 향하고 있는 것이다.

민주주의와 인구통계자료라는 이 두 가지 요인을 인권 혁명과 함께 고려해본다면 수용 정책으로 '힘을 실어주는' 현상을 설명할 수 있다. 증가하는 권리 의식과 안전한 정치적 조직화의 다수의 공론장으로 통하는 진입로, 그리고 늘어나는 숫자가 서구에서의 인종 집단들의 정치적 조직화의 증가하는 세력을 설명해주는 것이다.

5. 인권 혁명의 원칙들과 지정학

다소 의아한 정치적 질문이 있다면 아마도 그것은 '왜 지배 집단들이 이런 요구들을 점점 더 들어주기 시작했는가?'일 것이다. 어쨌든 대부분의 서구 국가에서 지배 민족 집단은 수적으로 명백한 다수이고 민주주의에서는 '다수가 통치한다.' 그렇다면 왜 지배집단이 이런 요구들을 들어주고자 하고 이들과 협상하려 하는 것일까? 왜 국가 권력으로 필요하다면 과거에 그랬듯이 무력을 사용하여 이런 요구를 억압하지 않는 것일까? 도덕적 주장의 힘이 적대와 편견의 오래된 역사를 극복하기에 충분하다고 믿고 싶지만 별로 타당해 보이지는 않는다. 무엇인가 다른 좀 더 신중한 요인 또는 정치적 전략이 이 변화된 태도 뒤에 숨어 있을 것이다.

다문화주의를 수용하게 된 복합적인 동기들이 무엇인지 간파하는 것은 매우 중요하다. 이는 단지 서구에서 다문화주의가 어떻게 태동하게 되었는지 좀 더 잘 이해하게 해줄 뿐만 아니라 전 세계에 걸쳐 이를 좀 더 확산시킬 수 있는 방법을 모색하는 데에도 유용하다. 서구에서 다문화주의가 부상한 이유가 단지 또는 대부분 강력한 도덕적 논리 덕분이라고 생각한다면 해외로 수출할 때는 다른 사회가 도덕적 위기에 빠졌다는 점을 강조할 것이다. 사실 내가 서문에서 지적했듯이 많은 비평가들의 경향이 바로 이러한데, 이들은 구사회주의 국가들 또는 구 식민지 국가들의 국민들이 관용과 다양성의 도덕적 논리를 이해하지 못한다고 탄식하며 자유주의와 인권의 의미를 (재)교육할 것을 권고한다. 그러나 현실적으로는 자유주의적 다문화주의가 다양한 사회에서 처한 상이한 운명은 사람들이 인권의 도덕적 논리에 대한 이해가 부족해서가 아니라 이런 규범적 주장들이 투입되는 권력관계의 좀 더 큰 구조 때문인 경우가 많다.

다문화주의를 받아들이게 되는 이런 복합적 요인들을 알아보기 위해 이전에 논한 인종 간 위계질서에 맞선 인권 투쟁의 두 단계로 돌아가보자. 탈식민화나 인종 차별 폐지 중 어떤 하나가 도덕적 설득의 결과인 것은 아니며 이 두 경우에 작용한 다른 전략적 요인들이 있는지 찾아낸다면 우리는 동시대 다문화주의 정치를 좀 더 잘 이해할 수 있을 것이다.

1948년 유엔 인권선언에 표출된 인종평등에 대한 근간이 된 의무를 살펴보자. 내가 이미 설명했듯이 히틀러의 인종말살적 혐오에 대한 반대심리가 인종평등을 수용하게 된 배경이 되었다. 비평가들도 이런 해석을 내놓고 있다. 보스텔만의 말을 빌리자면 '명백한 인종적 지배는 독일의 홀로코스트의 가스실 안에서 그 설득력을 상실했다'.(Bostelmann, 1993, p.81) 이런 대재앙은 '세계의 양심을 흔들었고' 국제사회로 하여금 인종차별적 이데올로기의 죄악을 깨닫고 인종평등을 위해 노력하도록 영감을 불러일으켰다.

그러나 현실적으로는 전후 국제질서를 인종평등에 기반하여 건설하자는 결정은 홀로코스트가 널리 알려지기 전에 이루어졌고 실제로 전쟁이 끝나기도 전에 결정되었다.(Wolton, 2000, pp.2~3) 더구나 연합군이 이 원칙에 동의하기로 한 까닭은 그들이 이 전쟁을 이길 것을 확실하게 하기 위해서였다. 영국과 미국이 1941년 8월 대서양 헌장에서 전후질서의 초안을 잡을 때만 해도 인종평등에 대한 구체적 내용은 없었다. 처칠은 나치에 의해 정복당하고 식민지화된 유럽사람들이 민족자결주의를 회복해야한다고 생각했지만 이 생각이 영국이 식민지인 비유럽 사람들에게 민족자결권을 부여하기 위한 정당화 수단으로 사용되는 것은 원치 않았다. 그래서 대서양 헌장은 '주권과 자치정부권이 이를 강제적으로 박탈당한 이들에게 다시 돌아가야한다'는 조심스러운 문구로 작성되었다. 다시 말해서 국제적으로 인식되는 독립국가를 소유했던 체코나 폴란드 같은 유럽인들은 민족자결주의의 '주권'을 회복할 수 있으나 국제법이 인정하는 독립국을 소유하지 못했던 비유럽 식민지 국민들은 영국제국의 지배하에 여전히 남게 되었다. 누군가 이 조심스러운 문구속의 의도를 알아차릴까봐 처칠은 하원에 '대서양 선언에서 우리는 나치의 압제 하에 놓여있는 유럽의 국가들이 주권, 자치정부와 국가적 삶을 회복할 수 있도록 하는 것에 중점을 두었다'고 말하며 이 문제는 '영국 왕관에 충성을 맹세한' 식민지 사람들의 권리와는 '별개의 문제'라고 덧붙였다.(Borgwardt, 2005, p.30에서 인용)

처칠은 사실 나치의 아리아 인종의 우월성을 강조하는 이데올로기에 충격을 받기도 했으나 그를(또한 많은 사람들도) 정말 놀라게 한 것은 히틀러가 다른 유럽 백인들을 아프리카인이나 아시아인들과 다름없이 취급했다는 사실이었다. 슬라브 민족을 향한 나치 정책은 아프리카 식민지인들을 향한 독일의 정책을 그대로 답습한 것이었다.(Lindquist, 1996; Ehmann, 1998) 그리고 실제로 히틀러는 '러시아는 우리의 아프리카이며 러시아인들은 우리의 흑인이다'(Lauren, 1996에서 인용)라고 말하기도 했다. 매우 극소수의 서구 열강이 독일의 아프리카에서의 정복, 정착 및 강제노역에 관한 식민지 정책에 대해서 불만을 표시했을 뿐이었다. 심지어 이 결과로 집단 아사와 사망이 발생했다는 것을 안 이후에도 여전히 그랬다. 이에 비해 독일이 같은 행동을 유럽인들에게 했을 때 유럽인들은 충격에 빠졌던 것이다. 세인트 클레어 드레이크가 말하듯 '부쉬멘과 타스매니아 인들을 말살시키는 것과 인종은 다르지만 같은 유럽인을 말살하는 것은 완전히 다른 문제였다.(Drake, 1951, p.263 Layton, 2000, p.170 각주 3에서 인용) 대부분의 연합국과 같았던 처칠의 초기 입장은 유럽인들은 다른 사람들보다 특별하고 더 높은 지위를 부여받아야한다는 이런 전통적인 추측을 반복하는 것이었다. 그는 나치를 인종간 위계질서를 만들어낸 것 때문에 비판하고 싶었던 것이 아니라 이를 잘못 지적한 것과 문명화된 유럽인들이라면 따라야할 규칙을 어긴 것을 비판하고 싶었던 것이다.

그럼에도 불구하고 대서양 헌장 선포 후 1년 이내에, 신세계 질서는 모든 사람들이 민족자결권을 가질 평등권이 있다는 원칙을 기본으로 해야 한다는 생각에 무게가 실렸다. 무엇이 변한 것일까? 부분적인 대답은 군사 전략의 변화라고 할 수 있다. 영국 정부는 일본이 싱가폴을

1942년에 무력으로 점령한 것에 충격을 받았다. 중국인, 말레이인, 인도인으로 구성된 싱가폴 국민들은 제국주의 영국정부를 지키기 위해 목숨을 버릴 가치가 없다고 생각하여 싸우기를 거부했던 것이다. 특히 일본정부가 좀 더 높은 수준의 자치 정부를 약속한 마당에 식민지 정부가 영국이든지 일본이든지 무슨 상관이란 말인가? 거주민들의 '불충'은 버마와 말레이시아의 신속한 몰락에도 큰 요인이 되었으며 영국군의 사기와 전쟁계획에 찬물을 끼얹었다. 영국군은(연합국인 미국의 압력을 받아) 아시아에서 일본군에 맞서기 위해서, 또 아프리카에서 독일군과 이탈리아군에 맞서기 위해서는 식민지 거주민들의 지지를 얻어야한다는 사실을 깨달았고 이를 얻기 위해서는 백인 제국주의의 잘못을 바로잡을 전후 질서 수립을 약속해야한다는 것을 깨달았다. 그래서 미국은 식민지 거주민들의 협조(아니면 적어도 중립)를 보장받기 위해 영국에게 홍콩을 중국에 반환하겠다는 약속과 인도를 독립시키겠다는 약속을 할 것을 요구했다(그리고 이와 유사하게 프랑스에겐 베트남을 포기할 것을 요구했다). 루즈벨트의 외교정책 최고 자문 위원이었던 섬너 웰스가 1942년 5월에 다음과 같이 말하듯,

> 이 전쟁이 진정 인류 해방을 위한 전쟁이 되려면 단지 미대륙만이 아닌 전 세계 모든 사람들이 평등한 주권을 가진다는 점을 보장해야할 것이다. 우리의 승리는 모든 이들의 해방을 반드시 전리품으로 함께 가져와야만 한다. 인종, 신념, 피부색 등의 이유로 사람을 차별하는 것은 반드시 폐지되어야한다. 제국주의의 시대는 이제 끝났다.[25]

1941년 8월 영국은 영국 제국주의가 전쟁이 끝난 후에도 그대로 유지될 것이라 예상하고 희망하는 가운데 움직였다. 그러나 싱가폴의 함락 후 이런 예상을 수정해야만 했고 이 전쟁이 인종 차별과 제국주의에 반대하는 투쟁이라는 미국의 주장에 굴복할 수밖에 없었다. 월튼이 말하듯 "싱가폴의 함락은 '백인 제국주의'라는 편견이 더 이상 사실이 아님을 보여줬다".(Wolton, 2000, p.152)

여기에서 우리는 값진 교훈을 얻을 수 있다. 인종 평등이라는 생각은 강력한 것이지만 이 자체에 본질적인 설득력이 깃들어 있지는 않다는 사실이다. 예를 들어 1941년 8월에 비해 1942년 5월에 이 생각이 설득력을 더 가졌던 것은 아니며 1919년 2월에 일본이 세계연맹에 인종 평등 조항을 발의했지만 실패로 끝났던 당시에 비해 더 강했던 것도 아니다.[26] 바뀐 것이 있다면 그것은 더 큰 지정학적 맥락에 의해 이 생각

---

25 Wolton, 2000, p.47에서 인용. 월튼은 전쟁 중 제국주의라는 이슈와 이의 역할에 대해 미국과 영국이 팽팽한 긴장 속에 협상했던 과정을 매우 흥미롭게 서술한다. 미국은 물론 전쟁 끝 무렵에 태도를 바꿔 일본이 점령했던 섬들을 거주민들의 의사와 상관없이 자신들이 (실제로는) 식민지화하기로 결정했다. 탈식민화에 대한 미국의 열정은 일부 민족해방운동들이 공산주의자들에 의해 이루어진다는 사실을 발견한 후에 점차 시들어갔다. 간략하게 말해 북대서양의 이쪽과 저쪽 모두에서 원칙에 입각한 탈식민화에 대한 책임의식은 거의 존재하지 않았던 것이다.

26 물론 일본이 인종 평등을 요구했던 것은 도덕적 원칙이 아니라 현실정치에 입각한 것이었다. 이후에 벌어진 사건들에서 알 수 있듯이 일본은 자신만의 인종 우월적 이데올로기를 (일본제국 신민론) 가지고 있었으며 이를 바탕으로 자신들보다 열등한 아시아 민족들을 통치할 권리가 있다고 여기고 있었다.(Lauren, 1996, p.140) 일본은 서양의 우등과 열등 인종에 대한 편견에 반대하지 않았고 단지 일본이 우등 민족 중 하나라는 사실을 서양이 받아들이지 않는 점에 반대했을 뿐이다. 사실 이 반대를 통해 일본이 그 자신이 (아이러니하게도) 비논리적인 인종 편견을 갖고 있다는 것을 드러냈다. 이 같은 우월론적 이데올로기가 명백하게 드러난 1930년대와 40년대에 이르러 일본이 자신을 인종 평등을 위한 투쟁의 리더로 포장하기 위한 노력이 모두 거짓임이 드러났다. 그리고 제2차 세계대전 이후 이 리더십은 인도로 넘어가서 인도는 유엔에서 인종 평등을 위해 가장 활발하게 노력하는 국가가 되었다.(Banton, 2002)

을 받아들이는데 따르는 비용과 위험이 극적으로 달라졌다는 사실이었다.[27] 이 결과가 소수자 권리를 신장시킬 가능성을 어떻게 변화시키는 지 곧 살펴보려 한다.

비슷한 이야기를 인권 혁명에 있어 두 번째로 중요한 단계인 미국 흑인 인종 차별 철폐를 불러일으킨 힘에 대해서도 할 수 있다. 시민 인권 운동이 성공한 이유는 인종 차별이 미국 헌법에 기록된 인간의 자유와 평등권에 대한 모순이라는 사실을 국민들이 점점 깨달아갔기 때문이라고 종종 설명하는 것을 보게 된다. 다시 말해서 인종 차별 철폐는(오래 걸리긴 했지만) 미국의 자유민주주의적 원칙들에 입각한 본질적 도덕적 논리의 성과라는 것이다.

그러나 여기에서도 도덕적 설득력의 중요성을 과대평가하는 것은 자칫 착오를 불러일으킬 수 있다. 미국 흑인들이 도덕적 논리를 수십년 동안 근거로 삼은 것은 사실이지만 1950년대에 이 주장이 갑자기 설득력을 얻게 된 배경에는 국내의 도덕적 설득만큼이나 외교 정책 차원의 필요성도 크게 작용했던 것이다.

제2차 세계대전 이후에 미국은 소련과 영향력과 권력을 놓고 경쟁하기 시작했다. 이 경쟁에서 미국 내 인종 차별은 심각한 결함으로 작용할

---

27 이 설명이 서구의 인종 평등 원칙으로의 전환에 대한 지나치게 시니컬한 설명이라고 생각한다면 좀 더 시니컬한 설명도 덧붙여야 할 것 같다. 예를 들어 프랭크 퓌레디는 서구가 인종 평등 원칙을 지지한 까닭은 비유럽인들의 권리를 인정한 것이 아니라 제국주의 시대가 막을 내린 후 백인들이 '인종차별에 대한 보복'을 당할까봐 우려한 결과라고 주장한다.(Füredi, 1998) 유럽 백인들은 실제로 열등한 비유럽인들을 지배할 권리가 있다고 주장하면서 글로벌한 인종 전쟁을 시작했던 것이고 아시아와 아프리카인들이 이제 동일한 방식으로 연합하여 탈식민화를 글로벌한 인종적 투쟁으로 만들 것을 우려했던 것이다. 퓌레디에 따르면 인종 평등에 대한 서구의 새로운 책임의식은 탈식민화 투쟁에 따르는 반 유럽정서를 사전에 차단하거나 비난할 목적을 지녔다고 할 수 있다.

가능성이 있었다. 소련은 미국 내 흑인 탄압에 관한 보도가 제3세계에 널리 방송되도록 주의를 기울였고 미 국방부는 전 세계의 대사관에서 매일 이의 파장이 불러온 결과보고서를 제출받았다. 한 미국대사는 "모든 아시아인의 인종 차별에 대한 고통스러운 예민함과 공산주의 흑색선전 정책의 놀라운 성공이 맞물려 반미감정을 부추기고 있다. (…중략…) 이것은 과장이 아니다"라고 토로한다.(체스터 보울스 대사, Layton, 2000, p.162 각주 78에서 인용) 전후 미국의 정치적 리더였던 존 포스터 덜레스와 딘 러스크는 인종차별법인 짐 크로우 법이 "우리의 외교정책을 망치고 있다. 아시아와 아프리카에서 이 법이 미치는 악영향은 소련의 헝가리 침공보다 더 크다"라고 반복적으로 비판했다.(Layton, 2000, p.131에 인용한 덜레스의 발언) 또한 "우리의 외교정책에서 우리가 등에 짊어진 가장 큰 부담을 하나만 고르라면 그것은 인종 차별 이슈이다".(Lauren, 1996, p.244에 인용한 러스크의 발언)

국내의 인종 차별이 외교 정책에 끼치는 영향은 종종 희비극적인 요소를 가지게 된다. 아프리카나 아시아 대사들이 미국 정부 관료들과 대화를 나누기 위해 뉴욕의 유엔 본부에서 워싱턴으로 내려갈 때 그들은 짐 크로우 법의 관할을 받는 지역을 통과하게 되고 할 수 없이 인종 차별 때문에 유색인종 전용 화장실과 식당 좌석을 이용해야만 했다. 물론 이 경험은 이들에게 매우 치욕스러운 것이었다. 미국 정부가 제3세계의 미래의 리더들이 미국에 와서 공부할 수 있도록 큰 장학금 프로그램을 미국에 대한 긍정적 이미지를 심어줄 것이라 기대하며 기획했을 때에도, 이런 인종 분리 정책을 직접 경험한 것은 종종 역효과만 일으켰던 것이다. 미국 정부는 많은 유엔 기구들이 미국에 본부를 설립하길 기대하며 유엔 식량농업기구(FAO)를 볼티모어로 초청했으나 유엔은 인종 분리 정책 지역인 매릴랜드에 본부를 설립할 수 없었다(유엔 식량 농업기구는 결국 로마에 본부를 두었다). 이 모든 경우에서 미국이 치른 댓가는 단지 미국에 대한 국제여론이 추락하는 것뿐만 아니라 자신이 유일한 인종 평등의 수호자이며 전 세계의 비유럽인들의 친구라는 소련의 주장을 재확인하는 것이기도 했다.

인종 차별이 미국의 지정학적 이해관계에 미치는 악영향을 해결하고자 트루먼 대통령은 이제는 행동에 나서야할 때라고 결정했다. 로렌이 주장하듯이 "냉전에서 비롯된 외부적 압력이 미국 내에 인종 평등을 위한 새로운 시작을 만드는 데 지대한 공헌을 했던 것이다".(Lauren, 1996, p.201) 1946년 이후 트루먼은 사법부와 국방부에게 미국 흑인 단체들이 제소한 법적 소송을 지지하는 법정 의견서를 제출하도록 명령했고 법원에 인종 분리 정책이 외교정책의 장애물이자 소련과의 냉전 상태에서 골칫거리라는 점을 인식시켰다. 유명한 판례인 '브라운 대 교육위원회'의 경우를 예로 들자면 연방 정부 법정 의견서는 "현재 벌어지고 있는 자유와 독재 사이의 세계적 투쟁이란 맥락 속에서 미국의 인종 차별 문제를 고려할 필요가 있다"고 적고 있다.(Lauren, 2000, p.27에서 인용)

미국 흑인 인권 운동의 성공을 설명할 때 인종 차별의 비도덕성에 대한 국내 인식의 변화에 비해서 얼마나 많은 무게가 이런 외부 지정학적 요소에 실려야하는지 결정하기란 어려운 일이다. 그렇지만 연방정부내 인종 차별 철폐를 위한 압력이 입법부나 사법부가 아닌 행정부 수뇌에서, 특히 국방부로부터 왔다는 사실은 시사 하는바가 크다. 사실 인종 차별에 관한 조치를 취하려던 트루먼의 의지는 여론이나 사법 규범과는 너무나 동떨어진 것이라 그는 다른 두 권력 기관을 우회하여 연방 제도 내에서 인종 차별 철폐를 입법이나 사법 개정이 아닌 행정부 직권으로 강제해야 했던 것이다. 외교 정책 문제에 기인한 행정부로부터의 이런 압력이 아니었다면 과연 언제 또는 어떻게 백인이 절대 다수를 차지하는 대중 일반이나 법원이 인종 차별 철폐의 도덕적 논리에 설득을 당했을지는 미지수이다.[28]

인종간 위계질서에 반대하는 인권 투쟁의 처음 두 단계를 촉발시킨 복합적 동기에 대한 이런 설명들은 중요한 교훈을 담고 있다. 즉 인종에 대한 태도는 더 큰 범위의 지정학적 위협에 지대한 영향을 받는다는 사실이다. 어떤 정책이 채택되는지를 결정하는 요인은 적어도 외부의 적과 싸우는데 이익이 되는지 불이익이 되는지에 달려있는 것이다. 제2차 세계대전의 3국 동맹과 냉전 시기의 소련이라는 외부적 위협이 없었다면 탈식민화와 인종 차별 철폐를 위한 운동은 훨씬 더 천천히 이루어졌을 것이고 심지어 중단되었을지도 모른다. 이들 개혁을 위한 도덕적 논리에 대한 대중적 지지는 지정학적 안보에 대한 우려에 큰 탄력을 받았던 것이다.[29]

그리고 내 생각에는 이것이 바로 왜 서구 민주주의 국가들이 지난 40년에 걸쳐서 소수자에 대한 새로운 입장을 취했는지 설명하는데 중

---

28 냉전이 국내 인종 문제에 끼친 영향을 위해서는 Borstelmann, 2001과 Layton, 2000을 보라.

29 나는 도덕적 주장과 지정학적 전략이 완전히 별개의 문제라고 주장하는 것은 아니다. 오히려 제2차 세계대전이나 냉전에서 패배할지도 모른다는 두려움이 사람들로 하여금 탈식민화와 인종 차별 철폐에 집중하도록 만들었고 제국주의와 인종 차별이 야기하는 모욕감과 울분에 공감하려는 강한 동기를 제공해주었다고 볼 수 있다. 잭슨이 주장하듯(1993) 1960년대에 이르러서 식민주의의 부당함에 대한 이해가 뿌리를 깊게 내리기 시작했고 유엔에서 탈식민화를 위한 마지막 압력으로 작용했던 것이다.

요한 단서를 제공해준다. 20세기 들어 최초로, 그리고 아마도 몇 세기에 걸쳐서 처음으로 서구의 소수자들은 더 큰 지정학적 분쟁을 위한 도구로 이용당하지 않게 된 것이다. 바로 이 사실이 왜 국가와 지배 집단이 (별로 내키지 않고 마지못해서라고 해도) 다문화주의적 수용의 새로운 모델을 받아들이기 시작한 핵심적 요인이다. 뒤의 몇 장에 걸쳐 이 문제를 다시 다룰 만큼 중요한 핵심이니 좀 더 상세한 설명을 하려 한다.

6. 지정학적 안보와 인종 관계의 '탈안보화'

국가들이 지정학적 측면으로 위기감을 느낄 때, 이웃의 적을 두려워하기 때문에 소수자에 대한 태도도 이런 위기감에 의해 결정되게 된다. 특히 국가들은 이웃의 적과 소수자가 결탁할 위험이 있다고 판단할 때, 즉 제5열(역주 : 적과 내통하는 집단)이 될 가능성이 있을 때는 결코 자발적으로 소수자들에게 권리와 권력을 부여하지 않는다.

과거에는 이 점이 서구에서는 종종 이슈가 되곤 했다. 예를 들어 제2차 세계대전 이전에는 이탈리아는 남 티롤의 독일어 사용 소수자가 오스트리아나 독일에 이탈리아보다 더 강한 충성을 바칠 것이라고 우려했다. 그래서 만약 독일이나 오스트리아가 남 티롤을 합병하려는 시도를 한다면 이를 지지할 것이라고 예상했다. 이와 유사한 우려가 벨기에, 덴마크, 발틱해 연안에 거주하는 독일계 소수자들에 대해서 표출되기도 했다. 이들 국가들은 만약 독일이 그들과 동일 민족을 '해방'시킨다는 명목으로 침략할까봐 두려워했고 이 경우 독일계 소수자들이 독일과 협력할까봐 걱정했다. 이런 우려는 양차 대전 이후 '소수자 문제'에 대응하는 국제사회의 태도에 상당부분 영향을 끼쳤다.

그러나 오늘날 이것은 본질적으로 민주주의가 확립된 국가들에서는 소수민족과 원주민에 관해서는 더 이상 이슈가 되지 못한다. (내가 곧 다루겠지만 일부 이민자 집단들의 상황은 더 복잡하다) 소수민족이나 원주민 집단이 이웃의 적이나 잠정적 침략국과 결탁할까봐 두려워하는 서구 민주주의 국가를 하나만 들어보라고 하면 이름을 대기 어려울 정도이다.[30] 부분적 이유로는 서구 국가들은 자신들을 침공할만한 이웃 국가들이 없기 때문이다. NATO가 한 서구 국가가 이웃 국가를 침공할 가능성을 너무나 효과적으로 억제하고 있는 것이다. 그 결과 소수민족과 원주민이 이웃 국가가 침공할 경우 이들과 결탁할 수 있다는 가능성은 더 이상 아예 우려의 대상이 되지도 못한다.

물론 서구 민주주의 국가들은 원거리에 있는 잠정적 적대국이 더 많은 것이 사실이다. 과거에는 소련이 대표적이고 오늘날은 이슬람 지하드를 들 수 있고 중국도 미래엔 어떻게 변할지 모르는 일이다. 그러나 이런 원거리 위협에 관한 문제에서 소수민족과 원주민들이 국가와 같은 편에 서 있다는 사실은 의심의 여지가 없다. 퀘벡이 더 많은 권력을 획득하게 된다거나 심지어 독립하게 된다고 해도 퀘벡이 알 카에다 혹은 중국과 합작하여 캐나다를 전복시킬지도 모른다고 걱정할 사람은 캐나다에 한 명도 없을 것이다.[31] 퀘벡 민족주의자들은 캐나다로부터

---

30 만약 우리가 민주주의가 확립된 서구 민주주의국가 외의 국가를 살펴본다면 키프로스가 좋은 예가 된다. 터키-키프로스 계 소수자들은 그리스-키프로스 계가 다수를 차지하는 국가에서 이들로부터 터키가 도발이나 간섭을 한다면 이를 지지할 것이라는 우려를 받고 있다.
31 어쩌면 한 명 정도는 있을지도 모른다. 캐나다의 한 보수 일간지의 한 칼럼 제목이 '퀘벡이

분리 독립하길 원하는 것은 사실이나 독립국 퀘벡은 캐나다의 우방이지 적이 아닐 것이고 아마도 NATO나 다른 서구 안보 분야에서 캐나다와 협력 관계를 유지할 것이다. 유사하게 독립국 스코틀랜드는 영국의 우방이지 적이 아닐 것이며 독립국 카탈로니아도 스페인의 우방이 될 것이다.

당연한 사실이 아니냐고 되물을 수도 있겠지만 이 책의 6장과 7장에서 설명하듯이, 세계 대부분의 지역에서 소수자 집단들은 여전히 제5열로서 이웃 적국과 공조할 위험세력으로 간주되고 있다. 이런 의혹은 특히 소수자가 이웃 국가와 인종 또는 종교적 공통점이 있을 경우와 국제적 경계선의 양쪽 모두에 속해서 이웃 국가가 '자신들의' 소수자를 보호해야한다는 핑계로 간섭하려 할 경우에 더 심해진다.

이런 조건 하에서 우리는 정치학자들이 인종 관계의 '안보화'[32]라고 명명하는 것을 종종 관찰할 수 있다. 국가와 소수자 사이의 관계는 정상적 민주정치의 문제로서 토론과 협의 과정을 거치는 것이 아니라 안보의 문제로 취급되어야 한다. 국가가 정상적 민주정치 과정에 제한을 두어 이 과정 자체를 보호해야하기 때문이다. 안보화의 조건 속에 소수자의 단체구성권은 법적으로 제한을 받을 수 있으며(소수자의 정치 정당이 금지될 수 있다) 소수자 리더는 비밀리에 경찰의 감시 대상이 될 수 있고 특정 성격의 요구를 발의하는 것도 불법적인 행위가 될 수도 있다.(분리

독립하면 테러리스트와 친구가 될까?'인 것으로 미루어보면 그럴 가능성도 있다.(Kay, 2006)

32 Waever, 1995에 '안보화'가 무엇인지에 대한 개괄적 설명이 잘 되어 있다. 인종 관계의 안보화에 관한 자세한 분석을 위해서는 Kymlicka and Opalski, 2001, pp.66~68과 p.366을 볼 것.

독립 지지를 위한 법)

　그러나 대부분의 서구 국가에서는 인종 정치는 거의 전부 '탈안보화' 과정을 거쳤다. 인종 정치는 이제 그저 일상적이고 매일 벌어지는 정치일 뿐이다. 국가와 소수자 사이의 관계는 이제 '안보'라는 상자 밖으로 나와 '민주 정치'라는 상자 안으로 들어간 것이다.

　이런 인종 관계의 탈안보화는 탄탄한 인권 보장이 주는 확신과 더불어 왜 서구의 지배 집단이 다문화주의 개혁을 받아들이기 되었는지 설명해준다. 두 가지 요인 모두 지배 집단 구성원들이 자유주의적 다문화주의를 받아들이는데 따르는 위험을 획기적으로 감소시켜주기 때문이다. 전자는 다문화주의가 국민 전체의 지정학적 안보에 가해지는 위협이 아니라는 확신을 주고 후자는 다문화주의가 자신들 개인의 자유에 위협을 가하지 않는다는 확신을 주기 때문이다. 이런 상황 아래 다문화주의는 저위험 제안으로 자리매김하게 되었으며 지배 집단도 이에 순응하게 된 것이다.

　나는 '순응'이라는 용어를 사용했다. 대부분의 서구 사회의 지배 집단들 사이의 다문화주의에 대한 지지를 지나치게 과대평가하거나 자의적으로 해석하지 않는 것이 중요하기 때문이다. 방금 언급한 두 가지 요인들은, 즉 인종 관계의 탈안보화와 탄탄한 인권 보장이 주는 확신은 다문화주의와 연관된 위험을 줄여주는 효과가 있지만 다문화주의를 지지하는 긍정적 주장을 제공해주진 않는다. 물론 지배 계급 구성원 중 일부는 다문화주의가 인권규범에 **잘 부합할 뿐만 아니라** 인권규범의 **필요조건**이며 이 규범을 완전하게 시행하는데 필요하다는 소수자 리더의 주장에 설득되었을지도 모른다. 그러나 이런 도덕적 주장이 대중 일반에 받아들여진 정도를 과장해서는 안될 것이다. 지배 집단의 구성원들이 이런 의미에서 다문화주의의 '진정한 신봉자'가 되었다는 증거는 상대적으로 미미하기 때문이다.[33]

반면에 실제로 일어난 것은 꽤 많은 국민들이 다문화주의가 국가의 기본적 자유민주주의적 가치와(또 지정학적 안보와) 잘 부합하고 따라서 **허용 가능한** 정책이라고 인식하기 시작했다는 사실이다. 이들은 아마도 다문화주의가 도덕적 의무 사항이긴 커녕 특별히 이롭다거나 장점이 많은 정책이라고도 생각하지 않을 수 있지만 다문화주의가 인권과 국가 안보에 도움이 되고 괜찮은 정책 선택사항이라면 특별히 반대할 이유는 없다고 여길 것이다. 이런 의미에서 다문화주의를 향한 대부분 사람들의 태도는 적극적이고 진심어린 찬성이라기보다는 소극적인 순응이라고 보는 편이 더 정확할 것이다. 많은 설문 조사 결과도 이를 뒷받침하고 있다.[34] 그러나 소극적 순응도 충분할 수 있다. 민주주의는 종종 '다수의 지배'로 정의되는 체제라고 하지만 지배 집단이 소극적일 경우에는 소수자들이 더 잘 조직화되고 동기 부여될 수 있기 때문에 소수자 의견이 정치적으로 효과적일 수도 있다.[35]

---

33 이미 존재하는 소수자들을 수용하는 방편으로 다문화주의에 보내는 지지가 종종 새로운 소수자를 받아들이는 것을 반대하는 세력과 공존한다는 사실에서 이를 확인할 수 있다. 예를 들어 입국절차를 강화하는 것은 유럽과 북미 모두에서 일어났다.

34 Evans, 2006과 Crepaz, 2006의 설문조사를 참조할 것.

35 우리는 정치적 다이내믹을 좀 더 구체적으로 묘사할 수도 있다. 먼저 지적했듯이 서구에서의 자유주의적 다문화주의는 진보 자유주의 정당과 사회 민주주의 정당이 정권을 잡으면서 도입되기 시작했다. 대부분의 경우 이들 정당들이 다문화주의를 지지한 사실 자체가 그들이 정권을 쥔 이유는 아니었다. 이들의 지지자들 대부분은 불가지론자거나 심지어 다문화주의의 장점에 대해 회의적이기까지 하다. 그러나 유권자들이 다문화주의가 자유민주주의적 가치와 국가 안보에 잘 부합한다고 믿는 경우는 이의 장점에 대해 회의적이라고 해도 단지 이 사실을 표현하기 위해서 지지를 철회하지는 않는다. 만약 진보 자유주의와 사회 민주주의 정당을 지지할 다른 좋은 이유가 있다면, 또 다문화주의가 저위험이라고 판단

자유주의적 다문화주의가 대부분의 지배 집단 구성원들로부터 적극적 찬성보다는 소극적 순응을 얻어낸다는 사실은 자칫 비판이나 후퇴라는 위험에 노출될 수도 있다는 것을 의미한다. 특히 비판세력이 다문화주의가 인권 또는 국가 안보에 위협을 가할지도 모른다는 공포를 심어줄 때 그럴 가능성이 높아진다.[36] 그리고 바로 이것이 일부 잘 알려진 '다문화주의로부터의 후퇴' 사례들에서 벌어졌던 것이다.

7. 다문화주의로부터의 후퇴?

지금까지 이 장에서 나는 서구에서 일어난 다문화주의로의 전환을 가능하게 한 5가지 핵심 요인들을 살펴보았다. 권리 의식의 신장, 인구통계의 변화, 그리고 안전한 정치 조직화를 위한 여러 접근점 등이 왜 비지배 집단이 다문화주의적 요구를 좀 더 적극적으로 펼치게 되었는

한다면, 다문화주의의 진정한 신봉자가 아니라고 하더라고 이들은 계속 현재 정당을 지지할 것이다. 이 다이내믹의 예를 위해서는 Evans, 2006과 Crepaz, 2006을 참조하라.

36 이는 또한 다문화주의를 대하는 다수 집단과 소수자의 상이한 태도 사이에 내재하는 불균형이 있어서 이것이 긴장과 오해의 요인으로 작용함을 의미한다. 다수 집단 구성원들은 보통 이런 정책들이 가장 좋게 말해서 허용 가능하나 자유민주주의 가치와 인권 규범의 필요조건은 아니라고 여기고 이런 정책들을 도입할 때 자신에게 부과된 의무 이상의 것을 수행한다고 보기 때문에 스스로를 관대하고 도덕적이라고 여기는 경향이 있다. 이들은 소수자가 이런 관대함에 적절한 감사를 표현하길 기대하고 이렇게 관용적이고 선의에 찬 다수 집단이 있는 국가에 거주함을 고맙게 생각하길 기대한다. 반면에 소수자 집단 구성원들은 보통 다문화주의적 정책 도입은 이미 과거에 자신들이 저지른 불의를 상쇄하기 위한 최소한의 조치이며 다수 집단들이 다문화주의 정책을 채택했다고 소수자에게 감사를 기대하는 것 자체가 과거의 배제와 동화라는 불의를 범했다는 것을 인정하지 않거나 자신들만이 국가와 공적 영역의 유일한 주인이라는 생각을 아직 완전히 버리지 못했다는 증거라고 생각한다. 이런 상반된 태도들 사이의 괴리가 특정 정책의 세부 사항에 대해 (일시적으로) 합의를 이끌어낸 경우에도 지속적인 적대심과 불신을 야기하는 원천으로 작용하고 있는 것이다.

지 설명해준다. 그리고 인종 관계의 탈안보화와 인권에 대한 합의는 지배 집단이 이런 요구를 수용하는데 따르는 위험을 감소시켰다. 이런 5가지 조건들이 충족된다면 인종문화적 다양성을 보다 더 적극적으로 수용하는 경향은 특정 인물이나 특정 정치 정당 또는 특정 선거제의 유무에 상관없이 더욱더 증가추세를 보일 것이다.[37]

이런 분석은 단지 서구에서의 다문화주의의 **발달**만 설명하는 것이 아니라 내 생각에 일부 서구 국가들의 다문화주의로부터의 **후퇴**를 이해하는 데에도 도움을 준다. 이 5가지 조건들 중 하나 또는 그 이상이 충족되지 않거나 문제가 된다면 특정 형태의 다문화주의를 향한 대중의 지지도는 하락할 가능성이 있다. 그리고 실제로 우리는 명백하게 이런 경우에 해당되는 사례를 볼 수 있다. 물론 소위 서구의 '다문화주의로부터의 후퇴'가 어느 정도로 심각한지에 대해서는 과장과 잘못된 해석이 빈번한 것도 사실이다.

어떤 비평가들은 우리가 목격하고 있는 것은 서구에서 전면적으로 일어나는 다문화주의로의 후퇴와 인종문화적 다양성이 공적 영역에서 사라지고 사적 영역으로 이동한, 좀 더 전통적 개념의 균질하고 단일한 공화국적 시민권으로의 귀환이라고 주장한다.(예로는 Joppke, 2004; Brubaker,

---

37 일정한 수준의 경제적 번영도 또 다른 전제조건이 될 수 있다 .그러나 그렇다고 하더라도 이런 수용 정책들 그 자체가 비용이 많이 들기 때문은 아니다. 연방 정부 또는 비중앙 집중 정부도 단일 중앙 정부만큼이나 효율적일 수 있으며 이중 언어주의에 드는 비용도 사람들 생각보다 훨씬 더 적다.(Grin, 2004) 어쨌든 국가들이 이런 정책에 반대하는 이유가 들어가는 비용과는 전혀 상관없다는 사실은 분명하다. 국가 건설 중인 국가들이 종종 아무런 비용이 들지 않는 문화적 권리 요구도 거절했기 때문이다.(사적 기금으로 운영되는 소수자 학교를 금지한 것을 예로 들 수 있다) 따라서 어느 정도의 경제적 번영이 이런 모델들을 성공적으로 도입하는데 선결조건이라면 이 모델들 자체가 많은 비용이 들기 때문이 아니라 하나 이상의 다른 조건들이 (예를 들어 민주주의 강화) 경제적 전제 조건을 가지고 있기 때문일 것이다.

2001; Entzinger, 2003) 이런 생각은 일부 비평가들로 하여금 다문화주의가 단지 지나가는 유행 또는 경향일 뿐이라는 희망을 표출하게끔 하기도 했다.(Barry, 2001)

그러나 현실적으로는 다문화주의에 대한 반발은 상당히 국지적이며 특정 국가의 특정 소수자의 요구에만 국한될 뿐이다. 예를 들어 소수민족을 향한 국가 정책에는 어떤 영향도 미치지 않았기 때문이다. 내가 3장에서 설명한 국가 하위 집단을 좀 더 승인하는 경향과 그 결과물인 지역 독립성과 공식 언어 지위 등은 여전히 아무 변화를 겪지 않았다. 서구 민주주의 국가에서 소수민족의 권리에 대한 반발은 아무것도 없었다. 서구에서 지금까지 국가 하위 집단에 승인한 권리를 다시 빼앗은 사례도 없다. 6장에서 곧 설명하겠지만 오히려 이 경향은 유럽 의회에 의해 채택된 소수민족 보호에 관한 기본 협약 등 국제 규범의 발달로 재확인되었다.

아니면 원주민의 경우를 고려해보자. 원주민 권리를 좀 더 수용하는 경향이 토지권, 관습법의 승인과 자치 정부권 등의 형태로 나타났고 이 또한 반발이나 후퇴를 겪지 않은 채 서구에서 완전히 정착되었다. 그리고 이 역시 국제 규범의 발달로 재확인되었다. 예를 들어 유엔의 원주민 권리에 대한 선언서 또는 이와 유사한 수준의 원주민 권리가 미연방 기구, 국제 노동 기구 및 세계 은행에 의해 재확인되었음을 7장에서 살펴볼 것이다.

그러므로 전면적인 다문화주의로부터의 후퇴는 일어나지 않았다고 할 수 있다. 국가 하위 집단이나 원주민 양측 모두에서 나타난 인종문화적 다양성의 공식적 승인과 수용의 경향은 여전히 유지되고 있으며 사실 이제는 좀 더 확고하게 자리잡아서 국내적 수용과 절충을 거쳤을 뿐만 아니라 국제 규범에 의해서 비준되고 보장되었다.

따라서 다문화주의로부터의 후퇴는 대부분 인종문화적 다양성의 한 영역에 국한되었다고 할 수 있다. 즉 이민자 문제이다. 그리고 이 책의 3부에서 보게 되겠지만 소수민족과 원주민 경우와는 달리국제 사회 수준에서 이민자들의 문화적 권리를 법률로 제정하고자 하는 의미있는 시도들이 계속되었다. 그러므로 가장 중요한 질문은 왜 이민자 다문화주의가 특히 이런 공격 아래 놓이게 되었는지 묻는 것이다. 가장 인기 있는 설명을 거부하는 것으로 시작해보자. 앞서 말했듯이 여러 비평가들이 이민자 다문화주의로부터의 후퇴는 좀 더 전통적인 자유주의적 믿음인 인종성은 사적 영역에 속해야한다는 생각으로의 귀환을 의미한다고 주장해왔다. 즉 공적 영역은 이 문제에 대해 중립을 지켜야하며 시민권도 차이가 없어야 한다는 주장이다. 이 관점에 따르면 이민자 다문화주의로부터의 후퇴는 자유민주주의적 개념의 다문화주의를 전면으로 거부하는 것과 마찬가지인 셈이다.

그러나 이것으로는 충분한 설명이 될 수 없다. 만약 서구 민주주의 사회가 자유주의적 다문화주의라는 생각 자체를 폐기한다면 국가 하위 집단이나 원주민의 요구도 이민자 경우처럼 묵살했어야 한다. 결국 민족 집단이나 원주민은 이민자 집단에 비해 보통 인종문화적 다양성을 좀 더 극단적인 형태로 공적 영역에 투입하고 좀 더 극단적으로 차이가 나는 시민권을 주장하기 마련이다. 이민자들은 일반적으로 주요 기관을 운영하는데 있어서 소극적 수정 또는 면제를 추구하는데 비해 과거부터 있었던 소수민족과 원주민들은 일반적으로 토지권, 자치 정부 권력, 언어권, 독립적 교육제도를 비롯하여 심지어 독립적 사법제도들 훨씬 더 높은 수준의 승인과 수용을 요구한다. 이런 요구사항들은 이민자를 수용하는 문제보다 비차등적 시민권과 인종성의 사유화와 같은 생각에 훨씬 더 심각한 타격을 입힐 수 있다. 그럼에도 불구하고 서구 민주주의 사회들은 이런 역사적 소수자를 수용하고자 하는 의지에서 여전히 조금도 후퇴하지 않고 있는 것이다.

사실 서구 민주주의 사회는 역사적 소수자들이 요구할 경우 차등적 시민권과 차이의 공식적 승인 요구를 수용하는데 점점 더 익숙해지고 있다. 예를 들어, 네덜란드는 이민자 다문화주의에서는 후퇴하고 있는 반면에 역사적 소수자인 프리지아인들의 권리는 강화시키고 있다. 독일 역시 이민자 다문화주의에서 후퇴하고 있지만 이런 와중에도 덴마크계 민족 소수자의 특별 지위 획득 50주년을 축하하기도 했다. 영국도 이민자 다문화주의에서 후퇴하고 있지만 역사적 소수민족인 스코틀랜드와 웨일즈에게 새로운 자치 정부권을 부여했다. 호주 역시 이민자 다문화주의에서 후퇴하고 있지만 원주민 권리의 제도화를 한층 더 강화하고 있다. 이 모든 예는 우리가 이민자 다문화주의로부터의 후퇴가 곧 차등없는 시민권과 중립적 공적 영역이라는 전통적 자유주의적 생각으로의 귀환과 마찬가지라는 설명을 따른다면 전혀 말이 안되는 얘기인 것이다.

그렇다면 자유주의적 다문화주의 일반에 걸친 생각이 공격을 받고 있지는 않다는 얘기가 된다.[38] 오히려 반발은 대부분 이민 문제에만 집

---

38 서구 민주주의 사회가 자유주의적 다문화주의 일반을 거부하는 움직임을 보인다고 주장하는 비평가들은 명백한 반대 예시가 되는 소수민족과 원주민 집단을 완전히 무시하는 오

중되어 있다. 그리고 이민 문제에서도 다문화주의로부터의 후퇴는 각 나라별로 매우 다르게 나타나고 있다. 예를 들어 서유럽이 북미보다 훨씬 더 뚜렷한 경향을 보이고 있는 것이다.

이 점을 이해하기 위해 다시 다문화주의의 기원과 전제조건에 대해 우리가 작성한 목록으로 돌아가보자. 다문화주의에 대한 다수의 반대를 줄여줄 두 가지 핵심 요인은 둘 다 서유럽의 무슬림 이민자라는 맥락 하에서 의문시되고 있다. 많은 사람들이 무슬림에 적용되는 자유주의적 기대가 과연 과거 이민자의 물결에 적용된 것과 같을 수 있을까 하는 의문을 품게 된 것이다. 이런 우려는 루시디 사건까지 거슬러 올라갈 수 있으며 덴마크의 카툰 사건과 강제적 중매 결혼, 명예 살해 및 여성 성기 절단 등에 관한 지속적 보도로 재확인되고 있는 중이다.[39] 인권규범이 서구의 무슬림 사회에서 결국엔 불가피하게 강화되고 승리할 것이라는 낙관적 기대는 이제 의문시되고 있다.

9·11테러와 이후 이어진 마드리드와 런던 폭탄 테러 또한 지역에 정착한 무슬림들이 서구의 외부의 적과 한통속이 되어 첩자로 기능하게 될까봐 우려하는 여론을 낳았고 국가와 무슬림 관계의 '재안보화'를 초래하는 요인이 되었다. 이 결과 이전에는 '보통 민주주의적 정치'라는 상자에 담겼던 이슈들이 다시 '국가 안보' 상자 속으로 들어가게 되었다. 무슬림 학교에 대한 논쟁을 예로 들자면 예전에는 기독교 학교와

류를 범하고 있는 것이다. Joppke, 2004를 참조하라.

39 다양한 문화에서 온 이민자들도 동시대 서구의 기준과 충돌하는 관습들을 함께 갖고 온다. 그러나 무슬림은 이런 관습을 유지할 훨씬 더 강력한 종교적 의무를 지닌다고 보통 생각되기 때문에 다문화주의 이데올로기를 수단으로 이런 요구를 할 것이라고 사람들은 예상한다. 또한 국제적 이슬람 운동들이 서구의 무슬림 이민자들로 하여금 종교의 이름으로 반서양 투쟁의 일환으로 다문화주의의 자유주의적 경계선을 위협할 것이라는 편견도 있다.

유태인 학교에 관한 이전의 논쟁에서 익숙해진 의제들인 여러 모델이 가지는 장점과 공립학교와 사립학교 사이의 상대적인 장점들을 주로 의논했다. 그러나 점점 이런 논쟁들은 무슬림 학교나 다른 무슬림 공동체를 위한 기관과 제도들이 급진주의자들 손에 넘어가서 서구를 공격할 사명감에 불타는 지하드를 길러내는 근거지로 사용되지 않을까 하는 우려의 대상이 되고 말았다.[40]

서구에서의 다문화주의에 대한 공식적 채택이 다문화주의가 국가의 지정학적 이해와 시민 개개인의 안전에 잘 부합한다는 생각에서 비롯되었다는 점을 고려해보면, 무슬림 이민자들의 동화정책에 대한 자유주의적 다문화주의적인 접근법에 대한 지지를 획득하기란 매우 요원한 일이라는 전망을 할 수 있다. 실제로 우리가 목격하고 있는 자유주의적 다문화주의에 대한 부분적인 반발은 특히 무슬림이 이민자 인구의 다수를 차지하는 것이 명백하고 이들 중심으로 다문화주의에 관한 논쟁이 빈번한 국가에서 일어나고 있는 것이 사실이다.[41] (Klausen, 2005) 대부분의

---

40 런던 폭탄 테러범들이 리즈의 공적 기금으로 운영되는 지하드가 장악한 커뮤니티 센터에서 뽑혔다는 사실을 상기해보라.

41 이민자 집단의 크기와 비율이 여기서 중요해지며 바로 이것이 유럽과 북미의 차이점을 설명해준다. 캐나다와 미국은 둘 다 무슬림이 입국하는 이민자들 중 수적으로 작은 부분을 차지하고 있으며 남미 계열 이민자(미국의 경우)와 동아시아 이민자(캐나다의 경우)가 절대 다수를 차지하고 있다. 결과적으로 이민자 동화 정책 관련 논쟁이 무슬림을 중심으로 이루어지는 경우는 드물다. 북미에서는 대부분의 유럽과는 달리 아무도 '이민자'라는 카테고리를 '무슬림'이라는 카테고리와 동일시하지 않는다. 이런 사실은 비 무슬림계 이민자 집단이 북미와 유럽에서 환대를 받고 있다거나 전혀 편견과 차별의 대상이 되지 않는다는 얘기는 아니다. 어느 국가나 여러 이민자 집단의 요수를 대하는 태도에는 중요한 차이가 존재하기 때문이다. 공적인 논쟁은 일반적으로 열심히 일하고 법을 준수하기 때문에 적당한 수준의 다문화주의적 수용을 받을 자격이 있는 '좋은' 이민자 집단을 게으르고 범죄를 저지르며 종교적 광신주의나 정치적 극단주의에 사로잡힌 '나쁜' 이민자 집단과 구별하는 경향이 있다. 후자가 다문화주의의 주된 수혜자라고 여겨지는 상황에서는 다문화주의에 대한 대중의 지지도 극단적으로 감소할 수 있으며 널리 보도되는 후퇴의 경우 중 하나를

서유럽에서 가장 큰 비유럽계 이민자 집단은 무슬림으로서 프랑스, 스페인, 이탈리아, 독일, 네덜란드와 같은 국가에서는 거의 80%에 육박한다. 캐나다와 미국에서 이들은 10% 미만이다. 상황이 이렇다보니 유럽의 대중 여론은 '이민자' 카테고리를 '무슬림' 카테고리와 자주 동일한 것 인양 취급하고 있을 정도이다. 이민자 유입이 종교적 면에서 좀 더 다양한 편인 영국에서도 이슬람 이슈가 이제 논쟁의 대부분을 차지한다. 『스펙테이터』지에 발표된 최근의 한 기사는 제목이 「이슬람이 어떻게 다문화주의를 죽였는가」였다.(Liddle, 2004) 제목과 기사 내용은 둘 다 명백하게 편견에 물들어있었으나,[42] 다문화주의에 대한 대중의 지지도가 하락한 것은 무슬림이 이 정책의 주된 수혜자라는 인식이 생긴 것과 같은 시기인 것은 사실이다.

물론 이슬람혐오증이 유럽에서 다문화주의에 대한 반발이 생겨난 유일한 이유는 아니다. 사실 일부 비평가들은 무슬림에 대한 공포는 좀 더 뿌리 깊고 끈질기고 뚜렷한 실체가 없는 '타자'에 대한 공포를 합리화하는 최신 버전일 뿐이라고 주장한다. 그리고 모든 사람들이 공통적 역사와 정체성을 가졌다고 가정하는 데에서 유래하는 강한 결속력이 있었던 과거에 대한 향수 때문이라는 것이다. 사람들은 인종 다양성을 좋아하지는 않지만 인종차별주의자나 외국인혐오자로 비춰지는 것은 꺼리기 때문에 좀 더 '합리적인' 이유를 들어 이민자 다문화주의를 반대할 구실을 찾는다. 그리고 바로 이 합리적인 이유가 반자유주의적 관습 또는 안

야기시킨다. 이런 예측들이 다문화주의를 설명하는데 왜 중요한지 알아보려면 Kymlicka, 2004a를 볼 것.

[42] 저자인 리들은 다문화주의를 죽인 것은 이슬람이지 이슬람혐오증이 아니라고 말한다.

보 위협에 대한 두려움인 것이다.(또는 범죄, 경제적 부담, 망명권의 악용 등) 만약 필요하다면 사람들은 이런 위험을 증거가 부족하거나 거의 없을 때에도 조작하거나 과장하기도 해서 이민자를 적대하는 자신들의 진정한 의도를 감추려한다. 이런 두려움은 좀 더 깊숙이 자리한 공공연한 인종차별주의와 외국인혐오증이 단지 수면 위로 약간 드러난 것이자 합리화일 뿐이다. 이런 편견은 특정 이민자 집단이 자유주의나 지정학적 안보 등에 끼칠 수 있는 영향 같은 가변적 변수와는 별개로 항상 있어왔던 것이다. 만일 인종차별주의자나 외국인혐오자가 이러한 구체적 두려움을 선동하지 못할 때엔 다른 종류의 합리화를 통해 이민자와 다문화주의에 반대할 것이다.

이 사실은 어쩔 수 없이 안고 가야 하는 문제이며 일반 대중의 다양성에 대한 실체 없는 공포가, 그리고 이를 부추기는 인종차별주의와 외국인혐오증이 줄어들지 않는 한 또는 줄어들 때까지 다문화주의는 대중의 진정한 지지를 얻지 못할 것이다. 그러나 새로운 이민자에 대한 실체없는 공포는 강력하긴 하지만 왜 이민자와 다문화주의에 대한 지지도가 국가마다 또, 한 국가 내에서도 시간이 경과함에 따라 정도가 다르게 나타나는지는 설명해주지 못한다. 즉 이것만으로는 왜 어떤 국가들은 다문화주의 정책을 도입하는 반면 어떤 국가들은 그렇지 않은지, 또는 왜 어떤 국가들은 다문화주의로 전진하다가 중도에서 후퇴하고 마는지 충분한 설명이 되지 않는다. 예를 들어 네덜란드에서 다문화주의는 원래 그들의 과거 식민지로부터 유입된(대부분 기독교인) 이민자들을 위한 것이었다.(인도네시아의 남 말루쿠 제도 또는 서인도 제도) 그러나 터키와 모로코로부터 온 무슬림들이 이 정책의 주된 수혜자라는 인식이 생기자 논쟁의 대상이 되었다. 영국에서도 비슷한 일이 일어났다. 다문화주의가 처음 도입된 이유는 카리브해 연안의 (대부분 기독교인) 흑인들의 요구 때문이었고 상당한 여론의 뒷받침이 있었다. 그러나 이런 지지는 파키스탄과 방글라데시에서 온 무슬림들이 다문화주의의 주된 쟁점이라는 인식이 생겨나자 감소하고 말았다. 두 경우 모두 정책과 연관된 위험도는 주된 타겟 집단이 바뀌면서 함께 바뀌었다.[43] 이런 변동들은 관용과 비차별이라는 공적 가치와 다양성에 대한 대중들의 공포 사이에 투쟁이 계속되고 있다는 것을 암시하며 이의 결과는 종종 연관된 위험의 구체적이고도 가변적 평가에 달려있음을 보여준다. 서구 민주주의 사회에서 다문화주의가 겪는 다양한 운명은 많은 국민들이 다문화주의 정책이 저위험이라고 판단할 때는 이를 받아들이고자 하지만 고위험도라는 인식이 생겨나면 이를 반대한다는 것을 시사해준다.

이 사실은 뻔한 딜레마를 제기한다. 어쩌면 다문화주의적 정책이 가장 필요한 시기는 이의 도입이 가장 고위험도인 시기일 것이기 때문이다. 아마도 이 이유로 인해서 특정 집단의 구성원이 '첩자'라는 의혹을 받거나 자유민주주의적 합의에 위협이 되고, 인종 관계가 양극화하기 전에 이를 미연에 방지하기 위한 노력이 경주되어야 한다는 주장이 제기되는 것이다. 바꿔 말해서, 인종 집단들 간에 불화가 없거나 있어도 미미한 수준이라면 다문화주의적 정책을 도입하는 것은 용이할지 모르

---

43 이와 유사한 변화가 1990년대 초 캐나다에서도 일시적으로 일어났다. 20년 전에 정책이 처음 도입되었을 당시, 무슬림 이민자들이 (대부분 소말리아 출신) 다문화주의를 둘러싼 공론에 영향을 미치기 시작했다. 이것은 다문화주의에 대한 대중들의 지지도를 일시적으로 떨어뜨렸으나 전체 이민자 중 무슬림이 차지하는 비중이 겨우 10% 정도였기 때문에 이들이 여론이나 정책의 주된 쟁점은 아니었다. 이에 관해 Kymlicka, 2004a와 Jedwab, 2005를 참조하라.

나 그럴 필요는 실제로 별로 없다고 할 수 있다. 그렇다면 다문화주의는 이것이 거의 채택될 가능성이 없을 때 가장 필요하고, 채택될 가능성이 높을 때 가장 불필요하다고 볼 수 있겠다. 얀 네더빈 피터스는 '자유주의적 다문화주의의 가장 핵심적 문제는 아무 문제가 없을 때 해결책을 제시하고 아무 통증이 없을 때 처방전을 준다는 것이다'고 주장한다.(Pieterse, 2005, p.1271) 이는 많은 공산주의 이후 사회 및 탈식민화 맥락에서 발생하는 역설이기도 하다. 나는 이 점을 3부에서 다시 다룰 것이다. 지금까지의 서구의 경험은 다문화주의에 대한 일반 대중의 수용은 개인적, 집단적 안보에 대한 감정에 달려있고 이런 감정이 불안정해지면 다문화주의는 반발에 직면하고 후퇴하게 된다.

그러나 일부 국가들이 고위험 상황에서 '지나치다'는 취급을 받는 다문화주의를 축소하려한다고 해도, 이들 역시 과거의 균질화와 동화 중심의 이민자 정책으로 역행하려는 것은 아니라고 강조하고 있다. 그리고 계속해서 인종 다양성을 위해 필요한 학교, 언론, 의료 및 경찰 등의 공공 기관에 대한 요구를 수용하여 현실에 맞는 정책을 펴나갈 것이라고 강조한다. 이민자 집단은 공적 생활에서 자신의 인종 정체성을 더 이상 숨길 필요가 없으며 적절한 수준의 공적 제도 안에서의 승인과 수용(예를 들어 공통 교육 과정)은 받아들여지고 있다. 간략하게 말해, '(이민자)다문화주의로부터의 후퇴'에 관한 이야기는 일반적으로 몇몇 다문화주의적 정책이 축소된 반면에 다른 다문화주의 정책은 오히려 제도로서 깊이 자리 잡게 되었다는 좀 더 복잡한 이야기를 간과하는 경향이 있다.[44] 소수민족과 원주민들의 경우와 마찬가지로 이민자에 대한 기초적 수준의 '승인'과 '수용'은 자유민주주의의 불가피하고 합법적인 삶의 일부분이라는 인식이 점차 자라나고 있다.

그러므로 서구에서의 다문화주의의 '전진' 또는 '후퇴'에 관한 단일한 버전의 이야기는 없다고 할 수 있다. 다른 종류의 인종문화적 다양성이 존재하고 저마다 고유한 방식으로 다문화주의적 주장을 제기하며 저마다 고유한 대항과 수용과 반발에 대한 노선이 있다. 내가 이 장에서 설명한 5가지 요인들이 아마도 이런 변동과 차이점을 설명하는데 도움이 될 것이다.

8. 사회 운동으로서의 다문화주의로부터 기업 다문화주의에 이르기까지

여기에서 어떤 독자들은 내가 다문화주의의 등장을 설명하면서 아주 중요한 요인을 빠뜨렸다고 생각할지도 모르겠다. 즉 전지구적 자본주의와 신자유주의적 경제발달이 그것이다. 지난 삼사십년간에 걸쳐 발전해온 다문화주의는 그 시기가 급속도로 진행된 경제의 글로벌화, 복지 정책의 긴축, 공기업과 공적 자원의 사유화, 그리고 시장의 규제완화 등이 이루어진 시기와 거의 일치한다. 그리고 일부 비평가들은 이런 두 가지 발전 양상이 명백하게 서로 연관이 있다고 주장한다. 실제로 슬라보예 지젝은 '이런 전지구적 자본주의의 이데올로기의 이상적 형태는 다문화주의다'라고 주장한다.(1997, p.44) 이런 관점에 따르면

---

44 여전히 실제 시행되고 있는 다문화주의적 정책을 간과하는 담론적 변화에 대해서는 Hansen, 2007, Schain, 1999, Richardson, 2004와 Entzinger, 2006을 보라.

다문화주의는 전지구적 자본주의의 연장과 '워싱턴 합의'를 활성화하거나 정당화한다는 것이다.

나는 이것이 잘못된 분석이라고 생각한다. 다문화주의는 신자유주의 경제와는 상당히 다른 기원을 갖고 있다. 하지만 다문화주의가 전지구적으로 일어나는 광범위한 정치 경제적 변화에 영향을 받는 것은 사실이다. 그러므로 이들 사이에 어떠한 상관관계가 있는지 살펴보는 것이 중요하다.

다문화주의가 전지구적 자본주의의 도구로 출현했다는 생각은 간단히 말해 사실에 바탕을 둔 것이 아니다. 내가 반복적으로 강조했듯이 다문화주의는 진보 자유주의 또는 사회 민주주의 정당들에 의해 처음 소개되었고 비지배 집단의 잦은 조직화에 대한 대답이기도 했다. 요약하자면 '사회 운동으로서의 다문화주의'였던 것이다. 초기 단계에서 신자유주의적 구조조정에 지지를(레이건과 대처의 지지자들) 보낸 기업 분야와 정치 파벌들은 다문화주의를 국가가 '특수 이익'[45]을 공적 보조금으로 부적절하게 지원하는 전형적인 예라며 반대했다. 신자유주의 경제의 정통파들은 국가가 소수자 언어나 문화 활동을 지원하는 방식으로 '문화적 시장'에 개입해서는 안 된다고 주장했다.

따라서 다문화주의는 비즈니스 엘리트들과 신자유주의 수호자들에 대항하는 조직화의 일환으로 처음 출현했던 것이다. 그러나 시간이 흐름에 따라 기업 분야도 다문화주의와 평화적 관계를 원했고 실제로 독특한 형태의 '기업 다문화주의'가 출현하여 초기의 '사회 운동으로서의

---

45 이런 다문화주의에 대한 비판이 캐나다의 신자유주의적 보수파에 만연하다는 분석에 대해서 Abu-Laban과 Gabriel, 2002를 참조할 것.

다문화주의'와 복잡한 관계를 맺으며 소통하게 되었다.[46]

기업 다문화주의와 사회 운동으로서의 다문화주의는 때로는 서로에 게서 힘을 얻는다. 예를 들어 비중앙집권화를 추구하는 신자유주의적 요구는 원래는 결제 효율성이라는 이름으로 실행에 옮겨졌으나 실제로 인기를 얻기 시작한 것은 다양성을 수용하는 다문화주의적 주장과 연결되면서부터였다. 반대로 사회 운동으로서의 다문화주의는 때때로 기업 분야의 도움이 필요하다. 우리가 살펴봤듯이 사회 운동으로서의 다문화주의는 몇몇의 중요한 개혁을 이루어냈으나 이는 상처뿐인 승리였다. 다문화주의가 지배 집단에 의해 적극적으로 지지를 받는다기보다는 묵인됐기 때문에 반발과 후퇴에 취약할 수밖에 없기 때문이다. 따라서 많은 지지자들은 지배 집단 구성원들을 설득시킬 만한 유리한 주장을 찾아내려 항상 애써왔다. 이런 노력중 하나는 다문화주의가 인권의 논리를 연장시키고 신장시킨다는 도덕적 주장의 재확인이지만 지지자들은 지배 집단 구성원들이 자신들에게 실제로 도움이 되거나 전략적인 이유로 다문화주의를 지지하는 방법을 찾고 있었다. 다시 말해서 '다문화주의가 팔린다'는 것을 보여주어 지배 집단 구성원들이 다문화주의를 단지 도덕적 의무가 아닌 실제로 자신들을 이롭게 하는 것으로 인식하길 희망했던 것이다.

이런 전략 중 가장 대표적인 것은 다문화주의로 인한 경제적 파생 효과를 강조하는 것이다. 다문화주의 지지자들은 '생산성 높은 다양성'을 주장하며 직원들의 인종문화적 다양성이 높을수록 생산성과 혁신이 높

---

[46] 내 논의에 맞게 수정하긴 했지만, '사회 운동으로서의 다문화주의'와 '기업 다문화주의'라는 용어들을 각각 James, 2006과 Matustik, 1998에서 가져왔음을 밝혀둔다.

아진다는 증거를 제시해왔다. 그리고 다양한 문화적 배경과 언어를 가진 직원들이 점점 더 글로벌화되는 경제 상황에서 회사에 자산이 된다고도 주장한다. 강한 문화 간 소통 기술을 가진 사람만이 글로벌한 무대에서 경쟁할 수 있다는 것이다. 예를 들어 미국의 중국 이민자들은 자신의 모국어와 문화적 능통함을 유지하여 글로벌 무역과 투자를 위해 사용하도록 독려하는 편이 좋다는 주장이다. 호주와 캐나다에서 1980년대와 90년대에 인기 있었던 표현을 빌려 요약하자면 '다문화주의는 곧 비즈니스이다'라는 이야기이다.

이와 연관된 주장은 다문화주의가 국가를 매력적으로 포장하여 관광객과 고급인력 이민자를 끌어들이는 요인으로 작용할 수 잇다는 것이다. 도시들은 다문화주의로 스스로를 '브랜드화'하고 다문화 동네와 거리, 다문화 음식점들을 내세워 관광객과 엘리트 이민자들과 외국 투자를 유치하려 힘쓰고 있다.[47]

이런 주장들은 다문화주의를 지배 계급 구성원들에게 파는 것에 어느 정도 성공을 거두긴 했으나 당연하게도 단점도 지니고 있다. 그 자체로는 다문화주의를 단지 마케팅 술수로 전락시킬 위험을 내포하고 있고 다문화주의의 목표가 기존의 인종적 위계질서를 철폐하는 것이 아니라 문화적 차이를 글로벌 경제에 도움이 되는 경제적 자산으로 재포장하여 마치 상품이나 라이프스타일처럼 홍보와 소비의 대상으로 만들 위험도 있다. 그리고 실제로 우리는 여러 국가에서 사회 운동으로서

---

47 서구 국가들은 일반적으로 저기술 이민자를 유치하려 애쓴 적은 없지만 국가 번영과 혁신에 도움이 된다고 여겨지는 엘리트 이민자들을(전문직업인 및 기업가) 끌어오려는 경쟁은 점점 더 치열해지고 있다. 그리고 이런 경쟁에 있어 다문화주의가 전략적 이점을 제공한다는 생각이 널리, 그리고 내 생각에는 현명하게도 퍼지고 있다.

의 다문화주의를 지지하는 사람들이 이런 마케팅 전략이 다문화주의의 원래의 해방적 목표를 대체하지 않고 다만 거드는 것에 그치도록 만전을 기하고 있다.

이 현상은 단지 다문화주의에만 국한된 것은 아니다. 우리는 유사한 다이내믹을 페미니즘과 환경주의를 비롯한 진보적 사회 개혁을 위한 다른 운동에서도 발견할 수 있다. 이런 운동들은 기업 엘리트와 신자유주의 공론가들에 대항하기 위한 방편으로 시작되었으나 자본주의는 이들 운동을 브랜드와 상품으로 재포장할 방법을 모색해왔다. 그래서 우리는 사회 운동가들이 이런 운동들의 아젠다에 대한 통제력을 강화하여 원래의 개혁 목표를 유지하려 애쓰고 있음을 보게 되는 것이다.

이 현상을 묘사하기 위한 여러 용어들이 만들어졌다. 비평가들은 '기업 다문화주의', '소비주의적 다문화주의', '부티크 다문화주의', '신자유주의적 다문화주의', 또는 '베네통 다문화주의'(다국적기업 중의 하나인 베네통이 스스로를 상품화된 문화적 다양성의 수호자로 포장하여 가장 큰 성공을 거둔 이후로) 등의 용어를 고안해냈다.[48] 이런 현상들이 만연하자 일부 비평가들은 바로 이것이 서구에서의 다문화주의 발전의 진정한 근거라고 추측하게 되었다. 그러나 실제로는 기업 다문화주의는 언제나 사회 운동으로서의 다문화주의를 뒤따랐으며 이를 위한 대중의 지지도를 상승시킬 목적으로 도입되었던 것이다. 기업 엘리트들은 일반적으로 다문화주의라는 추세에 편승한 후발 주자였고 다문화주의에 대한 반발과 후퇴가

---

[48] 관련된 논의로 Giroux, 1994의 1장~2장, Matustik, 1998, Bonnett, 2000, Mitchell, 1993, Macdonald와 Muldun, 2006, Hale, 2002를 보라. 베네통의 다문화주의적 평판은 루치아노 베네통 그 자신이 칠레에서 마푸체 인디언에게서 몰수한 엄청난 면적의 땅을 사들였다는 것이 폭로되면서 추락하고 말았다.(Mascarenhas, 2006)

일어나던 시기에 제일 먼저 이를 버렸다.[49]

정리하자면 다국적 자본주의의 논리에서 다문화주의를 필요로 하는 것은(또는 불가능하게 하는 것은) 하나도 없다. 사회 운동으로서의 다문화주의가 얼마간 성공을 거둔 국가에서는 기업 엘리트들이 이를 통해 돈을 벌려고 상업화된 형태의 문화적 차이를 소비 상품으로 마케팅하기도 한다. 사회 운동으로서의 다문화주의가 시들해지는 곳에서는 기업 엘리트들은 언제나 그랬듯이 아무렇지도 않게 여기에서 스스로를 떼어내면 되는 것이다.

어쨌든 최근의 사건들은 기업 다문화주의 이데올로기의 근본적 피상성을 드러냈다. 9·11테러 이후, 마드리드 테러와 덴마크 카툰 사건 이후에 더 이상 다문화주의가 글로벌 경제의 경쟁력을 향상시킨다거나 관광을 유치한다는 명목으로 이를 홍보하거나 거부하는 것이 마땅하다고 믿는 사람은 아무도 없다. 이런 사건들의 근본적 질문은 다문화주의가 시민화의 수단으로 이용될 수 있는지의 여부라는 사실을 일깨워 준다. 다문화주의가 우리가 물려받은 반시민적인 인종 관계의 목록을 자유민주주의적 시민권으로 탈바꿈하는데 도움이 될까? 이 목록에는 정복자와 정복당한 자, 식민통치자와 피지배자, 정착민과 원주민, 인종화

---

49 사회 운동으로서의 다문화주의와 기업 다문화주의 사이의 관계는 서구를 벗어나면 더 복잡해진다. 서구 사회 내에서는 기업 다문화주의는 일반적으로 비정치적이고 상업화된 형태의 사회 운동으로서의 다문화주의로서 평등, 관용, 포용의 중요성을 강조하는 비유를 들어가면서 별로 위협적이지 않은 형태로 존재하는 편이다. 그러나 다른 곳에서는 다국적 기업들이 다문화주의를 사회 운동으로서의 다문화주의의 목표와 완전히 모순되는 방식으로 유용하고 있다. 예를 들어 '우리가 존중하는 다른 문화'라는 이름으로 스타벅스나 맥도날드는 양성 분리와 차별을 사우디아라비아에서 위계질서와 배제를 고친다기 보다는 그대로 답습하는 방식으로 실행하고 있다고 보도되었으며 보편적 인권인 평등을 신장하는 대신 위반하고 있다.(Manning, 2002, Johnston, 2006)

된 사람과 그렇지 않은 사람, 정상과 비정상, 정통파와 이단, 문명인과 미개인, 동지와 적, 주인과 노예가 포함된다.

9·11테러 이후에 많은 사람들의 즉각적 반응은 다문화주의가 이런 측면에서 패배했다는 결론이었다. 다문화주의는 그저 적의와 위계질서를 재생산했을 뿐이었다는 것이다. 그러나 다음 장에서 살펴보겠지만 다문화주의가 실제로 자유민주주의적 시민권을 건설하는데 기여했다는 증거가 풍부하다. 어쨌든 이것은 옳은 질문임에는 틀림없다. '생산성 높은 다양성'과 '다문화주의는 비즈니스이다'는 이제 더 이상 다문화주의를 위한 초기 운동이 제기한 좀 더 본질적이고 중요한 주장인 인종문화적 다양성, 인권과 자유민주주의 원칙 사이의 연관성으로부터 우리의 관심을 돌리지 못한다.

9. 결론

서구로부터 다문화주의가 발달하게 된 이야기를 하려는 그 어떤 시도도 결국 부분적이고 한편으로 치우치는 것을 피할 수 없기 때문에 내가 이 장에서 완전한 설명을 했다고 생각하지 않는다. 나는 그저 내 생각에 여러 서구 민주주의 사회에 걸쳐 널리 퍼지고 오랫동안 중요성을 간직한 몇몇 요인들을 지적하려했을 뿐이다. 이로 인해 다른 설명들이 제공한 이야기에 의문을 가지게 하려는 의도가 있었다.

일부 비평가들과는 반대로 나는 다문화주의가 헤르더적인 독일 낭만주의의 부활이나 니체적 포스트 모더니즘 또는 문화적 보수주의의 결과로, 또는 신자유주의적 경제 구조 조정의 재등장으로 인해 발생했다고 생각하지 않는다. 한편으로는 인권 혁명으로 인한 권리의식의 신장과 인구통계의 변화, 안전한 정치적 조직화를 위한 다수의 접근점들이 왜 비지배 집단이 다문화주의적 요구를 제기하는데 좀 더 활발한 태도를 보이게 되었는지 설명해준다. 다른 한편으로는 인종 관계의 탈안보화와 인권에 대한 여론의 합의가 지배 계급이 이 같은 요구를 받아들이는데 따르는 위험을 축소시켰다. 이런 요인들을 함께 고려해볼 때, 서구에서 일어난 다문화주의로의 전환의 정도와 함께 적극적 지지를 얻어냈다기보다는 소극적 순응을 얻는데 그쳤다는 점에서 이의 취약점을 둘 다 이해할 수 있다.

물론 이 책의 목표를 고려해볼 때 좀 더 중요한 질문은 이 분석이 자유주의적 다문화주의의 글로벌한 확산 가능성을 어떻게 예측할 수 있느냐는 것이다. 이러한 다섯 가지 조건이 서구 민주주의 사회에서 차등 없이 적용될 수 있다면 그리고 시간이 흐름에 따라 융성과 쇠락을 겪는다면, 세계의 다른 지역에서 더 사실적인 설명이 될 것이다. 3부에서 다루겠지만 자유주의적 다문화주의의 다섯 가지 조건이 모두 수렴되는 경우는 드물고, 이 조건들이 전 세계에 걸쳐 어떻게 일상 속에 받아들여지게 되는지에 관한 일반적 경향도 존재하지 않는다.

사실 이런 추세의 동향에는 뭔가 구조적 불균형이 존재하는 듯하다. 단순화시켜 보자면, 자유주의적 다문화주의에 대한 더 많은 수요를 창출하는데 도움을 주는 이런 조건들이 전 세계에 걸쳐 더 자주 보인다고 말할 수 있을 것이다. 인간과 소수자 권리에 대한 새로운 담론과 자의식이 꾸준히 확산되고 있으며 민주화의 (불완전한) 과정이 소수자가 안전한 정치적 동원화를 이룰 수 있는 공간을 더 많이 마련해주고 있음을 관찰할 수 있다. 그러나 이와 유사한 추세를 국가와 지배 집단이 이런 소수자의 요구를 좀 더 수용하는데 도움을 줄 조건들에서는 발견할 수 없다. 세계의 많은 지역이 아직도 지배 집단이 지정학적 안보나 개인적 안전성에 대해 가지는 두려움이 자유주의적 다문화주의를 수용하려는 시도들을 마비시키고 있다. 예측할 수 있는 결과는 자유주의적 다문화주의에 대한 수요가 공급을 앞지르기 때문에 나타나는 심각한 정치적 격변이다.

자유주의적 다문화주의의 기저에 깔린 조건에 나타나는 이런 불균형은 이 분야에서 국제적 조치를 취하는데 심각한 어려움을 초래한다. 국제사회의 노력이 정부 간 또는 비정부 기구를 통하든지 아니든지 먼저 큰 타격을 받게 되고 자유주의적 다문화주의를 향한 더 많은 수요를 이의 수용을 위한 조건을 강화시키지 않은 채 창출하여 의도치 않게 이 불균형을 더 악화시킬 수도 있다. 나는 국제 사회가 몇몇 경우에서 실제로 이런 위험을 간과했으며 다른 경우에서는 과잉 반응을 보였다고 생각한다.

그러나 이 딜레마를 살펴보기 전에 우리는 먼저 서구에서의 자유주의적 다문화주의를 현실에서 입증된 이의 실효성을 마저 분석할 필요가 있다.

제4장

실천되는 자유주의적 다문화주의를 평가하기

앞 장에서 나는 더욱 광범위한 인권 혁명의 본질적인 부분으로 등장하여 상속되는 계급제도를 공격하고 개인의 자유를 신장하는 데 전념하는 서구의 자유주의적 다문화주의의 낙관적인 기원을 설명하였다. 그러나 자유주의적 다문화주의의 계보에 관한 이러한 이야기는 주로 신념, 의도, 열망에 관한 이야기이며, 실제로 일이 어떻게 진행되었는지에 관해서는 우리에게 말해주지 않는다. 핵심적인 질문은 이러한 정책을 옹호했거나 입안했던 사람들의 순진하거나 경건한 희망들이 무엇이었는가가 아니라 그것들의 실제적인 결과가 무엇이었는가 하는 것이다. 이제 우리는 자유주의적 다문화주의의 다양한 형태를 통한 거의 40년 정도의 경험을 가지고 있다. 그들이 잘 진행되고 있는가? 그들의 전지구적 확산의 장려를 보장할 정도로 그들이 '성공적'인가?

많은 다른 형태의 다문화주의 정책과 그것들이 공헌하기로 의도된 많은 다른 목표를 고려할 때, 이에 대한 답을 하는 것은 쉽지 않다. 우리가 실천되고 있는 다문화주의의 효과에 관해서 어느 정도 자신 있게 말할 수 있는 것은 몇 가지 있지만, 많은 다른 중요한 논쟁점에 대한 관련된 증거가 우리에게 부족하다. 이 장에서 나는 우리가 아는 것, 즉 실천되고 있는 자유주의적 다문화주의의 장점과 단점에 대해서 살펴볼 것이다.

한 가지 분명하면서도 중요한 사항으로부터 시작하기로 하자. 가장 최소한의 수준에서 자유주의적 다문화주의의 채택이 평화, 민주적 안정성, 법의 통치, 또는 경제적 번영과 같은 지표에 의해 측정되는 서구 민주주의의 기본적인 기능이라고 할 수 있는 것을 손상시키지는 않았다는 것은 분명하다. 서구에서 다문화주의의 길을 따라 가게 된 국가 중에 어느 나라도 결과적으로 내전이나 무정부 상태로 전락하지 않았으며, 또는 군사 쿠데타에 직면하거나, 경제적 몰락을 경험하지 않았다. 반대로, 다문화주의 정책에 대한 헌신에 '열정적'인 국가들의 명단을 대충 조사만하더라도(107~116쪽) 오히려 그들이 지구상에서 가장 평화롭고 안정적이고 번영하는 사회들 가운데 있음이 드러난다.

이것만도 다문화주의의 불안정을 일으키는 결과에 관해서 제기된 종말론적인 예언들 중에 어느 정도를 충분히 반박할 수 있다. 제이콥 레비(Jacob Levy)가 주목하듯이, 다문화주의의 비판자들은 '히틀러로의 환원(reductio ad Hitlerum)'의 논점을 좋아한다.(Levy, 2004, p.334)[1] 그래서 다문화주의의 채택을 인종적이고 종교적인 분쟁, 사회 분열주의, 시민의 그리고 정치적인 자유의 억압, 민주적 헌법적 질서의 전복을 향해 미끄러져 나가는 경사면의 첫 단계로 취급한다. 40여 년간의 경험에 기초하여 이러한 예언들이 적중되지 않았음이 명백하다. 내가 1부 2장에서 논했듯이, 서구에서 자유주의적 다문화주의의 경험은 민족적 정

---

1   어빙 크리스톨(Irving Kristol)에 따르면, '다문화주의는 나치즘과 스탈린주의가 그러했던 것만큼 "서구에 대항하는 전쟁"이다.(Kristol, 1991, p.15) *역주 : Reductio ad. Hitlerum은 라틴어로 히틀러로의 환원(reduction to Hitler)이라는 의미이다. 이 용어는 1951년에 레오 스트라우스(Leo Strauss)라는 철학자가 만든 것이며, 적대자의 견해를 히틀러나 나찌당이 제기하는 견해와 비교할 때 사용한다.

치의 점진적인 '정상화'에 관한 이야기이다. 그러므로 민족적 정치의 동원은 일상의 평화로운 법적이고 민주적인 논쟁의 하나의 형태일 뿐이다.

우리는 또한 실천되는 다문화주의의 결과에 관한 다른 비관적인 예언 중의 많은 것들을 의심할 수 있는 상당한 이유가 있다. 예를 들면, 다문화주의로의 전환이 사회전반의 경제적인 재분배를 유지하기 위해 필요한 범민족적 연대 의식을 쇠퇴시킴으로써 복지국가를 약화시킨다고 어떤 비판자들은 주장한다.(Barry, 2001; Michaels, 2006) 이는 종종 '인정 대 재분배' 교환 이라고 불리며, 이는 다문화적 인정의 정치학이 계급에 기반을 둔 재분배의 정치학을 대체한다고 평해진다. 하지만 이러한 주장을 판단하기 위한 최근의 시도들은 그에 대한 어떤 지지를 하지 않고 있다. 강력한 다문화주의 정책을 시행하고 있는 나라들이 소규모의 또는 빈약한 다문화주의 정책을 시행하는 나라들보다 재분배의 사회 정책을 유지하는 데 더 많은 어려움이 있지는 않다.(Banting and Kymlicka, 2006)

다문화주의가 자유민주주의 복지 국가의 기본적인 기능과 양립할 수 있음이 증명되었다는 사실은 국가 간 국제기구들이 다문화주의를 다민족적인 후기 공산주의와 후기 식민주의 국가들을 다룰 때 고려할 수 있는 매력적인 선택이 되기에 충분하다. 이러한 많은 국가들에서 중앙 집중적이고 동질적인 민족국가의 오래된 모델은 명백히 실패하였고, 민족적 정치의 동원의 지속적인 현실을 다룰 수 있는 새로운 모델이 필요하다. 자유주의적 다문화주의가 그러한 선택 중의 하나이고 서구에서의 평화, 민주적 안정성 또는 번영을 위태롭게 하지 않았기 때문에, 그것이 다양성을 관리하기 위한 국가 간 국제기구들의 인정을 받은

'최상의 실천들' 또는 '도구세트들'의 여러 목록에 포함되어 있다.

그러나 자유주의적 다문화주의가 서구의 국가들을 몰락시키지는 않았다고 하는 단순한 사실이 국가 간 국제기구들이 전 세계에 걸쳐 이 모델을 장려하려고 시도했던 이유를 잘 설명하지는 않는다. 여러 상황들 속에서, 국가 간 국제기구들이 자유주의적 다문화주의를 여러 가지 사이에서 단지 하나의 합법적인 선택으로 간주하였을 뿐만 아니라, 무엇보다 선호된 선택, 심지어는 유일한 합법적인 선택으로 취급하였다. 가장 확실한 예는 EU와 NATO가 그들 조직에 가입하기 위한 하나의 조건으로 소수자 권리에 대한 존중을 요구하는 결정을 내린 것이다. 자유주의적 다문화주의에 대한 이러한 선호는 국가의 기본적인 기능에 대한 참고에 의해서만이 설명될 수는 없다. 무엇보다 강력한 다문화주의 정책들이 평화, 안정성, 번영과 양립할 수 있음이 증명된 것은 분명하지만, 그러한 정책들이 국가의 기본적인 기능을 위한 전제조건은 아니라는 것도 또한 분명한 사실이다. 소규모의 또는 빈약한 다문화주의 정책을 시행하는 많은 서구의 나라들도 또한 안정적이고 평화롭고 번영을 하고 있다.

그러므로 자유주의적 다문화주의를 증진하기 위한 명분은 다른 곳에 있다. 국가 간 국제기구들이 다문화주의적 모델에 대한 선호를 표시한 많은 이유가 있다. 이에 대해서 다음 두 장에서 논의할 것이며, 적어도 부분적인 설명을 하자면 국가 간 국제기구들 내의 많은 사람들이 다문화주의가 더욱 광범위한 인권 아젠다를 증진시킨다고 하는 낙관적인 견해를 공유하고 있다는 것이다. 이는 실제로 소수자 권리에 대한 다양한 국제 선언과 규약의 전문에 명백하게 드러나 있다. 이러한 낙관적인 견해에 근거하여 다문화주의는 민족적 평화를 유지할 뿐만 아니라, 실제로 불평들을 줄이고 부정을 개선하고 자유주의와 민주주의를 향상시키며, 인권 혁명과 자유주의 민권운동의 이상을 더욱 진전시킨다. 이러한 낙관적인 견해에 대한 어떤 증거가 있는가? 다문화주의의 불안정을 야기하는 결과에 관한 가장 비관적인 예언이 실현되지 않았다고 우리가 거의 확실하게 결론을 내릴 수 있을 것이다. 그러면 낙관적인 주장은 성취되었다고 할 수 있는가?

이는 답하기 어려운 질문이다. 그 이유는 예를 들면 '자유주의와 민주주의를 향상시키고', 또는 '더욱 광범위한 인권 아젠다를 증진시키는' 것과 관련하여 우리가 어떻게 성공을 측정할 수 있는지가 전혀 분명하지 않기 때문이다. 이것들은 한 사회의 사회적, 경제적, 정치적, 문화적인 관계와 구조와 밀접하게 연루된 산만하고 다차원적인 목표들이다. 이러한 목표를 성취하는 것에 대한 성공을 체계적으로 측정하는 어떤 시도도 거대한 기획이 될 것이다.

하지만 우리의 목표를 위해 우리는 두 개의 일반적인 영역에 주목할 수 있다. 이전의 저작에서 나는 자유주의적 다문화주의의 근원적인 원칙이 '집단들 사이의 평등'과 '집단들 내에서의 자유'라는 한 쌍의 개념으로 파악될 수 있음을 언급하였다.(Kymlicka, 1995) 나는 이 두 개의 표제를 사용하여 이 장의 남은 부분에서 나의 논의를 구성할 것이다.

1) 집단 간의 평등

다문화주의 정책들이 상속된 민족적, 인종적 계급 질서를 축소하는 데 성공하였는가? 이러한 정책이 소수자의 정치적 주변화, 경제적 불이익, 문화적 종속을 축소시켰는가? 어떤 비판자들은 이러한 정책들이 상징적인 인정으로 더욱 실질적인 개혁을 대체하면서 민족적, 인종적인 계급 질서의 지속적인 현실을 오히려 숨기는 역할을 했을 뿐이라고 주장한다. 다른 이들은 이러한 정책들이 '타자'를 다르고 의존적이며 가난하다고 낙인찍음으로써 계급 질서를 더욱 공고하게 했을지도 모른다고 주장한다.(예를 들면, Das Gupta, 1999) 그러나 또 다른 이들은 다양성 정책들이 실제로 얼마간의 불평등을 개선하는 데 도움을 줄 수 있지만, 불충분하게 포괄적이거나 너무 지나치게 포괄적인 방식으로 그렇게 함으로써 오히려 이 과정에서 새롭고 동시에 독단적인 계급 질서의 형태들을 만들어낸다.

2) 개인의 자유

다문화주의 정책들이 민족문화적 다양성의 수용이 인권과 시민의 자유와 조화된 자유주의적 가치의 범위 내에서 일어나는지를 보증하는 데 성공하였는가? 이제까지 제시된 것처럼, 이러한 정책이 자유주의 민권운동에서 시작되었으며 캐나다 다문화주의 법령의 자구에서 나오듯이 '개인이 가질 수 있고 가지기를 바라는 삶을 만들기 위해' 개인들의 자유를 향상시키는 토대 위에서 옹호되었다. 자유주의적 다문화주의의 이러한 비전도 또한 자유주의적 가치의 중력이 민족적, 인종적 경계를 가로질러 작용할 것이며, 법적 시스템이 이러한 가치에 대한 위협에 대비하여 확고한 보호를 제공할 것이라고 하는 '자유주의의 기대'에 대한 자신감에 기초를 두고 있었다. 이러한 의도와 기대가 성취되었는가? 혹은, 어떤 비판자들이 주장하듯이, 다문화적 정책이 자유주의적 개혁을 막고자하는 보수주의적 영향력을 강화시키고, 주체성과 실천의 행위들을 고착시키고, 사람들을 상속된 문화적 문서들 안에 갇혀 있게 만들고, 그에 따라 사람들의 자유를 축소시키고 그들의 시민의 자유와 인권을 위태롭게 함으로써, 어떤 소수자들 내부에서 자유주의적 가치의 확산을 방해하였는가?

다문화적 정책들이 서구에서 채택되었을 때마다, 우리는 그들이 자유와 평등에 미칠법한 결과들에 대한 이러한 대결적인 예언들을 보아왔다. 실지로 이러한 서로 다른 가정이 다문화주의를 둘러싼 일상적인 논쟁의 대부분의 토대를 형성한다. 40여 년간의 경험을 통해, 우리는 이제 이러한 희망과 두려움 중에 어떤 것이 적중되었는지에 관한 얼마간의 결론을 내릴 수 있어야만 한다.

불행히도 아무나 예상할 수 있는 이용할 수 있는 증거가 별로 없다. 다문화주의를 향한 전환의 특징으로 내가 앞서서 목록을 만든 23개의 정책들 중에 아주 적은 수많이 체계적으로 연구되어왔으며, 이는 종종 애석하게 여겨지는 결점이다. 세계은행을 위한 최근의 한 연구는 공적 서비스, 특히 건강관리, 교육, 법에 대한 접근의 영역에서 다문화적 개혁의 영향력에 대한 이용 가능한 증거의 수집을 시도하였고, 그 결론은 그 증거가 어떤 확고한 결론들을 이끌어 내기에는 너무 파편적이고 일화적이라는 것이었다.(Marc, 2005) 유사하게, 『이코노미스트(*The Economist*)』는 차별철폐조처(affirmative action)의 영향력에 관해서 '놀라울 정도로 적게 알려져 있다'는 것을 주목하였다.(*The Economist*, 1995) 나의 목록에 있는 정책의 대부분에 대해서도 동일하게 언급될 수 있을 것이다.

이는 전문가들이 다문화주의를 옹호하거나 반대하는 이론뿐인 억측을 시작하거나 너무 이른 결론에 도달하도록 판을 깔아 주는 겪이다. 예를 들면, 어떤 논평자들은 인종적 편견이 다문화주의 정책이 실행되는 국가에서 줄어들었다는 것에 주목하고, 이에 근거하여 다문화주의가 집단들 간의 불평들을 줄이는 데 성공적이라는 결론에 이른다. 그러나 사실상 다문화주의 정책이 있건 없건 간에 인종적 편견은 1960년대 이후로 서구 민주주의 전역에서 줄어들고 있었으며, 게다가 어떤 이들은 다문화주의 정책이 집단의 경계와 원한을 인위적으로 강화함으로써 그러한 추세를 약화시키거나 지연시킬 수 있음을 우려한다.(Harles, 2004) 우리가 다문화주의 정책이 편견을 줄어들게 하는 그 추세에서 어떤 역할을 했는지에 관해서, 그리고 이러한 추세가 다른 형태들의 다문화주의 또는 다른 정도들의 다문화주의를 시행하는 나라들 사이에서 차이가 있는지 또는 어떻게 차이가 있는지에 대해서 더 잘 알 필요가 있다. 그러나 이 질문에 답하는 것은 다문화주의 정책들과 관련하여 수집되거나 분석되지 않은 대규모의 여러 국가에 걸친 주어진 기간을 초과하는 그런 자료를 필요로 한다.

역으로, 비판자들은 다문화주의 정책이 있는 국가에서 어떤 공격받기 쉬운 소수자 구성원들이 자기 가족이나 인종적 공동체의 영향 아래서 지속적으로 반자유주의적인 처분(예를 들면 강압적인 결혼들)의 희생자들이 되는 것에 주목을 하고, 이에 기초하여 다문화주의가 개인적인 자유를 향상시키는 데 있어서 실패한다고 결론짓는다.(Wikan, 2002) 자유주의적 기대에 근거한 다문화주의적 모험이 성공적이지 않았다 — 자유주의적 규범들이 어떤 소수자 집단들에게 내면화되지 않고 있으며, 자유주의적 국가들이 이러한 집단 중에 공격받기 쉬운 구성원들의 권리와 자유를 보호할 수도 없었으며 기꺼이 그렇게 하려고 하지도 않았다.

그러나 여기서 다시 한 번 확인하는 것은 다문화주의 정책이 있건 없건 간에 비자유주의적 실천이 모든 서구의 민주주의 내에 지속되고 있다는 것이며, 그래서 어떤 사람들은 그러한 다문화 정책이 소수자 공동체 내의 자유주의적 가치를 효과적으로 보호하기 위한 자유주의적 가치의 견인력과 국가 기관들의 능력을 향상시키기 위한 최상의 도구를 제공한다고 논한다. 이러한 가정을 시험하는 데는 일화를 넘어서 다른 맥락들에서 다문화주의 정책의 다른 형태들이 어떻게 소수자 집단들 내의 정치적 사회화의 과정을 형성하고 그들이 국가 기관들과 맺게 되는 관계를 형성하는가를 확인할 필요가 있다. 그런데 우리에게는 그런 식의 연구가 없다.[2]

사실상, 다문화주의 정책들을 다민족 사회들의 소수자들의 지위에 영향을 미치는 다른 무수한 요소들로부터 분리하는 것은 쉽지 않다. 만

2　다문화주의와 젠더평등을 향한 다른 정책적 접근들에 관한 이러한 비교적인 평가를 개발하기 위한 중요한 첫 번째 단계로서 앤 필립스(Ann Phillips)와 사위트리 사하르소(Sawitri Saharso)가 조정자 역할을 담당해서 수행된 '젠더평등, 문화적 다양성 — 유럽적 비교들'이 있다. 여덟 개의 국가들을 조사한 뒤 그들의 결론은 우리가 더 많은 연구를 할 필요가 있다는 것이다.

약 우리가 다문화주의 정책들에 대한 헌신에 있어서만 차이가 있는 두 개의 동일한 사회들을 찾을 수 있다면, 우리가 아마 확고한 결론을 내릴 수 있을지도 모른다. 그러나 그러한 '자연스러운 실험들'이 민족적 관계의 장에서는 존재하지 않고, 다문화주의 정책을 변수로서 포함하는 장기간에 걸친 국가 간의 데이터베이스를 구축하려는 노력은 여전히 초기 단계 수준이다.

그러므로 예측할 수 있는 미래를 위해 우리가 다문화주의 정책의 효과에 관한 확고한 증명이 부족하다는 것을 인정해야만 한다. 우리는 불확실 가운데서 정치적인 선택을 하고 있으며, 우리의 판단은 임시적이다.

그럼에도 불구하고, 고려할 만한 가치가 있는 어떤 파편적인 증거는 있다. 이 장의 나머지 부분에서 나는 국가 하위의 민족 집단들, 원주민들, 이민자들과 관련하여 자유주의적 다문화주의의 기본적인 형태를 검토할 것이다. 각각의 경우에 나는 자유주의적 다문화주의가 집단 내의 불평들과 개인적인 자유에 미치는 영향에 대한 증거를 확인할 것이다.

1. 국가 하위의 민족 집단들

3장에서 보았듯이 서구 민주주의 내에는 어떤 형태의 연방적 또는 유사 연방적인 권력의 이양을 통해 퀘벡 사람, 스코틀랜드 사람, 플랜더스의 사람, 카탈로니아 지방의 사람과 같은 국가 하위의 민족 집단을 수용하려는 경향이 증가하고 있다. 이러한 개혁은 전형적으로 영토적인 자치권과 자치 영토 내의 공식적인 언어로 소수자의 언어를 인정하는 두 가지 항목의 결합을 포함한다. 이에 대해서 '다민족적이고 다언어적인 연방주의'라는 제목 하에 내가 요약하였다.

이러한 개혁은 민주적인 국가의 기본적인 기능과 일치한다는 것은 입증되었지만 그것들이 집단 내의 불평들을 줄이고 개인적인 자유를 향상시키는지에 대한 질문이 제기된다. 그러면 집단 내의 평등이라는 주제로부터 시작하기로 하자. 다문화주의 비판자들은 다문화주의가 다른 집단들의 관계적인 권력과 위상에 있어서의 실질적인 변화 없이 인종문화적인 다양성의 상징적인 인정만을 포함할 뿐이라고 종종 주장한다. 내 생각으로는 이러한 비판이 다민족 연방주의의와 관련하여 목표물을 제대로 겨냥하고 있지 않은 것은 분명하다. 확실히 이러한 개혁들은 강한 상징적인 요소를 포함하고 있으며 공적인 장소와 공적인 기관에서 소수자의 언어와 문화가 초기에 배제된 것을 고치는 데에 관심을 많이 가진다. 실제로 다언어·다민족 연방주의는 최소한 지역적인 수준에서는 소수자 문화에 대한 아주 높은 수준의 공적인 인정을 하고 있다. 소수자의 언어가 공식적인 지위를 갖게 되어, 이와 관련한 역사와 문학이 학교들에게 교육되고, 관련 예술이 공적인 박물관에 전시되며, 관련된 법적인 전통이 유지되고, 관련된 영웅이 공적인 휴일과 공적인 동상을 통해 경축된다. 사실상, 이러한 모델은 소수민족에게 다수 집단이 중심적 국가를 통해 행사하는 것과 동일한 수준으로 자신의 언어와 문화를 국가 하위의 단위에서 표현하고 확산할 수 있는 권한을 부여한다. 이는 자신의 문화가 공적인 공간에서 확인될 수 있도록 하는 그 수용력이라는 측면에서 아마 다수와 소수자 집단들 사이에 동등한 수준에 근접할 수 있는 최대치라고 할 수 있다.

그러나 다민족 연방주의는 인정에 관한 것에만 머무르지 않는다. 이는 또한 정치적 권력의 실질적인 재분배를 포함하며 그에 따라 소수민족들의 효과적인 정치 참여를 위한 증가된 기회들(Newman, 1996)과 경제적 기회의 재분배를 또한 포함한다. 예를 들면 캐나다에서 프랑스계 캐나다인 소수자의 경우를 생각해보자. 1960년대 이전에 프랑스어 사용자들은 연방공무원에 많이 진출하지 못했고, 자기들의 지방에서 이등 시민에 불과했고, 경제적 지위의 낮은 단계로 분류되었고, 영국의 지배 아래서 특권적 지위를 누렸던 영국계 엘리트에 경제적으로 종속되었다. 1960년대 중반 이후 공식적인 이중 언어주의와 지방자치권의 강화와 함께 불어를 사용하는 퀘벡 사람들은 경제적 기회와 생활수준이라는 측면이든 혹은 효율적인 정치적 대표성과 목소리라는 측면이든 혹은 언어와 문화의 공적인 지위라는 측면이든지 간에 모든 차원에서 영국계 캐나다인들과 극적인 평등을 성취하였다. 경제적 불이익, 정치적 종속, 문화적인 주변화의 역사적 패턴이 본질적으로 사라졌다.[3]

어떤 비판자들은 다민족 연방주의가 역사적인 계급제도를 축소하는 데 도움을 주었다는 것을 인정하면서도 그 과정에서 새로운 계급제도를 만들어낸 것을 걱정한다. 퀘벡에서의 프랑스계에 대한 영국계의 역사적인 특권화가 역전되고 이로 인해 이제 프랑스계가 영국계나 다른 '내부적인 소수자들' 예를 들면 원주민이나 이민자보다 더 지배적인가?

---

[3] 실로, 우리는 심지어는 퀘벡 민족주의에 동정적인 어떤 논평자들이 우리가 특히 정치적 대표성과 관련하여 이러한 역사적 불평들에 대해 너무 지나치게 보상을 한 것이 아닌가라고 질문을 시작할 정도의 지점에까지 이르렀다. 예를 들면, 레즈닉(Resnick)이 1994년에 제기한 'West Lothian' 질문 ─ 만약 퀘벡이 비대칭적 지방 자치를 성취한다면, 그 대가로 연방수준에서의 자기의 목소리 중의 어떤 것을 포기해야 하는가? ─ 을 생각해 보라.

세계에는 이러한 역전에 관한 경우들이 분명히 존재한다. 코소보의 알바니아인이 자치권을 획득하였을 때 그들은 곧바로 전에 그들을 압제한 세르비아인을 향하였다. 비슷한 방식으로 라틴 아메리카의 논평자들은 원주민에게 권력을 주는 것이 원주민이 새로운 압제자들이 되면서 동시에 현재의 **크리올로** 엘리트를 종속적인 소수자로 만드는 '토르티야를 뒤집는' 것은 아닌지 추측한다.[4]

그러나 다민족 공화주의의 서구적인 경우에는 그러한 변천의 형태에 대한 증거가 별로 없다. 퀘벡에서 영국계 소수자는 캐나다의 대부분의 다른 지방에서 프랑스계 소수자가 가진 것 보다 더욱 강한 언어권을 가지고 있고, 경제적으로 번창하고 있다. 마찬가지로 원주민 땅의 소유권과 자치 정부에 대한 퀘벡의 정책은 캐나다의 대부분의 다른 지방들보다(또는 실제로 대부분의 다른 서구의 국가들보다) 더 급진적이다. 그런데 이민자에 대한 퀘벡의 지역적 '상호문화주의' 정책은 캐나다 연방 정부에 의해 채택된 매우 확고한 다문화주의 정책보다 훨씬 덜 관대할지는 모르지만 많은 다른 서구의 국가들에서 채택된 다문화주의 정책보다는 확실히 강력하다. 우리가 역사적으로 지배적인 영국계 공동체, 원주민 또는 이민자들의 공동체를 검토하든지 간에 이러한 퀘벡의 내부적인 소수자들에 대한 대우는 서구 민주주의의 최소한의 기준과 일반적인 실천을 충족시키거나 넘어선다.[5]

---

4 역주 : '크리올로 엘리트(criollo elite)'는 라틴 아메리카에서 태어난 스페인계 후손인 엘리트를 가리킨다. 토르티야는 밀가루나 옥수수가루로 만든 납작하고 둥근 빈대떡처럼 생긴 멕시코 식의 빵이다. '토르티야를 뒤집는(flipping the tortilla)'라는 표현은 종종 희생자에게 유리하게 상황을 반전시킨다는 의미이다.

5 퀘벡이 어떻게 이러한 기준들을 충족시키는지에 관한 자세한 평가를 위해서는 *Is Quebec Nationalism Just?*(Carens, 1995)를 보라.

동일한 이야기가 스코틀랜드와 웨일스의 영국인 또는 카탈로니아의 카스티야인 또는 남부 타이롤의 이태리인과 같은 다민족 공화주의의 다른 경우들의 내부적인 소수자들에 대해서 언급될 수 있다. 이들은 억압된 집단은 아니라고 할 수 있다. 이들은 더 이상 경제, 정치구조들, 또는 공적인 문화를 불균형적으로 지배하지 않지만, 경제적 혹은 정치적인 방식으로 이등시민의 지위로 떨어지지도 않았다. 이는 어느 정도는 그들이 자신들의 권리와 이익의 보호를 확증해주는 국가적인 단위에서 지배적인 집단의 상태를 유지하기 때문이다.[6]

다른 이들은 다민족 공화주의로의 전환이 국가 하위의 소수민족 그 자체 내의 자치 영토 안에 있는 자들과 밖에 있는 자들 사이에 새롭고 불공평한 계급제도를 만드는 것을 걱정한다. 내부적인 경계가 어떤 방식으로 만들어지든지 간에 자치 영토 밖에 사는 소수민족 구성원들이 있을 것이다. 그러므로 그들이 어디에 살든지 간에 그 구성원들에게 이득을 줄 수 있는 국가 하위의 소수민족들을 보호하기 위한 어떤 비영토적인 매커니즘을 찾는 것이 더 낫지 않을까? 이는 전 세계에 걸쳐 다민족 공화주의를 채택함에 있어서의 공통적인 난점이다. 그리고 실제로 자신의 자치 영토 밖에 살고 있는 소수자 구성원들이 종종 주변화 혹은 동화 사이에서의 분명한 선택에 지속적으로 직면하게 되는 것은 사실이다. 예를 들면, 퀘벡 밖에 거주하는 캐나다의 백만 명의 불어 사용자

---

[6] 압제의 부재가 이전에 압제받은 집단들이 다른 이들의 압제에 더욱 민감하다는 사실을 드러낸다고 내가 말할 수 있으면 좋을 텐데. 그러나 더욱 그럴듯한 설명은 영토적 자치권이 더욱 광범위한 국가 구조 내에서 작용하고 전체로서의 국가의 시민들과 정치 엘리트들의 지원을 유지할 필요성에 의해 제한을 받는다는 것이다. 새롭게 권력을 가지게 된 소수민족이 다른 이들을 압제하기 시작한다면 다민족 공화주의에 관한 그 국가 내에서의 합의의 존재가 사라지게 될 것이다.

들은 지속적으로 경제적인 불이익과 높은 정도의 언어적 동화를 경험한다.(Landry, 2005)

하지만 다민족 공화주의의 채택이 국가 전체에 걸쳐 적용되는 비영토적인 문화적·언어적 권리(예를 들면, 모국어 교육)의 인정과 잘 어울릴 수 있고 종종 그렇다. 그래서 이는 영토적 자치 혹은 비영토적 권리 사이의 이것 아니면 저것과 같은 선택이 아니다. 다양한 조합들이 가능하다. 더욱이 자치 영토 밖에 거주하는 소수자 구성원이 소수자의 언어와 문화를 교육하는 데 헌신하는 국가 하위의 정부를 가짐으로서 간접적으로 이득을 얻을 수 있다. 이는 아마 자치 영토 밖의 소수자 구성원들이 일반적으로 다민족 공화주의를 지지하는 하나의 이유일 것이다. 캐나다 서부에 살고 있는 대부분의 불어를 사용하는 이들은 퀘벡의 자치를 지지한다. 마드리드에 살고 있는 대부분의 카탈로니아 지방의 주민들은 카탈로니아의 자치를 지지한다. 뉴욕에 살고 있는 대부분의 푸에르토리코 사람들은 푸에르토리코의 자치를 지지한다. 영국에 살고 있는 대부분의 민족적 웨일스인들은 웨일스의 자치를 지지한다. 다민족 공화주의는 자치 영토의 밖에 살고 있는 소수자 구성원들을 위한 만병통치약은 아니지만 이는 불리한 것이거나 장애는 또한 아니다.

그래서 우리는 다민족 공화주의가 지배적인 다수 민족과 국가 하위의 민족적 소수자들 사이에 상속된 계급제도를 축소하기 위한 효율적인 도구가 될 수 있다는 낙관주의에 대한 몇 가지 근거를 가지고 있다. 그러나 두 번째의 성공의 척도, 즉 개인적인 자유는 어떠한가? 다민족 공화주의가 자유주의의 기대를 충족하였는가? 그것이 자유주의적-민주주의 가치와 인권이라는 구속의 범주 내에서 작용하고 이러한 가치에 근거하여 인종적·민족적 경계선을 가로지르는 합의를 심화시키는 데 도움을 주었는가? 혹은 그것이 자신의 전통과 실천의 자유주의화를 거부하고자 하는 전통주의자와 문화적 보수주의자의 영향력을 강화시켰는가?

대개 서구에서 다민족 공화주의는 자유주의적 기대를 충족시키는 것 같다. 먼저 이러한 국가 하위의 자치는 모두 개인의 권리를 확고히 지지하는 자유-민주적 입헌주의라는 구속 범주 내에서 작용한다. 이들은 중앙 정부처럼 헌법적인 제한에 종속되며, 그에 따라 문화적인 진정성 혹은 문화적 순수함을 유지한다는 이름하에 개인적인 자유를 제한할 수가 없다. 사실상 이러한 국가 하위의 자치 정부는 전형적으로 자신의 문화에 대한 그와 같은 보수적인 접근 방식을 채택하기를 원하지도 않는다. 그 구성원들이 다수 집단처럼 자유-민주적 가치에 헌신되어 있다. 실제로 그들은 중앙에서 채택되는 것보다 더욱 더 진보적인 정책들을 채택하면서 종종 사회적 실험의 온상이 된다. 예를 들면, 젠더평등 혹은 게이들의 권리에 관한 정책들은 대영제국의 다른 지역보다 스코틀랜드에서 더욱 더 진보적이며, 캐나다의 다른 지역보다 퀘벡에서 더욱 진보적이며, 스페인의 다른 지역보다 카탈로니아에서 더욱 더 진보적이다. 게다가 외국 원조에 대한 지지, 혹은 유럽인권재판소의 역할을 강화하는 것에 대한 지지, 혹은 다른 국제 인권 기구들에 대한 지지를 포함하여, 코스모폴리탄적인 가치들에 대한 지지는 그 국가의 다른 지역에서 보다 이러한 국가 하위의 지역에서 전형적으로 더욱 높다.[7]

---

7 이에 대한 몇 가지 증거를 위해서 Kymlicka, 2001의 10~15장; Grabb and Curtis, 2005; Breuning, 1999; Keating, 2001를 보라.

카탈로니아의 경우를 고려해보자. 1975년에 프랑코의 죽음 후에 스페인에서 민주주의로의 전환에 관한 모든 논평자들은 실질적으로 카탈로니아의 민족주의가 민주화의 과정을 지지하고 이끌어가는 데 있어서의 중요한 동력이었다는 것에 동의한다. 그리고 이들은 이것이 그 자체의 내부적인 정책을 통해서 뿐만 아니라 또한 중앙에서의 자유주의적이고 민주적인 세력에 대한 카탈로니아의 지지를 통해서 스페인 내의 자유주의화의 강력한 중심으로 여전히 남아 있음에 동의한다.[8] 파시스트 독재의 잿더미에서 스페인 내부에 민주적 다민족 공화체제를 건설하는 것은 확실히 20세기 후반부의 위대한 성공 이야기 중의 하나이며, 카탈로니아의 민족주의는 그러한 성공에 절대적으로 필요한 일부분이었다. 그러나 카탈로니아 민족주의자들의 수사는 종종 전통의 언어로 깊이 장식되어 있다. 실제로 지역적 자치를 위한 카탈로니아의 투쟁은 1716년에 중앙 집중적인 스페인 정부에 의해 억압되기 전에 카탈로니아에서 사용되었던 지방 관습법의 체계인 그들의 자치법(fueros)의 회복 또는 부흥에 대한 요구로서 종종 묘사되었다. 카탈로니아 민족주의자들이 자신들의 자치법이 그 당시의 다른 지역의 법적 시스템들보다 더 민주적이었다고 주장하기를 좋아하지만 동시에 현실은 어떤 현대적인 의미에서 그것들이 민주적이지도 않았고 자유주의적이지도 않았다는 것이다. 그리고 카탈로니아에서 자치의 동시대의 실천은 전혀 알아볼 수 없을 정도로 자치법을 변형시켰다. '전통'이라는 아이디어는 지역적 자치의 심오하게 현대화하는 프로젝트를 정당화하고 부추기기 위

---

8   도움이 되는 개략적 설명을 위해서 McRoberts, 2001; Requejo, 2005를 보라.

해서 지도자들에 의해 불러일으켜졌다.

이는 역설처럼 들릴 수도 있을 것이지만 사실 민족주의적 정치의 편재하는 특징이다. 민족주의에 관한 이론가들이 오랫동안 주목하였듯이, 민족주의는 '대칭적인 두 가지 특징을 가진' 현상이다. 그것은 사회의 현대화라는 프로젝트를 위해 사람들을 동원하기 위해 과거의 영광을 불러일으킨다. 왜 거룩한 전통과 영광스러운 역사에 대한 호소가 현대화하는 개혁을 위한 지지를 이끌어내기 위해서 종종 요구되는가는 이 책의 범위를 넘어서지만 흥미로운 질문이다. 그러나 국가들이 전형적으로 소수자들은 '뒤처져 있으며' 정부와 법에 관한 그들의 전통이 '미개하다'고 주장함으로써 소수자들에게서 그들의 전통적인 자치를 박탈하는 것을 정당화한다는 것을 기억하는 것은 중요하다. 그러므로 어떤 민족주의적인 운동의 첫 번째 과업은 이러한 스테레오타입들에 이의를 제기하고 자신들이 자치를 할 만한 자격이 있음을 다른 이들(과 자신들)에게 설득하는 것이었다. 민족주의 지도자들이 법과 정부에 관한 그들의 전통들이 존중되어야 한다고 말할 때 그들이 정말로 자신들의 민족이 법과 정부에 관한 문제들을 결정하기 위한 그 권리를 행사할 수 있다는 것을 말하고 있다. 그들이 '확실하게 전통적인' 방식으로 이러한 민족적 권리를 행사하기를 원한다는 것을 의미하는 것이 아니다.

현대화하는 민족주의적 엘리트들이 문화적 전통을 강조하는 관련된 이유가 있다. 종족민족주의적인(ethnonational) 집단들은 자신들의 문화적 차이들을 보호하기 위해 필요하다는 이유로 종종 자치를 요구한다. 그러나 인과관계는 다른 쪽으로 향할 수 있다. 레이너 보박(Rainer Baubock)이 말하듯이, "자치가 문화적 차이를 보존하기 위한 수단이 된 다기 보다는 이러한 차이가 자치에 대한 요구를 정당화하기 위한 수단으로 훨씬 자주 유지된다는 것이다".(Baubock, 2000, p.384, 2001, pp.332~335) 예를 들면, 종족민족주의적인 소수자들이 그들의 독특한 법적인 전통들을 유지하기 위해 자치가 필요하다고 주장할 수 있다. 실제로 독특한 법적 전통은 자치에 대한 요구를 정화하기 위해 종종 유지된다. 무엇보다 종족민족주의적인 소수자들이 왜 그들이 자치권을 받을 만한 가치가 있는지에 대한 이유를 설명하도록 계속해서 요구를 받고 독특한 법적 전통(또는 언어)를 가진다는 것이 하나의 가능한 답이 된다.[9] 이는 독특한 법적 전통의 유지가 실제로 일종의 '성스러운' 유산이 되는 것을 의미하나 이는 보수적인 의미에서 그런 것은 아니다. 그래서 이러한 지역적 자치들에서 실제로 발생하는 것처럼 국제적인 인권 기준들에 부합하기 위해서 또는 젠더평등을 증진하기 위해서 그러한 법적 전통을 극적으로 개혁하는 것을 배제하지는 않는다.

그래서 나는 서구에서 일어나고 있는 다언어적, 다민족적 연방주의의 모델이 자유주의적-민주적인 시민권의 관계를 심화시키고 자유를 보호하면서 내부 집단의 계급제도를 축소하는 방식으로 민족문화적인 다양성을 수용하는 하나의 새로운 접근의 유망한 좋은 예이라고 논하고 싶다.[10] 이러한 관점에서 이는 실제로 성공의 가장 분명한 예이다.

---

9 예를 들면, 캐나다의 경우에 퀘벡에서의 민사법 전통의 존재가 퀘벡의 자치를 위한 논거를 제공할 뿐만 아니라 또한 퀘벡이 (때때로 민사법의 논쟁점들에 대해 판결해야만 하는) 대법원에서 아홉 개의 자리 중에 세 개를 가질 필요가 있는 근거를 제공하기도 한다. 만약 퀘벡 사람들이 민사법의 전통을 포기한다면 그들이 자치와 사법적 대표권에 대한 중심적 논거를 상실할 것이다. 이런 방식으로 민사법 전통은 '성스러운 것'이 된다. 그러나 이는 전통적인 가치들 혹은 생활 스타일들에 대한 어떤 보수적인 헌신으로 인해서는 아니며, 그런 까닭에 민사법 전통을 현대화하는 개혁을 배제하는 어떤 방식을 통해서도 아니다.
10 다민족 국가들의 이러한 새로운 모델들과 그들이 지지하는 그런 종류의 민주적 시민권에

이러한 성공을 측정하는 하나의 방법은 아래에서 논의되는 자유주의적 다문화주의의 다른 두 가지 형태들과는 달리 국가 하위의 소수민족들에게 주어진 영토적인 자치나 공식적인 언어권을 회수하기 위한 어떤 의미 있는 움직임이 서구 민주주의의 어느 곳에도 없다는 것이다.

그러면 이런 맥락에서 국가 간 국제기구들이 자유주의적 다문화주의를 위한 지지에 헌신하는 것은 보장된 듯이 보인다. 그러므로 이것이 국가 간 국제기구들이 가장 양가적인 태도를 취하고, 제3부 2장과 제3부 3장에서 논의되고 있는 이유들로 인해 실제로 최근에 국제적으로 확산시키기를 철회한 자유주의적인 다문화주의의 한 가지 모델이라는 것은 역설적이다.

2. 원주민들

이제 서구에서 자유주의적 다문화주의의 두 번째의 중요한 형태를 논하기 위해 원주민들에게 초점을 맞추어 보자. 제2부 2장에서 보았던 것처럼 동화주의 정책들을 멀리하고 땅의 소유, 자치권, 원주민 법의 인정의 조합에 근거한 내부적 탈식민화의 모델로 나아가는 전환이 있었다.

이러한 전환이 평등과 자유에 어떤 영향을 미쳤는가? 내부 집단의

대한 더 자세한 평가들에 대해서는 Harty and Murphy, 2005; Gagnon and Tully, 2001; Norman, 2006; Requeji, 2005; Tierney, 2004; Baubock, 2006; Guibernau, 1999를 보라.

평등에 관한 논쟁점에서 시작하고자 한다. 이러한 개혁들이 원주민의 차이에 대한 상징적인 인정만을 했을 뿐인가 혹은 기저에 놓인 계급제도를 효과적으로 다루었는가? 국가 하위의 민족적 집단의 경우에서처럼 원주민 정책에 상징적인 측면들이 많다. 예를 들면, 원주민 문화의 공적인 가시성은 광범위한 사회 내에서 극적으로 향상되었다. 원주민 예술이 이제 박물관과 국가 기관에 눈에 띄게 전시되어 있다. 원주민 지도자들은 국가의 상징(예를 들면, 우표들)에서 인정된다. 원주민 의식이 국가의 의식(예를 들면, 원로들의 참석, 원주민 기도들과 표현들)에 포함된다. 원주민 역사가 학교의 교과과정에 포함된다. 그리고 역사적 과오에 대해 다양한 형태의 사과가 이루어졌다. 원주민 언어와 문화가 또한 원주민 자신들의 자치 공간과 기관 내에서 자연스럽게 상징적인 인정을 받게 되었다. 원주민 공동체와 더 광범위한 사회 내에서 원주민 문화에 대한 더욱 중요한 인정과 수용이 이루어진다.

그러나 이러한 전환이 원주민들과 그들을 역사적으로 지배했던 정착민 사회(settler societies) 사이의 기저에 놓인 정치적, 경제적 불평등을 다루는 데 어떤 기여를 하였는가? 국가 하위의 민족적 집단들에서처럼 증가된 자치를 통해서 뿐만 아니라 또한 더 광범위한 사회의 의사결정 과정 내에서 대표성의 확장을 통해서 원주민 공동체의 정치적 목소리의 분명한 향상이 있었다. 다양한 땅의 소유권 주장, 법정 사례들, 조약 협정의 결과로서 원주민들은 자신들의 공동체에 영향을 미치는 논쟁점에 관한 '협상 테이블에 한 자리'를 보장받으며, 협의의 아주 확고한 의무가 대부분의 서구 민주주의들에서 이제 인정된다.[11] 그래서 원주민들에 의한 효과적인 정치적 참여를 위한 기회가 증가하였다.

향상된 문화적 인정과 정치적 목소리가 기저에 놓인 경제적 불평등에 미치는 영향력은 그렇게 명확하지 않다. 서구에서 대부분의 국가 하위의 민족적 소수자들이 현재 지배적인 민족 집단에 필적하는 생활수준을 공유하고 있지만 반면에 원주민은 실질적으로 모든 지표(건강, 교육, 수입, 고용, 자살률, 감금률, 등등)에서 체계적으로 불리한 처지에 놓여 있다. 그리고 최근의 개혁이 이러한 사회적, 경제적인 불리한 여건의 형태를 다루고자 하는 노력에 도움을 주는지 혹은 해를 끼치는 지에 관한 논쟁, 이로 인해 평등을 성취하는 데 있어서의 진보를 이루는 것이 원주민 통치의 새로운 모델을 확장해야 하는지 혹은 제거해야 하는지에 달려 있는지에 관한 논쟁이 지속되고 있다.[12] 이러한 의견의 불일치는 이런 저런 식으로라도 우리가 믿을만한 증거가 별로 없다는 사실로 인해 악화된다.

하지만 어떤 증거가 가능하다는 것은 이러한 탈식민화하는 개혁이 실제로 바른 방향으로 나아가는 첫걸음이라는 것을 암시하며, 그 이상의 진보는 목표로 정해진 집단에 따라 차별적인 원주민 권리라는 새롭게 만들어진 원칙에 근거하여 구축되느냐에 달려 있다. 신세계(New World)의 정착민 국가(settler states)에서 원주민들의 비교적인 지위에 관한 다국가에 걸친 연구는 더욱 확고한 원주민 권리를 가지고 있는 국가들에서

---

11 이러한 협의의 의무들이 어떻게 해석되는지에 대한 좋은 예들을 위해서는 캐나다에서 최근의 *Haida Nation*과 *Taku River* 사례들(*Haida Nationa v British Columbia (Minister of Forests)*, 2004 SCC 73; *Taku River Tlinger First Nation v British Columbia (Project Assessment Director)*, 2004 SCC 74)를 보라. 협의의 이러한 의무는 제3부 3장에서 우리가 볼 수 있듯이 세계은행의 원주민 권리 정책의 일부이다.
12 내부적 탈식민화와 원주민 자치의 모델들을 향한 추세에 관한 회의론의 최근의 한 예에 대해서는 Richards, 2006을 보라.

불평등이 훨씬 낮으며(Kauffman, 2004), 이러한 결과는 미국(Cornell and Kalt, 1995, 1998, 2000), 캐나다(Chandler and Lalonde, 1998), 그리고 뉴질랜드(Ringold, 2005; May, 1999)를 포함하는 개별 국가들 내부의 사례 연구에 의해 확증된다. 국제노동기구가 행한 최근의 국제적인 연구는 빈곤 축소 전략이 원주민의 땅의 권리 요구와 자치권에 대한 존중과 연결되었을 때 가장 효과적이라는 유사한 결론을 내리고 있다.(Tomei, 2005)

여기서 이러한 진보를 과장하지 않는 것이 중요하다. 땅의 권리와 자치 협약에 관한 협상이 아주 느리게 진행되며 순탄하지 않다. 그리고 현재 만들어지고 있는 자치적 단위가 효과적인 통치와 경제적인 기회를 제공할 수 있을지에 대한 의심이 있다. 그들 중에 많은 것들은 너무 작거나 너무 멀리 떨어져 있어서 요구되는 수준의 서비스와 기회를 제공할 수가 없다. 정착민 국가들은 역사적으로 더욱 큰 원주민의 집단 또는 연합체들을 종종 개별적인 마을이나 공동체보다 크지 않은 작은 집단들로 쪼개기를 시도하였다. 그러한 마을 수준의 단위들이 효율적으로 수행할 수 있는 자치의 종류에는 한계들이 있다.(Cairns, 2000, 2005)

게다가 국가 하위의 민족 집단들에서처럼 이러한 자치 영토 밖에 거주하는 원주민들의 지위에 관한 질문들이 있다. 많은 나라에서 원주민 인구의 절반 이상이 그들의 전통적인 영토들에서 도시 지역들로 이동하였다. 이러한 집단들은 식민주의의 상처와 비슷한 정도의 고생을 경험하였지만 여러 가지 측면에서 내부적 탈식민화 모델의 균열 사이로 떨어진다.

이러한 문제에 대한 한 가지 가능한 응답은 어떤 원주민 자치 권력이 마을이나 공동체의 수준에서라기보다는 지역적인 수준에서 행사될 수 있는 '집합체'의 아이디어이다.(IOG, 2000) 이는 더 크고 더 실행가능한 자치정부의 단위를 만들어 낼 수 있을 뿐만 아니라 도시의 원주민 인구를 편입하기도 훨씬 쉬워질 수 있다는 것이다. 이는 유망한 아이디어지만 현재로는 광범위하게 시험되지 않는다.[13]

간단히 말해서, 집단 간의 계급제도의 축소와 관련하여 우리는 뒤섞인 결과를 가지고 있다. 원주민들의 언어와 문화가 삼십 혹은 사십년 전보다 훨씬 높은 수준의 공적인 가시성과 존중을 받고 있으며, 원주민들이 자치와 공유된 정부의 영역들에서의 증가된 협의를 통해 효율적인 정치적 참여를 위한 기회를 늘려갔다. 그러나 이러한 변화들이 원주민들이 직면하고 있는 사회적·경제적으로 대단히 불리한 여건을 실질적으로 축소하지는 못하였다.

성공의 두 번째 기준은 어떠한가? 이러한 개혁들이 인권을 보호하고 자유 가치를 확산하면서 동시에 다양성을 포용하는 자유주의적 기대를 충족시키고 있는가? 이는 또한 상당한 논쟁거리이다. 어떤 논평자들은 원주민의 권리들이 문화적 보수주의 사상들과 얽혀 있다고 주장한다. 실제로 원주민들의 요구들은 전통과 문화적 진정성의 사상들에 뿌리를 내리고 있는 요구들의 모범적인 예로서 종종 인용된다. 서구에서 국가 하위의 민족적 집단이 개인의 자유와 인권의 자유주의적인 가치를 공유하는 것으로 보이지만 반면에 원주민들은 종종 이러한 가치를 거부하고 공동체주의와 전통주의를 선호하는 것으로 여겨진다. 비판자들은 이런 맥락에서 다문화적 권리를 부여하는 것이 집단 내부에서 개인적

---

[13] 그러한 모델의 한 가지에 대한 논의를 위해서 Green and Peach, 2007을 보라.

인 자유의 제한으로 이어질 것이라고 우려한다.

　이러한 우려에는 몇 가지 근거가 있다. (여성 혹은 종교적인 소수자들에 대하여) 차별의 다양한 형태들, 또는 정해진 과정의 부인들(예를 들면, 공정한 재판 없이 추정된 악행자를 벌하는 것), 또는 잔혹하고 이상한 형벌들의 사용(예를 들면, 창으로 찌르기, 추방들)과 같이 많은 사람들이 인권을 침해하는 것으로 간주하는 행위에 가담하고자 하는 원주민 집단의 예들이 있다.[14] 이러한 실천들은 모두 어떤 원주민 지도자(또는 그들의 비원주민 지지자들)에 의해서 '전통적인 것'으로 변호되고, 그런 까닭에 다문화주의의 보수적인 개념에 의거하여 보호할 만한 가치가 있는 것이 된다.

　현재 그러한 실천들은 광범위한 국가의 헌법적 조항들에 의거하여 전형적으로 금지된다. 하지만 어떤 원주민 지도자에 의해 이러한 헌법적인 요구사항들로부터 면제를 받고자 하는(대개는 성공적이지 않은) 시도가 있었고, 다양한 비판자들은 이것이 자유주의적인 기대가 실패하고 있다는 증거라며 걱정한다.[15] 이러한 근심들은 라틴 아메리카의 원주민 관습법의 경험에 의해서 강화되고 있다. 라틴 아메리카의 여러 나라들은 원주민의 관습에 법적인 지위를 부여하였다. 그 결과 원주민 공동체들 내에서 논쟁과 범죄가 '전통적인' 엘리트에 의해 운영되는 분쟁의 해결과 형벌의 '전통적인' 방식들로 추정되는 것을 통해 종종 다루어진

14　예를 위해서 Robinson, 2003; Deveaux, 2000; Speed and Collier, 2000; Cowan, 2007에서의 논의를 보라.

15　내가 2부 3장의 각주 4번에서 지적했듯이 부분적인 예외는 미국의 국민권리장전의 몇 가지 조항들로부터 지속적인 면제를 받는 미국의 인디언 부족들과 관련된다. 하지만 이러한 면제가 전후 자유주의적 다문화주의의 발생보다 앞서며 자유주의 민권운동 시대에 축소되었다는 것은 주목할 만한 가치가 있다. 이러한 면제를 확장하려는 시도들 혹은 다른 서구 민주주의에 있는 그것의 변형들을 소개하려는 시도들은 실패하였다.

다. 이것들은 옹호하는 사람들에 의해 그 집단의 역사에 깊이 뿌리를 내리고 있는 '진정한' 실천으로 종종 묘사되고, 그런 까닭에 그 집단의 정체성에 본질적인 것이다. 하지만 과테말라에서 관습법에 관한 자세한 연구는 이러한 주장이 논쟁의 여지가 있다는 것을 보여주었다. 사실상, 문화적 보수주의에 관한 제2부 3장에서 언급된 세 가지 문제점은 모두 원주민 관습법의 시행에 관한 연구에서 발견되었다. 첫째, 영원하고 진정하다고 하는 법적인 실천들이 사실은 종종 아주 최근의 것이며 (스페인의 카톨릭주의와 더욱 최근의 복음주의적인 프로테스탄티즘을 포함하여), 문화적인 영향의 혼합에 기초한다. 문화적 진정성 혹은 순수함에 대한 주장들은 문화적 혼종의 실상을 숨기며, 원주민 문화와 유럽의 문화 사이에 '이어질 수 없는 간격'에 관해 잘못된 관점을 만들어 낸다. 둘째, 이러한 실천이 진짜이며 그 집단의 정체성에 본질적인 것이라는 주장은 그 집단 내에서 종종 이의가 제기된다. 지방 엘리트는 이러한 실천에 도전하기를 원하는 그와 같은 집단의 구성원들을 침묵하게 하거나 그들의 지위를 비합법화하기 위해서 이러한 의문시되는 실천을 '성스러운 의무들'로서 재정의 하려고 시도한다. 셋째, 그러한 진정한 전통들을 유지하기 위한 권리가 있다는 생각은 여성들 혹은 난민들에 대한 차별과 다른 인권 침해를 정당화하기 위해 불러일으켜 진다.[16]

이러한 연구는 견고한 서구의 민주주의가 아니라 라틴아메리카를 검토하고 있다. 이를 명심하는 것은 중요하다. 만약 자유주의적 기대가 과테말라에서 잘 되어가지 않는다면, 다시 말해 만약 자유-민주적인

---

[16] 과테말라에 마야의 관습법의 경우에 있어서 이러한 문제들에 대한 목록을 만드는 것에 대해서는 Rachel Sieder의 연구를 보라.(1997, 1999, 2001)

구조가 민족적·인종적 경계선을 가로질러 예상되는 영향력을 발휘하지 않는다면 그것은 우선 첫째로 과테말라에 자유민주주의가 거의 혹은 전혀 없다는 사실에 최소한 부분적으로 기인한다는 것은 확실하다. 더 광범위한 사회의 정치적 구조가 만연한 인권침해, 법의 통치의 결여, 굳어져 버린 차별의 형태로 잘 알려져 있다. 이런 맥락에서 만약 원주민의 법적 실천에 자유민주주의의 원래의 정신이 어떤 식으로든지 주입된다면 그것은 작은 기적이 될 것이다.

우리의 목적을 위해 더욱 적합한 질문은 자유주의적 기대가 서구 민주주의 그 자체 내에 유지될 수 있는가 하는 것이다. 그리고 여기서 우리는 하나의 복잡한 그림을 보게 된다. 한편으로 내가 앞에서 말했듯이 어떤 원주민 지도자들은 그들의 전통적인 법적 체계를 보존하려는 명목으로 그들의 자치적 결정이 더 광범위한 사회의 헌법적 조항에 종속되지 않아야 한다고 주장한다. 다른 한편으로 자신들의 전통적인 실천의 어떤 측면들과 충돌이 있을 가능성이 있음에도 불구하고 실질적으로 모든 원주민 지도자들은 원주민 법이 국제 인권규범과 일치해야 한다는 원칙을 받아들인다.

이는 원주민 지도자들이 더 광범위한 사회의 헌법에 종속되는 것을 부인할 때 복잡한 법적, 정치적 전략이 작용하고 있음을 암시한다. 사실상 우리는 원주민들이 국내의 헌법적 규범에 따라야 한다는 것을 들을 때 이는 실제로 분리될 필요가 있는 두 개의 독특한 요구를 포함하고 있음을 인정할 필요가 있다. 한편으로 이는 원주민이 서구 민주주의에 꽤 일반적이고 이제는 국제법에 명문화된 자유-민주적인 규범 혹은 원칙을 지지해야 함을 요구한다. 그러나 다른 차원에서 이는 또한 원주민들이 구체적인 정치적 단위와 법적 체계의 권위—다시 말해, 많은 식민주의 정착민에 의해 세워진 더 광범위한 국가의 권위—를 받아들기를 요구한다. 이와 같은 두 번째 요구는 많은 원주민들에게 상당히 모욕적인 것이다. 무엇보다 대부분의 경우에 원주민들은 이러한 광범위한 국가에 의해 통치되는 것에 동의하지 않았고 그러한 국가의 헌법을 제정하는 데 참여하지도 않았고 이러한 헌법을 해석하는 대법원에 자신들의 대표자가 전혀 없다. 더욱이 식민국가에 의해 제정된 법적 체계는 종종 명백히 인종차별주의적인 논거에 기초하여 원주민들의 정복과 약탈을 역사적으로 정당화하였다. 그런 까닭에 많은 원주민들은 정착민 국가에 의해 제정된 법적 체계를 신뢰하지 않으며 그것이 자신들을 통치할 합법적인 권리를 획득했다는 것을 믿지 않는다. 원주민들이 정착민 국가의 헌법과 법정의 권위를 비판 없이 받아들이라고 요구하는 것은 사실상 그들로 하여금 그들의 식민화와 정복의 합법성을 받아들이라고 요구하는 것이다.

이런 상황에서 정착민 국가의 자국의 헌법에 종속되기 보다는 그들 자신의 '관습적인' 법적 체계에 따라 이루어지는 통치에 대한 원주민들의 요구는 비자유주의적인 전통주 혹은 보수주의, 혹은 자유주의적인 기대의 패배를 나타낸다고 기계적으로 가정해서는 안된다. 그들의 역사적인 자치법의 회복에 대한 카탈로니아 사람들의 요구처럼 '관습적인' 법의 인정에 대한 원주민들의 요구는 전통주의자들의 수사에 의해 가려진 현대화의 기획일 수도 있다. 실제로 자유주의적인 기대가 내가 앞에서 언급했던 두 가지 요구들을 분리함으로써—다시 말해, 정착민 국가 헌법의 권위에 독점적으로 혹은 지나치게 의존하지 않는 자유-민주적인 규범들을 분명하게 만들거나 강화하는 방법을 찾음으로써 — 가장 잘 만족될 수도 있다. 아마 자유-민주적인 가치에 대한 합의를 진척시키고 개인의 권리를 안전하게 보호하기 위한 최선의 길은 원주민들이 국제 인권규범들과 혹은 원주민, 국내의 법관, 국제 감시 장치가 모두 참여하는 새로운 권리 보호 매커니즘에 종속되는 자신들만의 민주적인 헌법과 법정을 세우도록 하는 것이다. 이는 정확히 어떤 원주민 지도자들이 정착민 국가의 법정에 독점적으로 의존하는 것보다 훨씬 더 인권보호를 보증하는 효과적인 방법이다.[17] 그 결과 생겨난 법적 체계는 '전통적인' 혹은 '관습적인' 것으로 묘사될 수 있을 것이지만 사실상 '전통'을 보존하는 것과는 별 상관이 없을 것이다. 그리고 공동체의 구성원들이 그것이 시민권과 정치적인 권리를 존중하고 민주적인 책임의 기준을 충족하기를 충분히 기대할 수 있을 것이다. 실제로 이는 다양한 서구 국가에서 일어나고 있음을 우리가 목격한다. 원주민 법적 체계들이 새로운 환경과 국제 규범들에 적합하게 되었고 자기들의 구성원에게 책임을 다한다. 그리고 이러한 구성원들이 사실상 자유-민주적인 가치들을 지지하고 그들의 지도자들이 법률을 제정하는 권력을 수행하면서 그러한 가치들을 유지하기를 기대한다고 하는 증거가 늘어나고 있다.[18]

---

17 캐나다의 어떤 원주민 지도자들은 자신들의 동의 없이 원주민 정부에 관한 헌장을 강요하는 것은 자신들의 자결에 대한 내재적인 권리와 일치하지 않는다고 주장한다. 이런 입장에 대한 강력한 법적인 주장들이 있으며 이러한 법률학적인 주장들은 정치적 가치들에 관한 깊은 불화를 반드시 반영하지는 않는다.(Schouls, 2003; Kymlicka, 2001, 6장; Carens, 2000, 8장)

18 원주민 공동체들 내에서 자유주의적인 권리 의식의 깊이, 자신들의 지도자들이 그 헌장(the Charter) 혹은 어떤 기능적으로 동등한 권리를 보호하는 매커니즘을 통해서 집행되는 자유주의적인 권리의 가치들을 존중해야한다고 원주민 구성원들 사이에서 증가하는 기대감에

간단히 말해서 국가 하위의 민족적 소수자들처럼, 독특한 법적 전통에 대한 존중을 요구하는 전략적인 이유가 있다. 그것이 문화적인 차이의 표지, 가치 있는 과거의 증거, 독특한 법적·정치적 지위를 위한 정당화의 역할을 한다. 특히 라틴 아메리카에서 많은 원주민들이 직면하고 있는 문제는 서구의 국가 하위의 민족적 소수자들과는 달리 그들은 자신들의 관습법을 수정할 수 있는 자치 권력이 없다는 것이다. 그들은 원주민 법을 따를 권리가 있지만 원주민 법을 만들 수 있는 권리는 없다. 그들은 자신들의 법에 따라 살 권리가 있지만 스스로에게 법을 부여할 수 있는 권리가 없다. 원주민 법은 인정되지만 원주민 입법자는 인정되지 않는다.(Levy, 2000a)

법적 복수주의의 이같이 성장이 방해된 태아의 필연적인 결과는 원주민들을 전통주의적 구조라는 덫에 갇히게 한다는 것이다. 그들이 자신들의 관습법을 민주적으로 수정할 수 있는 권력이 없기 때문에 그들은 이러한 법을 '진정한' 것으로 제시해야만 한다. 이는 해결책은 법적 복수주의를 폐지하는 것이 아니라 원주민들에게 원주민 법을 만들 수 있는 권한을 줌으로써 그것을 오히려 강화하는 데 있으며, 또한 그 법을 따르고 이러한 원주민 법을 만드는 과정이 공적으로 논의되고 스스로 '전통'의 수호자라고 하는 사람들뿐만 아니라 공동체의 모든 구성원들의 견해를 반영하는 것이 보증될 수 있도록 하는 데 있다. 이것이 미국, 캐나다, 뉴질랜드에서 우리가 점점 목격하게 되는 것이다.

많은 국가들이 원주민들에게 법을 제정하는 권위를 부여하는 것을 거

대한 자세한 설명을 위해서 Tim Schouls를 보라.(Schouls, 2003, p.93, pp.100~105, pp.167~171)

부한다. 법제정의 권위는 국민국가의 독점적인 사법권으로 빈틈없이 보존되어 있다. 원주민들이 관습법을 따르도록 허용하는 것은 원주민들에게 법을 만들 수 있는 것을 허용하는 것만큼 국가에게 위협적이지 않다. 그러나 스피드와 콜리어가 주목하듯이 그들의 관습법이 인권의 현대적 규범들과 일치하지 않을 수도 있다는 사실로 인해 국가들이 입장을 바꾸어 원주민들을 비난하는 것은 오히려 위선적이다.(Speed and Collier, 2000)

다른 식으로 말하자면 그것이 진정한 전통을 유지하기 때문이 아니라 그것이 원주민들의 법제정 능력을 인정하는 것을 암시하고 그러한 능력을 다시 발휘하고자 하는 그들의 요구를 정당화하기 때문에 관습법의 인정은 중요하다. 레이첼 시더가 말하듯이, 관습법은 문화적인 원시주의의 기획으로서가 아니라 중앙적 국가로부터 권력을 손에 넣기 위한 시도를 하는 대립적인 기획으로 이해되어야 한다.(Sieder, 2001)

나는 조약의 권리의 역할에 대해서도 유사한 이야기가 언급될 수 있다고 생각한다. 많은 원주민 집단들은 수세기나 된 조약의 조항이 법적으로 유지되어야 한다고 요구한다. 어떤 논평자들은 이러한 요구를 접촉의 시기로부터 시작하는 진정한 실천을 보전하기 위한 보수적인 헌신의 증거로 본다. 하지만 나는 조약이 종종 원주민 공동체에서 존중받는 위치에 있음을 주장하고 싶다. 그 이유는 그들이 접촉의 시기의 원주민들이 국가와 국가에 기초하여 국제적인 조약의 관계에 들어갈 수 있는 정치적으로 조직화된 사회로서 간주되었다는 명백한 증거가 있기 때문이다. 조약들은 원주민들이 자신들의 운명에 대한 통제를 회복하고 새로운 도전들에 적응할 수 있기 위해서 그들에게 역사적으로 중요한 정치적 능력의 표지이고 그러한 자격을 다시 주장하기 위한 정당성이 된다. 관습법과 조약권의 존중받는 지위는 문화적인 보수주의가 아니라 원주민 자치의 기획 — (모든 민족주의처럼) 내재적으로 문화를 변혁시키는 기획 — 을 위해 사람들을 동원하기 위한 필요성의 증거이다. 그리고 서구 민주주의 내에서 이러한 기획은 자유주의적 기대가 예상을 하는 것처럼 대개 자유-민주적인 헌법적 가치들의 구조 내에서 수행된다.

원주민의 권리가 개인적인 자유에 미치는 영향에 대한 이러한 논의로부터 발생하는 그림은 복잡한 것이다. 이는 결코 수사를 현실과 분리하는 것이 어렵기 때문이 아니다. 한편으로 우리는 문화적 보수주의에 대한 깊은 헌신을 감추기 위한 수사적인 도구에 불과할 수도 있지만 인권의 가치들을 강하게 지지하는 많은 원주민 지도자들이 있다. 다른 한편으로 우리는 또한 현대적인 자치의 기획들을 정당화하기 위한 수사적인 도구일 수도 있음에도 불구하고 전통주의의 강력한 수사를 불러일으키는 많은 원주민 지도자들이 있다. 우리는 이러한 수사를 넘어 원주민들이 그들의 권리와 권력을 행사하는 방식에 있어서 그리고 이러한 공동체 내에서 정치적인 가치가 어떻게 구체화되는 방식에 있어서 현장에서 실제로 무슨 일이 일어나고 있는지를 볼 필요가 있다. 그리고 여기에는 바로 인권에 기반을 둔 원주민 통치의 모델이 원주민 공동체 내에서 그리고 그 사회 전체에서 서서히 뿌리를 내리고 있다는 낙관주의에 대해 신중해야 할 근거가 있다.[19] 우리가 제3부 3장에서 볼 것이지만 국제 공동체에 의해서 확산되고 있는 것이 바로 그러한 모델이다.

---

[19] 국가와 원주민의 관계의 이러한 새로운 모델들과 이들이 지지하는 원주민 시민권에 대한 더 자세한 평가들에 대해서는 Havemann, 1999; Ivision et. al, 2000; Borrows, 2000을 보라.

3. 이민자들

이제 이민을 통해 형성되는 '새로운' 소수자들과 관련하여 채택되는 자유주의적 다문화주의의 아마 가장 논쟁적인 형태라고 할 수 있는 것을 보기로 하자. 우리가 2부 2장에서 보았듯이 전통적인 이민국가들 내에서 배제와 동화라는 옛날의 모델들로부터 인종중립적인 입국허가와 다문화적인 통합의 더 새로운 모델들로의 전환이 발생하였다. 이것이 내부 집단의 평등과 개인적인 자유에 어떤 영향을 미쳤는가?

국가 하위의 민족 집단과 원주민에게처럼 대부분의 직접적이고 분명한 변화는 정체성 인정의 논쟁점과 관련된다. 과거에 이민자들이 자신들의 민족적 정체성을 눈에 띄게 혹은 자신감 있게 표현하는 하는 것이 '비애국적(혹은 '비미국적')'이라고 종종 간주되었다. 대조적으로 오늘날 이민자들과 그들의 후손들이 민족적 정체성을 가지고 그것을 소중히 여기고 공적인 공간에서 표현하고 공적 기관에서 반영되고 수용되도록 하는 것이(최소한 전통적인 이민 국가들에서) 정상적이고 자연스러운 것으로 간주된다. 이민자의 민족성은 '정상화'되었다. 좋은 미국인(또는 캐나다인, 호주인 등)이 되는 완벽하게 합법적인 많은 방식 중의 하나는 좋은 그리스계 미국인 혹은 베트남계 미국인이 되는 것이라는 것이 이제 인정된다. 대부분의 이민자 집단에게 민족적 정체성은 더 이상 치욕 혹은 두려움의 근거가 되지 않는다. 그리고 이는 이민자 집단이 자신들의 프로그램 편성에서 두드러지는 것을 보장하기 위해 학교나 미디어와 같은 공적인 기관에 의무를 부과하는, 전통적인 스테레오타입화가 피해지도록 하는, 그리고 국가의 역사 혹은 세계 문화에 대한 이민자들의 기여가 인정되도록 하는 다문화주의 정책에 반영되어 강화된다.

물론 이러한 과정은 균일하지 않다. 9 · 11이후로 아랍이나 무슬림 국가에서 온 이민자들은 자신들의 민족적 · 종교적 정체성을 숨기도록 하는 압력을 받고 있다. 미국에서 오늘날 스스로를 무슬림으로 너무 눈에 띄게 혹은 공적으로 드러내는 사람들은 어떤 이들에 의해 '비미국적'이라고 의심을 받는다. 제2부 3장에서 자유주의적 다문화주의의 기둥들 중에 두 개—자유주의적 기대와 민족적 관계의 탈안보화—가 무슬림 이민자들의 경우에 의문시된다. 그러나 나는 이것이 공적 장소에서 이민자의 민족적 정체성의 존재를 정상화하려는 강력한 경향에 대해 예외(그리고 바라건대 일시적인 것)라고 믿는다.

어떤 비판자에게 이민자 다문화주의는 이러한 형태의 상징적인 인정을 넘어 정치적 권력 혹은 경제적인 기회들에 대한 접근에서 기저에 놓인 불평등을 다루는 데까지 나아가지 못한다.(예를 들면 Moodley, 1992, p.79) 옹호자들은 민족적 정체성의 인정이 한 국가의 경제적 · 정치적 삶에서 이민자들의 접근과 참여를 향상시키고자 하는 더욱 광범위한 다문화적인 정책 구조의 단지 하나의 차원일 뿐이라고 응답한다. 이것은 차별철폐조처, 정치적 협의를 위한 매커니즘의 개발, 그리고 이민자들에게(의도적으로 혹은 의도하지 않게) 불이익을 줄지도 모르는 제도적인 규칙을 확인하고 수정하는 데 헌신하는 것에 반영되어 있다. 예를 들면, 다문화주의의 구조 하에서, 복장 규칙들, 공적인 휴일들, 귀화규칙들, 언어 조건들, 심지어는 키와 몸무게 제한은 모두 어떤 이민자 집단들에게 장애물을 만들어낼 수 있는 이러한 것들의 잠재적 가능성을 축소시키기 위해 조정되었다. 이런 관점에 따라 다문화주의는 이민자 집단들에게 불이익을 초래했던 물려받은 장애, 장벽, 오명의 많은 것을 상당히 축소하였다.

여기서 또다시 이러한 의견의 불일치를 해결하기 위한 우리의 능력이 다문화주의 정책이 이민자 민족적 집단들의 지위에 미치는 영향에 관한 체계적인 여러 국가를 포괄하는 자료의 부족으로 인해 방해받는다. 이것은 심지어 동일한 국가 내에 다른 민족적 집단들의 경제적·정치적 지위에 있어서 엄청난 차이로 인해 더욱 어렵게 된다. 이민의 새로운 세계 국가들에서 어떤 이민자 집단들은 수입 혹은 고용률에 있어서 본토박이 상대자들보다 훨씬 더 잘살며, 다른 이들은 훨씬 더 못산다. 다문화적인 통합의 모델이 어떤 민족적 집단에게 잘 적용되며 다른 이들에게는 그렇지 않다. 다문화주의 정책이 동일한 국가 내에 다양한 민족적 집단에게 미치는 차이 있는 영향력를 구별해내기 위해 필요한 잘 정리된 자료를 우리는 가지고 있지 않다.

연구에 의하면 자유주의적 다문화주의 정책이 있는 국가들이 불관용의 수준이 더 낮으며(Weldon, 2006, p.335), 이민자 청년들에게 더 나은 결과를 가져다주며(Berry et al, 2006), 가장 강한 다문화주의 정책을 가지고 있는 두 국가 — 호주와 캐나다는 — 또한 과거 30년 동안 이민자들의 경제적·정치적 통합에 있어서 최상의 실적을 보여준다.(Kymlicka, 1998) 그러나 이것은 부분적으로 아마 이 두 나라의 이민자 정책이 통합하기 위해 필요한 높은 수준의 인간적·사회적인 자본을 가지고 도착하는 기술 이민자들을 선택하는 것에 대단히 초점을 맞춘다는 사실에 기인할 것이다. 아마 다문화주의 정책은 그들의 성공적인 통합을 위해 필요하지 않았을 것이며 또는 그들을 '다른' 그리고 '도움이 필요한' 것으로 특징

지움으로써 심지어는 잠재적인 장애가 되었을지도 모른다.(Gupta, 1999)

　다문화주의 정책의 영향력을 판단하기 위해서 우리는 이상적으로 동일한 배경적 경험과 기술을 가지고 동일한 국가로부터 온 두 쌍의 이민자들이 다른 장소―그 중에 하나는 강한 다문화주의 정책들을 가지고 있고 다른 하나는 그렇지 않은―에 정착하는 '자연스러운 실험'을 찾고 싶어 한다. 아이리니 블럼라드(Irene Bloemraad)가 그러한 경우, 즉 보스턴과 토론토에 있는 베트남 이민자를 조사하였다. 보스턴보다는 토론토에 정착한 베트남 이민자들의 인구상의 특징에 있어서 실질적으로 의미 있는 차이들이 없다. 그들은 비슷한 교육 수준, 직장 경험, 언어 수준, 등을 가지고 도착하였다. 그러나 토론토의 베트남인들이 훨씬 더 잘 통합되었고 캐나다의 공적인 삶에 더욱 적극적으로 참여하고 있다. 물론 더욱 강한 다문화주의 정책(노동 시장들, 정치적 정당의 구조들 등)의 존재외에 이러한 차이에 대한 여러 가지 가능한 설명이 있을 수 있다. 그러나 블럼라드는 이러한 대안적인 설명을 체계적으로 논의하며 다문화주의 정책이 실제로 자기 이야기의 핵심적인 부분이었다고 결론을 내린다. 이러한 정책이 베트남 공동체가 더욱 빠르고 효과적으로 캐나다의 주류 제도들에 참여하도록 권장하였고 그것을 가능하게 하였다. 블럼라드에 따르면 동일한 패턴이 토론토와 보스턴에 온 포르투갈 이민자들에게도 적용된다. 그들은 유사한 인구상의 특징을 가지고 도착하였지만 부분적으로 캐나다의 다문화주의로 인해 토론토의 포르투갈 이민자들이 더 잘 통합되었다.(Bloemraad, 2002, 2005, 2006)

　이것은 그저 한 가지 사례연구에 불과하며 일반화할 수는 없다. 이것은 다문화주의 정책이 실패했고 이민자들의 통합에 방해가 되었다고 많은 이들이 믿고 있는 유럽 대륙의 여러 지역에서 느끼는 것과는 명백히 차이가 있다. 다문화주의 정책이 새로운 세계와 비교하여 유럽에서 그렇게 다른 방식으로 진척되어 나갔는지에 대한 이유를 자세하게 살펴볼 필요가 있을 것이다. 차이의 일부는 이민자들의 특징(예를 들면, 기술이민과 그렇지 않은 이민 또는 법적인 이민과 불법적인 이민의 상대적인 균형)에 있을 것이지만 차이의 많은 부분이 채택된 '다문화주의'의 특징들에 있다. 내가 제2부 2장에서 언급했듯이 유럽에서의 대부분의 이주민들은 처음에 임시 거주자들(예를 들면, 외국인 근로자들, 임시 망명자들)로 여겨졌고, 그런 까닭에 그들을 위해 채택된 소위 '다문화주의' 정책들은 처음에 그들과 그들의 자녀들이 '집'으로 돌아갈 것이라는 기대 하에 만들어졌다. 이것은 처음부터 통합과 시민권에 관한 생각들과 연결되었던 새로운 세계의 다문화주의 정책들과는 정반대이다. 귀환에 관한 유럽적인 기대가 서서히 포기되어 가고 다문화주의 정책이 그에 따라 수정됨에 따라서 유럽에 자리 잡은 정책이 통합과 시민권을 더욱 강조하는 새로운 세계에 자리 잡은 다문화주의 정책과는 결코 완전히 일치하지 않는다.[20] 두 번째 종류의 다문화주의 정책이 자리 잡은 곳에서 이것들은 이민자 민족적 집단이 직면하고 있는 문화적 · 정치적 · 경제적인 불

---

20 그 결과 유럽 국가들이 이민자들의 시민적 참여와 시민적 정체성을 향상시키기 위해 설계된 새로운 정책들을 더하고자 할 때, 소개되는 정책들이 항상 다문화적 시민권의 새로운 세계적 개념들의 일부였음에도 불구하고, 이것이 종종 '다문화주의의 후퇴'로 묘사된다. 최근의 예를 위해 Hussain et al(2006)을 보라. 후세인은 영국에서의 '다문화주의'를 '상화문화주의'로 대치할 것을 권하는 데 후자가 전자와 구분되는 것은 ⓐ 민족적 경계선을 가로질러 상호작용을 증진시키며 ⓑ 민족적 정체성이라는 의식을 증진한다는 점을 강조하는 점에서 이다. 이러한 특징은 '다문화주의' 정책들이 민족 상호간의 협력과 시민권의 증진의 강조를 항상 포함해왔던 신세계의 맥락에서는 전혀 말이 되지 않는다. 어떤 이유로 '다문화주의'라는 용어가 유럽의 많은 지역에서 독특한 의미를 획득하게 되었으며 통합을 증진하기 위해 설계된 어떤 정책들도 다문화주의로부터 '퇴보'로 여겨진다는 것이다.

평등을 축소하는 데 긍정적으로 도움을 주는 것 같다.[21]

심지어 이러한 정책들이 불평들을 축소하는데 성공할 때에도 그들은 여러 개의 익숙한 문제들을 경험한다. 예를 들면, 다문화주의 정책

---

21 다섯 개의 유럽의 국가들에 대한 최근의 연구는 다문화주의 정책들이 '곡선의' 효과―다시 말해 적당한 수준의 그러한 정책들이 이민자의 통합에 도움이 되지만 강한 다문화주의 정책들은 해가 된다는―가 있다고 결론을 짓는다.(Koopmans et al, 2005, p.240) 이러한 결론은 하나의 사례―즉 네덜란드―에 대한 해석에 근거하고 있다. 저자들에 따르면 네덜란드는 이민자들을 통합하는 데 있어서 영국 혹은 독일과 같은 다른 유럽의 국가들보다 더 잘 하지 못하였으며, 그렇게 된 데에는 정확히 그 나라가 다섯 개의 나라들 중에 가장 강한 다문화주의 정책들을 가지고 있기 때문이었다.(유사한 논지를 위해서는 Sniderman and Hagendoorn, 2007을 보라) 만약 이것이 정확하다면 우리는 캐나다나 호주와 같은 강한 다문화주의 정책들을 가지고 있는 다른 나라들이 또한 영국이나 독일과 비교하여 일이 잘 진척되지 않을 것이라 기대할 수 있을 것이다. 그러나 그 반대가 사실이다. 그들이 더 잘하고 있다. 만약 우리가 샘플을 확장한다면 강한 다문화주의 정책을 가진 국가들의 상대적인 성공과 관련하여 네덜란드는 하나의 예외로 보이지 법칙은 아니다. 그리고 네덜란드의 예외에 대한 분명한 설명이 있다. 저자들이 주목하듯이 원래의 네덜란드 정책은 사실상 이민자 통합과 시민군에 도움을 주도록 설계되지 않았다는 것이다. 오히려 그것은 처음에 이민자들이 그들의 원래의 나라로 돌아가도록 격려하도록 설계되었다. 내가 제2부 2장에서 주목하였듯이 이러한 이민자에 대한 '귀환주의' 접근은 자유주의적 다문화주의 정책의 정반대이다. 그리고 네덜란드 정부가 이민자들이 영주권자들이고 미래의 시민들이라는 것을 마침내 받아들였을 때에야 그들을 네덜란드의 소수민족적 인구들 내에 종교적 분열(예를 들면, 프로테스탄트 신도들과 카톨릭 신도들을 위한 분리적인 제도적 '기둥들')을 다루기 위해서 원래 설계된 기존의 '기둥화(pillarization)' 모델로 단지 집어넣었을 뿐이다. 이러한 기둥화의 모델은 민족적으로, 언어적으로 독특한 새로운 유입자들의 필요를 위해 설계되지 않았고 그러한 것을 다루지도 않는다. 간단히 말해, 네덜란드는 귀환주의 접근으로 시작하였고 기둥화 모델로 전환하였다. 그리고 이것들은 어느 것도 이민자 시민들의 필요와 열망을 염두에 두고 설계되지 않은 모델이다. Koopman과 그의 동료들은 다문화주의에 대한 네덜란드적 접근의 이러한 '역설들'을 주목하지만 이러한 사실들이 다문화주의 정책의 '곡선의' 영향에 관한 그들의 일반적인 결론에 대해 미치는 영향을 고려하지 않는다. 네덜란드의 사례를 특징짓는 것은 그것의 다문화주의 정책들―그들은 캐나다와 호주에서 보다 훨씬 약하다―의 장점이 아니라, (임시적인 이주자들을 위해 설계된) 귀환주의와 (역사적으로 중요한 소수자들을 위해 설계된) 기둥화에 뿌리를 내리고 있는 이러한 정책들의 특이한 형태이다. 만약 우리가 강한 다문화주의 정책들의 영향에 대해 일반적인 결론들을 내리고 네덜란드의 사례가 예외인지 혹은 그러한 국가들에게 규범인지를 결정하기를 원한다면, 우리는 그 샘플을 확장할 필요가 있으며 호주와 캐나다와 같은 이민자 시민들을 위해 설계된 강한 다문화주의 정책들을 채택한 다른 나라들을 살펴볼 필요가 있다. 그리고 내가 앞에서 논하였듯이 우리가 가지고 있지 않은 몇 개의 광범위한 국가 간의 연구들은 곡선의 해석을 지지한다.(또한 Bantang and Kymicka, 2006을 보라)

의 수혜자들을 확인하기 위해 사용되는 관료적인 범주들은 종종 지나치게 포괄적이고 혹은 지나치게 구체적이라는 것이며, 또는 의도된 수혜자들의 필요성이나 열망보다는 행정적인 편의의 논리를 반영한다는 것이다. 그것들은 차이 있는 필요에도 불구하고 다른 집단들을 동일한 범주에 넣기도 하거나 유사한 집단을 부자연스럽게 독특한 범주에 집어넣기도 한다.[22] 의도된 수혜자들의 계급 내에 이득을 가장 잘 이용할 수 있고 진정으로 불리한 여건에 있는 자기 집단의 구성원들에게는 별로 기회를 남겨놓지 않는 최고 수준의 인적 자본을 이미 가지고 있는 사람들이 종종 있다는 것은 문제이다. 예를 들면 미국과 캐나다의 차별철폐조처 정책들의 맥락에서 이러한 반론들이 제기되었다.[23]

나는 이것들을 '익숙한' 문제들이라고 부른다. 그 이유는 사실상 그것들이 사회 정책의 모든 영역들에 적용되기 때문이다. 행정적인 범주들은 항상 지나치게 포괄적이거나 지나치게 구체적이어서 관료주의적인 편의나 관료주의적인 관성의 명령에 따라 왜곡된다. 그리고 공적인 이익들이 항상 이미 부유한 사람들에 의해 불균형적으로 획득된다. 이것은 가난한 인근 지역이나 큰 지역, 또는 '사회적인 배제'로부터 고통을 당하는 집단들, 또는 '위험에 처해 있는' 인구들을 대상으로 하는 정책

---

22 전자의 예로서 캐나다의 공적 정책에서 '보이는 소수자'의 범주의 (과)사용은 반흑인 혹은 반이슬람 인종차별주의의 구체성을 무시하는 것으로 논할 수 있다.(Henry, 1994; Commission on Systemic Racism in the Ontario Criminal Justice System, 1995; Kymlicka, 1998; Hum and Simpson, 2007) 원주민들과 관련하여 발견되는 후자의 문제에 대한 좋은 예는 여러 가지 측면에서 볼 때 인공적인 구별인 캐나다의 공공 정책에서 '지위가 인정된' 인디언들과 '지위가 인정되지 않은' 인디언들 사이의 구별이다. 이러한 범주들에 대한 두 가지 사례에는 역사적인 근거들이 있지만 그들은 그들이 다루고자 하는 현실과 점점 더 동떨어져 간다.
23 인도에서 이는 순전히 도움이 필요한 낮은 계층의 사람들을 위해 의도된 유익들의 표면을 걷어내는 '크림 같은 층'의 문제라고 불린다.

들에 적용된다. 계급, 나이, 젠더, 인근 지역, 큰 지역, 혹은 가족의 지위에 근거한 사회 정책들은 모두 이러한 문제들에 취약하다. 이것들은 자유민주주의에서 공공 정책의 익숙한 병리 현상이며, 다문화주의도 이런 것들부터 자유롭지 않다. 그러나 이러한 병리 현상들이 다른 형태의 사회 정책에 대해서보다 다문화주의에 대해서 더욱 크다는 증거는 없으며, 이러한 익숙한 문제들에 의해 설정된 한계 내에서 다문화주의 정책은 집단 내의 불평들을 줄이는 데 어느 정도의 성공을 거두었다.

성공의 두 번째 기준은 어떠한가? 이민자 다문화주의가 '개인이 가질 수 있고 가지기를 원하는 그런 삶을 만들기 위해' 더욱 많은 자유를 소수자 집단의 구성원들에게 수여함으로써 자유주의적 기대를 충족시키는가? 혹은 그것이 대신에 사람들을 전통적인 역할과 실천 안에 가두고 자유주의적인 자유를 제한하기를 원하는 문화적 전통주의자들 혹은 종교적 근본주의자들의 영향력을 강화시켰는가? 이는 너무 뜨겁게 논의되는 주제인데 그 이유는 많은 이민자 집단들, 특히 비유럽인 이민자들이 비자유주의적인 정치적 가치와 문화적 실천을 함께 가지고 와서 다문화주의의 사상들에 호소하는 것을 포함하여 그것들을 유지하는 방법을 찾을 것이라고 널리 추정되기 때문이다. 원주민들에서처럼, 그러나 국가 하위의 민족 집단과는 달리, 비유럽 이민자들은 자유-민주적인 합의 밖에 놓인(혹은 적어도 그것에 충분히 통합되지 않은) 것으로 널리 간주된다.

비유럽인 이민자들을 비자유주의적인 가치와 실천에 영향을 받기 쉬운 것으로 인식하는 것은 종종 지나치게 과장된 것이다. 사실상 비유럽인 이민자들은 오늘날 적어도 이민의 신세계의 국가들에서 유럽으로부터 온 이전의 이민의 물결들을 특징짓는 자유-민주적인 가치들을 내면화하는 기본적으로 동일한 경향을 드러내고 있음이 입증된다. 예를 들면, 캐나다의 경우에 오랜 기간 캐나다에서 살았던 비유럽인 이민자들과 캐나다에서 태어난 유럽계의 후손들 사이에 정치적인 가치들에서 통계적으로 의미 있는 차이들이 없다.(Soroka et al, 2007; Frideres, 1997) 사실상 자유주의적 기대가 예상하듯이 민족적·인종적 경계선을 가로질러 인권과 자유-민주주의적인 가치에 대한 상당히 깊이 있는 합의가 존재한다.

그러나 정치적 가치에 집중하는 이러한 경향은 오래 된 것이다. 이는 하룻밤 사이에 일어나지는 않으며, 전통주의적 지도자들과 정치적 급진주의자들이 자유-민주적인 가치들의 견인력을 느끼는 사람들에 대항하여 싸움을 하는 것처럼 이민자 공동체들 내부에서도 이는 투쟁 없이 발생하지 않는다. 이것은 지구상의 모든 지역으로부터 온 이민자의 물결에서 발견되는 아주 오래된 현상이다. 19세기에 신세계에 온 아일랜드 가톨릭 이민자들 가운데 혹은 20세기 초 동유럽 이민자들 가운데 전통주의자, 자유주의자, 급진주의자 사이에서 유사한 투쟁들이 있었다.

우리에게 있는 질문은 오늘날 자유주의적 다문화주의의 존재가 이렇게 오랜 세월의 역동성에 어떻게 영향을 미치는가 하는 것이다. 다문화주의 프로그램과 제도의 이용가능성이 자유주의적 가치에 대항하는 전통주의자 혹은 급진주의자의 영향력을 어떤 식으로든지 강화하고 이민자를 자유-민주적인 합의에 포함시키는 과정의 속도를 늦추는가? 또는 그것이 자유민주주의의 견인력을 강화하는가?

우리는 이민자 집단 내에 다른 분파가 다문화주의 정책에 따라 만들어진 제도와 프로그램을 통제하기 위해 경쟁할 것이라는 것을 예상할 수 있다. 그리고 이것은 자유주의적 다문화주의의 토대가 비자유주의적 혹은 비민주적 목적들을 위해 획득되어 잘못 사용될 수 있다는 가능성을 제기한다. 그러나 이것이 사실상 발생할 수 있는지를 조사하기 전에 이 문제가 다문화주의에만 독특한 것은 아니라는 것을 기억하는 것은 중요하다. 이는 자유주의적 민주주의의 구조에서 생겨나는 체계적인 문제이다. 자유주의적 민주주의는 다른 이들에게 언론의 자유를 거부하고자 하는 사람들에게 언론의 자유를 주는 것처럼 의회 민주주의를 폐지하려는 공산주의자들에게 투표권을 준다. 유사한 방식으로, 지방의 민주주의를 향상시키기 위해 의도된 정책들이 항상 다른 이들의 자유를 억압하기를 원하는 비자유주의적인 세력들에 의해 획득될 수 있다는 위험에 항상 놓이기 쉽다. 북미에 지방 병원 이사회와 학교 이사회가 낙태 혹은 성교육을 중단하고자 하는 기독교 보수주의자들에 의해 장악된다는 것을 고려해보라.

이러한 역설은 17세기에 시작된 이래로 자유-민주적인 이론과 실천의 잘 알려진 특징이다. 그 결과 비자유주의적이고 비민주적인 세력들이 자유주의적 민주주의가 확장하는 권리와 권력을 어떻게 남용하지 않도록 막을 수 있는지에 관한 논의의 긴 역사가 있다. 모든 경우에 있어서 그 해결책은 ⓐ 더욱 광범위한 인권과 자유주의 민권운동을 발전시키고 유지하는 것에 도움을 주기 위한 시민의 교육과 정치적 사회화, ⓑ 논쟁점들을 공적인 여론의 법정으로 가져오고 비자유주의적인 경향을 드러내고 주변화하기 위해서 실제의 혹은 잠재적인 남용 — 언론의 자유, 출판의 자유, 정보 정책의 자유, 보도, 자문, 책임의 요구 — 을 확인하고 공표하기 위한 매커니즘, 그리고 ⓒ 이러한 남용을 막거나 개선하도록 국가에 권력을 주는 법적, 제도적인 안전장치들의 조합에 있다. 이것들은 자유-민주주의적인 권리의 비자유주의적이고 비민주적인 남용의 문제를 해결하기 위해 모든 서구의 민주주의에서 사용된 전략이며, 이들은 다문화주의 정책의 사례에 잘 적용된다.

이러한 전략이 잘 작용하는가? 나는 그렇게 믿는다. 공적인 노출과 법적 안전장치의 확고한 매커니즘과 결합된 인권 문화의 발전이 이민자 다문화주의 정책들의 해석과 이행이 자유주의적 경로 안에 있음을 보장한다.[24] 이는 공식적인 법률 제정과 일상적인 정책 이행의 수준에서 해당된다.

만약 우리가 먼저 공식적인 법과 조례를 검토한다면 다문화주의 정책이 자유주의적인 가치를 유지하는 데 헌신하고 있다는 것이 분명해진다. 이민자 다문화주의 정책은 개인의 선택을 제한하기 보다는 확장하도록 의도되어 있다. 이것들은 개인이 이전에 자신의 민족적 정체성을 표현하는 데 직면했던 비용들과 오점들을 축소시키지만 개인의 권

---

24 가족법 논쟁에 관한 종교적인 중재를 허용하는 것에 관한 온타리오에서의 최근의 논쟁은 이러한 것의 한 예이다. 어떤 보수적인 무슬림들은 이혼 논쟁을 위한 사적인 샤리아에 근거한 중재를 이끌어 내기 위해 1991년 중재법 내의 틈을 이용해야 했으며 다문화주의라는 명목으로 이러한 제안을 옹호하였다. 잠재적인 남용의 공적인 노출은 광범위한 공적 반대와 자유와 평등의 규범들이 존중되는 것의 보장을 위한 새로운 헌신으로 이끌었다. 하지만 나는 사적인 가족법의 중재를 위한 법적인 공간을 만들어 낸 온타리오에서 1991년 중재법의 채택이 캐나다의 공식적인 다문주의 정책과는 전혀 상관이 없다는 것을 강조해야만 한다. 그것은 근본적으로 비용 절감의 장치로 채택되었으며 지나치게 가중된 가정 법원의 부담을 줄이는 데 있었다. 샤리아 제안이 중재법이 아니라 다문화주의 법에 따라 추구되었다면 다문화주의 정책이 더욱 강한 절차적이고 실질적인 안전장치들을 가지고 있기 때문에 그것이 받아들여졌을 가능성이 아주 높다. 간단히 말해, 이슬람 전통주의자들이 목표로 정한 것은 다문화주의가 비자유주의에 포획될 것이라고 추정되는 약점이 아니라 바로 중재법에서의 약점이었다.(Kymlicka, 2005a)

리를 축소시키거나 침해하는 것에 대한 어떤 법적인 의무나 법적인 정당화를 제공하지는 않는다. 예를 들면, 그 행위들이 얼마나 '전통적'일지라도 어떤 국가도 이민자 집단들에게 강요된 결혼, 여성 음핵 절제, 명예 살인, 또는 아동들에게 폭력적인 훈련의 방식들의 사용을 금지하는 법들로부터 면제를 주지는 않는다.

하지만 우리가 현장에서의 현실을 검토한다면 비자유주의적인 실천이 종종 공동체의 다른 구성원들에 관한 암묵적인 지식을 가지고 있는 어떤 이민자 가족들(어떤 비이민자 가족들에게서 그러는 것처럼)에게 계속되고 있음을 알 수 있다. 그리고 국가가 그들의 권리와 자유에 대한 이러한 침해들로부터 공격받기 쉬운 개인들을 보호할 능력이 없거나 자진해서 그렇게 하려 하지 않는다는 것이 때대로 입증되고 있음을 우리는 알 수 있다. 실로 실질적으로 모든 서구의 민주주의에서 국가가 학대에 관한 보고서를 무시하고, 혹은 개입하거나 기소하기를 거부하면서 어떤 이민자 집단들 내에서 개인들에 대한 학대에 의도적으로 모른 채 한 주목할 만한 사례들이 있어 왔다.

비판자들은 다문화주의가 이러한 실패에 대해 어느 정도 책임이 있다고 추정한다. 그러나 내가 언급했듯이, 그들의 동료 소수민족의 손에 의해 해를 받는 것으로부터 개인들을 보호하는 데 있어서 국가의 실패 사례는 다문화주의 정책들이 있건 없건 간에 모든 서구 민주주의에서 발견되어 왔다. 이 문제는 캐나다와 같은 다문화주의를 강하게 수용하는 국가에서(Azmi, 1999; Levin, 1999), 영국이나 네덜란드와 같이 다문화주의에 대한 헌신이 적당한 정도의 나라에서(Phillips and Dustin, 2004; Prins and Saharso, 2006), 노르웨이와 같이 약한 정도의 다문화주의 정책을 가지고 있는 나라에서(Wikan, 2002), 그리고 프랑스와 같이 다문화주의에 강하게 반대하는 나라에서(Dembour, 2001) 관찰되고 있다.

이런 상황에서 다문화주의 정책의 영향력을 분리하는 것은 쉬운 일이 아니다. 다문화 주의 정책이 이민자들로 하여금 그들의 '전통'이 비자유주의적일 때에도 그것을 유지하도록 장려함으로써 혹은 '다양성의 존중'과 '관용'이라는 명목 하에 국가의 관리들이 개입하는 것을 저지함으로써 그 문제를 악화시키는가? 또는 다문화주의 정책이 자유주의적 민주주의의 견인력을 강화시킴으로써 혹은 잠재적인 문제를 인정하고 그것들에 대응하기 위한 더 많은 정보에 근거한 효과적인 지침을 국가의 관리들에게 제공함으로써 그 문제를 축소시키는가?

항상 그렇듯이 논쟁점에 대한 어떤 체계적인 연구의 거의 완전한 부재로 인해 훼방을 받는다. 서구에서의 다문화주의 정책이 비자유주의적인 실천을 공식적으로 혹은 공적으로 용인하지는 않고, 전통주의자가 비자유주의적인 실천들의 공적인 수용을 획득하기 위한 어떤 시도도 실패했다는 것은 분명하다. 우리는 다양한 이민자 집단 내에 전통주의자들이 이러한 실천을 옹호하기 위해 공식적인 다문화주의의 토대에 대한 통제를 획득하려고 시도할지도 모르는 시나리오를 상상할 수 있다. 예를 들면, 병원의 자문 위원회에 참가하는 어떤 동아프리카 이민자 집단 출신의 전통주의자가 여성의 생식기 절단이 그 병원에서 허용되어야 하는 것을 요구할 수도 있고, 혹은 경찰 자문 위원회에 참가하는 동아시아 집단 출신의 전통주의자가 경찰이 가족 폭력과 강요된 결혼의 사례를 조사하거나 기소하지 말아야 한다고 요구할 수도 있고, 혹은 교육 자문 위원회에 참가하는 중동 출신의 전통주의자가 학교가 학생들에게 명예 살인을 용인하도록 가르쳐야 한다고 요구할 수도 있다는 것을 우리는 상상해 볼 수 있을 것이다. 하지만 그러한 시도가 있다고 할지라도 그것들이 전혀 성공할 수는 없을 것이다. 내가 아는 한 어떤 서구 민주주의에서 다문화주의 정책에 따라 설립되거나 자금지원을 받는 어떤 정부 기관, 위원회 혹은 프로그램도 이러한 실천 중의 아무것도 승인하지 않았다.[25] 전통주의자들이 다문화주의 정책들에 따라 만들어진 기관과 기금 프로그램에 대한 통제권을 획득하기를 바랐겠지만 그들은 거의 완전히 실패했다. 그리고 그 정책의 의도들을 고려할 때 이것이 우리가 예상했던 것이기도 하다. 우리가 4장에서 보았듯이 그 정책의 기저에 놓인 철학은 인권과 자유주의 민권운동의 철학이며, 그 정책은 그러한 아젠다를 증진시킬 조직과 행위를 지지하도록 만 의도되어 있다.[26]

실제로 이민자 집단들은 비자유주의적인 실천에 대한 공적인 인정을 받으려는 어떤 시도도 실패할 운명이라는 것을 알고 있다. 예를 들면, 영국에 어떤 동아시아 민족 지도자들도 강요된 중매결혼이 법적으로 인정되어야 한다는 것을 요구하지 않으며(Phillips and Dustin, 2004), 캐나다에서 관련된 이민자 집단들 중의 어떤 지도자들도 음핵 절제가 법적인 허용되어야 한다고 요구하지 않는다.(Government of Canada, 1995; OHRC, 1996)

---

25 예를 들면, 영국의 경우에 소수자 아이들을 보호하는 데 있어서의 실패한 것에 대한 청문회가 '입법적인 구조가 건전하며'(Lamming, 2003, p.13), 영국의 다문화주의 정책들에서 어떤 것도 이러한 실패들을 용인하지는 않았다고 결론을 내린다.
26 이는 캐나다에서 다문화주의가 민족 공동체 내에서 전통적으로 발견되는 것보다 혹은 미국에서 발견되는 것보다 훨씬 더 젠더 중립적이고 대표적인 엘리트의 성장을 그러한 민족 공동체들 안에서 장려하거나 교육해왔다는 블럼라드의 연구 결과를 설명하는 데 도움을 준다.(Bloemraad, 2006)

정부의 정책으로서 이민자 다문화주의가 자유-민주적 헌법적 질서의 구조 내에서 작동해야 한다는 것이 이해되며 받아들여진다. 그리고 비자유주의적인 실천에 대한 공적인 수용의 현실적인 전망은 없다.

그러나 다문화주의의 영향에 대한 더욱 간접적인 근심이 있다. 즉 다문화주의에 의해 만들어진 '풍조'가 자유주의적 가치를 증진시키고 개인적인 권리를 유지하고자 하는 책임을 떠맡은 국가의 관리를 무력하게 만들 수 있을 것이라는 것이다. 비자유주의적인 실천의 증거를 마주하게 된 교사, 의사, 사회복지 제공자, 어린이 복지 관리, 경찰, 검사가 민족중심적이라고 비난을 받거나 인종차별주의자라고 낙인찍힐 위험을 감수하기 보다는 모른 척할 수 있을 수도 있다. 다문화주의 정책들이 다양성의 수용이 자유-민주적인 구속 내에서 작용하는 것을 확인할 수 있지만, 현장에서 이러한 정책들의 효과는 공무원이 한 집단의 '문화'나 '전통'에 간섭하지 않아야 한다고 추정하도록 하는 비판 없는 문화적 상대주의를 권장할 수도 있다.(Wikan, 2002)

자유주의 가치를 증진시키고 개인의 권리를 유지하는 책임을 떠맡은 공무원을 지원하는 가장 최선의 방법은 다문화주의 자문과 개혁의 더 광범위한 과정의 일부로서 소수자 집단과의 협력을 통해 개발된 명백한 지침을 그들에게 제공하는 것이다. 아마 민족 집단의 구성원들이 국가의 관리와 어떤 식으로든지 협력할 가능성이 있는 지점은 바로 다문화적 개혁의 이러한 과정이 발생하지 않는 지점이며, 바로 여기에서 국가의 관리가 부적절하게 행하는 두려움으로 인해 가장 무기력하게 된다.

내가 아는 한 아무도 비자유주의적인 가치와 실천의 지속성, 혹은 국가로부터의 보호를 추구하기 위한 공격받기 쉬운 이민자 집단의 구성원의 자발성, 혹은 그러한 보호를 제공하기 위한 국가 관리의 자발성에 다문화주의가 미치는 영향력에 대한 이러한 서로 엇갈리는 가정을 체계적으로 연구하지 않았다. 몇 개의 서구 나라에서 유아 학대 혹은 배우자 학대 사례에 대한 의사와 사회복지사의 응답에 대한 조사를 통해 우리가 가지고 있는 적은 양의 증거는 공식적인 다문화주의 정책의 존재 혹은 부재가 실제로 관리의 개입의 자발성이라는 측면에서 이런 저런 방식으로 별 차이를 만들어 내지 않을 수 있음을 시사한다.(Puri, 2005; Williams and Soydan, 2005) 공식적인 다문화주의 정책의 존재가 상황을 더욱 악화시킨다는 증거는 확실히 없다.

현실은 모든 서구의 국가들이 이민자 공동체들의 공격받기 쉬운 구성원을 보호하는 데 있어서의 도전을 어떻게 가장 잘 다루는가에 관한 논쟁점을 가지고 노력중이라는 것이다. 여러 국가들이 교육과 억제, 비공개의 자문과 주목할 만한 공적인 캠페인들과 기소들의 다양한 조합을 포함하는 여러 가지 접근을 통해 실험을 하고 있다. 이렇게 복잡한 문제의 원인에 대한 쉬운 답은 없지만 다문화주의가 다문화주의 정책이 없는 국가에서도 존재하는 이런 문제의 원인은 아니며 또한 그 문제에 대한 기적적인 치료법도 아닌 것도 분명하다.

이런 측면에서 비자유주의적 문화 전통을 어떻게 다루는가 하는 질문은 이민자 공동체 내에서 정치적 급진주의를 어떻게 다루는가 하는 질문과 유사하다. 어떤 비판자는 다문화주의 정책을 가지고 있는 나라에서 '토착적인' 테러리스트 지부의 존재는 이러한 정책들이 자유-민주적인 시민화라는 목표에 공헌하지 못했음을 보여준다고 말했다. 그러나 물론 토착적인 테러리스트 지부가 광범위한 서구의 국가에서 확인되었고, 그 중 어떤 국가는 강한 다문화주의 정책들을 가지고 있고(캐나다와 호주), 다른 나라들은 적절한 수준의 다문화주의 정책을 가지고 있고(미국과 영국), 또 어떤 국가들은 약한 다문화주의 정책을 가지고 있고(독일과 스페인), 또 다른 어떤 국가들은 이데올로기적으로 다문화주의에 반대하는 국가도 있다(프랑스). 다문화주의 정책이 이 문제를 발생시키지 않을 것이라는 보장도 없지만, 또한 그것들이 이 문제를 악화시키고 있다는 증거도 없다.

이민자 공동체 내에 비자유주의적 문화 전통들과 정치적 급진주의 사례가 이해할 수 있는 이유들로 인해 신문의 표제를 차지한다. 그 이유는 그들이 서구 사회의 가장 기본적인 인권적 원칙에 도전하기 때문이다. 그러나 이러한 문제가 우리로 하여금 더 광범위한 경향에 눈을 감지 않도록 해야 한다. 자유-민주주의의 견인력이 서서히 작동함에 따라서 이민의 전통적인 국가 내에 자유주의적인 기대가 이민자들에게 여전히 지속되고 있다. 비자유주의적 전통주의와 급진주의의 오목한 곳이 모든 서구의 민주주의에 존재한다. 그러나 다문화주의 정책들이 이 문제를 악화시킨다는 증거는 없지만, 이민자들이 더욱 편하고 효과적으로 자유-민주적인 제도들에 참가하도록 격려하고 이끌어 줌으로써 다문화주의가 사실상 자유-민주적인 제도의 견인력을 강화하기 위해서 작용한다는 증거는 있다.

4. 결론

내가 희망하기로 우리가 서구 민주주의에서 다문화주의가 '성공' 혹은 '실패'라고 단순하게 선언할 수 없음을 분명히 해야 한다. 먼저 우리가 다문화주의 정책의 구체적인 효과와 민족적 소수자들의 지위에 영향을 미치는 다른 요인을 구분하도록 해주는 체계적인 증거가 부족하다는 것이다. 그리고 심지어 우리가 그러한 증거가 있다고 할지라도 그것이 성공 혹은 실패의 획일적인 종합적 판단에 이르게 할 가능성은 낮다. 여러 다른 형태의 다문화주의 정책이 있고 그것을 평가하는 많은 다른 기준이 있으며 전체적인 실적은 성공과 실패를 모두 포함한다.

그럼에도 불구하고 우리가 어떤 임시적인 결론을 내려서 어떤 일반적인 오해를 없애버릴 수 있을 정도의 다문화주의 실천에 대한 충분한 경험을 하였다. 첫째로서 가장 중요한 것은 자유주의적 다문화주의가 민족 정치의 강화와 순화와 일치한다는 강한 증거를 우리는 가지고 있다. 서구에서 자유주의적 다문화주의가 자리를 잡는 곳에서 민족 정치는 '정상적인' 정치가 되며, 평화, 번영, 법의 지배, 혹은 민주적 안정성의 측면에서 국가의 기본적인 기능을 위협하지 않거나 손상시키지 않는 방식으로 평화롭고 법적인 통로 내에서 작동한다. 이것은 세계의 여러 지역에서 민족 정치가 국가들을 불안정하게 하거나 분열시키고 민주화와 개발을 방해하는 그 방식을 고려할 때 그 자체로 중요한 성취로 간주될 수 있다. 내가 앞에서 말했듯이 이러한 사실만도 그렇게 많은 정부간의 국제기구들이 왜 자유주의적 다문화주의의 모델들을 확산하는 데 관심을 표시했는가를 설명해 줄 수 있다.

둘째로 좀 더 임시적인 것으로서 자유주의적 다문화주의가 자유-민주적 국가의 기본적인 기능에 부합할 뿐만 아니라 실제로 자유화와 민주화를 심화시키는 데 도움을 준다는 어떤 증거를 우리가 가지고 있다. 이것은 물려받은 민족적·인종적 계급제도에 도전할 수 있고 문화적 오명, 정치적 주변화, 경제적인 불이익을 축소시킬 수 있다. 그리고 이것은 소수자 집단들의 구성원들에게 효과적인 민주적 참여와 개인적인 선택을 위한 기회를 늘리는 방식으로 그렇게 한다.

이 점을 과장하지 않는 것은 중요하다. 이러한 유익들에 대한 증거는 제한적이고 관찰된 유익들은 종종 적당한 정도이다. 서구에서 오래 지속된 민족적·인종적 계급제도와 명백히 인종차별적인 이데올로기가 공식적으로 부인된 후에도 그들이 얼마나 깊이 사회에 정착되었는지를 고려할 때 우리가 기대할 수 있듯이 많은 사례에서 뚜렷한 불평들이 여전히 존재한다. 이러한 불평등은 하룻밤 만에 입법에 의한 명령에 의해 역전될 수는 없고, 모든 시민들에게 평등을 확장하기 위해서는 많은 할 일이 여전히 남아 있다. 유사한 방식으로 다문화주의는 비자유주의적 전통들 혹은 정치적 급진주의에 의해 제기된 도전을 위한 기적적인 치료법을 제공하지는 못하고 있다. 더욱이 다문화주의 구조가 시민의 자유와 개인의 자율성을 제한하려는 혹은 새로운 형태의 계급제도와 지배를 만들려는 비자유주의적인 세력의 의도에 의해서 장악되지는 않을 것이라는 보장도 없다.

그러므로 우리가 말할 수 있는 최선은 다문화주의를 향한 경향은 적어도 몇 가지 사례에서는 정치적 조작과 관료적 냉담화의 경향에 영향을 받기 쉬운 사회 정책의 대부분의 영역을 특징짓는 적당한 성취와 패턴을 보여주는 어떤 긍정적인 결과를 성취하였다. 이는 자족 혹은 칭찬의 근거는 거의 되지 못하지만 조심스러운 낙관론의 근거는 된다. 그리고 이것 이상의 진보를 이루는 것이 현재 실행되고 있는 다문화주의 정책들을 폐지하거나 그것들로부터 퇴보하는 것을 요구한다고 생각할 만한 근거는 없다. 우리가 국가 하위의 민족 집단을 위한 언어권과 지방 자치, 원주민들을 위한 땅의 소유권 요구와 자치권 혹은 이민자 집단들을 위한 다문화적 수용을 검토하든지 간에, 우리는 이러한 정책에 기반을 두고 불평등의 지속되는 형태를 다루고 비자유주의적인 압력에 대항하여 안전장치를 제공하는 후속 정책으로 그 정책을 갱신하고 확장하고 보충해야 할 필요가 있다.

실행되고 있는 다문화주의의 효과들에 관해 할 수 있는 말이 더 많고 시험될 필요가 있는 이론적인 고찰도 많이 있다. 다문화주의의 (긍정적인 혹은 부정적인) 효과에 관한 이러한 주장 중의 어떤 것들은 평가하기가 매우 어렵고 신뢰할 수 있는 증거의 부재 가운데서 합리적인 의견 불일치를 위한 커다란 공간이 존재한다.

하지만 이 책의 목적을 위해서 핵심적인 요점은 국제 공동체의 다양한 행위자가 자유주의적 다문화주의가 실천에서 성공적이라는 것을 믿는다. 적어도 민족문화적 다양성의 수용을 평화, 민주주의, 인권, 번영과 잘 조화시키는 데 성공한 이민자, 소수민족, 원주민과 관련하여 다문화적 '최상의 실천들'의 몇 가지 사례가 있다고 널리 인정된다. 이러한 낙관적인 견해는 유효한 증거에 의해 충분히 확증되지는 않을 것이지만 또한 그러한 증거에 의해 반박되지도 않는다. 이것은 서구의 경험의 합리적인 해석이고 우리가 3부에서 논의할 자유주의적 다문화주의를 지구화하는 노력을 설명하는 데 도움을 준다.

제1장
3부 서문

서구의 자유주의적 다문화주의의 명백한 성공에 의해 고무되고 후기공산주의와 후기식민주의 세계에서의 민족 갈등의 확대 전망에 의해 경계심을 갖게 된 1990년대의 국제 공동체는 국가와 소수자 관계에 관한 새로운 사상들과 규범들을 확산시키고자 놀라운 실험들을 시작하였다. 민족 정치가 국제 평화와 안정에 대한 위협이 되지 않도록 보장하기 위해 국제 공동체가 '무언가를 해야'만 한다는 널리 퍼진 합의가 있었다.

모든 이가 동의하지는 않았다. 에드워드 러트웍(Edward Luttwak)은 유명하게도 우리가 '전쟁에 기회를 제공'해야 한다고 제안하였다.(Luttwark, 1999) 폭력적인 민족적 갈등은 나쁜 것이라고 그가 말했지만 양쪽이 자신들이 서로를 패배시킬 수 없다는 어려운 방식을 배우고 앉아서 협상을 할 필요가 있음을 받아들이는 것도 중요하다. 다른 이들은 국가 주권의 전통적인 교의를 유지한다는 명목으로 필요하다면 무력을 통해 국가들에게 그들의 소수자들을 마음대로 억압하고 이 과정에서 발생한 어떠한 인권 침해에도 모른 척하는 것을 허용하였다.

그러나 베를린 장벽의 몰락 이후 평화와 민주주의의 확산에 대한 희망으로 들떠 있는 시기에 분명한 합의는 구속받지 않은 국가 권력보다는 인권에 기초한 국제 질서의 새로운 정신을 명백히 하는 무언가를 하는 것이었다. 목표는 군사적 권위 혹은 경찰력의 영향력을 강화하기보다는 법의 지배와 민주화를 위한 세력들을 강화할 수 있는 방식으로 소수자 문제들을 다루는 것이었다. 동맹국들과 적들, 승자들과 패배자들이라는 옛날의 논리는 다민족 국가들 내에 민주적 공존과 협력의 새로운 구조로 대체될 것이었다.(Manas, 1996) 간단히 말해, 목표는 자유주의적 다문화주의와 같은 어떤 것을 증진시키는 것이었다.

이러한 의도들은 아주 분명하였지만 국제 공동체가 국가와 소수자 관계에 대해서 정확하게 무엇을 할 수 있는가? 내가 제1부 2장에서 언급했듯이 이러한 질문은 유럽의 단체들이 후기 공산주의 발칸 지역과 카프카스 지역에서 민족적 위기들에 직면했던 것처럼 유럽 내에 지역적인 수준에서 제기되는 것이고, 국제 연합과 다른 국제단체들이 더욱 광범위한 후기 식민적인 맥락에서 이 논쟁점을 다루었던 것처럼 전지구적 수준에서도 제기되는 것이다. 이 두 가지 사례들에서 우리는 국가와 소수자 관계의 새로운 모델들을 분명하게 구체화하여 증진시키는 방법에 관해 고민에 찬 논쟁들과 무력하게 하는 불확실성을 만날 수 있다. 그리고 나는 대부분의 중요한 딜레마들 중의 많은 것들이 조금도 해결되지 않은 상태로 남아 있음을 논할 것이다.

유럽의 경험에 대한 개관으로 나는 제3부 2장을 시작할 것이다. 소수자 권리의 기준들과 매커니즘들의 개발이 다른 곳에서보다 유럽에서 더욱 심도 있고 빠르게 진행되어 왔다. 그 결과 다문화주의를 국제화하는 과정에 내재되어 있는 역설들 중의 많은 것들이 유럽적인 맥락에서 먼저 명료하게 된다.

제3부 3장에서 나는 더욱 전지구적인 논쟁들로 방향을 돌려서 유럽

적인 사례에서 발생하는 어려움들이 후기 식민적인 세계를 다루는 국제적인 노력의 범위 안에서 종종 훨씬 다루기 힘든 형태로 어떻게 다시 발생하는지를 보여준다.

제2장

유럽적인 실험

    유럽의 이야기는 다수의 폭력적인 민족적 갈등을 동반한 1989년 유럽의 중부와 동부 지역에서의 공산주의의 몰락과 함께 시작한다. 돌아볼 때, 이러한 폭력적인 갈등은 대개 카프카스 지역과 발칸 지역으로 한정되었다. 1990년대 초에 많은 논평자들은 민족적 갈등이 후기 공산주의 유럽의 광범위한 지역에 통제할 수 없을 정도로 증가할 것을 두려워하였다. 영국의 잡지 *New Statesman and Society*가 1992년 6월 판의 표제를 '유러게돈? 동 · 중부 유럽에 다가오는 대화제'라고 붙였을 때 이는 유럽의 관찰자들 사이에 설득력 있는 감성을 반영하고 있었다.

    이러한 잠재적으로 극단적인 추세에 직면한 1990년 대 초기 서구 민주주의는 무언가를 해야만 하도록 영향을 받았으며 그래서 후기 공산주의 유럽에서 소수민족들의 처리를 '국제화하기로' 결정하였다. 1990년에 유럽안보협력기구(Organization for Security and Cooperation in Europe)의 말을 빌어 서구 민주주의는 소수민족들의 지위와 대우는 '합법적인 국제적인 관심사이며 그렇기 때문에 개별 국가의 국내 문제로 배타적으로 구성되지 않는다'고 선언하였다.

    이러한 헌신이 어떻게 그리고 왜 발생하였는지는 흥미로운 질문이다. 무엇보다 유럽연합은 1989년 이전에 소수자 권리에 관한 질문에 별 관심을 보이지 않았고, 그 자체의 내적인 원칙들에서 소수자 권리에 대한 어떤 언급을 포함하는 것을 의도적으로 피하였다. 또한 서구의 국가들은 전통적으로 전 세계의 다른 곳에서 소수자들을 보호하는 것에 많은 관심을 드러내지 않았다. 서구의 국가들은 소수자 집단들에게 사용될 수도 있다는 것을 알면서도 군사 장비를 판매하면서까지(예를 들면, 인도네시아가 아체와 동티모르의 소수자들을 억압하는데, 혹은 과테말라가 마야 족들을 억압하는데 무기를 판매하는 것)[1] 자신들의 소수자들에게 억압적인 것으로 알려진 아프리카, 아시아, 혹은 라틴 아메리카의 정부들을 종종 지원하였다.

내가 1부 2장에서 시사한 것처럼 다수의 이유들이 있다. 한 가지 요소는 박해, 군중 폭력, 민족 청소에 직면한 소수자들의 고통을 중단하는 인도주의적인 관심이었다. 그러나 인도주의적 관심 자체만으로는 서구의 정부들을 동원하기에는 충분치 않다. 더욱 이기적인 이유로는 민족적 폭력의 확대가 코소보와 보스니아에서 실제로 발생했던 것처럼 서부 유럽으로 대규모의 난민들의 이동을 발생시킬 것이라는 신념이었다. 또한 민족 내전이 무기와 마약의 밀수입 혹은 다른 형태의 범죄와 극단주의를 위한 안식처가 되는 무법의 막다른 골목을 종종 만들어 낸다.

더욱 널리 퍼진 또 다른 이유는 후기 공산주의 국가들이 그들의 민족적 다양성을 대처하는 능력이 그들의 전체적인 정치적 성숙함과 '유럽에 다시 가입하는데' 있어서 그들의 준비에 대한 하나의 시험이라는 신념이었다. 유럽평의회(Council of Europe)의 사무총장이 말하듯이 소수자들에 대한 존중은 한 나라의 '도덕적 진보'의 근본적인 척도이다.(Burgess, 1999)

---

1 역주 : 아체(Aceh)는 수마트라 섬의 북서쪽 끝자락에 위치한 인도네시아의 반자치지역이다.

요약하면 인도주의적이고, 이기적이고, 이데올로기적인 이유들로 인해, 소수자 권리는 유럽에서 국제화되었다. 소수자들의 대우에 관한 '유럽적인 기준들'을 충족시키는 것은 한 나라의 유럽에 대한 준비를 시험하는 수단이 되고 있으며, 한 나라가 '오래된 민족적 증오'와 '부족적인 민족주의'를 버리고 '현대의' 자유주의적이고 코스모폴리탄적인 유럽에 들어올 수 있다는 증거가 된다.

소수자들의 대우가 합법적인 국제적인 관심사가 되었음을 결정하고 나서 유럽의 기관들은 후기 공산주의 나라들에서 국가와 소수자 관계를 개선하도록 하는 데 도움을 주기 위해서 그들이 무엇을 할 수 있을 것인가 라는 질문에 직면하였다. 그들은 대개 세 가지 진로를 따라 나아갔다. 최상의 실천들을 공표하는 것, 최소한의 기준들을 공식화하는 것, 구체적인 사례에 대한 중재들. 이 세 가지 전략들이 1990년대 초 이래로 유럽의 기관들에 의해 사용되었고 소수자 문제들을 향한 효과적이고 지속적인 지역적 접근이 이루어지기 위해 함께 작동하도록 의도된다. 하지만 실제로 자유주의적 다문화주의를 국제화하는 바로 그 생각에 다수의 해결되지 않은 딜레마들을 반영하는 세 가지 전략들 사이에 뚜렷한 긴장이 존재한다.

이 장의 나머지 부분에서 나는 이러한 세 가지 전략들을 차례차례 살펴볼 것이며 각자가 직면한 도전들을 검토할 것이다. 이러한 전략들 내부와 그들 사이에 다양한 불일치들이 있는 데, 이는 주로 자유주의적 다문화주의를 낙관적으로 보려는 시각이 불안한 인종적 갈등이라는 비관적인 의견과 결합하면서 복잡한 의견충돌로 이어진다.

1. '최상의 실천들' 전략

나는 국가 간 국제기구들에 의해 채택된 가장 명백하고 익숙한 전략
―즉 '최상의 실천들'을 공표하는 것 ― 으로 시작할 것이다. 유럽의 기
관들은 소수민족들의 요구를 특히 성공적으로 일을 처리했던 나라들의
예를 확인하고 다른 나라들이 그러한 성공적인 모델들로부터 배우도록
권장하는 시도를 하였다. 이러한 최상의 실천들 전략은 국가 간 국제기
구들이 교육과 건강관리에서 환경과 재정 개혁에 이르는 국내의 정책들
에 영향을 미치고자 하는 모든 상황에서 실질적으로 발견된다. 과거의
15년 동안 우리는 최상의 실천들의 예들이 사람들에게 익숙해지도록
만들기 위해 그것들이 논의되고 보고서와 연구가 출판되는 유럽 내에서
의 연속적으로 이어지는 워크숍들과 훈련 모임들을 목격하였다.

이러한 노력들 중의 어떤 것들은 '옛날의' 역사적으로 중요한 소수
자들과 '새로운' 이민자 소수자들을 포함하는 광범위한 다른 유형의 소
수자들에 초점을 맞추었다. 그러나 1990년대에 주요한 초점은 국제적
인 모니터링을 위해 가장 긴급한 논쟁점으로 여겨진 옛날의 소수자들
에게 맞추어졌다. 모든 유형의 민족적 다양성이 불안정화와 폭력적인
갈등에 대한 동일한 잠재성을 가지고 있지는 않다. 예를 들면, 이주민
노동자들의 존재는 내전 혹은 민족적 폭동의 원인이 거의 되지 않는다.
이주민 노동자들이 학대받고 착취당할 때에조차도, 그들은 세계의 많
은 지역에서 실제로 그런 대접을 받고 있으며, 그들은 좀처럼 무기를
들지 않으며 혹은 국가를 전복하고자 시도하지 않는다. 그 결과 이주민
노동자들의 곤경은 국제공동체에게 아주 위급한 문제가 되지는 않는

다. 국가들이 '통합'의 궁극적인 목표를 가지고 이주민들에게 장기적인 거주와 심지어는 시민권을 보장하도록 하는 권고사항을 포함하는 이주민 노동자들의 대우에 관한 최상의 실천들을 공표하고 증진시키는 적당한 정도의 시도들은 있어왔다.[2] 그러나 서구와 개발도상에 있는 많은 나라들이 계속해서 이주민들을 '임시로' 거주하는 '외국인들'로 간주하고 있고 국제 공동체가 그러한 인식에 도전할 능력이 없거나 기꺼이 그렇게 하지도 않는다. 그 결과 이러한 문제에 관한 국제적인 조치가 소수자 권리 혹은 이주민들을 위한 '다문화적 시민권'이라는 확고한 개념을 증진시키기 보다는 주로 이주민 노동자들의 최소한의 기본적인 인권을 존중받는 것을 보장하는 것과 관련되었다.[3]

유럽의 기관들의 주요 관심사는 다른 유형의 민족적 다양성 — 다시 말해, 오랜 기간 동안 한 국가의 특정 지역 내에 역사적으로 정착했으며

2　예를 들면, 세계국제이주위원회(Global Commission on International Migration)(2005)의 보고서 특히 4장, 카네기재단의 비교시민권 프로젝트의 보고서(Aleinikoff와 Klusmeyer, 2002) 특히 3장, 국제연합의 2004년 '오늘날의 다양한 세계에서의 문화적 자유'에 관한 인간 개발 보고서' 특히 5장, 유네스코의 '국제 이주와 다문화 정책들'에 관한 프로그램(www.unesco.org/migration), 또는 유럽안보협력기구 OSCE(2006), 유럽연합위원회 European Commission(2004), 유럽이사회(European Council)(2004)를 보라.

3　예를 들면, 1997년 이주민 노동자들에 법적 지위에 관한 유럽 협약(1997 European Convention on the Legal Status of Migrant Workers)이나 1990년 모든 이주민 노동자들과 그들의 가족 구성원들의 권리 보호에 관한 유엔 국제 협약(1990 UN International Convention on the Protection of the Rights of all Migrant Workers and Members of their Families)은 내가 2부 2장에 나열한 이민자 다문화주의 정책들 중의 어떤 것도 증진하고자 시도하지 않는다. 켈러가 주목하듯이 '(이민자들)의 삶의 문화적인 차원'은 이러한 협약들에서 거의 완전히 무시된다.(Keller, 1998, p.46) 그 규정을 증명하는 하나의 예는 유럽 협약의 15조항이다. 이것은 '이주민 노동자들의 원래 국가로의 귀환을 촉진하기 위해, 특히 이주민 노동자들의 모국어의 교육을 위한 특별 강좌'를 권장한다. 다시 말해, 이 조항은 모국어 교육을 권장하는 데 그 이유는 단지 이주민들이 '고국'으로 돌아갈 것을 가정하기 때문이다. 이러한 문서들에는 이주민들을 위한 다문화적 시민권을 위한 헌신에 대해서는 어떤 암시도 없다.

이러한 역사적인 정착의 결과로 인해 그 나라의 특정 지역을 자신들의 역사적인 '모국(homeland)'으로서 간주하게 되는 비이민자 집단들과 관련된다. 그 소수자집단의 모국은 이제 더 광범위한 국가 내에 편입되거나 아마 두 개 혹은 그 이상의 나라들로 나뉘어져 있다. 그렇지만 그 소수자집단은 여전히 그 모국에 아주 강한 애착을 가지고 있으며 종종 자기 영토에 자치정부를 세운 현대 국가의 기원 이전의 초기 시대에 관한 기억들을 교육한다. 우리가 '모국 소수집단(homeland minorities)'이라고 부를 수 있는 이런 종류의 집단이 발칸 지역과 카프카스 산맥 지역에서 폭력적인 내전에 관여하게 되고 소수자 문제들의 영역에서 초기의 유럽적인 노력들의 초점이 되었다.

그래서 유럽의 기관들의 첫 번째 전략은 모국 소수자 집단들의 요구에 관한 최상의 실천들을 목록화하고 공표하는 것이었다. 물론 전 세계에 국가들과 모국 소수자 집단들 사이에 상대적으로 평화로운 관계를 유지하는 많은 예들이 있고, 원칙적으로 최상의 실천들의 목록은 아마 광범위한 나라들과 대륙들에서 뽑은 것일지도 모른다. 하지만 분명한 이유들로 인해 유럽의 기관들의 첫 번째 경향은 서구 민주주의 내에서 최상의 실천들을 찾는 것이었다. 더욱이 평화적일뿐만 아니라 인권과 민주주의 국제적인 규범들과 일치하는 예들을 찾기를 원했으며 이러한 고려 사항들로 인해 서구의 예들을 우선시하였다.

만약 우리가 서구에서 최상의 실천들을 찾는다면 두드러진 경향은 드러나는 데 그것은 모국 소수자 집단들을 수용하는 하나의 방법으로서 어떤 형태의 영토적인 자치를 택한다는 것이다. 우리가 제2부 2장에서 보았듯이 서구에서 모국 소수자 집단들의 두 개의 다른 범주들이 존재한다. 그리고 두 가지 사례에서 영토적인 자치를 채택하려는 경향이 있다. 첫 번째 범주는 신세계(미국, 캐나다, 뉴질랜드, 호주)와 북유럽(덴마크의 그린란드 사람들과 스칸디나비아의 사미사람들)의 원주민들이다. 이와 같은 모든 국가들에서 특히 1970년대 이후로 그들의 전통적인 영토(로 남아있는 것)에 대한 어떤 형태의 원주민 자치 정부를 인정하는 쪽으로 전환이 있었다. 이것은 광범위하게 이루어지는 땅의 요구에 대한 해결과 자치정부의 합의, 그리고 어떤 경우에는 일정 정도의 법적 복수주의(예를 들면, 관습법을 인정하는 것)에 반영되어 있다.

모국 소수자 집단의 두 번째 범주는 영국에서 스코틀랜드 인들과 웨일스 인들, 스페인에서 카탈로니아 인들과 바스크 인들, 벨기에서 플랜더스의 인들, 캐나다에서 퀘벡인들, 미국에서 푸에르토리코 인들, 프랑스에서 코르시카 인들, 이탈리아의 남부 티롤에서 독일인 소수자들, 핀란드에서 스웨덴인들, 스위스에서 프랑스인과 이태리인 소수자들을 포함하는 국가 하위의 소수민족들이다. 이 모든 나라들에서 국가 하위의 민족 집단들이 대개 어떤 형태의 연방적 혹은 유사 연방적 권력의 이전과 어떤 형태의 공식적인 언어의 지위를 통해서 상당한 정도의 영토적 자치를 제공받는다.

그러므로 서구의 원주민들과 소수민족들의 사례에서 우리는 영토적인 자치를 허용하는 방향으로 나아가는 경향을 목격한다. 이러한 자치 정권들은 원주민들을 위한 땅의 요구와 법적 복수주의, 소수민족들을 위한 공식 언어 지위, 그리고 그 나라의 다른 지역으로 이동을 한 모국 소수자 집단의 구성원들에게 다양한 비영토적인 형태의 문화적 자치와 같은 다른 소수자 권리들과 협력하여 일을 한다. 정치적 권력의 재배치와 실질적인 국가의 재구조화를 포함하는 아주 강한 형태의 다문화주의도 있다. 그 결과로 인한 변화들이 대부분의 서구 민주주의에서 처음에 아주 논쟁적이었다. 그러나 오늘날 모국 소수자 집단들을 위한 영토적 자치라는 기본적인 개념은 널리 받아들여진다. 예를 들면, 스페인혹은 벨기에가 단일한 형태의 단일 언어 국가로 회귀하리라는 것은 생각조차 할 수 없다. 실제로 모국 소수자 집단들을 위한 영토적인 자치를 채택한 어떤 서구 민주주의도 이러한 결정을 뒤집을 수는 없다.

제2부 4장에서 논의된 이유들로 인해 이러한 모델이 성공적인 것으로 널리 받아들여진다. 이로 인해 국가들이 평화와 민주주의, 개인의 시민권과 정치적인 권리에 대한 확고한 존중, 경제적인 번영과 일치하는 방식으로 어렵고 잠재적으로 폭발적인 문제─다시 말해, 스스로를 자신의 역사적인 영토를 통치할 권리를 가진 독특한 사람들 혹은 민족으로 인식하는 국가 하위 집단의 존재─다룰 수 있게 되었다.

그러므로 몇몇 유럽의 기관들이 영토적인 자치를 모국 소수자 집단들의 수용을 위한 공표되고 권장될 수 있는 하나의 최상의 실천으로 제시하는 것은 놀랍지 않다. 실제로 공산주의의 몰락 이후에 한 유럽의 기관에 의한 소수자 권리에 관한 바로 첫 번째 성명─최초의 1990년 유럽안보협력기구의 코펜하겐 선언─이 영토적인 자치를 지지하기 위해 각별히 노력하였다. 그 선언의 35조항은 다음과 같다.

참여 국가들은 어떤 소수민족들의 민족적, 문화적, 언어적, 종교적인 정체성의 증진을 위한 조건들을 보호하고 만들어내기 위해 착수된 노력들에 주목하며, 이러한 목적들을 성취하기 위한 가능한 수단들 중의 하나로서 그 소수자 집단들의 구체적인 역사적·영토적 환경에 맞게 그리고 관련된 그 국가의 정책들에 맞게 적절한 지방 혹은 자치적인 행정부를 세우는 것이다.

유사한 방식으로 유럽평의회의 의회(Parliamentary Assembly of the Council of Europe)도 또한 '유럽에서 갈등 해결을 위한 격려의 근거로서 자치 지역들의 긍정적인 경험들'에 관한 다수의 선언들을 통과시켰다.[4]

유럽의 기관들이 이러한 예들을 공표하였을 뿐만 아니라 그들을 '표준화'하고자 시도하였다. 내가 1부 2장에서 주목하였듯이 국가 하위의 자치에 관한 과거의 예들에서 '예외들' 혹은 '정상적인' 국가가 보여주는 것, 공화적인 시민권과 단 하나의 공식적인 언어라는 획일적인 관념을 가진 프랑스와 같이 매우 중앙 집중화된 국가라는 정상적인 상태로부터 '일탈들'이 목격되었다. 그러나 이러한 중앙 집중적이고 단일하고 동질적인 국가의 모델은 점차적으로 국가 간 국제기구들에 의해 시대착오적인 것으로 묘사되며, 반면에 복수적이고 다언어적이고 다층적인 국가들이 더욱 올바르게 '현대적인' 접근으로 제시된다. 이런 방식으로 자치의 구체적인 예들이 더욱 파편적이고 확산적이고 다층적인 국가와 주권의 개념이 정상이 되는 현대화의 더욱 광범위한 담론의 범위 안에 놓이게 된다. 이러한 국가와 소수자 관계의 새로운 개념을 표준화함으로써 국제 공동체는 국가들로 하여금 자유주의적 다문화주의의 가치들을 더욱 열린 자세로 검토하기를 희망한다.

이때 모국 소수자 집단들을 수용하기 위한 최상의 실천으로서 영토

---

4 그 의회의 권고 1609를 보라.(2003)

적 자치의 개념을 공표하고 표준화하는 것이 첫 번째 전략이었다. 하지만 이는 최소한 1990년대 초기의 후기 공산주의 국가들과 관련하여서 대체로 완벽한 실패였다. 후기 공산주의 국가들에서 정책입안자들은 예를 들면 카탈로니아 혹은 남부 티롤의 견학 여행에 참가하고 유럽 연합의 비용으로 알프스 산맥에서 혹은 지중해에서 며칠을 보내는 것으로 행복하였다. 그리고 그들은 관용과 다양성의 가치들에 관해 이러한 모임들로부터 아주 많은 것을 배웠다고 말할 정도로 충분히 정치적이었다. 그러나 그리고 나서 그들은 자기 집으로 돌아가 (국가마다 다른) 이전에 존재하는 소수자 집단의 자치를 폐지하고, 소수자 언어권을 축소시키고, 소수자 언어 학교들을 폐쇄하고, 공공서비스에서 소수자들을 해고하고, 어떤 경우에는 소수자들에게서 그들의 시민권을 박탈하는 정책들을 계속해서 지지하곤 했다.

심지어 그러한 명백히 반-소수자 정책들이 채택되지 않을 때에도 어떤 후기 공산주의 국가에서 영토적 자치를 채택하기를 진지하게 고려하려는 움직임이 없었다. 어떤 나라도 민주적인 다민족 연방주의 혹은 공식적인 이중 언어주의 기획을 채택하기 위한 전망을 연구하기 위한 의회의 위원회를 구성하지도 않았다. 요약하자면, 이러한 최상의 실천들로의 노출이 정부 정책에서 어떤 뚜렷한 변화를 고무시켰다는 증거가 없다. 실제로 몇몇의 후기 공산주의 국가들에서 정치 정당들이 그들의 정치적 강령에 영토적 자치에 대한 요구를 포함시키는 것조차 불법이었다. 대부분의 후기 공산주의 국가들에서 이러한 논쟁이 금기로 남아 있었으며 자치라는 그 개념이 정상적인 국가에 속하지 않는 하나의 탈선으로 종종 처리되었다.[5]

유일한 예외는 소수자들이 국가의 영토 일부를 이미 차지하고 있으며 헌법을 위반하여 어떤 자치(또는 스스로 선언한 독립)의 기획을 구성한 사례에서 발생하였다. 이 지점에서 잃어버린 영토의 통제를 회복하기 위해서 어떤 국가들은 그들이 군사적으로 그 영토를 다시 획득할 수 없었을 때 연방주의 장점들을 기꺼이 논의하고자 했다. 예를 들면, 아브하지아(Abkhazia)와 남부 오세티아(South Ossetia)의 분리된 지역들에 대한 통제권을 상실한 후에 조지아 정부는 이 지역들을 다시 통합하는 방법으로서 연방주의에 대한 관심을 표명하였다. 트란스니스트리아(Transnistria)의 분리지역에 대한 통제를 상실한 후에 몰도바 정부는 그 나라를 재결합하는 방법으로서 연방화를 위한 다양한 계획들을 논의하였다. 소수민족 아르메니안들에게 응고로-카라바흐(Ngoro-Karabakh)의 분리 지역에 대한 통제를 상실한 후에 아제르바이잔은 그 잃어버린 영토를 통합하는 방법으로서 자치를 제안하였다. 소수민족 세르비아인들과 크로아티아인들에 의해 통제되는 영토들을 통합하기 위해서 보스니아는 캔토나이제이션(cantonization)의 기획을 채택하였다.[6] 세르비아는 국제적 보호령 하에서 소수민족 알바니아인들에 의해 현재 통제되는 코소보를 재통합하려는 희망으로 자치를 제안하였다. 키프로스는 현재 소수민족 투르크 인들에 의해 통제되는 북쪽 지역을 회복하는 방법으로 연방주의를 제안하였다.[7] 이 모든 사례들에서 반동적인 소수민

---

5   예를 들면, Kymlicak and Opalski, 2001, p.384를 보라.
6   역주 : 캔토나이제이션(cantonization)은 스위스 등의 국가에서 지역을 주와 같은 국가의 하위의 개별적인 단위로 나누는 방식을 일컫는 말이다.
7   크로아티아는 분리된 크라이나(Krajina) 지역이 소수민족 세르비아인들에 의해 통제되었을 때 그 지역에 일시적으로 자치를 제안하였다. 세르비아들인 받아들이지 않았을 때 크로아티아 군대가 침공하였고 그 지역을 탈환하였고 미래에 세르비아 자치의 어떤 가능성도

족들에게 영토에 대한 통제를 잃어버린 국가들은 분리를 받아들이는 것이 유일한 대안으로 여겨질 때에라야 다양한 형태의 자치나 연방주의를 기꺼이 논의하고자 한다.

그러나 자기 영토를 통제하고 있는 후기 공산주의 국가들이 스스로 민주화의 확장된 과정의 일부로서 자신들의 소수민족들을 위해 연방주의나 유사 연방적 자치의 어떤 기획을 채택하는 장점들에 대해 논의하기로 결정하는 사례는 없다.[8] 서구의 최상의 실천들을 모국 소수자 집단들을 위해 공표하고 표준화하는 것은 묵살되었다.

남기지 않기 위해서 세르비아인들을 즉각적으로 추방하였다. 다른 국가들도 또한 분리 지역들을 다루기 위해서 군사적 선택을 시도하였다. 조지아, 몰도바, 아제르바이잔은 모두 자신들의 분리 지역들에 대한 통제를 군사적으로 회복하기 위해서 시도하였다. 그러나 이로 인한 전쟁에서 승리하지 못했고 아브하지아(Abkhazia)와 오세티야(Ossetia), 트란스니스트리아(Transnistria), 응고로-카브라흐(Ngorno-Karabakh)를 위한 자치를 협상 중에 있다. 알리야 이제트베로비치(Alija Izetbegovic)의 보스니아 정부의 최초의 입장은 소수민족의 자치를 위한 어떤 조항들도 없는 중앙 집중적 단일 국가였으며, 현재 자치주로서 나누기 위한 조정은 언제 끝날지 모르는 내전의 결과이다. 이 모든 사례에서 자치를 협상하는 것은 소수민족들이 영토를 차지하고 그 영토를 다시 정복하기 위한 군사적 시도들이 실패했을 때만이 채택되는 마지막 수단이다. 우크라이나의 크림(Crimea)의 사례는 이러한 일반화에 대한 부분적인 예외이다. 크림지역의 러시아계 소수민족들이 무기를 들지 않았고 그 지역에 대한 군사적 통제를 하지 않았지만, 그 지역에 대한 사실상의 통제를 하면서 일방적으로 (그리고 반헌법적으로) 독립을 선언하거나 러시아에 합류할 것을 위협하였다. 이에 대한 반응으로 초기에는 크림지역에서의 러시아 자치의 선언이 전쟁으로 치달을 수 있을 것이라고 위협하였지만(Laitin, 1998, p.10), 우크라이나는 내전을 하기 보다는 결국 그 지역에 대한 특별 자치의 한 형태를 협상하였다.(Marples와 Duke, 1995)

8 가능한 하나의 예외는 소비에트 연방의 일부였을 때 연방 헌법이 있었고 USSR로부터 분리되었을 때 연방적인 형태를 유지한 러시아이다. 그러나 이것은 단지 부분적으로 예외일 뿐이다. 그 이유는 중앙집권적인 러시아 국가가 사실상 USSR의 해체동안 몇몇의 소수 지역들의 통제권을 갖고 있었으며 다양한 수준의 자치 / 주권을 선언함에 따라서 그것의 모든 영토를 통제하지는 않았기 때문이다. 더욱이 다민족 연방주의의 논의가 러시아에서 있었다는 것을 주목하는 것은 중요하다. 많은 러시아 지도자들과 지식인들은 그들이 '민족적 연방주의'라고 부르는 것을 좋아하지 않으며 그것을 독일식의 행정적인 연방주의 ― 소수민족들이 영토적인 자치를 행사하지 않는다 ― 로 대체하고 싶어한다.(Vasilyeva, 1995; Opalski, 2001) 그들이 기존의 시스템을 받아들이는 것은 거의 완전히 전략적이고 과도적이다. 그래서 러시아는 언뜻 보기에는 다른 후기 공산주의 국가들과 전혀 차이가 없어 보인다.

2. 자유주의적 다문화주의의 부재한 출처들과 전제조건들

　모국 소수자 집단들을 수용하는데 있어서 이렇게 강한 저항에 직면하여 다양한 논평자들과 국제적인 활동가들은 민족들의 전근대적인 태도와 그 지역의 문화들에 대해 비난하였다. 특히 언론인들 사이에 하나의 인기 있는 설명은 서구에서 민족주의가 공동의 원칙들에 대한 공유된 충성에 기초한 '시민의(civic)' 민족주의이고 그런 까닭에 소수자 집단들을 더욱 많이 수용하고 있으며, 그 반면에 후기 공산주의 유럽에서의 민족주의는 조상과 피에 기초한 '종족적(ethnic)' 민족주의이고 그런 까닭에 소수자 집단들에게 더욱 적대적이거나 공격적이다.(예를 들면 Ignatieff, 1993) 이러한 설명들에 기초하여 다양한 프로그램들이 문화 간의 교환과 종교 간의 대화를 통해 다양성과 관용을 향한 더욱 '현대적인' 태도를 가르치기를 채택하였다.

　나는 이것이 도움이 되는 답이라고 생각하지 않는다. 후기 공산주의 유럽에서 민족주의가 서구에서보다 더욱 '종족적(ethnic)'이라는 제안을 경험적으로 판단하려는 시도들은 많은 지지하는 증거들을 찾아내지는 못했다. 여하튼 간에 시민의(civic) / 종족적(ethnic)이라는 구분은 국가들이 소수자 민족주의에 어떻게 반응하는지를 설명하지는 못한다. 소위 프랑스와 같은 '시민의' 국가들이 역사적으로 소수민족들에게 영토적인 자치를 부여하기를 꺼려했으며, 시민의 민족주의의 논리 안에 어떤 것도 소수민족들이 자치를 부여받아야 한다는 것을 요구하지는 않는다. 실제로 시민의 민족주의를 옹호하는 많은 이들이 소수자 민족주의가 '종족적' 민족주의라는 바로 그 이유로 자치의 요구를 반대한

다. 그런 까닭에 소수자 민족주의를 위한 장소가 시민의 국가에는 없다. 역으로 '종족적' 민족주의의 논리에는 다른 종족적 민족들에게 자치를 부여하기를 배제하는 어떤 것도 없으며, 하나의 국가 내에서 권력을 공유하는 두 개 혹은 그 이상의 '종족적' 민족들의 많은 역사적인 예들이 있다.[9]

국가 하위의 민족적 집단들을 위한 자치의 반대에 관한 설명을 위해서는 우리가 다른 곳을 검토할 필요가 있다. 그렇게 할 하나의 지점은 서구에서 그렇게 확고한 형태의 소수자 권리를 채택하도록 이끈 조건들을 재조사하는 것이다. 서구에서 자유주의적 다문화주의의 출처들과 전제조건들의 몇 가지는 대부분의 후기 공산주의 국가들에서(그리고 우리가 3부 3장에서 보게 될 세계의 대부분의 국가들에서) 약하거나 부재하다는 것이 현실이다.

제2부 3장에서 나는 이러한 촉진하는 조건들을 두 개의 범주들로 나누었다. 소수자 집단들이 더 나은 권리들을 위해 동원되도록 권장하는 요소들과 주류 집단들과 국가들이 이러한 요구들을 기꺼이 받아들이도록 권장하는 요소들. 이 두 가지 범주들과 관련하여 서구와 후기 공산주의 유럽 사이에 중요한 차이들이 있었다.

소수자 동원이라는 측면에서 서구에서 이를 결정적으로 가능하게 하는 조건은 민주적인 강화였다. 이는 소수자들이 자신들의 열망들과 요구사항들을 발표하는 것으로 인해 감옥에 가지 않고 공격을 받지 않고 혹은 핍박을 받지 않는 것을 보장하는 안전한 정치적 동원을 보장하

---

9 시민의 / 종족적 민족주의의 일반적인 논의들에 포함되는 다양한 혼란들에 대해서는 Kymlicka, 2001, 12~15장을 보라.

는 것이었다. 1990년대 초에 후기 공산주의 유럽에서 이러한 보장이 존재하지 않았다. 소수자들이 그들이 안전하게 동원될 수 있을 것이라는 확고한 자신감이 결여되었다. 실제로 많은 경우에 공산주의 독재의 몰락 이후 오랫동안 민족의 정치적인 동원은 불법이었으며 혹은 경찰의 괴롭힘을 당하기 쉬웠다. 가장 안전한 선택은 몸을 숨기고 있는 것이었다. 이는 어느 정도는 경찰, 법정, 군대가(자신들의 소수자들이 추방된 후에도 종종) 지배적인 집단의 영향 아래에 있었기 때문이었다.

이러한 두려움에도 불구하고 그 지역의 많은 소수자 집단들은 자치와 언어권을 위해 동원되었다. 이는 부분적으로 새로운 헌법들이 모든 후기 공산주의 국가들에서 입안되고 있었고, 이런 헌법들이 미래를 위한 정치 현장의 규칙들을 설정하고 있었기 때문이다. 그러므로 소수자들이 그들의 관심사를 말하려고 시도하는 것은 중요하였다. 어떤 형태의 영토적인 자치를 요구하는 집단들은 다음과 같았다. 세르비아의 소수민족 헝가리아인들과 알바니아인들, 조지아의 소수민족 아브하즈인들과 오세티야인들, 루마니아의 소수민족 헝가리아인들, 아제르바이잔의 소수민족 알바니아인들, 에스토니아의 나르바 지역과 카자흐스탄의 북부에 소수민족 러시아인들, 우크라이나의 소수민족 루마니아인들, 리투아니아의 소수민족 폴란드 인들, 서부 마세도니아의 소수민족 알바니아인들.

그러므로 서구와의 진정한 차이는 소수자 동원의 범위에 있는 것이 아니었고 오히려 소수자의 요구들에 대한 국가의 반대 강도에 있었다. 서구에서 이러한 요구들은 진지하게 논의되었고 많은 경우에 최소한 부분적으로라도 받아들여졌다. 후기 공산주의 유럽에서 그것들은 벽돌로 된 벽으로 달려드는 것이었다.

왜 그러한가? 국가들과 지배적인 민족 집단들이 소수자의 요구들을 받아들이는 데 있어서의 위험을 낮추게 한 서구의 두 가지 핵심적인 전제 조건들은 ⓐ 신뢰할 수 있는 인권 보호 장치들의 존재와 ⓑ 민족적 관계의 탈안보화였다. 이것들 중의 어느 것도 1990년대 후기 공산주의 유럽에는 존재하지 않았다.

서구의 주류들에게 인권을 보호하기 위한 확고한 법적인 매커니즘들의 강화와 인권 문화의 더욱 일반적인 개발이 자치에 대한 소수자들의 요구를 수용하는 것이 개인의 기본적인 안전 혹은 시민권이 위험에 처해질 수도 있는 독재의 고립지역으로 나아가지 않도록 하는 보증을 해주었다. 이러한 보증이 소수자의 권리에 관한 논쟁에 포함된 이해관계를 극적으로 낮추어 주었다. 하지만 1990년대 초에 후기 공산주의 유럽에서 이러한 보장이 부재하였다. 지배적인 집단들은 자치가 이루어지는 소수자 지역들에서 그들이 공정하게 대우를 받을 수 있을 것이라는 자신감이 결여되었다. 실제로 소수자들이 영토를 점유하고 그들의 자치 정부들을 세운 경우에 그 결과들은 철저한 민족 청소는 아닐지라도 소수자 집단에 속하지 않는 어떤 사람에게 다양한 형태의 차별과 괴롭힘이 이루어졌다. 소수민족 알바니아인들이 자치 / 주권을 선언하였을 때 그들은 조지아의 아브하지아(Abkhazia) 지역에서 쫓겨나게 되었다. 소수민족 크로아티아인들이 자치를 선언하였을 때 그들은 슬라보니아의 세르비아인 지배 지역에서 쫓겨나게 되었다. 소수민족 세르비아인들이 자치를 성취하였을 때 그들은 알바니아인이 지배하는 코소보에서 쫓겨나게 되었다. 인권이 존중되는 것을 보증하기 위해 어느 쪽도 효과적인 법적 제도들과 공평한 경찰에 기댈 수가 없었다.

개인의 안전에 대한 이러한 두려움들이 국가의 안전에 관한 지정학적인 두려움들에 의해 더욱 배가되었다. 서구에서의 다민족 연방주의의 채택을 위한 하나의 핵심적인 전제조건이 국가와 소수자 관계의 '탈안보화(desecuritization)'였다. 서구에서 소수민족들과 원주민들과 관련하여 그들이 국가의 적들과 협력할 것이라는 두려움이 더 이상 없다. 이는 자치에 대한 요구가 '정상적인' 민주적 정치로 취급되는 것을 허용한다. 하지만 후기 공산주의 유럽에서 모국 소수자 집단들을 이웃의 적들과 협력할 수도 있는 잠재적인 제5열로 인식하는 것은 여전히 설득력이 있고 이로 인해 민족 관계들이 매우 안보화되어 있다.

이러한 인식을 이해하기 위해서 우리는 그 지역의 역사를 상기할 필요가 있다. 중부와 동부 유럽에서 국가들의 현재적 지형은 1차 대전 이후의 세 개의 제국들―러시아의 로마노프 제국, 오스트리아-헝가리의 합스부르그 제국, 터키의 오토만 제국―의 몰락과 더욱 최근에 1989년의 소비에트 제국의 몰락의 결과이다. 이러한 제국들 각자는 몇몇의 민족 집단들의 모국을 포함하였는데, 이들 중의 많은 민족 집단들이 이전의 제국들의 잿더미에서 독립국가의 지위를 얻었다.(예를 들면, 폴란드인들, 루마니아인들, 체코인들, 슬로바키아인들, 불가리아인들, 세르비아인들, 라트비아인들 등)

제국의 몰락의 흔적에서 국가의 형성의 이러한 과정은 모국 소수자 집단들과 관련하여 몇 가지 독특한 안전 문제들을 일으켰다. 첫째, 이러한 새롭게 독립한 국가들의 경계들이 전형적으로(그리고 필연적으로) 자신의 민족 집단의 어떤 구성원들이 새로운 국경선의 '잘못된' 쪽에 남게 되었다. 독일과 폴란드 사이의 경계가 그어졌을 때 국경의 폴란드 쪽에는 많은 독일 민족들이 있었다. 유사하게 헝가리와의 국경의 루마니아 쪽에는 대규모의 헝가리인 들이 있었으며 혹은 러시아와의 국경의 라트비아 쪽에는 러시아인들이 있었으며 혹은 터키와의 국경의 불가리아 쪽에는 터키인들이 있었으며 혹은 국경의 마케도니아 쪽에는 알바니아인들이 있었다. 이들은 종종 그들의 민족적 동족이 이웃나라를 지배하고 있고 그들이 자신들이 살고 있는 나라보다는 동족의 나라에 더 높은 충성심을 가지고 있을 것이라고 추정되기 때문에 '동족 나라 소수자들(kin-state minorities)'이라고 불린다. 그 결과 그러한 소수자들이 민족통합주의자(irredentist)로 종종 추정된다. 즉, 그들이 살고 있는 영토를 그들의 동족 국가에 (재)결합시키기 위해서 국제적 경계선을 다시 긋기를 원한다. 실제로 어떤 국가들이 20세기의 다양한 지점에서 그랬던 것처럼 만약 동족 국가가 이러한 영토를 요구하기 위해서 그 나라를 군사적으로 침공한다면 그들이 자발적으로 그들의 동족 국가와 협력을 할 것이라고 종종 추정된다. 어떤 국가도 이러한 상황에서 자발적으로 소수자 집단에게 자치권을 부여하기는 쉽지 않다.

모국 소수자 집단들이 민족통합주의 동족 국가의 소수자 집단들을 형성할 때 민족적 관계가 국가 안보에 위협으로 인식될 수 있을 가능성이 아주 높다.[10] 그러나 이것은 필연적이지는 않다. 이 문제를 완화시키거

---

10 후기 공산주의 유럽에서 국가들, 소수민족들, 그리고 동족 국가들 사이의 '삼자적 관계'의 중심성에 대해서는 Brubaker, 1996를 보라. 대조적으로 서구에서 소수민족들의 패러다임적 사례들 중에 많은 것들은 동족 국가가 없다.(예를 들면, 카탈로니아 인들과 바스크인들, 스코틀랜드인들과 웨일스인들, 퀘벡인들, 푸에르토리카 인들) 심지어 스위스의 프랑스계 인들과 이태리계 인들은 엄격히 말해서 동족 국가 소수민족들로 적절하게 간주되지 않는다. 그린이 주목하듯이 스위스에서 단일성을 유지하는 일은 쉽게 이루어진다. 그 이유

나 악화시킬 수 있는 요소들이 있다. 이 문제를 완화시키는 하나의 요소는 이웃의 국가들이 가까운 동맹들이고 더 광범위한 지역 공동체와 안보 체제들로 통합이 되어 동족 국가가 자기의 이웃을 불안정하게 하는데 전혀 관심이 없는가 하는 것이다. 이것이 정확히 서부 유럽에서 동족 국가 소수자들의 문제로 인한 긴장을 완화시킨 것이었다. 과거에 벨기에, 덴마크, 그리고 이탈리아는 그들의 독일인 소수민족들에게 강한 권한을 주는 것을 거부하였다. 그 이유는 그들이 독일에 1차적인 충성을 하는 동족 국가 소수자 집단들로 인식되었기 때문이다.[11] 그러나 일단 독일이 유럽연합과 북대서양조약기구의 결과로서 잠재적인 적이라기보다는 가까운 동맹이 되었을 때 독일인 소수자들의 국경을 가로지르는 협력은 중요하지 않게 되었다. (실제로 지역 통합의 계속된 과정들 속에서 잠재적인 자산으로 간주되었다)[12] 하지만 1990년대 후기 공산주의 나라들에는

는 스위스의 프랑스를 사용하는 지역이 '그것의 역사의 어떤 부분에서도 (부분적인 병합과 함께 나폴레옹의 통치의 짧은 기간을 제외하고) 결코 프랑스의 일부가 되지 않았다. 불어를 사용하는 스위스는 결코 프랑스인들의 후손들이거나 사촌이 아니다. (…중략…) 유사하게 독일어를 사용하는 스위스는 결코 독일의 일부가 된 적이 없으며 이태리어를 사용하는 스위스는 결코 이태리의 일부 인 적이 없다.'(Grin, 1999, 5)

11 실제로 양 세계 대전 사이의 유럽과 국제연맹(League of Nations)에서 전반적인 소수자 권리 운동이 이웃의 국가들을 불안정하게 만들고자 하는 도구로서 독일인 소수민족들을 이용하는 독일의 음모로 종종 인식되었다. 양차 대전 사이 기간에 주요한 범유럽 소수민족 조직은-유럽민족회의(Congress of European Nationalities)가 1925년에 설립됨-많은 비독일인 소수자들 포함하였지만 주로 발틱해 연안 국가들에서 온 독일인 소수민족에 의해 조직되었고, 바이마르 공화국 동안과 나중에 나치 하의 기간에는 독일 외국 사무국에 의해 주로 투자되었다. 나치가 유럽민족회의와 소수자 문제를 이웃의 국가들을 불안정하게 하는 도구로서 이용했다는 것은 아주 명백하다. 1920년대에 그 회의의 원래의 조직자들의 의도들에 관해 더 많은 논쟁이 있다. 많은 핵심적인 인물들이 독일 민족통합주의 혹은 우월주의보다는 소수자 권리의 자유주의적 모델에 순수하게 헌신되었다는 논점에 대해서는 Housden, 2006를 보라.

12 동일한 것이 민족성(ethnicity)에 의해서 이웃하는 국가에 연결되는 서구의 잠재적인 '동족 국가 소수자'에게도 적용된다. 스위스 혹은 벨기에에서 프랑스인들은 프랑스를 위한 제5열로 간주되지 않는다. 플란다스인들은 네덜란드를 위한 제5열로 간주되지 않는다. 핀

잠재적인 적들을 동맹국으로 전환시킬 수 있는 유럽연합과 북대서양조약기구에 버금가는 것이 없었다. 지역적 안보 협정의 부재 가운데서 후기 공산주의 나라들은 자신들의 모든 이웃들을 불신하는 홉스적인 자연의 상태 속에 있었다.[13] 그리고 이런 맥락에서 동족 국가 소수자 집단들의 추정되는 불충성은 재빨리 안보의 위협으로 인식되었다.

동족 국가 소수자들의 문제를 완화하거나 악화시킬 수 있는 또 다른 요소는 국가, 그것의 소수자들, 그리고 이웃하는 동족 국가 사이에 힘의 균형이다. 만약 한 국가가 약한 적들을 마주하면서 그들이 내부적인 민족통합주의 소수자들이건 국경 너머의 동족 국가들이건 간에 스스로 강한 국가라고 느끼게 되면 국가 안보에 대한 인식된 위협은 분명히 줄어든다. 불행하게도 후기 공산주의 세계에서 힘의 균형은 이 문제를 완화시키기보다는 악화시키는 경향이 있었다. 많은 경우에 제국의 몰락 이후에 독립을 획득한 민족 집단들이 역사적으로 지배적이었던 소수자들과 동족 국가들을 마주하게 될 때 자신 스스로를 역사적으로 약한 무리들로서 간주한다. 그 결과는 '소수화된 다수자들(minoritized majorities)'로서 알려진 현상이 발생하는데, 이는 다수가 자신들이 약하고 희생을 당한 소

란드에서 스웨덴인들은 스웨덴을 위한 제5열로 간주되지 않는다. 이는 서부 유럽에서 소수민족 정치를 '탈안보화하는'데 있어서 유럽연합과 북대서양조약기구의 특별한 성공을 입증한다. 하지만 기억은 쉽게 사라지지 않는다. 소수자 권리와 지역적인 자치의 유럽적인 규범들을 개발하기 위한 1990년 이후의 움직임은 나치, 바이마르 공화국, 그리고 카이저에 의해 이전에 사용된 동일한 전략들을 재생하는 것을 통해 이웃나라들을 불안정하게 하려는 독일의 음모라는 주장에 대해서는 Hillard, 2002를 보라. (그의 열광적인 의견에 관한 영어판 발췌문은 *Geostrategies* 4호에 출판되었고 다음 주소에 게시되었다 http://www.strategicsinternational.com/4enhilard.htm

13 역주 : '홉스적인 자연의 상태(Hobbesian state of nature)'는 곧 주권자와 개인이 맺은 사회계약을 통해 획득된 공동체(사회)가 와해된 상태를 가리킨다. 결국 이러한 상황에서 인간은 자기보존을 위해 자기가 원하는 대로 자연권을 행사하고 타인의 자연권의 침해를 금하는 법도 도덕도 아닌 그 필연으로서 만인의 만인에 대한 투쟁의 상태가 된다는 것이다.

수자들인 것처럼 계속해서 생각하고 행동을 하며 자신들의 존재에 대한 실존적인 두려움 가운데서 계속해서 살아가게 된다는 것이다.[14]

이는 후기 공산주의 세계에서 만연하는 현상이지만 서구에서 실질적으로 알려져 있지 않기 때문에 설명이 필요하다. 만약 어떤 이가 그 숫자들을 보기만 하고 그 역사적 배경을 무시한다면 대부분의 후기 공산주의 국가들에서 동족 국가의 소수자들은 아주 적은 수이고 약할 뿐인 것으로 보일지도 모른다. 예를 들면, 슬로바키아의 소수민족 헝가리인들이 그 인구의 15퍼센트 정도 되고 그에 따라 그 나라의 압도적인 다수 민족인 슬로바키아인들과 관련하여 상대적으로 무력하다. 그러나 역사적으로 헝가리아인들은 더 광범위한 합스부르크 제국 내에서 특권적이고 지배적인 집단의 구성원들이었고 그 지역의 헝가리의 주도권을 만들기 위해 합스부르그 정책들의 적극적인 협력자들이었다. 대조적으로 소수민족 슬로바키아인들은 종속적인 집단이었고 강압적인 '마자르화' 캠페인에 종속되었다. 독립 후에 이러한 계급제도가 물론 역전되었다. 슬로바키아인들이 지금은 지배적인 집단이고 헝가리인들은 슬로바키아 국가건설 정책들에 종속된 위협받는 소수자들이다. 그러나 기억은 여전히 남아 있다. 슬로바키아인들은 소수민족 헝가리인들을 그들의 동족 국가에 충성을 하는 잠재적으로 민족통합주의적인 집단으로서가 아니라 슬로바키아 언어와 문화를 억압하기 위해 지배적인 제국의 권력과 협력을 했던 역사적으로 강하고 특권적인 집단으로 간주한다. 그리고 효과적인 지역적 안전협정의 부재로 이것 ─ 즉 헝가리인 소수

---

14 이 표현은, 내 생각으로, Tove Skutnabb-Kangas에 의해 만들어졌다. 발틱해 연안지역에 적용되는 것에 대해서는 Druviete, 1997를 보라.

자들이 헝가리의 동족 국가와 협력을 하여 다시 한 번 슬로바키아인들을 종속시키고 그들의 국가적 독립을 분쇄시킬 것 — 이 다시 일어날 수 있는 두려움이 여전히 남아 있다.

우리는 동일한 현상이, 일부만을 열거하자면, 폴란드에서 독일인 소수민족들에 대해서, 루마니아와 세르비아에서 헝가리인 소수민족들에 대해서, 발틱해 연안, 우크라이나, 몰도바에서 러시아인 소수민족들에 대해서, 크로아티아와 보스니아에서 세르비아인 소수민족들에 대해서[15], 불가리아에서 터키인 소수민족들에 대해서 발생하는 것을 목격한다. 이 모든 경우들에서 소수민족들이 (옳든지 그른지 간에) 역사적으로 다수 집단을 억압했던 외부의 세력들과 동맹들 혹은 협력자들로서 간주되고, 그에 따라 다수의 집단이 '소수화된 다수자'의 역할을 한다.[16]

간단히 정리하면, 몇몇의 요인들이 작용하여 후기 공산주의 유럽에

---

15 유고슬라비아는 소련 연방이 그러했던 방식으로 '제국'이 아니었고, 세르비아는 러시아가 그러했던 방식으로 '제국적 강대국'이 아니었다. 그러나 세르비아는 유고슬라비아 안에서 지배적인 집단이었으며, 보스니아인들과 크로아티아인들 사이에서 민족주의적 지도자들은 다른 공화국들에 있는 세르비아계 소수들을 도구로 사용하여 유고슬라비아(의 일부)를 '위대한 세르비아'로 바꾸려는 시도로서 그들이 인식하는 것에 대항하여 끊임없이 싸움을 벌이고 있었다.

16 이러한 분석은 아르준 아파듀라이의 견해와는 다르다. 그는 소수자들이 더 작을 때 폭력이 일어나기 쉽다고 주장하며 그는 이를 '적은 수의 불안'이라고 부른다. (2006, p.8) 아파듀라이에 따르면 아주 적은 수의 소수자들은 민족적 순수함이라는 다수의 환상의 성취에 '작은 장애'처럼 보인다. 그리고 소수민족의 수가 적으면 적을수록 다수가 이러한 환상을 성취할 수 없다는 것에 대해 느끼는 '분노가 더 깊어진다'. (2006, p.53) 그러나 그가 소수자들에 대한 폭력에 대해 가장 일반적으로 인용하는 예는 인도에 1억의 강한 무슬림 소수자와 관련된다. 이는 사실상 세계에서 가장 큰 규모의 소수자이다! 그리고 그가 다른 곳에서 주목하듯이 이러한 (그렇게 작지 않은) 장애에 대해 힌두인들이 느끼는 불안은 무슬림 소수자가 인도의 이웃 무슬림 국가들과 협력을 할 것이라는 더 광범위한 지정학적 두려움과 밀접하게 연결된다. 그러므로 그가 제시하는 예는 그들의 적은 숫자가 아니라 두려움을 발생시키는 그들의 잠재적인 지역의 동맹들과의 연합에 소수자들의 강점이 있다는 것을 나타낸다.

서 민족적 관계의 안보화를 악화시켰다. 자치를 추구하는 모국 소수자 집단들의 현상은 가장 좋은 상황에서 어려움들을 제기한다. 왜냐하면 이것이 한 국민을 대표하고 이것의 합법성을 분할되지 않은 민중의 주권으로부터 획득하기 위한 국가의 요구에 도전하기 때문이다. 그러나 이러한 도전은 다음의 상황에서 더욱 커지고 더욱 안보화될 가능성이 있다. ⓐ 모국 소수자 집단들이 이웃하는 동족 국가에 대한 충성심을 가진 잠재적인 민족통합주의자들이 될 때, ⓑ 이러한 이웃하는 동족 국가들이 이웃하는 국가들에서 현재 다수를 형성하는 민족 집단들을 역사적으로 종속하였던 이전의 제국주의적 강대국일 때, ⓒ 불침략을 보장하는 지역적 안전 협정이 없을 때. 후기 공산주의 유럽에서 그러한 것처럼 이러한 요인들이 존재할 때, 가능한 결과는 민족적 관계의 만연된 안보화이다.

이러한 안보화는 그 지역의 소수자들에 관한 공적인 논쟁을 지배하는 세 가지 가정들에 잘 반영되어 있다. ⓐ 소수자들이 국가에 대한 충성심이 부족하다는 의미에서 뿐만 아니라(퀘벡이나 스코틀랜드에서 분리주의자들에게도 동일하게 해당되는 것이다), 그들이 이전의 압제자들과 협력을 하였고 현재의 적들 혹은 잠재적인 적들과도 계속해서 협력을 한다는 더욱 강한 의미에서 소수자들이 불충하다는 것.[17] ⓑ 강하고 안정된 국

---

17 이렇게 만연된 충성 / 불충성의 수사는 어떤 나라들에서는 헌팅턴의 '문명들의 충돌' 명제의 지방적 변형에 의해서 더욱 악화된다.(Huntington, 1996) 이러한 견해에 따르면 세계는 본질적으로 종교에 기반을 두고 있고 대체적으로 본래부터 타고난 갈등 가운데 있는 독특한 '문명들'로 나누어진다. 그래서 코소보에 대한 세르비아인들과 알바니아인들 사이의 갈등은 언어, 문화, 혹은 민족 사이의 갈등일 뿐만 아니라 문명들 — 정통적인 기독교 문명과 무슬림 문명 — 사이의 갈등이다. 두 개의 문명들이 하나의 국가 내에 동등한 파트너들로서 존재할 수 없다. 하나의 문명이 지배적이어야 하고, 다른 것은 종속적이어야 한다.(그런 까닭에 불충한 경향이 있다) 이러한 문명들의 충돌의 견해는 기독교인들과 무슬림들

가는 약하고 권력이 없는 소수자들을 필요로 한다. 다시 말해, 민족적 관계는 제로섬 게임으로 간주된다. 소수자에게 이득을 주는 어떤 것은 다수에게 위협으로 간주된다. ⓒ 소수자들의 대우는 무엇보다 국가적인 안보의 문제이다.[18]

그래서 서구의 지배적인 집단들로 하여금 자유주의적 다문화주의를 받아들이도록 한 주요한 요인들 — 즉 인권의 보장과 탈안보화 — 가 1990년대 후기 공산주의 유럽에서 부재하거나 단지 약하게 존재할 뿐이었다. 이 사실을 고려할 때 자유주의적 다문화주의의 최상의 실천들을 공표하고 정상화하려는 시도들이 후기 공산주의 유럽에서 무시되었던 것은 별로 놀라운 것이 아니다.[19] 자치를 추구하는 모국 소수자 집

사이에서의 갈등뿐만 아니라 정교회와 카톨릭 사이에서의 갈등(예를 들면, 루마니아에서) 속에서 혹은 프로테스탄트들과 정교회 사이에서(예를 들면, 에스토니아에서) 불러일으켜 진다. 사람들이 이러한 문명들의 충돌에 관한 전제를 받아들일 때 소수자들을 위한 공평함 이나 정의에 관한 질문들을 위한 공간이 없다. 충돌하는 문명들 사이의 관계는 권력과 안 보의 문제이지 정의의 문제가 아니다.

18 이러한 불충 / 안보 / 제5열의 견해에 관한 논의들을 위해서는 Andreescu, 1997(루마니 아에서 헝가리인들에 대해서); Mihalikova, 1998, pp.154~157(슬로바키아에서 헝가리 인들에 대해서); Nelson, 1998, Solchanyk, 1994 and Jaworsky, 1998(우크라이나의 러시아인들에 대해서); Offe, 1993, pp.23~24; Strazzari, 1998(마케도니아의 알바니 아인들에 대해서); Petti, 1998(발틱해 지역의 러시아인들에 대해서)를 보라.

19 후기 공산주의 유럽에서 영토적 자치에 대한 반대는 주로 안보 두려움이거나 혹은 그런 이유 로 인한 것일 뿐만 아니라, 민족 집단들이 영토적으로 집중되었다기보다는 혼합되는 방식 혹은 '단계적 확대'와 '확산'에 대한 두려움과 같은 다른 요소들의 결과라고들 말한다.(Offe, 1998, 2001) 단계적 확대는 내적인 자결이 허용된 집단들이 자신들의 요구를 완전한 분리 로 확대할 것이라는 두려움이다. 확산은 만약 내적인 자결이 자신들의 의견을 크게 말하거나 잘 동원된 하나의 집단에게 주어진다면 이전에 순응적이었던 다른 집단들이 갑자기 나타나 서 그들의 자치를 요구할 것이라는 두려움이다. 하지만 단계적 확대와 확산의 동일한 두 가지 두려움들이 서구에도 또한 존재하였지만 서구의 국가들은 그럼에도 불구하고 내적 자치를 진행하였다. 적어도 서구적 맥락에서는 단계적 확대와 확산에 대한 두려움들이 과장 된 것이 드러났다. 유사하게 후기 공산주의 나라들에서 소수자들의 영토적인 집중의 수준은 서구에서의 소수자들의 영토적 집중과는 실질적으로 다르지 않다.(나는 Kymlicka, 2002에 서 영토적 집중, 단계적 확대, 확산에 관한 Offe의 주장을 비판한다) 만약 왜 영토적 자치에 대한 반대가 서부유럽에서보다 후기 공산주의 유럽에서 훨씬 더 강한가에 대한 이유를 우리

단들은 국가의 안보에 지정학적인 위협, 그리고 잠재적으로 자치 영토에 살아가는 사람들의 개인적인 인권에 대한 위협으로 종종 간주되었다. 이러한 상황에서 만약 다민족 연방주의의 서구적인 모델들에 대해 아주 진심어린 관심이 있다면 그것은 실제로 놀라운 일일 것이다. 대신에, 대부분의 후기 공산주의 국가들은 서구가 그 모델을 **시대에 뒤처진** 것으로 묘사할지라도 민중의 주권이라는 단 하나의 구별이 없는 개념에 기반을 둔 중앙 집중적이고 단일적이고 단일 언어의 민족 국가들로 전환시키는 목표에 견고하게 매달려 있었다.[20]

그 지역에서 제국주의와 협력의 독특한 역사는 서구적인 모델들의 채택에 있어서 또 하나의 중요한 장애물 — 즉 역사적인 부당함(injustice)에 대한 인식들 — 을 만든다. 많은 후기 공산주의 국가들에서 역사적인 잘못들이 아직 인정되지 않았고 치료되지도 않았다는 강한 인식이 있다. 어떤 이들은 역사적인 옳음과 그름에 대한 이러한 초점이 동유럽에서의 독특한 것이며 서구의 민주주의는 이러한 '뒤를 돌아보는' 역사에 대한 집착을 넘어섰으며 대신에 '미래를 바라보는' 공존의 초점을 맞춘다고 말한다. 역사적인 부당함에 관한 감정들이 많은 후기 공산주의 국가들에서 깊이 흐르고 있는 것은 확실한 사실이다. (만약 당신이 코소보에서 알바니아인들의 권리에 관해서 세르비아인에게 물어본다면 그 / 그녀는 '당신은 1389년에

가 이해하기를 원한다면 우리는 단계적 확대와 확산의 문제들을 그렇게 위협적인 것으로 만드는 기저에 놓인 요인들을 이해할 필요가 있다. 그리고 이것들은 안보화, 역사적인 계급제도, 권리보호를 위한 매커니즘들에 대한 자신감의 결여라는 복합적인 요인들과 관련된다고 나는 주장하고 싶다.

20 이는 특히 프랑스의 자코뱅당주의 전통에 영향을 받은 루마니아나 터키와 같은 나라들에 해당된다. 후기 공산주의 유럽에서 이러한 이데올로기의 장점에 대해서는 Liebich, 2004를 보라.

무슨 일이 일어났는지를 이해할 필요가 있다'고 말할 가능성이 높다) 그러나 나는 동일한 것이 많은 서구의 국가들에서도 사실이라고 또한 생각한다. 역사적인 부당함에 대한 호소가 서구에서 점차적으로 일반적이 된다. 노예제와 인종차별 분리정책의 역사적인 잘못에 대해서 아프리카계 미국인들에게 보상하는 문제에 대한 글이 최근에 폭발적으로 늘어난 것을 생각해보라.(Robinson, 2000, Brooks, 2004) 역사적인 부당함의 수정에 대한 요구는 뉴질랜드, 호주, 캐나다에서의 원주민들과 심지어는 어떤 이민자 집단들 — 예를 들면, 제2차 세계대전에 그들을 구금한 것에 대한 사과와 보상을 추구하는 일본계 미국인들과 일본계 캐나다인들(James, 1999) — 에 의해 이루어지는 동시대적 동원의 중요한 일부이다.[21] 내가 제2부 3장에서 주장했듯이, 실제로 서구에서 자유주의적 다문화주의의 발생은 역사적인 민족적 인종적인 계급제도의 부당함에 대한 인식과 인정과 밀접하게 연관된다.

그러나 우리가 방금 봤듯이 서구와 후기 공산주의 유럽에서 역사적인 계급제도의 본질에는 중요한 차이가 있다. 서구에서 역사적으로 자신을 학대한 국가로부터 사과와 보상을 추구하는 것은 거의 항상 **소수자**이다. 그런 까닭에 역사적인 부당함에서 나오는 논의는 소수자 권리 요구를 강화시키고 다수와 소수자 사이에 더 나은 평등을 위한 논의를 지지하는 데 영향을 미친다. 이는 다수가 '우리가 결코 다시 당신들을 추방하고, 종속시키거나 억압하지 않을 것이라고' 말하도록 압력을 가하는 작용을 한다.

---

21 역사적인 잘못들에 대한 보상과 교정에 대한 서구에서의 운동들의 장점에 대한 거대한 양의 문헌이 있다. 예를 들면, Barkan, 2000; Torpey, 2006; Weiner, 2005.

후기 공산주의 나라들에서 외국의 적들과의 협력을 하는 소수자들의 영향 아래서 종종 억압의 희생이 되었다고 느끼는 것은 전형적으로 **다수**이다. 그래서 다수는 결코 다시 국가에 불충하는 소수자가 되지 않을 것이라는 말을 하는 방법으로 소수자가 죄의식을 표현하고 사과하기를 원한다. 우리는 체코 공화국에서 독일인 소수민족에 대해서, 슬로바키아에서 헝가리인 소수민족에 대해서, 발틱해 연안 지역에서 러시아인 소수민족에 대해서 이러한 것을 목격한다.

간단히 요약하면, 서구와는 달리 후기 공산주의 논쟁에서 중심적인 역사적인 부당함이라고 하는 것은 동족 국가 혹은 외국의 힘과 협력을 하는 소수자들에 의한 다수 집단들의 역사적인 억압이라는 것이다. 비록 우리가 제3부 3장에서 볼 것이지만 아프리카와 아시아에서 상응하는 사례들이 또한 있지만, 내 생각으로 이것이 동부유럽을 서구적인 경험(아마 키프러스는 제외하고)과 확실히 구별 짓는다.

이런 맥락에서 역사적인 부당함에 관한 논의들은 소수자의 권리 요구에 **반하여** 작용한다. 더 광범위한 국가에 의해 행해진 역사적인 부당함들이 없었다면 서구에서 모국 소수자 집단들이 자신들의 현재 모습보다 더욱 더 강해졌을 것이다. 예를 들면, 더욱 광범위한 지역에 걸쳐서 소수자의 언어를 사용하고 그 문화를 실천하는 사람들이 더 많았을 것이다. 소수자의 권리는 부분적으로 이러한 피해를 인정하고 고치는 하나의 방법으로 간주될 수 있다. 하지만 후기 공산주의 나라들에서 역사적인 부당함이 다수를 희생하여 소수자의 언어와 문화의 범위와 세력을 확장하는 것으로 종종 간주된다. 실제로 그들의 논리적인 결론으로 이끌어지는 역사적인 부당함의 논점들은 만약 그들의 존재가 그러한 역사적인 부당함과 연관되는 것이라면 소수자들이 그 국가의 영토에 존재할 권리가 없다는 것을 암시할 수도 있다. 불의한 러시아와 소비에트 제국주의가 없었다면 발틱해 연안지역에는 러시아인들이 별로 없었을 것이다. 불의한 오토만 제국주의가 없었다면 불가리아에 터키인들이 별로 없었을 것이다. 만약 목표가 이러한 역사적인 부당함에 의해 만들어진 잘못들을 치료하는 것이라고 한다면 러시아인들을 추방함으로써 혹은 그들이 에스토니아와 라트비아 문화에 동화되도록 요구함으로써 발틱해 연안지역의 러시아화를 원래 상태로 되돌리기를 시도하지 않는가? 터키인들을 추방함으로써 혹은 그들이 불가리아 문화에 동화되도록 요구함으로써 오토만 제국 하의 불가리아의 터키화를 원래상태로 되돌리기를 시도하지 않는가?[22]

간단히 정리하면, 서구에서 역사적인 부당함을 교정하는 것에 대한 논의들이 다수와 소수자 사이에 권리와 자원들의 더욱 공평한 분배를 위한 소수자의 요구를 강화시키기 위해 작동하는 반면에 후기 공산주의 나라들에서 그러한 논의들이 소수자의 요구를 약화시키고 실제로 소수자의 존재의 바로 그 합법성에 의문을 제기하기 위해 불러일으켜진다.

인권의 보호, 지정학적인 안보, 역사적인 부당함에 있어서 이와 같이 뿌리 깊은 차이들은 다민족 연방주의의 서구적인 모델들의 채택에 대

---

22 이것은 정확히 예를 들면 모든 터키 사람들이 불가리아 민족의 이름들을 채택하도록 강요함으로써 1980년대에 불가리아가 시도했던 것이다. 그 당시에 불가리아의 공산주의 정부는 터키인들을 강제로 동화시키는 것은 오토만 사람들이 슬라브 사람들로 하여금 이슬람으로 개종하고 터키 문화에 동화되도록 하는 부당한 압력을 단지 역전시키는 것이라고 주장하였다.(Tomova, 1998)

한 반대를 위한 분명한 근거가 된다. 물론 이 모든 경우에서 안보 위협과 역사적인 잘못들에 관한 명백한 사실들을 이것들이 인식되고 논의되는 방식과 구분하는 것은 중요하다. 정치적 행위자들은 공적인 논쟁에서 이러한 요인들을 강조해야(혹은 과장해야) 할지에 관해 혹은 언제 그렇게 해야 할지에 관해 선택을 한다. 동족 국가의 소수자들을 안보 위협과 다수에 대한 역사적인 불법행위의 협력자들로 인식하는 것은 자신들의 이기적인 이유들로 인해 어떤 정치 엘리트들에 의해 의도적으로 가르쳐지고 재생산된 어떤 것이다.

이는 실제로 안보화의 과정을 이해하는 데 있어서 핵심적인 것이다. 엄격히 말하면 만약 어떤 정치적 행위자들이 하나의 논쟁점을 국가와 그것의 지배적인 민족 집단에 대한 실존하는 위협이라는 표현으로 묘사하기로 결정하고 충분히 많은 다른 이들에게 이러한 묘사를 설득시키는 데 성공하면 그것은 '안보화'되는 것이다. 어떤 경우에 이것은 객관적인 위협에 대한 거짓 없는 신념을 반영할 수 있다. 그러나 다른 경우에 이것은 의식적인 선택과 정치적 전략을 나타낼 수 있다. 정치 엘리트들이 왜 이런 전략을 채택하는가? 하나의 논쟁점을 안보화하는 것은 두 가지 중요한 함축적 의미가 있다. 첫째, 안보화된 논쟁점들이 국가를 약화시키는 잠재성을 갖고 있다고 말하기 때문에 그들은 논쟁과 타협의 정상적인 민주적인 과정들을 뛰어 넘는다. 무엇보다 국가의 첫 번째 임무는 그것의 존재를 안전하게 하는 것이고 그때에서라야 국가가 토론과 타협을 할 수 있다. 웨버(Waever) 말하듯이 논쟁점을 안보화함으로써 정치 지도자들은 주장하기를, 이러한 논쟁점들이 모든 다른 것들보다 먼저 다루어져야만 하는 데 그 이유는 만약 그렇게 되지 않으면 국가가 하나의 주권적 단위로 존재하기를 멈출 것이고 모든 다른 질문들이 관계가 없는 것이 될 것이기 때문이다. (…중략…) 하지만 운영상에 있어서 이것은 다음을 의미한다. **어떤 개발을 안보 문제로 이름 지음으로써 그 '국가'는 특별한 권리를 주장할 수 있다.** (…중략…) '안보'를 언급함으로써 국가의 대표자는 하나의 특정한 개발을 하나의 구체적인 지역으로 이동시키고, 그에 따라서 그것을 봉쇄하기 위해 필요한 수단을 무엇이든지 간에 사용하기 위한 특별한 권리를 요구한다.(Waever, 1995, p.54~55, 강조는 원저자)

둘째, 하나의 논쟁점을 안보화하는 것은 또한 정의의 논쟁들을 능가한다. 다수와 소수자 사이에 어떤 정의가 필요한지에 대한 모든 질문을 가라앉히게 되는 데 그 이유는 안보가 정의보다 우선권을 갖게 되기 때문이고 불충한 소수자들은 합법적인 요구권이 없기 때문이다. 이것은 민족문화적 다양성의 수용을 규정화해야만 하는 정의의 원칙들에 관해서 후기 공산주의 나라들에서 학문적인 혹은 공적인 논쟁이 거의 없는 이유를 설명하는 데 도움이 된다. 예를 들면, 마케도니아에서 알바니아 언어 대학에 대한 뜨거운 논쟁에서 다민족 혹은 다언어 국가들에서 고등교육의 영역에서 공정성이 무엇을 요구하는지를 또는 모국어 고등교육이 자유와 평등의 자유주의적 원칙들과 어떻게 연관되는지를 묻는 어떤 사람을 찾기란 어렵다. 안보가 정의를 능가하며, 불충한 소수자들은 정의에 대한 어떤 요구권을 상실한다.

정의의 논의들에서 이렇게 여과되는 것에서 유일한 예외는 **다수가**

경험하였고 그것에 대해 소수자가 책임이 있다고 인식되는 역사적인 부당함과 연관된다. 이런 종류의 정의 요구는 안보화라는 여과장치를 통과하는 데 그 이유는 그것이 우선 그 논쟁점의 안보화를 지지하기 위한 역사적인 증거를 제공하기 때문이다. 그래서 역사적인 부당함과 안보화의 논의들은 서로를 이용하고 이 둘은 소수자가 진전시킬 수 있는 정의의 어떤 요구도 배제하기 위해 작동한다. 안보화의 조건들 아래서 '정의'는 다수가 자신의 불충한 소수자들로부터 경험한 역사적인 잘못들에 대해 보상을 받아야 한다는 것을 의미한다. 그러나 이것은 소수자들이 권력, 권리, 자원의 더욱 바르고 혹은 더욱 평등한 분배에 대한 어떤 요구권리를 가진다는 것을 의미하지는 않는다.[23]

간단히 말해, 소수자 문제들이 안보화 될 때 도덕적인 논의와 민주적인 논쟁을 위한 공간이 철저하게 줄어든다. 안보에 의한 정의의 이러한 대치는 후기 공산주의 유럽에서 소수민족들에 대한 논쟁을 가장 확실하게 서구와 구별 짓는 것이다.[24] 실제로 서구에서 소수민족 문제들의 안보화의 수준이 낮은 것은 잘 생각해보니 아주 주목할 만하다. 무엇보다, 서구의 몇몇 나라들은 퀘벡, 플랜더스, 스코틀랜드, 푸에르토리코, 카탈로니아에서 적극적인 분리주의적 움직임들을 포함하고 있다. 그리고 이 모든 경우에 그 국가의 존재를 의문시하는 정치정당들이 있고, 그래서 그 국가의 안보를 위협한다. 그리고 어떤 경우에 이러한 분리주

---

23 예를 들면, '슬로바키아에서 1995년 국가 언어에 관한 법의 '정당화' 부분은 슬로바키아 언어의 사용을 억압하고 마자르 언어를 장려했던 19세기의 다양한 합스부르그 법들과 정책들을 다시 열거하는 것으로 주로 구성된다. 다수와 소수자들의 다양한 관심사라는 현재적 상황에서 무엇이 더욱 올바른 수용이 될 수 있는지를 논의하는 시도가 전혀 없다.(정당화는 Minority Protection Association, 1995에서 재판되고 논의된다)
24 역사적으로 매우 '안보화'되었던 북아일랜드와 키프러스는 또 다시 제외한다.

의 정당들은 지역적인 수준에서 권력을 잡거나 연립을 통해 권력을 나눈다. 그러나 이 모든 경우에 서구의 정치 관계자들은 소수자 민족주의의 논쟁점들을 안보화하지는 않았다. 우리가 4장에서 보았듯이 서구에서 이민자 집단들과 관련하여, 9·11 이후에 특히 무슬림 이민자들과 관련하여 어떤 논쟁점들의 (재)안보화가 이루어졌다. 그러나 이것은 아직까지 소수민족들에 관한 논쟁에 부작용을 미치지는 않았다. 이러한 운동들의 요구사항들이 자유-민주적인 정의의 담론을 통해 ― 즉 자유, 평등, 연대라는 측면에서 ― 계속해서 다루어지고 있다. 그리고 그들은 정상적인 민주적인 절차와 협상을 통해서 해결된다. 다시 말해 서구에서 분리주의 정치는 정상적인 정치이다. 분리주의 정치가들이 텔레비전에서 말하고 의회의 위원회에 앉아있고 거리에서 캠페인을 벌이는 것이 정상적이고 자연스러운 것으로 간주된다. 분리주의 정치가들의 적극적인 참여가 정상적인 민주적인 절차 혹은 논쟁을 중단시키기 위한 혹은 정의의 요구를 최후로 미루기 위한 근거가 된다고 생각하지는 않는다.[25]

대조적으로 후기 공산주의 나라들에서 소수민족들에 의해 제기되는 심지어 가장 온당한 요구도 안보에 종속된다. 사립대학들의 설립, 이중언어 거리 표지판의 사용, 알파벳의 선택, 심지어 아이들의 이름을 짓는 것도 모두 다양한 후기 공산주의 나라들에서 안보화되었다. 예를 들면 마케도니아의 정부가 마케도니아의 알바니아계 소수민족들이 자신들

---

[25] 과거 서구에서 분리주의 정당들이 금지되거나 혹은 비밀경찰의 감시 하에 있었다. 분리주의자 교수들은 때때로 직장에서 해고되기도 했다. 그러나 오늘날 분리주의 정치는 정상적인 정치이다.

의 언어로 운영되는 대학을 가지게 된다면 국가의 존재에 위협이 될 수 있다고 주장하였다(그래서 사립대학인 테토보 대학교(University of Tetovo)의 건물들을 불도저로 밀어버렸고 그 과정에서 두 사람이 죽었다).[26]

독립적인 감시자들이 어떻게 사적으로 지원된 알바니아 언어로 운영되는 대학이 국가의 존재에 위협을 줄 수 있는가를 이해하기는 어렵다. 그러나 마케도니아 정치 엘리트들은 이는 문화 혹은 교육 혹은 경제의 문제라기보다는 국가적 안보의 문제라고 주장한다. 또 다른 예를 보면, 러시아의 타타르스탄(Tatarstan) 자치 지역이 타타르 언어를 위해서 키릴 문자의 알파벳 ─ 소비에트 공산주의 기간 동안 그들에게 강요되었던 알파벳 ─ 의 사용을 중단하기로 결정하였을 때 러시아의 국회의원들이 이는 국가적 안보에 위협이라고 선언하였다.(Cashabakc, 2005)

이런 종류의 아무데나 있는 안보화는 반드시 당연한 것은 아니다. 개선된 민족 관계의 전망을 손상시키는 종종 무모하고 무책임한 방식으로 '안보 카드'를 사용하는 것은 정치 엘리트들에 의한 계획적인 결정을 드러낸다. 이 카드를 기꺼이 사용하고자 하고 정치적 전략으로서 이것의 성공은 동구와 서구에서 모국 소수자 집단들에 관한 논쟁을 구별 짓는 요소들 중의 하나이다.[27] 서구에서 다민족 연방주의의 성공은 소수민족 문제들을 다룰 때 '안보카드를 사용하지' 않는 정당 상호간의

---

26 테토보(Tetovo)의 알바니아 대학의 불행한 이야기에 대해서는 Pritchard, 2000를 보라.
27 후기 공산주의 나라들에 관한 가장 중요한 특징적인 사실은 그들이 후기 공산주의 ─ 즉, 그들이 경제적·정치적 과도기를 경험하고 있는 것으로 나는 생각하곤 했다. 이제 나는 가장 두드러진 요소는 그들이 후기 제국주의(포스트-오토만, 포스트-합스부르그, 혹은 포스트-소비에트) ─ 즉, 다수와 소수자 관계가 자신들의 소수자들 혹은 이러한 소수자들의 동맹들에 의해 역사적으로 억압을 받았던 '소수화된 다수자들'이라는 맥락에서 작동하고 있다는 것이다.

합의와 관련된다. 민주주의의 건강은 정치 지도자들이 이러한 카드를 사용하는 것을 자제하고, 엘리트들이 그것을 사용하고자 시도할 때 시민들의 회의적인 태도에 달려있다. 하지만 후기 공산주의 나라들에서 이 카드를 기꺼이 사용하고자 하는 많은 정치 엘리트들이 있고, 유권자의 지원을 얻는 데에 효과적인 전략이라고 입증되었다.

이러한 과정에 대해 생각하는 한 가지 방식은 안보 카드가 사용되는 시작지점이 있다고 말하는 것이다. 국가의 억압을 피하기 위해서, 소수민족들은 한편으로 그러한 시작지점 위를 향하여 협상을 시도하면서도 동시에 자신들의 요구사항들을 이러한 시작지점 아래에 유지할 필요가 있다.[28] 그러나 이러한 시작지점이 어디에 있는가? 우리는 강도의 내림차순으로 소수민족들의 전형적인 요구사항 중의 얼마를 나열한다.

① 분리주의적 폭력 / 테러리즘

② 민주적 분리주의 동원

③ 영토적 자치

④ 소수자 언어 고등 교육

⑤ 거부권

⑥ 집단적 권리

⑦ 공식적 언어 지위

---

[28] 웨버(Waever)가 말하듯이 소수자 지도자들의 임무는 '위협을 도전으로 바꾸는 것이다. 즉 실존적인 두려움의 영역에서 정치, 경제, 문화 등과 같은 일반적인 수단들에 의해 다루어질 수 있는 영역으로 발전과정을 옮기는 것이다.(Waever, 1995, p.55) 간단히 말해서, 목표는 안보카드의 사용에 대한 한계를 협상하는 것이다. 혹은 Waever의 용어로 민주주의의 옹호자들을 위한 모토는 '안보는 더 적게, 정치는 더 많이!'가 되어야 한다.(p.56)

⑧ 소수자 언어 초등학교들

⑨ 소수자 언어 거리 표지판들

서구에서 오늘날 시작지점은 매우 높다―1과 2사이에 있다. 사실상 소수자 민족주의는 북아일랜드나 바스크 컨트리(Basque Country)에서처럼 테러리즘을 포함할 때만이 안보화된다. 그것이 평화적이고 민주적이기만 하면 비록 명백하게 분리를 목표로 할지라도 소수자 민족주의는 안보화 되지 않는다. 대조적으로 후기 공산주의 나라들에서 그 시작지점은 오늘날 매우 낮다―7과 8사이에 있다. 영토적 자치, 소수자 언어 고등 교육, 집단적 권리, 혹은 공식적인 언어의 지위에 대한 어떤 요구도 안보카드를 사용하게 만든다. 모국어 초등학교들과 같은 아주 약한 정도의 요구사항만이 민주적인 정치의 정상적인 과정으로 안전하게 남아 있을 수 있다.

소수자 민족주의의 이러한 안보화는 자유-민주적인 제도들의 약점 중에 내가 언급했던 첫 번째 문제와 연관되며 이것을 악화시킨다. 안보화는 소수자들에게 해로울 뿐만 아니라 민주주의 자체에도 해가 되고 평화로운 시민 사회의 존재에도 해가 된다. 민주화와 소수자 민족주의 사이에 부정적인 상관관계가 있는 듯이 보인다. 눈에 띄는 소수자 민족주의가 없는 후기 공산주의 국가들은 성공적으로 민주화를 이루었다. (체코 공화국, 헝가리, 슬로베니아, 폴란드) 강력한 소수자 민족주의가 있는 국가들은 더욱 어려운 시간을 보내고 있다. (슬로바키아, 우크라이나, 루마니아, 세르비아, 마케도니아, 조지아) 소수자 문제는 여기에서 유일한 요인은 아니지만 내 생각으로는 중요한 요인이 된다.

1946년에 처음으로 출판된 에세이에서 이스트반 비보(Istvan Bibo)는 이러한 문제에 대한 신중한 분석을 제공하였다. 그는 19세기 헝가리의 경험은 소수자들이 자신들의 민주적 자유를 분리하기 위해 이용할 수도 있다는 것을 국가의 엘리트들에게 가르쳐 주었다고 주장한다. 그때 이후로 동부와 중부 유럽의 국가들은 소수자들에 의한 민주적인 자유의 행사를 두려워하였다. 그 결과 그들은 때때로 파시즘 혹은 다른 형태의 권위주의를 채택하면서(즉 모든 이의 자유를 억압함으로써), 때때로 소수자들을 무력하게 만듦으로써(즉 소수자의 자유를 억압함으로써) 이러한 민주적인 자유를 억압하거나 약화시키거나 혹은 봉쇄하고자 지속적으로 시도하였다. 그러나 어떤 경우에도 그 결과는 발육이 저해되고 두려움에 가득 찬 형태의 민주주의이다. 비보가 말하듯이,

　　자유의 진보가 국가의 이익을 위험에 처하게 한다고 주장하는 두려움의 마비시키는 상태 속에서 사람들은 민주주의에 의해 제공되는 이익들을 충분히 이용할 수가 없다. 민주주의자가 되는 것은 원래 두려워하지 않는 것을 의미한다. 즉 다른 의견을 가지고 있고 다른 언어를 사용하고 혹은 다른 인종에 속하는 사람들을 두려워하지 않는 것을 의미한다. 중부와 동부 유럽의 나라들은 두려워하는데 그 이유는 그들이 충분히 발전된 성숙한 민주주의가 아니기 때문이며, 그들이 충분히 발전된 성숙한 민주주의가 될 수 없었는데 그것은 그들이 두려워했기 때문이다.(Bibo, 1991, p.42)

　　이것이 오늘날에도 해당된다고 나는 생각한다. 소수자 민족주의들을 가지고 있는 많은 후기 공산주의 국가들이 자유주의적 민주주의의

껍질을 가지고 있지만 민주적 자유를 충분히 자유롭게 행사하는 것을 두려워한다.

이런 관점에서 후기 공산주의 국가들이 서구의 최상의 실천들의 장점들에 대한 열린 민주적인 논쟁을 위한 공간 만들기를 거부하는 것은 서구와 동구 사이에 역사적·지정학적인 환경의 차이의 예견된 혹은 필연적인 결과이기도 하다. 또한 그러한 논쟁을 억압하기 위해 관련된 안보 위험들을 (지나치게) 강조하는 것은 어느 정도 정치 엘리트들의 계획적인 전략 때문이기도 하다. 그리고 만약 후기 공산주의 엘리트들이 안보 카드를 사용하는데 좀 더 조심을 했더라면 최상의 실천 전략이 더욱 더 성공했을 가능성도 있다. 그러나 서구의 다민족 연방주의의 최상의 실천들을 채택하는 데 있어서의 안보에 기초한 반대를 이기적인 엘리트들에 의해서 만들어진 것으로만 취급하는 것은 실수일 것이다. 다민족 연방주의는 서구에서보다는 동부 유럽에서 더 큰 위험을 야기한다. 인권보호의 수준, 모국 소수자 집단들의 잠재적인 민족통합주의, 지역적 안보 체제의 존재 혹은 부재, 그리고 작동하고 있는 역사적인 계급제도와 부당함의 본질에서의 객관적인 차이들이 존재한다. 후기 공산주의 엘리트들은 종종 이러한 위험요소들을 과장할 수도 있지만 최상의 실천들을 공표하는 정부간의 국제기구들의 전략은 이러한 위험 요소들을 일상적으로 무시한다. 최상의 실천들을 공표하는 것은 자유주의적 다문화주의의 논리에 대한 인식을 확신시키는 데 도움을 줄 수 있다. 그러나 민족 정치를 개인과 집단적 안보에 잠재적인 위협으로 간주하는 데 대한 신뢰할 수 있는 근거들이 있는 상황에서 이러한 논리가 설득력이 있을 것이라고 바라는 것은 순진한 것이다. 환경과 역사에서 뿌리 깊은 차이들을 고려할 때 이러한 기저에 놓인 위험 요인들을 다루지 않고서 서구의 최상의 실천들을 공표하려는 노력들은 실패로 귀결될 것이었다.

3. '최상의 실천들'에서 '규범들'과 '표준들'로

최상의 실천들을 공표하는 전략이 그것만으로는 충분치 않을 것이라는 것은 곧 분명해졌다. 자신들만의 책략을 가진 후기 공산주의 국가들이 서구의 모델을 따라할 가능성은 없었으며, 실제로 많은 경우에 소수자 권리의 보장을 증진하기보다는 제한함으로써 서구의 모델들로부터 더욱 멀어지게 되었다.

만약 유럽의 조직들이 차이를 만들고자 했다면 그들에게는 더욱 위력이 있는 또 다른 전략이 필요했다. 후기 공산주의 나라들이 자신들에게 적당한대로 채택하든지 그렇지 않든지 하도록 일련의 좋은 실천들을 단순히 제공하기보다는 두 번째 전략은 후기 공산주의 나라들이 충족시키기를 기대하는 명백한 법적 혹은 유사법적인 규범들과 표준들을 정하는 것이 필요했다. 이러한 규범들과 표준들에 대한 지지는 이들을 따르는 나라들에게는 일련의 인센티브를 주었고 그렇지 않은 나라들에게는 제재를 가하는 방식으로 다양한 국제 집단들에 의해 감시될 것이었다.

이러한 인센티브와 제재의 가장 중요하고 확실한 예는 소수자 권리 보호를 유럽연합과 북대서양조약기구의 구성원이 되기 위한 후보자 나라들이 충족시켜야 할 기준 중의 하나로 만들기 위해 이 단체들에 의해 내려진 결정이었다.[29] 대부분의 후기 공산주의 나라들은 유럽연합과 북대서양조약기구의 회원권을 그들의 미래 번영과 안보를 위해 중요한 것으로 간주하였고, 서구가 소수자 권리에 대해 취하게 되는 어떤 추천 내용들도 매우 심각하게 받아들였다. 그 결과 소수자 권리는 후기 공산주의 정치적 삶의 중심, '유럽에 다시 가입하는' 과정의 핵심적인 요소가 되었다.

이러한 결정을 한 후에 다음 단계는 후기 공산주의 나라들이 자신들의 소수자들을 어떻게 대우하는지를 감시할 수 있는 제도적인 매커니즘들을 만드는 것이었다. 1991년 이후로 소수자들의 대우를 감시하고 소수자 권리에 관한 유럽적인 표준들에 합당한 변화들을 추천하는 위임을 받은 다양한 국제단체들이 만들어졌다. 여기에서 핵심적인 조치는 1993년에 몇 개의 후기 공산주의 나라들의 유럽안보협력기구 사무소들과 연결된 유럽안보협력기구의 소수민족문제담당사무소(OSCE-HCNM)의 형성이었다. 또 따른 중요한 조치는 1995년에 소수민족보호를 위한 기본협약의 일부로서 다수의 고문단과 보고의 매커니즘들을 설립한 유럽평의회에서 발생하였다.[30] 유럽연합과 북대서양조약기구는 스스로 구체적으로 소수자 권리에 초점을 둔 새로운 감시 단체들을 만들지 않았다.[31]

---

29 소수민족의 권리는 유럽연합에 가입하기를 바라는 나라들을 위해 1993년에 채택된 소위 '코펜하겐 기준들'에 포함되었다. 유럽평의회의 'Conclusions of the Presidency, Copenhagen', 21~22, June, 1993, DOC SN 180/93, para. 7을 참고하며, 웹주소는 다음과 같다. http://www.europa.eu.int/enlargement/intro/criteria.htm. 소수자 권리는 또한 유고슬라비아의 붕괴 동안 새로운 국가들의 인정을 위해 채택된 유럽연합 집행위원회 기준들에 포함되었다.

30 이것들은 소수민족 보호와 관련된 문제들에 대한 전문가 위원회, 소수민족들의 권리에 관한 의회의 소위원회, 소수민족보호를 위한 기본협약에 관한 고문위원회를 포함한다.

하지만 그들은 자신들이 유럽평의회와 유럽안보협력기구의 소수민족문제담당사무소의 임무를 지지하고, 후기 공산주의 나라들이 가입의 조건으로 그들과 협력하기를 기대한다는 것을 분명히 하였다.

1991년과 1995년 사이에 후기 공산주의 나라들에서 소수민족들의 대우에 영향을 미치는 가장 최상의 접근법은 각 나라가 따르도록 감시하는 국제적인 매커니즘과 함께 최소한의 규범들과 표준들을 만드는 것이라는 재빠른 합의가 모든 중요한 유럽의 기관들 사이에 퍼져나갔다. 이러한 순응이 그때 특정한 국가가 '유럽에 다시 가입할' 수 있는지에 관한 결정을 위한 근거 중의 하나가 될 것이었다.

이러한 접근이 최상의 실천들을 그저 공표하는 것보다 훨씬 더 효율적이 것이 될 것임을 기대하였다. 그러나 소수자 권리의 이러한 유럽적인 표준들이 무엇인가라는 한 가지 분명한 의문이 제기된다. 우리는 3장에서 논의된 것으로부터 과거 40년 동안 소수민족들에 관한 어떤 일반적인 경향들을 확인할 수 있다. 유럽의 기관들은 스위스의 연합적 권력 분배에서 핀란드의 이중 언어주의, 스페인의 연방주의, 남부 티롤 혹은 올란드 제도(Aland Islands)의 특별 자치에 이르기까지 그들의 최상의 실천들의 목록을 가지고 있었다. 그러나 일반적인 경향들과 최상의 실천들의 목록은 공식적인 표준들 혹은 통합된 원칙들과는 동일하지 않다. 유럽의 기관들은 '모든 소수민족들이 X에 대한 권리를 가지고 있다……'라는 어떤 일반적인 형식의 규범들을 아직까지 가지고 있지 않았다.

---

31 유럽연합은 1997년에 인종차별주의와 외국인혐오에 관한 유럽감시쎈타를 설립하였다. 그러나 이는 후기 공산주의 유럽의 후보 국가들이 아니라 주로 (소수민족들이라기보다는) 이민자 집단들과 서구의 회원국에 초점을 맞추었다.

실제로 소수자 권리에 대한 유럽적인 실험의 가장 놀라운 측면들 중의 하나는 규범들과 표준들을 세우기 위한 결정이 이러한 표준들이 무엇이어야만 하고 혹은 심지어는 그들을 어떻게 공식화하는가에 관한 중요한 관계자들 사이에 어떤 분명한 개념이 없이 1991년에 이루어졌다. 서구의 국가들은 그들이 다양한 소수자들에게 부여하는 권리에서, 그들이 다른 형태의 소수자들을 묘사하기 위해 사용하는 용어에서, 실제로 그들이 '소수자들'의 존재를 인정해야하는지에 있어서도 상당한 차이가 있다. 그러면 소수자 권리의 '유럽적인 표준들'을 공식화하기 위해 우리는 어디로 주시해야 하는가?

오랜 기억을 가지고 있는 관찰자들은 이러한 질문이 1차 대전 이후 제국의 붕괴의 마지막 중요시기에 좀 더 일찍 다루어짐으로써 국제연맹의 소수자 보호 기획을 이끌어 냈었음을 상기했다. 그러한 옛적의 기획을 조사하고 동시대의 유럽의 논쟁들을 위한 그것의 실패와 성공으로부터 교훈을 배우고자 하면서 하나의 작은 산업이 일어났다.(예를 들면, Kovacs, 2003, Cornwell, 1996; Sharp, 1996; Burns, 1996; Flink, 2004) 하지만 우리가 제1부 2장에서 보았듯이 국제연맹의 소수자 보호 기획은 임시적이고 특정한 것이었다. 그것은 구체적인 국가에 기반을 둔 조약들의 밑그림을 그리는 것을 포함하였는데, 단지 어떤 국가들(대개 패배한 국가들 혹은 새롭게 독립을 한 국가들)을 위해서 그렇게 하였고 다른 국가들의 많은 다른 소수자들은 보호되지 않은 상태로 내버려 두었다. 그것은 모든 국가들이 충족할 것을 기대할 수 있는 혹은 모든 소수민족들이 요구할 수 있는 일반적인 표준들 혹은 국제적인 규범들을 분명하게 만들기를 시도하지 않은 까닭에 원칙이 없는 것으로 널리 인식되었다. 이것이 실제로 소수자 권리의 개념이 인기를 잃고 전후의 국제법의 맥락에서 사라지게 된 한 가지 이유였다.

이 장의 뒷부분에서 우리가 보게 될 것이지만 유럽의 기관들은 특정한 나라들에서 특정한 소수자들을 보호함에 있어서 이같이 구체적인 국가에 바탕을 둔 임시적인 개입이라는 자신들의 소견을 통해 관여하는 것을 피할 수 없었다. 그러나 1990년대에 범유럽적인 표준들의 형태로 더욱 원칙적인 접근을 공식화하려는 강한 요구가 있었다. 이러한 유럽적인 표준들의 초안을 만드는 데 책임이 있는 사람들이 서구가 희망하고 후기 공산주의 국가들이 채택하기를 기대하는 자유민주적인 가치들을 표현하고 그것들이 국가와 소수자 관계의 논쟁점들에 대해 미치는 결과들을 상세히 나타내는 소수자 권리의 개념을 찾기를 원했다. 이러한 표준들은 '현대적'이고 '괜찮은' 자유민주주에서 무엇이 기대되는지를 판정하도록 의도되었다. 하지만 입안자들은 이러한 규범들이 많은 후기 공산주의 국가들의 상대적으로 불운한 환경에서 실제로 현실적이고 성취될 수 있는 것을 보증해야 했다. 무엇보다 핵심은 그 지역에서 민족적 갈등이라는 임박한 위험들에 대해서 '무언가를 하는' 것이었다.

불안정을 일으키는 민족적 폭력이라는 긴박한 두려움을 다루면서 동시에 민족적 다양성에 대한 자유-민주적인 접근을 확산시키기 위한 낙관적인 희망과 기대를 동시에 구체화할 수 있는 일련의 규범들을 공식화하는 것은 정말로 엄청난 도전이었다. 더욱이 이러한 상황의 위급성이 인식되고 있음을 고려할 때 다양한 이해관계자들과 광범위한 대중적인 자문을 수행하고 혹은 다양한 종류의 국가-소수자 정책들의 효율성에 대한 체계적이고 사회과학적인 연구를 수행하기 위한 시간 없이 입안자들이 일을 빨리 하도록 기대되었다.

이러한 임무의 어려움과 짧은 시간을 고려할 때 결과로서 만들어진 규범들이 심각한 한계를 경험하는 것은 별로 놀랍지 않다. 실제로 범유럽의 법적인 규범들을 공식화하는 전략은 적어도 그것의 원래의 목표라는 측면에서 본질적으로 실패하였다고 나는 생각한다. 이는 자유민주적 다문화주의를 확산하는 장기적인 목표를 잠재적으로 불안정을 일으키는 민족적 갈등을 막고 해결하기 위한 단기적인 필요성과 일관성 있게 결합하는데 실패하였고, 그 결과 이 목표 중의 어느 하나에도 제대로 공헌하지 못한다. 최상의 실천 전략이 인접한 위험 요소들에 주목을 하지 않고 자유주의적 다문화주의를 고지식하게 증진하고자 했다면, 다른 한편으로 법적인 규범 전략은 어떤 측면에서 단기적인 편의주의의 제단에 장기적인 목표들을 희생시키는 정반대의 문제로 인해 고민한다.

4. 유럽적인 소수자 규범들을 공식화하기
—포괄적인 혹은 대상 지향적인?

장기적인 목표들과 단기적인 긴급성 사이의 이러한 근본적인 긴장이 소수자 권리에 관한 유럽적인 규범들의 현재적 구조에서는 어디든지 표면화된다. 그러나 가장 분명한 사례들 중의 하나는 범주들에 관한 질문과 관련된다. 소수자 권리의 국제적인 규범들을 공식화하기 위한 어떤 시도에서 가장 첫 번째 그리고 많은 경우에 가장 결정적인 단계는 범주들의 선택과 관련된다. 우리가 어떤 부류의 소수자들을 보호하고자 하는가? 현실적이고 보호될 수 있을 것 같은 그런 종류의 권리는 의도된 수혜자들로 우리가 생각하고 있는 그런 부류의 소수자들에 관한 선행 질문에 의해 대체적으로 결정된다. 그리고 이러한 질문에 답을 하는 것은 우리가 예상하는 것보다 훨씬 더 어렵다는 것이 드러난다. 그 이유는 부분적으로 장기적인 목표들과 단기적인 압력들이 다른 방향을 가리키기 때문이다.

내가 1부 1장에서 언급했듯이 소수자 권리를 범주화하기 위한 두 가지 전체적인 전략들이 있다. 우리가 모든 민족문화적 소수자들에게 적용되도록 의도된 '포괄적인 소수자 권리'를 공식화할 수 있거나, 원주민들, 소수민족들, 이민자들, 로마인들 / 집시들 등과 같은 구체적인 형태의 소수자들에 적용되도록 의도된 '대상 지향적인 소수자 권리'를 공식화 할 수 있다.

포괄적인 소수자 권리 전략의 하나의 분명한 사례는 국제 연합에서 발견될 수 있다. 우리가 1부 2장에서 보았듯이 소수자 권리의 개념이 제2차 세계대전 후에 일반적으로 거부되지만 1966년 국제연합의 시민적 및 정치적 권리에 관한 국제규약 27조의 그 유명한 '소수자 조항'에서 발판이 유지되었다. 이는 다음과 같다.

민족적, 종교적 혹은 언어적 소수자들이 존재하는 국가들에서 그런 소수자들에 속한 사람들은 그들 집단의 다른 구성원들과 공동체 속에서 자신들의 문화를 즐기고 그들 자신의 종교를 고백하고 실천하며 혹은 그들 자신의 언어를 사용하기 위한 권리가 거부되지 않아야 할 것이다.

이 조항의 포괄적인 특징은 시간이 지나면서 나타나게 되었다. 1966년에 처음 채택되었을 때 이 조항이 모든 민족문화적 소수자들에게 적용되도록 의도된 진정으로 포괄적인 소수자 권리의 규정인지가 의도적으로 불분명한 상태였다. 예를 들면, 다양한 새로운 세계의 국가들은 이민자 집단들이 '민족적, 종교적 혹은 언어적 소수자들'로 간주되지 않는다고 주장하였으며 그렇기 때문에 이 규정은 인구 이동 혹은 국제적인 경계를 이동한 결과로서 만들어진 오래된 세계의 국가들의 역사적인 소수자들에게만 적용된다고 주장하였다. 예를 들면, 브라질 대표가 말하기를, 그들은 '아메리카 대륙에 소수자들의 존재를 인정하지 않았는데 그 이유는 한 국가의 사법권 아래에 놓인 영토에서 다른 집단들의 단순한 공존이 법적인 의미에서 그들을 소수자들로 만들지는 않았다. 소수자는 국가들 사이에 일정 기간의 갈등에서 혹은 한 국가의 사법권에서 다른 국가의 사법권으로 영토를 이동하는 것에서 생겨났다'(Thornberry, 1991, p.154에서 인용됨). 유사하게, 27조항을 입안하는 데 참여한 라이베리아, 기니, 말리, 가나와 같은 많은 아프리카 국가들은 그 규정은 그들에게도 또한 적용되지 않는다고 주장하였다. 이러한 견해에 따르면 '소수자들'의 개념은 유럽스타일의 '소수민족들'에게만 적용되고 새로운 세계 혹은 세 3세계의 국가들에는 적용되지 않는다. 그리고 실제로 27조항을 위한 주요한 압력은 유럽에서 '소수자 문제'에 관한 그들의 지속적인 관심을 유지하고 옛적의 국제연맹 소수자 보호 기획의 어떤 해석을 다시 살리기를 원했던 여러 유럽 국가들로부터 나왔다.[32] 그러므로

---

32 심지어 오늘날에도 많은 아프리카 국가들은 그들이 '소수자들'을 갖고 있다는 것을 부인한다. 예를 들면, 시민적 및 정치적 권리에 관한 국제규약 하에서 국제연합에 주어진 세네갈

1966년에 29조항에 의해 포함된 일련의 집단들은 어째든 분명하지 않았다.

그러나 시간이 지나면서 그 조항이 국제연합의 인권위원회에 의해서 얼마나 크고 작은지 간에, 최근이든지 역사적으로 오래되었든지 간에, 영토적으로 집중되어있든지 흩어져 있든 지간에, 모든 민족문화적 소수자들에게 적용될 수 있는 것으로 해석되었다. 실제로 그 위원회는 27조항이 한 국가내의 방문객들에게도 적용된다고 최근에 선언하였다![33] 다시 말해, 27조항은 진정으로 보편적인 문화적인 권리 — 어떤 개인에 의해서 요구될 수 있고, 그 개인이 세상에서 이동할 때 함께 가지고 다닐 수 있는 권리 — 로 간주된다.

그러나 단지 이런 이유로 인해 필연적인 제한을 경험한다. 만일 우리가 얼마나 크고 혹은 작던지, 얼마나 새롭고 혹은 오래되었든지, 얼마나 집중되었든지 혹은 흩어졌든지 간에 모든 집단들에게 적용되는 구체적인 문화적 권리를 확인하고자 한다면, 많은 실질적인 예들에 대해 생각해내기는 어렵다. 그리고 실제로 오랜 기간 동안 27조항의 '자신의 문화를 즐길 수 있는 권리'는 원조, 자금조달, 자치 혹은 공식 언어 지위의 의문의 여지가 없는 권리라기보다는 불간섭의 부정적 권리의 보장으로 주로 이해되었다. 이는 사실상 소수자들의 구성원들이 자신

의 보고서는 다음과 같이 주장한다. '민족 공동체의 특징인 문화적, 사회적인 혼합으로 인해 세네갈에는 소수자들이 없다.'(UN Doc. CCPR/C/103/Add.1, 22 November, 1996, para. 12) 잠비아의 보고서(UN Doc. CRC/C/11/Add.25, 19 November, 2002, para. 470), 그리고 Lennox, 2006에서의 논의를 또한 보라.

[33] 1994년 4월 8일 para. 5.1과 5.2에서 채택된 인권위원회 일반의견 제23호 '소수자들의 권리(27조항)'('이주 노동자들은 혹은 그러한 소수자들을 구성하는 국가의 방문객들도 이러한 권리의 행사가 부인되지 않을 권리가 있다'). 또한 Bengoa, 2000을 보라.

들의 일반적인 시민의 자유 ― 즉, 언론의 자유, 결사, 집회와 양심의 자유 ― 를 행사하는 데 자유로워야 한다는 것을 인정할 뿐이었다.

이런 식으로 이해되는 27조항에 반영된 일반적인 권리에 대한 접근은 후기 공산주의 유럽에서 민족적 갈등의 도전을 다루는 데 충분치 않은 것으로 널리 간주되었다. 아주 중요함에도 불구하고 시민의 자유의 최소한의 보장은 후기 공산주의 유럽에서 잠재적으로 폭력적이고 불안정을 야기하는 민족 갈등 아래에 놓여 있는 문제점들을 다루는 데 적절하지 않다. 이러한 갈등은 다양한 다음과 같은 실제적인 요구사항에 집중된다. 법정 혹은 지방 행정에서 소수자 언어 사용 권리, 소수자 학교들, 대학들, 미디어의 자금지원, 소규모와 더 큰 규모의 자치 범위, 소수자들을 위한 정치적 대표를 보장하는 것, 자신들의 역사적인 모국에서 소수자들을 지배적인 집단의 정착민들에 의해 압도되도록 설계된 정착 정책의 금지. 27조항은 이러한 요구사항들에 대해서 할 말이 전혀 없다.[34] 이것은 문화적 표현과 연관된 어떤 시민의 권리를 보호하지만 국가들이 소수자 언어 학교들과 대학들에 대한 자금 지원을 폐지하고 지역의 자치를 폐지하고, 선거 규칙 혹은 선거구 경계를 맘대로 바꾸고 정착민들이 소수자의 모국을 압도하도록 조장하는 것을 금지하지는 않는다. 소수민족들에게 큰 격변이 될 수 있고 종종 폭력적인 갈등을 발생시킬 수 있는 이런 정책들 중의 어떤 것도 27조항에서 보호된 문화적 표현과 결사의 권리를 위반하지는 않는다.[35] 만약 유럽적인 표

---

34 1966년 이후 국제연합 인권위원회는 특히 원주민들을 위한 어떤 의문의 여지가 없는 권리를 포함하기 위해서 이 조항의 재해석을 시도하였다. 그러나 이는 후기 공산주의 유럽에서 갈등 아래에 놓인 실제적인 요구사항들을 다루는 식으로는 재해석되지 않았다.

35 전통적인 시민권의 원칙들이 심각한 부정의로부터 소수민족들을 보호하는 데 실패하는

준들이 그러한 갈등들을 해결하는 데 유용하다면, 그들은 긍정적인 소수자 권리를 위한 요구사항들을 다루어야 할 것이다.

여기서 문제는 단순히 27조항의 구체적인 문구에 있는 것이 아니라 포괄적인 소수자 권리에 독점적으로 의존하는 그 전략에 내재해 있다. 일반적인 문화권을 확인하는 데 대한 헌신이 인정될 수 있는 그런 류의 소수자의 권리를 제한한다. 특히 이는 역사적인 정착 혹은 영토적인 집중에 관한 사실들로부터 나오는 요구사항들을 배제한다. 27조항이 심지어 이주민들과 방문객들을 포함하여 모든 개인에게 적용되는 보편적이고 휴대할 수 있는 문화권을 상세히 표현하기 때문에 한 집단이 그들의 역사적인 모국(으로 간주하는 곳)에 살고 있다는 그 사실에 얽힌 권리를 상세히 표현하지 않는다. 그러나 바로 역사적인 모국에 거주하는 것과 관련한 요구사항들이 후기 공산주의 유럽에서 — 예를 들면, 보스니아, 코소보, 마케도니아, 조지아, 체첸, 웅고로-카라바흐(Ngoro-Karabakh)에서 — 의 모든 폭력적인 민족 갈등에서 문제가 되는 것이다. 실제로 모국을 주장하는 것은 또한 서구 — 예를 들면, 바스크 컨트리(Basque Country), 키프러스, 코르시카, 북아일랜드 — 에서 대부분의 폭력적인 민족 갈등의 중심에 있다. 이 모든 경우에 소수자들은 자신들의 정통적인 영토안의 공적인 기관들에서 자신들의 언어를 사용할 권리, 자신들의 언어, 역사, 문화가 공적인 영역 — 예를 들면, 거리 이름들, 공휴일의 선택, 국가의 상징들에서 — 에서 경축될 수 있는 권리를 포함하여, 그들이 자신들의 역사적인 모국으로 간주하는 곳에서 스스로 통치할 권리를 요구한다. 이러한 요구사항들의 어떤 것도 보편적

그 방식에 대한 자세한 설명에 대해서는 Kymlicak, 2001의 4장을 참고.

이거나 휴대할 수 있는 것으로 설득력 있게 간주되지 않으며, 단지 특정한 역사와 영토를 가진 특정한 소수자들에게만 적용될 뿐이다. 요약하면, 이러한 것들은 모두 민족성과 국가의 영토에 대한 경쟁적인 요구사항들을 둘러싸고 발생하는 종족적 민족주의(ethnonational 또는 ethnonationalist) 갈등의 사례들이다.

만약 유럽적인 표준들이 후기 공산주의 유럽에서 긴급한 갈등을 해결하는 데 유용하다면 그들이 포괄적인 소수자 권리를 넘어, 이러한 갈등에 관여된 구체적인 종족적 민족주의 집단들에 초점이 맞추어진 **대상 지향적인** 소수자 권리를 상세히 표현할 필요가 있다. 더욱이 목표 대상이 있는 접근을 향해서 나아가는 것은 자유주의적 다문화주의의 논리를 분명히 하고 확산시키는 데 도움을 줄 수 있다. 우리가 3장에서 보았듯이 서구에서 자유주의적 다문화주의는 집단에 따라 분화된 방식으로 작동한다. 이민자들, 소수민족들, 원주민들은 모두 자신들의 소수자 권리라는 측면에서 다른 길을 따라 나아가고 있다. 유럽적인 규범들이 자유주의적 다문화주의의 논리 혹은 기풍을 확산하는 데 도움이 되도록 의도된다면 더욱 대상지향적인 접근으로 향하는 것은 그러한 집단에 따라 분화된 소수자 권리의 합법성의 계기를 만드는데 도움을 줄 수 있을 것이다.

그 결과 1990년 대 이후에 생겨난 새로운 유럽적인 규범들은 모두 대상 지향적인 소수자 권리의 예들이다. 특히 이들은 소위 '민족적' 소수자들을 대상으로 하고 있다. 27조항이 '민족적, 인종적, 종교적, 언어적' 소수자들을 총괄하지만 유럽평의회 협약은 '소수민족들'만을 언급할 뿐이다. 유사하게 유럽안보협력기구의 사무소는 소수민족문제담당 특별대표라고 불린다. '소수민족들'에 대한 보편적으로 일치된 정의가 없지만 이 용어는 내가 국가 하위의 민족 집단들이라고 불러왔던 것을 지칭하는 것으로 유럽 외교에서 오랜 역사를 가지고 있다. 이러한 역사적으로 정착한 모국 집단들(homeland groups)은 실질적으로 유럽의 국가 형성의 과정에서 패배자들이다. 그 이유는 자신들의 국가를 가지지 못했기 때문이기도 하고(바스크인 들이나 체첸인 들처럼 '국가 없는' 민족들) 혹은 이웃하는 동족 국가에 있는 자신들의 동족들과 단절된 국경의 잘못된 쪽에 남게 되었기 때문이기도 하다(이태리에서 독일인들 혹은 루마니아에서 헝가린 인들과 같은 '동족 국가 소수자들').

우리가 보았듯이 이들은 우선 유럽적인 규범들에 대한 요구를 제기했던 폭력적이고 불안전한 민족 갈등에 관여한 그런 집단들이었다. 그러므로 대상 지향적인 규범들을 공식화할 때 첫 번째 예로서 그들에게 초점을 맞추는 것이 합당하였다. 대부분의 유럽 나라들은 이민자 집단들이 소수민족들이 아니라고 분명히 언급하였다. 그리고 어떤 나라들은 비영토적인 소수자라는 이유로 로마인들(the Roma)을 소수민족의 범주에서 제외하였다.[36] 이러한 배제에 대해 내가 앞으로 설명하는 이유들로 인해 점점 더 의문이 제기되었다. 그 결과는 소수민족에 대한 전통적인 이해가 역사와 영토에 덜 얽혀있는 더 새롭고 더 광범위한 정의들과 함께 유럽의 논쟁에 존재하게 된다. 그러나 적어도 원래는 유럽의 기관들은 역사적으로 정착한 국가 하위의 소수민족들에게 자신들의 노력을 쏟아 붓고 있었다.[37]

---

36 이러한 제한들은 그 협약을 비준할 때 국가들이 신청하는 조건들의 목록 속에 실리게 된다. 전체 목록은 유럽평의회 2005년 77~82쪽에서 찾을 수 있다.

소수민족들을 대상으로 하는 규범들을 개발하는 이러한 헌신은 대담한 것이었다. 어떤 국제기구들도 그러한 규범들을 공식화하려고 시도하지 않았다. 몇몇의 국제기관들이 다른 부류의 소수자 집단들을 대상으로 하는 권리를 개발하였다. 예를 들면, 국제연합, 국제노동기구, 미주기구들이 모두 우리가 제3부 3장에서 보게 될 원주민들과 관련하여 대상 지향적인 규범들을 개발하였다. 이러한 기관들 중의 어떤 것들은 이주민들을 대상으로 하는 규범들을 공식화하였다.[38] 하지만 어떤 기관들도 이전에 소수민족들을 대상으로 하는 구제적인 규범들을 공식화하려고는 시도하지 않았다.

이러한 차이는 당혹스럽다. 만약 우리가 큰 규모의 해로움, 부당함, 폭력에 대한 가장 큰 잠재성을 가진 국가와 소수자 관계에 관해서 생각한다면, 그것은 전형적으로 소수민족들을 포함할 것이다. 원주민들과 이주민들이 국제적인 보호가 필요한 공격받기 쉬운 집단들이지만 세계에서 폭력적이고 불안정을 야기하는 민족적 갈등의 대부분은 국가들과 모국 종족민족주의자 집단들 사이의 갈등을 포함한다. 이는 우리가 보았듯이 서부와 동부 유럽에만 해당되는 것은 아니고 아시아, 중동, 아프리카(예를 들면, 카쉬미르, 타밀 일람, 아체, 쿠르디스탄, 오로모, 오고니 등)에도 해

---

37 그 협약에 대한 '결정적인 조치'가 1993년 비엔나 정상회의에서 취해졌다고 언급하는 그 협약에 수반되는 '설명 주석'에 따르면 이는 명백하다. 이 정상회의에서 '역사의 격변들이 유럽에서 만들어 낸 소수민족들이 평화와 안정에 대한 공헌한 것으로 인해 보호되고 존중되어야 하는 것에 동의하였다'.(para. 5) 하지만 설명 주석이 계속해서 설명하듯이 이러한 이해를 소수민족이라는 용어의 정의에 끼워 넣는 것은 가능하지 않았다. '이 단계에서 유럽평의회의 모든 회원국들의 전체적인 지지를 모을 수 있는 (소수민족들의) 정의에 이르는 것이 불가능하다는 것의 인정에 기반을 둔 실용적인 접근을 채택하는 것이 결정되었다.'(para, 12) 또한 Klebes, 1995를 보라.

38 예를 들면, 1990년 국제연합의 모든 이주 노동자들의 권리의 보호에 관한 협약 혹은 1977년 이주 노동자들의 법적 지위에 관한 유럽 협약.

당된다. 워커 코너(Walker Connor)가 주목하듯이, 소수자 민족주의의 현상은 진정으로 보편적인 현상이다. 이것에 의해 영향을 받는 나라들은

아프리카(예를 들면, 이디오피아), 아시아(스리랑카), 동부 유럽(루마니아), 서부 유럽(프랑스), 북미(과테말라), 남미(가이아나), 오세아니아(뉴질랜드)에서 발견될 것이다. 이 목록은 새로운(방글라데시) 나라뿐만 아니라 오래된(영국) 나라, 작은(피지) 나라뿐만 아니라 큰(인도네시아) 나라, 가난한(파키스탄) 나라뿐만 아니라 부유한(캐나다), 민주적인(벨기에) 나라뿐만 아니라 권위주의적인(수단) 나라, 군사적으로 반막스주의적인(터키) 나라뿐만 아니라 막스-레닌주의적인(중국)나라를 포함한다. 이 목록은 또한 불교 나라(버마), 기독교 국가(스페인), 모슬렘 국가(이란), 힌두 국가(인디아), 유대교 국가(이스라엘)를 포함한다. (Connor, 1999, pp.163~164)

이런 관점에서 종족민족주의 집단들에 의해 제기된 어려운 도전들을 다루는 국제적인 규범들을 개발하는 것은 전 세계의 소수자 권리 이론과 실천을 위한 핵심적인 과업이다. 그러므로 이러한 규범들을 정의함에 있어서 유럽적인 실험은 아주 중요한 의의가 있다. 그리고 이 실험이 직면했던 어려움들은 국제적인 규범들을 개발하는 더욱 일반적인 기획을 위해 중요한 교훈들을 담고 있다.

5. '소수민족들'의 권리를 공식화하는 것

그러면 유럽의 조직들이 직면하고 있는 그 도전은 자유민주주의적인 가치들을 독특하게 반영하고 불안정을 야기하는 민족적 갈등의 위험을 다루기 위한 효과적인 지침을 제공하는 방식으로 종족민족주의 집단들의 요구사항들에 대응하기 위한 원칙에 기반을 둔 기초를 제공할 수 있는 규범들을 공식화하는 것이었다.

서구 민주주의가 다민족 연방주의를 통해 상대적으로 성공적인 실험을 하고 영토적인 자치와 공식적 언어 지위를 포함하는 최상의 실천들의 다양한 예들을 고려할 때 많은 논평자들의 원래의 충동은 소수민족들을 위한 **자치** 원칙의 공식화를 시도하는 것이었다. 우리가 보았듯이 서구에서 동원된 소수민족들을 다루기 위한 '유럽적인 표준'과 같은 것이 있다면 내적 자치의 어떤 형태가 그것으로 생각될 수 있을 것이다.

그러한 규범을 공식화하려고 시도하는 것은 27조항의 빈약한 규정들을 훨씬 뛰어 넘는 것이 될 것이다. 하지만 이는 국제법에서 전혀 선례가 없지 않은 것은 아닐 것이다. 국제법에서의 오랜 원칙은 모든 '민족들'이 '자결'권이 있다는 것이고, 내적 자치권은 이러한 원칙의 확장 혹은 적용으로 간주될 수 있을 것이다. 자결의 원칙은 1966년 국제연합 창립헌장의 1조에서 확증되며 1966년 시민적 및 정치적 권리에 관한 국제규약의 1조에서 다시 확증된다.[39] 그러므로 비록 전통적으로

---

[39] 제1조 : '모든 민족들은 자결권을 가진다. 이러한 권리에 의거하여 그들은 자유롭게 자신들의 정치적 지위를 결정하고 자유롭게 자신들의 경제적, 사회적, 문화적 개발을 추구한다.' 원래 국제연합헌장은 자결의 '원칙'을 언급했을 뿐이며 '권리'를 언급하지는 않았다. 권리로의 변형은 1960년 결의안 1514(XV)와 1970년 결의안 2625(XXV)에서 발생하였

소수민족들에게는 적용되지 않았지만 이는 국제법에서 오래 지속된 규범이다. 하지만 어떤 논평자들에 의하면 자결의 원칙에 대한 적절하게 수정된 해석은 소수민족들에게 적용될 수 있고 그렇게 되어야 하며, 그들의 요구사항들을 다루기 위한 원칙에 입각한 기초를 제공할 수 있을 것이다.

제1조에서의 자결권이 소수민족들에게 무제한적인 형태로 쉽게 확장되지는 않을 것이라고 일반적으로 받아들여진다. 그 이유는 일반적으로 이것은 스스로의 국가를 형성하는 권리를 포함하는 것으로 이해되기 때문이다. 정확하게 이런 이유로 자결권의 범위는 국제법에서 철저하게 제한된다. 이것은 '소금과 물이론'이라고 불리는 것에 의해서 제한되어왔다. 비록 이 조항이 '모든 민족들'이 자결권을 가진다고 말하지만, 사실상 이러한 권리를 주장할 수 있었던 '민족들'은 해외로부터 식민화에 종속되었던 민족들이다. 영토적으로 인접한 국가 내에 있는 소수민족들은 문화적으로 혹은 역사적으로 그들이 얼마나 독특하였는가와 상관없이 자신들의 자결권을 가진 분리된 '민족들'로 인정되지 않았다. 스코틀랜드인들 혹은 쿠르드인들과 같은 집단들은 스스로를 독특한 '민족'으로 간주할 수 있을 것이고 대부분의 역사가들과 사회과학자들은 이것을 받아들일 것이다. 하지만 국제공동체는 그들을 이와 같이 인정하지 않았는데 그 이유는 이것이 그들에게 독립 국가를 형성

다. 국제법에서 자결권의 해석에 관한 엄청난 양의 문헌들이 있다. 그 중에서 단행본 규모의 문서들만 언급하면 다음과 같은 것들이 있다. Bayefsky, 2000; Castellino, 2000; Knop, 2002; Alston, 2001; Brolmann et al, 1993; Cassese, 1995; Danspeckgruber and Watts, 1997; Crawford, 1988; McCorquodale, 2000; Musgrave, 1997; Tierney, 2000; Tomuschat, 1993; Ghanea and Xanthaki, 2005.

하는 권리를 부여할 수 있을 것이라는 두려움 때문이었다.

그러나 만약 우리가 자결권의 더욱 온당한 해석, 즉 국가들의 영토적 보전과 일치하는 해석을 채택한다면 아마 그 범위를 확장하여 소수민족들을 포함할 수도 있을 것이다. 이것이 '내적인 자결'의 다양한 모델들의 목표이다. 이러한 모델들에 의하면 자신들의 역사적인 모국에 살고 있는 독특한 '민족' 혹은 '국민'으로서 소수민족들은 전형적으로 영토적인 자치의 어떤 형태를 통해 더욱 광범위한 국가의 경계 내에서 어떤 형태의 자결권을 가진다. 많은 논평자들이 내부의 민족에게는 자결을 부인 하면서 해외의 민족에게 그것을 부여하는 것은 도덕적으로 제멋대로라고 주장한다. 이 둘은 독특한 국민의 신분을 가지며 자치를 위한 욕망을 가진다. 그리고 이 둘은 그 특징에 있어서 정복, 본의 아닌 합병, 역사적인 차별에 종속되어왔다. 그러므로 자결에 대한 도덕적으로 일관된 접근은 최소한 영토적인 자치권의 형태로 내적인 소수민족들(그리고 원주민들)에게 그것이 적용됨을 인정하는 것일 것이다.(예를 들면 Moore, 2001)

이러한 접근은 국제법에서 더 큰 도덕적인 일관성을 증진하는 가치가 있을 뿐만 아니라 대부분의 서구 민주주의의 실질적인 실천을 반영한다. 1990년대 초기 동안 소수민족들을 대표하는 많은 지식인들과 정치 단체들은 내적 자결권의 국제적인 인정을 위해 추구하였다. 그리고 1990년부터 1993년까지 짧은 기간 동안 이러한 캠페인이 성공할 지도 모른다는 어떤 징후가 있었다. 우리가 앞에서 보았듯이 공산주의의 몰락 후에 소수자 권리에 관한 유럽의 한 조직에 의한 맨 첫 번째 성명서 ─ 1990년 유럽안보협력기구 코펜하겐 선언 ─ 는 영토적인 자치를 분명하게 찬성하였다. 심지어 영토적 자치에 관한 더욱 강력한 찬성이 1991년에 나왔다. 이때 유럽연합 집행위원회는 독립을 추구하는 유고슬라비아 공화국 연방은 남부 티롤의 사례에 기초하여 소수민족들이 지방의 다수를 형성하는 지역들을 위해 '특별한 지위'를 설정해야만 할 것을 선언하였다.[40] 이는 부분적으로 크로아티아의 세르비아인 소수민족에 의해 제기된 구체적인 도전들에 대한 만족스러운 해결책을 찾기 위한 시도였다. 그러나 유럽집행위원회가 유럽연합에 의한 인정을 추구하는 새로운 국가들에서 소수민족들을 위한 영토적인 자치를 찬성하는 더욱 일반적인 원칙의 형태로 자기의 대응을 공식화하였다는 것은 의미심장하다.

이 원칙은 유럽평의회 의회의 권고 1201에서 1993년에 재확증되었고 심지어 더욱 일반화되었다. 이것은 다음과 같은 하나의 조항(11조)을 포함한다.

그들이 다수인 지역들에서 소수민족에 속하는 사람들은 적절한 지역적 혹은 자치적인 권위를 자신들의 뜻대로 가질 권한이 있거나 이러한 구체적인 역사적이고 영토적인 상황과 일치하며 그 국가의 국내법과 일치하여 특별한 지위를 가질 권리가 있다.

1990년 유럽안보협력기구의 코펜하겐 선언과는 달리 이러한 1993

---

40 이러한 표준들과 그들의 궁극적인 소멸에 관한 자세한 논의를 위해서는 Caplan, 2005, Libal, 1997를 보라. 그 표준들이 충족되기 전에 독일이 일방적으로 크로아티아와 슬로베니아를 인정하였을 때 가이드라인은 무용지물이 되었다.

년 의회의 권고는 영토적인 자치를 하나의 좋은 실천으로서만이 아니라 '권리'로 인정하며, 1991년 유럽연합집행위원회의 가이드라인과는 달리 이것의 인정을 받고자 하는 새로운 국가들에서만이 아니라 유럽 국가들에게 일반적으로 적용한다.

정리하면, 1990년과 1993년 사이에 세 개의 중요한 유럽의 조직들은 모두 영토적인 자치를 최상의 실천으로서(1990년 유럽안보협력기구), 새로운 국가들의 독립을 인정하기 위한 하나의 조건으로서(1991년 유럽연합집행위원회), 혹은 국제법에 따라 제안된 권리로서(1993년 유럽평의회 의회) 찬성하였다.

후기 공산주의 유럽에서 많은 소수민족 조직들은 이러한 진전을 하나의 위대한 승리로 보았다. 특히 헝가리인 소수민족 조직은 이를 유럽이 슬로바키아, 루마니아, 세르비아에서 영토적 자치를 위한 자신들의 요구를 지지할 것이라는 증거로 간주하였다. 그들은 권고 1201이 동시에 초안이 만들어지고 있는 소수민족보호를 위한 유럽평의회 협약에서 중요한 역할을 할 것이며, 이러한 권고를 따르는 것이 유럽연합에 가입하기 위한 후보 국가들에게 필수적인 것이 될 것이라고 추정하였다.

이러한 예상은 자치권을 정식으로 기술하는 것에 관한 이야기가 진행 중인 국제연합에서의 일의 진전에 의해서 강화되었다. 예를 들면, 1994년에 리히텐슈타인이 국제연합 총회에 '자치행정을 통한 자결에 관한 조약'(Draft Convention on Self-Determination through Self-Administration)을 제출하였다.[41] 이것은 국가 하위의 모국 소수자 집단들을 포함하도

---

41 역주 : 리히텐슈타인(Liechtenstein)은 유럽 중부의 스위스와 오스트리아 사이에 있는 입헌군주제 국가이다. 1719년에 셸렌베르크(Schellenberg)공국과 파두츠(Vaduz)공국이

록 분명하게 정의되어 있는 모든 '민족들'을 위한 내적인 자치권을 인정하였다.[42] 예를 들면, 이 조약의 2조는 다음과 같이 언급한다.

모든 민족들은 자결권을 가진다. 이러한 권리 구조 안에서 현재의 조약에 관여하는 각각의 국가는 자신의 영토 안에 있는 모든 공동체들의 적절한 수준의 자치 행정에 대한 뜻을 존중해야 할 것이며 그들에게 그런 정도의 자치 행정을 보장해야 할 것이다.

리히텐슈타인 조약은 국제연합에서 아주 크게 진전되지는 못하였지만 내적인 자치가 그 당시에 얼마나 널리 퍼진 개념이었는지에 대한 증거이다. 더욱이 이 개념은 국제법이라는 또 다른 밀접하게 연관된 맥락 ― 즉 원주민들의 권리 ― 에서 등장하고 있었다. 다음 장에서 우리가 보게 될 것이지만 1993년 원주민들의 권리에 관한 국제연합의 초안 선언문은 내적인 자치의 원칙을 확증하는 몇 개의 조항들을 가지고 있다. 가장 분명한 것은 3조이며, 이는 다음과 같다. '원주민들이 자치권을 가진다. 이 권리에 의해 그들은 자신들의 정치적 지위를 자유롭게 결정하며 자신들의 경제적, 사회적, 문화적 개발을 자유롭게 추구한다.' 이 초안 선언문은 여전히 하나의 초안이며 그렇기에 아직까지는 국제법이 아

리히텐슈타인이 되었고 1806년 신성로마제국으로부터 떨어져 나와 1815년 독일연방으로 있다가 1866년에 독립하였다.

42 총회에 제출된 결의안 초안에 대해서는 UN A/C.3/48/L.17를 보라. 그 조약(Draft Convention) 자체는 Danspeckgruber, 2002, pp.382~393에 법적인 주석과 함께 부록으로 인쇄되었다. 또한 Welhengama, 1998에서의 논의를 보라. 이 조약이 국제연합에서 저지되었을 때 리히텐슈타인의 왕자가 관련된 문제들에 관한 더욱 큰 논쟁과 학술적인 분석이 생겨나기를 바라면서 프린스턴 대학에 자결에 관한 리헤텐슈타인 연구소를 설립하였다. 다음 사이트를 보라. http://www.princeton.edu/lisd/

니다. 그러나 원주민들이 내적인 자치권을 가진다는 기본적인 개념은 국제사회를 통해 이제 널리 승인되며, 미주기구와 국제노동기구를 포함하여 원주민들에 관한 다른 최근의 국제 선언문들에 반영되어 있다.[43]

이는 국제법이 내적인 자결의 개념을 받아들일 수 없는 본래부터 가지고 있는 이유가 없다는 것을 보여준다. 후기 공산주의 유럽에서 소수민족들의 지위는 아메리카대륙 혹은 아시아에서 원주민들의 지위와 동일하지 않다. 그러나 역사와 열망에 있어서는 중요한 유사점들이 있다. 그리고 원주민들을 위한 내적인 자결권을 인정하기 위한 표준적인 논점들이 많은 것들이 소수민족들에게도 또한 적용된다.[44] (나는 다음 장에서 소수민족들과 원주민들 사이의 유사점들과 차이점들을 다룰 것이다)

후기 공산주의 국가들에서 소수민족들이 어떤 형태의 내적인 자치가 소수민족들의 대우를 위한 '유럽적인 표준들'의 일부로서 성문화될 수 있다는 것을 합리적으로 바랄 수 있는 지에 대한 몇 가지 이유들이 있었다. 내적 자치는 사실상 오늘날 서부 유럽에서 표준적인 실천이다. 이것은 원주민들과 관련하여 국제법에서 정당한 원칙으로 인정되었다. 이는 전통적인 '소금과 물' 해석의 임의성을 피하며 민족들의 자결에 관한 개념의 더욱 일관된 적용으로 간주될 수 있다. 그리고 이것은 1990년에 유럽안보협력기구, 1991년에 유럽연합집행위원회, 1993년에 유럽평

---

43 HRC, UNESCO, CERD, UNDP등을 포함하는 국제연합의 다양한 기구들에 의한 원주민들에 대한 자결권의 명백한 혹은 암시적인 인정에 관해서는 1부 2장의 7번 주석의 논의를 보라.

44 Aukerman, 2000. 실제로 원주민 권리에 관한 국제법에 대해서는 가장 영향력 있는 텍스트는 다른 민족 집단들도 또한 내적 자결권을 요구할 수 있어야 하는 것을 받아들인다.(Anaya, 1996과 Kymlicka, 2001년 6장에서의 논의를 보라) 동부 유럽에서 한 소수민족 — 즉 크리미아 타타르인들 — 을 대표하는 조직들은 국제법의 목적들을 위한 '원주민'으로서 자신 스스로를 분명하게 정의내렸다는 것은 주목할 만하다.

의회 의회를 포함하는 유럽의 조직들에 의해 중요한 성명으로 인정되었다. 유럽과 국제연합에서 '떠오르는 자치권'에 관한 많은 이야기들이 있었다. 실제로 많은 학술적인 논평자들은 그러한 권리를 공식화하는 것이 국제법에서 이미 암시되어 있거나 드러나고 있는 것을 단지 분명하게 할 수 있을 뿐이라고 주장했다.[45]

하지만 의회의 권고 1201는 유럽의 조직들 내에서 영토적인 자치를 위한 최고 수위의 지지 표시를 반영한다. 그때 이후로 그것으로부터 두드러진 퇴보가 있었다. 권고 1201 2년 후에 채택된 협약은 의회의 충고를 단호하게 거부하였고 영토적 자치에 관한 어떤 언급도 회피하였다. 영토적 자치가 '권리'로서 인정되지 않을 뿐만 아니라 이것은 권고된 실천으로서도 언급되지 않는다. 또한 영토적 자치는 1996년부터 1999년까지 유럽안보협력기구에 의해 채택된 일련의 헤이그, 오슬로, 런드 권고들[46] 혹은 유럽연합의 새로운 헌법[47]과 같은 이후의 유럽의 조직들의 어떤 선언 혹은 권고에도 등장하지 않는다. 그리고 법을 통한 민주주의를 위한 유럽집행위원회는 소수민족들이 내적인 자결의 형태에 의해서

---

[45] 떠오르는 자치권에 관한 개념에 대해서는 Eide, 1993; Welhengama, 1998, 2000; Hannum, 1990; Sisk, 1996; Lewis-Anthony, 1998; Hannikainen, 1998; Heintz, 1998; Skurbaty, 2005 and Suksi, 1998의 다양한 에세이들을 보라. Patrick Thornberry의 말로, '의회의 성급한 판단은 자치가 소수민족들 텍스트에 전혀 존재하지 않는다는 것을 암시하지만 자세히 조사해보면 자치 혹은 그와 비슷한 어떤 것에 대한 요소와 암시를 발견한다'.(Thornberry, 1998, p.123; Thornbeey, 1995, pp.42~43를 비교해 보라)

[46] 소수민족들의 교육권에 관한 헤이그 권고사항들.(1996) 소수민족들의 언어권에 관한 오슬로 권고사항들.(1998) 소수민족들의 효과적인 참여에 관한 런드 권고사항들.(1999)

[47] 서부 유럽의 다양한 지역들(예를 들면, 카탈로니아, 스코틀랜드, 플랑드르, 남부 티롤) 출신의 소수민족들 정당들의 연합인 유럽 자유 연합은 유럽연합의 헌법이 '유럽연합의 시민들이 강하고 공유된 민족적, 언어적 혹은 지역적 정체성의 의식을 가지고 있는 그 연합 내의 모든 영토적인 실체들의 자치권을' 인정했던 규정을 포함해야 한다고 제안하였다. 이 제안은 결코 진지하게 논의되지 않았다.(http://www.greensefa.org) 유럽의 헌법에서 '국가 없는 민족들'의 인정을 강화하는 데 실패한 노력들에 대해서는 McCormick, 2004를 보라.

도 자결권을 가지고 있지 않다고 결정하였다.(법을 통한 민주주의를 위한 유럽집행위원회 1996) 사실상 내적 자결의 개념이 소수자 권리에 대한 '유럽적인 표준들'에 관한 논쟁에서 사라져버렸다.(Cilevics, 2005)

이에 대한 다수의 이유들이 있다. 그 한 가지는 **서구에서** 소수민족들에 대한 영토적인 자치권을 정착시키는 그 견해와 서구가 어떻게 자신들의 소수자들을 대우하는지에 대한 국제적인 감시가 있어야 한다는 그 견해에 대한 강한 반대가 있었다. 프랑스, 그리스, 터키는 소수민족들을 위한 자치행정권이라는 바로 그 개념을 전통적으로 반대하였고, 실제로 소수민족들의 존재 자체를 부인한다.(Dimitras, 2004) 그리고 심지어 자신들의 국가 하위의 민족 집단들에게 자치를 허용하는 서구 나라들조차도 소수민족들에 관한 자신들의 법과 정책이 국제 감시에 종속되는 것을 반드시 원하지 않는다. 예를 들면, 이는 스위스와 미국의 경우에 해당된다.(Chandler, 1999, pp.66~68; Ford, 1999, p.49) 다양한 서구 나라들에서 소수민족들의 대우는 정치적으로 민감한 문제이며, 많은 나라들이 종종 오랜 기간의 고통스러운 협상 과정의 결과인 자신들의 다수-소수자 해결이 국제 감시기관들에 의해서 다시 재개되는 것을 원하지 않는다. 정리하면, 후기 공산주의 국가들이 소수자들에 대한 자신들의 대우에 대해 감시받는 것을 기꺼이 요구하였지만 서구의 민주주의는 소수민족들에 대한 자신들이 처리가 조사되는 것을 원하지 않았다.[48]

---

[48] 이는 유럽연합에 가입하고자 하는 나라들이 기본협약(the Framework Convention-*역주: 이는 소수자보호를 위한 기본협약 the Framework Convention for the Protection of National Minorities(FCNM)에 대한 줄임말이다)을 비준하는 것으로 기대되고 그런 까닭에 자신들의 소수자 정책들을 국제 감시와 평가를 위해 공개하지만 이미 유럽연합의 회원

서구 내부로부터의 이러한 저항은 소수민족들을 위한 자치 행정권을 공식화하기 위한 어떤 시도를 충분히 망쳐버릴 수도 있었다. 그러나 더욱 직접적인 어려움은 후기 공산주의 지역에 그와 같은 자치 정부에 관한 규범을 강요하는 것이 비현실적이라고 유럽의 조직들이 인정하는 것이 점점 늘어나는 것이었다. 소수자 자치 정부에 관한 어떤 견해도 후기 공산주의 나라들에 의해 자신들의 존재 자체에 대한 위협으로 강하게 거부되었다. 그 결과는 그것이 '유럽에 다시 가입하기' 위한 전제 조건이었음에도 불구하고 국가 하위의 민족 집단들을 위한 자치를 지지하는 후기 공산주의 나라들 내에서 국내적인 합의에 이를 가능성이 사실상 없었다. 심지어 유럽연합과 북대서양조약기구에 가입하는 강력한 인센티브도 지정학적인 안보와 개인적인 안보에 대한 위협과 역사적인 잘못의 영구화로 널리 인식된 모델에 대한 대중적인 지지를 발생시키기에 충분치 않았을 것이다. 그러한 모델들을 추구하기 위한 서구의 조직들에 의한 시도들은 최대한의 압력을 필요로 할 것이었으며 동구와 서구 사이의 관계를 더욱 갈등적이고 희생이 크도록 만들 것이었다. 실제로 영토적인 자치를 강요하기 위한 어떤 시도도 유럽 개혁을 지지하는 세력들에 대항하는 반발을 일으키고 민주화와 자유주의화를 거부하는 권위주의적인 세력들에게 이득이 되었을지도 모른다. 확고한 소수자 권리가 민주화와 유럽적 통합 과정의 본질적인 일부라고 주장하는 것은 그러한 과정에 대한 대중적인 지지를 감퇴시켰을 지도 모른다.

이러한 장애물들을 고려할 때 소수민족들을 위한 자치권 혹은 내적인

국이 된 나라들은 그렇게 하도록 요구받지 않는다는 사실에 반영되어 있다. 말할 필요 없이 이러한 이중적인 표준은 후기 공산주의 나라들 사이에서 엄청난 반감의 원인이 된다.

자결권을 성문화하려는 노력들이 실패했다는 것은 놀랍지 않다. 국제공동체가 원주민들의 경우에 다음 장에서 논의되는 이유들로 인해 이 개념을 고려하려는 어느 정도의 자발성을 보여주었지만 내적인 자결은 유럽의 소수민족들의 경우에는 너무 논쟁적임이 입증되었다. 유럽안보협력기구 소수민족문제 담당 특별대표가 주목하였듯이 영토적 자치에 대한 요구는 후기 공산주의 지역의 국가들 에서 '최대한의 저항'에 직면한다. 그런 까닭에 특별대표의 판단에 의하면 더욱 온당한 형태의 소수자 권리에 초점을 맞추는 것이 더욱 '현실적'이었다. (van der Stoel, 1999; Klebes, 1995와 비교해 보라)

모든 이가 자치에 대한 헌신으로부터의 이러한 성급한 퇴보에 동의하지 않았다. 어떤 논평자들은 이것을 시기상조로 보았으며, 자신들의 이기적인 이유로 안보에 대한 두려움을 만들어 내거나 과장하는 후기 공산주의 엘리트들에 영합하는 것으로 보았다. 자치에 대한 정당한 관심들이 있는 한 이것들은 다루어질 것이라고 논의되었다. 예를 들면, 인권에 대한 정당한 근심들이 있다면 이것들은 유럽인권재판소에 대한 호소를 포함하는 더욱 강력한 인권 메커니즘들을 확고히 하여 자치에 대한 어떤 합의에 이르도록 다루어질 수 있을 것이다. 그리고 만약 민족통합주의 소수자들과 그들의 동족 국가들 사이에 잠재적으로 불안정을 야기하는 연결성에 대한 정당한 근심들이 있다면, 이것들이 국가들의 영토 보전에 대한 보장을 확립하는 자치에 대한 어떤 동의에 이르고 소수자들과 동족 국가들이 어떤 민족통합주의적인 야심을 포기하도록 요구하는 식으로 다루어질 수 있을 것이다. 예를 들면, 소수자들이 어떤 동족 국가보다 자신의 국가에 대한 충성을 확증하는 소수자 권리 규정에 충성 조항을 포함하는 것에 대한 논의가 있었다. 이웃하는 동족 국가들과 어떤 미해결의 영토 분쟁들은 자치 정권이 소개되기 전에 해결되어야만 한다는 제안도 또한 있었다.[49]

유럽연합 혹은 북대서양조약기구로의 궁극적인 가입 전망은 안보에 대한 두려움을 줄이도록 자극될 수 있는 또 하나의 요소였다. 이런 방식으로 인권과 지정학적인 안보에 대한 어떤 정당한 두려움이 다루어질 수 있을 것이고, 두려움을 퍼트리는 정치 엘리트들로부터 자치에 대한 여전히 남아 있는 반대가 무시될 수 있거나 과소평가될 수 있을 것이다.

하지만 1990년대에 공산주의로부터 전환이라는 혼란스러운 상황들 가운데서 대부분의 사람들은 이러한 인권과 영토 보전에 관한 '문서 보증'이 본질적으로 강제화될 수 없었다는 것을 인정하였다. 보스니아와 코소보에서 국제공동체의 쓰라린 경험은 심지어 유럽의 조직들이 현장에 많이 있었지만 그들은 종종 인권을 효과적으로 보호할 수 없었거나 집단들이 영토에 대한 통제권을 갖는 것을 막지 못하였다. 또한 국제공동체는 어떤 국가들이 의도적으로 다른 국가들에서 반란을 자극하는 하는 것을 막을 수도 없었다. (예를 들면, 러시아가 조지아와 몰도바에서의 분리주의 혹은 민족합주의 운동들을 지지하고 있었다는 것은 널리 받아들여졌다)

유럽의 조직들이 후기 공산주의 엘리트들이 모든 소수자 권리문제들과 관련하여 안보카드를 계속해서 사용하는 경향에 의해 종종 경악하였

---

49 실제로 유럽연합은 모든 국경 분쟁들의 해결을 가입의 하나의 조건으로 만들었다. 이는 민족통합주의적 근심들을 줄이고자 하는 한 방법이었다. 유럽연합은 또한 국가들이 국경의 상호간의 승인을 인정하면서 모든 이웃 나라들과 쌍방향의 우정과 협력 조약을 맺기를 권장하였다. 소수자의 보호 도구로서 쌍방향의 조약들의 역할들에 대해서는 Bloed and van Dijk, 1999; Gal, 1999을 보라.

지만 이러한 안보에 대한 두려움이 때때로 정당화되었다는 것이 대체적인 여론이었다. 유럽의 조직들은 자유주의적 다문화주의를 채택하기 위한 핵심적인 촉진 조건들 중의 어떤 것들이 부재하였다는 것을 받아들였다. 그리고 후기 공산주의 국가들에서 자치에 대한 저항은 전근대적인 편견이거나 불관용의 문제가 아니었을 뿐만 아니라 힘든 지정학적인 조건들 가운데 깊이 뿌리내리고 있었다. 이러한 견해는 후기 공산주의 유럽에서 다민족 연방주의의 서구적인 모델들을 채택하는 것의 적절함에 대한 회의를 표명하였던 일련의 학술적인 글에 의해서 강화되었다.(예를 들면, Snyder, 2000; Brubaker, 1996; Wimmer, 2003; Liebich, 1995; Dorff, 1994; Offe, 1993, 1998; Roeder, 2004; Leff, 1999; Bunce, 1999; Kolsto, 2001; Cornell, 2002; Deets and Stroschein, 2005)

유럽의 조직들이 이러한 안보 위험에 대항하여 효과적인 보증을 제공할 수 없었던 한에서 소수민족들을 위한 자치를 채택하는 것이 민주화의 본질적인 부분이거나 유럽에 재가입하는 전제조건으로 간주되어야만 한다는 주장을 정당화하는 것은 어려웠다. 실제로 자치권을 소중히 하는 것이 소수자들과 동족 국가들이 민주적 절차들을 우회하도록 권장하여 그 지역에서 민주적인 전망에 몹시 해로울 수 있을 것이라는 확실한 두려움이 있었다. 그러한 국제적으로 인정된 권리로 무장한 소수민족들이 자치를 위한 자신들의 평화적인 투쟁을 배가 하거나 자신들의 '권리'를 요구한다는 명목으로 영토를 탈취할 정도로 대담해 질수 있을지도 모른다. 그리고 동족 국가들이 '유럽적인 표준들'을 유지한다는 명목으로 이웃하는 국가들에 개입할 수 있을지도 모른다.

그 결과 유럽의 조직들은 영토적인 자치를 법적인 규범으로 공식화하는 것으로부터 퇴보하였을 뿐만 아니라 그들은 또한 많은 경우에 이것을 최상의 실천으로 추천하는 것을 멈추었다. 특히 OSCE(유럽안전보장협력기구) 특별대표는 영토적 자치가 최상의 실천으로서가 아니라 최후의 수단으로서 간주되어야만 한다고 말했으며, 지정학적인 불안정이라는 현재의 조건들 아래서 불안정을 야기할 수 있다는 이유로 여러 소수자들이 자치에 대한 요구를 진척시키는 것을 저지하였다. 후기 공산주의 유럽에서 자치정부를 강요하기보다는 오히려 어떤 유럽의 조직들은 현재 이를 적극적으로 저지하고 있다.[50]

놀랍지 않게도 소수자 권리에 관한 유럽의 표준들이 마침내 성문화되었을 때 그들은 자치정부 혹은 자치에 관한 모든 언급을 생략하였고 훨씬 더 약한 일련의 규범들로 회귀하였다. 실제로 유럽평의회의 기본협약과 OSCE의 권고안들은 실질적으로 이전의 '자신의 문화를 즐기기 위한 권리'에 근접한 최신판이다. 이것들은 자신의 언어에 일치하여 자신의 성의 철자를 표기하는 권리와 소수자의 언어로 공공기간들에 문서들을 제출하는 권리와 같은 어떤 합당한 긍정적인 권리를 분명하게 포함함으로써 27조항을 넘어선다. 이러한 변화들은 의미심장하지만 이들은 실질적으로 '자신의 문화를 즐길 권리'라는 개념에 대한 변형들에 불과하다.

이처럼 이들은 자유민주주의가 소수민족들의 독특한 특징들과 열망들 —즉 그들의 국민의 신분에 대한 의식과 민족적 모국에 대한 요구— 을

---

50 이는 특히 자치에 대한 요구를 포기하도록 국제적인 압력을 받고 있는 루마니아와 슬로바키아에서 헝가리인 소수민족들과 관련하여 사실이다.(Schwellnus, 2005; Bessenyey-Wiliams, 2002)

어떻게 다루어야 하는지에 대한 어떤 원칙들 혹은 모델들을 상세하게 표기하지 않는다. 우리가 보았듯이 이러한 집단들이 전형적으로 추구하는 것은 특정한 문화적 실천들을 법적으로 규정함에 있어서 다른 개인들과 함께 협력하기 위한 개인들로서의 권리일 뿐만 아니라, 자신들의 모국에서 스스로 통치하고 자신들의 언어, 역사, 문화를 공적인 장소와 제도에서 표현하고 기리기 위해 자신들의 자치 정부의 권력을 사용하는 민족적 공동체로서의 권리이다. 기본협약(the Framework Convention)과 OSCE의 권고사항들은 모두 어떻게 그러한 요구들이 다루어져야 하는지에 대해서 침묵한다. 그들은 영토와 자치 정부와 관련한 (종종 경합하는) 요구들을 어떻게 해결하는지 혹은 공식적인 언어 지위를 어떻게 부여하는지를 논의하지 않는다. 그들은 서구에서 개발된 다민족 연방주의의 모델들을 승인하지 않거나 이러한 모델들에 대한 어떤 대안을 제시하지도 않는다. 그들은 이러한 갈등들을 해결하기 위한 원칙들을 공식화하는 어떤 시도들도 회피할 뿐이다. 놀랍지 않게도 그들은 소수자 지도자들과 논평자들에 의해서 '온정주의와 명목상의 시책'으로 널리 비판을 받는다.(Wheatley, 1997, p.40)[51]

결국에는 소수민족들을 위해 명백한 자유-민주적인 형태의 다문화주의를 증진시키고 확산하려는 장기적인 목표는 후기 공산주의 나라들

---

51 예를 들면, 이러한 규범들은 종종 소수자들이 자신들의 언어로 공공기관들에 서류들을 제출할 것을 허락하지만 그들이 자신들의 언어로 응답받는 것을 규정하지는 않는다. 더욱 일반적으로, 이것들은 모든 결정이 지배적인 민족 집단에 의해 통제되는 공개 토론회에서 이루어지는 방식으로 국가들이 권력을 중앙 집중화하는 것을 막지 않는다. 국가들이 소수자들의 구성원들이 직업적인 성공과 정치적인 권력을 성취하기 위해서 언어적으로 동화되도록 하거나 그들의 동족 국가로 이주하도록 만들기 위해서 고등 교육, 직업적 인정, 정치적인 직무를 계속해서 조직할 수 있다.(이는 종종 소수자 집단들의 '참수'로서 언급되는 것으로 소수자 공동체들로부터 잠재적인 엘리트들이 고등교육 혹은 직업적인 성공을 성취하기 위해서 자신들의 공동체를 떠나도록 강요하는 것이다)

에서 민주적인 전환의 과정에서 안정을 유지하려는 단기적인 긴급함에 대응하면서 포기된다. 자치권으로부터의 이러한 퇴보는 그런 상황에서 이해될 수 있었고 아마 부득이하였다.[52] 유럽에서 소수자 권리 규범들의 기존 구조는 정치적으로 비효율적이고 개념적으로 불안정하다. 그리고 여기에서 어디로 가야할 지에 대해 해야 할 힘든 선택들이 있다.

다루기로 의도된 문제들을 해결하지 못하기 때문에 현재의 규범들은 비효율적이다. 이러한 규범들을 개발하는 원래의 목적이 코소보, 보스니아, 크로아티아, 마케도니아, 조지아, 아제르바이잔, 몰도바, 체첸과 같은 후기 공산주의 유럽에서 폭력적인 민족 갈등을 다루는 것이었다는 것을 상기해보라. 이러한 갈등들 중의 어느 것도 자신들의 문화를 즐기기 위해 다른 이들과 협력하기 위한 개인들의 권리를 중심으로 발생하지는 않았다. 그러한 권리의 침해는 폭력적인 갈등의 원인이 아니었고 그러한 권리에 대한 존중이 갈등을 해결할 수도 없을 것이었다. 동일한 것이 유럽 조직들이 잠재적인 폭력을 두려워했던 다른 중요한 경우들, 예를 들면 루마니아와 슬로바키아의 헝가리아인 소수민족들 혹은 이전의 소비에트 공화국 연방에서 러시아인 소수민족들에게도 해당된다.

이 모든 경우들에 있어서 논쟁 중인 문제들은 FCNM(Framework Con-

---

[52] 나는 '아마' 불가피하다고 말한다. 그 이유는 원칙적으로 우리가 장기적인 목표들을 단기적인 요구들과 구별하기를 시도하고 자치를 장기적인 목표로 유지했던 더욱 복잡하고 창조적인 형태의 법적인 초안 만들기를 상상할 수도 있었기 때문이다. 우리는 소수자들이 책임 있는 방식으로 더욱 약한 소수자 권리를 행사할 수 있는 것을 먼저 보여준 후에 자치를 요구할 수 있는 순서로 배열된 일련의 권리를 포함하는 국제적인 소수자 권리 규범들의 한 모델을 상상할 수도 있다. 이는 실제로 앞에서 논의된 리히텐슈타인 초안 협약이 공식화되는 방식이다. 소수자들은 그들의 문화를 향유하기 위해 27조항 유형의 권리로 시작을 하고 나서, 비영토적인 형태의 자치로 이동하고, 영토적인 자치로 나아간다. 그러나 이는 그들이 이 과정에서 민주주의와 인권의 다양한 수준점들을 충족시키는 한에서 그러하다.

vention for the Protection of National Minorities) 혹은 OSCE 권고사항들에 의해 다루어지지 않는다. 이런 경우들에서의 갈등들은 스스로 통치하고 자신들의 언어로 자신들의 공적인 제도들을 관리하기 위한 능력과 열망을 드러냈으며 과거에 일반적으로 어떤 형태의 자치 행정과 공식적 언어 지위를 소유했던 광범위하게 영토적으로 집중된 집단을 필요로 한다. 이들은 영토적 자치, 공식적 언어 지위, 소수자 언어 대학교들, 연합적인 권력 분담을 위해 동원된다. 이런 집단들 중의 어느 것도 FCNM과 OSCE의 권고사항들에 의해 보장된 빈약한 권리에 만족하지 않는다.[53]

후기 공산주의 나라들에서 소수민족들이 기존의 유럽의 규범들 아래서 제공되는 권리에 만족하지 않는다는 사실은 때때로 그들의 정치문화의 반자유주의 혹은 그들의 지도력의 급진주의의 증거로서 받아들여진다. 그러나 서구에서 어떤 규모가 큰 정치적으로 동원된 소수민족도 둘 중의 어느 하나에 만족하지 않을 것이라는 것은 주목할 만한 가치가 있다. 아무도 카탈로니아, 플랑드르, 퀘벡, 베른, 남부 티롤, 올란드 제도, 혹은 푸에르토 리코에서 소수민족들이 소수자 초등학교에 만족을 하지만 모국어 대학교 혹은 이중 언어 거리 표지판, 공식적인 언어 지위 혹은 지방 행정, 지역적인 자치에는 만족하지 않을 것이라고 진지하게 가정할 수 없다.

이는 후기 공산주의 상황에서 현재의 FCNM 혹은 OSCE의 규범들이 국가와 소수자 관계를 위한 현실적인 기초를 제공하는 것이 아니라고

---

53 어떤 논평자들은 FCNM이 그것의 '효율적인 참여'에 대한 헌신을 통해 자치 혹은 권력 분점에 대한 더욱 강한 요구를 지지하기 위해 간접적으로 이용될 수 있기를 희망하였다. 나는 이 주장에 대해서 앞으로 논할 것이다.

말하는 것은 아니다. 그들이 실질적으로 민족적으로 동질적이고-예를 들면, 지배적인 집단이 인구의 90에서 95퍼센트를 형성하는-나라들에서, 그리고 다른 민족적 집단들이 규모가 작고 흩어져 있고 이미 동화의 과정에 있는 곳에서 아주 효과가 있다고 나는 생각한다. 예를 들면, 체첸 공화국, 슬로베니아, 헝가리에서 상황이 이러하다. 이러한 나라들에서 소수자들 중의 아무도 지역적인 자치를 행사할 수 없거나 높은 수준의 제도적인 완성도(예를 들면, 그들 자신의 대학들을 유지하는)를 유지할 수 없고, 대부분이 이미 높은 수준의 언어적 동화를 보여준다. 이러한 집단들에게 FCNM / OSCE 규범들은 그들이 요구할 수 있는 모든 것을 제공한다. 이것들은 그러한 작고 어느 정도 동화된 소수자들이 어느 정도의 존엄과 안전을 보장받고 지배 사회로의 자신들의 통합을 협상하는 것이 허용된다. 유사하게 FCNM / OSCE 규범들이 마케도니아의 블라크인들 혹은 루마니아의 아르메니아인들과 같은 후기 공산주의 나라들에 작고 흩어진 부분적으로 동화된 소수자들에게 만족스러울 가능성이 있다.

문제는 이러한 소수자들이 심각한 민족 투쟁에 가담하지 않았고 현재도 그렇지 않다는 것이다. 후기 공산주의 유럽에서 민족적 폭력과 잠재적으로 불안정을 야기하는 민족적 갈등의 문제는 거의 독점적으로 자치 행정을 행사할 수 있고 자신들만의 공적 제도를 유지할 수 있어서 공적 제도들에 대한 통제를 위해 국가와 다투는 집단들에게만 한정된다.[54] 그리고 이러한 집단들에게 FCNM과 OSCE의 규범들은 대개 관

---

[54] 이러한 일반화에 대한 하나의 가능한 예외는 로마인들(the Roma)이다. 어떤 논평자들은 로마인들이 영토적인 자치에 대한 관심 혹은 자신들만의 독립된 공적 제도들을 만드는 데

련성이 없다. 만약 잠재적으로 불안정을 야기하는 민족적 갈등의 문제를 효과적으로 다루는 것이 그 목표라면 우리는 이러한 갈등들의 원인을 실제적으로 다루는 규범들이 필요하다. 그리고 27조항 스타일의 '자신의 문화를 향유하는 권리'로부터 시작하는 어떤 규범들은 그렇게 하는 데 성공할 것 같지 않다.[55]

내가 앞에서 말했듯이 이러한 비효율성은 어쩔 수 없는 것일지도 모른다. 불안정을 야기하는 종족적 민족주의의 갈등을 어떻게 대처하는가에 관한 질문은 법적인 원칙이라는 측면에서 해결하기에는 너무 어려운 문제일지도 모른다. 아마 이러한 갈등에 대한 유일한 현실적인 접근은 일반적인 규범들을 공식화하는 시도를 통해서보다는 임시적인 구체적인 사례에 기초한 개입을 통해서 이다. 그리고 실제로 나의 앞으로의 논의에서처럼 이는 바로 유럽의 조직들이 몇 가지 사례들에서 결국 의존하게 되는 것이기도 하다.

그러나 우리가 종족적 민족주의 갈등에 대한 효과적인 법적 규범들을 공식화하는 목표를 포기한다할지라도 유럽의 소수자 권리 규범들의 현재적 체계에는 또 다른 깊이 자리 잡은 문제가 있다. 즉 그들이 개념적으로 불안정하다. 대상지향적인 권리들의 형태와 이들의 포괄적인

대한 관심을 표시하지 않았음에도 불구하고 로마인들과 관련된 문제들이 폭력과 불안정의 원인이 될 수 있다고 추측한다. 나는 로마인들의 경우에 대해서 앞으로 논할 것이다.

55 자신의 문화를 향유하기 위한 권리가 왜 영토적인 자치 혹은 공식적인 언어 지위에 대한 요구들을 지지하기 위한 확고한 방식으로 해석될 수 없는지에 대한 개념적인 혹은 철학적인 근거는 없다. 실제로 이는 정확하게 다양한 '자유 민족주의적' 정치 이론가들이 자신들의 글에서 해왔던 것이다. 문화권에 관한 개념은 Yael Tamir와 Joseph Raz와 같은 작가들에 의해서 민족적 자결권에 관한 그들의 변호에 대한 기초로서 인용된다.(Tamir, 1993; Margalit and Raz, 1990) 그러나 정치적으로 말하자면 문화권에 대한 그러한 '민족주의적인' 해석이 국제법에서 채택될 수 있을 가능성은 없다. 반대로 자신의 문화를 향유할 권리인 27조항은 바로 1조항의 자결권에 대한 대안으로서 항상 이해되었다.

내용 사이에는 불일치가 있다. 기존의 규범들은 소수민족들의 범주를 대상으로 하지만 보편적인 27조항에 인정된 그런 류의 포괄적인 소수자 권리만을 인정할 뿐이다. 자신의 문화를 향유할 포괄적인 소수자 권리가 왜 한 종류의 집단에만 보장되어야 하는가? 원래의 목표는 역사적인 정착과 영토적인 집중화의 특징을 가지는 특정 형태의 모국 집단을 다루기 위한 원칙들을 확인하는 것이었다. 그러나 FCNM과 OSCE의 권고사항들에 성문화된 실재의 권리들이 역사적인 정착과 영토적인 집중화에서 생겨나는 어떤 권리를 인정하지 않기 때문에,[56] 그들이 왜 로마인들(the Roma)과 같은 비영토적인 집단들 혹은 이민자 집단들에게 적용되지 말아야 하는가에 대한 분명한 이유가 없다. 확실히 포괄적인 소수자 권리가 반드시 포괄적으로 보호되어야만 하는가?

그리고 실제로 우리는 더욱 광범위한 집단들이 기존의 표준들로부터 혜택을 받을 수 있도록 하기 위한 유럽평의회와 OSCE 내에서의 움직임을 볼 수 있다. 자격이 있는 집단들의 종류를 확장하기 위한 주요 전략은 한 국가 내에서 그들의 역사적인 존재 혹은 영토적인 집중화의 정도와 상관없이 실질적으로 모든 민족 문화적 집단들을 위한 포괄적인 용어가 되게 하기 위해 '소수민족들'이라는 용어를 간단히 재정의하

---

[56] FCNM의 세 부분에서 역사적인 정착에 대한 언급을 하고 있다. 10조(2), 11조(3), 14조(2)는 '소수민족들에 속한 상당한 숫자의 사람들이 전통적으로 거주하는 지역들'을 언급한다. 하지만 이런 조항들의 어떤 것도 실제로 어떤 명백히 의문의 여지가 없는 권리를 발생시키지는 않는다. 이것들은 단지 국가들이 예를 들면 이중 언어 도로 표지판을 사용하는 것의 가능성을 숙고하도록 권장할 뿐이다. FCNM에 수반되는 설명보고서는 구체적으로 이런 조항들이 공식 언어 지위 혹은 자치 행정에 대한 어떤 권리를 포함하고 있음을 부인한다.(Council of Europe, 2005, pp.17~35) 소수민족들이 '자신들이 살고 있는 지역들'에 영향을 미치는 결정들에 참여하는 것에 대한 보장이 있어야 한다는 생각은 FCNM의 15조항의 원래 본문의 일부였지만 영토성의 어떤 암시를 피하기 위해서 최종본에서는 삭제되었다.

는 것이다. 원주민들, 로마인들(the Roma), 이민자 집단들과는 구별된 한 종류의 집단이라는 '소수민족들(national minorities)'에 대한 오래된 이해는 모든 다른 종류의 민족 문화적 집단들을 포괄하는 소수민족들에 관한 더욱 확장된 이해로 대체되고 있다.

예를 들면, 기본협약(Framework Convention)을 감시하는 자문위원회는 원주민들이 소수민족들과는 다른 국제법의 범주 아래에 놓인다는 덴마크의 주장을 비판하였다. 이것은 또한 로마인들이 소수민족들의 범주 아래에 놓이지 않는다는 알바니아의 주장, 소비에트 점령 기간 동안 자기 나라에 들어 온 러시아인들이 소수민족들로서 자격을 갖추지 않는다는 에스토니아의 주장을 비판하였다. 더욱 일반적으로 이 조약은 모든 나라들이 소수민족들에 관한 '포괄적인' 해석, 즉 그 나라에서 역사적인 실제가 있으며 혹은 심지어 그 나라의 시민들이어야만 하는 것을 요구하지 않는 해석을 적용하도록 권장하였다.[57] 간단히 정리하면, 그 위원회의 어법에 따라서 '소수민족들'이라는 용어는 소수민족의 분류에서 더 이상 한 종류의 집단이라는 의미가 아니며 모든 민족 문화적 집단들을 포괄하기 위해서 사용되는 포괄적인 용어가 되고 있다.[58]

'소수민족들'을 포괄적인 용어로 재정의하려는 이러한 추진은 여전히 논쟁이 되고 있다. 자문위원회로부터의 권고에도 불구하고 몇몇 국가들은 그 조약이 국가 내의 역사적인 실제에 의해 정의되는 어떤 특정

---

57 나라들이 소수민족들의 범주를 어떻게 이해해야 하는가에 관한 그 위원회의 견해들에 관한 개관을 위해서는 Wheatley, 2005, pp.48~56; Hoffman, 2002를 보라. 시민권이 소수민족으로서의 인정을 위한 전제조건인지에 대해서는 Thiele, 2005를 보라. 덴마크의 경우에 대해서는 Opinion on Denmark ACFC/INF/OPI(2001)005, para. 16을 보라.

58 휘틀리(Wheatly)가 논하듯이 그 위원회는 '국제적 법적 문서들에서 인정된 민족 문화적 집단들에 관한 엄격한 분류법이 있을 수 있다는 생각을 거부하였다'.(Wheatly, 2005, p.49)

집단을 대상으로 한다는 자신들의 원래의 견해를 계속해서 고수한다. 이는 물론 한편으로 역설적이다. 그 이유는 이러한 동일한 국가들이 그 조약에서 전통적인 소수민족들의 독특한 요구를 실제로 다루는 어떤 실질적인 규범들을 제거하였기 때문이다. 그러나 그들이 그 조약의 규범들의 내용을 약화시켰을 때조차도 이러한 국가들 중에 많은 국가들이 이민자들과 같은 다른 소수자 집단들과 관련하여 어떤 새로운 법적인 책임을 갖지 않기 위해서 여전히 이 조약을 대상 지향적인 문서로서 보존하기를 원한다. 실제로 이민자들을 분명히 포함하기 위해 그 조약을 공식적으로 수정하기 위한 어떤 시도도 서부 유럽과 동부 유럽의 대부분의 나라들의 반대로 인해 거의 확실히 실패할 것이다. 그러나 많은 사람들 — 실질적으로 모든 저명한 학자들과 그 분야의 지지하는 조직들을 포함하여 — 이 더욱 포괄적인 소수민족들의 정의를 위한 요구를 지지하고 있다.[59]

만약 이러한 소수민족들에 대한 포괄적인 재정의가 유럽의 조직들에 의해 더욱 일반적으로 채택된다면 모국 종족민족주의 소수자들에 의해 제기된 독특한 문제들을 다루는 구체적인 대상을 위한 규범들을 개발하는 원래의 목표로부터의 퇴보는 완결될 것이다. 현재 FCNM은 형태적으로 구체적인 대상을 지향하지만 그것의 권리 규정의 내용에서는 일반적이다. 만약 고문위원회가 성공한다면 FCNM은 형태와 내용

---

59 이는 국가 간 국제기구들의 '상대적인 자율성'에 관해서 1장에서 논의된 요점의 확실한 예이다. 소수민족들의 정의를 확장하기 위한 주요한 압력이 강력한 국가들이나 정부들에서는 전혀 나오지 않는다. 이러한 압력이 국제적인 규범들을 해석하고 실행하기 위해 드러나지 않는 곳에서 일하는 학자들, 지원 단체들, 박애주의적인 재단들, 관료들의 '지구적인 정책 네트워크들'에서 나오고 있다. 더욱 엄격한 정의를 지지하는 소수의 논평자들 중의 한 명으로 Mallory, 2005가 있다.

에 있어서 모두 일반적이 될 것이다. FCNM은 더 이상 대상지향적인 소수자 권리를 개발함에 있어서 중요한 실험이 될 수 없을 것이다. 이 것은 새롭고 오래되었건 크건 작건 흩어져 있던지 집중되어있던지 간에 모든 소수자들에게 적용될 수 있는 포괄적인 문화권을 상세히 기술하는 원래의 27조항의 접근으로 되돌아 갈 것이다.

FCNM의 목적들을 위해 소수민족들을 어떻게 정의하는 가에 대한 질문은 하나의 기술적인 질문처럼 보인다. 그러나 내 생각으로 이는 미래에 소수자 권리의 국제적인 규범들의 개발을 위한 뿌리 깊은 딜레마를 제기하는 중요한 질문이다. FCNM의 대상지향적인 특징을 포기하고 더욱 일반적인 소수자 권리 전략으로의 전환을 위한 강력한 도덕적이고 신중한 주장들이 있다. 그러나 또한 이러한 전환과 연관된 비용들이 있으며 이는 지금까지의 논쟁에서 적절하게 인정되지 않았다. 이러한 전환은 가까이에 있는 특정한 법적 텍스트에 대해서 뿐만 아니라 자유주의적 다문화주의를 전 세계에 걸쳐 확산시키는 더욱 광범위한 기획에 대해서도 잠재적인 영향을 미친다.

FCNM 하에서 소수민족들로서의 모든 민족 문화적 집단을 포함하기 위한 몇 가지 주장들이 있다. 하나는 지속성의 단순한 문제이다. 그 조약에서 확인된 권리들이 역사나 영토의 사실들에 근거하지 않기 때문에 그것의 범위를 역사적 혹은 영토적인 소수민족들로 제한하는 것은 임의적인 것으로 보인다. 그러나 또 다른 더욱 중요한 이유가 있다. 이는 소수민족들의 더욱 제한적인 정의에 의해 배제된 집단들 중의 많은 것들이 잠재적으로 적대적인 국가들과 지배적인 집단들로부터 필사적으로 국제적인 보호를 필요로 하며 FCNM이외에는 법적인 보호를 위한 다른 수단이 없다.

로마인들을 고려해보라. 로마인들은 유럽에 동족 국가나 역사적인 모국이 없기 때문에 그들은 전통적인 소수민족들과 동일한 종류의 민족통합주의적 혹은 분리주의적인 안보 문제들을 제기하지 않는다. 그 결과 소수자 보호의 유럽적 규범들을 공식화하고 감시하기 위한 초기의 집중적인 노력들은 로마인들을 무시하였다. 소수자 문제들이 '합법적인 국제적 관심'의 문제라고 말하는 것에 대한 초기의 정당화는 지역적 불안정에 대한 두려움이었다. 다시 말해, 한 국가 내에 민족적 갈등이 다른 나라들의 평화와 안정에 대해 국제적인 영향을 미칠 수 있다는 것이다. 로마인들의 곤경이 국제적인 평화와 안정에 이런 종류의 위협을 제기하는지는 의심스럽다. 그리고 실제로 OSCE의 소수민족문제 담당 특별대표가 로마인들이 국가 간의 폭력 혹은 불안정의 위협을 제기하지 않기 때문에 로마인들에 관한 문제들은 특별대표의 안보에 기초한 위임 내에서보다는 인권 조직들 내에서 다루어지는 것이 더 낫다고 분명히 말하였다.(Gulielmo and Waters, 2005, pp.766~769)

하지만 인도주의적인 관점에서 로마인들은 전통적인 동족 국가 혹은 국가 하위의 소수민족들보다 더욱 더 국제적인 보호를 필요로 한다. 그들은 종종 사회의 가장 불이익을 당하는 구성원들로서 정치적 주변화, 거주지 분리, 가난으로 인해 고통당할 뿐만 아니라, 종종 국가의 관리들에 의해 가장 널리 퍼져 있고 확고하게 자리 잡은 형태의 차별, 괴로움, 인종적 편견에 직면하고 있다.

실제로 로마인들에 관한 관심이 동족 국가 소수자들에 관한 초기의 관심을 가리기 시작하였다. 동부 유럽에서 동족 국가 소수자들이 관여된 민족 내전들을 단계적으로 확대하는 두려움이 사라짐에 따라서 로마인들의 곤경이 후기 공산주의 유럽에서 '소수자 문제'에 관한 공적 논쟁의 중심으로 자리 잡게 되었다. 예를 들면, EU가 가입을 추구하는 나라들이 소수자 권리를 얼마나 잘 충족하고 있는지를 평가할 때 1998년 이후로 그들의 초점이 동족 국가의 소수자들의 대우에 관한 것보다는 로마인들의 대우에 더욱 더 맞추어졌다.(Huges and Sasse, 2003)

EU가 로마인들에 주목하는 것은 인도주의적인 관심의 결과로 인한 것만은 아니다. 무엇보다 EU는 후기 공산주의 나라들에서 로마인들과 같은 종류의 차별과 불이익에 종종 직면하고 있음에도 불구하고 스페인, 이태리, 혹은 그리스와 같은 EU의 회원국들에서 로마인들의 곤경에 대해서는 별 관심을 보이지 않았다.(Johns, 2003, pp.694~696) 오히려 EU의 관심은 만약 로마인들이 후기 공산주의 나라들에서 계속해서 부랑자들로서 취급받는다면, 그들이 난민신청자, 불법 이주자로서 혹은 (후기 공산주의 나라들이 일단 EU에 가입하게 되면) EU의 이동의 자유 규칙에 따라 대규모로 서부 유럽으로 이동할 것이라는 데 있다. 동부 유럽으로부터 서부 유럽에 도착하는 대규모 숫자의 로마인 이주민들에 대한 달갑지 않은 전망이 EU로 하여금 후기 공산주의 나라들에서 로마인들의 대우를 개선하는데 초점을 맞추도록 자극하였다.(Schwellnus, 2005; Guglielmo and Waters, 2005) 그러므로 EU는 로마인들에 대한 국가 정책들을 감시하기 위한 법적인 기반과 제도적인 매커니즘을 찾을 필요가 있었고, 가장 분명한 선택은 로마인들을 포함하기 위해서 '소수민족'의 정의를 확장하는 것이었고, 그리고 나서 그들의 대우가 FCNM과 이것의 보고 절차들에 종속되도록 하는 것이었다.[60] 내가 아래에서 논의할 것이지만 FCNM의 명문화된 규정들이 모두가 로마인들과 관련되거나 그들에게 도움이 되는지를 분명하지 않다. 그러나 적어도 이것은 그들에게 어떤 형태의 법적인 인정과 국제 감시로의 접근을 제공한다.(이는 실제로 대개 일어나는 것이다 — 대부분의 나라들이 현재 자신들의 소수민족 목록에 로마인들을 포함한다)

로마인들은 EU에 특별한 관심이 되지만 소수민족의 전통적인 정의와 일치하지 않는 소수민족 집단의 하나의 예일 뿐이다. 또 다른 예는 이전의 소비에트 공화국이었던 라트비아에서 소수민족 러시아인들이다. 이러한 러시안들의 대부분은 제2차 세계대전 후에(라트비아가 소비에트 연합에 불법적으로 합병되었을 때), 어떤 경우에는 발틱해 연안 지역의 '러시아화'의 의도적인 전략의 일부로 라트비아로 이동하였다. 그 결과 그들은 라트비아에 역사적인 실재 혹은 모국이 없는 상대적으로 최근에 온 사람들이었고, 이에 기초하여 라트비아는 FCNM의 취지를 위한 소수민족으로 그들을 인정하기를 거부하였다. 그리고 실제로 러시아인 소수민족들이 시민권을 얻는 것을 어렵게 만들었다.[61] 그러나 러시아인 소수자는 중요한 측면에서 원형적인 동족 국가 소수민족들과는 다르지만 이들도 러시아가 라트비아를 불안정하게 만들기 위한 제5열로 그들을 이용할지 모른다는 두려움을 포함하여 전통적인 소수민족들과 동일한 안보 두려움을 제기한다. 지역적 안보에 대한 이러한 인식적인

---

60 예를 들면, '유럽에서 로마인들의 법적 상황'에 관한 의회의 권고사항 1557(2002)를 보라. 이것은 그들이 모든 국가에서 '종족적 혹은 민족적 소수자 집단'으로 인정되어야 함을 권고하였다.

61 소비에트 시대 이전에 라트비아에는 작은 규모의 러시아 소수민족 공동체가 있었다. 그리고 이들의 후손들은 소수민족으로 인정된다. 비록 에스토니아의 북동부에서 러시아 소수민족이 오랜 역사를 가지고 있고 훨씬 높은 수준의 영토적인 집중화가 이루어지고 있지만 이곳의 상황도 비슷하다고 할 수 있다.

위협을 고려할 때 EU는 러시아인 소수민족들의 대우를 감시하는 방법을 원했다. 가장 단순한 선택은 그들의 상대적으로 최근의 정착과 시민권 지위의 결여에도 불구하고 그들을 포함하기 위해 '소수민족'의 정의를 확장하는 것이었고, 이를 통해 이들이 FCNM에 종속되도록 하는 것이었다. (이는 여전히 에스토니아와 라트비아에 의해 방해되고 있다)

소수민족의 전통적인 이해에 포함되지 않는 가장 큰 규모의 집단은 서부 유럽으로의 수백만 명의 전후 이민자들, 특히 북아프리카, 터키, 혹은 남아시아에서 온 무슬림들이다. 로마인들처럼, 그들은 차별, 괴롭움, 주변화에 종종 종속되었고, 많은 나라들에서 수입, 교육, 고용의 측면에서 가장 불이익을 당하였다. 많은 소수자 권리 옹호자들에게 그들의 대우에 대한 국제적인 감시를 보장하는 어떤 길을 찾는 것이 아주 중요하고, 가장 단순한 방법은 FCNM의 목적에 부합한 소수민족들로서 그들을 정의하는 것이다. 또 다시 여기에서 FCNM의 명문화된 규정들이 이민자들의 독특한 필요를 실제로 다루는지는 불확실하다. 그러나 그것의 감시 기능이 최소한 현재 부재한 어느 정도의 국제적인 감시를 제공할 수 있을 것이다. (소수민족들의 항목 아래에 이민자들을 포함하기 위한 이러한 요구는 대부분의 국가들에 의해 여전히 방해되고 있다)

이러한 소수자 집단들의 긴급한 요구와 그들이 적대적인 국민들과 국가들의 공격을 받기 쉬운 것을 고려할 때, 그들이 전통적인 용법 혹은 사전적인 정의에 따라 소수민족이 아니라는 것에 근거하여 FCNM에 따른 보호에서 그들을 제외한다는 것은 사악한 것과 같다. 확실히 그들은 역사적인 모국 집단들보다 더 많이는 아닐지라도 그에 버금가는 만큼 국제적인 보호를 받을 필요가 있다. 이러한 공격받기 쉬운 집단들에게 국제적인 보호를 확장할 긴급한 필요성이 있으며, 그렇게 많은 논평자들과 지지자들이 왜 유럽이 소수민족에 관한 더욱 포괄적인 정의를 채택해야하는 것을 자명한 것으로 받아들이는 지를 설명하는 것은 언행일치의 단순한 주장이 아니다.

그러나 이러한 집단들을 보호하는 하나의 대안적인 길이 있다. FNCM을 모든 집단들을 포함하는 일반적인 소수민족의 권리 문서로 전환하는 대신에 우리가 FCNM을 현재 보호되지 않는 다른 형태의 집단들을 위해 구체적으로 공식화된 추가적인 대상지향적인 규범들로 대체할 수 있다는 것이다. 실제로 이는 다양한 유럽의 조직들에 의해 제안되었던 것이다. 예를 들면, 유럽평의회 의회는 이민자들을 위해 구체적으로 대상화된 소수자 권리의 문서의 초안이 만들어져야 함을 권고하였다. 권고 1492에서 의회는 '그 구성원들이 자기들의 거주하는 국가의 시민들인 이민자 인구들이 특별한 범주의 소수자들로 구성되는 것을 인정하고 구체적인 유럽평의회 문서가 그들에게 적용되어야 함을 권고한다고' 말하였다. 마찬가지로 OSCE는 로마인들이 '소수민족' 이라기보다는 '초국가적인 소수자'라는 생각에 근거한 로마 민족 의회에 의해 제출된 '로마니 권리 헌장'을 위한 제안을 논의하였다.[62] 유럽평의회의 '유럽의 로마인들과 여행객들 포럼'은 또한 최근에 로마니 권리 헌장을 승인하였다.

---

[62] 'OSCE지역에서 로마의 조건에 관한 보고서'를 보라.(Kawczynski, 2000) 제안된 헌장은 유럽의회, 유럽평의회, UN에 투표권을 가진 대표자들을 보내는 권리, 로마인들의 운명에 관련된 조치들을 거부하는 권리, 모국어 교육을 받는 권리, 자치적인 교육 시스템을 운영하는 권리를 포함한다. 유럽 혹은 UN 수준에서 로마인들을 대상으로 하는 규범들을 위한 다양한 제안들에 관한 자세한 논의를 위해서는 Klimova-Alexander, 2005; Goodwin, 2004; Rooker, 2002; Cocen Group, 2002를 보라.

이러한 제안들이 보여주듯이 어떤 공격받기 쉬운 소수자들이 기존의 대상지향적인 규범들에 의해 포함되지 않는다는 그 사실에 대한 한 가지 가능한 반응은 대상 지향적 규범의 개념을 버리고 포괄적인 전략으로 이동하는 것이 아니라 소수자 권리에 관한 다중 대상 지향적 틀을 만들어서 그 간격들을 메꾸는 것이다. 이는 훨씬 더 복잡한 접근이지만 어떤 측면에서 잠재적으로 바람직한 접근이다. 무엇보다 로마인들 혹은 이민자들이 FCNM에 의해 포함되는 것에서 실제로 그 만큼의 이익을 얻을 수 있는지는 분명하지 않다. FCNM은 그들의 요구나 상황을 염두에 두고 만들어지지 않았으며, 그들의 구체적인 문제들(이민자들을 위한 거주 규칙 혹은 귀화 요구, 또는 로마인들을 위한 분리된 학교제도의 쟁점)의 어떤 것도 다루지 않는다.[63] 역설적으로 FCNM을 이러한 집단들에게 확장하는 것이 오히려 그들의 관심사를 다루기 위해 효과적인 국제적 규범들이 만들어지는 것을 더욱 가능하지 않게 할 수도 있다.

그들의 필요를 다루는 데 있어서 FCNM의 부적절함이 프로그램들과 정책들의 수준에서 유럽의 조직들이 로마인들과 이주민들을 계속해서 소수민족들과 분리하여 대우한다는 사실에 의해 명백해진다. 유럽평의회, OSCE, EU에는 모두 그들만의 로마인들을 위한 관료들이 있다. 예를 들면, 로마 문제들을 위한 조정자, 로마, 집시, 여행객들에 관한 특별 그룹, 유럽의 로마와 여행객 포럼(유럽평의회), 로마와 신티 문제들을 위한 접촉 장소(OSCE), 로마에 관한 부처 간 위원회와 조정 그룹(EU).

---

63 '전통적인 소수민족의 보호 정책들은 로마인들을 염두에 두고 설계되지 않았다. 그리고 로마인들이 파생시키는 이익들은 이러한 정책들의 목적에 그다지 중요하지 않은 것이었다.'(Gu-glielmo and Waters, 2005, p.765)

소수민족들의 대우에 관해 감시를 하고 권고사항을 제시하는 제도적인 구조들에 의해서 로마인들이 다루어지는 것을 고려할 때 이러한 기구들이 왜 필요한가? 내 생각으로 그 답은 소수민족들을 위해 제정된 유럽적 규범들이 로마인들을 위해 최선의 상태에서도 충분하지 않으며 최악의 경우에 대개 부적절하다는 것이다. FCNM을 로마인들에게 확장하는 것은 공격받기 쉬운 집단을 보호하는 데 도움을 주는 좋은 길인 듯이 보인다. 그러나 FCNM의 일반적인 규범들이 로마인들이 직면하는 구체적인 취약성을 다루지 않기 때문에 그것이 효과적인 지침을 제공하지는 않는다. 현재 범유럽적인 수준에서 로마 문제들에 관한 실제적인 작업이 종종 일반적인 FCNM을 통해서가 아니라 로마인들을 대상으로 하는 수많은 기구들의 네트워크에 의해서 이루어진다.

유사한 상황이 이민자들의 경우에 적용된다. 몇몇 옹호자들은 그들이 '소수민족들'의 우산 아래에 포함되기를 원하지만 현실은 그들의 요구사항들이 FCNM에 의해서 다루어지지 않고 대신에 유럽평의회의 이민에 관한 위원회와 이민과 로마인 담당 부서와 같은 구체적으로 이민자들을 대상으로 하는 기구들을 통해서 이루어지고 있다. 마찬가지로 이민자 언어들을 다루는 유럽 관료 기구들은 '역사적' 혹은 '전통적인' 소수자 언어들을 다루는 기구들과 분리되어 있다.[64]

간단히 정리하면, 유럽의 조직들이 다른 범주의 소수자들 사이의 차이를 중시하지 않으면서 소수자 권리의 더욱 일반적인 공식화를 향한

---

[64] 지역적 혹은 소수자 언어들을 위한 유럽평의회 헌장은 덜 사용되는 언어들에 관한 유럽 사무소(EBLUL)가 하는 것처럼 그것의 적용 범위에서 이민자 언어들을 분명하게 배제한다. 우리가 보았듯이 EU에는 원주민들을 위해, 유럽에서의 사미들(the Sami)을 위해, 그리고 해외의 개발원조와 관련하여 지향된 정책들이 있다.

전환을 할 때에 조차도 그들은 실제적으로 이러한 다른 형태의 집단들의 요구와 열망에서 큰 차이들을 인정하면서 계속해서 대상지향적인 정책들과 프로그램들에 관여한다. 유럽의 조직들은 대상지향적인 프로그램들에 관여하기 위한 실제적인 필요성에 의해 이끌어지지만 법적인 규범들 혹은 정치적인 원칙들의 수준에서 대상을 지향하는 것에 대한 필요성을 기꺼이 인정하지 않거나 그렇게 할 수 없는 듯이 보인다. 그 결과는 일련의 혼합된 메시지들이다. 한편으로 유럽의 조직들은 전통적인 소수민족들을 다른 민족문화적인 집단들과 계속해서 구분하는 것으로 인해 여러 나라들을 비판한다. 다른 한편으로 유럽의 조직들은 자신들의 관료적 구조와 프로그램에서 이러한 구분을 스스로 명확히 한다.

우리의 목표가 분명하고 지속적인 방식으로 자유주의적 다문화주의의 논리를 상세히 기술하고 확산하는 것인 한에서는 일반적인 소수자 권리로의 전환이 혼합된 축복이다. 아마 틀림없이 모든 공격받기 쉬운 소수자 집단들이 보호를 받는다는 것을 보증하기 위한 더 나은 방법은 FCNM을 모든 형태의 다양성을 포함하는 일반적으로 문서로 전환하는 것이 아니라, 오히려 FCNM을 각각의 집단의 독특한 필요와 열망을 충족시키기 위해 만들어진 다른 대상지향적인 소수자 권리 문서들로 보충을 하는 것이다.

불행하게도 이는 아마 유럽적인 맥락에서 현실적인 선택이 아니다. 유럽이 이민자들과 다문화주의 정책들에 대한 인기영합적인 반발 가운데 있는 것을 고려할 때 EU국가들이 오늘날 이민자들 권리에 관한 진보적인 선언을 채택할 가능성은 아주 낮다. 이민자들의 법적 지위에 관한 어떤 새로운 선언은 다문화적 시민권의 새로운 모델들보다는 동화와 배제의 옛날식의 개념들을 구체화할 가능성이 높다(이런 관점에서 어떤 EU국가도 1990년 이주민 노동자들의 권리에 관한 UN의 조약을 비준하지 않았다는 것을 주목할 만하다). 또한 로마 인권 헌장을 입안하기 위한 제안이 직면하고 있는 정치적인 어려움들이 있다.[65]

그 결과 국제적인 보호를 로마인들 혹은 이민자들에게 확대하는 유일한 실행 가능한 방법은 정식절차를 거치지 않는 것이다. 즉 그들을 원래 소수민족들의 범주를 대상으로 하는 기존의 유럽의 소수자 보호 계획에 적합하도록 만드는 것이다. 예상할 수 있는 미래에 어떤 새로운 소수자 권리 규정들이 채택될 수 있기를 기대하는 것은 비현실적이기 때문에, 그리고 유일한 기존의 범유럽적인 소수자 권리 체계는 소수민족들을 대상으로 하기 때문에 보호되기를 바라는 어떤 집단은 소수민족으로서의 자격을 갖추는 길을 찾는 것이다. 망치만을 가지고 있는 사람들에게 모든 것이 못처럼 보이기 시작한다고 사람들을 종종 말한다. 마찬가지로 유럽에서 유일한 소수민족 보호 도구는 소수민족을 대상으로 하고 있는 한 모든 소수민족은 소수민족처럼 보이기 시작한다.

이러한 상황에서 FCNM을 포괄적인 소수자 권리 문서로 전환하는 결정은 이해할 만하며 아마 어쩔 수 없는 것이기도 하다. 이는 달리는 국제적인 소수자 권리 규범들에 의해서 다루질 수 없는 공격받기 쉬운

---

65 여기에는 자신들이 원할지도 모르는 그런 유의 집단에 따라 분화된 권리들에 관한 로마인 집단들 내에 존재하는 불일치들도 포함된다. 피터 버미어쉬(Peter Vermeersch)가 주목하듯이 로마인 지도자들은 '그들이 차별철폐조처, 인종차별제도철폐, 로마니 언어로 교육하는 것, 혹은 로마니 언어를 소수집단의 언어로 인정하는 것과 같은 집단에 구체적인 조치들을 선호하는지 그렇지 않은지에 관해 확실한 언급을 거의 하지 않았다.'(Vermeersch, 2005, 462. Koulish, 2005와 비교해보라) 그들은 '소수민족들'로서의 정체성을 채택하도록 장려되어왔고, 그 결과로 테이블에서 한 자리를 얻어냈다. 그러나 이러한 호칭 혹은 정체성의 함축적 의미에 대해서는 확실하지 않다.

집단들에게 인정과 감시를 확대하는 유일한 방법일 것이다. 그러나 만약 이것이 정말로 유럽이 취해야 할 길이라면 이것이 상당한 희생을 치르게 된다는 것을 우리가 알 필요가 있다. 첫 번째 사상자는 종족민족주의적 집단들의 독특한 요구들을 해결하려고 고심하는 소수자 권리 규범을 개발하는 원래의 과감한 목표이다. 그러한 집단들을 대상으로 하는 국제적인 규범들을 구체화하여 잠재적으로 폭력적인 종족민족주의적 갈등을 해결할 수 있는 대담한 실험이 포기되었다. 내가 앞에서 언급했듯이 그러한 규범들을 개발하는 것이 종족민족주의적 갈등이 널리 퍼져 있는 것을 고려할 때 유럽을 위해서 뿐만 아니라 전 세계를 위해서 소수자 권리의 이론과 실천에 엄청난 공헌을 할 수 있었을 것이다.

그러나 대가를 치르게 되는 것은 전통적인 소수민족들만은 아니다. 대상지향적인 규범들을 개발하는 데 있어서의 첫 번째 실험들 중의 하나로서 FCNM이 로마인들 혹은 이민자들과 같은 유럽에서 다른 대상지향적인 규범들의 개발을 위한 도약의 역할을 할 수도 있었을 것이다. 이것이 국제적인 수준에서 대상지향적인 전략의 가능성과 합법성을 위한 선례를 구축하고 그에 따라 더욱 일반적으로 자유주의적 다문화주의의 집단에 따라 분화된 논리를 확산시키는 데 도움을 주었을 수도 있었을 것이다.

소수민족들, 로마인들, 이민자들을 위한 이런 유의 '다중적 대상화'가 유럽을 위한 현실적인 선택이 되(었)는지에 대해서는 나는 잘 모르겠다. 실행가능하기 위해서는 대상지향적인 규범들을 개발하기 위한 다른 제안들을 조정하기 위한 더욱 체계적인 노력이 필요하였을 것이다. 현재 대상지향적인 규범들을 위한 제안들이 특별한 목적을 위해 다른 유럽의 기구들에서 다른 때에 종종 특정한 위기들에 반응하면서 제기되었다. 이러한 다른 제안들을 함께 모아 거리를 두고 생각하며 다중지향적인 전략을 채택하는 것이 무슨 의미가 있고 대상을 지향하는 다른 형태들이 더 광범위한 유럽적인 표준들의 체제의 일부로서 효과가 있을지에 대한 질문을 하는 시도가 전혀 없었다. 아마도 이러한 실행을 위한 정치적 환경이 전혀 존재하지 않았다.

그러나 유럽의 소수자 권리 정책 네트워크에서 옹호자들과 전문가들이 소수민족들, 로마인들 혹은 이민자 소수자들을 위해서든지 간에 대상지향적인 규범들을 개발하는 기획을 얼마나 빨리 포기하였는지는 놀라울 정도이다.[66] 이러한 옹호자들과 전문가들은 집단들이 '소수민족들'로서의 자격을 갖추기 위해 역사적인 실재 혹은 영토적인 정착이라는 어떤 검증을 충족해야 한다고 주장하는 것은 근본적으로 '임의적'이고 더욱 '포괄적인' 정의가 근본적으로 더욱 공정하거나 합법적이라는 것을 암시함으로써, 대상지향적인 규범들의 합법성과 필요성을 지지하기보다는 포괄적인 접근으로의 전환을 지지하였다.

내가 보기에는 이것은 심각한 실수이다. 우리가 제2부 2장에서 보았듯이 자유주의적 다문화주의의 논리는 역사와 영토라는 사실들에 중요성을 부여한다. 서구 민주주의 전역에서 서유럽의 '옛날' 모국 소수자들을 위해 채택된 정책들이 '새로운' 이민자 소수자들을 위해 채택된 정책들과는 다르다. 페리 켈러(Perry Keller)가 주목하듯이, '전통적 소수자들

---

66 내가 다음 장에서 논하게 될 원주민들의 경우에 있어서 대상지향적인 규범들을 개발하는 기획을 위한 어떤 지원들이 여전히 있다. 그러나 우리가 보게 될 것이지만 대상을 지향하는 것의 일반적인 개념에 관한 모호함은 또한 원주민 권리 운동에 영향을 미치고 있다.

과 이민자 소수자들 사이의 차이들은 거의 모든 유럽 국가의 법과 정책에서 발견된다'.(Keller, 1998, p.43) 그리고 FCNM의 전통적인 소수민족들에 대한 원래의 강조는 이와 같은 잘 확립된 서구민주주의의 실천을 단순히 따르는 것이었다.

현재의 정치적 조건 아래서 그러한 대상지향적인 규범들의 원래의 목표를 포기하고 대신에 포괄적인 권리 전략을 강화하는 데 초점을 맞추는 것은 아마 편의주의적일 것이다. 그러나 만약 그렇다고 할지라도 이것이 대상지향적인 규범들의 합법성의 거부가 아니라 실제로 정치적 편의주의의 문제인지를 분명히 하는 것은 중요하다. 포괄적인 전략으로 전환하는 것이 달리는 보호받지 못하는 집단들로 적용범위를 확대하는 가장 편리한 길일 수도 있다. 그러나 이것이 대상을 지향하는 것 그 자체에 관해서 임의적인 어떤 것이 있다는 판단으로 잘못 해석되지는 않아야 한다. 반대로 비록 현재의 유럽적인 규범들의 체재가 부수적인 정치적인 이유로 인해 그러한 사실을 반영하지는 않을지라도, 자유주의적 다문화주의의 논리가 집단에 따라 구분된 권리를 필요로 한다는 것을 주장하는 것은 중요하다. 그렇지 않으면 FCNM이 어떤 나라들의 정치 행위자들에 의해서 역사와 영토에 기반을 둔 어떤 그리고 모든 소수자의 요구사항들을 거부하기 위한 근거로서 인용될 수도 있고, 그에 따라 이것이 자유주의적 다문화주의의 집단에 따라 구분된 논리의 확산을 위한 도구라기보다는 걸림돌이 될 수도 있다. 실제로, 우리가 이러한 오해의 예들을 이미 목격할 수 있다.[67]

---

67 예를 들면, 트란실바니아에서 세클레르(Szekler) 자치에 대한 제안이 '유럽적인 표준들'과 모순되었다는 루마니아 의회에 의한 주장을 보라. 그 의회에 따르면 자치의 제안은

유럽의 조직들과 그들의 정책 네트워크들이 이러한 잠재적인 오해에 열린 자세를 취해오고 있다고 나는 생각한다. 나는 '오해'라고 말한다. 그 이유는 내 생각으로는 대상지향적인 것에서 포괄적인 접근으로의 전환이 대상을 지향하는 것 그 자체에 대한 원칙적인 반대로 인해서가 아니라 편의주의라는 이유들로 인해 주로 이루어지고 있고, 대부분의 전문가들과 옹호자들은 대상지향적인 규범들의 합법성을 문제시할 의도도 없었기 때문이다. 그러나 이러한 정책 네트워크들 내에 영향력 있는 행위자들이 있음을 나는 인정해야만 한다. 이들은 원칙에 따라 대상지향적인 권리의 합법성을 거부하거나 하다못해 역사와 영토의 요구사항에 기초한 대상지향적인 권리의 합법성을 거부한다. 실제로 어떤 이들은 후기 공산주의 지역에서 민족적 갈등의 기저에 놓인 원인은 민족적 정체성들이 바로 한 집단의 '모국' 혹은 '전통적인 영토'라는 개념을 통해 영토와 연결되어 있다는 그 사실이라고 논한다. 그러한 '피와 땅'에 기초한 정체성들이 발칸반도지역과 카프카스지역에서 폭력적인 갈등의 뿌리에 자리 잡고 있다고들 한다. 문제는 국가들이 영토에 대한 경쟁적인 권리요구를 잘못 관리하였다는 것이 아니라 민족적 집단들이 역사와 영토라는 측면에서 자신들의 정체성들과 권리요구를 공식화하였다는 바로 그 사실이다. 이러한 견해에 따르면 유럽의 노력들의 목표는 소수자 권리와 다문화적인 시민권의 다양한 비영토적인 모델들과 같은 역사 혹은 영토에 관한 어떤 언급을 하지 않는 포괄적인 소수자

FCNM과 OSCE권고사항들에 의해 요구되는 것을 단순히 넘어설 뿐만 아니라 실제로 이러한 규범들을 위반한다. 그 이유는 그 제안이 역사적인 정착이라는 요구사항에 의존하기 때문이다(Opinion of the Chamber of Deputies, 102 / 2004.3.11)

권리를 증진함으로써 이러한 연결을 깨뜨려야 하는 것이다. 다시 말하면 유럽의 규범들이 탈영토화되고 탈민족화된 소수자 요구사항만을 인정함으로써 일반적인 소수자 권리를 지지하지만 소수자 민족주의에 대한 어떤 용인도 거부해야만 한다.(예를 들면 Nimni, 2005)[68]

그러한 행위자들에게 대상지향적인 소수민족의 권리에서 포괄적인 전략으로의 전환은 정치적인 우발적 사건들에 대한 전략적인 후퇴도 아니며 혹은 편의주의적인 반응도 아니고 원칙의 문제이다. 실제로 이러한 논평자들 중에 어떤 이들은 그 용어가 전통적으로 역사적인 정착과 영토의 개념들과 연관되어 왔다는 것을 고려하면서 '소수민족들'이라는 범주를 유럽의 법적인 문서들에서 완전히 제거하기를 선호했을 수도 있다.[69] 그러나 유럽적인 어법에서 소수민족이라는 용어를 제거하는 것은 이제 어려울 것이기 때문에 차선책은 역사와 영토가 중요시되는 어떤 암시를 축소하기 위해 그 용어를 재정의하는 것이다. 어떤 이들에게 이는 실제로 이민자 집단들을 포함하는 모든 민족문화적인 집단을 포함하기 위해 소수민족들의 범주를 확장하기 위한 동기들 중

---

[68] 소수자 권리를 탈영토화하기 위한 이러한 노력들에 관한 논의를 위해서는 Kymlicak, 2005b; Baubock, 2004를 보라.

[69] 기존의 기본협약(Framework Convention)이 영토적인 권리요구를 승인하지 않을지라도 이것이 암시적으로 '소수민족들'을 대상으로 한다는 그 사실이 '민족적' 집단들이 흩어진 소수자들(로마인들과 같은) 혹은 새로운 소수자들(이민자들)과는 다른 법적인 요구사항을 가지고 있다는 개념을 강화한다. 그리고 그러한 요구사항들이 영토성 이외의 다른 것에 기반을 둘 수 있는지를 이해한다는 것은 어렵다. 만약 누군가의 목표가 소수자의 정체성들을 탈영토화하는 것이라면, 모든 집단들을 포함하는 포괄적인 용어로서 사용하는 것 이외에 소수민족의 범주를 사용하지 않는 것은 이치에 닿는다. 그리고 이는 점차적으로 어떤 유럽의 논평자들이 주장하는 것이기도 하다. 역사적 / 영토적인 소수자들로서 이해되는 '소수민족들'을 대상으로 소수자 권리를 지향하는 그 견해는 문제시 되는데, 그 이유는 바로 그러한 범주가 어떤 실질적인 권리가 그 집단들에게 부여되는가와 상관없이 역사적인 정착과 영토적인 집중화라는 사실들이 도덕적·법적 의미를 가진다는 것을 암시하기 때문이다.

의 하나가 된다. 이러한 확장은 공격받기 쉬운 집단들에 대한 보호 범위를 확장하려는 인도주의적인 목표에 의해서 뿐만 아니라, 역사와 영토에 깊이 뿌리내린 소수'민족'의 권리라는 바로 그 개념을 서서히 무너뜨리려는 이데올로기적인 목표에 의해서도 또한 동기화된다.

사실상 이러한 논의에 관한 두 가지 다른 설명들이 있다. 어떤 이들에게 영토적인 접근들에서 단절될 이러한 필요성은 그 지역의 독특한 제국과 국경 변경의 역사를 고려할 때 후기 공산주의 지역에 특수한 것이며, 서부 유럽에서의 소수민족들 혹은 전 세계의 원주민들을 위한 영토적인 자치의 기존의 모델들에는 적용되지 않는다. 그러나 다른 이들에게 민족성을 영토와 분리하는 개념은 하나의 보편적인 이상, 즉 진정으로 유일한 자유주의적이고 민주적인 접근, 그리고 이동성, 지구화, 복잡하고, 유동적이고, 혼종적인 정체성들의 (포스트)모던한 개념들과 일치하는 유일한 접근으로 여겨진다. 비록 이것이 좀처럼 뚜렷하지는 않지만, 이것이 암시하는 것은 자신들의 정체성의 조정을 영토적인 자치행정의 기획들과 계속해서 연결 짓는 한에서는 서부 유럽에서 소수민족들이 역행하고 있으며, 서구의 민주주의는 그러한 종족민족주의적 요구들을 받아들임으로써 퇴보적이 되는 것이며, 유럽의 조직들은 서구의 민주주의가 이러한 형태의 영토적인 자치를 포기하고 비영토적인 접근들을 찬성하도록 압력을 넣어야 한다는 것이다.

우리가 정체성들과 국가 하위의 민족 집단들의 권리 요구를 탈영토화하고 탈민족화를 추구해야 한다는 견해는 소수자 권리에 관한 학술적이고 공적인 논의들에서 익숙한 것이며 국가주권주의자들, 공화주의자들, 자유주의적 세계주의자들에 의해 증진된다. 그러나 이는 완전히 비현실적이라고 나는 생각한다. 제2부 2장에서 우리가 보았듯이 이는 정확하게 서구 민주주의가 과거에 시도하였고 실패했던 것이다. 다민족 공화주의로의 전환은 서구의 국가들이 자신들의 국가 하위의 소수자들을 탈영토화하고 탈민족화하기 위한 추구를 포기하고 역사와 영토와 연결된 소수민족적 열망의 내구성과 합법성을 받아들였을 때에서야 시작되었다. 이는 자유주의적 다문화주의의 논리의 진화의 중요한 일부이다.

여하튼 간에 소수민족의 요구에 대한 이러한 이데올로기적인 반대는 유럽 조직들 내에서 지배적인 견해를 표현하는 것은 아니다. 왜냐하면 우리가 보았듯이 이러한 조직들의 최초의 충동은 영토적인 자치의 서구적인 모델들을 하나의 최상의 실천으로 증진하는 데 있었기 때문이다. 잠시 후에 우리가 보게 될 것이지만 이러한 조직들은 후기 공산주의 나라들에서 많은 사례에 기초한 개입의 범위 내에서 그러한 모델들을 계속적으로 증진한다. 더욱이 내가 아는 범위에서 아무도 유럽의 조직들이 비록 그것들이 역사적인 정착과 전통적인 영토의 요구에 기초한 민족주의적 이데올로기에 명백히 뿌리를 내리고 있음에도 불구하고 서부 유럽에서 다민족 연방주의의 기존의 형태들에 대한 불신을 추구해야만 한다고 진지하게 제안하지 않았다. 대상지향적인 전략에서 포괄적인 전략으로 전환하면서 유럽의 조직들이 역사와 영토에 기초한 집단에 따라 차별화된 요구들의 개념에 대해 원칙적인 반대를 증진할 의도가 있었다는 증거는 없다.

그러나 유럽 조직들 내에 이러한 반-대상지향적인 목소리의 강한 존재는 이러한 조직들이 정확히 무엇을 하고 있으며, 왜 그렇게 하고 있는지에 대한 상당한 혼란을 야기하였다. 후기 공산주의 국가들이 다민족 연방주의의 서구적인 모델들을 채택하는 것은 비현실적이고, 유럽적인 규범들이 FCNM의 모델들과 같은 더 약하고 비영토적인 소수자 권리의 모델들을 요구해야만 한다는 설득력 있는 합의가 이루어졌다. 하지만 이러한 분명한 합의는 기저에 놓인 논거에서의 상당한 차이들을 모호하게 하였다. 어떤 이들에게 이러한 결정이 19세기의 논쟁들을 지배하였던 '국가 안보'와 '불충한 소수자들'에 관한 동일한 두려움들을 수용하기 위해 서구에서 개발했던 가장 진보적인 형태의 소수자 권리를 거부하거나 지연시키는 유감스러운 필요이다. 그리고 그들에게 있어서 장기적인 목표이기만 하다면 후기 공산주의 지역에서 자치의 개념을 살아있도록 유지하고, 역사와 영토에 기초한 대상지향적인 규범들의 합법성을 옹호하는 것은 중요하다.[70] 하지만 필요성에서 미덕을 만들기를 바라는 다른 이들은 일반적인 비영토적인 소수자 권리로 전환하기 위한 이러한 결정이 진보적이고, 민족성과 영토 사이의 연결이라는 19세기의 민족주의적인 이데올로기에 의해 강제된 지적인 구속을 넘어서려는 21세기의 자발성을 반영하는 것이라고 주장한다. 그들에게 영토적인 자치와 대상지향적인 소수민족의 권리의 퇴보적인 개념들을 한 번에 묻어버릴 그 때가 왔다.

---

[70] 예를 들면, 유럽에서 갈등해결을 위한 영감의 근원으로서 자치적인 지역들의 긍정적인 경험들에 관한 의회의 권고사항 1609(2003), 혹은 영토적인 자치와 소수민족들에 관한 유럽의 소규모와 대규모의 지역 당국자 회의의 권고사항 43(1998), 혹은 '"민족"의 개념'에 관한 의회의 권고사항 1735(2006)을 보라. 이것들은 '전통적인 소수민족들'을 언급하며, 소수민족들이 "국가의 경계의 변화에 의해 종종 만들어지고", "국민국가의 구성적인 일부이고 공동설립의 실체를 대표한다"고 언급한다.(para. 9) 이들은 모두 소수민족이라는 용어에 의해 원래 상상된 그런 집단들에 국제적인 초점을 유지하고 그러한 집단들을 위한 최소한의 장기적인 대상지향적인 목표로서 영토적인 자치의 모델을 위한 국제적인 지지를 유지하려고 하는 지연작전들이다.

기저에 놓인 이유가 무엇이든지간에 의심의 여지가 없는 결과는 소수자 권리의 유럽적인 규범들의 특징과 목적에서 극적인 전환이 이루어졌다는 것이다. 기본협약(Framework Convention)의 발효 5주년에 유럽평의회는 'Filling the Frame'이라는 제목의 학술대회를 조직하였고 소수자 권리 규범들이 그 조약의 발효 기간을 통해 어떻게 점진적으로 정성들여 만들어졌는지를 축하하였다.(Weller, 2003) 이와 대조적으로 나의 견해는 그 조약의 원래의 목표들이 실질적으로 포기되었다는 것이다. 그 결과로 생겨난 규범들은 불안정을 야기하는 민족 갈등의 긴급한 문제들을 해결하는 데 효과적이지도 않고, 또한 자유주의적 다문화주의의 장기적인 논리를 상세히 나타내는데 도움을 주지도 않는다.

내가 반복해서 말했듯이 그 조약을 어떻게 공식화하고 해석하는 것에 대해서 유럽의 조직들에 의해 내려진 결정들은 이해할 만하며 실용적이고 아마 심지어는 피할 수 없는 것이다. 그러나 그 결과는 대상지향적인 소수자 권리 규범들을 개발하려는 그 대담한 실험이 와해 직전에 놓이게 된다. 실제로 우리는 소수자 권리를 공식화하려는 유럽적인 실험을 빙 돌아서 거의 제자리로 돌아왔다. 소수자 권리 규범들을 확립하려는 유럽의 노력들은 27조항의 포괄적인 소수자 권리 접근이 후기 공산주의에서 민족정치적인 갈등 아래에 놓인 문제점들을 다루기에는 너무 약하다는 가정에서 시작하였다. 이는 27조항이 크던 작던, 오래건 새롭건, 집중되었건 흩어졌던 간에 상관없이 모든 집단들에 공통적인 소수자 권리를 어느 정도 확인하기만 하였기 때문이다. 대상지향적인 소수자 권리를 개발하려는 매혹적이면서도 결함이 있는 15년간의 실험 이후에 우리는 우리가 시작했던 곳으로 돌아가고 있는 것 같다.

6. '규범들'과 '표준들'에서 갈등 예방 / 해결로

내가 지금까지 검토했던 두 가지 전략들의 어느 것도 소수자 문제들에 관한 유럽의 행동을 최초에 발생시켰던 그 문제 — 즉, 후기 공산주의 나라들에서 민족 갈등의 불안정을 야기하는 영향들에 대한 두려움들 — 를 효과적으로 다루지 못하였다. 서구의 최상의 실천들을 공표하는 전략은 이러한 실천들이 채택되기 위해서 필요한 기저의 조건들이 그 지역의 많은 곳에서 존재하지 않는다는 사실을 간과하였다. 그리고 법적인 규범들을 공식화하는 전략은 갈등들에서 문제가 되는 실제적인 논쟁점들을 다루지 않았다.

그러면 불안정을 야기하는 종족민족적인 갈등을 예방하고 억제하기 위해 유럽의 조직들이 무엇을 하였는가? 내가 앞에서 주목하였듯이 포스트-1989 시대에서 종족민족적인 갈등들이 이웃하는 나라들에게까지 여파를 미치면서 지역적 평화와 안정의 토대를 무너뜨릴 정도로 위협적이었다. 소수자 문제들에 관해 '무언가를 하기' 위한 국제적 공동체의 결정은 그러한 잠재적으로 불안정을 야기하는 민족 갈등에 대항하여 유럽을 보호하기 위한 필요와 의무에 근거하였다. 이런 관점에서 처음 두 가지 전략들이 실패하였다면 과연 무슨 일이 행해졌는가?

내가 이미 암시를 하였듯이 그 답은 임시적이며 구체적인 국가에 기초한 중재에 관여하는 것이었다. 폭력적인 민족 갈등을 경험하고 있는 몇 나라들에서 혹은 그러한 갈등이 임박해 보이는 곳에서 유럽의 조직들이 정부들과 소수자 지도자들 사이에 협상을 중재하고 그들의 논쟁이 어떻게 해결되어야 하는가에 대해 제안을 함으로써 적극적으로 개입하였다. 실제로 어떤 경우들에는 유럽의 조직들이 하나의 가능한 결의안의 조건을 실질적으로 작성하였고, 그 후 국가들과 소수자 지도자들이 이러한 서구에 의해 초안이 마련된 협정서를 받아들이도록 압력을 넣었다.[71]

예를 들면, 유럽의 조직들이 반항적인 알바니아계 소수자들에게 공식적인 언어 지위와 더 큰 지방 권력을 주도록 하는 마케도니아의 오리드 협정의 조건들을 입안하는데 핵심적인 역할을 하였고, 그 후 정부가 이것을 받아들이도록 압력을 넣었다.(Nato의 군사적인 지원을 유지하기 위해서 정부는 그렇게 하였다)[72] 서구의 조직들이 보스니아의 무슬림들, 세르비아인들, 크로아티아인들을 위해 지역적인 자치와 연합적 권력 공유의 구조를 만드는 보스니아의 데이튼 협정을 입안하는 데 또한 도움을 주었고, 그 후 관련 당사자들이 그것을 받아들이도록 압력을 넣었다.(나토의 군사적인 제재를 피하기 위해서 그들이 그렇게 했다) 후기 공산주의 나라로부터는 아니지만 또 다른 예는 키프러스의 경우이다. UN은 이곳에서 실질적으로 유럽의 조직들과 협력하여 그리스인 다수자와 터키인 소수자 사이에 오래 지속되는 갈등을 극복하기 위한 수단으로서 연방화와 연합적 권력 공유를 제안하는 새로운 헌법(the Annan Plan)을 입안

---

71 구체적인 사례에 입각한 갈등 해결에 있어서 EU의 노력들에 관한 논의에 대해서는 Keating and McGarry, 2001; Toggenberg, 2004; Coppieters, 2004; McGarry and Keating, 2006를 보라.

72 마케도니아는 나토의 지원이 없다면 내전에서 꽤 큰 규모의 알바니아인 소수자들을 처부수지 못할 것으로 인해 근심하였다. 이는 특히 알바니아인 소수자들이 이웃하는 코소보의 잘 무장되고 경험이 많은 알바니아인 반란군들에 의해 지원받았기 때문이다. 나토가 마케도니아에 대한 나토의 지속적 지원은 오리드 협정에 따른 협력에 달려 있음을 분명히 하였을 때, 전체 마케도니아 인구가 그 협정을 받아들이도록 하는 데 어려움이 있었지만 그 정부는 받아들이는 것 이외에 다른 선택이 거의 없었다.

하였다.(EU의 엄청난 압력에도 불구하고 이 초안은 국민투표에서 그리스인 다수에 의해 거부되었다)

이 모든 경우들에서 유럽의 조직들이 과거의 폭력적인 갈등들(키프러스), 계속되는 폭력적인 갈등들(보스니아), 혹은 예상되는 폭력적인 갈등들(마케도니아)을 해결하기 위해 협정들을 입안하는데 적극적으로 관여하였다. 그리고 각각의 경우에서 꽤 실질적인 소수자 권리 보장들이 포함되었으며, 이는 기본협약과 같은 소수자 권리에 관한 범유럽적인 법적 표준들의 최소한의 규정들을 훨씬 넘어섰다. 그러나 정확히 이러한 소수자 권리 규정들이 구체적인 사례에 기반을 두고 있고 범유럽적인 표준들에 기반을 두고 있지 않기 때문에 다른 나라들을 가로지르는 접근에서 일관성이 없다. 이러한 구체적인 나라에 기초한 개입들이 어떤 공통적인 일련의 표준들로부터 나온 것은 아니다. 유럽의 조직들이 왜 어떤 집단들에게는 공식적인 언어 지위를 승인하면서도 다른 집단들에게는 그렇게 하지 않는지 혹은 어떤 나라들에서 영토적인 자치를 지지하면서도 다른 나라들에서는 그렇게 하지 않는지에 대한 이유를 설명하기 위한 분명한 기준들이 없다.

유럽의 조직들은 그들의 권고사항들의 외견상으로 임의적이고 원칙이 없고 일관되지 않은 특징으로 인해 비판을 받았다는 것은 놀라운 일이 아니다. 비판자들이 주목하였듯이 EU의 국가에 기초한 권고사항들이 '어떤 일관성이 있는 소수자 권리 표준을 만들어내지 못하였으며'(Schwellnus, 2005, p.23), 실제로 '안정성을 만들어 내기 위해서는 사실상 그들이 어떤 정책 수단도 따를 준비가 되어 있음을 증명하였다'(Johnson, 2006, p.51)

내 생각으로는 이러한 임의적이고 일관성이 없어 보이는 것이 잠재적으로 오해를 불러일으킨다. 이러한 사례에 기초한 개입들을 지속적으로 지배했던 일종의 논리가 있다. 불행하게도 그것은 자유주의적 다문화주의의 논리가 아니라 안보의 논리이다. 그리고 우리가 볼 것이지만 안보의 논리가 스스로의 딜레마들을 발생시킨다.

사실상, 유럽의 조직들은 하나는 국제적인 규범들과 관련되며 다른 하나는 지역적인 안보와 관련된 두 가지 트랙을 따라 후기 공산주의 나라들을 체계적으로 감시해왔다. 우리가 이전의 절에서 보았듯이 유럽의 조직들은 후기 공산주의 나라들이 국제적인 소수자 권리 규범들을 따르는지를 감시하기 위해서 여러 개의 기구들을 설립하였다. 그러나 그들은 또한 동시에 그 나라들이 지역적인 평화와 안보에 위협을 주는지를 평가하기 위해서 감시해왔으며, 소수자들의 지위와 대우가 불안정을 야기하는 부작용의 효과에 이를지도 모르는 경우들을 확인하는데 특히 노력을 해왔다. 안보 감시의 이러한 병렬적인 과정은 대개 소수민족문제담당 특별대표사무소를 포함하는 OSCE를 통해 조직화되었다. 실제로 그 특별대표의 위임은 지역 안보에 잠재적인 위협에 관해 초기에 경고를 제공하고 이러한 위협들을 제거할 수 있는 권고사항들을 만드는 임무를 가진 OSCE의 '안보' 바구니의 일부로서 명백히 정의된다.(Estebanez, 1997; van der Stoel, 1999; Neukirch et al, 2004) 그리고 OSCE 뒤에는 안보의 위임을 받은, 우리가 보스니아와 코소보에서 보았던 것처럼 필요하다면 군사적인 개입을 할 수 있는 힘을 가진 나토가 있다.

간단히 정리하면, 우리는 유럽에서 국가와 소수자 관계를 '국제화하는' 두 개의 병렬적인 과정을 가지고 있다. 하나는 소수자 권리의 규범들(우리가 '법적인 권리 트랙'이라고 부를 수 있는 것)을 그들이 따르는지에 대해서 후기 공산주의 국가들을 감시한다. 그리고 다른 하나는 지역적 안정에 대한 그들의 잠재적인 위협들에 대해서 후기 공산주의 국가들을 감시한다.('안보 트랙')[73]

사실상 안보 트랙은 후기 공산주의 국가들에서 실재적인 개입을 결정하는 데 있어서 법적인 권리 트랙보다 항상 더 중요하게 여겨졌다. 후기 공산주의 국가들에서 소수자 문제들에 관한 서구의 개입의 가장 중요하고 잘 알려진 경우들은 FCNM과 같은 일반적인 규범들을 어떻게 유지하는가에 기반을 둔 것이 아니라 안보를 어떻게 회복하는가에 관한 신중한 계획에 기반을 두었다.[74]

서구의 조직들이 후기 공산주의 유럽 — 예를 들면, 몰도바, 조지아, 아제르바이잔, 코소보, 마케도니아에서 — 에서 민족 폭력의 중요한 경우들에 개입했던 방식을 고려해 보라. 이러한 각각의 경우에서 서구 조직들은 후기 공산주의 국가들이 FCNM의 요구사항들을 훨씬 넘어서도록 강요하였다. 그들은 국가들이 어떤 형태의 영토적인 자치(몰도바, 조지아, 아제르바이잔, 코소보에서) 그리고 / 혹은 어떤 형태의 연합적인 권력 공유와 공식적인 언어 지위(마케도니아와 보스니아에서)를 받아들이도록 강요하였다.

간단히 정리하면, 불안을 야기하는 민족 갈등이 실제로 발생한 그런

---

73 이러한 두 개의 트랙들에 대한 더 자세한 논의를 위해서는 Kymlicka and Opalski, 2001, pp.369~386를 보라.

74 존슨(Johnson)이 주목하듯이 '갈등의 상황들을 확산시키기 위해 외교를 다루는 두 번째 (안보) 접근은 현재까지 동유럽에서 훨씬 더 분명하였고, 우리는 이것이 미래에도 계속될 것으로 예상한다'.(Johnson, 2006, p.50)

맥락에서 서구의 조직들이 FCNM이 그런 갈등을 해결하는 데 별 소용이 없고 어떤 형태의 권력의 공유가 필요하다는 것을 인정하였다. 이러한 권력 공유의 정확한 형태는 결코 경쟁하는 파벌들 사이의 실제적인 군사적 힘의 균형에 의해서가 아니라 맥락적인 요소들의 한계 내에서 결정된다. 서구의 동기가 지역적인 안보를 보호하는 것임을 고려할 때 그들의 개입은 다양한 관련자들에 의해 제기되는 잠재적인 위협을 정확하게 평가하는 것이 필요하며, 그 후 이에 따라 그들의 권고사항들을 조정하는 것이 필요하다. 다시 말해, 이는 국가와 소수자 관계의 어떤 원칙적인 개념이 아닌 **현실 정치**에 기반을 둔 개입을 말한다.

안보 트랙은 민족적 다양성의 문제를 다루기 위한 도구로서 다수의 매력인 요소들을 가진다. 이것은 개별적인 국가들에 권고사항을 제시할 때 맥락에 대해 높은 수준의 유연성과 민감성을 고려한다. 이는 어떤 비판자들에게 임의성 혹은 불일치의 증거로서 보일 수도 있지만 대신에 복잡함에 대한 건전하고 당연한 인정으로 간주될 수도 있다. 어떤 경우들에 있어서 이러한 유연성이 내가 방금 언급한 것처럼 FCNM을 넘어서는 개혁들을 요구하기 위해서 사용될 수 있다. 그러나 이것은 만약 그것이 안보를 향상시킬 수 있다고 한다면 유럽의 조직들이 특정 국가들에게 FCNM의 요구사항들에 대해 또한 면제를 해줄 수 도 있을 것이라는 그러한 가능성을 허용한다. 예를 들면, 불가리아의 경우에 현재의 (프랑스식의) 헌법이 거의 확실하게 FCNM을 위반하고 있다. 왜냐하면 그것이 소수자들의 존재를 부인하고 민족적 정치 정당들을 금지하기 때문이다. 그러나 불가리아에 있는 터키인 소수자들은 반항에 대한 어떤 징후도 보이지 않았다. 그 이유는 어느 정도는 이러한 헌법의 규정들이 엄격하게 강제되지 않기 때문이며 실제로 불가리아는 발칸지역에서 분쟁이 없는 민족 관계의 몇 안 되는 예들 중의 하나로 종종 인용된다.[75] 이런 상황에서 안보 트랙 안에서 운영되는 유럽의 조직들이 긁어 부스럼을 만들지 않기 위해서 불가리아가 FCNM을 따라서 헌법을 개혁하도록 압력을 넣지 않기로 결정하였다.

안보 트랙의 유연성과 적응성을 고려에 기초하여 어떤 논평자들은 이것을 법적 권리 트랙에 의존하는 것보다 더 선호될 수 있는 것으로 간주한다. 실제로 어떤 이들은 특히 법적 권리를 공식화하는 데 있어서 부딪히게 되는 개념적·정치적인 어려움들을 고려할 때 법적 권리 트랙이 포기되어야 한다고 주장한다. 소수자 권리의 효과적인 국제적 규범들을 자신의 문화를 향유할 수 있는 일반적인 권리 혹은 대상지향적인 내적인 자결권에 기초를 둘 수 있는 실행가능한 방법이 없다면, 법적인 권리 트랙의 개념을 포기하고 안보의 고려사항들에 기초한 후기 공산주의 유럽에 개입하는 권리를 유지하는 것이 어떠한가?

1990년대에 법적인 권리 트랙을 제정한 것을 후회하고 이제 그것에서 손을 떼기를 바랄지도 모르는 서구의 조직들의 어떤 지도자들이 있지 않은가 나는 의심한다. 무엇보다 EU와 나토는 소수자 권리에 대해 관심을 갖지 않으면서도 수년 동안 살아남았고 번성하였다.[76] 소수자

---

75 불가리아의 경우는 법적인 형태들과 실재의 실천들 사이의 괴리라는 측면에서 흥미롭다. 헌법이 민족 정당들을 금지하지만 사실상 강력한 터키 민족 정당이 있고, 실제는 이것은 연합정권에 포함되었으며 사실상의 민족 권력 공유의 형태가 되었다.(Brusis, 2003) EU는 사실상의 민족적 연합이 국제적 규범들에 대한 공적인 추종보다 더 중요하다고 판단하였다.(Schwellnus, 2005)

76 1989년 이전에 EU가 암암리에 그리스로 하여금 자신의 소수민족들을 박해하도록 허용하였고, NATO가 터키로 하여금 자신의 소수민족들을 박해하도록 허용하였고(Batt and Amato, 1998; DeWitte, 1993, 2002), 이 두 기관들이 스페인 혹은 이태리와 같은 회원 국가들에서

권리를 유럽 질서의 기초적인 가치들의 하나로서 만들기 위한 결정을 재고하는 것이 어떤가? 우리가 보았듯이 더군다나 법적 규범들을 개발하기 위한 1990년대 초기의 원래의 결정은 민족 갈등이 통제할 수 없을 정도가 될 것이라는 그 가능성에 대한 잘못된 예측에 기초하였다. 그 때 이후로 민족 폭력은 후기 공산주의의 지역적인 현상이고, 슬로바키아 혹은 에스토니아와 같은 나라들에서 가까운 장래에 폭력의 전망이 실질적으로 없다는 것이 분명해졌다. 그래서 아마 이런 나라들이 (소위) 유럽적인 규범들에 따라 자신들의 소수자들을 대하고 있는지를 감시하는 것은 불필요한 일이다.[77]

확실히 서구의 관찰자들은 이런 나라들이 알아서 하도록 내버려 둔다면 채택할 수 있는 정책들 중의 어떤 것들을 인정하지 않을 수도 있을 것이다. 그러나 그들의 선택이 폭력과 지역적인 불안정의 원인이 될 수 있을 가능성은 아주 낮다. 어떤 후기 공산주의 나라들은 고압적인 동화정책으로 실험을 할 수도 있겠지만 만약 그렇다고 할지라도 이러한 정책들이 거의 확실하게 실패할 것이다. 이는 서부 유럽에서 일어났던 것이고 이것이 동부 유럽에서 일어나지 않을 것이라거나 일어날 수 없다고 가정할만한 이유가 없다. 더욱이 자유주의적인 정책들이 외부로부터 강요되는 것이 아니라 이와 같은 국내적인 과정들에서 생겨나

로마인들의 곤경에 관심을 보이지 않았다는 것을 상기해보라.(Simhandi, 2006)

77 EU헌법의 첫 번째 초안이 소수자집단의 권리들을 제외한 '코펜하겐 기준들'의 모든 것을 통합하였다는 것을 주목하는 것은 흥미롭다. 이는 소수자집단의 권리들이 EU 회원자격의 한 조건으로 만들고자 하는 원래의 결정이 어떤 순수하게 규범적인 헌신이 아니라 1990년대 초의 안보 상황에 대한 (잘못된) 해석에 기초하고 있었음을 암묵적으로 인정하는 것은 아니었는지 의심스럽다. 소수자집단의 권리 규범의 약화된 변형이 그 헌법의 최종본에 다시 포함되었다.(Drzewicki, 2005)

는 것이라면, 이것들이 합법적인 것으로 인식될 수 있는 가능성이 높고 그에 따라 안정적이 될 수 있는 가능성이 높다.

이런 이유들로 인해 어떤 논평자들은 우리가 후기 공산주의 나라들이 소수자 권리에 관한 국제적인 규범들을 따르도록 압력을 넣는 것을 멈추어야 한다고 제안하였다.[78] 하지만 그러한 후퇴가 가능한지 나는 의심한다. 내가 이전에 언급했듯이 소수자 권리에 대한 견해들이 이제 유럽에서 몇몇의 다른 수준들에서 제도화되었고 제거하는 것은 어려울 것이다.

더군다나 안보 트랙은 그 자체로 다수의 잘못된 자극들과 의도하지 않은 결과들을 발생한다. 특히 안보 트랙은 국가의 비타협적인 태도와 소수자의 호전성에 보답을 해주는 사악한 경향이 있다. 이것은 소수자가 불충하고 소수자의 권리를 확장하는 것은 국가의 안보에 위태롭게 할 수 있다는 주장을 강화하기 위해서 국가에게 동족 국가의 소수자에 대한 조작에 관한 소문들을 만들어 내거나 과장하도록 하는 동기를 제공한다. 이것은 또한 폭력으로 위협하거나 단순하게 권력을 잡도록 하는 동기를 소수자에게 제공한다. 그 이유는 이것이 소수자의 불만이 안보 위협을 감시하는 국제 조직들의 이목을 끌 수 있는 유일한 길이 되기 때문이다. 그것이 정부들과 지역들을 불안정하게 할 수 있는 확실한 위협으로 뒷받침되지 않는다면, 단지 부당하게 대우를 받는 것은 안보

---

[78] 예를 들면, Burgess, 1999를 보라. 그는 우리가 동화의 과정에 기회를 부여해야 한다고 효과적으로 주장한다. 후기공산주의 유럽에서 동화정책들은 불쾌한 것이고 실패할 수도 있을 것이다. 하지만 국가들 (그리고 지배적인 집단들이) 그들의 능력의 한계들과 소수자 집단의 저항의 강도를 알고 자신들의 소수자집단들과 어떤 해결점에 이를 필요성을 받아들이는 것은 중요하다.

트랙 내에서 서구의 주목을 끌기에는 충분하지 않다.[79]

예를 들면, 영토적 자치에 대한 OSCE의 접근을 고려해 보라. 우리가 보았듯이 1990년대에 영토적인 자치에 대한 원래의 권고 후에 OSCE는 영토적인 자치를 단념시키는 쪽으로 방향을 바꾸었고 슬로바키아의 헝가리인들을 포함하는 다양한 소수자들이 그들의 자치의 요구들을 포기하도록 적극적으로 권고하였다. 그러나 OSCE는 우크라이나(크림반도에 대해), 몰도바(Gaugazia와 Transnistria에 대해), 조지아(Abkhazia와 Ossetia에 대해), 아제르바이잔(Ngorni-Karabakh에 대해), 세르비아(코소보에 대해)를 포함하는 몇몇 다른 나라들에서 자치를 지지하였다. 이러한 차이를 어떻게 설명하는가? OSCE는 후자의 경우들은 '예외적' 혹은 '불규칙적'인 것이라고 말한다.(Zaagman, 1997, p.253 n. 84; Thio, 2003, p.132) 그러나 내가 말할 수 있는 한에서 그들이 예외적인 유일한 방식은 소수자들이 국가의 동의 없이 불법적으로 그리고 반헌법적으로 권력을 잡았다는 것이다.[80] 소수자들이 이런 식으로 권력을 잡게 되는 곳에서 국가는 군대를 보내고 내전을 시작함으로써 자치를 무효로 할 수 있을 뿐이다. 명백한 이유들로 인해 OSCE는 이러한 군사적인 선택을 저지하고 대신에 국가

---

79 '소수자집단들은 갈등이 있어야만 국제공동체가 자신들의 관심사들에 대응을 할 것이라는 그런 상황에 맞서게 되지 않아야만 한다. 그러한 접근은 해결을 하기 보다는 쉽게 맞불을 놓게 하여 더 많은 갈등을 야기할 수 있을 것이다. 그러므로 전면적으로 소수자집단 표준들을 적용하는 것을 포함하는 소수자집단들에 대한 객관적이고 공평하고 선택적이지 않은 접근이 유지되어야만 한다.'(Alfredsson and Turk, 1993, pp.176~177. Chandler, 1999, p.68을 비교해보라)

80 크림(Crimea)을 제외한 이 모든 경우들에서 소수자집단은 무장 폭동을 통해 권력을 잡았다. 크림의 경우에 우크라이나 정부는 크림의 영토에 거의 존재하지 않았다. 그래서 러시아인들이 현존하는 국가의 구조를 전복하기 위해 무장을 할 필요가 없었다. 그들은 그저 자치에 대한 (불법적인) 국민투표를 실시하였고 그리고 나서 자신들 스스로 통치하기 시작하였다.

들이 소수자와 자치를 협상해야하고 현장에서의 현실에 대한 사후의 법적인 인정을 제공해야하는 어떤 형태의 연방주의 혹은 연합주의를 받아들이도록 권고한다. 그런 까닭에 OSCE의 소수민족문제담당 특별대표는 우크라이나가 러시아 민족들이 크림반도에서 (불법적으로) 세운 자치를 폐지하기를 시도하는 것이 위험할 것이라고 권고하였다.(van der Stoel, 1999, p.26)

대조적으로 소수자가 평화롭고 민주적인 수단을 통해 법적인 범위 안에서 영토적인 자치를 추구해 왔던 곳은 어디든지 간에 긴장을 증가시킬 수 있다는 근거로 OSCE가 그것을 반대하였다. OSCE의 특별대표에 따르면 소수자의 불충성과 분리에 관한 후기 공산주의 유럽에서의 편만한 두려움을 고려할 때, 특히 영토적인 자치를 요구하는 소수자가 동족 국가에 인접하다면 새로운 영토적인 자치 협약을 세우는 것에 관한 어떤 논의도 긴장을 증가시키기 마련이다. 그러므로 특별대표의 권고사항은 슬로바키아 인들의 민족통합주의에 대해서 두려워하는 것을 고려할 때 슬로바키아의 헝가리인들이 영토적인 자치를 추진하지 않아야 한다는 것이다.(van der Stoel, 1999, p.25)

간단히 정리하면, 안보 접근은 양쪽의 비타협적인 태도에 보답을 한다. 만약 소수자가 권력을 잡는다면 OSCE가 자치의 '예외적인' 형태를 받아들이도록 국가에 압력을 넣음으로써 그들에게 보답을 한다. 만약 다수자들이 평화롭고 법을 준수하는 소수자에 의한 자치에 대한 제안을 토론하는 것조차 거부한다면 OSCE는 소수자들이 더욱 '실용적'이 되도록 압력을 넣음으로써 그들에게 보답을 한다. 정의의 관점에서 이는 사악한 것이지만 안보에 기초한 접근의 필연적인 논리인 듯이 보인다. 안보의 관점에서 법을 준수하는 소수자에게 영토적인 자치를 허용하는 것은 긴장을 증가시킨다는 것은 실제로 정확할지도 모른다. 반면에 호전적인 소수자에 의해 장악된 후에 영토적인 자치를 지지하는 것은 긴장을 줄인다.

이것이 안보 접근의 논리인 한에서는 안보의 기반을 무너뜨리는 역설적인 효과가 있다. 장기적인 안보는 국가들과 소수자들이 그들의 요구사항들을 완화하고, 민주적인 협상을 받아들이고, 공평한 조정을 추구하는 것을 필요로 한다. 이것은 국가와 소수자 관계가 권력의 정치에 의해서만이 아니라 정의와 권리의 어떤 관념에 의해서 이끌어지는 것을 필요로 한다. 물론 이는 법적 권리 트랙이 증진하려고 했던 것이었고, 이것이 구체적인 사례에 기초한 안보 트랙을 보충해야만 하는 이유이기도 하다.

문제는 서로 엇갈리기보다는 안보와 법적 규범들의 두 가지 병렬적인 트랙들이 어떻게 협력해서 일하도록 만드는가 하는 것이다. 우리는 왜 공식적인 언어 지위와 지역적인 자치를 위한 구체적인 국가에 기초한 제안들이 허용될 수 있는지를 설명하는 데 도움이 되고, 단지 호전성에 대한 양보가 아니라 이러한 규범들의 확장을 합법적으로 인정하는 데 도움을 주는 법적인 규범들을 공식화하는 길을 찾을 필요가 있다. 역으로 우리는 그것들이 어떻게 다양성의 수용에 관한 더욱 일반적인 원칙들과 가치들로부터 생겨나는지를 보여주는 사례에 기초한 안전 권고사항들을 공식화하는 방법을 찾을 필요가 있다. 현재까지 이런 종류의 일관성이 부족하다.

유럽의 논쟁들에 관여한 핵심적인 행위자들 중의 어떤 이들은 이러한 문제를 예민하게 인식하고 있다. 자신의 오랜 재임 기간 동안(1993~2001), 이전의 소수민족문제담당 특별대표 막스 반 더 스뚤(Max van der Stoel)은 소수자 권리의 법적 규범들을 자신의 구체적인 국가에 기초한 안보 권고사항들과 연결할 필요성에 몰두하였다.[81] 기존의 법적인 규범들이 이러한 연결을 만들기에는 부적절했던 곳에서 그는 소수민족들의 교육, 언어, 참여권에 관한 OSCE의 권고사항들과 같은 새로운 규범들의 공식화를 추진하였다.[82]

하지만 이러한 OSCE의 권고사항들에도 불구하고 그 문제는 지속된다. 실제로 법적인 규범들이 포괄적인 소수자 권리로서만 공식화되는한에서는 그것은 해결될 수 없다. FCNM과 OSCE 권고사항들에서 공식화된 포괄적인 소수자 권리와 심각한 민족정치적인 갈등을 해결하거나 예방하는데 필요한 그런 류의 정책들과 제도들 사이에는 아주 거대한 간극이 있다. 반 더 스뚤(van der Stoel)의 최상의 노력들에도 불구하고 공식적인 언어 지위, 연합적인 권력 공유 혹은 영토적인 자치의 문제들에 대한 유럽의 조직들에 의해 채택된 구체적인 국가에 기초한 제안들은 권력을 잡았거나 폭력으로 위협을 하였던 소수자들에게 보답을주고, 반면에 그 게임의 민주적인 규칙들에 의해 경기를 했던 소수자들을 낙심시킴으로써 안보의 논리를 분명히 반영한다.

---

81 van der Stoel, 1999, pp.111~122에 다시 수록된 '평화와 정의, 권력과 원칙'에 관한 그의 연설에서 이 문제에 관한 그의 사려 깊은 논의를 보라.
82 새로운 규범들을 시작함에 있어서 특별대표의 역할에 대해서는 Ratenr, 2000; Neukirch et al, 2004; Wilkinson, 2005를 보라.

7. 효과적인 참여의 권리

우리는 HCNM(과 다른 조직들이) 법적 규범들과 안보 트랙을 연결하기 위해서―즉 소수민족들의 구성원들이 공적인 업무에, 특히 그들에게 영향을 미치는 문제들에 '효과적인 참여의 권리'를 가진다는 의견을 강조하기 위해서―사용한 주된 접근들 중의 하나를 탐색함으로써 딜레마들을 목격할 수 있다. 이러한 접근은 분명한 권리에 기반을 둔 규범적인 틀을 제공하면서 동시에 단기간의 안보에 관한 관심을 수용하기 위한 충분한 유연성을 제공하는 것으로 간주된다.

효과적인 참여의 이러한 개념은 새로운 것은 아니다―이것은 OSCE의 원래의 1990년 코펜하겐 선언에 이미 존재하였다. 실제로 이러한 원칙에 근거하여 그 선언은 영토적 자치(TA)를 권고하였다. 소수자 자치는 효과적인 참여를 성취하기 위한 좋은 도구로 옹호되었다. 1995년 FCNM과 같은 아주 최근의 선언들은 내적인 자치에 대한 언급을 하지 않았지만 효과적인 참여에 대한 헌신을 유지한다(5조항에서). 실제로 효과적인 참여에 대한 언급들이 점점 더 두드러지게 될 것이다. 예를 들면, 이는 최근의 일련의 OSCE의 권고사항들의 중심적인 주제이다.(1999년에 채택된 소수민족들의 효과적인 참여에 관한 런드 권고사항들)

효과적인 참여의 권리에 관한 이러한 견해는 여러 가지 이유로 인해 매력적이지만, 결국에는 소수자 권리에 관한 현재의 유럽적인 체제가 직면하고 있는 문제들을 해결하기보다는 오히려 재생산한다고 나는 생각한다. 이것이 매력적인 한 가지 이유는 이것이 감탄할 정도로 민주적으로 들린다는 것이다. 더욱이 이것은 '자신의 문화를 향유하는' 권리의 형식뿐인 함축성을 피한다. 이것은 소수자들이 사적인 삶에서 자신들의 언어를 사용하는 것 혹은 자신들의 종교를 고백하기를 원할 뿐만 아니라 공적인 삶에서 동등하게 참여하기를 원한다는 것을 인정한다. 효과적인 참여의 권리는 민족 자결의 '위험하고' '급진적인' 의견들을 피하면서 동시에 이러한 소수자들의 열망들의 정치적 차원을 인정한다.(Kemp, 2002)

규범적인 이론의 관점에서 이러한 접근은 집단들의 '본질을 나타내는' 위험을 피하는 부가적인 장점이 있다. '자신의 문화를 향유하는 권리'와 '내적 자결의 권리'는 소수민족들의 본래적인 특징에 관한 가정들에 의존하는 듯이 보인다. 전자는 그러한 집단들이 자신들이 보존하고자 추구하는 공유된 독특한 '문화'를 가지고 있다는 것을 암시하고, 후자는 그들이 자치를 통해 증진하고자 추구하는 공유된 독특한 '민족적 정체성'을 가지고 있음을 암시한다. 그러나 그러한 집단들이 내적으로 동질적이지 않다는 것을 우리는 안다. 그 집단의 구성원들이 자신들이 유지하기를 원하는 그런 종류의 문화적 전통들과 그들이 더 광범위한 사회와 문화적인 구별된 것을 유지하고 싶어 하는 그 정도에 대해서 동의하지 않을 가능성이 있다. 마찬가지로 그들은 자신들의 민족 정체성의 특징과 그것을 보호하는 데 필요한 자치의 종류에 대해 동의하지 않을 수 있다. 국제 공동체가 문화권 혹은 자결권을 승인하는 것은 마치 '문화' 혹은 '민족성'이 논쟁적인 주장이라기보다는 이러한 집단들의 어느 정도 본질적인 것이고 반박의 여지가 없는 특징들인 것처럼 더 큰 문화적 독특함과 / 혹은 더 큰 민족 자치에 대한 찬성론을 주장하는 사람들의 편에 서서 이러한 내적인 논쟁들을 미리 판단하는 듯이 보인다.

이런 유의 관심은 포스트모던주의자들과 비판적 이론가들에 의해 실질적인 소수자 권리의 헌법화를 거부하고 대신에 참여와 자문의 보장과 같은 순수하게 절차적인 소수자 권리를 승인하기 위한 근거로서 인용되었다.(예를 들면 Benhabib, 2002; Fraser, 2003, p.82) 이러한 절차적인 권리는 한 집단의 문화의 독특함 혹은 그것의 정체성의 한계성에 대해 실질적인 가정을 하는 것을 피한다. 효과적인 참여의 권리는 한 집단의 구성원들이 문화와 민족성의 요구사항들을 증진하도록 허락하지만 이러한 요구사항들이 헌법적인 규범들 혹은 국제법에 의해 미리 승인된 것이라기보다는 신중한 민주적 과정들을 통해 옹호되어야 함을 요구한다.(Laitin and Reich, 2003; Williams, 1995; Jung, 2007)

하지만 효과적인 참여가 대단히 인기가 있는 주요한 이유는 이것이 모호하고 복합적이고 일치하지 않는 해석들에 종속되어 있다는 것이며, 그래서 국가와 소수자 관계의 매우 차이 있는 개념들을 가진 사람들에 의해 승인될 수 있다는 것이다. 이런 측면에서 효과적인 참여의 중요성에 관한 분명한 합의는 이것이 실제로 의미하는 것에 대한 심한 불일치를 숨기거나 지연시킨다.

가장 최소주의적인 해석에 근거하여 효과적인 참여의 권리는 소수민족들의 구성원들이 투표를 하고 지지에 참여하고 공직 선거에 나가는 자신들의 표준적인 정치 권리를 행사함에 있어서 차별을 받지 않아야 한다는 것을 단순히 의미한다. 이러한 최소주의적인 해석은 에스토니아와 라트비아가 이름뿐인 언어를 유창하게 구사하지 않음에도 불구하고 러시안 소수민족들에게 시민권을 부여하도록 강요하고 그들로 하여금 투표하고 공직 선거에 나갈 자격을 주기 위해서 인용된다.

어느 정도 더욱 확고한 해석에 근거하여 효과적인 참여는 소수자들의 구성원들이 투표를 하거나 공직 선거에 나갈 수 있을 뿐만 아니라 그들이 실제로 입법부에서 어느 정도의 대표성을 성취하는 것을 요구한다. 이는 전체 인구에 대한 그들의 비율에 정확하게 일치하도록 소수자들이 대표되도록 요구하지는 않지만 심각할 정도로 낮은 대표성은 하나의 근심거리로 간주될 수 있을 것이다. 이러한 해석은 소수자 대표들을 선출하는 것을 더욱 어렵게 만들기 위해서 선거구들의 경계들을 부정적으로 개편하기 위한 국가들에 의한 시도를 금지하기 위해 인용된다. 이것은 또한 PR선거구 체제에서 소수자 정치정당들이 의석을 얻기 위해 필요한 한계를 수정하기 위한 국가들에 의한 시도들을 금지하기 위해 인용될 수도 있다.

예를 들면, 폴란드에서 독일인 소수민족들은 의회에 의원들을 규칙적으로 선출하는데 이는 5퍼센트라는 일반적인 한계규칙에서 면제되었기 때문이다. 유사한 정책이 독일에서 덴마크인 소수민족 정당에게 이익을 준다. 대조적으로 그리스는 터키인 국회의원들이 선출될 가능성을 차단하기 위해 선거 한계의 범위를 올렸다.(MRG, 1997, p.157) 이런 유의 조작은 미래에는 금지되는 것이 더 나을 것이다.

그러나 이러한 두 가지 해석들 중의 어느 것도 — 정치적 권리와 평등한 대표성의 비차별적 행사에 초점을 맞추지만 — 우리로 하여금 심각한 민족 갈등의 대부분의 경우들에서 그 문제의 핵심에 이르도록 하지는 않는다. 심지어 소수자들이 차별 없이 참여할 수 있도록 하고 그들이 자신들의 인구에 대략적인 비율에 맞추어서 대표될 때에 조차도 그들은 여전히 민주적인 과정에서 영원한 실패자 일수 있다. 이는 지배적인 집단이 소수자를 잠재적으로 불충성한 것으로 간주하여 소수자들에게 권력을 주는 어떤 정책들에 반대하기 위해 하나의 블록으로 투표를 하는 맥락에서 특히 사실이다.(헝가리인들이 지배적인 지역들을 위한 자치에 대한 슬로바키아 내에서 거의 보편적인 반대 혹은 알바니아어를 하나의 공식적인 언어로인정하는 것에 대한 마케도니아 내에서 반대를 고려해 보라) 이런 맥락들에서 소수자들이 투표를 행사하든지 그들의 숫자에 맞추어 국회의원들을 선출하든지 하는 것은 중요하지 않을 수도 있다. 그들이 여전히 지배적인 집단의 구성원들에 의해 투표에 의해 압도당할 것이다. 소수자들이 그 결정에 참여를 하든지 그렇지 않든 간에 궁극적인 결론은 동일할 것이다.

문자 그대로 한다면 효과적인 참여라는 용어는 소수민족들이 영원한 정치적 소수자들이 되는 이런 상황을 배제하는 것처럼 보일 수도 있을 것이다. 무엇보다, '효과적인' 참여는 참여가 어떤 효과 — 즉, 참여가 그 결과를 바꾼다는 것 — 를 가져야 한다는 것을 암시한다. 소수자들에 의한 참여가 나누어진 사회들 내에서 이런 의미에서 효과적이라는 것을 확증하는 유일한 길은 어떤 형태의 권력 공유를 필요로 하는 반-다수결주의 규칙들을 채택하는 것이다. 이는 내적인 자치 혹은 연립 정부의 연합적인 보장의 형태를 취할 수도 있다.

우리는 이를 효과적인 참여의 권리에 관한 최대주의적인 해석 — 연방적인 혹은 연합적인 군력 공유의 반-다수결주의 적인 형태들을 요구하는 것 — 이라고 부를 수 있다. 이는 명백히 많은 소수자 조직들이 승인하는 그런 해석이다. 그러나 이는 내적 자결에 관한 초기의 언급들이 거부당했던 것과 동일한 이유로(불충성에 대한 두려움, 민족통합주의 등) 동부 유럽 혹은 서부 유럽의 대부분의 국가들에 의해 강하게 거부된다. 내적 자치권을 성문화하기 위한 그 움직임을 성공적으로 저지하였던 국가들은 자치를 위한 뒷문을 제공하는 효과적인 참여의 해석을 받아들이지 않을 것이다. 효과적인 참여의 권리에 관한 의견 일치는 정확이 그것이 소수자 자치를 위한 도구가 아니라 그것에 대한 대안으로 간주되었기 때문에 가능하였다. 그러므로 효과적인 참여에 관한 그러한 해석은 차별대우를 하지 않는 것과 평등한 대표성의 수준—즉 불안정을 야기하는 민족 갈등의 실제적인 원인들을 다루지 않는 수준—에 초점이 맞추어질 가능성이 높다.

이러한 일반화에 대한 하나의 잠재적인 예외가 있다. 유럽의 조직들은 권력 공유의 형태들이 이미 존재하는 곳에서 효과적인 참여의 최대주의적인 해석을 채택할 수 있을 것이다. 이전에 존재하는 소수자 자치의 형태들을 폐지하기 위한 국가들에 의한 시도들이 재앙에 대한 처방이라고 널리 인정된다.(예를 들면 Ngorno-Karabakh, Ossetia 등) 그러므로 유럽의 조직들이 국가들이 이전에 존재하는 소수자 자치의 형태들을 철회하지 않도록 하기 위해 국제법에서 하나의 근거를 찾고 싶어 한다. 효과적인 참여의 규범은 하나의 그럴듯한 후보이다. 이전에 존재하는 자치 정권들을 철회하기 위한 시도들이 소수자들에게 권력을 박탈하려는 의도적인 시도로서 간주될 수 있고 그들의 효과적인 참여 권리의 부인으로 간주될 수 있다.

효과적인 참여가 **이전에 존재하는** 자치와 권력 공유의 형태들을 보호한다는 이러한 견해는 어떤 논평자들에 의해 개발되었고,[83] 조지아와 몰도바와 같은 나라들에서 영토적 자치와 연합주의를 위한 권고사항들을 정당화할 때 OSCE에 의해 암시적으로 인용되었다. 이러한 권력을 공유하는 권고사항들이 국제적인 법적 규범들에 관한 어떤 해석에서라기 보다는 안보 트랙에서 생겨났다는 것을 나는 앞에서 말하였다. 그러나 서구의 조직들이 이러한 권고사항들이 호전적인 소수자들에게 보답을 하는 하나의 경우였을 뿐만 아니라 그들의 권고사항들에 대한 규범적인 근거가 있다는 것을 보여주고 싶어 했다. 이전에 존재하는 권력 공유의 형태를 폐지하는 것이 효과적인 참여를 침식시킨다는 주장은 그들의 권고사항들을 위한 하나의 원칙적인 근거를 제공해준다.

물론 이러한 어려움은 왜 이전에 존재하는 영토적 자치의 형태들만이 효과적인 참여를 보호하는지 그 이유를 설명할 것이다. 만약 조지아에서 아브하즈인들 혹은 아제르바이잔에서 아르메니아인들의 효과적인 참여를 확증하기 위해 영토적 자치가 필요하다면 슬로바키아에서 헝가리인들 혹은 마케도니아에서 알바니아인들을 위해서는 그것이 필요하지 않는가? 만약 이전에 존재하는 자치를 폐지하는 것이 소수자들의 권력을 박탈하는 것이라면 자치에 대한 요구들이 결코 받아들여지지 않았던 소수자들이 또한 권력을 박탈당하지 않는가?(역으로, 만약 권력을 공유하는 제도들이 슬로바키아에서 헝가리인들의 효과적인 참여를 확증하기 위해 필요하지 않다고 한다면 왜 웅로-카라바흐(Ngorno-Karabakh)에서 아르메니아

---

83 Annelies Verstichel은 FCNM과 일치하는지를 조사하는 자문위원회가 자치와 관련하여 비퇴행적 조항을 암암리에 채택하였다고 주장한다.(Verstichel, 2004) 유사한 방식으로 Lewis-Anthony는 유럽인권헌장의 첫 번째 의정서의 3조에 관한 법해석은 존재하는 자치의 형태들을 보호하는 것으로 추정될 수 있다고 주장한다.(Lewis-Anthony, 1998) 더욱 철학적인 수준에서 Allen Buchanan은 현존하는 영토적 자치의 형태들을 위한 국제적인 보호들이 있어야만 한다고 주장하지만, 아직 그것을 가지고 있지 않은 집단들에 의한 영토적 자치에 대한 요구들을 지지하는 규범들이 있어야만 한다는 것을 부인한다.(Buchanan, 2004)

인들 혹은 크림반도에서 러시아인들을 위해서는 그것들이 필요한가?)

과거 어떤 지점에서 우연히 자치를 획득하거나 빼앗은 그러한 소수자들에게 특권을 주는데 대한 어떤 원칙적인 근거는 없는 듯하다. 소수자의 자치에 대한 요구에 대한 차별적인 처리는 현실정치에 대한 양보로서 설명될 수 있을 뿐이다. 신중한 관점에서 볼 때 자치를 추구함에 있어서 폭력을 기꺼이 사용하는 것을 보여주지 않은 소수자들에게 새로운 자치를 허용하기를 거부하는 것보다 과거에 자치를 얻기 위해 싸웠던 소수자들에게서 이전에 존재하는 자치를 빼앗는 것이 훨씬 더 위험하다.

간단히 말해서, 이전에 존재하는 자치에 특권을 부여하는 효과적인 참여의 해석들은 안보 트랙과 동일한 결함으로 인해 고생한다. 즉 그들은 평화롭고 법을 지키는 소수자들에게 벌을 주면서 동시에 호전적인 소수자들에게 보상을 해준다. 안보 트랙처럼 현재 개발이 진행 중인 효과적인 참여의 접근은 경쟁하는 참여자들의 잠재적인 위협과 대결을 하도록 맞추어진다. 정부들과 지역들을 불안정하게 하는 능력과 기꺼이 그렇게 하고자 하는 소수자들은 효과적인 참여의 명목으로 진지한 권력 공유의 형태들을 획득하고 유지할 수 있다. 폭력의 위협을 단념한 소수자들은 그렇게 하지 못한다.

이는 효과적인 참여의 접근이 우리가 다른 접근들을 통해 확인했던 그 문제들을 해결하기 보다는 오히려 반복하는 것을 암시한다.[84] 만약

---

[84] 어떤 논평자들은 FCNM에 대한 순응을 감시하는 자문위원회가 '점진적인 실행'의 규범을 채택할 수 있고 그렇게 해야 만 한다고 제안하였다. 이러한 규범에 의하면 국가들이 FCNM의 다양한 조항들의 더욱 효과적인 해석들을 점진적으로 성취하는 것이 기대되고 요구될 수 있을 것이다. 오늘날 언어권 혹은 효과적인 참여에 관한 FCNM의 규범들을 적절하게

효과적인 접근이 권력 공유를 일으키는 것으로 최대한으로 해석된다면 이는 국가들에 의해 받아들여지기에는 너무 지나친 것이 되고, 목표를 대상으로 하는 내적인 자결의 접근이 거부되었던 것과 동일한 이유로 거부될 것이다. 만약 효과적인 접근이 단지 차별을 하지 않는 것과 평등한 대표성만을 포함하는 것으로 최소한으로 해석된다면 민족 갈등의 심각한 경우들을 해결하기에는 너무 약한 것이 되고, 일반적인 문화권 접근이 비효율적인 것과 동일한 이유들로 인해 비효율적이 될 것이다. 그리고 만약 우리가 효과적인 참여의 개념이 실제로 어떻게 갈등의 경우들에서 인용되는 지를 조사한다면, 안보 트랙처럼 그것이 일반적인 원칙들이 아니라 권력의 정치에 기초하고 있음을 알게 될 것이다.[85] 효

성취하는 것으로 간주되는 것이 앞으로 5년 후에는 충분하지 않은 것이 될 것이다. 한 국가가 그 위원회에 보고서를 제출할 때마다 '소수자집단들을 위해 최근에 무엇을 하였는가?'라는 질문을 받을 것이다. 이러한 생각은 국가들이 퇴보하는 것을 막을 수 있을 뿐만 아니라(나는 앞에서 비퇴행적 조항을 언급하였다), FCNM의 규범들을 충족하기 위해서 무엇이 요구되는가 라는 측면에서 장벽을 점진적으로 들어 올리는 것이기도 하다.(예를 들면 Verstichel, 2004; Weller, 2003를 보라) 자문위원회가 이러한 과정을 따라서 어떤 혁신적인 사고를 했다는 것은 의심의 여지가 없으며, 이는 자문위원회가 국가의 대표들이라기보다는 독립적인 전문가들로 구성되어 있다는 사실에 의해서 지지된다.(Hoffman, 2002) 하지만 나의 분석이 정확하다면 자문위원회의 독립적인 전문가들이 FCNM의 필요조건들을 서서히 올릴 수 있게 되는 그 범위에 한계가 있을 것이다. 구체적으로 나는 소수자집단들이 안정성과 안보를 침해하기 위한 자발성과 능력을 보여주는 곳을 제외하고 공식적인 언어 지위 혹은 영토적 자치가 FCNM의 필요조건으로 여겨지게 될 것이라는 것을 의심한다. 결국 자문위원회는 단지 자문을 할 뿐이다. 그것의 추천사항들이 국가들에 의해 승인되어야만 한다. 영토적 자치와 공식적인 언어 지위를 포함하기 위해 장벽을 들어 올리려는 어떤 시도도 그러한 권리들을 성문화하기 위한 이전의 시도들이 실패했던 동일한 이유로 인해 국가들에 의해서 거부될 것이라는 것을 나는 의심한다.

85 다시 말하자면 우리가 효과적인 참여에 관해 이야기 할 때 우리는 '무엇에 참여하는지를?' 질문할 필요가 있다. 후기사회주의 국가들의 관점에서 소수민족들의 구성원들은 단 하나의 공식적인 언어를 가진 단일적인 국민국가의 제도들에 참여할 수 있어야 할 것이다. 많은 소수자집단 기관들의 관점에서 소수민족들의 구성원들은 다언어적, 다민족 연방 국가의 제도들에 효과적으로 참여할 수 있어야 할 것이다. 국가에 대한 이러한 다른 개념들은 그 국가에 효과적인 참여를 위해 무엇이 요구되는 지에 대해서 다른 개념들을 낳는다. 논평자들은 효과적인 참여의 원칙이 국가의 특징에 관한 이러한 의견불일치를 해결하기 위

과적인 참여는 단기적인 안보와 장기적인 정의 사이에 긴장들에서 생겨난 활동을 위한 새롭고 중요한 장소가 될 것이지만, 이것은 스스로 그러한 긴장들을 해결하기 위한 방식을 제공하지는 않는다.

해서 불러일으켜 질 수 있는 것처럼 종종 글을 쓴다. 그리고 현재까지 국가의 특징에 관한 그러한 기본적인 의견불일치는 후기공산주의 유럽에서는 원칙들에 의해서가 아니라 무력에 의해 해결되었다. 소수집단들이 자치를 획득한 곳에서 효과적인 참여는 다언어적, 다민족 국가 내에서 연방적 그리고 / 혹은 연합적인 권력 공유를 지지하는 것으로 해석된다. 소수자집단들이 무력을 사용하지 않는 곳에서 효과적인 참여는 단일적이고 단일 언어적인 국가 내에서 단지 비차별적인 참여와 평등한 대표를 요구하는 것으로 해석된다. 효과적인 참여의 개념을 옹호하는 사람들은 국가의 특징에 관한 심한 의견불일치를 해결하기 위한 원칙에 입각한 방식을 제공할 수 있다고 제안한다. 하지만 내게는 효과적인 참여의 개념이 이러한 논쟁점이 이미 해결되었음을 미리 가정하고 있는 듯이 보인다. 그러므로 효과적인 참여의 개념은 (만약 이것이 국가들이 다민족 국가 내에 내적인 자치의 개념을 받아들이는 것을 미리 가정한다고 하면) 너무 강하거나 (만약 이것이 소수민족들이 단일하고 단언어적인 국가의 개념을 받아들이는 것을 미리 가정한다고 하면) 너무 약하다. 이는 소수자집단 권리들의 '본질주의적인' 특징에 관한 요구를 새롭게 밝힌다. 나는 많은 포스트모더니스트들과 비판적 이론가들이 한 집단의 특징을 미리 판단하여 거짓으로 균질화한다는 이유로 문화 혹은 자결에 관한 실질적인 소수자집단의 권리의 개념을 거부하였다고 앞에서 언급하였다. 그러나 그러한 요구를 거부하면서 그들은 단 하나의 민족으로 구성된 단일하고 단언어적인 국가로서의 국민국가에 대한 본질주의적인 설명들을 지지하려는 의도는 없었다. 효과적인 참여라는 개념이 소수자 민족주의자들과 전국민화하는 국가들 사이에 놓인 투쟁에서 중립적이 될 수 있고 그것이 다언어적, 다민족 국가인지 혹은 단언어적 단일적 국민국가인지를 미리 판단하는 것 없이 실행될 수 있기를 그들은 희망하였다. 그러나 효과적인 참여라는 개념이 이러한 질문에 대해 분명한 입장을 취하지 않고서 실행될 수 있는지는 분명하지 않다. 만약 그렇다고 한다면 우리가 내적인 자결에 대한 요구를 받아들이든지 거부하든지 간에 본질주의의 위험이 발생한다. 그러한 요구를 받아들이는 것은 소수민족에 대한 우리의 개념을 본질화하는 위험을 무릅써야 한다. 그러한 요구를 거부하는 것은 국가에 대한 우리의 개념을 본질화하는 위험을 무릅써야 한다. 우리가 어떤 선택을 하든지 간에 우리는 시민들이 압제적인 본질주의들 — 그것이 소수자중시주의 이든 다수결주의 이든지 간에 — 에 계속해서 도전하도록 허용하는 안전장치를 배치해야만 한다. 이는 소수자집단 권리들의 순전하게 자유주의적 관념의 중심적인 요소이다.

8. 결론

더욱 자유주의적이고 민주적인 다양성의 모델을 증진하고 해롭고 불안정을 야기하는 민족 갈등을 막기 위한 바람에 의해 영감을 받은 유럽의 조직들은 후기 공산주의 유럽에서 국가와 소수자 관계를 재형성하는데 도움이 되는 다양한 범위의 접근들을 채택하였다. 이 장에서 나는 세 가지 형태의 접근들을 개관하였다. 최상의 실천들을 공표하는 것, 법적인 규범들을 공식화하는 것, 사례에 기초한 개입들.

이러한 노력들의 전체적인 결과들은 혼란스럽고 거의 정신분열적인 것으로 가장 잘 묘사될 수 있다. 이러한 세 가지 활동들 각자는 분명하고 지속적인 메시지를 공식화는 데 있어서 나름대로의 어려움들을 가지고 있지만, 우리가 이들을 모두 함께 모은다면, 그 혼란들은 증가한다.

'최상의 실천들을 공표하는' 접근은 종종 순진한 방식으로 이러한 실천들이 처음에 채택되도록 한 전제조건들에 대해 주목을 하지 않은 채로 서구의 자유주의적 다문화주의의 가장 발전된 형태들에 관한 정보를 확산하는 것을 포함한다. 그 결과는 만약 후기 공산주의 나라들에서 소수자들로 하여금 국가들이 충족시킬 능력이 부족하다는 주장을 하도록 부추긴다면 최상의 경우에 비효율적이고 최악의 경우에 잠재적으로 불안정을 야기한다.

'법적인 규범들을 공식화하는' 접근은 깊은 곤경에 처해 있다. 이것은 포괄적인 소수자 권리 규범들을 확인하는 것을 목표로 한 것이 아니라, 특정한 형태의 '소수민족' 집단들과 그들의 독특한 요구사항들에 초점을 맞추는 것을 목표로 하는 법적 규범들에 대한 '대상지향적인'

접근을 처음에 채택하였다. 이러한 결정은 집단에 따라 구분된 요구사항들을 포함하는 서구에서의 자유주의적인 다문화주의의 논리와 '모국' 집단들의 역사와 영토와 관련된 문제들과 긴밀하게 얽어 있는 후기 공산주의 유럽에서 민족 갈등의 논리를 반영한다. 하지만 대상지향적인 규범들을 공식화하려는 이러한 노력들을 고무시켰던 민족 갈등에 대한 바로 그 두려움이 또한 이러한 노력들을 마비시켰다. 유럽의 조직들이 모국 집단들의 요구사항들을 다루기 위한 서구의 모델들을 거부하였다. 그 이유는 서구의 모델들이 후기 공산주의 과도기의 맥락에서 위험하고 불안정을 야기할 가능성이 있고 어떤 실행 가능한 대안을 제공하지 않기 때문이다. 그 결과 현재의 규범들은 문제가 되는 논쟁점들을 전혀 다루지 않는다. 더군다나 어떤 관련자들은 모국 집단들을 소수자 권리 규범들의 대상으로 분리하는 것의 바람직함 혹은 심지어 합법성을 의문시하고 있다. 사회학적으로 모국 집단들이 역사와 영토의 요구사항들에 뿌리를 둔 민족정치적인 이동성의 독특한 형태들을 발생한다는 인식이 있지만, 국제법이 그러한 요구사항들의 도덕적·법적인 합법성을 어떻게 인정해야 하는지 혹은 어떻게 그렇게 해야 하는지에 대해서 근본적인 불확실성이 있다. 이처럼 전체적인 법적 규범의 접근은 공중에 매달린 상태이고 법적으로 비효율적이고 개념적으로 불안정하다. 공식적으로 말하자면 이것은 대상지향적이지만 후기 공산주의 나라들에서 민족 갈등의 논리를 따르지도 않고 서구에서 자유주의적 다문화주의의 논리를 따르지도 않는 방식이다. 그래서 더욱 일반적인 접근으로 회귀하도록 압력을 받는다.

　'사례에 기반을 둔 개입'의 접근은 또 다른 일련의 메시지를 제공한다. 거의 확실하게 이러한 개입들은 꽤 강한 형태들의 영토적인 자치, 공식적인 언어 지위, 혹은 연합적인 권력 공유를 종종 옹호함으로써 국가들이 법적인 규범 접근에서 제정된 최소한의 요구사항들을 넘어서도록 압력을 가하는 것을 포함한다. 그러나 소수자들이 국가를 불안정하게 하는 확실한 위협을 제기할 수 있는 경우들에서만 이러한 개입들과 권고사항들이 만들어진다는 곤란함이 있다. 그 결과 권고사항들이 진보된 소수자 권리 규범들에 대한 원칙적인 헌신의 표현으로서가 아니라 호전적인 소수자들에게 원칙에 입각하지 않은 이익분배로서 널리 인식된다.

여기에 곡해적인 아이러니가 있다. 사례에 기초한 개입들은 종종 최상의 실천의 접근에서 확증된 다민족 연방주의의 모델들의 변형들을 포함하고, 그에 따라 법적인 규범의 접근에 따라 승인된 어떤 것보다 더욱 강한 소수자 보호를 제공한다. 그러나 원칙적인 주장들에서라기보다는 안보 위협들에 대한 반응으로 주어지는 그들의 점차적인 장려는 전체적인 소수자 권리의 기획에 대해 냉소주의를 야기한다.

만약 우리가 이러한 세 가지 트랙들을 합친다면 그 결과는 관대하게 말해서 혼합적인 메시지이다. 유럽의 조직들이 더욱 건설적인 방향으로 국가와 소수자 관계를 형성하려는 희망을 가지고 이 분야에 가담하였다. 그러나 그들이 국가들 혹은 소수자들에게 실제로 전달하고자 하는 메시지가 무엇인지를 말하는 것은 종종 매우 어렵다. 유럽의 노력들은 모국 소수자 집단들에 의한 민족정치적인 이동성을 장려하면서 동시에 좌절시킨다. 그들은 다민족 연방주의의 서구적인 모델들의 가치를 승인하면서 동시에 의문시한다. 그들은 대상지향적인 소수자 권리의 합법성을 확증하면서 동시에 거부한다.

우리가 다음 장에서 보게 될 것이지만 이러한 모호함은 독특하게 유럽적인 것은 아니다. 그들은 또한 자유주의적 다문화주의에 대한 더욱 일반적이고 지구적인 논쟁들의 성격을 나타낸다. 마찬가지의 기본적인 딜레마들—'최상의 실천들'의 순진함, 포괄적이고 대상지향적인 법적 규범들 사이의 긴장, 사례에 기초한 개입들의 곡해적인 효과들—은 자유주의적 다문화주의를 확산하려는 지구적인 노력들에서도 동일하게 발견된다.

제3장

전지구적 도전

    1990년 이후 소수자 권리에 관한 유럽의 실험은 여러 면으로 독특한 이야기였다. 유럽의 '민족 국가' 체제의 건설에 있어 '소수민족'의 역할이라는 매우 오래된 이야기에 대한 새로운 장을 썼기 때문이다. 그러나 이 실험에서 마주한 여러 난관은 단지 유럽에만 국한된 것은 아니다. 전 세계의 국제기구들은 유럽 연합이 자유주의적 다문화주의를 확산시키기 위해 도입한 기본 전략들을 똑같이 채택했으며 똑같은 어려움에 봉착했다. 이 장에서 나는 국제기구의 활동을 다음의 세 가지 방법으로 살펴볼 것이다. 구체적으로는 ⓐ 모범 실무와 모델들을 홍보하는 것, ⓑ 법률 규범을 작성하는 것, 그리고 ⓒ 사례별 분쟁 해결 개입이다. 각 사례마다, 우리가 유럽적 맥락에서 본 어려움이 재등장하고 종종 더 다루기 힘든 방식으로 출현하게 된다.

1. 모범 실무의 한계점들

    2장에서 다루었듯이 '소수자 문제'는 1989~1990년 사이 유럽과 유엔 모두에서 정치 아젠다의 최우선 순위로 급부상했는데 이는 국가 간 인종 분쟁이 열강끼리의 경쟁 대신 평화, 안정, 발전 및 인권의 주된 위협이 되었기 때문이다. 이 때문에 유엔은 모범 실무를 지정하고 이를 홍보하는데 전역을 기울였다. 예를 들어 1990년에 유엔 사회개발연구소(UNRISD)는 '인종 분쟁과 개발'에 대한 3년 프로젝트에 착수했고, 뒤이어 1993년에는 '인종 다양성과 공공 정책'을 추가 프로젝트로 지원했으며, '분쟁 해결과 인종에 관한 발의(INCORE)'를 유엔대학에 영구적 프로그램으로 개설했다. 이 모든 경우에서 주된 목표는 모범 사례를 수집하여 학술 논문과 공공 기관 보고서로 발표하고 관련 위크샵과 트레이닝 세션과 더불어 성과를 홍보하는 것이었다.[1]

사실 이런 모범 실무들을 단순히 홍보하는 것만이 아니라 이를 정규화하는 것이 목표였다. 이런 모범 실무들을 적대적이거나 성가신 소수자들을 달래는 유감스러운 예외나 이변으로 제시하는 것이 아니라 무엇이 '정상' 국가인지에 대한 생각의 자연스럽고 매력적인 진화로 제시하는 일이 중요했다. 이런 모범 실무들은 높은 중앙집중화와 동질성으로 대표되는 단일 민족 국가에서 좀 더 유동적이고 다층적 개념의 주권으로의 전환과 좀 더 다양성 친화적 성격의 시민권이라는 역사적 맥락 속에 위치하고 있었다. 이런 진화는 전근대적 부족주의나 민족 애국주의의 요구에 굴복한 양보의 형태를 취한 것이 아니라 뚜렷하게 현대적 형태의 인종 정체성과 인종 정치가 제기한 난관에 대한 진보적 대응책이었다. 다문화주의 모범 실무를 정규화하려는 이런 시도는 2004 유엔 인류 발전 보고서인 "오늘날 다양화된 세계에서의 문화적 자유"에 명확하게 나타나있다.[2]

---

1   UNRISD의 프로젝트들의 학술적 성과는 Stavenhagen, 1996, Young, 1998, 1999를 보라.
2   솔직하게 말하자면, 내가 이 보고서의 자문위원이었음을 밝혀야 할 것 같다.

이런 노력의 결과로 자유주의적 다문화주의의 담론과 실무에 능통한 사회운동가, 학자, 지식인, 정책 입안자로 이루어진 글로벌 네트워크가 형성되었다. 연구 프로젝트와 트레이닝, 지원 활동으로 짜여진 촘촘한 그물망이 유엔 관료들을 호의적 태도의(예를 들어 소수자 권리 그룹같은) NGO나 자선 단체들(록펠러 재단이나 조지 소로스의 열린 사회 연구소와 같은), 또는 준 학술 단체(인종 연구를 위한 국제 센터나 국제 평화 아카데미)와 종종 비슷한 생각의 회원국(노르웨이나 캐나다)으로부터의 지원금과 함께 연결해준다.

　　한편으로는 비교적 단기간 내에 이런 글로벌 네트워크를 창설한 것은 괄목할 만한 성과라고 할 수 있다. 그리고 우리가 2장에서 보았듯이 이 네트워크를 통해 홍보되는 기본 생각은 발전, 인권과 평화 안보를 포함한 유엔과 관련 국제기구의 다양한 지역 사무소를 통하여 실효있는 영향력을 과시해왔다. 적어도 수사학적으로 봤을 때는 오늘날 자유주의적 다문화주의의 담론을 언급하지 않는 글로벌 국가 간 국제기구는 존재하지 않는다.

　　그럼에도 불구하고 이런 표면적 성공은 더 깊은 실패를 감추고 있다. 자유주의적 다문화주의를 비교적 좁은 코스모폴리탄 엘리트끼리의 공동체 밖으로 홍보하려고 하는 시도는 탈식민화 세계의 대부분에 걸쳐서 실패하고 말았다. 특히 자유주의적 다문화주의의 모델이 소수자 자치 정부를 언급하는 경우에 특히 실패했다. 영토적 자율성은 대부분의 탈식민화 국가에서 격렬한 반대에 부딪혔는데 그 까닭은 이들이 대부분 구사회주의 국가였기 때문이다. 이쉬스 낸디가 말하듯, '분권화나 국가를 실제 연방 체제로 재개념화하자는 제안은 제3세계의 대부분 탈식민화 국가의 상황에 어긋나는 일이다.'(Nandy, 1992, p.39. Mozaffar와 Scarritt, 2000책 참조) 실제로 많은 국가에서 소수자 자치 정부는 금기시 되는 안건이고 일부 국가는 이런 요구를 개진하는 것을 법으로 금지하고 있다.

이런 일반화에 대한 예외 경우도 존재한다. 가장 두드러진 경우로는 다문화주의에(또는 스페인어권 논쟁에서 주로 쓰이는 용어인 '문화간주의') 알맞은 토양을 지니고 특히 원주민 관계에서 이 점이 나타나는 라틴 아메리카를 들 수 있다. 원주민에 특화된 권리를 수호하겠다는 공약은 이 지역 내에서 단지 서구 교육을 받은 엘리트뿐만 아니라 일반 대중과 사회에도 민주화에 동반하는 어구로서 정착되었다. 이 사실은 도나 리 반 코트가 '다문화주의적 입헌주의'라고 부르는 제도가 라틴 아메리카 전역에 걸쳐 급속도로 성장한 것에 드러나 있다.(Van Cott, 2000, 9장) 군부 독재에서 민주주의로의 전환은 많은 국가에서 자치 정부권, 토지권, 관습법의 승인 등 원주민의 특수한 법적 지위를 헌법에서 승인하는 것과 함께 일어났던 것이다.

뿐만 아니라 국제기구들도 원주민 권익 신장 단체를 지원하고 이들의 모범 실무와 기준을 확산시키는 것을 통해 라틴 아메리카에서 원주민의 권리를 승인하는 추세를 불러일으키는 데 중추적 역할을 담당했다. 앨리슨 브리스크의 저서 『부족 빌리지에서 글로벌 빌리지로』(Brisk, 2000)는 원주민 권리를 위한 지역 투쟁과 국제기구와 관련 '글로벌 정책 네트워크'를 연결하는 촘촘한 그물망을 추적하면서 국제기구와 국제 NGO가 어떻게 핵심적 역할을 수행했는지 집중 분석한다.[3]

그러므로 라틴 아메리카는 자유주의적 다문화주의를 확산시키고자 하는 국제적 노력이 지역적 지지와 맞물려 국내 개혁을 이루어낸 명확한 대표적 예가 된다. 실제로 이런 생각들은 라틴 아메리카가 하나의 집단으로서 서구 민주주의 국가보다 더 적극적으로 원주민 권리의 국제적 규범을 위해 한 목소리를 내는 정도로까지 발전했다.[4]

서구 국가 중에서 민주주의가 강화된 곳과 마찬가지로 라틴 아메리카에서도 다문화주의가 어떻게 실생활에서 원주민의 역량을 증진시키고 과거의 위계질서를 약화시키는지에 대해 아직 끝나지 않은 활발한 논쟁이 벌어지고 있다. 어떤 비평가들은 이들이 단지 상징적 변화만 논하고 있을 뿐이라고 주장한다. 실제로 일부는 신자유주의 엘리트들이 이런 정책들을 고안해서 권력 구조적 문제로부터 정치적 관심을 분산시키려 한다고 주장한다.(Hale, 2002) 때로는 원 주민 정치 운동이 신자유주의 정당들과 전략적 공조관계를 맺기 때문에 이 같은 우려는 더 깊어진다.(Albo, 1994) 다른 사람들은 원주민에게 실제적 이익을 제공한다고 해도 다문화주의적 개혁은 그 과정에서 새로운 인종 위계질서를 만들어낼 뿐이라고 주장한다. 예를 들어 일반적으로 '원주민'이라고 간주되지 않는 흑인들을(흑인계 라티노) 배제했다는 것만 봐도 그렇다.(Hooker, 2005) 그러나 다른 사람들은 이들이 문화적으로 짜여진 대본에 사람들을 가두고 개인적 자유를 침해한다고 주장한다. 새로 특수화된 권리의 대상이 되려고 원주

---

3 반 코트에 따르면 국제노동기구 협약 169조가 라틴 아메리카의 국내 발전에 미친 영향은 '아무리 강조해도 지나치지 않다'.(Van Cott, 2000, p.262) Yashar, 2005, Sieder, 2002, Postero와 Zamosc, 2004, Tilley, 2002, Diaz Polanco, 1997, Rodriguez-Pinero, 2005 를 참조하라.

4 예를 들어 유엔의 원주민 권리를 위한 기본 협약이 2006년 유엔 인권 위원회 의결에 부쳐졌을 때 대부분의 반대는 라틴 아메리카가 아니라 영연방과 관련된 국가(캐나다, 미국, 호주)에서 일어났다.

민 공동체 구성원들은 '인디언처럼 행동한다'는 것이다.(Tilley, 2002) 즉 '정통적' 문화적 관습을 따라함으로써 어떤 것이 '정통적'인지를 결정할 권한을 손에 쥔 공동체 내의 보수적이거나 가부장적인 지도자들이 더욱 더 힘이 강해질 것이란 예상을 할 수 있다.(Sieder, 2001)

서구의 경우와 마찬가지로, 이런 주장을 검증해줄 연구가 일천하긴 하지만 라틴 아메리카의 다문화주의적 개혁이 단지 상징적 승인만이 아니라 실제로 원주민이 권력과 자원의 실질적 재분배를 요구할 수 있는 단단한 토대를 제공했다는 강력한 증거들이 다수 존재한다.[5] 더구나 흑인계 라티노들의 주장을 묵살하기는커녕 원주민의 성공적 조직화는 종종 흑인계 라티노들의 존재감을 부각시켰고 이들의 주장이 회의 석상에서 논의되고 다문화주의적 입헌주의라는 더 큰 움직임의 일부가 될 수 있도록 정당성을 부여했다.[6] 그리고 만약 원주민의 자치권과 관습법이 국제 인권규범에 완벽하게 부합하지 않는다면 국가의 법적 정치적 구조도 그렇지 않을 것이다. 왜냐하면 이것도 역시 부당한 법의 집행과 차별, 인권 탄압 등으로 얼룩져 있을 가능성이 크기 때문이다.(Speed and Collier, 2000)

그러므로 대부분의 비평가들은 라틴 아메리카에서 일어난 다문화주의적 입헌주의로의 전환을 긍정적인 것으로 보고 있으며 이 덕분에 이전에는 배제되었던 집단들이 민주적 참여를 할 수 있게 되었고 독재로 돌아갈 위험성이 줄었으며 민주주의 강화 과정을 위한 정당성이 확보

---

5 다문화주의와 신자유주의 사이의 연관성에 대한 서로 상반된 가정들을 검증하려 시도하는 초기 연구로는 Van Cott, 2006을 보라. Gustafson, 2002, Albo, 1994, de la Pena, 2002, Bonnett, 2006도 참조할 것.
6 원주민과 흑인계 라티노들의 협력에 관해서는 Van Cott, 2006을 볼 것.

되었고 실제로 민주적 시민권에 관한 혁신적 실험의 장이 되었다고 여기고 있다.(Yashar, 2005)

그러나 이 모든 면에서 라틴 아메리카만 예외적 경우로 존재한다. 아프리카, 아시아와 중동에서 보편적 경향은 다른 것이 사실이다. 좀 더 '다문화주의적'이거나 '다국가적' 개념의 국가로 이동하기는커녕 이 지역의 많은 국가들은 중앙집중적이고 단일한 민족 국가 건설에 여전히 매달리고 있기 때문이다. 소수자 독립권 주장은 여전히 금기의 대상이 되고 있다. 해방 이전의 그 어떤 형태의 소수자 독립권도 통상적으로 폐지되었으며 해방을 이루기 위해 공약으로 내 건 독립권 약속도 모두 지켜지지 않았다.[7] 현재 어느 정도의 영토적 독립권이 존재하는(또는 협상중인) 극소수의 지역은 폭력 투쟁이나 전쟁의 결과로 국제 압력에 의해 어쩔 수 없이 이루어진 경우가 많다(수단, 인도네시아, 스리랑카, 버머, 필리핀, 이라크 등을 예로 들 수 있다). 아마도 인도가 아시아, 아프리카, 중동 전체에서 자발적으로 그리고 평화적으로 원주민들에게 영토적 독립권을 부여한 유일한 국가일 것이다.[8]

국제 사회가 이런 금기를 깨뜨리고 독립권에 대한 좀 더 열린 사고방식을 장려하기 위해 노력은 제대로 알려지지 못했다. 내가 1장에서 이

---

[7] 예를 들어 다음의 지역에도 독립권이 공약으로 내걸렸다. 파키스탄의 발루치스탄과 버마의 카친, 인도네시아의 남 말루쿠 제도, 중국의 동 투르키스탄, 파푸아 뉴기니의 부건빌, 에티오피아의 에리트레아, 적도 기니의 비오코 섬, 우간다의 옹콜레, 부니오로, 부간다 지역, 가나의 아샨티, 카메룬의 바밀레케, 시리아의 드루즈 족, 모로코와 알제리의 베르베르 족.

[8] 내가 '아마도'라는 표현을 쓴 이유는 인도의 연방주의의 원래 계획의 의도는 이 지역 원주민들이 자치 정부권을 활용하도록 하기 위한 것이 아니었기 때문이다. 원주민 집단을 수용하도록 한 인도 연방주의의 재구조화는 여러 반란을 일으킨 후에 1956년에서야 실제로 시작되었으며 아직도 자신의 주장을 관철시키기 위해 원주민들은 무력을 사용해야 하는 경우가 자주 발생한다.(Patil, 1998, Mukarji and Arora, 1992) 똑같이 무력 사용으로 이루어진 나이지리아의 연방주의 재구조화에도 같은 상황이 적용된다.

미 지적한 바와 같이 자유주의적 다문화주의에 비교적 호의적인 민주주의 개혁가들마저 이를 반대했던 것이다. 좀 더 강력한 소수자 권리가 민주화 과정의 본질적인 부분이라는 인식은 아프리카, 아시아, 중동 대부분의 지역에서 묵살되고 말았다.

이쯤 되면 편의상 아프리카, 아시아, 중동을 하나라 칭할 단어가 필요해 보인다. 지금부터 이 장에서 나는 이들을 동유럽의 구사회주의 국가들과, 또 민주주의가 정착된 서유럽 국가들, 신대륙 아메리카의 유럽 이주민 국가와 호주로부터 구분하기 위해 '탈식민주의 국가들'이라고 부르고자 한다. 물론 이것은 정확하지 않은 명칭이다. 아프리카, 아시아, 중동의 일부 국가들은(예를 들어 에티오피아, 태국, 중국) 공식적인 식민지 지배를 받은 적이 없기 때문에 정확하게는 '탈식민주의' 국가라고 할 수 없다. 그러나 이런 국가들은 전반적으로 유럽의 지배하에 놓였던 아프리카, 아시아, 중동에서의 예외적인 국가였고 통상적으로 이들 역시 유럽 식민주의의 영향권 아래 놓여있었다고 해도 과언은 아니다. 그러므로 이들도 이웃 탈식민주의 국가들처럼 비슷한 식민주의 잔재를 경험하고 있는 것이다.

'탈식민주의'라는 용어는 다른 면으로도 오해의 소지가 있다. 신대륙 이주민 국가였던 미국, 호주, 그리고 멕시코는 모두 한 때 식민지였으므로 정확하게는 '탈식민주의' 국가라고 부르는 것이 맞다. 그러나 이 경우에는 식민지 이전부터 거주하던 원주민이 아니라 유럽 이주민들이 독립을 요구했기 때문에 상황이 다르다. 식민지배자 자신들이 제국주의와 연결고리를 끊으려 했기 때문이다. 반면에 아프리카, 아시아, 중동의 국가들은 매우 다른 의미로 '탈식민주의' 국가이다. 이 사회의 전통적 거주민들은 유럽 식민지배자들을 제국주의 고국으로 내쫓아서 독립을 쟁취했기 때문이다.

이런 부정확성에도 불구하고 나는 '탈식민주의'란 용어가 이 세 지역의 중요한 특성을 잘 포착한다고 믿는다. 그러나 이 용어가 오해를 불러일으킨다고 생각하는 독자가 있다면 '탈식민주의 국가'를 그냥 '아시아, 아프리카와 중동 국가들'로 대체하길 바란다.

2. 근거와 선제조건들을 평가하기

그렇다면 이제 왜 자유주의적 다문화주의가 탈식민주의 국가에서 그토록 반발을 겪었는지 질문하는 것이 중요할 것이다. 이런 반발을 설명할 여러 가지 방법이 있다. 구사회주의 유럽과 마찬가지로 일부 비평가들은 전근대적 족벌주의나 인종 민족주의의 팽배함을 원인으로 꼽으며 좀 더 현대적 의미의 시민의식과 관용의 부족을 또 다른 이유로 든다. 이 주장의 좀 더 세련된 버전은 다른 종류의 '문명화된 가치'에 호소한다. 이에 따르면 자유주의적 다문화주의는 개인과 개인이 속한 문화 또는 개인과 개인이 넓은 의미로 속한 공동체 사이에 존재하는 매우 서구적 개념의 관계를 나타낸다. 다른 문명은 다른 가치를 갖고 있기 때문에 다른 방식으로 소수자 문제를 다루는 것이다. 예를 들어 아시아 사회는 좀더 '공동체적' 개념의 사회를 전제로 하기 때문에 자유주의적인 권리를 주장하기보다는 조화와 존중을 강조하는 경향이 있다.(예를 들어 He, 1998·2004) 이와 비슷한 경향이 이슬람 사회가 소수자 문제를

대하는 태도에서도 관찰된다.(Yousif, 2000을 참조)

우리가 '서구적 가치'와 '아시아적 가치' 또는 '이슬람적 가치' 사이에 명확하고 뚜렷한 경계를 그을 수 있다는 생각은 인권의 보편성에 관한 토론을 주의 깊게 따라왔던 사람에게는 이미 익숙한 주장일 것이다.(An'Na'im, 1992, Bauer and Bell, 1999, D. Bell, 1999, 2004; Taylor, 1996, Ghai, 1999) 나는 이런 오래된 논쟁을 다시 되풀이하지는 않겠다, 다만 서구의 '개인주의적' 접근과 아시아와 이슬람의 '공동체적' 접근을 구분하는 것이 그럴듯해 보여도 (그렇다고 생각하지 않지만) 이는 우리의 토론에 하등 도움이 되지 않는다는 점만 밝혀두고 싶다. 소수자 독립권은 종종 공동체를 수호하자는 기치를 내걸고 구성원들의 언어와 문화적 전통, 종교 숭앙, 선조와 전 세대에 대한 존중 등을 보호해야한다고 말한다. 그러므로 이런 가치들을 똑같이 소중하게 생각하는 공동체주의자라면 소수자 독립권을 옹호하면 옹호했지 반대하진 않을 것이라 누구나 예상할 것이다. 그러나 탈식민주의 국가들이 강력한 중앙집중화와 인종문화적으로 다양한 국민들에게 동일성 추구의 국가 건설을 강제하는 시도는 공동체주의나 자유주의적 다문화주의 양 측 모두와 상반되는 논리가 아닐 수 없다.[9]

더구나 탈식민주의 국가들의 동일성 추구 정책은 문명의 역사와 전통의 반영이기는커녕 아시아, 아프리카, 중동의 역사적 전통과 문화와도 명백하게 단절된 것이다. 유럽의 식민지가 되기 전 대부분의 정치제도는 인종간 관용과 공존을 중요시하는 체제였다. 자주 지적되듯이 오

---

[9]　나는 이런 주장을 Kymlicka, 2004b에서 좀 더 자세하게 펼친다.

토만 제국은 내부의 다양성에 그 당시 그 어떤 유럽 국가보다 더 관용적 태도를 보였다. 인종문화적 동질성 추구는 탈식민주의적 프로젝트이지 전근대적 전통이나 문명적 가치가 전혀 아니다.[10]

그러므로 탈식민주의 국가 내의 인종문화적 소수자의 운명을 전근대적 태도나 문명적 가치 등에 의존하여 설명하려는 것은 논의의 출발점이 되지 못한다. 우리는 다른 곳을 찾아보아야하는데 아마도 서구에서 자유주의적 다문화주의가 출현한 근거와 선제조건들을 살펴보는 일이 좋은 출발점이 되어줄 것이다. 그러나 현실적으로 이런 조건들은 탈식민주의에서는 매우 일정하지 않게 나타난다. 나는 그래서 다섯 가지 이슈에 집중하려고 하는데 이중 일부는 유럽의 구사회주의 국가들과 겹치고 일부는 아시아, 아프리카와 중동의 상황에만 국한된다.

먼저 서구에서 다수 집단과 국가들이 자유주의적 다문화주의를 받아들이게 된 결정적 요인 두 가지를 먼저 설명하고자 한다. 즉 인권 보장과 탈안보화다. 탈식민주의 사회와 유럽의 구사회주의 국가들 모두이 두 이슈에서 어려움을 겪고 있다.

1) 인권 보장

자유주의적 다문화주의를 받아들이는데 위험이 따른다는 편견은 부분적으로는 소수자 권리를 어떻게 국가 강화와 민주화라는 큰 문제와

---

10 실제로 샤츠밀러는 무슬림이 다수를 차지하는 탈식민주의 국가에서 소수자 배제는 '정치적 포섭을 중시하는 이슬람 전통과 정반대'라고 지적한다.(Shatzmiller, 2005, p.285)

우선순위를 조율할 것이냐에 달려있다. 스페인이라는 중요한 예외 경우를 제외하고는 서구에서 국토 내 소수자를 수용하기 위한 국가 구조조정은 비교적 잘 운영되는 국가 제도와 정부에 대한 헌법적 제재의 확립, 사법 전통과 사법부의 독립성 확보 및 전문성있는 행정 관료와 경찰, 민주적 정치 문화와 시장 경제의 번영 등이 뒷받침된 다음에 일어났다. 이미 4장에서 살펴보았듯이 자유주의적 입헌주의가 튼튼하게 확립되는 것이 서구에서 일어난 자유주의적 다문화주의에 필수적인 조건이 된다. 자유주의적 규범은 서구에서의 인종정치의 동시대적 형태를 촉발하는 동시에 제한하기도 하기 때문에 모든 국민들은 다문화주의를 둘러싼 그 어떤 분쟁도 결국은 튼튼하게 세워진 민주주의와 인권의 울타리 안에서 해결될 것이라는 믿음을 갖게 되는 것이다.

그러나 탈식민주의 사회에서는 구사회주의 국가들과 마찬가지로 국토 내 소수자들의 다양성을 위한 요구는 국가 제도의 효율적인 운영이 확립되기 전에, 또한 민주주의적 정치 문화가 출현하기 전에 시작되기 마련이다. 바로 이로 인해서 영토적 독립성을 승인하는데 많은 위험이 따르게 되는 것이다. 소수자들이 자신들의 권리를 행사하면서 인권을 보호할 것이라는 보장이 상대적으로 부족하게 된다. 소수자들이 획득한 권력으로 지역적 독재를 만들고 종교적 근본주의와 인종적 불관용성을 특징으로 하는 권위주의적 정권을 창출할 위험도 있다. 이는 소수자 집단 안과 밖으로 개인의 인권을 위협하는 결과를 낳을 것이다. 자신들의 집단 구성원이 아닌 경우에 소수자들이 자신들의 영토로 이주한 "외부인"의 권리와 재산을 침해하고 더 나아가서는 국가 다수 집단까지도(인도네시아의 소수자 영토로 이주한 자바인들처럼) 위협할 가능성도 존재한다. 효율적인 인권의 틀과 정치 문화가 부재할 때 이런 외부인들은 자신들의 생명과 직업, 거주권을 박탈당할 수 있으며 심지어 추방되거나 살해될 수도 있다. 요약하자면 독립성의 행사는 말 그대로 생과 사의 문제가 될 수 있다.[11]

집단의 구성원의 경우에는 자치 권력의 축소는 집단 내 인권 침해를 유발할 우려가 있다. 예를 들어 양성 평등 문제가 그렇다. 거프릿 마하잔은 인도와 서구 사이의 소수자 권리 논쟁의 근본적 차이점은 집단 내에서 개인의 권리를 어떻게 보장하느냐에 달려있다고 주장한다. 나는 이미 자유주의적 다문화주의의 목표는 '집단 간 평등과 집단 내 자유'라고 요약한 바 있다. 마하잔은 인도에서 집단 간 불평등은 집단 내 개인의 권리 보장이 생기기 전에 이미 이슈로 떠올랐다고 주장한다. 반면에 서구에서는 집단 간 불평등 완화는 개인적 권리의 보장이 확립된 후에야 대두되었다.

---

11 인도네시아의 경우는 Bell, 2001을 보라. 인도는 Weiner, 1998, Srinivasavaradan, 1992를 볼 것. 나이지리아의 경우는 Ejobowah, 1998, Bach, 1997, Lemarchand, 1997을 참조하라. 에티오피아는 Alemante, 2003, Tronvoll, 2000을 보라. 카메룬은 Eyoh, 2004를 참조. 아프리카 전체는 Geschiere, 2005, Ceuppens, and Geschiere, 2005를 볼 것. 여기서 중요한 점은 국가적 차원의 어떤 특정한 법적, 정치적 제도의 존재 유무만 가지고 폭력상황을 설명하는 것은 충분하지 않다는 사실이다. 폭력에 기대는 행위는 언제나 지역적 요인과 밀접한 관련이 있다. 인디아에 관한 연구들은 시민 사회가 지역적으로 구성되는 방식의 차이가 왜 똑같은 제도의 운영에도 불구하고 어떤 도시나 지역에서는 다른 곳에 비해 폭력 상황이 더 빈번한지 설명해준다는 것을 밝혀냈다. 특히 인종통합적인 시민 사회는 거시적 수준의 인권의 제도적 보장이 부재한 상황에서도 평화의 첨병으로 기능한다.(Varshney, 2002) 그러나 거시적 수준의 제도적 보장의 부재는 제도적으로 확립된 것에 비해 많은 문제점이 발생한다. 실제로 서구에서는 반대 경우를 볼 수도 있다. 거시적 수준의 인권 보장이 확립된 경우 시민 사회가 그리 잘 통합되지 않은 경우에도 평화가 유지되었던 것이다. 벨기에와 캐나다가 그런 경우인데 비록 시민 사회 기구들이 '평행 사회들'로 언어에 따라 통합되지 않은 경우에도 평화가 유지되었던 것이다.

2) 지역적 불안정

두 번째 요인은 지정학적 안보이다. 대부분의 탈식민주의 국가들은 국경에 하나 이상의 적을 갖고 있다. 이런 이웃 적대국은 국가를 불안정하게 하길 원하기 때문에 국가 내 소수자를 자신들의 편으로 끌어들이려 시도하고 이들로 하여금 정부에 반대하는 시위를 벌이게 만들고 심지어 무장 투쟁을 지원하기도 한다. 이런 지역 안보 맥락에서 소수자들은 잠재적 배신자 또는 이웃 적대국에 협력하는 세력으로 비춰질 수도 있다. 이 경우 소수자의 독립권은 국가 안보에 위협을 가한다는 인식이 생겨나게 된다.

앞서 지적했듯이 이 다이내믹은 NATO가 만든 우산과도 같은 지역 안보의 보호막이 중추적 역할을 담당하여 다국가 연방주의를 채택하게 된 이후, 더 이상 서구의 소수민족에게는 적용되지 않는다. 그러나 대부분의 탈식민주의 사회는 국가–소수자 관계가 여전히 안보에 큰 영향을 받고 있다. 몇몇 경우에는 안보적 위협은 소수자가 (잠재적으로 적대적인) 이웃 국가에 충성을 바치고 혹시 협력할지도 모른다는 데에서 기인한다. 인도의 카쉬미르 소수민족(그리고 무슬림 소수자 일반)의 경우에서 이런 현상을 발견할 수 있다. 스리랑카의 타밀 족도 마찬가지 경우이고 아프가니스탄에서는 우즈벡 소수민족이 그러하다. 캄보디아에서는 베트남계 소수민족, 파키스탄과 방글라데시에서는 비하리족이 이 경우에 해당하고 태국에서는 인종적 말레이족들이 그렇다. 한편 베트남에서는 중국 소수민족, 이란과 이스라엘에서는 아랍 소수민족, 에티오피아에서는 소말리아인들이 이런 예가 된다. 이 경우들 중에 일부는 국가에 충성하지 않는다는 의혹을 받는 소수자들에게 자신들의 '고국'으로 돌아갈 것을 종용하는 정책을 도입한 국가도 있었을 정도이다.

이와 관련된 또 다른 문제가 있는데 특정 민족 집단이 현대에 들어와서 국제적 경계에 의해 분리된 둘 이상의 국가에 거주하고 통일된 국가 건설(또는 재건)을 염원하는 경우에 발생한다. 중동에서 가장 명백한 예로는 쿠르드 족이다. 이들은 이란, 이라크, 터키, 시리아에 흩어져 살고 있으며 언젠가는 독립국가인 쿠르디스탄을 건설하고자 한다. 아시아에 이와 비슷한 경우는 발루치족이다. 아프가니스탄, 이란과 파키스탄에 걸쳐 거주하는 이들은 가끔 독립국가 건설을 향한 염원을 내비친다. 파슈툰족(파탄인)은 아프가니스탄과 파키스탄 접경에 거주하는데 이들도 종종 통일된 독립국가를 건설하려는 희망을 드러낸다. 그리고 물론 아프리카에는 수많은 인종적 집단이 현대 국제 정세가 만들어낸 국경으로 인해 분리되었고 이중 다수가 단일국가를 형성하고자 노력해왔다. 에웨족(가나, 토고와 베냉에 흩어진)과 투아레그족(말리, 니제르와 알제리 등지에 거주하는)이 이런 경우이다.[12]

이 두 가지 맥락들에 공통적인 것은 국가가 소수자들이 국경을 넘어 (이웃 종족 국가이든, 이웃 종족이든) 자신의 종족과 내통할까봐 우려한다는 점이다. 그러나 소수자들이 국가를 전복시키고자 하는 적대적 외부 세력과 결탁할지도 모른다는 의심을 받는 경우도 있다. 이중 일부는 이런 외부 세력이 구 제국주의 세력(예를 들어 인도네시아의 남 말루쿠인들이 네덜란드와 내통한다는 의심을 받고 베트남의 고산족이 프랑스와 미국과 결탁했다는 의

---

12 이와 같이 '분리된 아프리카인들'의 다른 경우를 위해서는 Asiwaju, 1985를 참조하라.

혹의 대상이다)인 경우도 있다. 또 다른 예에서 소수자들은 국가를 위협하는 국제적 움직임과 한 편이라는 의심도 받는다. 과거에는 소수자들이 자본주의 국가들을 전복시키려는 국제적 공산주의 음모에 참여한다는 의혹을 주로 받았다.[13] 그러나 최근에는 이슬람 급진파가 국제적 테러를 일으키는 것에 소수자들이 관련되었을지도 모른다는 의혹이 이를 대신하고 있다. 예를 들어 인도(카쉬미르)와 인도네시아(아체 주), 필리핀(민다나오섬), 에티오피아(소말리인)등의 무슬림 소수자들은 이슬람 무장세력의 국제적 네트워크와 내통할지도 모른다는 의혹을 받고 있다. 다른 예로는 소수자들이 외국 자본의 하수인이 되어 천연 자원에 독점적 접근을 시도하려 반란을 조장한다는 경우인데 서 파푸아뉴기니에서 발생하는 분쟁 이면에 이런 문제가 있다고 보는 시각이 있다.

이런 모든 경우에서 소수자들은 (정당하게 또는 부당하게) 국가를 위협하는 외부세력과 결탁했거나 동조한다는 의심을 받게 된다.[14] 외부의 관찰자가 보기에는 이런 소수자 집단들은 약하고 소외되어 있으며 힘도 미약하고 자원도 없어 국가에 대항할 능력이 없어 보인다. 그러나 국가의 관점에서 소수자들은 강력한 지역적 또는 국제적 세력이나 네

---

13 인도네시아의 몇몇 소수자들은 1965년 공산주의 쿠데타 때 중국과 내통했다는 이유로 탄압을 받았다. 어떤 경우에는 인종적 친족관계나 이데올로기적 친족관계가 둘다 있어서 서로를 더 악화시키는 경우도 있다. 예를 들어 여러 아시아 국가에 거주하는 중국인들은 인종적으로나 이데올로기적으로 중국과 내통한다는 의심을 받았던 것이다.

14 아시아에서 소수자들이 이런 간첩으로 비춰지는 경우를 위해서는 Ho, 2000(이 지역 전체의 중국인 소수자)를 보라. Ganguly, 1997의 p.266(이 지역 전체의 중국인 소수자)과 pp.269~270(싱가폴의 말레이족)도 참조하라. ICES 1995보고서의 pp.15~25(캄보디아의 베트남족). Anderson, 2004(인도네시아의 파푸아족). Krishna, 1999의 3장, Shastri, 1997의 p.155, Dharmadase, 1992의 141, 230, 295~296, Nissan, 1994의 p.34(스리랑카의 타밀족). MRG, 1997의 p.579(파키스탄과 방글라데시의 힌두교 소수자들), Grare, 2006(발루치족).

트워크의 하수인으로서 충분히 국가에 위협을 가할 수 있다고 여겨지는 것이다.[15] 이런 다이내믹은 보통 국가가 힘이 약화되고 지역 안보 기구가 부재하거나 제 역할을 못할 때 발생한다.

3) 국제 사회에 대한 불신

처음의 두 요인은, 다시 말해서 강력한 소수자 권리가 자칫 개인의 안전을 침해하고 국가 안보에 위협을 가할 수도 있다는 우려들은 유럽의 구사회주의 국가들에서도 발견된다. 그러나 탈식민주의 국가에서 자유주의적 다문화주의의 가능성은 구사회주의 국가에는 없는 제3의 요인에 의해 더욱더 복잡한 양상을 띠게 된다. 이른바 소수자 권리를 지원하는 국제기구에 대한 불신이 그것이다. 탈식민주의 사회의 많은 사람들은 자유주의적 다문화주의의 메시지뿐만 아니라 이를 전달하는 메신저도 믿지 않는다.

물론 구사회주의 국가들도 서구 국제기구들이 온정주의, 생색내기나 이중 잣대를 내보이며 '다시 유럽에 가입하기' 위한 조건으로 소수자 권리를 내거는 것에 불만을 표시한다. 그러나 이들은 결국엔 이 국제기구들이 회원국들에게 안정성을 가져다주고 영토적 지배권의 강화도 제공할 것이라는 사실은 의심하지 않는다. 실제로 구사회주의 국가

---

15 이런 경우 중 특히 우울한 예로는 아프리카의 호른족을 들 수 있다. 이 지역의 모든 국가들이 이웃 국가를 불안정하게 만들기 위한 수단으로 소수자 반란군을 적극적으로 지원했던 것이다. 나는 이런 문제가 어떻게 에티오피아를 연방화하는 데에 심각한 문제를 초래하는지 Kymlicka, 2006b에서 설명한다.

들이 유럽연합과 NATO에 가입을 희망하는 이유가 바로 영토와 안정성을 보장받기 위해서다.

그러나 많은 탈식민주의 국가는 이와 대조적으로 '국제 사회'가 비서구권 국가들의 안정과 영토를 보장해줄 것이라는 확신이 별로 없다. 오히려 반대로 국제기구들은 소수자 권리를 국제 이슈로 만듦으로써 특정 국가를 약화시키기 위한 수단으로 사용한다는 인식이 널리 퍼져 있다. 또한 다수의 탈식민주의 국가가 소수자 권리에 대한 국제적 후원은 서구, 특히 미국의 계략 또는 음모이며 이를 수단으로 특히 미국이 탈식민주의 국가들을, 그중에서도 미국 패권에 도전할 우려가 있는 국가들을 약화시키고 분열시키려 한다고 믿고 있는 실정이다. 예를 들어 중국 지식인들 다수는 소수자 권리의 국제 담론이 CIA의 주도로 중국을 분열시키고자 하는 획책의 일환으로서 중국 내 가장 중요한 인종민족 집단인 남서쪽의 티벳과 북서쪽의 무슬림 위구르인들을 선동하여 분리 독립 운동을 하도록 부추기고 있다고 믿는다. 이와 유사한 음모이론이 아랍과 무슬림 세계에 팽배해있고 이들은 소수자 권리의 국제 담론이 이라크, 이란, 이집트, 시리아, 파키스탄, 인도네시아 등의 국가를 약화시킬 목적으로 이들 국가 내 소수자 집단으로 하여금 반란과 분리 독립 운동을 일으키도록 선동하는데 쓰이고 있다고 생각한다.[16]

---

16 부르디외와 바캉은 소수자 권리의 글로벌 확산이 '제국주의적 이유에서 비롯된 술책'이라는 주장보다 (약간) 온건한 버전을 제공한다. 이들에 따르면 미국은 '미국 학문적 카테고리를 전 세계로 수출하기'에 힘쓰고 있으며 그들의 고유한 '민속 개념'을 '인종(또는 계급)을 이유로 차별받는 모든 집단의 투쟁에 대한 보편적 판단 기준'으로 삼을 것을 강요한다. 이 결과 미국은 현대의 모든 국가가 본받아야 할 모범으로 자신을 내세우는 것이다. (Bourdieu and Wacquant, 1999, p.48 · 44) 실제로 미국 관료들이 다문화주의와 소수자 권리가 미국의 발명품이라고 주장하는 사례도 많다. 예를 들자면, 클린턴 정부의 국무부 차관을 역임한 스트로브 탈보트는 "유럽에 냉전 이후의 평화가 있다면 그것은 바로 다인종적 민주

이런 종류의 음모이론은 소수자 권리에 관한 국제 규범의 현재 추세에 대한 근거에 대한 명백하게 잘못된 설명이다. 내가 앞서 설명했듯이 1990년 이후 국가-소수자 관계를 국제화하려는 경향은 발칸 반도와 코카서스 지방의 인종 분쟁의 참혹한 결과에 대한 공포에서 촉발되었으며 르완다와 소말리아의 처참한 국가 궤멸 사태로 인해 한층 더 강화되었다. 다문화주의의 국제 규범과 모범 실무를 지정하고자 하는 시도는 서구 국가 중에 이런 개혁을 도입하는 것을 지지했고 그 결과 (다소) 성공을 거두었다고 진심으로 믿는 사람들에 의해서 추진되었다. 이들의 목표는 탈식민주의 국가들을 약화시키고 불안정하게 하려는 것이 아니라 오히려 이들이 서구에서 실효를 거둔 국가-소수자 관계의 모델을 받아들여서 안정되고 번영을 이루도록 도와주기 위함이었다.

그럼에도 불구하고 이런 음모이론은 탈식민주의 사회에서 여전히 힘을 얻고 있으며 서구 열강들이 소수자 권리 규범을 적용할 때 들이대

주의의 원칙에 바탕을 둔 것일 것이다. 미국은 그 원칙의 처음이자 가장 위대한 예가 된다. 그러므로 다인종적 민주주의가 종국적으로 승리하는 것이 우리에겐 이익이 되는 것이다'.(Chandler, 2000, p.66에서 재인용. Atanasoski, 2006, Anderson, 1992 참조) 그러나 실제로는 유럽의 구사회주의 국가나 탈식민주의 사회에서 국제기구들이 지원하는 다문화주의와 소수자 권리의 특정 모델은 미국의 경험이나 '민속 개념'에서 유래된 것이 아니다. '소수민족'이라는 개념을 예로 들자면 이것은 미국의 역사적 경험이나 미국의 연구전통에 뿌리를 두고 있는 것이 아니다. 사실 유럽안보협력기구(OSCE)가 회원국들에게 소수민족 인권에 관한 입장을 제시하라고 요청했을 때 미국 국무부는 '유럽적 의미의 "소수민족"이 과연 미국 상황에서도 통하는 개념인지 불분명하다'는 입장을 밝혔다.(OSCE, 1997, 부록) 이와 유사하게 '원주민 인권'에 관한 국제적 논쟁도 미국적 모델이나 학자들에 의해 주도되는 것이 아니다. 알리스테어 보넷이 지적하듯이 라틴 아메리카에 있는 국제기구가 홍보하는 접근법 중 어느 것도 "미국적 모델을 확산시키거나 재생산할 의도가 없으며 그 어떠한 것도 미국적 인종 사회를 성공적으로 "개발도상국"에 이식시켰다고 말할 수 없다."(Bonnett, 2006, p.1094) 물론 내가 곧 밝히겠지만 이것이 미국 정부가 국제 소수자 권리의 발전 상황을 자신의 국제 정세 이익에 따라 모니터하지 않는다는 주장은 아니다. 그러나 미국이 소수자와 원주민 인권에 관한 동시대 국제적 논쟁에 사용되는 모델이나 개념의 주된 근거는 아니라고 할 수 있다.

는 이중 잣대로 인해 더욱더 악화되었다. 미국을 예로 들자면 이라크의 사담 후세인 정권이 쿠르드족을 탄압했을 때 맹비난을 했으나 터키가 똑같이 쿠르드인을 탄압했을 때는 모른척했다. 이런 이중 잣대에 대한 뻔한 해명은 이라크는 미국의 적대국이지만 터키는 군사적 우방이자 NATO 회원국이라는 사실일 것이다. 이런 경우에 소수자 권리를 들먹이는 것은 강대국 정치의 수단으로 전락하게 되며 소수자 권리에 대한 그 어떤 진정한 관심도 내포하지 않는다.

이와 비슷하게 무슬림 세계에서는 (무슬림)인도네시아에 의해 강제 합병된 (기독교인)동 티모르 해방에 대한 서구의 관심 역시 국제법을 위반하며 무슬림 소수자들이 강제 합병당한 카쉬미르나 팔레스타인 해방에 대한 서구의 무관심을 고려할 때 위선적으로 비칠 수밖에 없다.

기독교인 소수자들이 (무슬림이 다수인) 수단에서 겪는 고초에 대한 서구의 집중적 관심은 무슬림 소수자들이 (기독교인이 다수인) 필리핀이나 러시아에서 겪는 고초에 대한 서구의 무관심과 극명하게 대비된다. 탈식민주의 사회의 소수자 문제를 다룬 학술적 연구나 대중 서적 역시 이런 이중 잣대와 편향적 시선으로 가득 차 있고, 이로 인해 소수자 권리에 대한 서구의 지지는 도덕적 진정성이나 정당성이 결여되었다는 비판을 면치 못하게 되었다.

달리 말해서 탈식민주의 국가들은 이웃 적대국이 소수자 권리에 대한 국제 규범을 불안정화의 수단으로 사용하는 것도 두려워하지만 국제 사회 그 자체가 어떤 국가가 미국 / 서구의 헤게모니에 대항할 때 똑같은 방식으로 이를 유용하지 않을까 하는 우려도 갖게 되었다. 유럽의 구사회주의 국가들도 전자의 경우와 동일한 두려움을 갖고 있으나 스스로 서구 열강의 헤게모니의 일부가 되기를 희망하고 그렇게 될 것을 예상하고 있기 때문에 후자의 공포는 공유하지 않는다.

그렇다면 가장 큰 과제는 소수자 권리에 대한 국제적 지지가 지정학적 정치의 수단에 불과하다는 인식을 어떻게 바꿀 것이냐는 문제일 것이다. 물론 이 문제는 소수자 권리에만 국한된 것은 아니다. 서구의 이중 잣대에 대한 비슷한 불만이 전통적 인권이나 민주주의에 관해서도 터져나왔다. 그러나 이런 경우들은 국제기구와 관련 정책 네트워크들이 전 세계의 엘리트와 대중들의 대부분을 설득하여 비록 특정 정치 행위자들이 이를 진정성 없고 위선적 방식으로 유용한다고 해도 인권과 민주주의의 바탕에 깔린 기본 이상은 그 자체로 고유한 가치가 있다고 믿게 만들 수 있었다. 하여, 열강에 의한 인권의 도구화에 대한 반응은 국제적 보호를 약화시키는 것이 아니라 좀 더 강화시키는 쪽으로 진행되었다. 즉 좀 더 일관성있고 공정한 절차를 계발하여 인권 보장을 모니터링하고 평가하자는 반응으로 이어졌던 것이다.

그러나 소수자 권리의 경우에는 탈식민주의 국가 국민들에게 자유주의적 다문화주의의 이상의 고유한 가치를 인식시키고자 하는 노력은 별로 성공적이지 못했다. 그 결과 현존하는 일관성 결여와 이중 잣대에 대한 불만은 소수자 권리에 대한 국제적 모니터링을 강화할지 약화시킬지에 대한 합의도 이끌어내지 못했다. 만약 미국 정부가 쿠르드족에 대한 터키와 이라크의 탄압에 대해 이중 잣대를 들이댄다면 독립을 열망하는 이라크의 쿠르드족에 대한 국제적 지지를 약화시켜야 할까 아니면 터키의 쿠르드족에 대한 국제적 지지를 강화시켜야 할 것인가? 수단과 필리핀의 소수자 탄압에 대한 국제 사회의 반응에 이중 잣대가 개입되었다면 수단 내의 기독교 소수자의 독립에 대한 국제 사회의 지지를 감소시켜야할까 아니면 필리핀 내의 무슬림 소수자의 독립에 대한 국제적 지지를 강화시켜야 할까?

많은 소수자 권리 운동가들은 수준을 높여야지 낮춰서는 안 된다고 믿는다. 바로 이것이 내가 1장에서 다룬 소수자 권리에 대한 국제적 규범의 '틀을 채우기'에 해당된다. 그러나 자유주의적 다문화주의가 가진 고유한 장점에 대한 합의가 없는 상태에서, 또 지정학적 정치의 수단으로 유용될 우려가 있는 상황에서는 아무래도 수준을 낮추자는 반응이 지배적일 것이다. 많은 탈식민주의 국가들이 소수자 권리 규범의 적용 시에 발생하는 이중 잣대에 대해 불만을 표출하고 있지만 대부분은 소수자 권리에 대한 국제적 지지를 강화시키는 것이 아닌 약화하는 쪽으로 대응하길 원한다. 이들은 소수자 권리에 대한 국제적 틀을 채우는 것보다 비우는 것을 바라는 것이다.

위의 세 가지 요인은 왜 탈식민주의 사회의 엘리트와 지배집단이 자유주의적 모델의 다문화주의에 강한 반발을 보이는지 설명해준다. 비록 자유주의적 다문화주의 원칙에 공감하고 소수자들의 요구들 중 일부가 철학적 정당성이 있다고 수긍한다 하더라도, 그들 상황에 너무 위험부담이 크다고 생각한다면 여전히 강하게 반대할 수밖에 없다. 지역 안보가 이웃 적대국과 적대적 국제 세력에 둘러싸인 상황이라면 독립권을 허용하는 것은 '잘못된' 집단에 속한 구성원에게는 개인의 자유와 생명마저도 위협할 수 있기 때문이다. 이런 상황에서는 다문화주의의 원래 의도인 반시민적인 적대와 배제의 관계를 보다 평등한 자유민주주의적 관계로 대체하자는 목표마저 왜곡될 수 있다. 다인종 국가에서

'시민화'를 장려하는 제도와 정책은 적대와 배제의 관계를 지속하고 악화시키고자 하는 내부와 외부 행위자에 의해 방해받을 수도 있기 때문이다.

그러나 자유주의적 다문화주의에 대한 반대가 단지 이런 국가 안보나 개인 인권에 대해 우연히 가해지는 위험 때문인 것만은 아니다. 다른 요인들도 탈식민주의 사회에서 자유주의적 다문화주의에 대한 규범적 정당성에 의혹을 제기하게끔 만든다. 서구에서 소수자 권리에 정당성을 부여하는 요인들 중 일부는 세계의 다른 지역에서는 같은 강도로 적용될 수 없는 것이 현실인 것이다.

4) 인종위계질서의 식민주의 잔재

탈식민주의 국가들에 영향을 미치는 요인들 중 하나는 인종간 관계에서 나타나는 식민주의 잔재이다. 식민지 통치자들은 식민지 내에 자신들의 지배에 가장 큰 위협을 가하는 자신들보다 수적으로 우세한 집단들에 두려움을 느끼기 마련이었다. 그래서 그들은 종종 각 식민지마다 특권을 부여하는 소수자 집단을 하나씩 두어서 식민주의 교육, 군사, 공공 서비스에 이들을 다른 집단보다 더 많이 채용했다. 이렇게 특권을 누리게 된 소수자들은 식민지 통치자에게 더욱더 충성할 것이라고 여겨졌다. 왜냐하면 그들 자신이 국가의 다수 집단으로부터 위협을 느끼기 때문이었다. 가장 뚜렷한 예로는 스리랑카의 타밀족을 들 수 있다. 영국 식민지 통치 시절에 타밀족은 스리랑카 국민의 대다수를 차지하는 신할리족에 비해 특권을 누렸다.

이 결과, 독립을 획득한 이후 많은 탈식민주의 국가의 다수 집단은 자신들이 역사적 불의의 피해자이고 특권을 누린 소수자 집단은 이런 불의의 수혜자라고 느꼈다. 그러므로 진정한 정의란 소수자 권리를 강화하는 것이 아니라 이를 축소하는 것이라고 생각했던 것이다.[17] 그리고 실제로 독립국으로서 스리랑카가 한 첫 번째 일은 타밀족의 소수자 권리를 축소하는 것이었고 이는 결국 내전으로 이어졌다.

우리가 6장에서 보았듯이 많은 구사회주의 국가에서도 비슷한 양상이 발견되어서 여기에도 신생독립국의 다수집단이 소수자 집단에 의해 역사적 불의를 당했다고 생각하는 현상이 나타난다. 반면에 서구에서는 소수자 권리를 요구하는 국토 내 소수자들은 거의 예외없이 역사적 불의를 다수집단의 손에 의해 겪은 피해자들이다. 그들의 언어는 다수집단에 의해 억압되었고 자연자원을 수탈당했으며 전통적 형태의 자치 정부도 억압되었던 것이다. 그렇기 때문에 오늘날 그들의 독립권 요구는 지배 다수집단에 의해 역사적 불의를 당했다는 이유로 인해 확실한 명분이 선다. 이런 맥락에서 다문화주의 요구는 '역사적 불의를 바로잡는 것'으로 비춰질 수 있다. 그러나 탈식민주의 국가의 어떤 소수자들이 독립권 요구를 하는 것은 다수집단의 관점에서 보자면 역사적 과오를 되풀이하고 다수집단을 억압하기 위해 도입된 식민주의 시대의 불

---

17 실제로 식민주의 열강들이 사실은 식민지 안에 인종적으로 구별되는 집단들이 있다는 인식을 만들어냈다는 설이 널리 받아들여지고 있다. 실제로는 큰 차이가 없이 서로 유사한 점이 많은 정체성들을 특유한 '부족'이나 '민족'으로 바꾸어놓아 그들의 전략인 '분열시키고 지배한다'의 일환으로 이용했다는 것이다. 이런 상황에서 소수자 정체성을 억압하는 것은 이런 정체성 자체가 외부의 조작의 결과이기 때문에 정당화될 수 있다. 동화주의적 정책은 이런 경우는 역사적 불의를 바로잡는 일이 되는 셈이다.

의를 강화하는 것과 다름없다.[18] 남아프리카 공화국의 백인들이 '소수자 권리' 요구를 하는 것이 별로 호응을 얻지 못하듯이 이런 역사적으로 특권을 누린 소수자들의 요구 역시 들어주는 사람이 있을 리가 만무하다.

5) 인구통계

또 하나의 요인으로는 탈식민주의 국가들과 서구 국가들의 인구통계의 인종다양성 정도의 차이를 들 수 있다. 거의 모든 서구 민주주의 국가는 확실한 다수 지배집단이 국가를 통제하고 이 통제력을 사용하여 언어, 문화와 정체성을 확산시킨다. 사실 국가는 보통 이 지배집단의 이름을 갖게 된다. 말 그대로 자신만의 국가라고 부를 수 있는 것이다. 이런 상황에서 소수자 권리는 소수자를 지배 다수가 국가 통제력을 이용하여 소수자를 동화하거나 배제할 명백한 현존 위험으로부터 보호할 수단으로 여겨지게 된다. 그러므로 이 맥락에서 독립권은 소수자를 보호할 유일하고 효과적인 수단이 되는 것이다.

그러나 많은 탈식민주의 국가들은 다수 집단이 없다. 예를 들어 대부분 아프리카 국가들은 단일 인종집단이 전체 인구의 20% 또는 30%

---

18 이런 현상은 독립이후에도 소수자들이 권력을 유지한 경우에 민주주의가 제대로 확립되지 않기 때문에 더 악화된다. 예를 들어 시리아, 내전 이전의 레바논, 르완다, 인종분리정책 당시의 남아프리카 공화국, 후세인 정권의 이라크가 그러하다. 이런 국가에서는 '소수자 권리'를 말한다는 것은 특권을 누리는 소수자들의 반민주적인 권력 유지를 정당화하는 것과 같다고 여겨진다.

정도를 차지하는 법이 없다. 이런 상황에서는 어떤 종류의 소수자 권리가 필요한지 불확실해진다. 물론 다른 인종 집단 구성원들도 자기 몫의 국가의 혜택과 자원을 받을 정당한 권리가 있지만 이 경우에는 지배 다수 집단의 동화 정책을 강요당할 위험이 상대적으로 적다. 만약 어떤 집단도 국가를 독점하고 자신의 언어, 문화와 정체성을 확산시킬 도구로 사용할 수 없다면 소수자들이 특정한 위험으로부터 자신을 보호할 필요가 없어진다. 따라서 이런 의미로는 타 인종적 민족적 집단이 지배하는 이질적 문화의 중앙 국가로부터 소수자들을 보호하기 위해 독립권이 필요하다는 주장을 펼칠 근거가 부족하게 될지도 모른다.[19]

이 모든 요인들을 종합해 본다면 서구의 다문화주의 모범 실무를 홍보하자는 노력이 전반적으로 실패한 것이 그리 놀랍지 않을 것이다. 서구 담론은 국토 내 소수자들이 역사적으로 국가를 통제하는 다수 지배 집단에게 종속되었다는 전제로 시작한다. 자유주의적 다문화주의는 이런 역사적 과오를 바로잡을 방법이고 이런 일이 다시는 재발하지 않도록 도와준다고 생각된다. 서구 담론은 또한 이런 이슈는 국내 사회 정책과 절충을 이룰 수 있다고 믿으며 지역적 국가 안보 문제와 상관없이 개별적으로 취급되고 이런 국내 절충안의 결과가 자유민주주의적 입헌주의의 큰 틀 안에서 안정적으로 집행되어 시민화 과정에 기여할 것이라고 예측한다.

이런 예측은 서구의 강화된 민주주의 국가들의 경우 이외에는 거의 적용되지 않는다. 라틴 아메리카가 이런 서구의 패턴에 가장 근접하다

---

19 이 요인이 아프리카 상황에 특히 중요하다는 설명을 위해서 Kymlicka의 2006b를 볼 것.

고 할 수 있다. 서구의 소수자들처럼 라틴 아메리카의 원주민들은 국가를 장악한 역사적 지배 집단에 의해 명백하게 종속되어 있기 때문에 다문화주의는 이런 불의를 바로잡을 수단으로 제시될 수 있다. 더구나 원주민들은 친족 국가나 민족통일주의 야심이 없기 때문에 다문화주의적 개혁이 지정학적 안보문제를 일으키지 않고 국내 정책 문제로 도입될 수 있다. 그리고 국제기구들이 이런 국가들을 불안정하게 만들려고 나서지 않을 것이란 믿음이 있다. 그러므로 자유주의적 다문화주의가 이 지역에서 성공할 가능성이 큰 것은 놀라운 일이 아니다.[20]

그러나 대부분의 아시아, 아프리카와 중동 지역은 매우 다른 상황에 놓여 있다. 많은 탈식민주의 국가들은 국가를 통제하는 뚜렷한 다수 지배집단이 없고, 있다고 하더라도 이들은 스스로를 식민주의 열강과 결탁하여 특권을 누린 소수자의 손에 의해 탄압받은 역사적 불의의 피해자라고 여기고 있는 경우가 많다. 소수자 권리를 말하는 것은 역사적 과오를 연장시키는 것과 마찬가지라는 인식이 있는 것이다. 또한 지역적 불안정과 국가 제도가 취약한 상황에서 소수자 권리는 개인의 권리와 국가 안보에 대한 위협으로 간주된다. 따라서 소수자 권리를 홍보하려는 국제 사회의 노력은 서구 패권을 강화하고 이에 도전하는 국가를 약화시키려는 지정학적 정치의 수단으로 여겨진다.

---

20 라틴 아메리카의 충분히 발달하지 못한 법치 상태는 원주민의 자치정부가 지역 독재를 야기시킬 것이라는 우려를 잠재우지 못한다. 그러나 라틴 아메리카의 원주민 자치 정부는 대체로 지역적 수준이 아닌 마을 수준에 머물고 매우 소수의 원주민들만이 원주민 자치 정부에 속하게 된다. 그러므로 지배집단 구성원이 원주민 자치정부의 공격의 대상이 되는 경우는 극히 드물다. 물론 원주민 자치 정부가 자신의 구성원들 일부, 특히 여성들을 억압할 수도 있다는 우려는 여전히 남게 되는데 바로 이것이 일부 라틴 아메리카 국가들이 원주민 자치정부를 반대하는 근거가 된다. 이들의 진정한 의도가 과연 무엇인지에 대해서는 많은 비평가들이 의문을 표시한다.(Speed and Collier, 2000)

3. 모범 실무로부터 규범과 기준에 이르기까지

이런 상황을 고려해보면 자유주의적 다문화주의의 모범 실무를 홍보하려는 시도가 탈식민주의 국가에서는 구사회주의 국가만큼 성공을 거두지 못했다는 사실이 놀랍지 않다. 사실 아프리카, 아시아와 중동의 상황은 자발적으로 자유주의적 다문화주의 모델을 도입할 가능성이 중부 유럽이나 동유럽보다도 더 낮다.

국가-소수자간 관계에 영향력을 행사하려 시도한 국제기구들은 따라서 모범 실무 접근법을 다른, 보다 더 효과적인 정책과 병행하여 사용했다. 특히 유럽 기구들은 법적 또는 준 법적 규범과 기준들을 확립하여 모든 국가가 이를 지키도록 하는 프로젝트에 착수했다.

유럽 상황에서 살펴보았듯이, 규범과 기준을 확립하려는 시도는 그 즉시 카테고리를 어떻게 정하느냐라는 질문과 마주치게 된다. 불특정 소수자 권리를 확립하자는 목표가 모든 인종문화적 소수자에게 해당될 수 있는지 아니면 원주민이나 소수민족, 이민자, 목축인 등 특정 소수자 권리 문제에만 해당하는가?

이런 문제에 대한 유엔이 시도한 첫 노력은 불특정 전략의 반영이다. 이미 보았듯이 1966년 시민적 정치적 권리에 관한 국제 규약은 신생이든지 오래되었든지, 크든지 작든지, 영토적으로 집중되었든지 분산되었든지에 상관없이 모든 인종문화적 소수자를 포함하는 것으로 해석되었다. 바로 이 같은 이유로 국토 내 소수자들의 역사적 정착과정과 영토적 집중에 기인한 특정 인권 요구는 해결하지 못했다. 유럽 기구들은 이 문제에 적절히 대응하기 위해 1990년대 초반에 소수민족이 제기하는 특정 인권 접근법에 집중하기로 결정했다.

유엔은 27조의 한계점에 대해 다른 대응을 취했다. 한편으로 유엔은 '자신의 문화를 즐길 권리'라는 불특정 조항을 강화하여 긍정적인 소수자 권리를 좀 더 포함하는 방식으로 불특정 전략을 부활시키려 시도했다. 바로 이것이 1992년 유엔 총회에서 채택된 민족적, 인종적, 종교적, 언어적 소수자 권리 유엔 선언의 목표이고 1994년 유엔 인권 위원회에서 채택된 '27조에 대한 일반 의견'의 목표이기도 하다.

그러나 이런 불특정 접근법의 재확인과 확장은 27조의 기본적 원칙에 대한 미미한 수정만을 가했고 국토 내 소수자에 의해 영토적 역사적 요인으로 제기된 특정 이슈에 대해서는 침묵을 지켰다.

그래서 유엔은 불특정 전략을 계속 유지하는 한편 자신만의 특정 인권 접근법에 착수하기로 했다. 유엔은 그러나 다른 카테고리의 국토 내 소수자를 염두에 두고 있었다. 유럽 규약이 소수민족에 관한 것인 반면에 유엔은 원주민에 집중하기로 한 것이다. 이것은 중요한 차이점으로서 자유주의적 다문화주의의 글로벌한 확산에 지대한 영향을 끼쳤으므로 우리는 왜 이런 차이점이 발생했는지 이해할 필요가 있다.

첫 번째 할 일은 우선 용어를 정리하는 것이다. '소수민족'과 '원주민' 사이에 정확하게 어떤 차이점이 있는가? 인종문화적 집단을 규정하는 많은 용어들과 마찬가지로 원주민과 소수민족을 정의하는 용어는 수많은 논쟁과 불명확한 경계 등 문제가 많다. 이 카테고리의 핵심적 의미는 비교적 명확하고 논쟁의 여지가 없으나 (각 집단의 패러다임이 될 만한 예에 관해서는) 주변부로 갈수록 의미가 흐려져 용어를 사용할 때 많은 논쟁을 야기시킨다.

이들 용어의 개별 핵심 사례에 집중한다면, 원주민과 소수민족은 각각 상당히 다른 종류의 국토 내 소수자를 지칭한다. 단순화해서 말하자면, 원주민이라는 용어는 신대륙 이주민 국가라는 상황 때문에 생겨난 용어이기 때문에 유럽 열강들이 식민지화한 지역에 원래부터 살고 있던 비유럽계 거주민들의 후손을 지칭한다. 유엔과 국제노동기구(ILO)의 원주민 관련 초기 활동을 예로 들면 라틴 아메리카의 '인디언' 인구에 관한 것이었다. 이와는 대조적으로 소수민족은 지난 5세기 동안 유럽 국가들의 험난한 형성 과정 가운데 전쟁에서 패배한 이후 (전체 또는 일부의) 국토가 이웃 유럽인 국가에 흡수된 유럽인 집단을 지칭하고자 유럽에서 만들어진 용어이다. 소수민족은 근대 초 유럽의 제국, 왕국과 공국들이 현대 민족국가 체제로 변화하는 과정의 적극적으로 개입한 참가자들이다. 그럼에도 불구하고 이들은 결국 자신만의 국가를 갖지 못하거나('국가없는 국가들' 스코트족이나 체첸의 경우처럼) 국경의 반대쪽에 속해서 같은 민족으로 구성된 이웃 친족국가로부터 분리되는 신세가 된 것이다.('친족국가 소수자' 이탈리아의 독일계 소수자나 루마니아의 헝가리계 소수자)

이렇게 두 카테고리의 핵심 사례들을 살펴보았다. 임시방편으로 이 둘을 구별해보면 이웃 유럽인 집단이 지배하는 국가에 합병된 것이 소수민족인 반면에 식민주의 유럽 열강에 의해 식민지화되고 지배받은 사람들이 원주민이라고 할 수 있다. 그러나 이 두 종류의 집단들을 이런 근본적인 역사적 차이를 더 잘 담아내는 방식으로 구분하는 방법도 있다. 예를 들어 유럽 식민주의자들에 의해 종속되고 흡수된 원주민들은 이웃 국가에 의해 합병된 소수민족에 비해 더 고통스럽고 가혹한 과정을 거쳐야만 했고 따라서 원주민들은 더 약화되고 취약한 상황에 처해졌다. 또한 원주민과 소수민족 사이에 이른바 '문명적' 차이가 존재한다고 추측하기도 한다. 소수민족들은 유럽인들과 동일한 현대화된 경제적 정치사회적 구조를 가졌다고 보는 반면에 원주민들은 전근대적인 경제 생산 구조를 그대로 답습하고 주로 농경이나 수렵, 채집의 생활방식을 유지하고 있다는 편견이 있는 것이다. 또한 이 결과, 대규모의 식민화가 이루어진 곳의 원주민들은 소수민족과는 달리 고립되고 멀리 떨어진 지역에 살고 있다고 추측하기도 한다.

이들의 핵심 사례에서 볼 수 있듯이 일상생활에서 이 두 용어는 서로 꽤 다른 종류의 집단을 지칭하며 두 집단이 거친 근본적으로 다른 역사적 과정에 기반을 두고 있다. 뿐만 아니라 두 집단의 동시대적 특징과 취약성의 정도, 생산양식과 거주지역도 서로 다르다.

따라서 두 용어는 확연하게 서구의 역사적 과정에 그 기원을 두고 있다고 이해할 수 있다. 소수민족은 유럽대륙에서 서서히 일어난 국가 형성과정의 경쟁자이면서도 패자가 되었다. 원주민은 신대륙의 유럽 이주민 국가 건설의 피해자이다. 그렇다면 이 두 용어 모두 유럽과 신대륙 이외의 다른 지역에 사용하는 것이 적절한지 의문이 생긴다. 실제로 여러 아프리카와 아시아 국가들은 이 두 카테고리가 자신들에겐 적합하지 않다고 주장한다.[21]

그러나 만약 우리가 이 두 유형의 집단을 유형화할 동시대적 특징에 주목한다면 다른 맥락에서 유사한 유형의 집단을 발견할 수 있다. 예를

---

21 예를 들어 잠비아 정부는 '잠비아는 유엔이 정의한 원주민과 소수자 인구 분류체계를 갖고 있지 않다'고 주장한다.(UN Doc CRC/C/11/Add.25, 19 November, 2002, para. 470), quoted in Lennox, 2006.

들어, 아시아와 아프리카에 있는 국가들이 문화적 취약성, 전근대적 경제, 이들이 신대륙 이주민 국가에 종속되지 않았다고 해도 신대륙의 원주민의 고립된 거주지역 등의 공통점을 갖고 있음을 알 수 있다. 이런 집단들은 여러 '고산족', '숲사람', '전원주의자' 등을 포함한다.

이와 유사하게 많은 탈식민화 국가의 집단들 중 유럽의 소수민족들처럼 적극적 행위자였지만 탈식민화 과정과 탈식민주의 국가 건설 과정에서 낙오하여 결국은 패자가 된 경우도 발견한다. 스리랑카의 타밀족, 중국의 티벳인, 이라크의 쿠르드족, 인도네시아의 아체족, 에티오피아의 오로모족과 티그레인족 또는 이스라엘의 팔레스타인인들이 그런 경우이다. 유럽의 소수민족들처럼 이들도 자신들의 국가를 탈식민화 과정 중에 건설하려 했고, 독립권이라도 얻으려고 했으며, 심지어 탈식민화 투쟁에 동참할 경우 독립권을 주겠다고 약속받은 경우도 있었으나 결국은 더 힘 센 집단이 지배하는 국가에 종속되었거나 둘 이상의 탈식민주의 국가로 쪼개지고 말았다.

그러므로 원주민과 소수민족 사이의 차이점이 유럽과 유럽 이주민 국가에서 기원하는 서로 다른 두 종류의 영토 내 소수자들이라고 하더라도 이 용어의 사용을 좀 더 넓은 범위에 적용하는 것이 가능하다.

이 두 집단의 차이점을 살펴보았으니 이제 왜 유럽기구들이 소수민족을 지원하는 반면에 유엔은 원주민들을 지원하는지 살펴보자. 전자의 경우 답은, 이전 장에서 알아본 바와 같이 유럽기구들은 구사회주의 유럽의 소수민족을 국제 평화와 안보에 심각한 위협을 가한다고 생각하기 때문에 이들이 단지 국가 내 폭력사태로 그치지 않고 이 지역 전체로 퍼져나가 전체 안보에 위협을 가할 수 있다고 전망한다. 이런 근거에 의해 유럽기구들은 소수민족에 대우가 정당한 국제적 관심 이슈라고 선언한다.

한편 유엔에서는, 특정대상 인권을 계발하는데 다른 논리를 세우고 있다.[22] 원주민들이 국제적 평화와 안보에 위협을 끼칠 것이라는 우려가 없었던 것이다. 이는 부분적으로 원주민들은 이들과 내통할 만한 친족국가가 근방에 없기 때문이고 또 부분적으로는 이들은 국가 간 경쟁과 지정학적 정치와 무관한 것처럼 인식되기 때문이다. 어찌되었든 이들은 너무 숫자가 적거나 지역적으로 고립되어 있어 국가 권력에 중대한 위협을 끼치지 못하는 것이다. 소수민족이 일상에서 지정학적 정치의 행위자 또는 하수인이라는 의혹을 받는 것처럼 원주민들도 일상에서 지역적 정치역학에서 고립된 것처럼 비춰진다.[23]

그러므로 원주민을 특정대상으로 삼는 것에 대한 설명은 지정학적 안보 위협이 아니라 특별히 더 취약한 집단을 위한 좀 더 인도주의적인 배려로 이해될 수 있다. 우리가 2장에서 보았듯이 이런 인도주의적 배려의 첫 사례는 1957년 국제노동기구 회의에서 심각하게 온정주의적

---

22 이는 단지 유엔의 특정대상 규범에 대한 논리적 근거뿐 만 아니라 이와 연관된 다른 과정도 있었다. 유럽안보협력기구와 유럽회의의 경우 소수민족을 위한 특정대상 규범을 만들기로 한 결정은 소수민족들의 그 어떠한 로비가 있기도 전에 이런 기구들의 최고위층에서 평화와 안보에 대한 긴급 위협에 대한 대응으로서 이루어졌다. 실제로 소수자 기구들은 이러한 유럽 규범들이 제정되는 1990년부터 1995년까지의 초기 단계에서 그 어떤 의미있는 역할도 수행하지 않았다. 반면에 유엔에서는 원주민을 위한 특정대상 규범을 만들기로 한 결정은 보다 천천히 아래에서 위로 이루어졌으며 원주민 스스로의 대규모의 조직화와 로비의 결과였으며 인권 실무그룹의 독립적 전문가들의 지지를 얻어 이루어졌다. 원주민과 이들의 지지자가 그들의 요구사항을 원래 소속이었던 인권 실무그룹의 위로 아래로 움직일 수 있었던 것은 사실이지만 안보 위원회나 총회와 같은 유엔의 상위 기구로부터는 거의 관심을 끌지 못했다.

23 니체만(1987)은 '4차 세계대전'이 국가와 원주민 사이에 발생할 수 있다고 말하지만 이는 국가와 원주민 간의 지역분쟁이 글로벌하게 나타난다는 의미이지 지역 분쟁이 더 큰 지역 또는 글로벌한 지정학적 분쟁으로 확산될 것이라는 의미는 아니다.

이고 원주민들이 세상의 난관을 어떻게 해결해야할지 모르는 '뒤쳐진' 사람들이란 편견을 담은 형태로 반영되었다. 이것은 문화적 경멸이 담긴 인도주의적 배려였던 것이다. 그러나 1980년대와 1990년대의 보다 더 다문화주의적 모델의 원주민 인권은 이런 온정주의적 접근법을 버리는 한편, 여전히 국가 주도의 동화와 발전 정책에 특히 더 취약한 원주민의 상황은 부각시켰다. 이런 뚜렷한 취약성에 대한 설명은 더 이상 원주민 문화의 결핍성이나 특이성에 근거를 두지 않고 대신에 유럽 이주민 국가들이 원주민 영토를 식민지화하고 정착하는 과정에서 발생한 잔인한 통치 방식에 근거를 두고 있다. 원주민들이 수탈당하고 재정착하고 '국가 발전'이란 미명하에 뿔뿔이 흩어진 수난은 그들 국가의 수치일 뿐만 아니라 이런 발전 프로젝트를 주도했던 국제기구의 수치이기도 하다.[24]

내가 4장에서 지적했듯이 우리는 원주민 권리의 새로운 생각을 인종 위계질서 타파를 위한 전후 인권 투쟁의 세 번째 단계이며 해외 탈식민지화와 인종차별철폐를 위한 이전 투쟁을 확장하는 것이라고 이해할 필요가 있다. 미국에서 1960년대에 일어난 '레드 파워' 운동에 의해(그리고 신대륙 다른 국가에서 일어난 이와 유사한 원주민 운동들) 개진된 생각들은 분명히 이전 투쟁들의 탈식민화와 인종차별 반대 담론들에게서 영감을 얻고 이를 모델로 삼았다. 국제 사회가 최초로 탈식민화 원칙을 승인했

---

24 세계은행과 같은 기구들이 원주민을 부당 대우한 대서특필된 스캔들을 통해 자신들이 많은 것을 배웠다고 선전하는 것은 원주민에게 인도주의적 배려 때문이기도 하지만, 대외적 정당성을 유지해야하는 자신들의 이해관계 때문이기도 하다. 그러나 이런 스캔들이 대서특필된 이유 자체가 서구와 국제사회에 널리 퍼진 인도주의적 배려 때문인 것도 사실이다. 원주민을 위한 탈국가적 지원 네트워크가 이런 인도주의적 대중감정에 호소하여 세계은행과 같은 국제기구를 압박했던 것이다.

을 때는 이 원칙을 단지 해외의 식민지에만 적용했을 뿐 신대륙에 있는 유럽 이주민 국가에 의해 식민지화된 원주민들에게는 적용하지 않았다. 그러나 도덕적 관점에서 보자면 이것은 명백하게 일관성 없는 조치였다. 사실 원주민들은 단지 제국주의 패권에 희생된 것만이 아니라(아프리카와 아시아의 식민지) 식민주의적 정착민에 의해서도 피해를 입었으므로 식민주의보다 해외 식민지에 의해 더 큰 피해를 입었다고 말할 수 있다. 어쨌든 국제 사회가 해외 탈식민지화의 원칙과 인종차별 철폐를 받아들인 이상 역사적 불의를 고발하는 원주민의 주장을 거부하기가 어려웠고 어떤 식으로든 (내부의) 탈식민화의 적합성을 부인하는 것도 어려웠다.

원주민 인권에 대한 국제적 관심과 지지는 그러므로 여러 동기가 복합적으로 작용한 것으로서, 식민주의의 불의와 인종차별에 관한 강력한 도덕적 주장이 '뒤쳐진' 문화의 취약성에 대한 다소 온정주의적인 생각이 한데 합해진 것이라고 할 수 있다. 그러나 이유가 정확하게 어떤 것들의 혼합인지에 관계없이, 유럽의 소수민족에 대한 특정대상 인권을 촉발한 그 이유와는 다르다는 것만은 분명하다. 소수민족은 지정학적 안보를 위해 특정대상이 되었고 원주민은 도덕적이고 인도주의적인 역사적 불의에 대한 배려와 취약층에 대한 보호라는 이유로 특정대상이 되었다.[25]

두 집단 모두 특정대상 인권 발전을 위한 프로젝트에 착수하는데 완

---

25 이런 의미로 볼 때, 원주민 인권 트랙은 '순수성'과 '취약성'의 인식이 국제 인권 네트워크에서 어떤 근거가 채택되는지를 결정한다는 케크와 시킹크의 주장과 잘 맞아떨어진다.(Keck and Sikkink, 1999, p.204)

벽하고 정당한 이유가 된다. 그러나 둘 다 우리가 꼭 염두에 둬야할 한계를 가지고 있기도 하다. 원주민 인권에 관한 유엔 규범이 지정학적 안보보다 인도주의적 배려에서 비롯되었다는 사실은 강점이 되기도 하고 약점이 되기도 한다. 긍정적인 면은 (적어도 비교적 안전한) 지정학적 안보 이슈의 부재가 실효있는 소수자 권리를 발전시키는데 상당한 진전을 이루어냈다는 것이다.[26] 우리가 6장에서 살펴보았듯이 이런 진전은 유럽의 소수민족의 경우에는 불가능한 것이었다. 유럽기구들로 하여금 지정학적 안보 위협으로 인해 소수민족을 특정대상으로 삼게 만든 것과 같은 공포가 이런 기구들로 하여금 소수민족들의 요구, 특히 영토와 역사에 관련된 요구에 대해 어떤 조치도 취할 수 없게 만들었기 때문이다. 결과적으로 진화하는 유럽 규범들은 특정대상의 껍질은 썼어도 내용은 불특정인 경우가 많다. 이로 인해서 일관성이 없다는 것이 밝혀진 셈이다. 소수민족을 특정대상으로 삼은 인권 발전 프로젝트를 불특정 소수자 권리에 대한 보충수단으로 사용하는 것은 모순적이기 때문이다.

이와는 대조적으로, 원주민 인권에 관한 유엔 규범은 원주민 관련 구체적 요구사항과 문제점들을 명확하게 언급하고 있다. 이 규범들은 형식과 내용 모두 특정대상이라는 점이 분명하다. 그리고 원주민이 스스로는 역사적 영토와의 관계 속에 정의하고, 자신들과 그들의 제도와 영

---

26 이슈는 원주민과 관련한 안보 이슈가 전혀 없는 것은 아니다. Van Cott, 1996과 Toyota, 2005가 논하는 라틴 아메리카에서의 원주민 이슈의 안보화와 남동아시아를 각각 보라. 서주민은 종종 국경지대에 거주하기 때문에 그들의 영토분쟁과 자치정부권은 이들이 이웃 국가와 내통한다는 의심을 받지 않더라도 때로는 안보위협 문제를 일으킨다. 그리고 원주민들은 라틴 아메리카 혁명에서 중요한 요소 중 하나였다. (과테말라가 좋은 예가 된다)

토를 스스로 정치적으로 규율할 것을 유지하거나 되찾길 바란다는 사실로 인해 발생하는 특정이슈들을 정확하게 지적한다. 실제로 원주민과 관련된 거의 모든 국제기관들은 원주민과 그들의 역사적 영토를 존중하고자 하는 의도를 재차 강조하고 있다.

가장 야심차게 말하자면, 이렇듯 진화하는 원주민 인권의 국제 규범과 기준들은 실제로 매우 강력하다고 할 수 있다. 소수민족에 관한 유럽 규범이 27조의 문화향유권에서 유래되었다면 원주민에 관한 유엔 규범은 개정된 1조의 자결권에서 유래하고 있다. 1993 유엔의 원주민 인권을 위한 선언 초안을 예로 들자면 아래와 같은 조항들을 포함한다.

3조 : 원주민은 자결권을 갖는다. 이 권리로 인해서 그들은 자유롭게 자신들의 정치적 지위를 결정하고 자유롭게 경제적, 사회적, 문화적 발전을 추구할 수 있다.

15조 : (원주민은) 자신들의 교육제도와 교육을 고유한 언어로, 자신들의 문화와 전통에 맞는 방식으로 시행할 기관을 수립하고 통제할 권리가 있다.

26조 : 원주민은 토지와 영토를 소유하고, 개발하고, 사용할 권리가 있다. (…중략…) 그들이 전통적으로 소유했거나 다른 방식으로 점유했거나 사용한 경우. 이는 자신들의 법률과 전통과 관습, 토지보유체제 및 자원의 개발과 관리를 관장하는 기관을 완전히 승인받을 권리를 포함한다.

31조 : 원주민은 자결권을 행사하는 구체적 방식에 있어서, 내부감사의 독립성 또는 자치정부권을 보장받는다.

33조 : 원주민은 자신들의 제도적 구조와 고유의 재판 관습, 전통, 절차와 실무를 국제적으로 승인된 인권 기준에 맞추어 발전시키고 유지하고 홍보할 권리가 있다.[27]

간단히 말해서, 선언 초안은 영토와 자원에 대한 원주민 권리를 인정하고 독립적 사법, 정치, 문화적 제도를 가질 권리도 인정한다. 이런 조항들이 모든 국가들이 지킬 의무가 있는 최소한의 기준으로 제안된 것은 사실이지만, 내용은 원주민과 관련된 서구 민주주의의 모범 실무와 매우 비슷하다.

이 선언 초안은 물론 초안일 뿐이다. 그러나 내가 이미 설명했듯이 이의 핵심 생각은 유엔 체제 내의 여러 기관에서 받아들여졌으며 비슷한 생각이 국제노동기구에서도 언급되었다. 그리고 미주기구(Organization of American States)에서도 원주민 인권에 대한 선언 초안이 발표되었다.[28] 따라서 이런 생각들은 국제기구 전반에 걸쳐서 순환되고 있으며 이들의 글로벌 정책 네트워크를 통해서도 퍼지고 있다. 그리고 우리가 보았듯이 특히 라틴 아메리카에서 가시적 성공을 거두었던 것이다.[29]

---

27 원주민 인구에 대한 정책 위원회에 의해 1993년에 채택된 버전에서 인용한다. 소수자 차별 방지와 보호를 위한 실무그룹이 1994에 채택하기도 했다.(E/CN.4/Sub.2/1994/56) 논의가 끝난 지 10년이 넘어서, 약간 수정을 거친 버전이 인권 위원회에 의해 2006년에 채택되었다. UN doc. A/HRC/1?L.3, Annex (23) June, 2006을 보라.

28 위의 글의 pp.33~34을 보라.

29 국제적 원주민 인권 운동과 유엔과 다른 국제기구에 영향력을 미치는 것의 성공과 실패에

이런 면에서, 유엔의 원주민을 위한 특정대상 규범은 진정한 성공이라고 할 수 있다. 원주민들만의 특수한 요구사항을 유럽의 소수민족을 위한 특정대상 규범이 하지 못하는 방식으로 수용하기 때문이다. 이를 통해서 특정대상 규범을 개발하는 전략 자체가 정당하고 잠정적으로 효과적이라는 증거를 제시해주었던 것이다. 실제로 많은 비평가들은 국제적 원주민 인권의 도입이 국제법이 어떻게 '헤게모니에 반대하는 글로벌화'의 수단으로 사용될 수 있는지를 보여주는 몇 안 되는 가장 성공적인 예라고 지적한다.(예: Falk, 1999 · 2000)

특정대상 원주민 트랙이 안보 이슈가 아닌 인도주의적 동기에서 비롯되었다는 사실이 이런 놀라운 과정을 가능하게 하였다. 그러나 안보에 기인한 소수민족 인권 문제로부터 인도주의에 기반한 원주민 인권 문제로의 전환이라는 결정은 한계점도 노정한다. 분명한 단점 하나는 탈식민주의 국가의 소수민족들이 직면한 문제와 그들의 특수 이익을 다룰 글로벌한 법적 규범에 대한 방책은 없다는 사실이다. 하지만 이것은 바로 이런 (인종)민족적 또는 소수민족주의 집단이 관여하는 분쟁이 평화와 안보, 인권과 탈식민주의 사회의 발전에 가장 심각한 위협을 초래하기 때문이다. 타밀족, 쿠르드족, 카쉬미르족과 오로모족 등의 인종 정치적 분쟁이 지역 평화와 안정에 위협을 가하기 때문이지 전원주의자나 고산족들의 투쟁 때문이 아니다.

이런 간극에 대한 대응책 중 하나는 현존하는 원주민 인권에 관한 유엔 규범을 다른 조합의 소수민족에 관한 특수대상 규범으로 보완하는

관한 도움되는 연구로는 Tennant, 1994, Barsh, 1994, Passy, 1999, Feldman, 2002, Muehlebach, 2003을 볼 것.

방법이 있다. 다시 말해서 유럽의회의 소수민족 보호를 위한 기본 협약의 글로벌 버전을 제정하는 것이다. 우리가 3장에서 보았듯이 이런 '특정다수대상'은 자유주의적 다문화주의의 논리를 반영하여 집단차별적인 법적 트랙을 만들고 소수민족과 원주민을 위한 특수한 트랙도 포함하게 된다.

그러나 이것은 어디까지나 장기적 목표이다. 지금까지 살펴본 이유들로 인해 소수민족을 위한 글로벌한 규범을 만들 가능성은 가시적 미래에는 전무하다고 할 수 있다. 서구는 유럽적 상황에서 이런 규범들을 만드는 것을 포기했으며 유엔 또는 다른 어느 지역기구에서도 이런 프로젝트에 착수하는 것에 지지를 보낼 곳은 없기 때문이다. 글로벌한 수준에서 이런 규범을 만들고자하는 시도를 하는 내가 아는 유일한 곳은 1994년 유엔 총회에 리히텐슈타인이 제출한 자치 행정을 통한 자결권에 관한 기본 협약이지만 이것은 결코 의미있게 고려되지도 토론되지도 않았다.[30] 따라서 현재 유엔의 기본 프레임인 원주민 인권을 위한 특수대상 규범은 있지만 소수민족을 위한 특수대상 규범이 없다는 사실이 바뀔 가능성은 없다.

어떤 비평가들은 소수민족을 위한 특수대상 보호가 없다는 사실은 유엔의 현재 접근법의 유감스러운 간극이라고 지적한다. 그러면서도 원주민을 특수대상으로 하는 규범의 정당성을 문제시하지는 않는다. 우리는 진전을 이룰 수 있다면 그렇게 해야 하고 현재 상황이 단지 원주민 트랙만을 가능하게 한다면 그쪽에서 진전을 모색하는 편이 모든

---

[30] 이 책 208쪽의 논의를 참조할 것.

트랙이 동시에 가능해질 때까지 기다리는 것보다 바람직하다.

그러나 내 생각에는 문제는 더 복잡하다. 원주민과 소수민족 간의 극명한 법적 지위 차이는 여러 가지 역설을 만들어내고 예상하지 못한 효과를 불러일으켜서 원주민 트랙 자체를 위협할 수도 있기 때문이다. 어쩌면 원주민 특수규범 트랙을 유지하는 유일한 길은 소수민족을 위한 특수규범 트랙을 마련하는 것일지도 모른다.

이 문제를 더 잘 이해하려면 어떻게 원주민 카테고리가 서구의 자유주의적 민주주의의 넓은 패턴에 부합하는지 상기해볼 필요가 있다. 내가 앞서 지적했듯이 원주민과 소수민족은 국토 내 소수자로 대부분의 서구 국가에서는 간주되고 있다. 두 종류의 국토 내 소수자 사이에는 중요한 사회학적, 역사적 차이점이 존재하는데, 대부분의 서구 국가에서 이 사실은 법제적 차이점을 동반한다. 그러나 둘 사이의 공통점을 이로 인해 놓쳐서는 안될 것이다. 두 종류의 집단은 둘 다 국토 내 소수자로 간주되고 있으며 모두 서구 민주주의 국가들에서 영토적 독립성을 인정받았기 때문이다. 이런 면으로 볼 때, 이들은 이민자, 이주노동자와 난민으로 구성된 '신' 소수자로부터 구별된다. 서구에서의 다문화주의 이론과 실제라는 관점으로 보면, 원주민과 소수민족은 신 소수자와는 다른, 자치권이 있는 국토 내 소수자라는 카테고리에 함께 속한다.

그러나 떠오르는 국제 담론에서는 원주민과 소수민족 사이의 중요한 차이점이 무시된 반면, 원주민과 다른 국토 내 소수자 사이의 인공적 차이점이 대신 생겨났다. 처음에는 예상할 수 있듯이 이에 대한 도덕적 정당화가 이루어졌다. 우리가 살펴봤듯이 유럽 식민주의에 의해 원주민이 종속될 때 통상적으로 이웃 유럽 사회의 소수민족보다 더 잔인하고 고통스러운 과정이 수반되었고, 바로 이 점 때문에 원주민들이 보다 더 취약한 처지가 되어 국제적 보호가 더 시급함을 알 수 있었다. 결과적으로 자치정부권에 대한 기본 규범적 주장이 둘 다에 적용됨에도 불구하고[31] 국제법 상 자치정부권을 제도화하는 과정에서 결국 원주민을 소수민족보다 더 배려하자는 정당성 있는 도덕적 주장이 힘을 얻었다.

그러나 소수민족과 원주민 주장 간에 존재하는 상대적 우선권과 긴급성의 차이로 시작한 것이 이제는 국제법에서 둘 사이에 존재하는 큰 틈으로 발전하였다. 여러 국제문서와 선언들에 걸쳐 원주민은 다른 국토 내 소수자들로부터 분리되었고 영토권과 자치정부권도 원주민에게만 주어졌다. 소수민족은 이와 대조적으로 신 소수자와 한데 묶여 불특정 소수자 권리만 부여받고 자신들의 특수한 상황과 역사적 정착과 영토에 대한 희망 등은 묵살되었다. 그 결과, 원주민과 다른 국토 내 소수자간의 차이점은 국제법에서 중요하게 취급되어 굳어졌지만 사실 이것은 자유주의적 다문화주의의 이론과 실제와는 아무 상관이 없는 것이다.

국제법상 원주민과 소수민족 사이에 뚜렷한 구분을 지으려하는 시도는 여러 가지 어려운 문제를 야기시킨다. ⓐ도덕적 모순, ⓑ개념적 혼동 ⓒ불안정한 정치적 다이내믹이 그것이다. 이들 문제점을 하나씩 설명하겠다.

국제법상 이 두 종류의 집단에 뚜렷한 구분을 지으려고 한 것은 도덕적으로도 일관성이 없다. 왜냐하면 원주민의 자치 정부권을 인정하는

---

[31] 국제법의 원주민 인권 전문자인 제임스 아나야에 의하면, 모든 국가하위 국가 또는 사람들은 원주민과 똑같이 상당한 내부 자결권을 갖는다.

근거가 무엇이든지 똑같은 근거가 다른 취약하고 역사적 불이익을 받은 국토 내 소수자의 자치정부권을 승인하는 이유가 될 수 있기 때문이다. 미리암 아우커만은 자신의 흥미로운 연구에서 원주민의 요구와 구 사회주의 국가내 소수민족의 요구를 비교하면서 기본 목표와 정당화에서 두 집단 간에 공통점이 강하게 존재하는 것을 발견했다. 그녀가 말하듯, '원주민과 동유럽 중부의 소수민족들은 자신들의 특유한 문화를 보전하고 집단차별적 권리를 자결권, 평등, 문화적 다양성, 역사와 취약성 등 비슷한 근거를 통해 정당화한다.'(Aukerman, 2000, p.1045)

실제로 이 사실은 원주민 트랙에 대한 유엔의 설명과 정당화에서도 분명하게 드러난다. 유엔의 소수자 실무그룹 위원장과(Asbjorn Eide) 원주민 실무그룹 위원장(Erica-Irene Daes)는 자신들이 생각하는 원주민과 소수민족의 차이점을 밝히는 문건을 쓰게 되었다. 왜 원주민이 27조에 쓰여진 모든 소수자에게 부여되는 권리 이외에도 다른 권리를 받을 필요가 있는지 설명하면서 두 위원장은 3가지 핵심 차이점을 지적했다. ⓐ소수자는 제도적 통합을 추구하는 반면, 원주민은 일정 수준의 제도적 독립성을 유지하려 한다. ⓑ소수자가 개인적 권리를 보장받으려 하는 반면, 원주민은 집단적으로 행사할 권리를 추구한다. ⓒ소수자가 차별방지를 요구하는 반면, 원주민은 자치정부권을 주장한다. 이런 차이점들은 모두 원주민과 이민자와 같은 비 영토 내 집단 사이에 존재하는 중요한 차이점들이다. 그러나 이 차이점들은 원주민을 소수민족으로부터 구분해주지 못한다. 이 세 가지 사항 모두 소수민족은 원주민과 같은 편에 놓이기 때문이다.

원주민 실무그룹에 이보다 더 먼저 제출한 문건에서 데이스는 다소 다른 설명을 한다.(Daes, 1996) 그녀는 원주민을 소수민족으로부터 뚜렷하게 구분해주는 특징으로는 이들이 자신의 역사적 국토라고 여기는 전통적 영토에 강한 애착을 갖고 있다는 점이라고 주장한다. '국토에 대한 애착은 (원주민)집단의 정체성과 통합에 문화적으로나 사회적으로 매우 결정적인 특징이다. 이 사실은 "원주민"에 대해 매우 협소하지만 정확한 정의를 제공해줘서 다른 소수자들로부터 원주민을 구분할 필요가 있는 모든 상황에서 쓸 수 있을 것이다.'(Daes, 1996, 문단 39) 그러나 이 '국토에 대한 애착'이라는 기준은 소수민족을 포함한 일반적 국토 내 소수자들에 해당하는 얘기지 원주민에게만 한정된 것이 아니다.

이런 인용문들이 보여주듯이 유엔 내의 원주민과 소수자 간의 차이점에 대한 논의는 소수민족의 존재 자체를 무시하고 있다. 데이스의 주장을 예로 들자면, "'소수자'라는 개념에 포함되지 않는 적어도 두 가지 요인을 (원주민의 경우에) 지적할 수 있는데 이들은 시기의 우선성과 특정 영토에 대한 애착이다."(Daes, 1996, 문단 60) 그러나 물론 이런 생각들은 언제나 소수민족과 연관이 있었다.

그럼 소수자와 원주민 간의 근본적 차이점을 요약하는 데이스의 결론부분을 살펴보자.

(원주민을 소수자로부터 구분하려는) 개념화하는 문제를 염두에 두고서 나는 '원주민'의 이상적 형태는 해당 영토의 토착민(자생적 인구)으로서 현재에도 거주하고 특유한 문화적 정체성과 집단 사회 정치적 기구를 영토 내에서 영속적으로 유지하고자 하는 사람들이라고 생각한다. '소수자'의 이상적 형태는 국가나 국민으로부터 배제와 차별을 인종, 민족, 민족, 종교

또는 언어적 특징이나 혈통으로 인해 받은 집단을 지칭한다. 그러므로 둘을 구분하자면 '소수자'의 이상적 형태는 지금 현재 국제적 기준은 집단 전체에 대해서든 개인에 대해서든 어떤 경우에도 차별을 철폐하고자 하므로 차별에 대한 집단적 경험에 초점을 맞추고 자신들이 원하는 정도로 국가적 삶에 동참하는 것이라고 볼 수 있다. 비슷하게, '원주민'의 이상적 형태는 토착성과 영토성에, 또한 특유한 집단으로 남고자 하는 의지에 초점을 맞춰서 이 모든 요소들이 논리적으로 묶여서 내부적 자결권, 자치정부권 또는 독립권의 권리를 행사하는 것이다.

이는 두 집단의 이상적 형태에 대한 훌륭한 요약이지만 원주민을 다른 국토 내 소수자들로부터 구분해야할 그 어떤 설명이나 정당성도 제공하지 않는다. 데이스가 말한 모든 기준들에서 소수민족과 원주민은 영토와 독립성을 기반으로 한 동일한 이상적 형태에 함께 속한다. 오직 신 소수자와 분산된 소수자만 다른 형태에 속할 뿐이다.

이 문제를 데이스가 결코 모르는 것이 아니고 사실 원주민의 요구를 다른 국토 내 소수자들의 요구와 구분할 원칙적 근거를 찾기란 어려운 일이라고 인정하기도 한다. 그럼에도 불구하고 그녀는 **실제로는** 이 두 종류의 집단이 서로 다른 요구를 한다고 우기는 것이다. '원주민과 소수민족은 따로 자신들을 조직화하며 이 둘 사이에 거의 '객관적' 차이점이 없는 국가에서조차 다른 목표를 주장하는 경향이 있다.'(Eide and Daes, 2000, 문단 4) 스티븐 위틀리도 비슷한 주장을 한다. '소수자, 소수민족, 원주민이라고 인식되는 집단들 사이에 사실 그 어떠한 객관적 차이점도 존재하지 않는다. 이 집단들을 구별하는 것은 이들 주장의 정치적 성격일 뿐이다. 간단히 말해 소수자와 소수민족은 문화적 안정성을 요구한다. 이들은 자결권이나 자치정부권을 누릴 권리를 인정받고 싶어하는 것이다'.(Wheatley, 2005, p.124)

이들은 모두 엄청난 주장이 아닐 수 없다. 우리가 살펴보았듯이 유럽의 '소수자 문제'에 관한 논쟁의 전체 역사가 바로 소수민족이 문화적 안정성만이 아닌 자치정부권을 **요구**했기 때문에 벌어진 일이기 때문이다.[32] 유럽에서만 그런 것도 아니다. 우리가 이미 2장에서 봤듯이 소수자 권리에 관련된 국제적 규범이 1990년대 초에 갑자기 쏟아진 이유는 국가와 국가 하위 집단 사이의 인종 내전이 글로벌하게 확산될 것을 두려워했기 때문이었다. 유엔의 원주민에 대한 고려는 1970년대와 1980년대로 거슬러 올라가지만 갑자기 '소수자'에 폭발적인 관심을 보인 것은 냉전 종식 이후 인종분쟁이 일어나면서 부터였다. '인종 말살'에 대한 공포가 자치정부를 얻기 위한 투쟁으로 집중된 것은 이를 단지 원주민뿐만 아니라 세계 전역의 많은 국가 하위 인종민족적 그룹들 가운데서 발견했기 때문이었다. 그럼에도 불구하고 유엔 내의 소수자 권리에 대한 현재 논쟁은 소수자 민족주의 현상이 존재하지 않는 것을 전제로 하고 있다. 소수자는 그 개념이 정의된 것처럼 자치정부를 원하지 않는

---

[32] 탈식민주의 국가에서는 이 점이 사실일지도 모른다. 이런 일반화가 가능한지 나는 자신이 없지만 오늘날 원주민은 자치정부권을 소수민족보다 더 요구하는 경향이 있다. 그러나 설령 그렇다고 해도, 데이스나 위틀리는 원인과 결과를 명백하게 혼동하고 있다. 이들은 국제법이 원주민의 자치정부권을 인정하는 반면 소수민족의 자치정부권은 승인하지 않는 이유가 전자가 이를 더 많이 요구하기 때문이라고 주장한다. 오히려 그 반대라고 나는 주장한다. 원주민들이 오늘날 이런 요구를 더 많이 한다면 그것은 국제법이 이를 지지하기 때문이고 반면에 같은 요구를 하는 소수민족에겐 아무런 지원이 없다. 실제로 세계 거의 모든 국가는 소수민족에게 자치정부권을 규범화해주는 것을 반대하는데 이는 바로 소수민족이 자치정부권을 원한다는 사실을 인지하기 때문인 것이다. 그리고 국가들은 이런 국가하위 민족주의 프로젝트가 그 어떤 국제적 지지나 격려도 받지 않길 바란다.

다는 얘기다. 이것은 바로 냉전 이후 소수자 권리에 대한 국제적 관심을 불러일으킨 첫 번째 이유가 존재하지 않는다는 주장이나 마찬가지다.

우리가 소수민족 현상을 예의 주시한다면 현재 유엔의 틀에 존재하는 도덕적 모순이 곧 가시화될 것이다. 사실상 원주민 특정 인권을 개진하기 위해 동원된 거의 모든 도덕적 원칙과 주장은 소수민족의 경우에도 그대로 적용할 수 있으며 두 집단의 법적 지위 사이에 놓인 넓은 틈은 명확한 도덕적 정당화가 결여된 것이다. 현실정치를 고려할 때, 자치정부의 국제 규범을 소수민족에 확대적용하는 것은 불가능할 것이다. 우리가 살펴보았듯이 국가는 자신의 안보에 위협을 가할 수 있는 집단의 자치정부권 요구를 승인하기를 꺼리기 때문이다. 그리고 이런 집단들은 원주민이라기보다는 소수민족인 경우가 많다. 그러나 이런 현실 정치적 고려를 도덕적 원칙으로 포장하면 안 된다. 또한 현실정치가 야기하는 도덕적 모순도 간과해서는 안 될 것이다.

소수민족과 원주민의 법적지위를 뚜렷이 구분하려는 시도는 도덕적으로만 문제가 있는 것이 아니라 개념적으로도 불안정하다. 문제는 단지 소수민족과 원주민 사이의 법적지위의 명확한 차이를 정당화시키는 것에 그치지 않고 두 집단을 어떻게 정의하는지 와도 연관된다. 원주민과 다른 국토 내 소수자와의 차이점 자체가 유럽과 유럽 이주민 국가 사례를 벗어나서는 뚜렷이 나타나지 않기 때문이다.

서구에서는, 이미 논했듯이 유럽 소수민족과 신대륙 원주민 사이에 비교적 뚜렷한 차이점이 존재한다. 둘 다 국토 내 소수자 집단이지만 전자는 이웃 민족이 지배하는 국가에 흡수되었고 후자는 원거리의 식민주의 열강의 통치를 받았다. 이와 유사한 구분기준을 아시아, 아프리카와 중동에서도 할 수 있을지는 의문이고 이런 카테고리 자체가 논리가 서는지도 불확실하다. 우리가 이 용어들을 어떻게 정의하느냐에 따라 이들 국토 내 소수자 집단 중 어느 것도 '원주민'이 아닐 수도 있고 모두 다 그렇다고 할 수도 있다.

우리에게 익숙한 방식으로 볼 때, 아프리카, 아시아, 중동의 그 어떤 집단도 전통적 의미의 '원주민'과 맞아떨어지지 않는다. 이 지역의 모든 국토 내 소수자들은 유럽 이주민에게 식민지배를 받은 것이 아니라 이웃 민족이 지배하는 국가에 복속되었기 때문이다.[33] 이런 의미로는 이들은 모두 신대륙 원주민보다는 유럽 소수민족의 특징과 더 가까워 보인다. 그러므로 몇몇 아시아와 아프리카 국가들은 자국 내 소수자들 중 그 어떤 집단도 '원주민'이라고 지칭되어서는 안된다고 주장한다.

그러나 또 다른 의미로는 이 지역의 모든 국토 내 집단들은 (지배 다수 집단까지 포함해서) '원주민'이라고 주장할 수도 있다. 식민주의 통치기간 동안에는 다수와 소수를 불문하고 역사적으로 정착한 모든 국토 내 집단들은 식민지 지배국가와의 관계에서는 모두 '토착민'이거나 '원주민'이기 때문이다. 이런 의미로 볼 때, 탈식민주의 국가의 국토 내 집단들은 모두(지배 다수 집단까지 포함해서) 평등하게 '원주민'이 되는 셈이다. 리고 실제로 몇몇 아시아와 아프리카 국가들은 소수와 다수에 상관없이 **모든** 집단들이 '원주민'이라고 간주되어야한다고 주장한다.[34]

---

33 일부 비평가들은 이스라엘도 유럽 이주민 국가로 분류되어야 하고, 따라서 팔레스타인도 원주민이라는 정의에 부합한다고 주장한다.(Jabareen, 2002, 2005. Jamal, 2005)
34 이런 꼬리표는 식민지배와 같이 정착한 인종집단에는 해당하지 않는다. 대영제국이 인도 인들을 고용하여 제국 전체에 걸쳐 일하게 한 경우가 예가 된다. 이들은 한때(어떤 경우는 지금도) '외국인' 또는 '이민자'로 간주되었기 때문이다. 식민주의 하에서 이들은 '원주민' 토착민들에 비해 특권을 누렸으나 독립 이후에는 종속되었다. 이런 경우가 아프리카의 상

이런 두 접근법은 완전히 상반되는 결과를 낳는다. 그러나 우리가 모든 집단들이 원주민인지 또는 아무도 원주민이 아닌지에 상관없이 이 접근법의 장점은 '원주민'이란 카테고리를 탈식민주의 국가에서 특정 대상 인권으로 사용하는 것이 부적절하다는 것을 보여준다는 것에 있다. 이런 이유로 일부 비평가들은 원주민의 법적 카테고리가 아프리카와 아시아에서는 오해를 불러일으킨다며 사용하면 안된다고 주장하기도 한다.(예 : Beteille, 2000) 그러나 이런 접근법은 세계에서 가장 취약한 몇몇 국토 내 소수자 집단을 아무런 국제적 보호막 없이 내버려두는 결과를 낳을 것이다. 만일 원주민 특정 규범이 아시아와 아프리카에 적용되지 않는다면 유엔 27조 하에 보장되는 (가장 약한) 불특정 인권만 남게되며 이걸로는 국토와 관계된 이익을 보장할 수 없기 때문이다.

그러므로 국제법의 보호를 최대한 활용하려 하기 위해 여러 국제기구와 이들과 관련된 글로벌 정책 네트워크는 원주민 카테고리를 재개념화하여서 적어도 어느 정도의 탈식민주의 국가의 국토 내 소수자를 지칭할 수 있도록 애쓰고 있다. 이런 관점으로 볼 때, 우리는 국토 내 소수자가 종속되어 있는 상대가 멀리 있는 식민주의 열강인지 아니면 이웃 민족인지에 초점을 맞출 필요가 없다. 이보다 중요한 것은 지배와 취약성, 그리고 이를 제대로 타개할 방법인 것이다.[35] 만약 국토 내 집

황에 어떤 문제를 일으켰는지 Mamdani, 1996을 참조할 것.

35 데이스에 따르면, 원거리의 식민주의 통치와 이웃 국가의 지배를 받는 것과의 차이점은 '정당화되지 않은 차이점'(데이스, 1996, 문단 63)이다. 이와 비슷하게 아프리카 분과의 원주민에 관한 실무그룹은 '지배와 식민지화는 백인 이주민과 식민지 통치자에 의해 독점적으로 행해졌다. 아프리카에서는 독립 이후에 지배 집단이 소외된 집단을 억압했다. 그리고 바로 이런 식의 아프리카 국가의 내부 탄압이 동시대 아프리카 원주민 운동이 개선하려는 분야이다.'(아프리카 분과의 원주민에 관한 실무그룹 보고서, 아프리카 분과의 인간과 민족, 2005, p.92)

단이 지배나 취약성으로 인해 고통을 받는다면 이들을 억압하는 것이 이들의 역사적 이웃이고 원거리의 식민주의 열강이 아니더라도 우리는 원주민 트랙을 이용해 이들을 보호해야할 것이다. 그러므로 여러 국제 기구들은 아프리카와 아시아에 있는 집단들에게 스스로를 원주민으로 지정하여 더 많은 국제적 노출과 보호를 받을 것을 독려했다.[36]

이렇듯 원주민 카테고리를 핵심 사례인 신대륙 이외의 지역에서 쓰도록 전폭적인 지원을 하는 것은 충분히 그럴만한 일이다. 논리적이고, 원주민을 특정 지원하게 된 인도주의적 동기에서 비롯된 것과 마찬가지로 아마도 불가피한 일이라고까지 말할 수 있을 것이다. 이 카테고리의 집단을 지원하게 된 동기가 신대륙 이주민 국가의 원주민의 명백한 취약성 때문인 이상, 이 카테고리를 확장하여 비록 이주민 식민주의의 피해자가 아니었다고 해도 비슷한 취약성을 공유하는 전 세계의 다른 집단에게까지 넓히는 것은 자연스러운 일이었다.

그러나 이 일이 제기하는 어려운 질문은 아프리카나 아시아의 **어느** 국토 내 집단이 국제법 목적으로 원주민으로 지정되어야할지, 또 무엇을 근거로 결정해야할지의 문제이다. 이것은 새로운 질문은 아니다. 신대륙 원주민의 법적 지위를 전 세계 다른 지역의 다른 집단의 법적 지위와 비교하거나 동일시하고자 하는 시도를 계속해온 오랜 역사가 이미 있다. 예를 들어 원주민의 법적지위를 소위 남아시아의 '부족' 또는

---

36 남동아시아 국가들에게 국제노동기구 169조를 비준할 것을 촉구하는 덴마크 정부의 프로젝트('169조 찬성' 프로젝트)나 '국제 원주민 문제를 위한 실무그룹(IWGIA)'의 아프리카에서 원주민 카테고리를 쓸 것을 장려하는 노력, 그리고 오랫동안 지속되어온 유엔의 아프리카 집단을 경제적으로 지원하여 원주민 문제를 위한 실무그룹에 참석하도록 도운 것 등이 예가 된다.(Lennox, 2006)

'언덕 부족'이나 중동과 북아프리카의 '유목민 부족'과 동일시하는 것은 흔하게 발견된다. 실제로 원주민에 관한 첫 번째 국제적 선언인 1957년 국제노동기구의 107조에서도 아시아나 아프리카의 '부족'과 신대륙 원주민의 법적 지위를 연결하고 있다. 이 협약은 '원주민과 **부족의 보호와 통합에 대하여**'(내 강조)라는 제목이 붙었다. 이 제목이 시사하듯, 그리고 협약의 내용이 명확하게 밝히듯 당시의 국제노동기구는 '원주민'과 '부족'을 연관된 이익관계를 갖는 두 개의 서로 다른 집단으로 구분하고 있다. 둘 다 사회경제적 상황이 '덜 개발된' 상태고, 문화적으로 취약하지만 식민주의에 대한 관계에 있어 차이점을 보인다고 기술되어있다. 신대륙의 '원주민' 집단은 '정복과 식민지화'의 시기에 존재한 사회의 후손인 반면에 아시아, 아프리카와 중동의 '부족' 집단은 정복이나 식민지화라는 용어로 설명되고 있지 않다.

국제노동기구가 이 두 그룹 사이의 차이점을 인정하면서도 둘을 함께 1957년 협약에서 다룬 이유는 둘 다 '뒤쳐진' 집단이므로 근대성의 여러 문제를 잘 해결할 능력이 아직 없으므로 특별한 보호가 필요하다고 판단했기 때문이다. 국제노동기구의 당시 입장에 따르면, 이런 온정주의적 정당화는 신대륙의 원주민과 제3세계의 부족 집단을 위한 특정 규범을 만드는 데 있어 똑같이 적용되었다. 그리고 아프리카, 아시아, 중동의 많은 국가들이 이 주장을 받아들였다. 실제로 1957년 협약은 신대륙의 여러 국가뿐만 아니라 아프리카와 아시아의 11개국도 자국의 '부족'들을 보호할 의무에 동의하여 서명하였다.(Rodriguez-Pinero, 2005, pp.234~242)

그러나 국제노동기구의 신대륙 '원주민'과 아시아/아프리카 '부족'

그룹을 연결하려는 이런 초창기 시도는 이들의 '뒤처짐'에 대한 문화적 경멸에서 비롯된 것이었다. 일단 이 같은 온정주의적이고 은근히 무시하는 태도를 제쳐 두면, 서로 다른 이 두 그룹을 과연 국제법상 함께 다루는 것이 과연 적절한지 별로 명확하지 않게 된다. 내가 앞서 지적했듯이, 좀 더 최근의 원주민 인권은 온정주의에 기초하고 있지 않은 대신, 내부의 탈식민지화 담론에 바탕을 두고 해외 탈식민화와 인종차별 철폐의 논리와 전략을 참조하고 있다. 이런 새로운 개념의 원주민 인권은 식민주의 정착과정의 불의에 호소하고 내부의 자결권 권리를 근거로 들어 이런 역사적 과오를 바로 잡아야 한다고 주장한다. 이런 원주민 인권의 탈식민주의에 기초한 모델로의 전환을 고려할 때, 어떻게 '부족'이 원주민 인권의 이런 새로운 개념적 틀에 맞춰질 수 있을지, 또는 그러는 것이 옳은지 분명하지 않다. 원주민과 부족 집단을 '뒤처진' 집단에 대한 온정주의적인 보호라는 논리로 한데 묶었을 때는 그럴듯해 보였다. 그러나 탈식민주의라는 논리로 둘을 한데 묶으려고 할 때, 국제노동기구의 정의에 따르면 정복과 식민지화의 역사라는 특징이 없는 부족 집단이 왜 원주민 인권과 함께 묶여야하는지 그 이유가 불명확해지는 것이다.

따라서 별로 놀랍지도 않게 국제노동기구가 초창기의 온정주의적 접근법을 버리고 새로운 탈식민주의에 바탕을 둔 원주민 인권 모델로 1989년 협약에서 전환을 이루었을 때, 아프리카, 아시아와 중동의 많은 국가들은 이를 거부했다. 그들은 새로운 탈식민주의에 기초한 협약은 신대륙 이주민 국가의 원주민만을 대상으로 할 뿐, 탈식민주의 국가의 부족들에게는 해당하지 않는다고 생각했던 것이다. 1957년 협약에는 아프리카, 아시아와 중동의 11개국이 서명한 반면에, 이 지역의 그 어떤 국가도 원주민을 탈식민지화 하자는 1989년 협약에는 서명하지 않았다. 이 국가들은 국경 내(종종 유럽 제국주의 열강들이 경계를 만든) 거주하는 자신들이 부족 집단을 '식민지화'했다거나 '정복했다'고 생각하지 않기 때문에, 자신들이 이 집단들을 '탈식민지화'할 법적, 도덕적 의무를 지닌다고 여기지 않는다. 이들 국가들은 탈식민주의 국가들과 자신의 부족 인구는 유럽 이주민 국가와 원주민 간의 관계와 역사적으로나 도덕적으로나 근본적으로 다르다고 주장한다.

새로운 국제노동기구 협약이 아프리카와 아시아에서 지지를 잃었다는 사실은 내부적 탈식민화 모델을 강조한 데에 따른 논리적 귀결이라고 볼 수 있다. 그러나 대부분의 국제기구들은 새로운 국제노동기구 협약이 단지 신대륙에만 적용되어야한다는 결론에 반대한다. 이들은 아프리카와 아시아 국가들에 압력을 가하여 국토 내 소수자 중 일부는 원주민으로 지정되어야 한다고 인정하고 새 국제노동기구 협약에 서명하라고 종용한다. 그러나 여전히 의문은 남는다. 어떻게 우리가 아시아와 아프리카의 어떤 소수자가 원주민의 자격이 있고 없는지 판단한단 말인가? 원주민이라는 카테고리를 신대륙 이주민 국가의 핵심 사례를 넘어 적용하는 것에 착수하면, 더 이상 멈출 수가 없다. 실제로 여러 국제기구들 사이에서 얼마나 폭넓게 원주민이란 카테고리를 탈식민주의 국가의 국토 내 소수자에게 적용하는지에 대해 심각한 이견이 있다. 일부는 특정 지리적으로 고립된 집단에게만, 예를 들어 남동아시아의 언덕부족이나 고산족 또는 아프리카의 전원주의자들에게만 이를 적용해야 한다고 주장한다. 또 다른 일부는 시장경제 바깥에 위치하는 집단들에게만, 즉 수렵채집 생활을 하는 집단이나 무역이나 노동시장에 관여하지 않는 자급자족 하는 집단에게만 이를 적용해야한다고 본다.(이는 사실 세계은행의 분류기준으로서 알제리의 베르베르족에게 원주민 지위를 부여하지 않는 근거로 사용되었다)

이런 좁은 의미의 원주민은 이 용어가 신대륙에서 통용되는 방식과는 분명히 다르다. 예를 들어 라틴 아메리카에서는 원주민이란 용어는 아마존에 고립된 야노마미같은 숲부족에게만 쓰이는 것이 아니라, 마야인, 아이마라족, 케추아족과 같은 고산지역의 농민들도 지칭하는데 이들은 외부 이주민 사회와 500년에 걸쳐서 활발한 무역활동을 해왔다. 비슷하게 북아메리카에 있는 많은 원주민들도, 예를 들어 모호크족은 농경 정착생활을 하면서 몇 세대에 걸쳐 노동시장에 참여해왔다. 그러므로 원주민이란 카테고리를 지역적으로 고립되었거나 무역, 노동시장과 무관한 집단에게만 사용한다면 신대륙의 가장 규모가 크고 정치적으로 중요한 원주민 집단 몇몇을 배제하는 결과를 초래하게 된다.

따라서 다른 비평가들은 '원주민' 카테고리를 탈식민주의 국가에 보다 폭넓게 적용하여 정치적 배제, 빈곤 또는 문화적 취약성 중 어떤 형태의 조합이든지 어려움에 처한, 역사적으로 종속된 경험이 있는 모든 국토 내 소수자들을 포함하자고 주장한다.(이 접근법은 최근의 국제노동기구가 적어도 '원주민'이라는 용어가 '인종적 소수자'를 의미하는 남동아시아에 적용하는 방식이다)[37] 이 관점에서는 '원주민'이라는 라벨이 국토 내 소수자의 하위분류가 아니라 '국토 내 소수자'와 거의 동일어가 된다. 좁고 넓은

---

37 예를 들어 '원주민' 정책이란 미명하에 이루어진 국제노동기구의 '인종적 감사'를 보라.(To-mei, 2005)

의미의 원주민 개념들 간의 차이는 그 잠정적 의미가 엄청나다. 인도네시아에서 얼마나 많은 사람들이 원주민으로 분류될 수 있는지는 얼마나 좁고 넓은 의미의 원주민 개념을 적용하는지에 따라 전체 인구의 2%가 될 수도 있고 60%에 육박할 수도 있을 정도이다.(Evers, 1995)

원주민이란 카테고리를 아시아와 아프리카에서 어떻게 사용할지, 또 좀 더 넓고 좁은 의미 사이에 어떤 장점들이 존재하는지에 관해 굉장히 많은 연구가 이루어졌다.[38] 이 문제는 국제사회가 단일한 의미의 원주민 개념을 사용하기를 바라는 많은 비평가들의 실망 속에, 각자 다른 정의를 도입한 다양한 국제기구 내에서 현재진행 중인 논의다.

내 관점으로 보자면, 다양한 국제기구가 서로 다른 의미의 원주민을 도입한 것이 유일한 문제도 아니고 심지어 주된 문제도 아니다. 더 심각한 문제는 제안된 이 모든 접근법들이, 좁은 의미든 넓은 의미든 정도의 차이에 따라 달라지는 분류기준을 도입했다는 사실이다. 탈식민주의 국가의 국토 내 소수자들은 문화적 취약성, 지리적 고립성, 시장경제로의 편입 정도, 정치적 배제 등 여러 면으로 하나의 연장선상에 놓이게 된다. 우리가 이 연장선 상 어느 지점에 경계선을 그어 어느 집단이 '원주민'으로 불리고 어느 집단이 '소수민족'으로 불릴지 결정할 수 있다면 좋겠으나, 이런 경계선은 독단적이라는 인상을 줄 것이고 국제법이 현재 요구하는 정도의 무게를 감당하지 못할 것이다. 국제법은 원주민과 소수민족 간의 차이점을 카테고리 문제라고 파악하고, 각 집

---

38 Kingsbury, 1995, 1998, 1999a; Barnes, 1995; Bowen, 2000,; MRG, 1999; 세계은행 2005; 그리고 애덤 쿠퍼가 『최신 인류학(Current Anthropology)』저널에 발표한 2003 에세이(Kuper, 2003)가 불러일으킨 기나긴 논쟁, 이에 대한 논평과 답변이 실린 같은 저널 45/6, 47/1, Anthropology Today(vol. 20/2)와 New Humanist(vol.118/3)를 참조할 것.

단의 유형에 따라 엄청나게 다른 법적 권리를 가진 것으로 판단한다. 그러나 탈식민주의 사회에서는 원주민과 소수민족을 그들이 가진 취약성이나 배제를 기준으로 분류하려는 시도는 단지 상대적 정도의 차이만 기록할 뿐이지 국제법이 의미하는 차이점은 되지 못한다.[39]

이렇게 극명한 차이를 유지하려는 시도는 단지 도덕적으로나 개념적으로 불안정한 것만이 아니라, 내 생각에는 정치적으로도 지속불가능하다. 여기에서 문제는 원주민이라는 카테고리가 과잉적용 또는 축소적용될 가능성이 높은 회색지대고 불분명하다는 것만이 아니다. 이런 문제는 모든 특정 카테고리에 해당하는 사항이며 이런 경계선 논쟁을 해결할 잘 정착된 민주적 성숙의 과정과 법적 해석 절차가 마련되어 있다. 오히려 진짜 문제는 너무나 많은 것이 경계의 어느 이면에 집단들이 속하게 되느냐에 달렸다는 사실이다. 왜냐하면 이 결과에 따라 어디에 선을 그어야할지 격렬한 정치적 압력이 가해질 것이고 이는 정치적으로 지속불가능한 방식으로 나타날 것이기 때문이다.

이쯤 되면 현재 유엔의 틀 안에서는 그 어떤 국토 내 소수자도 자신을 소수민족이라고 칭할 만한 동기부여를 하지 못한다. 왜냐하면 이 카테고리는 다른 어느 인종문화집단과 비교해보더라도 상대적으로 아무런 권리도 제공하고 있지 않기 때문이다. 대신 모든 국토 내 소수자들은 자신을 원주민이라고 재정의할 충분한 동기부여를 갖고 있다. 만약

---

39 유엔의 소수자 문제에 관한 실무그룹 위원장의 솔직한 고백을 빌리자면, '소수자와 원주민 사이의 명확한 구분의 유용성은 논란의 여지가 있다. 이 보고서의 두 저자를 포함한 분과 위원회는 이 두 트랙을 분리시키는데 주된 역할을 했다. 이제 분과 위원회는 이 이슈를 재검토해야할 시점이다. 차이점은 아시아와 아프리카에서 이 집단을 어떻게 수용해야할지 기준을 확립하는 데에는 별 도움이 안된다.'(Eide and Daes, 2000, 문단 25, Eide, 2004 도 볼 것)

이들이 '소수민족'이라는 이름으로 국제사회에 온다면, 이들은 27조에 명시된 불특정 인권 외에는 아무것도 얻지 못할 것이다. 만약 이들이 '원주민'이란 이름으로 온다면, 그들은 토지권, 자원에 대한 통제권, 정치적 자치정부권, 언어사용권 및 법적 다원주의 등을 보장받을 것이다.

전혀 놀랍지 않게도, 우리는 아프리카, 아시아, 중동 지역의 국토 내 소수자들이 스스로를 원주민이라고 지칭하는 경향을 보게 된다. 흥미로운 예는 이란의 아와즈 지방의 아랍어를 사용하는 소수자인데, 이들의 영토는 국가의 페르시아화 정책 아래 아랍어를 사용할 언어권을 탄압받고 마을과 도시 이름을 새로 지어서 그들의 아랍 역사를 지우고 아와즈 지방에 페르시아인들을 이주시키는 등의 억압을 받고 있다. 과거에 아와즈 지도자들은 유엔의 소수자 문제에 관한 실무그룹에 참석하여 소수민족으로서의 자신들의 권리가 지켜지지 않는다고 불만을 토로했다. 그러나 유엔이 소수민족은 어떤 특정집단 인권이 없다고 인식하기 때문에 아와즈 문제는 벽에 부딪히게 되었다. 그래서 이들은 자신들을 소수민족으로부터 원주민으로 재정의한 이후에 유엔 원주민에 관한 실무그룹에 참석했던 것이다! 이와 비슷하게 이전에는 소수민족 실무 아프리카의 여러 국토 내 소수자들은 주로 영토권을 보장받기 위해 이제 자신들을 원주민으로 재 브랜드화하고 원주민에 관한 실무그룹에 참석하고 있다.(Lennox, 2006, p.18)

이것은 단지 빙산의 일각에 지나지 않는다. 많은 소수자들이 현재 원주민이라는 라벨을 도입할지 논의하고 있는데, 크리미아 반도의 타타르족(Dorowszewska, 2001), 로마족(Banach, 2002; Klimmova-Alexander, 2006), 흑인계 남미인(Lennox, 2006)이 이런 예가 된다. 국가없는 소수민족의 교과 서적인 예인 쿠르드족 조차 국제적 보호를 받기 위해 자신들을 원주민으로 재정의할지 논의중이다. 이스라엘의 팔레스타인들(Jamal, 2005; Jabareen, 2005), 그루지아의 아브하즈족이나 러시아의 체첸인(Aukerman, 2000), 그리고 중국의 티벳족 역시 이를 논의중이다.[40]

이 모든 사례에서 소수자들은 불특정 인권은 '치명적으로 약하다라고 간주된다'는 사실과(Barsh, 1994, p.81) '이들의 필요에 (…중략…) 아무런 관련성도 없다'(Aukerman, 2000, p.1030)는 사실에 반응하는 것일 뿐이다. 불특정 인권으로는 역사적 정착 과정이나 영토적 애착에 기반을 둔 요구를 개진할 수 없기 때문이다. 국제법을 현재 있는 그대로 받아들이면, '원주민'으로 승인되는 것이 이런 이익을 보장받는 유일한 길이다. 아마도 시간이 지나면 스코트족과 바스크인도 이 지위를 획득하게 될 것이다.(Barsh, 1994, p.81) 도대체 어떤 국토 내 소수자가 현재 원주민 특정 인권에 보장된 인권을 원하지 않겠는가?[41]

국가하위 집단이 자신들을 원주민으로 재정의하는 이런 경향은 놀라울 것이 못된다. 왜냐하면 이는 원주민들이 국가하위 민족주의 담론을 받아들이던 초기의 경향을 뒤바꾼 것에 지나지 않기 때문이다. 19세기

---

40 또다른 흥미로운 예로는 인도의 카스트 최하 계급인 달리트인들이다. 이들은 때로는 유엔에 '소수민족'으로서 소수자 문제에 관한 실무그룹에 참석하지만 다른 카테고리를 택하기도 한다. '원주민'으로 취급되거나 인종차별철폐를 위한 협약 아래 보장받는 '인종'으로 간주되는 대안을 모색하고 있는 것이다. 이중 어느 것도 정확이 들어맞지는 않지만 둘 다 적어도 '소수자'라는 라벨이 주는 것보다는 더 많은 것을 보장한다.

41 이런 집단들은 자신들의 '진정한' 정체성을 반영하지 않는 방식으로 '전략적으로' 원주민 라벨을 사용한다는 비판도 받는다. 그러나 인종문화적 집단에게 '진정한' 정체성이란 없다. 이런 카테고리들은 법적, 정치적 목적으로 고안되었을 뿐이고 얼마나 효과적으로 이런 목표에 부합하느냐만 평가받는다. 이런 경우로 내 우려는 현재 유엔의 틀이 원주민 카테고리를 전략적으로 사용할 것을 부추기는 데에서 기인하지 않는다. 오히려 원주민 카테고리 자체를 약화시키는 방식으로 요구를 개진할 것을 부추기는 것이 문제이다.

와 20세기 대부분에 걸쳐, '국가적 자결'의 원칙은 자치정부권을 추구하는 국토 내 소수자들에게 가장 강력한 수사적 도구가 되어주었다. 우리가 알아보았듯이 이것은 국토 내 소수자들이 근거로 들 수 있는 **법적** 도구인 것은 아니다. 국제법은 소수자들이 국가적 자결권을 주장할 수 있다고 결코 인정한 적이 없기 때문이다. 그러나 이는 여전히 강력한 **정치적** 도구로써 소수자 집단 구성원을 동원화하거나 국가하위 자치정부를 주장하는 것에 대한 변호로 사용될 수 있다. 그러나 많은 원주민 집단은 스코트족, 퀘벡인 또는 바스크인과는 같은 국가하위 소수민족과는 달리 '민족'이라고 간주되지 않으므로 이 원칙에 호소하는 것에 어려움을 겪는다. 그들은 원주민 '집단', '공동체', 또는 '인구'로 지칭되었지만 '민족'으로 간주되지 않으므로 자결권을 가질 자격이 없다는 것이다. 따라서 원주민 지도자들이 원주민 인권운동을 1960년대와 1970년대에 재건하려고 했을 때 가장 먼저 부딪힌 어려움은 국가하위 민족주의의 수사를 도입하는 것이었다. 예를 들어 캐나다의 경우에는, 거의 모든 원주민 공동체가 그들의 이름을 '첫번째 민족(First Nations 역주 : 캐나다 원주민)'[42]으로 개정하려는 청원을 연방 인디언 법이 승인했다. 다른 신대륙의 원주민들은 이와 유사하게 '내부의 민족'이라는 수사를 도입했고 국가와 '민족에서 민족으로' 관계를 추구하고 있다. (예 : Fleras and Elliot, 1992)

그러나 오늘날 적어도 유엔에서 자결권을 획득하기 위한 보다 더 강력한 정치적 법적 자격을 부여하는 것은 토착성이지 국민성(nationhood)

---

[42] 원주민이 국민성의 수사를 도입한 것에 대해서 Papillion, 1999, Alfred, 1995, Chartrand, 1995를 보라.

이 아니다. 1970년대와 1980년대에는 국가하위 민족주의 집단들의 정체성과 수사를 도입하는 것이 원주민들에게 국가와 지배집단으로 하여금 자신들의 자치정부에 대한 요구를 심각하게 받아들이도록 하여 정치적으로 유리했을지 몰라도, 오늘날은 오히려 국가하위 민족주의 집단들이 원주민의 정체성과 수사를 채택하는 것이 더 정치적으로 유리하다. 소수민족과 원주민 사이에 서로의 전략과 담론을 상호교환하는 행위는 이들의 기본 주장과 정당화에 강한 연속성이 있음을 보여주며 둘 사이에 법적 방화벽을 세우는 것이 무의미하다는 것을 증명하는 일이다.

소수민족이 원주민 라벨을 도입하여 중요한 특정 인권을 뒷문으로 들어감으로써 얻으려는 것이 수긍이 갈 수도 있다. 어쨌든 자유주의적 다문화주의의 이론과 실제라는 시각에서 본다면, 여기에 깔린 도덕적 논리는 역사적 정착과정과 영토에 수반하는 정당한 이해관계를 모든 취약한 국토 내 소수자들이 나누는 것이 맞고, '원주민'이란 카테고리를 모든 국토 내 소수자에게 확대적용하는 것은 이를 가능하게 하는 하나의 방법이다. 또한 이 방법은 국제사회가 소수민족 특정 인권에 보이는 적대감을 우회할 수 있는 좋은 방법으로 보이기도 한다.

안타깝게도 이건은 지속가능한 접근법이 아니다. 소수민족이 원주민 라벨을 빌리는 경향이 계속된다면 원주민 인권의 국제 체계가 완전히 무너지는 결과를 초래할 것이다. 우리가 보았듯이, 국제기구는 강력한 국가하위 민족 집단에게 자치정부권을 부여하는 것을 반복적으로, 또 명시적으로 거부해왔다. 이는 부분적으로는 지정학적 안보에 끼칠 영향 때문이었다. 이들은 앞으로도 이런 집단들이 단순히 스스로를 원주민으로 재정의함으로써 자치정부권을 뒷문으로 얻으려는 것을 결코 묵인하지 않을 것이다.

점점 더 많은 국토 내 집단이 원주민 라벨을 도입함에 따라, 그리고 내 생각에 이런 추세는 계속될듯한데 그렇다면 예상할 수 있는 결과는 국제적 공동체가 원주민 특정 인권 트랙으로부터 후퇴하기 시작하는 일일 것이다. 사실 이런 후퇴의 전조는 이미 가시적이다. 이런 후퇴가 여러 방식으로 나타날 수 있다. 가장 뚜렷한 예로는 회원국들이 유엔에 중재를 요구하고 미주기구의 원주민 인권에 대한 선언 초안을 중지시킬 수도 있다.[43] 또는 이런 선언들을 자신들의 구미에 맞는 내용으로 탈바꿈시킬 수도 있다. 예를 들어 토지권이나 자치정부권을 삭제하고 주호 문화적 승인 관련 이슈에 초점을 맞출 수도 있다. 또는 이런 선언을 적용할 범위를 축소시키려 시도할 수도 있다. 예를 들어 임금노동에 관여하지 않는 산악지대에 소수자처럼 '멀리 떨어진' 집단에만 적용시킬 가능성도 잇는 것이다. 어떤 테크닉을 사용하든지 이런 후퇴가 불러올 결과는 원주민 트랙이 지금까지 성취해온 중대한 진전을 되돌려 놓을 것이다.[44]

이런 점은 유엔과 국제기구에서 원주민 특정 인권 트랙의 장기적 미

---

43 이런 협상안들은 이미 기어가듯이 느리게 진행되고 있고 이런 지연은 통상적으로 국가들이 원주민의 내부적 자결권 원칙을 받아들일 용의가 없기 때문인 것으로 풀이된다. 그러나 나는 이런 지연이 적어도 부분적으로는 원주민 카테고리가 다른 소수민족을 포함시키도록 확장되는 것을 막는 안전장치가 없다는 우려 때문이라고 생각한다.

44 이런 걱정을 담은 다양한 언급으로는 Aukerman, 2000, p.1017을 참조할 것.('원주민 운동이 야심찬 인권 틀을 발전시키고, 실무그룹을 통해 제도적 존재감을 유엔에서 획득하는데 성공했다는 사실은 지금까지 이 운동을 특징지웠던 연약하고 말없는 포섭의 기준의 기반을 약화시킬 위협이 있다'); Kingsbury, 1998, p.419('원주민 운동에 대한 타당한 우려가 있는데 이것은 원주민과 다른 인종적 소수자 사이의 매우 잘 운영되는 국제정치적 차이점이 점차 희미해질 것이라는 걱정이다. 만약 이렇게 될 경우, 원주민 요구에 대한 반발을 불러일으킬 것이다') 그리고 Barsh, 1994, pp.81~82('원주민 기구들은 이들 (소수민족) 집단을 운동에서 배제할 것을 고려해봐야 한다. 그렇지 않으면 원주민 이슈에 대해 관심이 없던 많은 국가들이 적대적으로 돌아설 것이다.')

래가 아직 불투명하다는 것을 시사해준다. 원주민 특정 트랙은 국제적 소수자 권리의 확실한 성공 사례로 자주 인용되지만 아직 속단은 이르다. 지금까지는 실제로 성공적이었으나 이제는 자신의 성공의 희생자가 될 위험에 처해있는 것이다. 신대륙의, 특히 라틴 아메리카의 원주민에게 힘을 실어준, 원주민 특정 트랙의 성공은 국제기구들로 하여금 도덕적 모순을 드러내고 개념적으로 불안정하며 정치적으로 지속불가능한 카테고리를 재정의하고 확장하게끔 만들었다.[45]

우리가 어떻게 이 불안정성을 타개해야 하는지는 분명하지 않다. 우리가 살펴보았듯이, 이 딜레마는 글로벌 수준의 특정 규범을 어떻게 계발할 것인가에 관한 두 가지 핵심 결정사항의 복합적 결과로 발생한 것으로서, 둘 다 실용적이고 수긍이 가며 아마도 불가피한 것이라고 할 수 있다. 첫째, 원주민과 소수민족의 법적 지위 사이에 커다란 격차를 만들자고 결정하여 전자는 강력한 특정 인권의 수혜자가 되었고 후자는 단지 일반적 인권만 부여받게 되었다. 원칙적으로 다른 대안을 강구하여 국제기구가 이중 특정(또는 다수 특정) 전략을 도입하여 원주민과 소수민족 양측 모두다 개별적 법적 트랙을 만들어주는 것을 고려해볼 수도 있을 것이다. 그러나 이미 관찰했듯이, 유럽 소수민족을 위한 특

---

45 이런 모든 정의는 원주민의 형식과 내용이 서로 불일치하게 만들 위험을 내포하고 있다. 우리가 살펴보았듯이 원주민 인권의 내용은 점점 더 내부적 탈식민화 모델에 기반을 두고 있으므로 유럽제국의 해외 식민지에 탈식민주의를 강제할 수는 없지만 유럽 이주민 국가의 내부적으로 식민지화된 원주민들에게는 그럴 수 있다고 주장한다. 이런 관점에 의하면 원주민 인권은 탈식민주의 논리의 좀 더 논리적으로 일관성있는 적용이다. 그러나 이런 인권은 아시아와 아프리카에 있는 집단에 내부적 식민지화라는 논리도 부여되는 게 아니라, 경제적 소외화, 정치적 배제와 문화적 취약성의 여러 조합에 근거하여 부여된다. 이런 상황에 처한 소수자들을 보호하는 것은 바람직하지만 왜 탈식민주의에 기초한 모델들이 이에 적합한 구제책인지는 명확하지 않다.

정 규범을 만들려는 시도는 이미 실패했고 글로벌 수준에서 성공을 기대하는 것은 더 가능성이 낮다. 결과적으로, 이 두 종류의 집단 사이에 법적 방화벽을 세우는 일은 유엔의 틀에 도덕적 모순을 가져오긴 했으나 명백하게 실용적인 결정이었다.

두 번째 결정은 원주민의 카테고리를 원래 맥락인 신대륙 이주 국가를 넘어서, 아시아, 아프리카, 중동으로 확대 적용하는 것이었다. 여기서도 원칙적으로는 다른 국제기구들이 '원주민' 카테고리는(그리고 소수민족도 함께) 유럽의 역사와 유럽 이주민 국가의 역사에 바탕을 두고 있음을 인정해서 세계의 다른 지역의 소수자를 위한 특정 규범 카테고리를 완전히 다른 틀에 만드는 것을 대안으로 생각해볼 수 있을 것이다. 그러나 이런 대안적 카테고리가 구체적으로 어떤 모습일지에 대한 제안이나 예가 전무한 실정이고, (우리가 다음 장에서 보겠지만) 아시아, 아프리카와 중동의 국가들은 자신만의 지역 차별적인 형태의 특정 인권을 만드는데 전혀 관심을 보이지 않았다. 탈식민주의 국가의 소수자들을 위한 27조에 규정된 기본 인권의 범위를 넘어서는 수준의 국제적 보호를 확장하는 유일하게 현실적인 방법은 원주민 카테고리를 확장하는 것이었다. 국제적 보호의 유일한 수단이 원주민을 특정 대상으로 하기 때문에, 보호될 필요가 있는 소수자를 원주민으로 재정의하는 것은 수긍이 가면서도 실용적인 결정이었다.

이 두 가지 실용적인 결정이 불러온 복합적인 결과는 그러나 불안정성이었다. 원주민 카테고리를 글로벌화한 결정은 원주민과 다른 국토 내 소수자 사이의 법적 방화벽을 도덕적, 개념적, 정치적으로 유지하는 것을 매우 어렵게 만들었다. 이 방화벽을 유지하는 것은 첫 번째 결정의 요구사항이었다.

원주민 카테고리를 글로벌화하는 것은 그러므로 단기적인 실용적 이익을 가져다주지만 장기적으로는 위험을 가져다준다. 아마도 이익이 위험보다 확실히 더 클 것이다. 관련 글로벌 정책 네트워크 내 행위자들이 얼마나 신속하게 이 방법이 맞다고 판단하고 진행시켰는지는 정말 놀라울 정도이다. 거의 만장일치로 전문 옹호 단체와 그들의 학술자문위원들과 인도주의 자금제공자들은 원주민 카테고리가 글로벌화되어야 한다고 찬성했던 것이다.[46] 우리가 알아봤듯이 이런 전력은 아직도 일부 탈식민주의 국가들의 반발을 사고 있으며 외부의 일부 학자들에 의해 반박되고 있는 실정이다.(예 : Beteille, 2000; Bowen, 2000) 그러나 유엔 원주민 트랙과 관련된 정책 네트워크 내에서는 이 전략의 적합성에 대해 매우 미미한 논쟁만 있었을 뿐이다. 원주민에 대해 좀 더 '포괄적인' 정의를 내리는 것이 바람직하다는 생각은 보통 당연하게 받아

---

[46] 여기에 주된 예외는 유엔 원주민 인권에 관한 특별보고관인 미구엘 알폰소 마르티네즈의 1999 보고서이다. 국가와 원주민 간에 조약을 체결하여 건설적 절차를 확립하는 문제에 관한 그의 연구에서 알폰소 마르티네즈는 '원주민과 소수민족사이에 명확한 구분을 다시 재정립할 필요가 있다'고 주장하고 이를 실행할 유일한 방법은 전자의 정의를 '원주민이란 카테고리가 역사적 관점으로나 오늘날 동시대의 관점으로나 이미 확립되어 있었던' 신대륙 이주민 국가로 한정하는 것뿐이라고 역설했다.(Alfonso Martinez, 1999, 문단 68~69) 그는 신대륙 이주민 국가 내 원주민의 상황은 도덕적으로나 역사적으로나 부족들이나 아시아와 아프리카의 다른 억압받은 소수자와도 질적으로 다르다고 주장한다.
이런 차이점들은 명확한 구분이 원주민 국가에 의한 이웃 지역으로의 영토 확장과 유럽 열강에 의한 고대부터 지속되어온 해외 영토의 조직적 식민지화 등을 비롯한 역사적 요인 때문에 필요하다는 점을 보여준다. 해외의 제국주의적 야욕은 유럽 이주민들이 오기 전 이러한 '새로운' 영토에 거주하던 사람들이 (이웃 국가를 침략하는) 이웃 영토로 확장했다는 매우 흔한 현상과는 완전히 다르기 때문이다. (…중략…) 제국주의적 야욕은 근본적으로 착취적이며 차별적이고 지배적인 '철학'을 그 체제 내에 갖고 있고, 이를 성취하기 위한 방법과 최종 결과는 해당 사회에 발생한 매우 상이한 결과에 나타난다.(문단 73, p.175)
이는 원주민 인권의 글로벌 정책 네트워크 내 황무지의 외로운 외침으로 남았다. 사실상 다른 모든 행위자들은 그의 입장을 반박했던 것이다.

들여지며, 탈식민주의 국가 상황에 좀 더 잘 부합할 새로운 법적 카테고리를 만드는 건 불필요하다는 인식이 있다.

아마도 이것이 정말 최선 또는 유일한 전략일지도 모른다. 그러나 그렇다고 해도 우리는 이와 연관된 위험을 고려해야 하고, 어떻게 우리가 불가피하게 발생할 불안정성을 극복할지에 대해서도 좀 더 창의적으로 생각할 필요가 있다. 이런 면에서, 원주민 인권에 대한 글로벌 논의를 소수민족 인권에 대한 유럽의 논쟁과 비교하는 것은 흥미로울 것이다. 두 경우 모두에서, 특정대상 인권을 제정하며 불안정성이 발생하는 것을 볼 수 있다. 그리고 두 경우 모두 내포한 문제는 동일하다. 즉 국가 하위 소수자 집단에 관련된 지정학적 안보 우려가 야기하는 모든 것을 마비시키는 영향인 것이다. 유럽적 맥락에서 이런 우려는 국제기구가 영토와 자치정부에 대한 실질적 규범을 제정하려는 시도를 포기하도록 하고, 일련의 불특정 소수자 권리로 후퇴하게 만들었다. 글로벌의 경우, 유엔이 원주민 카테고리에 집중한 이유는 바로 이런 모든 것을 마비시키는 공포 때문이었다. 그 결과, 유엔은 원주민 특정대상 규범을 제정하여 토지와 정치적 독립성에 관해 실질적 이슈들을 해결할 수 있었다. 그러나 바로 이 성공이 원주민 규범을 영토와 자치정부에 정당한 권리가 있는 다른 국토 내 소수자로 확대적용하라는 강한 압력을 불러일으켰고, 이제 이것이 다시 안보 우려를 낳고 있는 것이다.[47] 두 종류

---

[47] 킹스베리는 더 많은 국토 내 소수자 집단이 자신들을 원주민으로 재정의한다면, '원주민에 대한 무시할 수 없는 위험이 발생하여, 소수민족과 원주민 사이의 매우 효율적으로 기능하는 국제정치적 구분이 점차 희미해질 것이고 원주민의 요구에 대한 반발을 불러일으킬 것이다'라고 본다.(Kingsbury, 1998, p.419)그러나 (그도 인정하듯이) 모든 사람에게 이 구분이 '매우 효율적'이지는 않다. 반대로, 불특정 소수자 권리 카테고리로 묶인 대부분의 국토 내 소수자들에게 이 구분은 매우 비효율적이다. 이 구분은 원주민에게만 매우 효율적

의 국토 내 소수자들 사이에 법적 방화벽을 유지하려는 유엔의 시도는 원주민 카테고리를 확장하고 또 축소하라는 강력하고도 모순적인 압력 앞에서 좌절되기 쉬울 것이다. 국제사회는 원주민 카테고리를 신대륙 이주국가의 핵심 사례를 넘어서 확대적용하려고 하지만 이런 확장은 도덕적으로나 개념적으로 저 방화벽을 유지시키는 것을 어렵게 만든다. 오히려 탈식민주의 국가의 국토 내 소수자들이 정치적으로 지속불가능한 방식으로 원주민 지위를 주장할 동기부여를 할 뿐이다. 그리고 이것은 결국 원주민 트랙의 축소로 이어질 우려가 있다.

그러므로 원주민 트랙의 장기적 성공은 원주민과 다른 국토 내 소수자 간의 관계에 대한 좀 더 일관성있는 설명을 어떻게 개발하느냐에 달려있는 것이다. 국제사회는 이 문제를 지금까지 체계적으로 처리하는 것을 기피해왔지만 언제까지나 기피할 수는 없을 것이다. 방화벽 전략은 원주민 트랙을 착수시키는 데에는 효과적이었지만 이의 안정적인 장기적 토대가 될 수는 없다.

4. 규범 / 기준으로부터 개별사례 중심의 분쟁해결책으로

원주민과 다른 국토 내 소수자 사이에 뚜렷한 구분을 보존할 다른 방법이 있다고 하더라도, 여전히 국제사회가 쿠르드족, 타밀족, 팔레스타

이고, 이들은 자신들의 요구를 소수민족들의 더 논쟁적이고 안보화된 주장들과 분리시킴으로써 진전을 이루어내었던 것이다. 그러나 결과적으로는 국제법은 소수민족에게는 '치명적으로 약하고'(Barsh, 1994), 이 약점은 왜 이 구분이 문제시되고 있는지를 보여준다.

인, 체체인, 오로모족, 티벳인 등의 탈식민주의 국가 내 국가하위 소수 민족(주의)를 어떻게 다루어야 하는가라는 질문이 남게 된다. 이들의 요구는 원주민의 요구들에 비해 더 폭력적이고 불안정한 인종분쟁의 뿌리에 자리 잡고 있기 때문에 국제사회가 그저 무시해버릴 수가 없는 문제다. 이런 경우에 대한 모범 실무 접근법은 비현실적이고 불특정 소수자 권리 트랙이나 원주민 특정대상 트랙 둘 다 이들과는 별 관련이 없다.

그러므로 글로벌 국제기구들은 국가-소수자 관계에 영향력을 행사하기 위해 다른 전략을 도입해야만 했다. 가장 눈에 띄는 대안은 규범과 기준을 정의하는 것이 아니라 특정 국가 내 분쟁예방과 분쟁해결에 초점을 맞추는 개별사례 중심의 안보 접근법이었다. 우리가 6장에서 보았듯이 이 세 번째 '안보 트랙'은 유럽에서 도입되었는데, 그들의 모범 실무와 법적 규범 전략의 한계에도 불구하고 구사회주의 국가의 인종 분쟁 이슈를 다루는데 가장 중요한 접근법이라는 것이 밝혀졌다.

따라서 만약 우리가 어떻게 국제사외가 분쟁을 해결하고 국가 재건을 도와달라는 요청에 대응했는지 살펴본다면, 놀라운 경향을 발견하게 될 것이다. 자신이 적극적으로 나서 국가와 소수민족 사이의 심각한 분쟁에 개입한 곳에서 유엔은 통상적으로 어느 정도의 독립성을 얻도록 지원하였고, 키프로스, 수단, 이라크, 인도네시아, 스리랑카와 버마가 이의 예가 된다. 물론 이것은 구사회주의 유럽의 경험을 그대로 되풀이하는 것이다. 우리가 6장에서 살펴보았듯이 심각한 인종분쟁이 구사회주의 유럽에서 국가와 소수민족사이에 발생했을 때, 유럽 기구들은 보통 일종의 연방 또는 준연방적 영토적 독립성을 채택하도록 압력을 가했다. 예를 들어 코소보, 보스니아, 마케도니아, 우크라이나, 몰도바, 그루지아와 아제르바이잔이 이런 경우이다.

역설적인 결과는 유엔은 국가하위 집단에 원칙적 자치정부권을 부여하는 것을 명백히 반대하면서도, 서구적 모델의 다국가 연방주의를 중요한 국가들을 포함한 경우에서 지원하게 되었다. 이중 대부분의 경우에서 국제사회의 주된 목표는 단지 평화를 보존하는 것뿐이었다. 그러나 국토 내 소수자에게 독립성의 모델을 장려한 까닭은 이런 모델들이 서구의 경험에 비춰볼 때 자유민주주의적 시민권 강화와 함께 인권을 존중하고 경제발전을 이루게 되는 수단으로 작용하지 않을까하는 희망과 기대 때문이기도 했다. 그리고 이런 자유주의적 다문화주의적 추측은 이런 평화협정을 체결하는 배경이 되는 공식적 국제 수사의 일부이기도 했던 것도 사실이다. 그럼에도 불구하고 이런 지원이 소수자 독립성에 대한 원칙적 지원이 아니라, 폭력 분쟁 해결에서만 나타났다는 사실은 좀 더 호전적인 소수민족들이 결국 더 많은 보상을 받게 된다는 우려도 낳았다.

5. 결론

소수자 권리 분야에서 유엔이 경주한 노력의 역사는 다방면에서 유럽기구들과는 매우 다르다. 그럼에도 불구하고 나는 우리가 똑같이 실패한 전략과 똑같이 풀리지 않은 딜레마, 똑같이 복합적 메시지를 양측 모두에서 관찰할 수 있다고 주장했다. 우리는 순진하고 잠정적으로 위험한 모범실무 홍보를 보았고, 불특정 소수자 권리를 특정대상 소수자 권리와 통합하려는 법적 전략도 살펴보았다. 그리고 이 시도가 불안정한 두 카테고리를 근거로 이루어졌음을 밝혀냈다. 그리고 우리는 개별 사례 중심의 분쟁해결 전략이 호전성을 보상해주는 것도 지켜봤다. 이 모든 것을 종합해보면, 이런 여러 전략들은 어떤 종류의 인종정치적 동원화가 국제사회의 시각에서 정당한 것인지에 대해 서로 다른, 종종 모순적 메시지를 보내는 것처럼 보인다.

이어지는 마지막 장에서 나는 자유주의적 다문화주의의 확산에 따르는 이런 고질적 딜레마를 어떻게 피할 수 있는지, 아니면 적어도 줄일 수 있는지 살펴보려고 한다.

제4장
결론
나아갈 길?

지난 15년을 지나면서 국제기관들이 자유주의적 다문화주의의 이상을 증진함에 있어서 그리고 소수자 권리의 국제적인 규범을 공식화함에 있어서 대담한 실험을 착수하였다. 그러나 이 실험은 불확실한 장래를 마주하고 있다. 국가 간 국제기구들이 자신들의 담론과 규범들을 구성했던 방식에는 복잡하고 불안한 요소들이 있고, 이들은 그러한 담론과 규범들의 효과적인 확산과 수행을 방해한다. 더군다나 이러한 문제에 대한 원래의 위기감은 대개 사라졌고, 소수자 권리에 관한 질문이 국제적인 우선순위의 목록 아래로 떨어졌다. 새로운 주목과 헌신이 없다면 예상되는 결과는 이러한 실험의 더욱 진보적인 차원에서 점진적인 퇴보이다.

그러면 해야 할 일이 무엇인가? 우리는 여기에서 어디로 나아가는가? 지나치게 단순화해서 우리가 두 가지 선택을 상상할 수 있다. 하나는 다문화주의를 국제화하는 기획을 포기하는 것이고 국가와 소수자 관계가 국제공동체를 위한 우선적인 문제가 아니었던 1990년 이전 시대로 시간을 돌리는 것이다.

나의 견해로 이는 매우 바람직하지 않은 것일 수 있다. 국제공동체가 국가와 소수자를 돕는데 있어서 합법적이고 본질적인 역할이 있다. 전세계의 소수자는 더 많은 존경과 인정을 요구하고 있고, 이러한 요구가 예측할 수 있는 장래에 줄어들 것이라고 기대할 수 있는 이유는 없다. 다문화주의를 위한 동시대의 투쟁이 민족적·인종적 계급제도에 대항하는 초기의 인권 투쟁과 현대 세계의 가장 강력한 도덕적인 이상에 대한 호소에서 생겨났다. 소수자는 그러한 요구에서 뒤로 물러 설 것 같지는 않다. 그러나 많은 후기 공산주의와 후기 식민주의 국가들은 단일적이고 동질적인 국민국가로서 자신들의 전통적인 자기 이해를 위협할 뿐만 아니라 안보, 인권, 개발에 대한 잠재적인 위협을 제기하는 이러한 요구에 대응하는데 어려움이 있다. 심지어 서구 국가 내에서도 자유주의적인 다문화주의가 반발과 퇴보에 취약함이 입증되었다. 국가와 소수자 관계는 비자유주의적이고 비민주적인 관계라는 옛적의 방식들—정복자와 피정복민, 식민주의자와 피식민지인, 인종차별된 것과 정체성 표시가 없는 것, 정상적인 것과 비정상적인 것, 정통적인 것과 이교도적인 것, 문명화된 것과 퇴보적인 것, 동맹과 적—로 회귀할 계속적인 위험이 있다.

만약 우리가 이러한 방식을 부수고 나와서 그들을 민주적인 시민의 관계로 대체하고자 한다면 국제공동체가 적극적인 참여자가 되어야만 한다. 비록 이것이 종종 잊히지만 국제적인 압력이 몇몇 서구 나라들에서 소수자 권리를 개발하는 데 있어서 중요하고 유익한 역할을 하였다는 것을 기억할만한 가치가 있다. 예를 들면, 올란드 제도를 위한 자치의 조정이 국제연맹 하에서 외부적으로 결정된 해결책이었고 이는 아주 잘 진행되었다. 1955년에 독일의 나토 가입은 덴마크와 상호적인 소수자 권리 협정을 해결한다는 조건부로 이루어졌다. 이 협정은 동족 국가들이 어떻게 이웃하는 국가에서 소수자를 돕기 위해 상호적인 관계를 통해 건설적으로 일할 수 있는가에 관한 하나의 모델로서 현재 간주되고 있다. 1972년에 남부 티롤에 자치를 부여하도록 이태리에 강력한 국제적인 압력이 가해졌다. 오늘날 이것은 성공적인 조정의 한 모범으로서 간주된다. 이 모든 경우들에서 비록 국내적으로 자립적이었고 실제로 종종 국내적인 절차들의 결과로 향상되었거나 확장되었음에도 불구하고 정착을 개시하기 위해서 일정 수준의 국제적인 압력이 필요하였다. 이러한 역사를 고려할 때 후기 공산주의 혹은 후기 식민주의 세계에서 국가가 어느 정도의 국제적인 지원 혹은 심지어 압력이 없이 필연적으로 평화롭게 자신들의 국내적인 민주적 과정들을 통해 중요한 소수자 권리를 향해 나아갈 것이라고 가정하는 것은 순진한 것 같다.

국가 간 국제기구들은 공격받기 쉬운 소수자들을 심각한 부당함으로부터 보호하고 국가들이 이러한 정의의 의무들을 충족시키는 것을 가능하게 하기 위한 책임이 있다. 이러한 임무를 저버리는 것은 국제공동체의 설립 이상들에 대한 배반이 될 것이다.

여하튼 간에 소수자 권리로부터의 전면적인 퇴보는 현실적인 선택은 아니다. 다문화주의와 소수자 권리에 대한 헌신은 한편으로 상대적으로 최근의 것이지만 이제 국제공동체에 깊이 제도화되어 있다. 국제공동체의 복합적인 수준들과 (지역적이고 전지구적인) 다른 기능적인 영역에서(예를 들면, 평화와 안보, 인권, 개발과 환경) 운용되는 수많은 특별조사위원회, 자문위원회, 독립적인 전문가들, 감시 기구들이 있다. 비록 UN 총회가 민족적 혹은 인종적, 종교적 혹은 언어적 소수민족들에 속하는 사람들의 권리에 관한 1992년 선언 — 그 자체로 완전히 비현실적인 가설 — 을 거부하기로 결정하였을지라도 이것이 소수자의 권리가 전 세계의 개별적인 국가들의 개발 원조 정책들은 말할 것도 없고 UNDP, 국제노동기구, 세계은행, 혹은 유네스코의 운영에 침투하는 방식에는 어떤 영향도 미치지 않을 것이다. 이런 혹은 저런 방식으로 소수자의 권리는 이곳에 머무르게 된다.

그러므로 대안은 개념적으로 그리고 정치적으로 더욱 안정된 기반을 다지기 위해 소수자 권리를 국제화하는 기획을 재고하는 것이다. 여기에 일련의 일관된 목표와 이상이 있고 그것을 성취하기 위한 실행 가능한 수단이 있음을 우리가 보여줄 필요가 있다.

나는 국제적인 소수자 권리의 일관된 기획을 잘 다듬기 위한 가장 그럴듯한 기초가 자유주의적 다문화주의의 개념에 놓여 있다고 생각한다. 이 책에서 내가 논하였듯이 자유주의적 다문화주의는 국가와 소수자 관계의 장에서 국가 간 국제기구들의 활동들에 강력한 영향력으로서 이미 작용하고 있다. 이는 사용되는 용어와 수사에 반영되어 있고, 최상의 실천으로서 선택된 본보기에서 반영되어 있고, 소수자 권리의 규범과 표준을 공식화하는 목표에 반영되어 있고, 이러한 소수자 권리가 더욱 광범위한 인권과 민주적인 입헌주의의 체재들 내에 깊이 새겨져 있고 거기에서 발생하는 것으로 간주되는 그 방식에 반영되어 있다. 이 모든 것이 자유주의적 다문화주의의 명백한 흔적을 지니고 있고 그것이 없는 곳에서 생겨날 수가 없었을 것이다.

그러나 국가 간 국제기구들이 자유주의적 다문화주의에 의해 영향을 받았다고 말하는 것은 이러한 접근에 대한 분명한 전지구적인 합의 혹은 그것에 대한 일관된 적용이 있다는 것을 말하는 것은 아니다. 반대로, 우리가 보았듯이 자유주의적 다문화주의의 장점은 국제적인 수준에서 철저하게 의문시된다. 이러한 반대의 일부는 소수자들과 권력을 나누기를 원하지 않는 혹은 자신들의 '퇴보적인' 소수자들에 대한 뿌리 깊은 편견들을 유지하는 국가의 엘리트에서 생겨난다. 그러나 그러한 반대의 많은 부분은 특히 지정학적인 불안정 혹은 민주적인 과도기의 조건에서 자유주의적인 다문화주의의 실행 가능성 혹은 그것이 수반하는 위험들에 대한 진심에서 우러나오는 회의에서 생겨난다.

그 결과 자유주의적 다문화주의에 대한 헌신은 대개 암시적이고 몹시 조건부인 상태에 있다. 어떤 논평자들에 따르면 국가 간 국제기구들이 어떤 형태의 '다문화주의의 빛'(Skovgaard, 2007), 즉 자유주의적 다문화주의의 더욱 문제시되거나 위험한 측면들을 피하고자 하는 하나의 완화된 변형을 증진하고 있다고 말하는 것이 훨씬 더 정확할 것이다. 그러나 국가 간 국제기구들의 헌신은 이러한 이미지가 암시하는 것보다 훨씬 더 균일하지 않고 변덕스럽다. 다문화주의의 빛은 어떤 나라들에서 어떤 소수자들을 위해 기대되거나 권장되는 모든 것일 수도 있다. 그러나 다른 맥락들에서 더욱 확고한 형태의 다문화주의가 승인되거나 심지어는 강요되고, 반면에 또 다른 맥락들에서 우리는 심지어는 다문화주의의 빛의 가장 최소한의 형태들로부터의 퇴보를 목격한다. 바로 이러한 가변성이 내가 이전의 두 개의 장에서 더듬어 올라가 조사했던 개념적·정치적 불안정을 만들어 내고 있다.

그러면 질문은 우리가 이러한 불완전하고 균일하지 않은 자유주의적 다문화주의에 대한 국제적인 헌신을 안정시킬 수 있는가 하는 것이다. 우리가 자유주의적 다문화주의를 확산시키는 데 있어서 현재 암시적이고 균일하지 않은 일련의 실험을 더욱 일관성이 있는 법적·정치적 기획으로 전환할 수 있는가? 내 생각으로 이에 대한 답은 내가 이 책의 처음에서 제기했던 기본적인 딜레마를 우리가 다룰 수 있는지에 달려있다. 즉, ⓐ 우리가 포괄적이고 대상지향적인 소수자 권리를 어떻게 결합할 수 있는가?; ⓑ 우리가 어떻게 단기적인 갈등 예방을 자유-민주적인 다문화주의의 가장 최고의 표준의 장기적인 증진과 결합할 수 있는가?; ⓒ 우리가 어떻게 민족문화적인(ethnocultural) 정의의 추구를 지정학적인 안보의 보호와 결합할 수 있는가?

여기에서 어떤 쉬운 답이 없다는 것이 이제는 분명해져야 한다. 이러한 딜레마는 정말로 딜레마이다. 우리가 어떻게 진행하든지 간에 위험과 균형이 있다. 실제로 자유주의적 다문화주의를 확산하기 위한 세 가지 주요한 전략 각자―최상의 실천들을 공표하는 것, 법적인 규범들을 공식화 하는 것, 사례에 기초한 갈등 해결 개입들―는 그 자체의 근본적인 딜레마가 있고, 이 세 가지를 결합하고자 하는 어떤 시도도 충돌적인 메시지와 곡해적인 동기에 대한 잠재적 가능성을 즉각적으로 만들어낸다. 이러한 위험들의 균형을 어떻게 맞추는가에 대한 합리적인 불일치는 필연적일 것이다. 그래서 우리는 일련의 대안적인 모델이 생겨나기를 기대해야 한다. 이는 실제로 우리가 정확히 필요로 하는 것이다. 우리는 일련의 경쟁적인 접근들을 공개적으로 드러내놓을 필요가 있다. 그렇게 함으로써 우리가 각자의 장점과 단점을 체계적으로 평가할 수 있을 것이다.

내가 바라기는 이러한 대안을 공식화하고 평가하는 그 과정이 세계의 다른 지역들로부터의 다른 형태의 국가와 비국가적 관계자뿐만 아니라 다른 학문적 체계의 정보 입력에 의존하는 협력적인 노력이 되어야만 한다는 것이 또한 분명해져야 한다. 우리는 이러한 노력을 위한 어떤 기초적인 요소가 있다. 우리는 규범적인 정치 이론가들을 통해 공고해진 서구 민주주의의 경험에서 주로 파생된 자유주의적 다문화주의의 이상과 최상의 실천에 관한 설명을 잘 다듬어 왔다. 우리는 정치학자를 통해 특히 후기 공산주의와 후기 식민주의 세계에서 약하거나 나뉜 사회에서 사례에 기초한 갈등 해결의 기법에 관한 설명을 잘 다듬어 왔다. 그리고 우리는 국제 법률가들을 통해서 소수자 권리에 관한 다양한 국제 조약과 선언에서 사용된 기존의 개념과 범주에 관한 설명을 잘 다듬어 왔다. 하지만 현재까지 이러한 세 가지 기초적인 요소들이 어느 정도 서로 간에 독립적으로 존재한다. 우리는 자유주의적 다문화주의의 규범적인 이상, 갈등 예방과 해결의 기법, 소수자 권리의 법적인 범주들 사이에 연결지점을 만들어서 이들을 함께 결합할 필요가 있다.[1]

그러한 국제적이고 학제적 대화의 결과를 예언하거나 규정하는 것은 시기상조일 것이다. 그러나 결론의 나머지 부분에서 우리가 집합적으로 논의할 필요가 있는 그런 류의 문제를 주로 알리기 위해서, 그리고 다른 이들이 다른 더 나은 접근들을 개발하도록 권장하기를 희망하

---

[1] 자유주의적 다문화주의가 현재까지 국제적인 수준에서 가장 영향력 있는 규범적 체제이지만 우리는 어떤 다른 규범적인 정치 이론이 이러한 딜레마들을 다루기 위한 더 나은 일련의 개념적 도구들을 제공할 수 있을 것이라는 가능성을 배제하지 말아야 한다. 만약 우리가 국제적인 법적 규범들과 표준들을 공식화할 때 포괄적인 권리와 대상지향적인 권리를 어떻게 결합하는가, 혹은 어떻게 단기적인 안정성과 장기적인 정의를 통합하는가에 대한 논쟁점들을 명백히 다루는 국제적인 소수자 권리에 관한, 이를테면, 불교적인 혹은 이슬람적인 이론을 가진다면, 이는 정말로 매우 도움이 될 것이다. 비록 소수자 문제들을 위한 그러한 비-자유주의적인 전통들의 의미에 관한 국내적인 수준에서의 흥미로운 논의들은 있지만 내가 알기로 그러한 이론들은 존재하지 않는다. 예를 들면, Kymlicka and He, 2005에서 중국, 싱가포르, 인도네시아, 라오스에 관한 에세이들을 보라.

면서 우리가 그 대화를 어떻게 시작할 수 있는지에 관한 예비적인 고찰을 할 것이다. 나는 특히 세 가지 질문들에 초점을 맞출 것이다. 소수자 권리의 범주들, 소수자 권리의 전제조건들, 소수자 권리를 위한 공개토론장. 처음 두 개는 소수자 권리의 내용에 관한 질문들이다. 그리고 나머지는 내용에 관한 이러한 논쟁점들이 해결되는 매커니즘 혹은 절차와 관련된다.

첫 번째 질문은 범주의 문제와 관련된다. 국가 간 국제기구는 소수민족과 원주민과 같은 구체적인 집단의 범주를 위한 대상지향적인 소수자 권리를 채택해야 하는지에 대한 문제와 반복해서 싸웠다. 이러한 싸움은 다수의 중요한 교훈들을 시사한다. 첫 번째는 어느 정도의 대상지향성은 불가피한 것으로 보인다는 것이다. 우리가 보았듯이 많은 관련자들은 민족문화적인 집단을 국제법의 목적에 맞게 다른 범주로 나눌 필요가 없는 순수하게 포괄적인 소수자 권리 접근에 집착하기를 선호한다. 그러나 유럽과 지구적인 맥락에서 순수하게 포괄적인 접근은 불충분하다는 것이 입증되었다. 이것이 집단에 따라 분화된 문제들을 제기하는 것은 민족 갈등의 바로 그 본질의 일부이고 자유주의적 다문화주의의 바로 그 논리의 일부이다. 이는 만약 국제적인 규범이 건설적인 역할을 하고자 한다면 어느 정도의 대상지향성이 필수적이라는 것을 시사한다.

그러나 우리는 바람직하거나 지속될 수 있는 그런 류의 대상지향성에 관한 일관성 있거나 체계적인 설명이 전혀 없다. 국제법에서 대상지향적 범주들의 현재적인 사용 — 이는 본질적으로 유럽에서 소수민족들 그리고 전지구적으로 원주민들에게 제한되어 있는 — 은 복합적으로 결함이 있다. 이는 조정되지 않고 임시적인 방식으로 등장하였으며, 안보와 정의의 고려의 불안한 혼합을 반영하고, 적용범위에 커다란 결함이 있고, 사실상 지역에 구체적인 것들을 보편화하는 경향이 있다. 그 결과는 이러한 대상지향적인 규범들을 단념하는 압력이 증가하거나 그것의 원래 의도를 뒤엎는 방식으로 그 규범들을 재해석하는 압력이 증가하고 있다.

실행 가능한 대안이 있는가? 범주의 질문에 대한 일관성 있거나 지속성 있는 자유주의적 다문화주의 접근은 어떤 모습을 하고 있을까? 자유주의적 다문화주의 관점에서 대상지향성에 대한 근본적인 원리는 국가와 소수자 관계에서 예상할 수 있는 권리침해의 형태를 확인하고 개선하는 것이다. 전통적인 인권이 국가 권력의 남용으로 인한 '표준적인 위협들'에 대해 개인을 보호하는 것으로 이해될 수 있듯이(Shue, 1980), 우리는 대상지향적 소수자 권리를 현대 국민국가들의 영향력 하에서 직면하는 표준적인 위협에서 다른 유형의 소수자를 보호하기 위한 시도로서 간주할 수 있다. 우리가 3장에서 보았듯이 이러한 위협은 집단마다 다르며, 이는 부분적으로 그들이 어떻게 국가의 일원이 되었는가에 달려있다. 국가가 식민화된 원주민을 향해서 역사적으로 채택한 정책은 합병된 소수민족을 향해서 채택한 정책과는 다르고, 이러한 정책들은 또한 이민자와 난민이라는 새로운 소수자 집단을 향해서 채택된 정책과도 다르다. 이러한 모든 정책이 전통적으로 소수자 집단에게 동화나 배제를 강요하는 결과를 야기했으나 수반되는 권리침해와 그 해결책은 다르다. 자유주의적 다문화주의의 집단에 따라 분화된 특징은 이러한 예상할 수 있는 권리침해의 형태를 확인하고 개선하기 위한 시도로서 이해될 수 있다.

이런 관점에서 볼 때 우리는 국제적인 대상지향적인 규범의 정의에 기반을 둔 체제의 초보적인 형태의 윤곽을 확인할 수 있다. 가장 분명한 예는 생성되는 대상지향적인 규범들이 바로 원주민이 경험한 불법의 예상할 수 있는 형태를 개선하기 위해 만들어진 신세계의 정착민 국가에서 원주민과 관련된다. 유럽에서 이민자 집단과 로마인을 위해, 라틴 아메리카에서 아프리카계 라틴사람을 위해서, 아시아에서 산악지대의 부족(hill tribes)과 카스트 제도에 따른 집단을 위해, 아프리카에서 양치기들(pastoralists)을 위해서 대상지향적인 규범을 채택하기 위한 진지한 제안이 또한 있었다. 이것은 다양한 나라에서 이러한 형태의 소수자집단이 경험하는 부당한 대우의 예상할 수 있는 형태 혹은 표준적인 위협이 있다는 가정에 근거하고 있다.

현재까지 이러한 제안의 대부분은 받아들여지지 않고 있는데, 그 이유는 부분적으로 그러한 제안이 종종 임시적인 것, 특별한 호소로 보이기 때문이다. 새로운 대상지향적인 범주를 설정하기 위한 제안을 평가하기 위한 어떤 만들어진 절차 혹은 기준이 없고, 포괄적인 소수자 권리를 보충하기 위해서 언제 어떻게 대상지향적인 범주가 필요한지에 관한 일반적인 이론도 없다.

내 견해로는 이는 소수자 권리에 대한 현재의 접근에서 엄청난 결함이다. 우리는 대상지향적인 소수자 권리의 역할에 대해서 더욱 체계적으로 생각할 필요가 있다. 우리가 만족할 수 있는 한 가지는 만약 대상화된 규범들의 형태와 내용 사이에 일치가 있다면 ─ 다시 말해, 만약 특정한 집단에게 부여된 독특한 일련의 권리가 실제로 그러한 집단의 독특한 필요성 혹은 환경과 일치한다면 대상을 지향하는 것이 효과가 있다는 것이다. 유럽적인 맥락에서 형태와 내용 사이의 불일치가 발생하였다. 유럽적인 규범은 공식적으로 소수민족을 대상으로 하였지만 실질적인 내용에서는 완전히 포괄적이고 그 결과는 불안정함을 드러낸다.

그러나 UN의 원주민 권리 트랙의 경우에서처럼 대상지향적인 형태와 대상지향적인 내용 사이에 확실한 일치가 있는 곳에서 조차도, 만약 이러한 대상지향성이 대상지향적인 권리의 역할과 기능의 더욱 일반적인 체제 혹은 이해와는 동떨어져 존재한다면 그 결과는 여전히 불안정할 것이다. 현재까지 대상지향적인 규범이 임시적인 방식으로 생겨났으며, 포괄적인 소수자 권리에 대한 독특한 예외로서 종종 제시된다. 그러나 이런 유의 임시적인 '단일적인 대상지향성' ― 모든 다른 집단에게는 단지 포괄적인 소수자 권리를 부여하면서 독특한 법적 권리를 위해 하나의 특정한 집단을 분리시키는 것 ― 은 안정적인 것이 될 수 없다. 만약 우리가 장래에 대상지향적인 규범을 시작한다면 더욱 자의식적이고 체계적인 방식으로 그것을 할 필요가 있을 것이다. 이를 테면 원주민들을 위한 지속될 수 있는 일련의 대상지향적인 규범을 개발하기 위한 유일한 방법은 이것을 소수민족 혹은 다른 모국 집단, 이민자 집단, 혹은 로마인 혹은 아프리카계 라티노와 같은 독특한 역사와 필요를 가진 다른 형태의 집단을 위해 분리된 대상지향적인 규범과 협력하여 작동하는 '더욱 광범위한 복수적인 대상지향성'의 전략의 일부로서 만드는 것이다. 그렇지 않다면 어떤 일련의 단일 대상지향적인 규범은 우리가 소수민족과 관련하여 유럽에서 목격하고 있고 원주민과 관련하여 국제적으로 목격하고 있는 것처럼 지속될 수 없는 방식으로 그 범주를 확장하거나 재정의하기 위한 강한 압박을 받게 될 것이다. 이러한 범주는 실질적인 보호를 제공하는 이용 가능한 것이기 때문에 계속해서 확장되고 점점 더 잡다한 일련의 집단을 포함하도록 압박을 받고 있어 원래의 대상지향성 이면에 놓인 근원적인 논리가 점점 더 곡해될 정도에 이른다. 만약 우리가 하나의 형태의 집단을 위해 설계된 일련의 대상지향적인 권리의 기저에 놓인 원래의 의도들을 유지하기를 원한다면, 우리는 다른 형태의 집단이 복수 대상지향적 소수자 권리의 더욱 광범위한 체제의 일부로서 자신들의 대상지향적인 규범들에 호소할 수 있다는 것을 확증할 필요가 있을 것이다.

그와 같은 소수자 권리의 복수 대상지향적 체제가 어떤 모습을 하는가를 한 발 떨어져서 묻는 몇몇 시도들이 있었다. 대상지향적인 권리의 범주들은 잠재적인 권리침해의 독특한 형태를 파악할 수 있을 정도로 그 결이 미세할 필요가 있지만 독특한 구체적인 국가의 개별적인 경우로 전락할 정도로 너무 미세할 필요는 없을 것이다. 그리고 중요한 형태의 집단들을 포함할 정도로 범주화 되어야 하지만 전체적인 체제가 비현실적이 될 정도로 너무 많은 범주가 있으면 곤란할 것이다. 어느 정도 범주의 혼합이 복수 대상지향적인 소수자 권리의 지속할 수 있는 전지구적 체제를 위한 기반의 역할을 할 수 있는가는 분명하지 않다.

여기서 지적인 임무는 원주민들 혹은 소수민족들과 같은 현재 사용되고 있는 범주의 많은 것들이 '특정한 시간과 공간에 뿌리를 내리고 있다'는 것이며(Lennox, 2006, p.4), 전지구적으로 적용되지 않을 수도 있다는 것이다. 그들은 어떤 지역에서 아주 효과적이지만 다른 지역에서는 그렇지 않다. 우리가 보았듯이 서구에서의 자유주의적 다문화주의는 구체적인 일련의 범주들 — 특히 이민자, 소수민족, 원주민 — 에 의존해왔고, 현재까지 40년 동안의 경험은 이러한 것이 견고한 서구의 민주적인 국민국가 내에서 국가와 소수자 관계에서 예상할 수 있는 불법의 형태들을 잘 파악하고 있음을 시사한다. 그러나 이러한 범주가 아시아나 아프리카에서 국가와 소수자 관계에 포함된 표준적인 위협들을 확인하거나 개선하는 데 도움을 주는지는 그렇게 분명하지 않다. 이러한 지역의 소수자가 자신의 역사, 특징, 열망에서 서구의 소수자와 다를 뿐만 아니라 그들의 국가도 또한 그러하다. 우리가 보았듯이 많은 후기식민주의 국가들이 국가를 자신들의 것이라고 부를 수 있는 하나의 지배적인 민족 집단을 가지지 않으며 소수자들은 동일한 종류의 국가 건설에 직면하지 않는다. 배제 혹은 주변화의 위협들은 다르며, 그렇기에 적절한 개선책도 다르다.

테드 거(Ted Gurr)는 자신의 영향력 있는 연구서인 『위험에 처한 소수자들(*Minorities at Risk*)』(앞의 80~81쪽을 보라)에서 우리에게 후기 식민주의 국가에서 소수자 집단을 분류하기 위한 새로운 범주가 필요하다고 주장한다.(Gurr, 1993) 예를 들면, 그는 서구의 민주주의에서 일반적으로 존재하지 않는 후기 식민주의 국가들의 광범위한 형태의 다양성을 묘사하기 위해 '공공의 경쟁자들(communal contenders)'이라는 범주를 사용한다. 서구의 종족민족주의적 집단처럼 공공의 경쟁자들은 국가의 권력에 도전할 수 있는 능력을 가진 강력한 국가 하위의 소수자들이지만 이들은 국가와의 역사적인 관계에서, 그리고 자신들의 현재적 열망에서 차이가 있다. 국가 하위의 종족민족주의적 집단들(혹은 원주민들)과는 달리 이들은 국가의 형성과 경계선 긋기의 과정에서 패배자들이 아니다. 반대로 그들은 종종 독립을 위한 싸움에서 중요한 역할을 하였고, 실제로 자신들을 국가의 기초를 세우는 민족들 중의 하나로서 간주할지도 모른다. 그래서 그들은 자신들을 다른 이의 국가에 본의 아니게 합병된 것으로 간주하지 않고, 국가의 권위에서 벗어나기를 추구하지 않는다. 오히려 그들은 자신들이 물자 배분과 물자 개발의 일상적인 과정에서 패배자가 될 수도 있음을 두려워한다. 거(Gurr)에 따르면 위험에 처한 소수자들에 관한 데이터베이스는 우리가 이러한 집단들과 관련된 예상할 수 있는 불만과 정치적 동원의 형태를 확인할 수 있도록 해주고, 원주민, 소수민족, 이민자 집단과 관련된 것들과는 다른 일련의 적절한 정책 대응들을 확인하도록 해준다. 만약 그렇다고 한다면, 이는 '공공의 경쟁자들'이 특히 아프리카와 아시아를 위한 새로운 대상지향적인 규범들의 구축을 위한 하나의 적절한 범주를 제공해 줄지도 모른다는 것을 시사한다.

이는 단지 확립된 서구적인 형태 혹은 현존하는 국제적인 법적 범주에 어울리지 않는 세계의 다른 지역의 집단에게 우리가 줄 수 있는 많은 것 중에 한 가지 예에 불과하다. 이러한 예는 또한 우리에게 필요한 그런 종류의 범주가 그 범위에서 지구적이라기보다는 지역적이고, 자신들의 소수자들뿐만 아니라 자신들의 국가 구조의 역사와 특징에서 지역 간에 존재하는 상당한 변이들을 반영할 수도 있다는 것을 시사한다. 남아시아의 산악지대 부족 혹은 아프리카의 유목 집단이 원주민으로 간주될 때처럼 실제로 동일한 법적인 범주가 사용될 때조차도 지역적인 구별을 하는 것이 유용할지도 모른다. 원주민들과 신세계의 정착민 국가 사이의 역사적인 관계는 아프리카와 아시아에서 산악지대 부족 혹은 유목 민족과 후기 식민주의 국가 간의 관계와는 아주 다르다. 그리고 이는 국제법 하에서 그들의 권리와 해결책에서 지역적인 변화를 요구할 수도 있을 것이다.(이는 그러한 지역에 구체적인 범주를 공식화하는 임무가 UN과 같은 전지구적인 기관에게보다는 지역적인 기관에게 주어지는 것이 최선인지에 관한 질문을 제기한다. 이것에 대해서는 나중에 다시 논할 것이다)

간단히 정리하면, 우리는 소수자 권리의 범주에 관한 몇 가지 해결되지 않은 질문, 특히 대상지향적인 규범의 역할에 관한 질문을 가지고 있다. 국제법에서 대상지향적인 범주의 현재적인 사용은 임시적이고 불안정하다. 그래서 우리는 대안에 대해서 생각할 필요가 있다. 자유주의적 다문화주의의 논리에 관한 나의 해석에 기초한 한 가지 가능한 접근을 나는 제시하였다. 이 모델에 근거하여 대상지향적인 권리는 권리 침해의 표준적인 위협들을 확인하고 개선하기 위한 수단으로서 인식되며, 그런 까닭에 국가와 소수자 관계의 예상할 수 있는 형태를 추적하기 위해 규정된다. 현 상태와 비교하여 그러한 모델은 대상지향적인 권리를 훨씬 더 잘 사용할 수 있을 것이고 전지구적인 범주화보다는 지역에 기초한 범주화에 훨씬 더 동정적이 될 것이다.

현재 시행되고 있는 사항 중에서 일반 권리가 구체적인 지역에 적용된 사례가 있는지는 확실하지 않으며, 이런 이유로 지금부터 이 점을 논의하려 한다. 그러나 우리가 부당함의 예상할 수 있는 형태와 표준적인 위협에 기초한 소수자 권리를 위한 적절한 범주에 관한 강력한 설명을 찾아낼 수 있다고 일단 가정해보자. 이는 즉각적으로 내가 '조건들'의 문제라고 부르게 될 두 번째 중요한 딜레마에 우리가 이르게 한다. 단순히 말해서 서구에서 소수자 집단 부정에 대한 개선책으로서 자유주의적 다문화주의를 (불균등하게) 채택하도록 이끌었던 사회적·정치적 요인이 세계의 많은 지역에 존재하지 않는다. 우리가 적절한 범주를 확인했다고 할지라도, 국가들이 그 모델이 불안정에 이르게 할 수 있다는 합리적인 두려움을 가지는 맥락들에서 자유주의적 다문화주의 모델들이 채택될 것이라고 기대하는 것은 이치에 맞지 않을 것이다. 우리가 보았듯이 서구에서 시민화의 목표에 이바지 했던 모델들이 약한 제도들과 지정학적인 불안의 조건 하에서 계급제도와 증오의 관계를 단순히 재생산할 수도 있다.

그러므로 단기적으로 실행 가능한 것과 장기적으로 바람직한 것을 구분하는 것은 중요하다. 불행하게도 자유주의적 다문화주의를 증진하기 위해 국가 간 국제기구들에 의해 채택된 현존하는 전략들 중의 어떤 것도 단기적인 제한들에 대한 현실주의를 우리의 장기적인 목표들에 관한 일관된 묘사와 성공적으로 결합하지 못하였다. 예를 들면, 서구의 최상의 실천을 공표하는 전략은 종종 단기적인 실행가능성에 대한 압박을 무시하였고, 반면에 소수민족을 위해 공식화된 유럽의 법적 규범들은 단기적인 안보에 관한 관심이 자유주의적 다문화주의의 이상들에 대한 어떤 관심도 밀쳐버리도록 허용함으로써 다른 방향으로 너무 지나치게 가버렸다.

실행 가능한 대안이 있는가? 자유주의적 다문화주의 관점에서 볼 때 목표는 단기적인 요구조건과 장기적인 요구조건을 구분하는 일종의 순서를 정하는 전략을 고안하는 것이 될 것이다. 예를 들면, 더욱 광범위한 인권의 장에서 생겨난 '점진적인 실행'이라는 개념에 의존할 수도 있을 것이다. 경제적·사회적 및 문화적 권리에 관한 국제규약(the International Covenant on Economic, Social and Cultural Rights)에 등재된 사회적인 권리 중의 어떤 것이 아주 가난한 어떤 나라들에서 즉각적으로 실행될 수 없다는 것이 오랫동안 인정되어왔다(예를 들면, 무상 대학 교육에 대한 접근). 그래서 즉각적이고 보편적으로 적용되어야만 하는 사회적인 권리를 촉진시키는 조건이 제자리를 잡아감에 따라서 우리가 시간을 두고서 성취하고자 하는 것과 구분하는 것이 일반적이다. 비록 가난한 나라에서 국가가 최상의 표준을 즉각적으로 성취하기를 기대할 수는 없을지라도, 그러한 표준이 점진적으로 충족되게 할 수 있는 그러한 조건을 배치하기 위해서 그들이 무엇을 하고 있는지를 설명해야 한다.

우리는 근원적인 조건이 설정됨에 따라서 효력이 발생하는 각각의 소수자 권리 규정들을 가진 자유주의적 다문화주의의 점진적인 실행의 한 이론을 유사한 방식으로 상상할 수 있다.[2] 민주적인 전환을 경험하고 있는 혹은 불안정한 지역에 있는 국가가 자유주의적 다문화주의의 가장 높은 표준을 충족하리라고는 기대할 수 없지만, 그러한 표준이 장기적으로 점진적으로 충족될 수 있게 하기 위해서 그들이 무엇을 하고 있는지를 설명할 필요가 있다.

내 생각으로는 이는 단기적인 안정성에 대한 관심을 장기적인 정의에 관한 목표들과 연결하기 위한 잠재적으로 매력적인 하나의 모델이다. 이는 국가에게 소수자의 합법적인 희망과 열망을 억압하는 자유재

---

2 이러한 생각에 대한 하나의 변형은 앞에서 논의된 리히텐슈타인 조약에 암시되어 있다— 320~321쪽과 332쪽 주석 53번을 보라. 관련된 개념은 지역적 혹은 소수자 언어들에 대한 유럽 헌장에 의해서 채택된 '메뉴에 따라 a la carte' 하는 메뉴 접근이다. 이것은 교육, 행정과 미디어의 영역들에서 소수자 언어들을 증진하기 위한 긴 목록의 선택권을 국가들에게 제공하고, 이것에서 국가들이 최소한 35개의 규정들을 선택하도록 한다. 이것은 국가들이 가장 논쟁적이거나 위험한 것으로 보이는 선택들을 피할 수 있게 해 준다.

랑을 주지 않으면서 그들이 어려운 상황을 다루는 데 필요한 여유를 줄 수 있을 것이다. 예를 들면, 점진적인 실행의 모델이 아마 국가가 소수자 동원과 표현의 평화롭고 민주적인 형태를 금지하도록 허용하지 않거나, 자유주의적 다문화주의를 미래에 채택하는 것에 관한 금지를 헌법적으로 확고하게 만드는 것을 허용하지 않을 것이다.(종종 유럽 기구들의 암시적인 축복을 받으면서 몇몇 후기사회주의 국가들이 했던 것처럼) 이것은 어떤 국가에게서 예상되는 즉각적인 기대를 낮출 것이지만 이런 국가가 단일적이고 단언어적 국민국가를 유지하려는 선호를 확고하게 만드는 것을 허락하지는 않을 것이다. 반대로 이것은 이런 국가들이 시간을 두고서 자유주의적 다문화주의의 평화롭고 민주적인 추구를 가능하게 할 수 있는 조건을 점진적으로 배치하도록 하는 의무를 부과할 것이다.

만약 우리가 이러한 점진적인 실행의 의견과 복수 대상지향적인 규범의 의견을 결합한다면 그 결과는 하나의 체제를 낳게 될 것이다. 이것은 국제적인 규범이 특정한 형태의 소수자 집단에게 영향을 미치는 부당한 대우의 표준적인 위협들을 확인하고, 국가가 정의를 성취하는 데 도움을 주기 위해 시간을 두고서 충족시킬 의무가 있는 일련의 기준을 제공할 수 있을 것이다. 이러한 기준은 약한 포괄적인 소수자 권리로부터 시작을 한 뒤, 다양한 전제조건과 위험요소가 다루어짐에 따라서 대상지향적인 소수자 권리의 더욱 확고한 모델로 이동할 것이다.

적어도 이것은 우리의 현재적인 난국을 넘어서기 위해서 노력하는 한 가지 방식이다. 만약 우리가 더 자세한 범주와 기준의 목록을 가지고 이것을 좀 더 구체화 할 수 있다면 자유주의적 다문화주의를 확산하려는 국제적인 노력들을 현재 방해하고 왜곡하는 합법적인 많은 걱정

거리를 다룰 수 있을 것이다. 이것은 또한 자유주의적 다문화주의를 확산하기 위한 세 가지 주요한 전략들 내부와 그들 사이에 잠재적인 불일치를 줄일 수 있을 것이다. 이것은 법적인 규범 트랙을 더욱 일관된 체제에 놓이게 할 것일 뿐만 아니라, 약한 법적 규범 전략과 최상의 실천들과 구체적인 사례에 따른 개입을 공표하는 것을 통해 (선택적이고 임시적인 방식으로) 증진되고 있는 다문화주의의 더욱 확고한 모델들 사이에 현재 존재하는 커다란 간격을 줄일 수 있을 것이다.

불행하게도 나는 우리가 자유주의적 다문화주의의 적절한 순서배열의 실행할 수 있는 이론을 실제로 가지고 있다고 생각하지 않는다. 정말로 나는 우리가 그러한 이론을 구성하는 데 필요한 경험적인 기초가 있다고 생각하지 않는다. 우리는 다른 형태의 소수자 집단을 위해 자유주의적 다문화주의의 다른 양상들의 성공적인 운용을 가능하게 해주는 데 어떤 전제조건이 필요한지를 전혀 알지 못한다.

예를 들면, 3부 2장과 3장의 논의가 국가가 소수민족을 위한 국가 하위의 자치 모델을 가지고 실험하기 전에 어느 정도의 민주적 강화가 자리 잡혀야 한다고 어떤 이가 가정하도록 이끌 수 있을지도 모른다. 그러나 이는 전혀 확실한 것은 아니다. 스페인의 경우를 고려해 보라. 프랑코의 죽음 이후 국가가 민주화되고 연방화되어야 할 필요가 있었다는 광범위한 일치가 있었다. 그러나 이러한 두 가지 임무의 적절한 순서배치에 관한 집중적인 논쟁이 있었다. 많은 민주적 개혁자들이 민주적 강화에 우선순위가 주어져야 하고 이것이 확고히 이루어진 뒤에야 비로소 연방화가 이루어져야 한다고 주장하였다. 그 당시 많은 학자들은 이 견해에 동의하였다. 그러나 결국 민주화와 연방화를 동시에 수행하기 위한 결정이 내려졌다. 그리고 오늘날 거의 사실상 모든 논평자들이 이것이 바른 선택이었고, 만약 연방화가 동시에 일어나지 않았다면 민주적 강화가 이루어지지 않았을 것이라고 믿는다.

스페인은 하나의 예외이고 EU와 NATO의 존재가 의심할 여지없이 이러한 성공적인 이중적 전환을 보증하는데 중요한 역할을 하였다. 그러나 어떤 국제적인 당사자는 민주화와 국가의 다원화가 순차적으로보다는 동시에 수행되고 있는 수단에서부터 이라크에 이르는 다른 나라에서도 유사한 이야기가 펼쳐지기를 희망하고 있다.

우리는 민주적 강화가 자유주의적 다문화주의의 성공적인 운용에 도움을 주고, 후자는 전자 없이는 불안정적이 되기 쉽다는 것을 안다. 내 생각으로 이것은 그만큼 분명하다. 그러나 민주적 강화가 자유주의적 다문화주의 정책의 채택보다 앞서야 한다는 것은 반드시 그렇지 않다. 실제로 적어도 어떤 경우에서 전자는 후자 없이 가능하지 않을 수도 있을 것이다. 소수자 권리의 점진적인 실행에 어떻게 가담하는가에 대해 전지구적인 단위로 일반화하기 위한 순서배열에 대해서는 우리는 충분히 알지 못한다.

우리가 범주의 문제 혹은 조건의 문제를 효과적으로 다루고자 한다면 상당한 양의 추가적인 연구가 필요하다. 자유주의적 다문화주의를 증진하기 위한 효과적인 하나의 전략은 순차적으로 배열된 일련의 복수 지향적이고 지역적으로 구체적인 소수자 권리를 포함할 것이다. 그러나 만약 그러한 접근을 위한 정치적 의지가 존재한다고 할지라도 우리의 현재적 수준의 학술적 연구 혹은 공적 논의 보다 몇 단계나 너머에 있는 일정 정도의 세련됨과 지식을 필요로 한다.

아마 머지않아 우리는 우리로 하여금 자유주의적 다문화주의의 대상지향성과 순서배열에 관한 그럴 듯한 설명을 공식화 할 수 있게 하는 개념적인 도구와 증거를 개발할 수 있을 것이다. 이는 확실히 야심적인 사업일 것이며, 국가 간 국제기구들에 의해서 뿐만 아니라 그것의 과업에 정보를 제공하고 그것을 떠받치는 전지구적인 학자들의 정책 네트워크, 지지하는 집단, 박애주의적인 조직에 의한 보다 많은 시간과 자원의 투자를 필요로 할 것이다.

이러한 상황을 국제적인 행동을 위한 안정적이고 합의에 의해 성립된 체제를 개발하기 위해서 특별한 노력들이 쏟아 부어진 전지구적인 다른 최근의 논쟁점들과 비교하는 것은 흥미롭다. 1993년 비엔나 세계인권회의 혹은 1995년 베이징 세계여성회의를 고려해보라. 이것들은 수년간에 걸쳐서 민족적, 지역적, 전지구적인 수준에서 대규모의 자문, 연구, 논쟁, 지원을 포함하였고, 소수자 권리의 영역에 영향을 미치는 동일한 종류의 딜레마들을 일정 정도 다루기 위해 의도되었다ー예를 들면, 보편적인 규범을 더욱 대상지향적이거나 구체적인 맥락에 기반을 둔 규범과 어떻게 결합하는가, 혹은 최고의 표준을 성취하는 데 있어서 약한 국가나 과도기적인 정권의 능력에 대한 분명한 한계를 인정하면서 인권의 최고의 표준의 장기적인 증진에 어떻게 착수하는가. 각각의 경우에 있어서 그 목표는 다른 국제적인 당사자들의 행위를 인도하고 조정할 수 있는 공통적인 개념적 체제를 개발하는 것이었고, 그 후 안정되고 일관성 있는 방식으로 변화를 위한 중요한 의제를 밀고 나가는 것이었다. 만약 국제적인 소수자 권리의 현재적 체제를 상당히 수정하기 위한 어떤 현실적인 전망이 있으려면 비교되는 어떤 것 ー국제

인권회의 혹은 위원회 — 이 아마 필요하게 될 것이다.

불행하게도 국가 간 국제기구들 혹은 그들의 관련 정책 네크워크 사이에서, 적어도 전 지구적인 수준에서 오늘날 그러한 기획을 위한 어떤 열정이 보이지는 않는다. 그러나 아마 이것이 우리가 고찰해야 할 적절한 수준은 아니다. 지역 조직들이 전 지구적인 국가 간 국제기구보다 논쟁들과 실험을 위한 더욱 유망한 공개토론의 장을 제공할 수도 있을 것이다. 원칙적으로 지역 조직들은 원주민, 소수민족, 이민자에 관한 서구적 범주가 전 세계에 걸쳐 적용된다고 단순히 가정하기 보다는 소수자의 적절한 범주와 분류법을 개발하는 데 더 잘 배치되어 있어야 한다. 그들은 또한 다른 형태의 개혁의 순서배열에 관한 더 나은 판단을 하기 위해서 다른 형태의 소수자 권리가 더 광범위한 형태의 지역적 안보와 민주화와 관련되는 방식을 더 잘 이해할 수 있어야 한다. 현재의 국제적인 담론이 그렇게 하는 것처럼 소수자 권리를 더 광범위한 지역적 역동성과 분리하여 다루기보다는 그들이 더 광범위한 지역적 협력과 개발의 가정 속에서 통합될 수 있을 것이다. 그리고 서구의 국가에 의해서 지배당하지 않는 지역 조직에 권력을 위임함으로써 소수자 권리의 국제화가 단순히 서구의 헤게모니를 유지하기 위한 음모라는 그 두려움이 아마 줄어들 수 있을 것이다. 그래서 소수자 권리에 관한 규범과 담론을 공식화하는 데 지역 조직이 전 지구적인 국가 간 국제기구들보다 더 잘 배치될 수 있을 수도 있는 몇 가지 이유가 있다.

이는 이미 어느 정도 발생하고 있는 것이다. 우리가 제3부 2장에서 보았듯이 유럽평의회와 OSCE가 구체적으로 유럽적인 맥락을 위해 공식화된 소수자 권리 규범들을 개발하였다. 효과적인 전지구적인 규범을 산출해내는데 있어서 제한적인 능력을 아마 인정하면서 UN은 다른 곳에 지역 조직이 유럽적인 사례를 따라서 그들 자신들만의 지역적인 규범을 개발하도록 반복해서 권장하였다.(Hadden, 2003; Packer and Friburg, 2004) 그리고 어떤 지역 조직은 그렇게 하기 시작하였다. 예를 들면, 미주기구는 미주대륙의 환경을 위해 구체적으로 공식화된 원주민의 권리에 관한 선언을 입안하였다. 그리고 아프리카집행위원회(the African Co-mmission)는 최근에 아프리카에서 원주민과 소수자 권리에 관한 선언을 입안하는 것을 고려하기 위한 특별위원회를 구성하였다. 어떤 논평자들은 ASEAN도 동일한 것을 하도록 권장하였다.

불행하게도 그러한 지역 주도에 관한 현재까지의 기록은 고무적이지는 않다. 소수자 권리의 지역화는 서구, 유럽, 미주대륙 내에서 가장 많이 진척되었다. 대조적으로 소수자 권리에 관한 지역적인 규범을 개발하기 위한 아시아 혹은 아랍 / 무슬림 세계에서의 의욕은 사실상 없다. 많은 아시아와 중동 국가들에서 전체적인 문제가 근본적으로 금기로 남아 있다.[3] 더욱이 어떤 소수자집단 옹호자들은 그런 지역적 규범들이 최

---

3 흥미롭게도 전 세계의 무슬림이 다수인 국가들을 대표하는 이슬람 회의기구(the Organi-zation of the Islamic Conference)는 소수자집단 업무 부서를 가지고 있지만 그것의 결의안들은 비-무슬림이 다수인 국가들에서 살고 있는 무슬림 소수집단들의 권리에 독점적으로 초점을 맞춘다.(Khan, 2002)(대표적인 하나의 예를 위해서는 '비-OIC 회원국들에서 무슬림 공동체들과 소수집단들의 권리를 보호하는 것에 관한' ―2003년 10월 16~17일에 이슬람정상회의의 제10차 세션에서 채택된 Resolution No, 1/10-MM (IS) ―OIC의 결의안을 보라) OIC는 무슬림이 다수인 국가들 내에서 민족적 소수집단들, 예를 들면 시리아에서 쿠르드 사람들의 압제, 이란에서 아와즈 사람들, 아프가니스탄에서 하자르 사람들, 파키스탄에서 발루치족 사람들, 예멘에서 '알-아크담' 사람들, 혹은 알제리에서 베르베르 사람들과 같은 사람들의 대우에 관한 규범들을 성문화하거나 공식적인 감시 메커니즘들을 설정하려 하지 않았다.(무슬림이 다수인 국가들에서 무슬림 민족적 소수집단들의 곤경에 대해서는 예를 들면 Ibrahim, 1995; Sief, 2005; Grare, 2006; Shatzmiller, 2005; Bengio and Ben-Dor, 1999를 보라)

상의 경우에 현재의 전 지구적인 표준보다 훨씬 더 약할 것이며, 최악의 경우에는 압제적인 국가를 위한 기만에 불과할 것이라는 (비합리적이지 않은) 전망에 근거하여 이러한 지역화의 의견을 강하게 반대한다.[4]

그리고 아프리카집행위원회에서의 예비적인 발전은 그것이 제안한 지역적인 헌장이 아프리카의 현실들을 더욱 진실 되게 반영하는 다문화주의의 범주들과 개념을 정의 내리려 하기보다는 오히려 현존하는 국제적 규범과 담론을 단순히 재생산할 것임을 시사한다.(Slimane, 2003; Morawa, 2002/3; Lennox, 2006; Murray and Wheatley, 2003) 이는 서구 지배적인 조직이 범아프리카적 헌장에 관한 지역적 자문을 위한 기금과 전문적 지식의 주요한 근원이라는 사실을 반영할 지도 모른다.[5]

간단히 정리하면, 후기 식민주의 국가가 소수자 권리의 지역적 규범을 공식화하는 임무를 떠맡을 것이라는 증거가 별로 없다. 전반적으로 그들의 태도는 소수자 권리에 관한 더욱 구성적인 변형들을 개발하고자 하기 보다는 오히려 소수자 권리를 국제화하는 전체 기획에 대한 적대적인 태도를 취해왔다.

지역적인 혹은 전 지구적인 수준에서 의미 있는 혁신을 위한 전망은

---

4 한 스리랑카의 인권 운동가가 말하듯이, '내가 원하지 않는 한 가지는 소수자집단들을 어떻게 다루는 가에 관한 아시아적인 표준들이다. 어떤 것도 인도와 인도네시아가 함께 하여 아시아를 위한 부미푸트라 표준들을 고안하는 것보다 더 열악한 것은 없을 것이다. 이는 소수자 집단들에 관한 아시아적인 표준들을 위한 때가 아니다'.(Radhika Coomaraswamy, in Steiner, 2004, p.102) 아시아에서 소수자집단의 권리 논쟁들과 이들의 국제적인 표준들과 실천들과의 관계에 관한 개관들을 위해서는 Catellino and Redondo, 2006; Kymlicka and He, 2005; Pfaff-Czarnecka et al, 1999을 보라.
5 Lennox에 따르면 '(아프리카집행위원회의)특별위원회가 기금을 위해서 국제적인 NGO인 원주민 업무에 관한 국제특별위원회에 의존한다는 사실'은 원주민들의 범주에 대한 그들의 무비판적 수용과 소수자집단들을 범주화하기 위한 대안적으로 가능한 체제들에 그들이 제대로 주목하지 않는 것을 설명하는 데 결정적일 수 있다.(Lennox, 2006, pp.19~20)

가까운 장래에는 희미하다. 우리에게는 정치적인 의지뿐만 아니라 자유주의적 다문화주의의 확산을 더욱 안정적이고 효율적인 입장에 배치하는 데 필요한 개념적인 도구와 경험적인 증거도 부족하다. 국제적인 수준에서 자유주의적 다문화주의의 범주와 조건을 개념화하는 새로운 방식을 찾는 것은 가치 있는 목표이지만 아직 멀리 떨어져 있는 목표이기도 하다.

그 사이 우리는 우리가 안고 있는 것에 대한 작업을 수행해야 한다. 그리고 당장의 추세는 반대 방향으로 진행되고 있다. 다른 유형의 집단과 다른 환경을 가로질러 중요한 차이를 추적하고자 시도하는 대상 지향적이고 순서로 배열된 소수자 권리의 더욱 복잡한 모델을 정교하게 다듬기를 시도하기보다는 오늘날 추세는 집단의 유형 혹은 근본적인 조건과 상관없이 적용되는 더욱 일반적인 소수자 권리 체제로 회귀하는 것이다. 우리가 보았듯이 일련의 대상지향적인 범주를 확장하기 위한 제안 중의 어떤 것도 — 예를 들면, 이민자들 혹은 로마인을 위한 대상지향적인 규범을 포함하기 위해 — 받아들여지지 않았다. 그리고 소수민족과 원주민을 위한 대상지향적인 규범의 두 개의 존재하는 계획들은 압박을 받고 있다.

대상지향적인 권리를 위한 적절한 범주들 혹은 순서배열을 확인하는 데 있어서의 어려움을 가정할 때 국가 간 국제기구들은 포괄적인 소수자 권리에 점차적으로 의존하고자 하였다. 이러한 포괄적인 권리는 자유로운 결사와 언론이라는 27조항을 포함하지만, 국가와 소수자가 그들 스스로의 적응의 문제를 천천히 해결해 나가기 위한 민주적인 공간을 만들어 내는데 도움을 주기 위한 어느 정도 최소 수준의 '효과적인 참여'를 포함할 수도 있을 것이다.[6] 효과적인 참여라는 개념이 점점 두드러지는 것은 국제적인 개입이 어떤 표준적인 일련의 국제적으로 정의된 대상지향적인 소수자 권리를 강요하고자 하기 보다는 사회들이 평화롭고 민주적인 토의를 통해 소수자 권리에 관한 자신들 스스로의 설명을 만들어 내기 위한 조건을 고안해내는 것을 목표로 해야 한다는 신념을 반영할 지도 모른다.

이는 우리가 향하고 있는 방향일지도 모른다. 그리고 아마 이는 당분 간 우리가 합리적으로 기대할 수 있는 최상의 것이다. 자치, 권력의 공 유, 땅의 소유권, 언어의 권리, 귀화의 규칙, 혹은 종교적인 조정을 둘 러싼 심한 갈등을 해결하기 위한 국제법적 원칙들을 공식화하려는 시 도들은 매우 비현실적일 수 있다. 시간이 지나면서 우리가 후기공산주 의와 후기식민주의 국가가 자유주의적 다문화주의를 향한 자신 만의 방향을 만들어 내기를 희망하고 기대할 수 있을지도 모른다. 그러나 실 질적인 대상지향적인 소수자 권리의 국제적인 규범들의 성문화와 강요 를 통해 이러한 과정에 활기를 불어넣고자 시도하는 것은 어려울 수도 있고 아마 심지어는 역효과를 낳을 수도 있을 것이다.

---

6 27조항의 자신의 문화를 즐길 권리는 이제 관광객들과 방문객들을 포함하는 모든 소수자 들에게 적용되는 포괄적인 소수자 권리로서 표준적으로 해석되지만, 방문객들은 시민들 이 아니고 그렇게 때문에 투표권이라는 최소한의 권리조차도 행사할 수 없다는 것을 고려 할 때 효율적인 참여를 포괄적인 권리로서 간주하는 것은 훨씬 더 어렵다. 그러므로 효율 적인 참여는 유사-포괄적 권리로서 종종 간주된다. 즉 이것은 자신들이 속한 소수자들이 오래되었건 신생이든지 간에 크건 작건 간에 집중되어 있건 흩어져 있건 간에 시민들인 소 수자들의 모든 구성원들에게 적용된다. 그러나 바로 이런 이유로 인해 이것은 최소한의 의 미에서 이해될 수 있을 뿐이다. 즉 이것은 자치 기관들에 참여하고, 혹은 한 집단의 전통적 인 정착 지역들에 영향을 미치는 결정들에 대해 보장된 대표권을 가지고, 혹은 정치적인 기관들에서 자신의 언어를 사용할 수 있는 권리를 포함할 수는 없다. 그 이유는 이러한 것 들이 분명히 포괄적인 참여의 권리들은 아니기 때문이다.

그렇지만 만약 이것이 정말로 우리가 나아가고 있는 그 방향이라고 한다면 우리는 그 결과로 생겨나는 체제를 어떻게 특징짓는가에 대해서 조심스러울 필요가 있다. 특히 포괄적인 전략에 포함된 최소한의 표준들이 **최소한의** 표준으로 정확하게 제시되어야 하는 것은 가장 중요하다. 국제 규범은 소수자집단이 그것 너머로 나아가고자 하지 말아야 하는 최대치의 한계로서 간주되는 것이 아니라, 소수자 권리가 국내적으로 타협되어야 하는 최소한의 작업장으로서 간주되어야만 한다.

내가 앞에서 언급한 '순서배열의' 전략은 이러한 의견을 분명하게 하고자 시도하였다. 이것은 국가들이 포괄적 규범에서 더욱 확고한 대상지향적 규범으로 이동함에 있어서 따라야 하는 분명한 기준과 조건이 있는 단계를 공식적으로 성문화하는 것을 포함할 것이다. 우리가 보았듯이 순서배열과 기준의 이러한 공식적인 성문화는 적어도 예측할 수 있는 미래를 위해서는 거의 확실할 정도로 지나치게 야심적이다. 그러나 우리가 그러한 순서배열의 전략을 공식적인 법적 규칙들로 성문화할 수 없을지라도 기본적인 목표가 동일한 상태로 유지되도록 주장하는 것은 중요하다. 자유주의적 다문화주의의 관점에서 희망하고 기대하는 것은 국가들이 최소한의 포괄적인 권리에 의존할 것이라는 것이며, 근본적인 전제조건과 위험요소들이 다루어짐에 따라서 다문화주의의 더욱 확고한 모델을 성취하는 목표를 가지게 될 것이라는 것이다. 만약 국제법에서 순서로 배열된 실질적인 소수집단의 권리를 성문화하는 것이 불가능하다는 것이 입증된다면, 우리는 국제 법률 문서에 현재 성문화된 불충분한 규정이 민주적인 논쟁을 위한 종착점이 아니라 시작점이라는 것을 최소한 분명히 해야 한다.

불행하게도 이러한 메시지가 항상 전달되지는 않는다. 많은 후기공산주의와 후기식민주의 국가들이 최소한의 국제적인 규범을 합법적인 소수자 동원의 외적 한계로 제시하고 이러한 규범들을 넘어서는 어떤 것을 요구하는 소수자 지도자들을 침묵하게 만들거나 불신하도록 만들기 위한 일치된 노력을 한다. 최소한의 국제적인 표준들은 각 나라에 적절한 자유주의적 다문화주의의 대상지향적인 형태들을 민주적으로 협의하는 데 필요한 전제조건으로 취급되지 않고 있으며, 오히려 권력의 공유, 자치, 혹은 공식적인 언어의 지위를 채택하거나 심지어는 검토하기 위한 필요성을 제거하는 것으로 간주된다. 소수자 조직들이 그러한 실질적인 소수자 권리에 관한 질문들을 제기할 때 국가들은 종종 '우리는 모든 국제적인 표준들을 충족한다'라고 대답하며, 이는 마치 그것이 국가들이 자신들의 소수자들을 어떻게 다루어야 하는지에 관한 그런 질문을 더 이상 가능하게 하지 않는 것처럼 만든다. '우리는 모든 국제적인 표준들을 충족한다'라는 진술은 권력, 권리, 지위에 관한 소수자의 요구에 실제로 어떻게 답을 해야 하는 가에 대한 어떤 진지한 논의를 대신하면서 후기사회주의 국가들 사이에 주문과 같은 것이 되어 버렸다.

국가 간 국제기구가 이 문제를 논의하는 혼란스럽고 양가적인 방식은 빈약한 포괄적 권리를 최저가 아닌 최상으로 보려는 시도를 부추긴다. 이 책에서 우리가 보았듯이 국가 간 국제기구들은 포괄적인 권리와 서구에서 과거 40년 이상 동안 생겨난 원주민의 탈식민화, 다민족 연방주의, 이민자 다문화주의의 모델들과 같은 집단에 따라 구분된 형태의 자유주의적 다문화주의 사이의 관계에 대해 뒤섞인 메시지를 밝으로 전달하였다. 여러 맥락들에서 국가 간 국제기구들은 후자를 최상의 실천들과 장기적인 목표들로 지지하고, 포괄적인 권리를 그러한 집단에 따라 구분된 권리가 협의될 수 있고 그렇게 되어야만 하는 최소한의 작업장으로 제시한다. 하지만 또 다른 때에 국가 간 국제기구들은 포괄적인 권리가 집단에 따라 구분된 권리에 대한 하나의 대안임을 암시하는 듯하며, 대상지향성을 필요로 하는 어떤 소수자의 요구, 특히 역사와 영토의 관련성에 호소하는 것이 평등과 자유민주주의의 규범과 일치하지 않는 것으로 원칙적으로 거부되어야 함을 암시하는 듯하다.

예를 들면, 어떤 관련자들은 확고한 대상지향적인 권리에서 포괄적인 시민권과 참여권으로의 전환을 사법주의와 관료주의에 대한 민주주의와 협의를 위한 승리 혹은 집단의 구상화와 본질주의에 대한 혼종성과 유동성을 위한 승리, 혹은 부족주의와 종족민족주의에 대한 인권과 비차별을 위한 승리, 혹은 도덕적 상대주의에 대한 도덕적 보편주의를 위한 승리, 혹은 집합적인 권리에 대한 자유주의적 개인주의를 위한 승리로 묘사하였다.[7] 글자 뜻 그대로 볼 때 이런 종류의 수사는 그들이 동

---

[7] 소수자집단의 권리들에 관한 법적이고 철학적인 문헌은 그런 유의 대립들로 가득 차 있다.(개인의 권리들 대 집합적인 권리들; 보편주의 대 상대주의; 문화적 유동성 대 문화적 본질주의; 시민 국가주의 대 민족 국민주의 등) 나는 다른 곳에서 이러한 말의 수사들이 문학에서 배치되는 그 방식과 연관된 복합적인 혼란들과 그들이 종종 실제적인 문제들을 이해하는 데 도움이 되지 않는 이유를 논하였다.(Kymlicka, 1995; 2001) 하지만 현재의 목적들을 위해서 이러한 대립들이 포괄적인 권리들과 대상지향적인 권리들 사이의 관계에 대한 국제적인 논쟁들의 전개에 대해 전혀 밝히지 않는다는 것을 내가 지적하도록 하게 하라. 유럽에서 소수민족들을 위한 확고한 대상지향적인 규범들(예를 들면 자치 혹은 공식적인 언어 지위)에서 멀어지는 최근의 전환을 고려해보라. 어떤 논평자들은 이러한 퇴보를 집합적인 권리들이라는 바로 그 견해의 원칙에 입각한 거부 혹은 개인의 권리들, 시민적 국가주의, 도덕적 보편주의, 문화적 유동성을 선호하고 종족민족주의, 도덕적 상대주의 혹은 문화적 본질주의의 이데올로기들을 거부하는 것으로 간주한다. 만약 이것이 사실이라면 국가 간 국제기구들은 서구의 국가들이 영토적인 자치와 다민족, 다언어적 연방주의라는 그들의 모델들을 포기하도록 권장하게 될 것이다. 그 이유는 이것들이 대상지향적

일한 논리와 구조를 가지고 있기 때문에 국제적인 수준에서 대상지향적인 규범들의 사용을 비합법화할 뿐만 아니라 국내적인 수준에서 집단에 따라 구분된 권리의 사용을 암시적으로 비합법화한다. 이는 마치 국가 간 국제기구들이 자신들의 집단에 따라 구분된 헌장을 부인하거나 거부하면서 동시에 자유주의적 다문화주의의 집단에 따라 구분된 모델들을 지지하기를 원하는 것과 같은 것이다.

이러한 뒤섞인 메시지를 고려할 때 많은 국가들이 포괄적인 권리로의 전환을 자유주의적 다문화주의 집단에 따라 구분된 논리를 거부하고, 소수자들의 합법적인 요구사항들에 대한 상한선을 정하는 것으로 해석했던 것은 놀라운 것이 아니다. 소수자 권리에 대한 국제적인 조치는 그러한 깊은 불일치가 근원적인 목표가 세워지는 방식에 존재하는 한에서는 일관성이 있거나 효과적일 가능성은 없을 것이다. 실제로 포

인 규범들을 위한 선례이고 영감이었기 때문이다. 하지만 실제로 국가 간 국제기구들은 이러한 서구적인 모델들이 종족 민족적 다양성의 조정을 인권 규범들과 성공적으로 결합하였고 계급제도와 적대감의 역사적인 관계를 자유민주적 시민권으로 대체하는 데 기여하였다는 것을 받아들인다. 이것이 바로 국가 간 국제기구들이 1990년대 초기에 이러한 실천들을 법적인 규범들로서 성문화하는 것을 심사숙고했던 이유이다. 그들은 이러한 모델들의 성공적인 채택을 위한 근원적인 조건들이 많은 후기사회주의 국가들에 존재하지 않는 것이 분명해졌을 때 이러한 계획을 철회하였다. 만약 우리가 그것을 집합적인 권리들, 상대주의, 본질주의, 혹은 종족민족주의 의견들에 대한 지지자들과 반대자들 사이에 논쟁으로서 해석하기를 주장한다면 우리는 이런 일련의 발전들에 대한 이해조차 시작할 수 없을 것이다. 서구의 국가들이 집산주의(collectivism), 상대주의 혹은 본질주의에 대한 헌신에서 다민족 연방주의의 모델들을 채택하고 증진하였으며, 후기사회주의 국가들이 개인주의, 보편주의, 유동성에 대한 헌신함으로써 그것들에 저항했다고 암시하는 것은 터무니없는 것일 것이다. 이것들은 다른 상황들에서 자유주의적 다문화주의의 다른 모델들의 실행 가능성에 관한 논쟁들이고, 그것들이 시민권을 주는 것에 기여를 할 수 있을지 혹은 시민권을 주는 것의 과정을 무너뜨릴지에 관한 논쟁들이다. 1990년대 초기의 전환들은 이러한 질문에 관한 진전되고 있는 판단들을 반영하였던 것이지 상대주의, 본질주의, 집산주의 등에 관한 지지자들과 반대자들 사이에 이동하는 힘의 균형을 반영한 것은 아니었다. 불행하게도 문헌에서 이러한 수사적인 어구들이 두드러지는 것은 대상지향적인 규범들에서 포괄적인 규범들로의 전환에 대한 근본적인 이유에 대한 잘못된 해석들을 발생시킨다.

괄적인 소수자 권리의 국제적인 보호가 사실상 역효과를 낳을 수 있을 것이라는 위험성이 있다. 즉 국가들이 포괄적인 권리를 자유주의적 다문화주의의 협의를 위한 전제조건이라기보다는 대안으로서 취급할 것이다. 만약 국제적인 규범이 유용한 역할을 하려면 국제적인 수준에서 대상지향적인 규범으로부터의 퇴보가 국내적인 수준에서 자유주의적 다문화주의의 집단에 따라 구분된 형태를 증진하는 그 목표로부터의 퇴보는 아니라는 것을 우리가 분명이 해야 할 필요가 있다. 그리고 이는 또한 대상지향적인 규범들로부터의 퇴보가 실제로 퇴보라는 것을 인정하는 것을 의미하며, 이는 원칙에 입각한 승리가 아니라 실행 가능한 범주와 순서배열을 공식화하는 데 있어서 우리의 제한적인 능력의 마지못해 인정하는 것을 의미한다. 이러한 이유로 인해 이것은 영원한 퇴보는 아닐 지도 모른다―우리는 범주들과 순서배열을 확인하기 위한 우리의 능력이 개선됨에 따라서, 그리고 포괄적인 접근의 한계점이 드러남에 따라서 대상지향적인 규범의 역할을 재방문하기를 원할지도 모른다.[8]

8 포괄적인 권리들의 전략이 비효율적인 것이 입증되었기 때문에 대상지향적인 규범들을 공식화하는 데 있어서 행해진 전체적인 실험이 1990년대 초에 일어났다는 것을 상기해보라. 포괄적인 권리들이 불안정을 야기하는 민족 갈등에서 문제가 되는 실제적인 논쟁점들을 다루기 위한 지침을 제공하지 않기 때문에 국가 간 국제기구들은 구체적인 사례에 기초한 개입들에 몹시 의존하도록 강요되었다. 이러한 개입들은 종종 자유주의적 다문화주의에 관한 서구의 이론들과 최상의 실천들에 기초한 일반적으로 더욱 확고한 소수자 권리를 증진하였지만 호전성에 보답을 주는 듯한 임시적인 방식으로 그렇게 하였다. 대상지향적인 소수자 권리의 공식화는 얼마간 이러한 현실적인 문제들을 다루기 위해 일관된 지침을 확인하고, 그에 따라 권력의 정치를 국가와 소수자 관계의 영역에서 국제적인 활동들을 위한 체제로서의 원칙으로 대체하는 한 방식으로 의도되었다. 대상지향적인 규범들을 공식화하는 데 있어서의 어려움들을 고려할 때 이는 너무 지나치게 야심적인 목표였을지도 모른다. 그래서 우리는 일반적인 전략으로의 퇴보를 목격한다. 그러나 이는 우리로 하여금 원래의 딜레마로 회귀하도록 할 뿐이다. 즉 포괄적인 전략은 그 스스로 국가와 소수자 관계의 실제적인 도전들을 다루는 데 부적당하다.

이는 우리가 국제적인 법적 규범들을 어떻게 개념화하는가에 대해서 뿐만 아니라 우리가 국가와 소수자 관계의 장에서 국제적인 공동체의 다른 활동에 관해서 어떻게 생각해야 하는 가에 대한 함축적인 의미를 가진다. 포괄적인 권리가 그곳에서 전제조건이 자리를 잡아감에 따라서 더욱 확고한 집단에 따라 구분된 형태의 다문화주의가 협의되는 최소한의 작업장이라고 한다면, 국제공동체를 위한 중요한 임무는 그러한 조건들이 자리를 잡도록 도와주는 것이다. 예를 들면, 이는 최상의 실천을 공표하는 것만으로는 충분하지 않다는 것을 의미한다. 오히려 그러한 실천이 가능하게 만드는 전제조건을 의식할 필요가 있고, 그후 국가 간 국제기구들이 그들을 성취하도록 도움을 줄 수 있는 다양한 방식에 관해 생각할 필요가 있다. 이는 새로운 지역적 안보 배치를 구축하고, 소수자 문제들의 '안보화'의 위험을 축소하는 것을 포함할 수 있다. 또한 이것은 해결되지 않은 소수자 문제들이 이러한 과정들을 틀어지게 만들 수 있는 그 가능성을 줄이고, 민주화, 법의 지배, 혹은 경제적 발전을 증진하기 위해서 자유주의적 다문화주의의 전제조건들에 관한 고려사항을 국제적인 정책으로 구축해가는 것을 포함할 수도 있을 것이다.

우리가 보았듯이, 소수자 권리에 대한 주목은 안보, 민주화, 개발(예를 들면, UNDP)에 관여된 국가 간 국제기구들의 담론과 정책에 이미 들어와 있다. 그러나 너무 자주 이것이 단순히 일반적인 소수자 권리의 보호에 주목하는 것을 의미하였다. 만약 이러한 정책들이 다민족 국가 내에 평화로운 개발과 민주화를 확증하는 데 진정으로 도움을 주고자 한다면 — 만약 그들이 국가와 소수자가 계급제도, 배제, 적대감의 역사적인 관계를 극복하는 것을 가능하게 하는데 도움을 주려고 한다면 —그들은 포괄적인 소수자 권리 이상으로 주목을 해야만 할 것이다. 그들은 국가들이 포괄적인 권리의 작업장에서부터 자유주의적 다문화주의의 더욱 확고한 형태를 향해 구축해 가도록 하는 것을 가능하게 하는 그 조건을 확인하고 증진할 필요가 있을 것이다. 그리고 우리가 보았듯이 대상지향성과 순서배열의 논쟁에서 주의할 것을 요구하는 방식에 있어서 이러한 요인들이 다른 형태의 소수자와 다른 지정학적인 조건에 따라서 다르다. 동부 아프리카에서 유목민을 위한 자유주의적 다문화주의를 위한 전제조건들을 구축하는데 도움을 줄 수 있는 국제적인 프로그램과 정책이 라틴 아메리카에서 원주민들, 남아시아에서 종족민족주의자 집단들 혹은 서부 유럽에서 이민자 집단을 위한 자유주의적 다문화주의를 위한 전제조건을 구축하는데 도움을 주는 것들과는 동일하지 않을 것이다. 증진되고 있는 다문화주의의 특징과 그것을 방해하고 있는 위험 요인의 특징은 이러한 다른 집단과 맥락에 따라서 상당히 다양하다.

　다른 식으로 말하자면, 만약 소수자 권리의 국제적인 법적 규범이 집단의 형태들과 지정학적인 조건의 차이와는 분리된 채로 대개 포괄적이라고 할지라도 국제공동체는 자유주의적 다문화주의의 범주와 조건의 더욱 복잡한 개념을 가지고 더욱 포괄적으로 일할 필요가 있다. 실제로 우리는 국제법이 이러한 문제들을 피하면 피할수록 국제 활동의 다른 차원이 그것들에 민감해져야만 한다는 것이 더욱 더 중요하다고 말할 수 있을 것이다. 만약 우리가 대상지향성과 순서배열을 국제적인 법적 규범들로 구축할 수 없다고 한다면 우리는 그것을 국제적인 민주화 정책, 개발 정책, 평화와 안정화 정책 등으로 구축해야만 할 것이다. 이런 유의 정책들이 자유주의적 다문화주의를 확산하는데 필요한 그 조건을 만드는데 진척이 있는지 없는지를 결정하는데 결정적인 역할을 할 것이다.

간단히 정리하면, 국제법에서 포괄적인 소수자 권리로의 전환은 대상지향성과 순서배열에 관한 근원적인 질문들을 대체하지만 해결하거나 제거하지는 않는다. 우리에게는 자유주의적 다문화주의의 적절한 범주와 조건을 충분히 생각하기 위해서 우리의 최선을 다하고, 그 후 국가 간 국제기구들의 활동들에 정보를 제공해주는 것이 가능한 곳에서 우리가 발견한 것들을 사용하는 것 이외의 다른 길은 없다. 만약 이러한 범주와 조건을 반영하는 데 있어서 전 지구적 차원에서 국제법의 능력에 한계가 있다고 한다면 국제적인 활동의 다른 영역, 지역 조직의 다른 차원에 의지할 필요가 있다. 여기에 창조적인 행위를 위한 엄청난 여지가 있다. 하지만 이는 만약 우리가 포괄적인 소수자의 권리를 일련의 복잡한 대상과 조건에 의존하는 자유주의적 다문화주의의 더욱 광범위한 체제의 작업장으로서 간주한다면 가능하게 된다.

*****

다문화주의와 소수자 권리의 국제적인 확산을 위한 안정적이고 효율적인 체제를 생산하기 위해서는 해야 할 더 많은 일이 남아 있다. 나는 그러한 체제를 위한 청사진을 제공하고자 시도하지는 않았다. 하지만 나는 현재의 접근에서 가장 중요한 불안정 요소들을 확인하고 앞에 놓인 다양한 길을 제시하기 위해 노력하였다. 가장 야심찬 제안이라면 빈약한 일반적 권리를 포괄적이고 순차적인 소수자 권리로 교체하면서, 소수자를 위한 국제 법률 기준을 재정비하는 일이다. 만약 이것이 너무 야심적이라고 한다면 우리가 적어도 존재하는 법적 규범과 자유주의적 다문화주의의 이론과 실천 사이의 연결고리에 관한 더욱 일관성 있고 건설적인 설명을 개발할 수 있다는 것을 나는 제안하였다. 나는 독자들이 어떻게 앞으로 나아갈 수 있는가에 대한 다른 더 나은 제안들을 찾아낼 것을 희망한다.

하지만 정직하게 말해서 나는 적어도 예측할 수 있는 미래에 돌파구의 가능성에 대해서 전혀 낙관적이지 않다. 소수자 권리에 관한 실제적인 압박을 위한 시간이 이미 지났을 지도 모른다. 1990년대 초반은 소수자 권리의 영역에서 극적이고 창조적인 혁신을 위한 선례가 없는 기회의 시기였다. 그러나 이 기회의 창이 그 임무가 반 정도 밖에 수행되지 않은 채로 서서히 닫히고 있었다.[9] 우리는 이것이 닫힌 것이나 다름없다는 것을 받아들일 필요가 있을지도 모른다. 만약 그렇다면 그들의 결함과 불일치가 무엇이든지간에 일련의 현재적인 국제적 규범과 담론을 지지하고 지난 15년에 걸쳐 이루어진 그들의 발전을 환영하기 위한 확실한 이유가 있다. 너무 야심적이 되다보면 일을 그르칠 수 있다. 현재의 체제가 전 세계에 걸친 많은 소수자들의 곤경을 눈에 띄게 하는 것을 도와주고, 민족적 정치 참여자들에 의한 권리요구와 정치적인 동원

---

[9] 안드레아스 위머(Andreas Wimmer)의 말로, '정부들, NGO들, 연구자들이 다문화적인 정의와 민주적인 참여를 확산함으로써 전 세계에 걸쳐서 민족적 갈등을 '관리하고' '해결하기' 위해서 협력하여 일을 할 수 있을 것이라는 새로운 세계의 질서에 대한 희망은 사라져 버렸다'.(Wimmer, 2004, p.353)

을 합법화하는 것을 도와주는데 분명히 어느 정도의 기여를 하였다. 그것은 소수민족들의 구성원이 인권규범들의 체제 내에서 자신들의 요구사항들을 공식화하도록 권장하면서 동시에 자신들의 관심사와 열망에 대해 평화적이고 민주적으로 목소리를 내도록 테이블—실제로 국내적이고 국제적인 다양한 테이블—에 공간을 만드는데 도움을 주었다.

이것들은 모두 의미 있는 성취들이다. 그러나 나는 현 상황이 완벽하지 않을 뿐 아니라 불안정하다는 점이 염려스럽다. 현재의 체제에서 수많은 불일치와 모호함이 압박을 받고 있고, 우리는 전진하거나 퇴보해야만 할 것이다. 만약 우리가 다문화주의와 소수자 권리의 추구를 재개념화하는 지적으로 강력하고 정치적으로 실행 가능한 방식에 대해 생각하지 않는다면 예상되는 결과는 현 체계의 더욱 진보적인 양상으로부터 퇴보하게 될 것이다. 우리가 보았듯이 실제로 이것이 발생하고 있다는 증거가 이미 있다. 그리고 만약 그렇다면 자유주의적 다문화주의의 전 지구적인 확산을 위한 장기적인 예측은 실로 부정적이다.

역자 후기

　　역자가 윌 킴리카의 이름을 처음으로 접하게 된 것은 2014년에 부산 대학교 한국민족문화연구소 로컬리티 인문학 연구단의 HK(인문한국)사 업의 연차주제인 다문화주의에 대한 연구에 참여하면서 부터이다. 얼 마 지나지 않아 연구단의 교수님들과 함께 캐나다 동부 지역을 방문할 기회가 생겼으며 이때 킴리카 교수가 캐나다 킹스턴 시에 소재한 퀸즈 대학교(Queen's University)의 철학과에 재직하고 있음을 알게 된 역자 는 그와 이메일로 접촉하였고 인터뷰를 할 수 있을지 요청하였다. 우리 가 방문하는 시기가 여름휴가가 한창인 7월초였고 그가 세계적으로 유 명한 학자이고 또한 시간도 촉박하여서 솔직히 그렇게 큰 기대를 하지 않았는데 예상과는 달리 그는 흔쾌히 승낙을 하였다. 2014년 7월 5일 오전에 우리는 퀸즈대학교 빅토리아 홀의 로비에서 킴리카 교수와 만 났으며 다문화주의와 관련한 이런 저런 주제를 가지고 그와 2시간 정 도 진지하면서도 인상적인 대화를 할 수 있었다. 역자는 개인적으로 그 의 진지하면서도 진실되게 우리의 질문에 답하는 자세로 인해 깊은 인 상을 받았다. 무엇보다 그의 다문화주의에 관한 학문적인 천착이 자신 의 개인 가족사와도 관련된 것임을 알게 되었을 때는—물론 이에 대 해서 그는 자세하게 설명은 하지 않았지만 그가 언급한 것을 통해 충분히 짐작할 수 있었다 — 학자로서 뿐만 아니라 개인으로서 그에게 더욱 끌리게 되었다. 이러한 그와의 인터뷰는 역자가 그의 책『다문화 오디세이』의 번역을 시작하게 된 직접적인 계기가 되었다.

　캐나다에서 석사와 박사 공부를 한 역자는 캐나다의 다문화주의를 이해하고 경험할 수 있었다. 1999년 11월 24일에 처음 몬트리올에 도착하였을 때 다문화주의라는 단어는 역자의 뇌리에 전혀 의미 있게 남아 있지도 않았다. 그만큼 캐나다에 대한 역자의 지식은 피상적이었다. 하지만 캐나다 퀘백 지방의 몬트리올에서 시작하여 온타리오 지방의 해밀턴에 이르기까지 근 10년 가까이의 공부와 삶의 기간을 통해 다문화주의를 학문을 통해 이해할 수 있었을 뿐만 아니라 일상의 삶을 통해 체험할 수 있었다. 여기에서 캐나다의 다문화주의가 다른 나라의 다문화주의, 예를 들면 북미의 이웃 국가인 미국과 유럽의 여러 나라들과 호주의 다문화주의와 어떻게 다른가에 대해서 간단하게 설명하기란 쉽지 않다. 또한 외국인으로서 영어권에서 대학원 공부를 하면서 이방인으로서 경험하는 것들은 당시에는 모두가 그저 어렵기만 하고 많은 것들에 대해서 불만이 많았었다. 그런데 나중에 한국에 돌아와서 다시 돌아보았을 때, 특히 한국에서 이방인들이 경험하는 것에 대해 직·간접적으로 접하면서 자신이 캐나다에서 경험한 다문화주의가 상당히 선진적인 것이었고 성숙한 것이었음을 뒤늦게 깨닫고 인정을 하게 될 때가 많았다. 많은 학자들과 활동가들이 지적하듯이 한국의 다문화주의는 아직도 억압적이고 식민적인 동화정책에 지나지 않으며, 그에 비해 캐나다의 다문화주의도 여전히 여러 문제가 있지만 — 특히 원주민과 관련한 과거 식민의 역사와 그것이 현재에까지 미치는 영향력 등은 아직도 캐나다 사회의 쉽게 해결되지 않은 어두운 그림자 또는 원죄와 같은 것이다 — 최근에 벌어지는 논쟁이 어떻게 하면 이방인들이 그들의 문화적인 고유성을 유지한 채로 캐나다 사회에 정착하여 조화롭게 살 수 있도록 할 수 있는가와 그에 맞는 정책적 대안을 마련할 수 있는가에 초점이 맞추어져 있다는 것은 다문화주의라는 이름하에 두 극단을 보는 것과도 같다. 또한 얼마 전에 시리아 난민들이 공항을 통해 캐나다에 들어왔을 때 캐나다 총리가 직접 공항에 가서 그들을 환영하는 것은 캐나다 다문화주의가 그저 정치적인 구호나 제스처를 넘어 캐나다적인 삶에 깊이 뿌리박혀 있으며 다양한 정책적인 실천을 통해 일상의 삶 가운데 실행되고 있음을 단적으로 보여주는 것이었다. 이런 식의 서구 선진국에 대한 칭찬이 어떤 이들에게는 불편하게 들릴 수도 있을 것이다. 그러나 여기에서 캐나다의 다문화주의의 긍정적인 측면을 무조건적으로 예찬하는 것이 역자의 의도도 아니다. 오히려 역자가 바라는 것은 다문화주의의 모범적인 사례로 종종 인정되는 캐나다 다문화주의에 대한 철저한 이해 — 성공적인 측면과 그렇지 않은 측면에 대한 정확한 조사와 이해 — 를 통해 우리가 추구할 수 있는 방향을 올바르게 설정할 수 있을 것이라고 믿기 때문이다. 또한 이때 주의할 것은 캐나다의 다문화주의가 미국의 다문화주의와는 상당히 다르다는 것이다. 여기서 이것을 언급하는 이유는 한국에서 캐나다에 대한 이해는 종종 왜곡되고 지엽적이거나 심지어는 미국과 별 차이가 없지 않은가 하는 식인데 역자가 경험한 바에 의하면 한국이 일본만큼 다르듯이 캐나다와 미국도 그러하며 캐나다 다문화주의도 그러하기 때문이다.

물론 킴리카의 『다문화 오디세이』는 개별적인 한 국가의 다문화주의에 대한 집중적이고 자세한 연구를 수행하는 저서는 아니다. 대신에 킴리카는 전지구적인 차원에서 소위 다문화주의의 성공적인 사례와 상대적으로 그렇지 않은 사례를 다층적으로 비교하여 다문화주의의 전망에 대한 자신의 시각을 제시한다. 특히 그가 국가 간 국제기구들(inter-national intergovernmental organizations 또는 IOs)이라고 명명한 국제기구들이 다문화주의의 전지구적 확산에 어떻게 기여하였는지를 자세히 분석하며 이들의 역할의 장점과 단점을 잘 정리하고 있다. 그의 연구가 돋보이는 것은 단순히 문헌연구를 통한 이론적인 연구에만 그치는 것이 아니라 다양한 국제적인 사례에 대한 실증적인 검증을 통해 이론과 실천이 잘 조화를 이루고 있다는 것이다. 이는 킴리카 자신의 다양한 문헌에 대한 철저한 조사와 연구라는 학자적 자세뿐만 아니라 다문화주의 관련 분야에 자신이 직접 참여하여 현장의 목소리에 주의 깊게 귀 기울이는 일종의 참여적 지식인의 자세를 드러낸다. 킴리카의『다문화 오디세이』의 탁월성은 이렇게 쉽지 않은 전지구적 다문화주의의 현황과 가능성에 대한 비교 연구라는 주제에 대해서 광범위하고 실증적인 연구・조사에 기초한 명료한 논지를 제시한다는 점에 있다. 특히 다문화주의 분야의 세계적인 학자인 그가 자신의 저서에서 문헌연구에 대한 학자적인 철저함과 현실 참여적인 자세와 설득력 있으면서도 정직하고 과장되지 않는 논지의 전개 방식을 통해 드러내는 학자적인 겸손함이 역자에게는 상당히 인상적이었다.

다문화주의는 그것이 어떻게 해석되든지 간에 여전히 상당히 매력적이라는 사실에 이의를 제기하는 사람은 그렇게 많지 않을 것으로 생각한다. 그러나 오늘날 우리 시대는 한편으로 지구화 시대가 점점 확산되면서 동시에 다른 한편으로 국경을 봉쇄하고 이방인들에 대해 높은 장벽을 쌓으려는 움직임이 여기저기에서 확산되고 있다. 역자가 이 글을 쓰는 현재 전 세계적으로 두드러진 현상은 영국의 브렉시트와 미국의 트럼프가 추구하는 보호무역주의와 이방인들에 대한 국경의 철저한 봉쇄이다. 킴리카는 『다문화 오디세이』에서 특히 20세기 후반에 유럽에서 발생한 새로운 형태의 민족주의의 등장과 관련하여 다문화주의가 어떻게 도전을 받았으며 그러한 상황에서 다문화주의의 전망에 대해서 논한다. 물론 21세기 초에 벌어지는 전 세계적인 현상은 킴리카가 자신의 저서에서 언급하는 때의 상황과는 여러 측면에서 다르지만 기본적인 구조적 양상은 상당히 비슷하다고 할 수 있다. 한편에서는 국경을 철저히 봉쇄하려는 움직임과 다른 한편에서는 국경을 열고 이방인들을 받아들여야 한다는 움직임이 있다. 물론 이는 복잡한 지구적 상황에 대한 지나친 단순화일 수도 있다. 이는 그저 킴리카의 저서에서 언급하는 지구적 상황과 동시대의 지구적 상황에 대한 간단한 전체적인 지형의 특징을 보여주기 위함일 뿐이다. 역자가 강조하고 싶은 것은 킴리카의 저서 『다문화 오디세이』가 이러한 지구적 맥락에서 다문화주의의 가능성에 대한 전망을 잘 진단하고 있다는 것이다. 즉 킴리카의 저서에서 언급하는 시대적 상황뿐만 아니라 최근 유럽에서 난민 문제로 인해 제기되는 극단적인 사회정치적 상황이 다문화주의 정책의 무용성 혹은 다문화주의의 실패에 대한 담론을 부추기고 있지만 『다문화 오디세이』에서 킴리카는 이러한 반응은 다분히 대증적인(symptomatic) 반응과 해결책이며 보다 근본적인 원인에 대한 분석과 그에 따른 신중한 대응이 필요함을 역설한다. 이를 위해 킴리카가 보여주는 역사적인 맥락에 대한 조사와 전 세계의 다양한 지역에 대한 비교적인 연구는 오늘날 우리에게, 특히 다문화주의 관한 연구자들과 현장운동가들에게 시사하는 바가 상당히 크다.

원래 이 저서는 역자가 혼자서 번역하기로 되어 있었다. 그러나 이런 저런 이유로 인해 번역이 순조롭게 잘 진행되지 않았는데 공역자인 순천향대학교의 영미학과의 진주영 교수님의 합류와 함께 번역이 아주 매끄럽게 진행될 수 있었다. 진주영 교수님이 함께 하지 않았다면 아마이 저서를 제때에 번역하지 못하였을 것이다. 두 번이나 마감일이 앞당겨졌음에도 불구하고 불평하지 않고 흔쾌히 제때에 번역을 마무리 해주신 진주영 교수님에게 진심으로 감사를 드리고 싶다. 『다문화 오디세이』의 1부 2장, 2부 2장, 2부 3장, 3부 3장은 진주영 교수님이 번역을 하였고 나머지는 모두 역자가 번역하였음을 밝혀둔다. 우리가 한국말로 잘 읽히고 이해될 수 있도록 킴리카의 저서를 번역하고자 노력하였지만 여러모로 부족한 점이 있을 것이고 이는 모두 역자들의 탓으로 돌려야 할 것이다.

역자는 영어권 문학과 문화연구를 하기 때문에 이런 저런 모양으로 번역에 관심을 가졌고 공부를 하면서 번역서를 접하지 않을 수 없었다. 그러나 번역서에 대한 역자의 인상은 그렇게 좋은 것이 아니었다. 외국어에서 한글로 번역된 번역서를 읽으면서 한글을 또 다시 번역해야 할 때가 많았기 때문이다. 캐나다에서 오랫동안 공부를 한 뒤 영어로 읽고 쓰는 것이 어느 정도 편해진 뒤에는 번역서를 읽는 것에 대한 거부감이 더 커졌고 한국에 온 뒤 어느 유명한 번역가가 번역한 인문학 저서를 새로운 기대를 가지고 읽었는데 큰 실망을 한 뒤 그 거부감은 더해지고 말았다. 그런데 이런 자신이 킴리카의 『다문화 오디세이』를 번역하면서, 그리고 이제 이 번역서를 출판하고자 하면서 갖게 되는 감정은 상당한 부담감이다. 혹시나 이 번역서를 읽는 독자들이 번역된 한국어를 다시 번역하게 되지나 않을까 하는 우려가 상당히 크기 때문이다. 그러할지라도 이 번역서가 다문화주의의 전지구적 현상에 대한 이해에 조금이라도 도움이 되기를 바라는 마음 간절하다.

이유혁(2017.1.31)

참고문헌

AAA(American Anthropological Association) Executive Board (1947) "Statement on H uman Rights Submitted to the Commission on Human Rights, United Nations", *American Anthropologist*, New Series 49.

Abu-Laban, Yasmeen, "Liberalism, Multiculturalism and Essentialism", *Citi-zenship Studies*, 6/4, 2002.

_____ and Christina Gabriel, Selling Diversity, *Immigration, Multiculturalism, Employment Equity and Globalization*, Broadview, Peterborough, 2002.

Adams, Michael, *Sex in the Snow*, Penguin, Toronto, 1997.

_____, Better Happy Than Rich?, Penguin, Toronto, 2000.

Addis, Adeno, "Individualism, Communitarianism and the Rights of Ethnic Minorities", *Notre Dame Law Review*, 67/3, 1992.

Akermark, Sia Spiliopoulou, *Justifications of Minority Protection in International Law*, Martinus Nijhoff, Dordrecht, 1997.

Albo, Xavier, "And from Kataristas to MNRistas? The Surprising and Bold Alliance between Aymaras and Neoliberals in Bolivia", in Donna Lee Van Cott (ed), Indigenous Peoples and Democracy in Latin America, St Martin's Press, New York, 1994.

Aleinikoff, Alexander and Douglas Klusmeyer, (eds) *Citizenship Policies for an Age of Migration*, Carnegie Endowment for International Peace, Washington, 2002.

Alemante, Selassie, "Ethnic Federalism — Its Promise and Pitfalls for Africa" *Yale Journal of International Law* 28, 2003.

Alesina, Alberto and Eliana LaFerrara, "Ethnic Diversity and Economic Per-formance", *Journal of Economic Literature* 43, 2005.

Alfonso Martinez, Miguel, *Study on Treaties, Agreements and Other Constructive Arrangements between States and Indigenous Populations — Final Report by Special Rap- porteur*(UN Sub- Commission on Prevention of Discrimination and Protection of Minorities, 51st Session, 22 June 1999, E/CN.4/Sub.2/1999/20), 1999.

Alfred, Gerald, *Heeding the Voices of our Ancestors — Kahnawake Mohawk Politics and the Rise of Native Nationalism*, Oxford University Press, Toronto, 1995.

Alfredsson, Gudmundur and Erika Ferrer (eds), *Minority Rights — A Guide to United Nations Procedures and Institutions*, Minority Rights Group, London, 1998.

_____ and Danilo Turk, "International Mechanisms for the Monitoring and Protection of Minority Rights — Their Advantages, Disadvantages and Interrelationships", in Arie Bloed (ed), *Monitoring Human Rights in Europe — Comparing International Procedures and Mechanisms*, Kluwer, Norwell, Mass, 1993.

Alston, Philip (ed), *People's Rights*, Oxford University Press, Oxford, 2001.

Anagnostou, Dia, "Deepening Democracy or Defending the Nation? The uropeanisation of Minority Rights and Greek Citizenship", *West European Poli- tics*, 28/2, 2005.

Anant, Arpita, "Group Rights in the Indian and International Discourses", PhD thesis, School of International Studies, Jawaharlal Nehru University, 2003.

Anaya, S. James, *Indigenous Peoples in International Law*, Oxford University Press, New York, 1996.

Anderson, Benedict, "The Future of Indonesia", in Michel Seymour (ed), *The Fate of the Nation-State*, McGill-Queen's University Press, Montreal, 2004.

_____, Carole, *Eyes off the Prize — The United Nations and the African- American Struggle for Human Rights, 1944 ~ 55*, Cambridge University Press, Cam- bridge, 2003.

_____, Kenneth, "Illiberal Tolerance — An Essay on the Fall of Yugoslavia and the Rise of Multiculturalism in the United States", *Virginia Journal of International Law*.1992.

Andreescu, Gabriel, "Recommendation 1201 and a Security (Stability) Net- work in Central and Eastern Europe", *International Studies*, Bucharest, 1997.

An-Na'im, Abdullahi (ed), *Human Rights in Cross-Cultural Perspectives*, University of Pennsylvania Press, Philadelphia, 1992.

Appadurai, Arjun, *Fear of Small Numbers*, Duke University Press, Durham. NC, 2006.

Appiah, Anthony, *The Ethics of Identity*, Princeton University Press, Prince-ton, 2004.

Ardrey, J. B. "Minority Language Rights before and after the 2004 EU Enlargement — The Copenhagen Criteria in the Baltic States", *Journal of Multi- lingual and Multicultural Development*, 26/5, 2005.

Armitage, Andrew, (1995) *Comparing the Policy of Aboriginal Assimilation — Australia, Canada, New Zealand*, UBC Press, Vancouver.

Asiwaju, A.I. (ed), (1985) *Partitioned Africans — Ethnic Relations Across Africa's Interna-tional Bounda- ries, 1884 ~ 1984*, Hurst, London.

Atanasoski, Neda, (2006) "Race toward Freedom — Post Cold War US Multiculturalism and the

Reconstruction of Eastern Europe", *Journal of American Culture* 29/2.

Aukerman, Miriam, (2000) "Definitions and Justifications — Minority and Indigenous Rights in a Central/East European Context", *Human Rights Quarterly* 22.

Azmi, Shaheen, (1999) "Wife Abuse and Ideological Competition in the Muslim Community of Toronto", in Harold Troper and Morton Weinfeld (eds), *Ethnicity, Politics and Public Policy*, University of Toronto Press, Toronto.

Bach, Daniel, (1997) "Indigeneity, Ethnicity and Federalism", in L. Diamond (ed), *Transition without End — Nigerian Politics and Civil Society under Babangida*, Lynne Rienner, Boulder, Colo.

Bajpai, Kanti, (1999) "Majorities and Minorities in South Asia", in D. L. Sheth and Gurpreet Mahajan (eds), *Minority Identities and the Nation-State*, Oxford University Press, New Delhi.

Banach. Edo, (2002) "The Roma and the Native Americans — Encapsulated Communities within Larger Constitutional Regimes", *Florida Journal of International Law* 14.

Banting, Keith and Will Kymllcka (eds), (2006) *Multiculturalism and the Welfare State — Recognition and Redistribution in Contemporary Democracies*, Oxford University Press, Oxford.

Banton, Michael, (2002) *The International Politics of Race*, Polity Press, Cambridge.

Barkan, Elazar, (2000) *The Guilt of Nations*, Johns Hopkins University Press, Baltimore.

Barnes, R. H. (ed), (1995) *Indigenous Peoples of Asia*, Association of Asian Studies, Ann Arbor.

Barnett, Michael and Martha Finnemore, (2004) *Rules for the World — International Organizations in Global Politics*, Cornell University Press, Ithaca, NY.

Barry, Brian, (2001) *Culture and Equality — An Egalitarian Critique of Multiculturalism*, Polity Press, Cambridge.

Barsh, Russel Lawrence, (1994) "Indigenous Peoples in the 1990s — From Object to Subject of International Law?", *Harvard Human Rights Journal* 7.

Batt, Judy and J. Amato, (1998) "Minority Rights and EU Enlargement to the East", European University Institute, *Robert Schuman Centre Policy Paper* No.98/5.

Baubock, Rainer, (1994) *Transnational Citizenship — Membership and Rights in Transna-tional Migration*, Edward Elgar, Aldershot.

_____, (2000) "Why Stay Together — A Pluralist Approach to Secession and Federa- tion", in Will Kymlicka and Wayne Norman (eds), *Citizenship in Diverse Societies*, Oxford University Press, Oxford.

_____, (2001) "Cultural Citizenship, Minority Rights and Self-Government", in Alex Aleinikoff and

Douglas Klusmeyer (eds), *Citizenship Today — Global Perspectives*, Carnegie Endowment for International Peace, Washington.

_____, (2004) "Territorial or Cultural Autonomy for National Minorities?" in Alain Dieckhoff (ed), *The Politics of Belonging — Nationalism, Liberalism and Pluralism*, Lexington Books, Lanham, Md.

_____, (2006) "Autonomy, Power-Sharing and Common Citizenship — Principles for Accommodating National Minorities in Europe", in John McGarry and Michael Keating (eds), *European Integration and the Nationalities Question*, Routledge, London.

Bauer, Joanne and Daniel Bell (eds), (1999) *The East Asian Challenge for Human Rights*, Cambridge University Press, Cambridge.

Bayart, Jean-Francoise, (2005) *The Illusion of Cultural Identity*, University of Chicago Press, Chicago.

Bayefsky, Anne (ed), (2000) *Self-Determination in International Law — Quebec and Lessons Learned*, Kluwer, The Hague.

Bell, Daniel A, (1999) *East Meets West — Human Rights and Democracy in East Asia*, Princeton University Press, Princeton.

___, (2004) "Is Democracy the "Least Bad" System for Minority Groups?" in Susan Henders (ed), *Democratization and Identity — Regimes and Ethnicity in East and Southeast Asia*, Lexington, Lanham, Md.

___, Gary, (2001) "Minority Rights in Indonesia — Will Constitutional Recognition lead to Disintegration and Discrimination?", *Singapore Journal of International and Comparative Law* 5.

Bengio, Ofra and Gabriel Ben-Dor (eds), (1999) *Minorities and the State in the Arab World*, Lynne Reinner, Boulder, Colo.

Bengoa, Jose, (2000) "Existence and Recognition of Minorities", Working Paper pre- pared for Working Group on Minorities, Sixth Session, 2 2-6 May 2000, United Nations document E/CN.4/Sub.2/AC.5/2000/WP.2

Benhabib, Seyla, (2002) *The Claims of Culture — Equality and Diversity in the Global Era*, Princeton University Press, Princeton.

Bermeo, Nancy, (2002) "The Import of Institutions", *Journal of Democracy* 13/2.

Berry, John, Jean Phinney, David Sam, and Paul Vedder, (2006) 'Immigrant Youth — Acculturation, Identity and Adaptation', *Applied Psychology — An International Review* 55/3.

Bessenyey-Williams, Margit (2002) "European Integration and Minority Rights — The Case of

Hungary and its Neighbours", in Ron Linden (ed), *Norms and Nannies — The Impact of International Organizations on the Central and East European States*, Rowman and Littlefield, Lanham, Md.

Beteille, Andre, (2000) "On the Concept of Indigenous Peoples", *Current Anthropology* 19/2.

Bibo, Istvan, (1991) "The Distress of East European Small States", in Karoly Nagy (ed), *Democracy, Revolution, Self-Determination*, Social Science Monographs, Boulder, Colo; 1st pub, 1946.

Billig, Michael, (1995) *Banal Nationalism*, Sage, London.

Birnbaum, Pierre, (2004) "Between Universalism and Multiculturalism — The French Model in Contemporary Political Theory", in Alain Dieckhoff (ed), *The Politics of Belonging*, Lexington, Lanham, Md.

Bissoondath, Neil, (1994) *Selling Illusions — The Cult of Multiculturalism in Canada*, Penguin, Toronto.

Bloed, Arie and Pieter van Dijk (eds), (1999) *Protection of Minority Rights through Bilateral Treaties — The Case of Central and Eastern Europe*, Kluwer, The Hague.

Bloemraad, Irene, (2002) "The Naturalization Gap — An Institutional Approach toCitizenship Acquisition in Canada and the United States", *International Migration Review* 36/1.

_____, (2005) "The Limits of de Tocqueville — How Government Facilitates Organizational Capacity in New comer Communities", *Journal of Ethnic and Migration Studies* 31.

_____, (2006) *Becoming a Citizen — Incorporating Immigrants and Refugees in the United States and Canada*, University of California Press, Berkeley.

Bonnett, Alistair, (2000) *Anti-Racism*, Routledge, London.

_____, (2006) "The Americanisation of Anti-Racism — Global Power and Hegemony in Ethnic Equity", *Journal of Ethnic and Migration Studies* 32/7.

Booth, Ken, (1999) "Three Tyrannies", in Tim Dunne and Nicholas Wheeler (eds), *Human Rights in Global Politics*, Cambridge University Press, Cambridge, 3.

Borgwardt, Elizabeth, (2005) *A New Deal for the World — America's Vision for Human Rights*, Harvard University Press, Cambridge, Mass.

Borrows, John, (2000) "'Landed Citizenship' — Narratives of Aboriginal Political Participation", in Will Kymlicka and Wayne Norman (eds), *Citizenship in Diverse Societies*, Oxford University Press, Oxford.

Borstelmann, Thomas, (1993) *Apartheid's Reluctant Uncle — The United States and Southern Africa in the Early Cold War*, Oxford University Press, Oxford.

_____, (2001) *The Cold War and the Color Line — American Race Relations in the Global Arena*, Harvard University Press, Cambridge, Mass.

Bourdieu, Pierre and Loic Wacquant, (1999) "On the Cunning of Imperialist Rea-son", *Theory, Culture and Society* 16/1.

Bowen, John, (2000) "Should We Have a Universal Concept of "Indigenous Peoples Rights"? Ethnicity and Essentialism in the Twenty-First Century", *Anthropology Today* 16/4.

Bowring, Bill and Deirdre Fottrell (eds), (1999) *Minority and Group Rights in the New Millennium*, Martinus Nijhoff, The Hague.

Breuning, Maruke, (1999) "Ethnopolitical Parties and Development Cooperation — The Case of Belgium", *Comparative Political Studies* 32/6.

Brolmann, Catherine, Rene Lefeber, and Marjoleine Zeick (eds), (1993) *Peoples and Minorities in International Law*, Martinus Nijhoff, Dordrecht.

Brooks, Roy, (2004) *Atonement and Forgiveness — A New Model for Black Reparations*, University of California Press, Berkeley.

Brubaker, Rogers, (1996) *Nationalism Reframed — Nationhood and the National Question in the New Europe*, Cambridge University Press, Cambridge.

_____, (2001) "The Return of Assimilation?", *Ethnic and Racial Studies* 24/4.

Brusis, Martin, (2003) "The European Union and Interethnic Power-Sharing Arrangements in Accession Countries", *Journal of Ethnic and Minority Issues in Europe* , Issue 2003/1 (http://www.ecmi.de/jemie).

Brysk, Alison, (2000) *From Tribal Village to Global Village — Indian Rights and Interna- tional Relations in Latin America*, Stanford University Press, Stanford, Calif.

Buchanan, Allen, (2004) *Justice, Legitimacy and Self-Determination*, Oxford University Press, Oxford.

Bulbeck, Chilla, (2004) "The "White Worrier" in South Australia — Attitudes to Multi- culturalism, Immigration and Reconciliation", *Journal of Sociology* 40/4.

Bunce, Valerie, (1999) *Subversive Institutions — The Design and Destruction of Socialism and the State*, Cambridge University Press, Cambridge.

_____ and Stephen, Watts, (2005) "Managing Diversity and Sustaining Democracy in the Post Communist World", in Philip Roeder and Donald Rothchild (eds), *Sustainable Peace — Power and Democracy after Civil War*, Cornell University Press, Ithaca, NY.

Burgess, Adam, (1999) "Critical Reflections on the Return of National Minority Rights to East/West

European Affairs", in Karl Cordell (ed), *Ethnicity and Democratisation in the New Europe*, Routledge, London.

Burns, M, (1996) "Disturbed Spirits — Minority Rights and the New World Orders, 1919 and the 1990s" in S.F. Wells and P. Bailey-Smith (eds), *New European Orders: 1919 and 1991*, Woodrow Wilson Center Press, Washington.

Byman, Daniel, (1997) "Rethinking Partition — Lessons from Iraq and Lebanon", *Security Studies* 7/1.

Cairns, Alan, (2000) *Citizens Plus — Aboriginal Peoples and the Canadian State*, University of British Columbia Press, Vancouver.

_____, (2005) *First Nations and the Canadian State — In Search of Coexistence*, Institute for Inter-governmental Relations, Kingston.

Caplan, Richard, (2005) *Europe and the Recognition of New States in Yugoslavia*, Cambridge University Press, Cambridge.

_____, (2001) "Multiculturalism and Social Justice in the United States — An Attempt to Reconcile the Irreconcilable with a Pragmatic Liberal Framework", *Race, Gender and Class* 8/1.

Carens, Joseph (ed), (1995) *Is Quebec Nationalism Just?*, McGill-Queen's University Press, Montreal.

_____, (2000) *Culture, Citizenship and Community*, Oxford University Press, Oxford.

Cashaback, David, (2005) "Accommodating Multinationalism in Russia and Canada — A Comparative Study of Federal Design and Language Policy in Tatarstan and Quebec", Ph.D. Thesis, London School of Economics and Political Science.

Cassese, Antonio, (1995) *Self-Determination of Peoples — A Legal Reappraisal*, Cambridge University Press, Cambridge.

Castellino, Joshua, (2000) *International Law and Self-Determination*, Martinus Nijhoff, Dordrecht.

_____ and Elvira Dominguez Redondo, (2006) *Minority Rights in Asia — A Comparative Legal Analysis*, Oxford University Press, Oxford.

Ceuppens, B. and P. Geschiere, (2005) "Autochthony, Local or Global? New Modes in the Struggle over Citizenship and Belonging in Africa and Europe", *Annual Review of Anthropology* 34.

Chandler, David, (1999) "The OSCE and the Internationalisation of National Minority Rights", in Karl Cordell (ed), *Ethnicity and Democratisation in the New Europe* , Routledge, London.

_____, (2000) *Bosnia — Faking Democracy after Dayton*, Pluto, London.

_____, Michael and Christopher Lalonde, (1998) "Cultural Continuity as a Hedge against Suicide in Canada's First Nations", *Journal of Transcultural Psychiatry* 3S/2.

Chapman, Chris, (2005) "Conflict Prevention and the Rights of Minorities and Indigenous Peoples", *Human Rights 7 Yibune des droits humains* 11/2 (http://www. hri.ca/tribune/onlineissue/25_05-2005/contents.html).

Chartrand, Paul, (1995) "The Aboriginal Peoples of Canada and Renewal of the Federation", in Karen Knop (ed), *Rethinking Federalism — Citizens, Markets and Governments in a Changing World*, University of British Columbia Press, Vancouver.

Checkel. Jeffrey, (1999) "Norms, Institutions, and National Identity in Contempo-rary Europe", *International Studies Quarterly* 43.

Chesterman, Simon, (2001) "Minority Protection, Conflict Prevention, and the UN System", Presented at meeting of the Rockefeller Foundation, October, available at 'http://www.ipacademy.org/PDF_Reports/minority_protection_for_web.pdf

Chua, Amy, (2003) *World on Fire — How Exporting Free Market Democracy Breeds Ethnic Hatred and Global Instability*, Doubleday, New York.

Cilevics, Boris, (2005) "Modern Nation-State and European Standards of Minority Rights", *in State Consolidation and National Identity*, Council of Europe Publishing, Science and Technique of Democracy Series No. 38, Strasbourg.

Claude. Inis, (1955) *National Minorities — An International Problem*, Harvard UniversityPress, Cambridge. Mass.

Cocen Group, (1999) "Guiding Principles for Improving the Situation of the Roma Based on the Recommendations of the Council of Europe's Specialist Group on Roma/Gypsies and on the Recommendations of the OSCE High Commission on National Minorities", adopted by the European Union (Cocen Group) at the Tem- pere Summit, December 1999 (http://www.CoE.int/T/DG3/RomaTravellers/documentation/recommendations/MiscCO CENg\iidelineseu_eg.asp).

Collier, Paul, (2000) "Ethnicity, Politics, and Economic Performance", *Economics and Politics* 12/3.

Collier, Paul, Lani Elliot. Havard Hegre, Anke Hoeffler, Marta Reynal-Querol, and Nicholas Sambanis, (2003) *Breaking the Conflict Trap — Civil War and Development Policy*, World Bank, Washington.

Commission on Systemic Racism in the Ontario Criminal Justice System, (1995) *Racism behind Bars — The Treatment of Black and other Racial Minority Prisoners in Ontario Prison*, Interim Report, Toronto.

Commission on the Future of Multi-Ethnic Britain, (2000) *The Future of Multiethnic Britain*, Profile Books, London.

Connor. Walker, (1993) *Ethnonationalism*, Princeton University Press, Princeton.

_____, (1999) "National Self-Determination and Tomorrow's Political Map", in Alan C. Cairns, John C. Courtney, Peter Mackinnan, Hans J. Michel mann and David E. Smith (eds), *Citizenship, Diversity and Pluralism — Canadian and Comparative Perspectives*, McGill-Queen's University Press, Montreal.

Coppieters, Bruno, (2004) *Europeanization and Conflict Resolution — Case Studies from the European Periphery*, Academia Press, Ghent.

Cornell, Stephen and Joseph Kalt, (1995) "Where Does Economic Development Really Come From? Constitutional Rule among the Contemporary Sioux and Apache", *Economic Inquiry* 33.

_____, (1998) "Sovereignty and Nation-Building — The Development Challenge in Indian Country Today", *American Indian Culture and Research Journal* 22.

_____, (2000) "Where's the Glue? Institutional Bases of American Indian Economic Development", *Journal of Socio-Economics* 29.

Cornell, Svante, (2002) "Autonomy as a Source of Conflict — Caucasian Conflicts in Theoretical Perspective", *World Politics* 54/2.

Cornwall, Mark, (1996) "Minority Rights and Wrongs in Eastern Europe in the Twentieth Century", *The Historian* 50.

Council of Europe, (2004) *Mechanisms for the Implementation of Minority Rights,* Council of Europe Publishing, Strasbourg.

_____, (2005) *Framework Convention for the Protection of National Minorities — Collected Texts,* 3rd edn, Council of Europe Publishing, Strasbourg.

Cowan, Jane, (2001) "Ambiguities of an Emancipatory Discourse — The Making of a Macedonian Minority in Greece", in Cowan et al (eds) (2001).

_____, Jane, Marie-Benedicte Dembour, and Richard Wilson (eds), (2001) *Culture and Rights — Anthropological Perspectives*, (Cambridge University Press, Cambridge).

_____, Klint, (2006) "International Responsibility for Human Rights Violations by American Indian Tribes", *Yale Human Rights and Development Law Journal* 9. Available at http://islandia.law.yale.edu/yhrdlj/

Crawford, James (ed), (1988) *The Rights of Peoples*, Oxford University Press, Oxford.

Crepaz, Markus, (2006) ""If You are My Brother, I May Give You a Dime!" Public Opinion on Multiculturalism, Trust and the Welfare State", in Banting and Kymlicka (eds), (2006).

Cumper, Peter and Steven Wheatley (eds), (1999) *Minority Rights in the 'New'Europe,* Kluwer, The Hague.

Daes, Erica-Irene, (1996) "Working Paper on the Concept of "Indigenous people"", prepared for the UN Working Group on Indigenous Populations, UN Doc. E/CN.4/Sub.2/ AC.4/1996/2.

Danspeckgruber, Wolfgang (ed), (2002) *The Self-Determination of Peoples* — *Community, Nation, and State in an Interdependent World*, Lynne Reinner, Boulder, Colo.

Danspeckgruber, Wolfgang and Arthur Watts (eds), (1997) *Self-Determination and Self- Administration* — *A Sourcebook*, Lynne Reinner, Boulder, Colo.

Das Gupta, Tania, (1999) "The Politics ot Multlculturallsm — "Immigrant Women" and the Canadian State", In Enakshl Oua and Angela Robertson (eds), *Scratching the Surface* — *Canadian Anti-Racist Feminist thought*, Women's Press, Toronto.

Dasko, Donna, (2005) "Public Attitudes towards Multlculturallsm and Bilingualism In Canada", In Margaret Adsett, Caroline Mallandaln, and Shannon Stet-tner (eds), *Canadian and French lYrspectlves on Diversity* — *Conference Proceedings*, Department ot Canadian Heritage, Ottawa.

Davles. Scott, (l999) "From Moral Duty to Cultural Rights — A Case Study of Political Framing In Education", *Sociology of Education* 72.

De LA Pena, Gulllenno, (2002) "Social Citizenship, Ethnic Minority Demands, Human Rights, and Neollheral Paradoxes — A Case Study In Western Mexico", in Rachel Sleder (ed), *Multi-cultwalism in Latin America* — *Indigenous Rights, Diversity and Democracy*, Palgrave, London.

Deets, Stephen and Sherrlll Stroscheln, (2005) "Dilemmas of Autonomy and Liberal Pluralism — Examples Involving Hungarians In Central Europe", *Nations and Nationalism* 11/2.

Delanty, Gerard, (2003) *Community*, Routledge, London.

Dembour, Marle-Bencdlcte, (200l) "Following the Movement of a Pendulum — Betweet\ Universalism and Relativism", In Cowan et al (ecis), (2001).

Deveaux, Monlquc, (2000) "Conflicting Equalities? Cultural Group Rights and Sex Equality", *Political Studies* 48/3.

DeWitte, Bruno, (1993) 'The European Community and its Minorities', in C. Brol mann et al (eds), *Peoples and Minorities in International Law*, Martinus Nijhoff, Dordrecht.

_____,(2002) "Politics versus law In the EU's Approach to Ethnic Minorities", in Jan

Zielonka (ed), *Europe Unbound — Enlarging and Reshaping the Boundaries of the European Union* (Routledge, London).

_____, (2004) "The Constitutional Resources for an EU Minority Protection Policy", in Toggenburg (ed).

Dezalay, Yves and Bryant Garth (2002) *The Internationalization of Palace Wars — Lawyers. Economists, and the Contest to Transform Latin American States*, University of Chicago Press, Chicago.

Dharmadase, K. N. O, (1992) *Language, Religion and Ethnic Assertiveness — The Growth of Sinhalese Nationalism in Sri Lanka*, University of Michigan Press, Ann Arbor.

Diaz Polanco, Hector, (1907) *Indigenous Peoples In Latin America — The Quest for SelfDetermination*, Westvlew, Boulder, Colo.

Dimitras, Panayote, (2004) *Recognition of Minorities in Europe — Protecting Rights and Dignity*, Minority Rights Group, London.

Dinsteln, Yoram (ed), (1992) *Vie Protection of Minorities and Human Rights*, Martinus Nl|hoff, Dordrecht.

Ditchev, ivaylo, (2004) "Monoculturallsm as Prevailing Culture", trans, from the original Bulgarian on 'http://www.eurozlne.com'.

Dobre, Ana-Marie, (2003) "EU Conditionality and Romanian Minority Rights Policy — Towards the Europeanisation of the Candidate Countries", *Perspectives on European Politics and Society* 4/1.

Dolowitz, David and David Marsh, (1996) 'W h o Learns What from Whom? A Review of the Policy Transfer Literature', *Political Studies* 44.

_____, David and David Marsh, (2000) "Learning from Abroad — The Role of Policy Transfer in Contemporary Policy-Making", *Governance — An International Journal of Policy and Adminis-tration* 13/1.

Dorff, Robert, (1994) "Federalism in Eastern Europe — Part of the Solution or Part of the Problem?", *Publius* 24.

Dorowszewska, Ursula, (2001) "Rethinking the State, Minorities and National Security", in Kymlicka and Opalski (eds) (2001).

Drake, St Clair, (1951) "The International Implications of Race and Race Relations", *Journal of Negro Education* 29.

Druviete, Ina (1997) "Linguistic Human Rights in the Baltic States", *International Journal of the Sociology of Language* 127.

_____, Krzysztof, (2005) "A Constitution for Europe－Enshrining Minority Rights", *OSCE Magazine* 11/1.

Easterly, William and Ross Levine, (1997) "Africa's Growth Tragedy－Policies and Ethnic Division", *Quarterly Journal of Economics* 112.

Economist The, (1995) "A Question of Colour", *The Economist* 15 April.

Ehmann, Annagret, (1998) "From Colonial Racism to Nazi Population Policy", in Michael Berenbaum and Abraham Peck (eds), *The Holocaust and Histor*, Indiana University Press, Bloomington, Ind.

Eide, Asbjorn, (1993) "In Search of Constructive Alternatives to Secession", in Tomuschat (ed) (1993).

_____, (2004) "The Role of the United Nations Working Group in Minorities", in Council of Europe (2004).

_____ and Erika-Irene Daes, (2000) "Working Paper on the Relationship and Distinction between the Rights of Persons Belonging to Minorities and those of Indigenous Peoples", prepared for the UN Sub-Commission on Promotion and Protection of Human Rights (UN Doc. E/CN.4/Sub.2/2000/10).

Eisenberg, Avigail and Jeff Spinner-Halev(eds), (2005) *Minorities within Minorities－Equality, Rights and Diversity*, Cambridge University Press, Cambridge.

Ejobowah, John Boye, (1998) "The Political Public and Difference－The Case of Nigeria", PhD Thesis, Department of Political Science, University of Toronto.

Entzinger, Han, (2003) "The Rise and Fall of Multiculturalism in the Netherlands", in Christian Joppke and Ewa Morawska(eds), *Toward Assimilation and Citizenship－Immigrants in Liberal Nation-States*, Palgrave, London.

_____,(2006) "The Parallel Decline of Multiculturalism and the Welfare State", in Banting and Kymlicka(eds) (2006).

Eriksen, Thomas Hylland, (2001) "Between Universalism and Relativism－A Critique of the UNESCO Concept of Culture", in Cowan et al(eds) (2001).

Estebanez, Maria, (1997) "The High Commissioner on National Minorities－Devel- opment of the Mandate", in Michael Bothe, Natalino Rouzitti, and Allan Rosas (eds), *The OSCE in the Maintenance of Peace and Security* (Kluwer, The Hague).

EUMAP, (2001) *Monitoring the EU Accession Process－Minority Protection*, European Union Accession Monitoring Program, Open Society Institute, Budapest.

European Commission, (2004) "Handbook on Integration for Policy-Makers and Practitioners", Directorate-General, Justice, Freedom and Security, European Communities. http://www.europa.eu.int/comm/)ustice_home/

European Commission for Democracy through Law, (1994) *The Protection of Minorities — Collected Texts of the European Commission for Democracy through Law*, Council of Europe Publishing, Strasbourg.

_____, (1996) "Opinion of the Venice Commission on the Interpretation of Article 11 of the Draft Protocol to the European Convention on Human Rights appended to Recommendation 1201".

European Council (2004) "Common Basic Principles for Immigrant Integration Policy in the European Union", Document 14615/04, adopted 19 November 2004.

Evans, Geoffrey, (2006) "Is Multiculturalism Eroding the Welfare State? The British Case", in Banting and Kymlicka(eds) (2006).

Evers, Pieter, (1995) "Preliminary Policy and Legal Questions about Recognizing Traditional Land in Indonesia", *Ekonesia* 3.

Eyoh, Dickson, (2004) "Contesting Local Citizenship — Liberalization and the Politics of Difference in Cameroon", in Bruce Berman, Dickson Eyoh, and Will Kym- licka (eds), *Ethnicity and Democracy in Africa* James Currey Ltd, Oxford).

Falk, Richard, (1999) *Predatory Globalization — A Critique*, Polity Press, Cambridge.

____, (2000) *Human Rights Horizons — The Pursuit of Justice in a Globalizing World*, Routledge, New York.

Favell, Adrian, (2001) *Philosophies of Integration — Immigration and the Idea of Citizen-ship in France and Britain, rev. edn*, St Martin's Press, New York.

Fearon, James and David Laitin, (1996) "Explaining Interethnic Cooperation", *American Political Science Review* 90/4.

_____, James and David Laitin, (2000) "Violence and the Social Construction of Ethnic Identity", *International Organization* 54/4.

_____, James and David Laitin, (2003) "Ethnicity, Insurgency and Civil War", *American Political Science Review* 97/1.

Feldman, Alice, (2002) "Making Space at the Nations' Table — Mapping the Transformative Geo- graphies of the International Indigenous Peoples' Movement", *Social Movement Studies* 1/1.

Fink, Carole, (2004) *Defending the Rights of Others — The Great Powers, the Jews, and International Minority Protection, 1878-1938*, Cambridge University Press, Cambridge.

Finkielkraut, Alain (1988) *The Undoing of Thought, trans. Dennis O'Keefe,* Claridge Press, London.

Fish, Steven and Robin Brooks (2004) "Does Diversity Hurt Democracy?", *Journal of Democracy* 15/1.

Fleras, Augie and Jean Elliot, (1992) *The Nations Within — Aboriginal-State Relations in Canada, the United States and New Zealand*, Oxford University Press, Toronto.

Forbes, Donald, (1994) "Canada — From Bilingualism to Multiculturalism", in Larry Diamond and Marc Plattner (eds), *Nationalism, Ethnic Conflict and Democracy*, Johns Hopkins University Press, Baltimore.

Ford, Stuart, (1999) "OSCE National Minority Rights in the United States — The Limits of Conflict Resolution", *Suffolk Transnational Law Review* 23/1.

Fraser, Nancy, (1995) "From Redistribution to Recognition? Dilemmas of Justice in a "Post-Socialist" Age", *New Left Review* 212.

_____,(1998) "Social Justice in the Age of Identity Politics — Redistribution, Recognition and Participation", in Grethe Peterson (ed), *The Tanner Lectures on Human Values* 19, University of Utah Press, Salt Lake City.

_____,(2000) "Rethinking Recognition", *New Left Review* 3.

_____,(2003) "Social Justice in the Age of Identity Polities", in Nancy Fraser and Axel Honneth, *Redistribution or Recognition? A Political-Philosophical Exchange*, Verso, London.

Freeman, Michael, (2002) "Anthropology and the Democratisation of Human Rights", *International Journal of Human Rights* 6/3.

Frideres, James, (1997) "Edging into the Mainstream — Immigrant Adult and their Children", in S. Isajiw (ed), *Multiculturalism in North American and Europe — Comparative Perspectives on Inter-ethnic Relations and Social Incorporation*, Canadian Scholar's Press, Toronto.

Fiiredi, Frank, (1998) *The Silent War — Imperialism and the Changing Perception of Race*, Pluto, London.

Gagnon, Alain and James Tully(eds), (2001) *Multinational Democracies*, Cambridge University Press, Cambridge.

Gal, Kinga, (1999) *Bilateral Agreements in Central and Eastern Europe — A New Inter-State Framework for Minority Protection*(European Centre for Minority Issues, Working Paper No.4, Flensburg)

Galbreath, David, (2003) "The Politics of European Integration and Minority Rights in Estonia and Latvia", *Perspectives on European Politics and Society* 4/1.

_____, (2006) "European Integration through Democratic Conditionality ─ Latvia in the Context of Minority Rights", *Journal of Contemporary European Studies* 14/1.

Galston, William (1991) Liberal Purposes (Cambridge University Press, Cambridge). Ganguly, Sumit (1997) 'Ethnic Policies and Political Quiescence in Malaysia and Singapore', in Michael Brown and Sumit Ganguly (eds), Government Policies and Ethnic Relations in Asia and the Pacific (MIT Press, Cambridge).

Garet, Ronald, (1983) "Communality and Existence ─ The Rights of Groups", *Southern California Law Review* 56/5.

Gayim, Eyassu, (2001) *The Concept of Minority in International Law ─ A Critical Study of the Vital Elements*, University of Lapland Press, Rovaniemi.

Geschiere, P, (2005) "Autochthony and Citizenship ─ New Modes in the Struggle over Belonging and Exclusion in Africa", *Forum for Development Studies* 32/2.

Ghai, Yash, (1999) "Universalism and Relativism ─ Human Rights as a Framework for Negotiating Interethnic Claims", *Cardozo Law Review* 21.

Ghanea, Nazila and Alexandra Xanthaki(eds), (2005) *Minorities, Peoples and SelfDetermination ─ Essays in Honour of Patrick Thornberry*, Martinus Nijhoff, Leiden.

Giroux, Henry, (1994) *Disturbing Pleasures ─ Learning Popular Culture*, Routledge, London.

Glazer, Nathan, (1997) *We Are All Multiculturalists Now*, Harvard University Press, Mass, Cambridge.

Glendon, Mary Ann, (2001) *A World Made New ─ Eleanor Roosevelt and the Universal Declaration of Human Rights*, Random House, New York.

Global Commission on International Migration, (2005) *Migration in an Intercon nected World ─ New Directions for Action*, United Nations, New York posted at 'http://www.gcim.org'.

Goodwin, Morag, (2004) "The Romani Claim to Nonterritorial Nation Status ─ Recognition from an International Legal Perspective", *Roma Rights*, 2004.1.

Government of Canada, (1995) "Female Genital Mutilation ─ Report on Consultations Held in Ottawa and Montreal", Report WD1995-8e, Department of Justice, Research and Statistics Section, Ottawa.

Grabb, Edward and James Curtis, (2005) *Regions Apart The Four Societies of Canada and the United States*, Oxford University Press, Toronto.

Grare, Frederic, (2006) *Pakistan ─ The Resurgence of Baluch Nationalism*, Carnegie papers No. 65, Carnegie Endowment for International Peace, Washington.

Gray, Andrew, (1998) "Development Policy — Development Protest — The World Bank, Indigenous Peoples, and NGOs", in Jonathan Fox and David Brown (eds), *The Struggle for Accountability — The World Bank, NGOs, and Grassroots Movements*, MIT Press, Cambridge, Mass.

Green, Joyce and Ian Peach, (2007) "Beyond "Us" and "Them" — Prescribing Postcolonial Politics and Policy in Saskatchewan", in Keith Banting, Thomas Courchene, and Leslie Seidle (eds), *Belonging? Diversity, Recognition and Shared Citizenship m Canada*, Institute for Research on Public Policy, Montreal.

Grin, Francois (1999) *Language Policy in Multilingual Switzerland — Overview and Recent Developments*, ECM1 Brief No. 2, European Centre for Minority Issues, Flensburg.

_____, (2004) "On the Costs of Cultural Diversity", in Philippe Van Parijs (ed), *Cultural Diversity versus Economic Solidarity*, Deboeck Universite Press, Brussels.

Guglielmo, Rachel, (2004) "Human Rights in the Accession Process — Roma and Muslims in an Enlarging EU", in Toggenburg (ed), (2004).

_____ and Timothy William Waters, (2005) "Migrating Towards Minority Status — Shifting European Policy Towards Roma", *Journal of Common Market Studies* 43/4.

Guibernau, Montserrat, (1999) *Nations without States — Political Communities in a Global Age*, Polity Press, Cambridge.

Guilhot, Nicolas, (2005) *The Democracy Makers — Human Rights and International Order*, Columbia University Press, New York.

Gurr, Ted, (1993) *Minorities at Risk — A Global View of Ethnopolitical Conflict*, Institute of Peace Press, Washington.

___, (2000) *Peoples versus States — Minorities at Risk in the New Century*, Institute of Peace Press, Washington.

Gustafson, Bret, (2002) "Paradoxes of Liberal Indigenism — Indigenous Movements, State Processes, and Intercultural Reform in Bolivia", in David Maybury-Lewis (ed), *The Politics of Ethnicity — Indigenous Peoples in Latin American States*, Harvard University Press, Cambridge, Mass.

Gwyn, Richard, (1995) *Nationalism without Walls — The Unbearable Lightness of Being Canadian*, McClelland and Stewart, Toronto.

Hadden, Tom, (2003) "Towards a Set of Regional Guidelines or Codes of Practice on the Implementation of the Declaration", Working Paper prepared for 9th Session of the UN Working Group on Minorities, E/CN.4/Sub.2/AC.5/2003/WP.l.

_____, (2004) "The Pendulum Theory of Individual, Communal and Minority Rights", in Simon Caney and Peter Jones (eds), *Human Rights and Global Diversity* Frank Cass, Portland, Ore.

Hale, Charles, (2002) "Does Multiculturalism Menace? Governance, Cultural Rights, and the Politics of Identity in Guatemala", *Journal of Latin American Studies* 34.

Hannikainen, Lauri, (1996) "The Status of Minorities, Indigenous Peoples and Immigrant and Refugee Groups in Four Nordic States", *Nordic Journal of Inter national Law* 65.

Hannikainen, (1998) "Self-Determination and Autonomy in International Law", in Marku Suksi (ed), *Autonomy − Applications and Implications*(Kluwer, The Hague)

Hannum, Hurst, (1990) *Autonomy, Sovereignty and Self-Determination − The Accommo- dation of Conflicting Rights*, University of Pennsylvania Press, Philadelphia,

Hansen, Randall, (2007) "Diversity, Integration and the Turn from Multiculturalism in the United Kingdom", in Keith Banting, Thomas Courchene, and Leslie Seidle (eds), *Belonging? Diversity, Recognition and Shared Citizenship in Canada*, Institute for Research on Public Policy, Montreal.

Harles, John, (2004) "Immigrant Integration in Canada and the United States", *American Review of Canadian Studies* 34/2.

Harty, Siobhan and Michael Murphy, (2005) *In Defense of Multinational Citizenship*, UBC Press, Vancouver.

Havemann, Paul (ed), (1999) *Indigenous Peoples' Rights in Australia, Canada and New Zealand*, Oxford University Press, Oxford.

He, Baogang, (1998) "Can Kymlicka's Liberal Theory of Minority Rights be Applied in East Asia?", in Paul van der Velde and Alex McKay (eds), *New Developments in Asian Studies*, Kegal Paul International, London.

_____, (2004) "Confucianism versus Liberalism over Minority Rights −A Critical Response to Will Kymlicka", *Journal of Chinese Philosophy* 31/1.

Heintze, H. J, (1998) "On the Legal Understanding of Autonomy", in Marku Suksi (ed), *Autonomy − Applications and Implications*, Kluwer, The Hague.

Henrard, Kristin, (2000) *Devising an Adequate Scheme of Minority Protection − Individual Human Rights, Minority Rights and the Right to Self-Determination*,Martinus Nijhoff, Dordrecht.

Henrard, Kristin, (2005) "Ever-Increasing Synergy towards a Stronger Level of Minority Protec- tion between Minority-Specific and Non-Minority-Specific Instruments", *Euro- pean Yearbook of*

Minority Issues 3.

Henry, Frances, (1994) *The Caribbean Diaspora in Toronto — Learning to Live with Racism*, University of Toronto Press, Toronto.

Hero, Rodney and Robert Preuhs, (2006) "Multiculturalism and Welfare Policies in the US States — A State-Level Comparative Analysis", in Banting and Kymlicka(eds) (2006).

Hewitt, Roger, (2005) *White Backlash and the Politics of Multiculturalism*, Cambridge University Press, Cambridge.

Hillard, Pierre, (2002) *Minorites et Regionalismes dans VEurope Federale des Regions — Enquitesur leplan allemandqui va bouleverser l'Europe,* 3rd edn, Editions Franfois-Xavier de Guibert, Paris.

Ho, Chin Ung, (2000) *The Chinese of South-East Asia*, Minority Rights Group, London.

Hobsbawm, Eric and Terence Ranger (eds), (1983) *The Invention of Tradition*, Cambridge University Press, Cambridge.

Hoffman, Rainer, (2002) "Protecting the Rights of National Minorities in Europe — First Experiences with the Council of Europe Framework Convention for the Protection of National Minorities", *German Yearbook of International Law* 44.

Hooker, Juliet, (2005) "Indigenous Inclusion/Black Exclusion — Race, Ethnicity and Multicultural Citizenship in Contemporary Latin America", *Journal of Latin American Studies* 37/2.

Housden, Martyn, (2006) "Ewald Ammende, the Congress of European Nationalities and the Rise of Nazism"(Paper presented at conference on 'The Theory and Practice of Cultural Autonomy in Central and Eastern Europe — Historical and Contemporary Perspectives', University of Glasgow, July)

Howard-Hassmann, Rhoda, (2003) *Compassionate Canadians — Civic Leaders Discus Human Rights,* University of Toronto Press, Toronto.

Hughes, James and Gwendolyn Sasse (2003) "Monitoring the Monitors — EU Enlargement Conditionality and Minority Protection in the CEECs", *Journal on Ethnopolitics and Minority Issues in Europe* 1.

Hum, Derek and Wayne Simpson, (2007) "Revisiting Equity and Labour — Immigration, Gender, Minority Status and Income Differentials in Canada", in Sean Hier and Singh Bolaria (eds), *Race and Racism in 21st Century Canada*, Broadview, Peterborough.

Huntington, Samuel, (1996) *The Clash of Civilizations and the Remaking of World Order*, Simon & Schuster, New York.

Hussain, Asaf, Bill Law, and Tim Haq, (2006) *Engagement with Culture — From Diversity to Inter-culturalism*, Institute of Lifelong Learning, University of Leicester, Leicester.

Ibrahim, Saad Eddin, (1996) "Management and Mismanagement of Diversity — The Case of Ethnic Conflict and State-Building in the Arab World", MOST Discussion Paper No. 10, UNESCO — posted at 'http://www.unesco.org/most/ ibraeng.htm'.

ICES(International Centre for Ethnic Studies), (1995) *Minorities in Cambodia*, Minority Rights Group Report 95/2, London.

Ignatieff, Michael, (1993) *Blood and Belonging — Journeys into the New Nationalism*, Farrar, Straus and Giroux, New York.

Ignatieff, (2000) *The Rights Revolution*, Anansi Press, Toronto.

Inglehart, Ronald, Miguel Basanez, and Alejandro Moreno (1998) *Human Values and Beliefs — A Cross-Cultural Sourcebook* (University of Michigan Press, Ann Arbor).

Inglehart and Christian Welzel, (2005) *Modernization, Cultural Change and Democracy — The Human Development Sequence*, Cambridge University Press, Cambridge.

IOG(Institute on Governance), (2000) *Governance Models to Achieve Higher Levels of Aggregation — Literature Review*(http://www.iog.ca).

Ivison, D, Patton, P and Sanders, W (eds), (2000) *Political Theory and the Rights of Indigenous Peoples*, Cambridge University Press, Cambridge.

Jabareen, Hassan (2002), "The Future of Arab Citizenship in Israel", in Daniel Levy and Yfaat Weiss (eds), *Challenging Ethnic Citizenship*, Berghahn, New York.

Jabareen, (2005) "Collective Rights and Reconciliation in the Constitutional Process — The Case of Israel", *Adalah Newsletter* 12(April)(http://www.adalah.org).

Jackson, Robert, (1993) "The Weight of Ideas in Decolonization — Normative Change in International Relations", in Judith Goldstein and Robert Keohane (eds), *Ideas and Foreign Policy*, Cornell University Press, Ithaca.

Jackson Preece, Jennifer, (1998) *National Minorities and the European Nation-States System*, Oxford University Press, Oxford.

_____, (2005) *Minority Rights*, Polity Press, Cambridge.

Jain, Pratibha, (2005) "Balancing Minority Rights and Gender Justice — The Impact of Protecting Multiculturalism on Women's Rights in India", *Berkeley Journal of International Law* 23.

Jamal, Amal, (2005) "On the Morality of Arab Collective Rights in Israel", *Adalah Newsletter* 12(April) (http://www.adalah.org).

James, Estelle, (1987) "The Public/Private Division of Responsibility for Education in International Comparison", *Economics of Education Review* 6/1.

_____, (1993) "Why Do Different Countries Choose a Different Public/Private Mix of Education Services?", *Journal of Human Resources* 28/3.

_____, Matt, (1999) "Redress Politics and Canadian Citizenship", in Harvey Lazar and Tom Mcintosh (eds), *How Canadians Connect*, Institute of Intergovernmental Affairs, Kingston.

_____, (2006) "Do Campaigns for Historical Redress Erode the Canadian Welfare State?" in Banting and Kymlicka (eds), (2006).

_____, Oliver and Martin Lodge, (2003) "The Limitations of 'Policy Transfer' and 'Lesson Drawing' for Public Policy Research", *Political Studies Review* 1.

Jaworsky, John, (1998) "Nationalities Policy and Potential for Interethnic Conflict in Ukraine", in Magda Opalski (ed), *Managing Diversity in Plural Societies — Minorities, Migration and Nation-Building in Post-Communist Europe*(Forum Eastern Europe, Ottawa).

Jedwab, Jack, (2005) "Muslims and Multicultural Futures in Western Democracies — Is Kymlicka's Pessimism Warranted?", *Canadian Diversity* 4/3.

Johns, Martin, (2003) "Do As I Say, Not As I Do — The European Union, Eastern Europe and Minority Rights", *East European Politics and Society* 17/4.

Johnson, Carter, (2006) "The Use and Abuse of Minority Rights — Assessing Past and Future EU Policies towards Accession Countries of Central, Eastern and South- Eastern Europe", *International Journal on Minority and Group Rights* 13.

Johnston, Darlene, (1989) "Native Rights as Collective Rights — A Question of Group Self-Preservation?", *Canadian Journal of Law and Jurisprudence* 2/1.

_____, Kara, (2006) "Letter", *Herizons* 20/2.

Joppke, Christian, (2002) "Multicultural Citizenship", in B. S. Turner (ed), *Handbook of Citizenship Studies*, Sage, London.

_____, (2004) "The Retreat of Multiculturalism in the Liberal State — Theory and Policy", *British Journal of Sociology* 55/2.

Jung, Courtney, (2007) 'Democratic Engagement with Ethnic Minority Claims — A Methodological Intervention into a Normative Debate, in Omid Payrow Shabani (ed) *Multiculturalism and the Law*, University of Wales Press, Cardiff.

Jupp, James, (1995) "The New Multicultural Agenda", *Crossings* 1/1.

Karmis, Dimitrios, (1993) "Cultures autochtones et libSralisme au Canada — les vertus mediatrices du communautarisme liberal de Charles Taylor", *Canadian Journal of Political Science* 26/1.

Kate, Mary-Anne, (2005) "The Provision of Protection to Asylum-Seekers in Destination Countries" (Working Paper No. 114, New Issues in Refagff Kesezrcn Evaluation and Policy Analysis Unit, UNHCR).

Kauffman, Paul, (2004) "Diversity and Indigenous Policy Outcomes — Companions between Four Nations", *International Journal of Diversity in Orgamzatvyris, Communities and Nations, vol.3*(http://ijdxgpublisher.coni /prochiCtpub -29 /pnxl 3A.20).

_____, Chaim, (1996) "Possible and Impossible Solutions to Ethnic Civil Wars", *International Security* 20/4.

_____, (1998) "When All Else Fails — Ethnic Population Transfers and Partitions in the Twentieth Century", *International Security* 23/2.

Kawczynski, Rudko, (2000) "Report on the Condition of the Roma in Europe" (Background paper commissioned for OSCE/ODIHR International Consultation on Roma Refugees and Asylum-Seekers, Warsaw, October), available at http://www.romnews.com/a/RKreport.htm.

Kay, Barbara, (2006) "The Rise of Quebecistan", *National Post*, Toronto, 9 August.

Keal, Paul, (2003) *European Conquest and the Rights of Indigenous Peoples — The Moral Backwardness of International Society*, Cambridge University Press, Cambridge.

Keating, Michael, (2001) *Plurinational Democracy — Stateless Nations in a Post Sovereignty Era*, Oxford University Press, Oxford.

Kay, Barbara nd McGarry, J (eds), (2001) *Minority Nationalism and the Changing International Order*, Oxford University Press, Oxford.

Keck, Margaret and Kathryn Sikkink, (1998) *Activists beyond Borders — Transnational Advocacy Networks in International Politics*, Cornell University Press, Ithaca, NY.

Keltner, Chimdne, (2004) *UNESCO and the Issue of Cultural Diversity — Review and Strategy 1946 ~ 2004*, Division of Cultural Policies and Inter cultural Dialogue, UNESCO, Paris.

Keller, Perry, (1998) "Rethinking Ethnic and Cultural Rights in Europe", *Oxford Journal of Legal Studies* 18.

_____, Judith, (2004a) *Ethnic Politics in Europe — The Power of Norms and Incentives*, Princeton

University Press, Princeton.

_____, (2004b) "International Actors on the Domestic Scene – Membership Conditionality and Socialization by International Institutions", *International Organization* 58.

Kemp, Walter, (2002) "Applying the Nationality Principle – Handle with Care", *Journal on Ethnopolitics and Minority Issues in Europe*, Issue 4.

Khan, Sa'ad, (2002) "The Organization of the Islamic Conference (OIC) and Muslim Minorities", *Journal of Muslim Minority Affairs* 22/2.

Kingdon, John, (1997) *Agendas, Alternatives, and Public Policies, 2nd edn*, Longman, New York.

Kingsbury, Benedict, (1995) "'Indigenous Peoples' as an International Legal Concept", in R. H. Barnes (ed), *Indigenous Peoples of Asia* (Association of Asian Studies, Ann Arbor).

_____, (1998) "'Indigenous Peoples' in International Law – A Constructivist Approach to the Controversy", *American Journal of International Law* 92/3.

_____, (1999a) "The Applicability of the International Legal Concept of 'Indigenous Peoples' in Asia", in Joanne Bauer and Daniel Bell (eds), *The East Asian Challenge fix Human Rights*, Cambridge University Press, Cambridge.

_____, (1999b) "Operational Policies of International Institutions as Part of the Law- Making Process – The World Bank and Indigenous Peoples", in Guy Goodwin-Gill and Stefan Talmon (eds), *The Reality of International Law*, Oxford University Press, Oxford.

_____, (2001) "Reconciling Five Competing Conceptual Structures of Indigenous Peoples' Claims in International and Comparative Law", in Alston (ed) (2001).

Klausen, Jytte, (2005) *The Islamic Challenge – Politics and Religion in Western Europe*, Oxford University Press, Oxford.

Klebes, Heinrich, (1995) "The Council of Europe's Framework Convention for the Protection of National Minorities", *Human Rights Law Journal* 16/1.

Klimova-Alexander, Ilona, (2005) *The Romani Voice in World Politics – The United Nations and Non-State Actor*, Ashgate, Aldershot.

_____, (2007) "Transnational Romani and Indigenous Non-Territorial Self Determination Claims", *Ethnopolitics* 6/3

Knop, Karen (2002) *Diversity and Self-Determination in International Law*, Cambridge University Press, Cambridge.

Kolsto, Pal (2001) "Territorial Autonomy as a Minority Rights Regime in Post-Conununist Countries", in Kymlicka and Opalski (eds) (2001).

Koopmans, Ruud and Paul Statham, (1999) "Challenging the Liberal Nation- State? Postnationalism, Multiculturalism and the Collective Claims-Making of Migrants and Ethnic Minorities in Britain and Germany", *American Journal of Sociology* 105/3.

_____, (2003) "How National Citizenship Shapes Transnationalism — A Comparative Analysis of Migrant and Minority Claims-Making in Germany, Great Britain and the Netherlands", in Christian Joppke and Ewa Morawska (eds), *Toward Assimilation and Citizenship — Immigrants in Liberal NationStates*, Palgrave, London.

_____, Macro Guigni and Florence Passy, (2005) *Contested Citizenship — Immigration and Cultural Diversity in Europe*, University of Minnesota Press, Minneapolis.

Koulish, Robert, (2005) "Hungarian Roma Attitudes on Minority Rights — The Symbolic Violence of Ethnic Identification", *Europe-Asia Studies* 57/2.

Kovacs, Maria, (2003) "Standards of Self-Determination and Standards of Minority Rights in the Post-Communist Era — A Historical Perspective", *Nations and Nationalism* 9/3.

Krasner Stephen, (1999) *Sovereignty-Organized Hypocrisy*, Princeton University Press. Princeton.

Krishna, Sankaran, (1999) *Postcolonial Insecurities — India, Sri Lanka and the Question of nationhood*, University of Minnesota Press, Minneapolis.

KrissoL Irving, (1991) "The Tragedy of Multiculturalism", *Wall Street Journal* 31 July.

Kunz_ Jozef, (1954) "The Present Status of the International Law for the Protection of Minorities". *American Journal of International Law* 48/2.

Kuper Adam, (2003) "The Return of the Native", *Current Anthropology* 44/3.

Kuzso, Taras, (2001)"Nationalising States or Nation-Building? A Critical Review of the Theoretical Literature and Empirical Evidence", *Nations and Nationalism* 7/2.

Kymlicka. Will, (1989) *Liberalism, Community, and Culture*, Oxford University Press, Oxford.

_____, (1995) *Multicultural Citizenship — A Liberal Theory of Minority Rights*, Oxford University Press. Oxford.

_____, (1998) *Finding Our Way — Rethinking Ethnocultural Relations in Canada*, Oxford University Press. Oxford.

_____, (2001) *Politics in the Vernacular — Nationalism, Multiculturalism, Citizenship*, Oxford University Press, Oxford.

_____, (2002) "The Impact of Group Rights on Fear and Trust — A Response to Offe", *Hagar*

International Social Science Review 3/1.

_____, (2004a) "Marketing Canadian Pluralism in the International Arena", *Interna-tional Journal* 59/4.

_____, (2004b) "Universal Minority Rights? The Prospects for Consensus", in Morigiwa Yasutomo, Ishiyama Fumihiko, and Sakurai Tetsu (eds), *Universal Minority Rights, A Trans-national Approach*, Archiv fur Rechts- und Sozialphiloso- phie No. 96, Franz Steiner Verlag, Stuttgart.

_____, (2004c) "Culturally Responsive Policies" (Background paper prepared for the 2004 Uni ted Nations Human Development Report, posted at 'http://hdr.undp. org/publications/paper s.cfm').

_____, (2005a) "Testing the Bounds of Liberal Multiculturalism? The Sharia Debate in Ontario", presented at the conference on "Muslim Women's EquaUty Rights in the Justice System, Gender, Religion and Pluralism" (Canadian Council of Muslim Women, April 2005). Forthcoming in Ethique publique, 9/1 (2007).

_____, (2005b) "Renner and the Accommodation of Substate Nationalisms", in Ephraim Nimni (ed), *National Cultural Autonomy and its Contemporary Critics*, Routledge, London.

_____, (2006a) "The Evolving Basis of International Norms of Minority Rights — Rights to Culture, Participation and Autonomy", in John McGarry and Micheal Keating (eds), *European Integration and the Nationalities Question*, Routledge, London.

_____, (2006b) "Emerging Western Models of Multination Federalism — Are they Rele- vant for Africa?" in David Turton (ed), Ethnic Federalism — *The Ethiopian Experience in Compa-rative Perspective*, James Currey Ltd, Oxford.

_____, (2007) "Ethnocultural Diversity in a Liberal State — Making Sense of the Cana- dian Model(s)", in Keith Banting, Tom Courchene, and Leslie Seidle (eds), *Belong- ing? Diversity, Recognition and Shared Citizenship in Canada*, Institute for Research on Public Policy, Montreal.

_____ and Baogang He (eds), (2005) *Multiculturalism in Asia*, Oxford University Press, Oxford.

_____ and Magda Opalski(eds), (2001) *Can Liberal Pluralism be Exported? Western Politicial Theory and Ethnic Relations in Eastern Europe*, Oxford University Press. Oxford.

Laitin, David, (1998) *Identity in Formation — The Russian-Speaking Populations in the Near Abroad*, Cornell University Press, Ithaca, NY.

_____, David and Robert Reich, (2003) "A Liberal Democratic Approach to Language Justice", in Will Kymlicka and Alan Patten (eds), _Language Rights and Political Theory_, Oxford University Press, Oxford.

Lam, Maivan, (2000) _At the Edge of the State — Indigenous Peoples and Self-Determination_, Transnational Publishers, Ardsley.

Lamming, Lord, (2003) _The Victoria Climbie Inquiry Report_, HMSO, London.

Landry, Rodrigue, (2005) "Challenges Facing Canada's Francophone Minority — A Macroscopic Perspective", in Margaret Adsett et al (eds), _Canadian and French Perspectives on Diversity — Confidence Proceedings_, Department of Canadian Heritage, Ottawa.

Lauren, Paul Gordon, (1996) _Power and Prejudice — The Politics and Diplomacy of Racial Discrimination_, 2nd edn, Westview, Boulder, Colo.

Layachi, Azzedine, (2005) "The Berbers in Algeria — Politicized Ethnicity and Eth- nicized Polities", in Maya Shatzmiller (ed), _Nationalism and Minority Iden- tities in Islamic Societies_, McGill-Queen's University Press, Montreal.

Layton, Azza Salama, (2000) _International Politics and Civil Rights Policies in the United States_, Cambridge University Press, Cambridge.

Leff, Carole, (1999) "Democratization and Disintegration — Federalism and the Break-Up of the Communist Federal States", _World Politics_ 51/2.

Lemarchand, Rene, (1997) "Ethnic Conflict Resolution in Contemporary Africa — Four Models in Search of Solutions", in Gunther Bachler (ed), _Federalism against Ethnicity_, Verlag Ruegger, Zurich.

Lennox, Corinne, (2006) "The Changing International Protection Regimes for Minorities and Indigenous Peoples — Experiences from Latin America and Africa", _presented to Annual Conference of International Studies Association_, San Diego, March 2006.

Lerner, Natan, (1991) _Group Rights and Discrimination in International Law_, Martinus Nijhoff, Dordrecht.

Letschert, Rianne, (2005) _The Impact of Minority Rights Mechanisms_, Asser Press, The Hague.

Levine, Alissa, (1999) "Female Genital Operations — Canadian Realities, Concerns and Policy Recommendations", in Harold Troper and Morton Weinfeld (eds), _Ethnicity, Politics and Public Policy_, University of Toronto Press, Toronto.

Levy, Jacob (2000a) "Three Modes of Incorporating Indigenous Law", in Will Kymlicka and Wayne

Norman (eds), *Citizenship in Diverse Societies*, Oxford University Press, Oxford.

____, (2000b) *The Multiculturalism of Fear*, Oxford University Press, Oxford.

____, (2004) "Liberal Jacobinism", *Ethics* 114.

Lewis-Anthony, Sian, (1998) "Autonomy and the Council of Europe — With Special Reference to the Application of Article 3 of the First Protocol of the European Convention on Human Rights", in Suksi (ed), (1998).

Lian, Brad and John Oneal, (1997) "Cultural Diversity and Economic Development — A Cross-National Study of 98 Countries, 1960-85", *Economic Development and Cultural Change* 46.

Libal, Michael, (1997) *Limits of Persuasion — Germany and the Yugoslavia Crisis, 1991-1992*, Praeger, Westport, Conn.

Liddle, Rod, (2004) "How Islam has Killed Multiculturalism", *Spectator* 1 May.

Liebich, Andre, (1995) "Nations, States and Minorities — Why is Eastern Europe Different?", *Dissent* (summer).

Liebich, (2004) "The Old and the New — Historical Dimensions of Majority-Minority Relations in an Enlarged Union", presented at ECMI conference on "An Ever More Diverse Union?", Berlin.

Lindquist, Sven, (1996) *Exterminate all the Bmtes*, New Press, New York.

Lupul, Manoly, (2005) *The Politics of Multiculturalism — A Ukrainian-Canadian Memoir*, Canadian Institute of Ukrainian Studies Press, Edmonton.

Luttwak, Edward, (1999) "Give War a Chance", *Foreign Affairs* 78/4.

Lyons, Gene and James Mayall (eds), *International Human Rights in the 21st Century — Protecting the Rights of Groups*, Rowman and Littlefield, Lanham, Md.

McCormick, Neil, (2004) "The European Constitutional Convention and the Stateless Nations", *International Relations* 18/3.

McCorquodale, Robert (ed), (2000) *Self-Determination in International Law*, Ashgate, Aldershot.

McCrudden, Christopher, (2007) "Consociationalism, Equality and Minorities in the Northern Ireland Bill of Rights Debate — The Inglorious Role of the OSCE High Commissioner for National Minorities", in J. Morison, K. McEvoy, and G. Anthony (eds), *Judges, Transition and Human Rights Cultures*, Oxford University Press, Oxford.

Macdonald, Lindsay Te Ata O Tu and Paul Muldoon, (2006) "Globalisation, Neo- liberalism, and the Struggle for Indigenous Citizenship", *Australian Journal of Political Science* 41/2.

McDonald, Michael, (1991) "Should Communities Have Rights? Reflections on Liberal Individualism", *Canadian Journal of Law and Jurisprudence* 2/1.

MacFarlane, Neil (2001) "The Internationalization of Ethnic Strife", in Jan Zielonka and Alex Pravda (eds), *Democratic Consolidation in Eastern Europe* ii, Oxford University Press, Oxford.

McGarry, John and Michael Keating (eds), (2006) *European Integration and the Nationalities Question*, Routledge, London.

MacKay, Fergus, (2002) "Universal Rights or a Universe unto Itself — Indigenous Peoples", Human Rights and the World Bank's Operational Policy 4.10 on Indigenous Peoples', *American University International Law Review* 17.

McMahon, Patrice, (2006) "thnic Peace in the East? Transnational Networks and the CSCE/OSCE", *Ethnopolitics* 5/2.

MacMillan, Margaret, (2001) *Paris 1919 — Six Months that Changed the World*, Random House, New York.

McRoberts, Kenneth, (2001) *Catalonia — Nation Building without a State*, Oxford University Press, Toronto.

Mahajan, Gurpreet, (1998) *Identities and Rights — Aspects of Liberal Democracy in India,* Oxford University Press, Delhi.

Malksoo, Lauri, (2000) "Language Rights in International Law — Why the Phoenix is Still in the Ashes", *Florida Journal of International Law* 12/3.

Malloy, Tove, (2005) *National Minority Rights in Europe*, Oxford University Press, Oxford.

Mamdani, Mahmood, (1996) *Citizen and Subject,* Princeton University Press, Princeton.

_____ (ed), (2000) *Beyond Rights Talk and Culture Talk*, St Martin's Press, New York.

Manas, Jean (1996) "The Council of Europe's Democracy Ideal and the Challenges of Ethno-National Strife", in Abram Chayes and Antonia Chayes (eds), *Preventing Conflict in the Post-Communist World*, Brookings Institution, Washington.

Manning, Nicole, (2002) "US Companies Support Gender Segregation in Saudi Arabia", *National NOW Times*, summer
http://www.now.org/nnt/summer-2002/gender.html.

Marc, Alexandre, (2005) "Cultural Diversity and Service Delivery — Where Do We Stand?"(Working paper prepared for World Bank conference on 'New Frontiers of Social Policy — Development in a Globalizing World', Arusha, Tanzania, December 2005).

Margalit, Avishai and Joseph Raz, (1990) "National Self-Determination", *Journal of Philosophy* 87/9.

Markell, Patchen, (2003) *Bound by Recognition*, Princeton University Press, Princeton.

Marples, David and David Duke, (1995) "Ukraine, Russia and the Question of Crimea", *Nationalities Papers* 23/2.

Mascarenhas, Tomas Bril, (2006) "The Privatization of Patagonia", *New Internationalist* No.392 (August).

Matustlk, M. (1998) "Ludlc, Corporate, and Imperial Multiculturalism — Imposters of Democracy and Cartographers of the New World Order", in Cynthia Willett (ed), *Theorizing Multiculturalism — A Guide to the Current Debate*, Blackweli, Oxford.

May, Stephen (ed), (1999) *Indigenous Community-Based Education*, Multilingual Matters, Clevedon.

____, (2001) *Language and Minority Rights — Ethnicity, Nationalism and the Politics of Language*, Longman, London.

Medda-Wlndlscher, Roberta, (2004) "Historical Minorities and Migrants — Foes or Allies?", *eumap.org Online Journal* Ouly 2004, —available at.
http://www.eumap.org/|ournal/features/2004/migration/ptl/minmigrants.

Meljknecht, Anna, (2001) *Towards International Personality — The Position of Minorities*, Intersentia, Antwerp.

Meyer, John (2001) "Globalization, National Culture, and the Future of the World Polity", Wei Lun Lecture, Chinese University of Hong Kong (November).

Michaels, Walter Benn, (2006) *The Trouble with Diversity — How We Learned to Love Identity and Ignore Inequality*, Metropolitan Books, New York.

Mihallkova, Silvia, (1998) "The Hungarian Minority in Slovakia — Conflict Over Autonomy", In Magda Opalski (ed), *Managing Diversity in Plural Societies — Minorities, Migration and Nation-Building in Post-Communist Europe*, Forum Eastern Europe, Ottawa.

Miller, David (1995) *On Nationality*, Oxford University Press, Oxford.

_____, (2000) *Citizenship and National Identity*, polity Press, Cambridge.

_____, (2006) "Multiculturalism and the Welfare State — Theoretical Reflections", in Banting and Kymllcka (eds), (2006).

Minority Protection Association, (1995) *The Slovak State Language Law and the Minorities — Critical Analyses and Remarks*, Minority Protection Association, Budapest.

Mitchell, Katharyne, (1993) "Multiculturalism, or the United Colors of Benetton?", Antipode 25.

Mitnick, Eric, (2006) *Rights, Groups, and Self-Invention — Group-Differentiated Rights in Liberal Theory*,

Ashgate, Aldershot.

Modood, Tarlq, (1996) "The Changing Context of 'Race' in Britain", *Patterns of Prejudice* 30/1.

_____, (2003) "Muslims and the Politics of Difference", in Sarah Spencer (ed), *The Politics of Migration*, Blackweli, Oxford.

Moodley, Kogila, (1992) "Ethnicity, Power, Politics and Minority Education", in K. Moodley (ed), *Beyond Multicultural Education — International Perspectives*, Detselig, Calgary.

Moore, Margaret, (2001) *The Ethics of Nationalism*, Oxford University Press, Oxford.

Morawa, Alexander, (2002-3) "The Jurisprudence of the American and African Regional Human Rights Bodies", *European Yearbook of Minority Issues* 2.

_____, (2004) "The United Nations TYeaty Monitories Bodies and Minority Rights", in Council of Europe (2004).

Morsink, Johannes, (1999) "Cultural Genocide, the Universal Declaration, and Minority Rights", *Human Rights Quarterly* 21/4.

Moynihan, Daniel, (1993) *Pandaemonium — Ethnicity in International Affairs*, Oxford University Press, New York.

Mozaffar, Shaheen and James Scarritt, (2000) "Why Territorial Autonomy is Not a Viable Option for Managing Ethnic Conflict in African Plural Societies", in William Safran and Ramon Maiz (eds), *Identity and Territorial Autonomy in Plural Societies*, Frank Cass, London.

MRG, (1997) *World Directory of Minorities*, Minority Rights Group International, London.

_____, (1999) *Forests and Indigenous Peoples of Asia*, Minority Rights Group, Report 98/4, London.

_____, (2003) "Possible New United Nations Mechanisms for the Protection and Promotion of the Rights of Minorities", Working Paper submitted to UN Working Group on Minorities, 9th Session, May: E/CN.4/sub.2/AC.5/2003/WP.3.

_____, (2004) "Submission to the UN High-Level Panel on Threats, Challenges and Change — Conflict Prevention and the Protection of Minorities", Minority Rights Group, London.

_____, (2005) "The Millennium Development Goals — Helping or Hurting Minorities?" (Working Paper submitted to the UN Working Group on Minorities, 11th Ses- sion, 31 May-3 June).

Muehlebach, Andrea, (2003) "What Self in Self-Determination — Notes from the Fronteirs of Trans- national Indigenous Activism", *Identities — Global Studies in Culture and Power* 10.

Mukarji, Nirmal and Balveer Arora, (1992) "Introduction", in N. Mukarji and B. Arora (eds), *Federalism in India — Origins and Development*, Vikas Publishing, Delhi.

Murray, Rachel and Steven Wheatley, (2003) "Groups and the African Charter on Human and Peoples' Rights", *Human Rights Quarterly* 25.

Musgrave, Thomas, (1997) *Self-Determination and National Minorities*, Oxford University Press, Oxford.

Nanda, Meera, (2003) *Prophets Facing Backwards — Critiques of Science and Hindu Nationalism in India*, Rutgers University Press, New Brunswick, NJ.

Nandy, Ashis, (1992) "Federalism, the Ideology of the State and Cultural PIrualism", in Mukarji and Arora (eds), (1992).

Nelson, Daniel, (1998) "Hungary and its Neighbours — Security and Ethnic Minori-ties", *Nationalities Papers* 26/2.

Neukirch, Claus, Katrin Simhandl, and Wolfgang Zellner, (2004) "Implementing Minority Rights in the Framework of the CSCE/OSCE", in Council of Europe (2004).

Newman, Saul, (1996) *Ethnoregional Conflict in Democracies — Mostly Ballots, Rarely Bullets*, Greenwood Press, Westport, Comm.

Nietschmann, Bernard, (1987) "The Third World War", *Cultural Survival Quaterly* 11/3.

Niezen, Ronald, (2003) *The Origins of Indigenism — Human Rights and the Politics of Identity*, University of California Press, Berkeley.

Nimni, Ephraim ,(2005) "Introduction — The National Cultural Autonomy Model Revisited", in E. Nimni (ed), *National Cultural Autonomy and its Contemporary Critics*, Routledge, London.

Nissan, Elizabeth, (1996) *Sri Lanka — A Bitter Harvest*, Minority Rights Group, London.

Norman, Wayne, (2006) *Negotiating Nationalism — Nation-Building, Federalism and Secession in the Multinational State*, Oxford University Press, Oxford.

Offe, Claus, (1993) "Ethnic Politics in East European Transitions", in Jody Jensen and Ferenc Miszlivetz (eds), *Paradoxes of Transition*, Savaria University Press, Szombathely.

____, (1998) "'Homogeneity' and Constitutional Democracy — Coping with Identity Conflicts with Group Rights", *Journal of Political Philosophy* 6/2.

____, (2001) "Political Liberalism, Group Rights and the Politics of Fear and Trust", *Studies in East European Thought* 53.

OHRC (1996) *Policy on Female Genital Mutilation*, Ontario Human Rights Commission, Toronto.

Okin, Susan, (1999) *Is Multiculturalism Bad for Women?*, Princeton University Press, Princeton.

Opalski, Magda (2001) "Can Will Kymlicka be Exported to Russia?", in Kymlicka and Opalski (eds),

(2001).

OSCE, (1997) *Report on the Linguistic Rights of Persons Belonging to National Minorities in the OSCE Area — Annex: Replies from OSCE Participating States*, Office of the High Commissioner on National Minorities, Organization for Security and Cooperation in Europe, The Hague.

_____, (1999) "Lund Recommendations on Effective Participation of National Minorities", available at 'http://www.osce.org/item /2929.html'.

_____, (2006) "Policies on Integration and Diversity in some OSCE Participating States" (prepared by the Migration Policy Group for the High Commissioner on National Minorities, OSCE, June 2006) http://www.osce.org/item/19961.html

Packer, John and Erik Friberg, (2004) "Submission to the UN High-Level Panel on Threats, Challenges and Change — Conflict Prevention and the Protection of Minorities", Minority Rights Group, London.

Papillon, Martin, (1999) "Mouvement de Protestation et Representation Identitaire Emergence de la Nation Cri£ Entre 1971 et 1995", *International Journal of Canadian Studies* 20.

Parekh, Bhikhu, (2000) *Rethinking Multiculturalism — Cultural Diversity and Political Theory*, Harvard University Press, Cambridge, Mass.

Paris, Roland, (2004) *At War's End — Building Peace after Civil Conflict*, Cambridge University press, Cambridge.

Passy, Florence, (1999) "Supranational Political Opportunities as a Channel of Globalization of Political Conflicts — The Case of the Rights of Indigenous Peoples", in Donatella dclla Porta, Hanspeter Kriesi, and Dieter Rucht (eds), *Social Movements in a Globalizing World*, Macmillan, London.

Patil, S.H, (1998) "State Formation in Federal India", in Abdulrahim Vijapur (ed), *Dimensions of Federal Nation Building*, Manak, Delhi.

Pentassuglla, Gaetano, (2002) *Minorities in International Law*, Council of Europe Publishing, Strasbourg.

Pettai, Velio, (1998) "Emerging Ethnic Democracy in Estonia and Latvia", in Magda Opalski (ed), *Managing Diversity in Plural Societies — Minorities, Migration and Nation- Building in Post-Communist Europe*, Forum Eastern Europe, Ottawa.

Pfaff, William, (1993) *The Wrath of Nations — Civilization and the Furies of Nationalism*, Simon & Schuster, New York.

Pfaff-Czarnecka, Joanna, Darini Rajasingham-Senanayake, Ashis Nandy, and Edmund Terence Gomez (eds), (1999) *Ethnic Futures ─ The State and Identity Politics in Asia*, Sage, New Delhi.

Phillips, Alan and Allan Rosas (eds), (1995) *Universal Minority Rights* (Abo Akademi University, Turku and Minority Rights Group, London).

_____, Anne and Moira Dustin, (2004) "UK Initiatives on Forced Marriage ─ Regulation, Dialogue and Exit", *Political Studies* 52/3.

Pleterse, Jan Nederveen, (2005) "The Human Development Report and Cultural Liberty ─ Tough Liberalism", *Development and Change* 36/6.

_____, Nancy Grey and Leon Zamosc (eds), (2004) *The Struggle for Indigenous Rights in Latin America*, Sussex Academic Press, Eastbourne.

Prins, Baukje and Sawitri Saharso ,(2006) "Cultural Diversity, Gender Equality ─ The Dutch Case" (Paper for workshop on "Gender Equality, Cultural Equality ─ European Comparisons and Lessons", Vrije Universiteit Amsterdam, 8-9 June).

Pritchard, Eleonar, (2000) "A University of their Own", *Central Europe Review* 2/24(19 June).

Purl, Sunlta, (2005) "Rhetoric v Reality ─ The Effect of 'Multiculturalism' on Doctors' Responses to Battered South Asian Women in the United States and Britain", *Patterns of Prejudice* 39/4.

Quane, Helen, (2005) "The Rights of Indigenous Peoples and the Development Process", *Human Rights Quarterly* 27/2.

Ram, Melanie, (2001) "Minority Relations in Multiethnic Societies ─ Assessing the EU Factor in Romania", *Romanian Journal of Society and Politics* 1/2.

____, (2003) "Democratization through European Integration ─ The Case of Minority Rights in the Czech Republic and Romania", *Studies in Comparative International Development* 38/2.

Ratner, Steven, (2000) "Does International Law Matter in Preventing Ethnic Conflicts", *New York University Journal of International Law and Politics* 32/3.

Raz, Joseph, (1994) "Multiculturalism ─ A Liberal Perspective", *Dissent*(winter)

Rehman, Javaid, (2000) *The Weakness in the International Protection of Minority Rights*, Kluwer, The Hague.

Requejo, Ferran ,(2005) *Multinational Federalism and Value Pluralism ─ The Spanish Case* , Routledge, London.

Resnick, Philip, (1994) "Towards a Multination Federalism", in Leslie Seidle (ed), *Seeking a New Canadian Partnership ─ Asymmetrical and Confederal Options*, Institute for Research on Public Policy, Montreal.

Richards, John, (2006) *Creating Choices — Rethinking Aboriginal Policy*, C.D. Howe Institute, Toronto.

Richardson, Rudy, (2004) "Multiculturalism in the Dutch Armed Forces", presented at the International Seminar on "Leadership, Education and the Armed Forces — Challenges and Opportunities", La Paz, Bolivia, 13-15 September.

Riggs, Fred, (1994) "Ethnonationalism, Industrialism and the Modern State", *Third World Quarterly* 15/4.

Ringold, Dena, (2005) "Accounting for Diversity — Policy Design and Maori Development in New Zealand"(Working paper prepared for World Bank conference on 'New Frontiers of Social Policy — Development in a Globalizing World', Arusha, Tanzania, December).

Roach, Steven, (2005) *Cultural Autonomy, Minority Rights and Globalization*, Ashgate, Aldershot.

Roberts, Adam, (1994) "Ethnic Conflict — Threat and Challenge to the UN", in Anthony McDermott (ed), *Ethnic Conflict and International Security*, Norwegian Institute of International Affairs, Oslo.

Robinson, Andrew, (2003) "Cultural Rights and Internal Minorities — On Protestants and Pueblos", *Canadian Journal of Political Science* 36/1.

Robinson, Randall, (2000) *The Debt — What America Owes to Blacks*, Dutton, New York.

Rodriguez-Pinero, Luis, (2005) *Indigenous Peoples, Postcolonialism, and International Law*, Oxford University Press, Oxford.

Roeder, Phillip, (2004) *Where Nation-States Come From — Soviet Lessons, Global Implications*, University of California at San Diego, San Diego.

_____, (2005) "Power-Dividing as an Alternative to Power-Sharing", in Philip Roeder and Donald Rothchild (eds), *Sustainable Peace — Power and Democracy after Civil War*, Cornell University Press, Ithaca, NY.

Rooker, M, (2002) *The International Supervision of the Protection of Romany People in Europe*, Nijmegen University Press, Nijmegen.

Rosenblum, Nancy, (1998) *Membership and Morals — The Personal Uses of Pluralism in America*, Princeton University Press, Princeton.

Rotberg, Robert (ed), (2004) *When States Fail — Causes and Consequences*, Princeton University Press, Princeton.

Rudge, Philip, (1998) "Reconciling State Interests with International Responsibilities — Asylum in North America and Western Europe", *International Journal of Refugee Law*, 10/1.

Saideman, Stephen and William Ayres, (2001) "Determining the Sources of Irredentism – Logit Analyses of Minorities at Risk Data", *Journal of Politics*, 63/4.

_____, David Lanoue, Michael C&mpenni, and Samuel Stanton, (2002) "Democratization, Political Institutions, and Ethnic Conflict – A Pooled Time-Series Analysis, 1985-1998", *Comparative Political Studies* 35/1.

Sarfaty, Galit, (2005) "The World Bank and the Internalization of Indigenous Rights Norms", *Yale Law Journal* 114.

Sasse, Gwendolyn, (2004) "Minority Rights and EU Enlargement – Normative Over-stretch or Effective Conditionality?", in Toggenburg (ed), (2004).

_____, Gwendolyn, (2005) "Securitization or Securing Rights? Exploring the Conceptual Foundations of Policies towards Minorities and Migrants in Europe", *Journal of Common Market Studies* 43/4.

_____, Gwendolyn, (2006) "National Minorities and EU Enlargement – External or Domestic Incentives for Accommodation?", in John McGarry and Michael Keating (eds), *European Integration and the Nationalities Question*, Routledge, London.

Schaln, Martin, (1999) "Minorities and Immigrant Integration in France", in Christian Joppke and Steven Lukes (eds), *Multicultural Questions*, Oxford University Press. Oxford.

Schauer, Frederick, (2000) "The Politics and Incentives of Legal Transplantation", in Joseph Nye and John Donahue (eds), *Governance in a Globalizing World*, Brookings Institution Press, Washington.

Scheinin, Martin, (2005) "What are Indigenous Peoples?" in Nazila Ghanea and Alexandra Xanthaki (eds), *Minorities, Peoples and Self-Determination*, Martinus Nljhoff, Leiden.

Schouls, Tim,(2003) *Shiftitig Boundaries – Aboriginal Identity, Pluralist Theory, and the Politics of Self-Government*, UBC Press, Vancouver.

Schwelinus, Guldo, (2005) "Operation Successful, Patient Dead? The Impact of Effective EU Conditionality on Consolidating a European Minority Rights Standard", (Paper presented at DVPW Sektionstagung Internationale Beziehungen, Mannheim, 6-7 October).

Schwittay, Anke, (2003) "From Peasant Favors to Indigenous Rights – The Articulation of an Indigenous Identity and Land Struggle in Northwestern Argentina", *Journal of Latin American Anthropology* 8/3.

Scott, James,(1998) *Seeing Like a State*, Yale University Press, New Haven.

Self, Huda, (2005) "Accursed Minority — The Ethno-Cultural Persecution of the Al- Akhdam in the Republic of Yemen", *Muslim World Journal of Human Rights* 2/1 (http://www.bepress.com/mwjhr/vol2/iss1/art9/).

Semb, Anne Julie, (2005) "Sami Self-Determination in the Making?", *Nations and Nationalism* 11/4.

Sen, Amartya, (2006) *Identity and Violence — The Illusion of Destiny*, Norton, New York.

Shachar, Ayelet, (2001) *Multicultural Jurisdictions — Cultural Differences and Women's Rights*, Cambridge University Press, Cambridge.

_____, (2006) "The Race for Talent — Highly Skilled Migrants and Competitive Immigration Regimes", *New York University Law Review* 81/1.

Sharp, A, (1996) "The Genie that Would Not Go Back into the Bottle — National Self- Determination and the Legacy of the First World War and the Peace Settlement", in S. Dunn and T. G. Fraser (eds), *Europe and Ethnicity — The First World War and Contemporary Ethnic Conflict*, Routledge, London.

Shastri, Amita ,(1997) "Government Policy and the Ethnic Crisis in Sri Lanka", in Michael Brown and Sumit Ganguly (eds), *Government Policies and Ethnic Relations in Asia and the Pacific*, MIT Press. Cambridge, Mass.

Shatzmiller, Maya, (2005) "Conclusion", in Maya Shatzmiller (ed), *Nationalism and Minority Identities in Islamic Societies*, McGill-Queen's University Press, Montreal.

Shue, Henry, (1980) *Basic Rights — Subsistence. Affluence and US. Foreign Policy*, Princeton University Press, Princeton.

Sieder, Rachel, (1997) *Customary Law and Democratic Transition in Guatemala* (Insti-tute of Latin American Studies, London).

_____, (1999) "Rethinking Democratisation and Citizenship — Legal Pluralism and Institutional Reform in Guatemala", *Citizenship Studies* 3/1.

_____, (2001) "Advancing Indigenous Claims through the Law", in Cowan et al (eds), (2001).

_____ (ed), (2002) *Multiculturalism in Latin America — Indigenous Rights. Diversity an Democracy*, Palgrave, London.

Simhandi. Katrin, (2006) "'Western Gypsies and Traveller' — 'Eastern Roma' — The Creation of Political Objects by the Institutions of the European Union", *Nations and Nationalism* 12/1.

Sisk, Tim, (1996) *Power Sharing and International Mediation in Ethnic Conflicts*, US Institute of Peace Press. Washington.

Skovgaard, Jakob, (2007) "Preventing Ethnic Conflict. Security Ethnic Justice? The Council of Europe, the EU and the OSCE High Commissioner on National Minorities Use of Contested Concepts in their Responses to the Hungarian Minority Policies of Hungary. Romania and Slovakia" (Ph.D. thesis. Department of Political and Social Science, European University Institute, Florence).

Skurbaty. Zelim (ed), (2005) *BewnJ a One-Dimensional State — An Emergmg Right to Autonomy?*, Martinus Nijhoff. Leiden.

Slimane. S, (2003) "Recognizing Minorities in Africa", Minority Rights Group. London — available at 'http //www minoritynghts.or*/Advocacyafnca20Q3 htm'.

Smith, Anthony, (1981) *The Ethnic Revival in the Modern World*, Cambridge Univer-sity Press, Cambridge.

_____, Rogers, (2003) *Stones of Peoplehood — The Politics and Morals of Political Mem-bership*, Cambridge University Press, Cambridge.

Sniderman, Paul and Louk Hagendoorn, (2007) *When Ways of Life Collide — Mul- ticulturalism and its Discontents in the Netherlands*, Princeton University Press, Princeton.

Snyder, Jack, (2000) *From Voting to Violence — Democratization and Nationalist Conflict*, Norton, New York.

Solchanyk, Roman, (1994) "The Politics of State-Building — Centre-Periphery Relations in Post-Soviet Ukraine", *Europe-Asia Studies* 46/1.

Soroka, Stuart, Richard Johnston, and Keith Banting, (2007) "Ties that Bind — Social Cohesion and Diversity in Canada", in eith Benting, Tom Courchene, and Leslie Seidle (eds), *Belonging? Diversity, Recognition and Shared Citizenship in Canada*, Institute for Research on Public Policy, Montreal.

Speed, Shannon and Jane Collier, (2000) "Limiting Indigenous Autonomy in Chi-apas, Mexico — The State Government's Use of Human Rights", *Human Rights Quarterly* 22.

Spinner, Jeff, (1994) *The Boundaries of Citizenship — Race, Ethnicity and Nationality in the Liberal State*, Johns Hopkins University Press, Baltimore.

Srinivasavaradan, T.C.A, (1992) "Pluralistic Problems in the Federal System", in Mukarji and Arora (eds) (1992).

Stavenhagen, Rodolfo (ed), (1996) *Ethnic Conflicts and the Nation State*, Macmillan, Basingstoke.

Steiner, Henry (ed), (2004) *Ethnic Conflict, Minority Protection and Conflict Resolution — Human Rights*

Perspectives, Harvard Law School Human Rights Program, Cambridge, Mass.

Stepan, Alfred, (1999) "Federalism and Democracy — Beyond the US Model", *Journal of Democracy* 10/4.

Stone, Diane, (2004) "Transfer Agents and Global Networks in the 'Transnationalization' of Policy", *Journal of European Public Policy* 11/3.

Strazzari, Francesco, (1998) "Macedonia — State and Identity in an Unstable Regional Environment", in Magda Opalski (ed), *Managing Diversity in Plural Societies — Minorities, Migration and Nation-Building in Post-Communist Europe*, Forum Eastern Europe, Ottawa.

Suksl, Marku (ed), (1998) *Autonomy — Applications and Implications*, Kluwer, The Hague.

Svensson, Frances, (1979) "Liberal Democracy and Group Rights — The Legacy of Individualism and its Impact on American Indian Tribes", *Political Studies* 27/3.

T&mir, Yael, (1993) *Liberal Nationalism*, Princeton University Press, Princeton.

Taras, Raymond and Rajat Ganguly, (1998) *Understanding Ethnic Conflict — The Inter-national Dimension*, Longman, New York.

Taylor, Charles, (1992) "The Politics of Recognition", in Amy Gutmann (ed), *Multiculturalism and the 'Politics of Recognition'* Princeton University Press, Princeton.

_____, (1996) "A World Consensus on Human Rights?", *Dissent*(summer).

Tennant, Chris, (1994) "Indigenous Peoples, International Institutions, and the International Legal Literature from 1945-1993", *Human Rights Quarterly* 16.

Thiele, Carmen, (2005) "Citizenship as a Requirement for Minorities", *European Human Rights Law Review* 3.

Thio, Li-Ann, (2003) "Developing a 'Peace and Security' Approach towards Minorities' Problems", *International and Comparative Law Quarterly* 52.

Thornberry, Patrick, (1991) *International Law and the Rights of Minorities*, Oxford University Press, Oxford.

_____, (1995) "The UN Declaration on the Rights of Persons Belonging to National or Ethnic, Religious and Linguistic Minorities — Background, Analysis, Observations and an Update", in Phillips and Rosas (eds) (1995).

_____, (1998) "Images of Autonomy and Individual and Collective Rights in International Human Rights on the Rights of Minorities", in Suksi (ed) (1998).

_____, (2002) *Indigenous Peoples and International Law*, Manchester University Press, Manchester.

_____ and Maria Estebenez (eds), (2004) *Minority Rights in Europe — A Review of the Work and Standards of the Council of Europe*, Council of Europe Publishing, Strasbourg.

Tierney, Stephen (ed), (2000) *Accommodating National Identity — New Approaches in International and Domestic Law*, Kluwer, The Hague.

_____, (2004) *Constitutional Law and National Pluralism*, Oxford University Press, Oxford.

Tilley, Virginia, (2002) "New Help or New Hegemony? The Transnational Indigenous Peoples' Movement and 'Being Indian' in El Salvador", *Journal of Latin American Studies* 34.

Tilly, Charles, (1975) "Reflections on the History of European StateMaking", in C. Tilly (ed), *The Formation of National States in Western Europe*, Princeton University Press, Princeton.

Toggenburg, Gabriel, (2004) "Minority Protection in a Supranational Context — Lim-its and Opportunities", in Toggenburg (ed) (2004).

_____ (ed), (2004) *Minority Protection and the Enlarged European Union — The Way Forward*, Open Society Institute, Budapest.

_____, (2005) "Who is Managing Ethnic and Cultural Diversity in the European Condominium? The Moments of Entry, Integration and Preservation", *Journal of Common Market Studies* 34/4.

Tomei, Manuela, (2005) *Indigenous and Tribal Peoples — An Ethnic Audit of Selected Poverty Reduction Strategy Papers*, International Labour Organization. Geneva.

Tomova, Ilona, (1998) "The Migration Process in Bulgaria", in Magda Opalski (ed), *Managing Diversity in Plural Societies — Minorities, Migration and Nation-Building in Post-Communist Europe*, Forum Eastern Europe, Ottawa.

Tomuschat, Christian (ed), (1993) *Modern Law of Self-Determination*, Martinus Ni|hoff, Dordrecht.

Torbisco Casals, Neus, (2006) *Group Rights as Human Rights — A Liberal Approach to Multiculturalism*, Springer, Dordrecht.

Torpey John, (2006) *Making Whole What Has Been Smashed — On Reparations Politics*, Harvard University Press, Cambridge, Mass.

Toyota, Mika, (2005) "Subjects of the Nation Without Citizenship — The Case of 'Hill Tribes' in Thailand", in Will Kymlicka and Baogang He (eds), *Multiculturalism in Asia*, Oxford University Press, Oxford.

Trifunovaska, Snezana, (1997) "One Theme in Two Variations — Self-Determination for Minorities and Indigenous Peoples", *International Journal on Minority and Group Rights* 5.

Ttonvoll, Kjetil, (2000) *Ethiopia – A Sew Start 7*, Minority Rights Group. London.

Trudeau, Pierre, (1971) "Statement to the House of Commons on Multiculturalism", House of Commons, *Official Report of Debates*, 28th Parliament, 3rd Session, 8 October 1971.

UN, (2000) *We the Peoples – The Role of the United Nations in the 21st Century*, United Nations, Department of Public Information, New York.

___, (2004) *A More Secure World – Our Shared Responsibility – Report of the Secretary- General's High-Level Panel on Threats. Challenges and Change*, United Nations, New York.

UNDP, (2000) *Overcoming Human Poverty*, United Nations Development Program, New York.

UNHDR, (2004) *Cultunil Liberty in Today's Dtserse World – Human Development Report 2004*, United Nations Development Programme, New York.

Valliefres, Pierre, (1971) *White Niggers of America*, McClelland and Stewart. Toronto.

Van Cott, Donna Lee (1996) *500 Years of Confwntation – Indigenous Rights and State Security Policy in Latin America*(Institute for National Strategic Studies. McNair Paper No. 53).

_____, (2000) *The Friendly Liquidation of the Past – The Politics of Diversity in Latin America*, University of Pittsburgh Press, Pittsburgh.

_____, (2006) "Multiculturalism versus Neo-liberalism in Latin America", in Banting and Kymlicka (eds) (2006).

Van der Stoel, Max, (1999) *Peace and Stability through Human and Minority Rights Speeches by the OSCE High Commissioner on National Minorities*, Nomos Verlagsge-sellschaft, Baden- Baden.

Van Dyke, Vernon, (1977) "The Individual, the State, and Ethnic Communities In Political Theory", *World Politics* 29/3.

_____, (1982) "Collective Rights and Moral Rights Problems in liberal Democratic Thought", *Journal of Politics* 44.

Varshney, Ashutosh, (2002) *Ethnic Conflict and Civic Life*, Yale University Press, New Haven.

_____, Olga, (1995) "Has Ethnic Federalism a Future in Russia?", *New Times*, March 1995.3.

Vermeersch, Peter, (2002) "Ethnic Mobilisation and the Political Conditionality of European Union Accession – The Case of the Roma in Slovakia", *Journal of Ethnic and Migration Studies* 28/1:8

_____, (2003) "U Enlargement and Minority Rights Policies in Central Europe – Explaining Policy Shifts in the Czech Republic, Hungary and Poland", *Journal on Ethnopolitics and*

Minority Issues in Europe 1(http://www.ecmi.de/jemie/).

_____, (2005) "Marginality, Advocacy and the Ambiguities of Multiculturalism — Notes on Romani Activism in Central Europe", *Identities — Global Studies in Culture and Power* 12.

Verstichel, Annelies, (2004) "Elaborating a Catalogue of Best Practices of Effective Participation of National Minorities". *European Yearbook of Minority Issues* 2.

Vizi, Balazs, (2005) "The Unintended Legal Backlash of Enlargement? The Inclusion of the Rights of Minorities in the EU Constitution", *Regio — Minorities, Politics, Society*(Budapest), 8.

Von Eschen, Penny, (1997) *Race against Empire — Black Americans and Anti-Colonialism 1937-87*, Stanford University Press, Stanford, Calif.

Waever, Ole, (1995) "Securitization and Desecuritization", in Ronnie Lipschutz (ed), *On Security*, Columbia University Press, New York.

Waldron , Jeremy, (1995) "Minority Cultures and the Cosmopolitan Alternative", in Will Kymlicka (ed), *The Rights of Minority Cultures*, Oxford University Press, Oxford.

_____ , (2000) "Cultural Identity and Civic Responsibility", in Will Kymlicka and Wayne Norman (eds), *Citizenship in Diverse Societies*, Oxford University Press, Oxford,

Walker, Samuel, (1998) *The Rights Revolution — Rights and Community in Modern, America*, Oxford University Press, New York.

_____, Scott and Steven Poe, (2002) "Does Cultural Diversity Affect Countries' Respect for Human Rights?", *Human Rights Quarterly* 24/1.

Walzer, Michael, (1983) *Spheres of Justice*, Basic Books, New York.

Warren, Kay and Jean Jackson, (2002) "Introduction" in K. Warren and J. Jackson (eds), *Indigenous Movements, Self-Representation and the State in Latin America*, University of Texas Press, Austin.

Watts, Arthur, (2002) "The Liechtenstein Draft Convention on Self-Determination through Self-Administration — A Commentary", in W. Danspeckgruber (ed), *The Self -Determination of Peoples — Community, Nation, and State in an Interdependent World*, Lynne Reinner, Boulder, Colo.

Weiner, Brian, (2005) *Sins of the Parents — The Politics of National Apologies in the United States*, Temple University Press, Philadelphia.

_____, Myron, (1998) *Sons of the Soil 2nd edn*, Oxford University Press, Delhi.

Weldon, Steven, (2006) "The Institutional Context of Tolerance for Ethnic Minorities — A Comparative, Multilevel Analysis of Western Europe", *American Journal of Political Science* 50/2.

Welhengama, Gnanapala, (1998) "The Legitimacy of Minorities' Claim for Autonomy through the Right to Self-Determination", *Nordic Journal of International Law* 68.

_____, (2000) *Minorities' Claims — From Autonomy to Secession, International Law and State Practice*, Ashgate, Aldershot.

Weller, Marc, (2003) "Filling the Frame — 5th Anniversary of the Entry into Force of the Framework Convention for the Protection of National Minorities", Conference Report, Council of Europe, Strasbourg, October.

_____, (2005a) "Towards a General Comment on Self-Determination and Autonomy", (Working paper submitted to UN Working Group on Minorities, 11th Session, 25 May 2005, E/CN.4 /Sub.2/AC.5/2005/WP.5)

_____ (ed), (2005b) *The Rights of Minorities in Europe — A Commentary on the European Framework Convention for the Protection of National Minorities*, Oxford University Press, Oxford.

_____, Marc and Stefan Wolff (eds), (2005) *Autonomy, Self-Governance and Conflict Resolution*, Routledge, London.

_____, David, (1993) "Domestic Politics and Ethnic Conflict", in Michael Brown (ed), *Ethnic Conflict and International Security*, Princeton University Press, Princeton.

Weyland, Kurt, (2005) "Theories of Policy Diffusion — Lessons from Latin American Pension Reform", *World Politics* 57.

Wheatley, Steven, (1997) "Minority Rights and Political Accommodation in the 'New' Europe", *European Law Review* 22(Supplement).

_____, (2005) *Democracy, Minorities and International Law*, Cambridge University Press, Cambridge.

Wikan, Unni, (2002) *Generous Betrayal — Politics of Culture in the New Europe*, Univer-sity of Chicago Press, Chicago.

Wilkinson, Steven, (2005) "Conditionality, Consociationalism, and the European Union", in Sid Noel (ed), *From Power-Sharing to Democracy — Post-conflict Institutions in Ethnically Divided Societies*(McGill-Queen's University Press, Montreal).

_____, Charlotte and Haluk Soydan, (2005) "When and How Does Ethnicity Matter? A Cross-National Study of Social Work Responses to Ethnicity in Child Protection Cases", *British Journal of Social Work* 35.

_____, Melissa, (1995) "Justice Towards Groups — Political not Juridical", *Political Theory* 23/1.

Wilson, R.A. (ed), (1997) *Human Rights, Culture and Context — Anthropological Perspectives*, Pluto Press, London.

Wimmer, Andreas, (2002) *Nationalist Exclusion and Ethnic Conflict — Shadows of Modernity*, Cambridge University Press, Cambridge.

_____, (2003) "Democracy and Ethnoreligious Conflict in Iraq", *Survival* 45 4.

_____, Andreas and Nina Glick Schiller, (2002) "Methodological Nationalism and Beyond — Nation-State Building, Migration and the Social Sciences". *Global Networks* 2/4.

_____, Andreas · Richard Goldstone, Donald Horowitz, Ulrike Joras, and Conrad Schetter (eds), (2004) *Facing Ethnic Conflict — Toward a New Realism*, Rowman and Littlefield. Lanham, Md..

Wippman, David (ed), (1998) *International Law and Ethnic Conflict*, Cornell University Press, Ithaca, NY.

Woehrling, Jean-Marie, (2005) *The European Charter for Regional and Minority Languages — A Critical Commentary*, Council of Europe Publishing, Strasbourg.

Wolton, Suke, (2000) *Lord Hailey, the Colonial Office and the Politics of Race and Empire in the Second World War — he Loss of White Prestige*, Macmillan, Basingstoke.

World Bank, (2003) *Implementation of Operational Directive 4.20 on Indigenous Peoples — An Independent Desk Review*, Operations Evaluation Department. Report 25332, World Bank, Washington.

World Bank, (2005) "Legal Note on Indigenous Peoples", World Bank Legal Department, 8 April.

Wright, Jane, (1996) "The OSCE and the Protection of Minority Rights", *Human Rights Quarterly* 18/1.

Yashar, Deborah, (2005) *Contesting Citizenship in Latin America — The Rise of Indigenous Movements and the Postliberal Challenge*, Cambridge University Press, Cambridge.

Young, Crawford (ed), (1998) *Ethnic Diversity and Public Policy — A Comparative Enquiry*, Macmillan, Basingstoke.

_____ (ed), (1999) *The Accommodation of Cultural Diversity — Case Studies*, Macmillan. Basingstoke.

_____, (2002) "Deciphering Disorder in Africa — Is Identity the Key?", *World Politics* 54/4.

Yousif, Ahmad, (2000) "Islam, Minorities and Religious Freedom — A Challenge to Modem Theory of Pluralism", *Journal of Muslim Minority Affairs* 20/1.

Zaagman, Rob, (1997) "Commentary", in Danspeckgruber and Watts (eds) (1997).

_____, (1999) *Conflict Prevention in the Baltic States — The OSCE High Commissioner on National Minorities in Estonia, Latvia and Lithuania*(ECMI Monograph No.1, European Centre for

Minority Issues, Flensburg).

Žižek Slavoj, (1997) "Multiculturalism, Or, the Cultural Logic of Multinational Capitalism", *New Left Review* 225.

색인